"政治逻辑丛书"
编 委 会 名 单

丛书顾问

曹沛霖　孙关宏　王邦佐

主　编

刘建军

编　委

苏长和　　唐亚林　　刘建军

陈周旺　　李瑞昌　　汪仕凯

张　骥　　罗　峰　　陈　尧

政治逻辑丛书

政治逻辑
当代中国社会主义政治学

刘建军 陈周旺 汪仕凯 主编

上海人民出版社

序　言

人民中心主义的逻辑建构——政治创造美好生活

陈明明

刘建军、陈周旺、汪仕凯领衔主编的《政治逻辑——当代中国社会主义政治学》集复旦政治学人多年研究之力得以顺利出版，无疑是近来复旦政治学的一件盛事。复旦政治学人是一群思想开放、敏锐多思、非常用功的读书人，但知行不止于书斋课堂，学问在于"为了中国"，这使得他们的研究取向有强烈的现实关怀、参与意识，治学风格不矫饰、不虚妄，"惟精惟一，允执厥中"，体现了复旦前辈学者留下的传统。

翻阅复旦政治学人的著述，一个有趣的现象是许多作品都以"政治的逻辑"为题名，本书也不例外。何谓"逻辑"？狭义上的逻辑指思维形式和语法规则，广义上的逻辑指客观事物规律。政治的逻辑就是政治资源配置的法则与规律，政治世界运行的因果关系与机制，对这些法则、规律与因果关系的揭示或解释就构成了"政治学的原理"。"原理是对事物和现象的认识和把握的高度抽象的产物"，追求"原理性"的表述，即"对事物和现象的本质性的把握的理论表述"，[1]是一项非常艰巨的工作，是对学者经验、眼界、理论素养的极大考验。我想，本书的作者以探索"政治逻辑"为使命来讨论当代中国政治学的原理，一方面自然会享受着洞悉中国政治奥秘所带来的认知愉悦，另一方面也必然承受着披荆斩棘上下求索所难免的心性磨砺。不论这个工作做得怎样，试图创造性地把中国政治发展的逻辑呈现于读者面前，对于中国政治学的自主性发展，至少起到了抛砖引玉的作用，这个价值无论怎么评估都不会过分。

当代中国社会主义建设是人类历史上最为壮观的实践。新中国成立至今70

余年,前 30 年是工业化的艰难起步,以年均 6% 的增长初步改变了国家一穷二白的旧貌;后 40 年在超过四分之三的时间内创造了年均近两位数的增长,实现了从生产力相对落后的状况到经济总量跃居世界第二的历史性突破,成为世界经济增长的主要驱动器和稳定器。从 21 世纪第三个十年开始,在国际形势严峻尤其是疫情不利的情况下,中国经济总量规模仍继续扩大,最新数据表明,2021 年,国内生产总值(GDP)突破 110 万亿元,达到 114.4 万亿元,稳居世界第二,人均 GDP 达到 80 976 元,按年平均汇率折算为 12 551 美元,突破了 1.2 万美元,超过了世界人均 GDP 水平,接近世界银行的高收入国家门槛。[2]在人类现代化史上,中国用几十年的时间走完西方工业化国家几百年才走完的路,而且在某些重大领域实现对西方的超越,堪称一个成功的国家。这是连西方对中国发展最具负面观点和情绪的政治人物与评论也不得不承认的事实。这就引出了一个问题:中国成功的原因是什么? 或者用本书作者的提问:中国人为什么能够凭借自己的勤劳和智慧打开现代化的新出口?

新自由主义的解释是"市场",它把中国由计划经济体制向社会主义市场经济体制的转变看作整个中国经济政策由社会主义向新自由主义的转变,认为中国经济的成功是新自由主义经济政策中国化的结果。这种强调市场优先性和限制政府作用的信条被视为经济发展的普遍原理。市场当然很重要,在当下的中国鲜有人否认市场对于资源配置的决定性作用,但实行市场经济的国家很多,为什么其他市场经济国家没有走出发展的困境,而唯独中国实现了高速增长和持续的发展? 另一个解释来自新自由主义的变种——新权威主义[3],新权威主义认为,中国经济的成功有赖于"威权"和"市场"的结合,"威权"通过反对大规模的群众参与来推行新自由主义经济政策,"市场"借助"威权"压抑劳动权利从而降低生产成本为资本扩张鸣锣开道,"成功地从一个僵硬低效的威权体制中走出来……我们可以把这种体制标识为一种协商的、由发展驱动的威权主义"[4]。"自由市场+威权政体"这种起自拉美现代化实践的模式,且不说早在 20 世纪 70 年代后便成为这些国家经济震荡及衰退的原因,作为一种解释范式,它隐含的性质和政策取向本身就同中国的制度和政治价值存有巨大的隔膜。不错,中国是一个强调权威的国家,但权威的集中统一是用来维护法制的统一、政令的统一和市场的统一，着眼于推进和保护整体人民福祉和综合国力的发展，而不是放任"多重少数人"（利益集团、权势团体和特权阶层）利用市场和资本的无序扩张实现畸形而虚假的繁荣。对中国而言，前者构成增长的持续稳定的源泉，后者恰恰是可持续增长的陷阱。

除此之外，人们当然还可以寻找其他"主义"予以解释，但一国的基本制度、组织及价值实际上构成一国发展的基本环境和动力，离开这个"基本面"，不是出于意识形态的偏见，就是存在着认知方式的缺陷。由此而论，在排除新自由主义和新权威主义后，中国的成功之源，一言以蔽之，是行走于中国大地的新社会主义，按照通常的说法，就是中国特色社会主义。说它是新社会主义，是相对于传统社会主义而言的。传统社会主义一般指资源配置方式的计划管理体制，这个体制是中国政治革命和社会革命的产物，对于中国摆脱在全球资本主义扩张态势强制下的不发达状态和中国的现代化发挥了无与伦比的历史作用。没有传统的社会主义，就没有中国的主权独立，就没有中国的工业化和初成体系的国民经济，就没有中国的国防安全保障，从而也没有中国后来改革开放赖以为基的物质和社会积累。只要持公允之论，就不能不对传统社会主义在中国的巨大成就致敬。但是，在冷战时期的严酷环境下，它无法利用自己的资源比较优势，只好通过高度集权的方式实施赶超战略，结果扭曲了生产要素与利率、汇率、工资和资源等的价格，使经济变得"不经济"。[5]这就导致了一个悖论：社会主义追求生产力的高度发展，但传统社会主义为维持低水平的平等却牺牲了效率；社会主义追求共同富裕，但传统社会主义为遏制两极分化却带来普遍的贫困；社会主义追求社会的自由创新，但传统社会主义为集中动员资源而不得不实行抑制社会自主性和创造性的高度集权控制体制。这个悖论就构成中国改革开放的问题意识。改革开放本质上是一个社会主义复兴运动，这一复兴运动要求以实事求是、解放思想和实践标准去扬弃传统社会主义，创建中国特色社会主义。

中国特色社会主义是一种新社会主义，新在哪里？新在它的理论和实践体现了历史传承和时代要求、价值关怀和经验理性、制度规范和政策工具的双向互动与有机结合，因而包含了解决平等与效率[6]、先富与共享、集权与分权的内在紧张的自主力量,而这三组关系的动态平衡是任何一个社会既要保持繁荣(活力)又要保持秩序(良治)的基础,也是增长和可持续发展的条件。

第一,中国特色社会主义坚持社会主义的平等原则,同时对经济运行的效率原则给予充分的重视。平等与效率分别指涉一个社会的权利与动力问题,平等意味着"不得歧视""共同参与"和"同等分享",其平权主张包括对结果平等的强调,效率意味着投入—产出要服从"收益最大化"原则,结果的差异被视为不仅是最大化的体现,也是最大化的诱因。在理论上,它们暗含的假设是:平权主义倾向于消弭差异,从而可能抑制进取的动力,而差异则产生竞争,竞争趋于降低成本、激励创新、提高收益,因而平等与效率构成了一对矛盾。在历史上,平等与效率不是一种抽象的原则之争,而是涉及选择何种社会制度和经济体制的问题。在马克思的批判学说中,资本主义制度对资本增殖(效率)的不可遏止的追求导致社会的严重不平等,使得劳动的权利与资本的扩张处于尖锐的对抗之中,因而社会主义运动的主要特征在于消灭社会不平等的经济、阶级根源。平等由此成为社会主义的一面旗帜。长期以来,平等与效率成为两个对立的价值体系,"许多社会主义经济的决策困境正好是由这两个不同价值体系的抵触而引起的"[7]。传统社会主义把消除差别(三大差别)作为实现平等的路径,然而,社会主义的实践表明,消灭阶级差别与单纯生产关系的变革不会自动消灭城乡差别和脑体差别,没有生产力的高度发展和物质文化的高度发达,不可能真正解决社会权利的平等问题。因此,构建社会主义市场经济,形成科学合理的经济运行体制和利益激励机制,以充分发挥社会的积极性、主动性和创造性,就成为中国特色社会主义兴起的认识论和实践论的背景。中国共产党处理公平与效率的关系主要是着眼于收入分配领域的,从打破计划经济时期的平均主义开始,政策的演进经历了一个由注重效率,到主张效率优先、兼顾公平,再到更加注重社会公平的变化过程。如1984年党的十二届三中全会指出"平均主义思想是贯彻执行按劳分配原则的一个严重障碍";1987年十三大要求"在促进效率的前提下体现社会公平";1993年十四届三中全会提出"体现效率优先、兼顾公平的原则";1997年十五大重申"坚持效率优先、兼顾公平"。"效率优先,兼顾公平"被认为是解放和发展生产力无法逾越的历史阶段,事实确也如此,市场经济的引入和创新,最大限度地释放了高速增长的能量。但当社会财富的积累和综合国力的发展到达一个新的阶段,党和国家也越来越清楚地意识到,正如缺乏效率的平等不可能有真正的繁荣,而缺乏平等的效率也绝不可能有持续、健康的增长。2002年党的十六大明确表示"初次分配注重效率,发挥市场的作用;再分配注重公平,加强政府的调节职能";2006年十六届六中全会提出"在经济发展的基础上,更加注重社会公平";2007年党的十七大强调"初次分配和再分配都要处理好效率和公平的关系,再分配更加注重公平"。党的十八大以来,公平问题被置于更优先的位置,不仅作为中国特色社会主义的本质和目标,而且作为促进中国特色社会主义发展的方式。这表明中国特色社会主义在处理平等与效率的关系上,形成了日趋理性成熟的指导思想和自主调适能力。

第二,中国特色社会主义坚持社会主义的共享发展目标,同时也深刻认识到"让一部分人、一部分地区先富起来"是实现共享发展的必经之路。先富意味着一部分成员较另一部分成员较早获得增长带来的惠利,表现为个体或群体富裕程度的差异,共享则意味着包括财富在内的发展福利最终为全体成员所共同享有。改革开放之初,普遍贫穷是一个突出的问题,贫困不仅表现为综合国力在世界GDP比重中仅占5%,人均GDP只相当于世界平均水平的22.3%[8],而且表现在按国际贫困线(每人每日支出1美元)估计,中国的国际贫困线以下人口达到8.6亿(当时的中国人口还不到9亿),国际贫困线以下发生率为90%左右。[9]为了改变这种状况,国家采取开源放水的"效率优先"政策,以打破平均主义,迅速发展生产力。这就是"让一部分人、一部分地区先富起来"的政策初衷,没有这个政策,社会财富的"第一桶金"就没有办法开掘,中国社会的基层活力就无从谈起。财富先由那些最勤劳、最能干、最富冒险精神,当然也最善于利用体制资源甚至打破体制束缚的人群获得,这符合事物发展过程的规律。但是,如果没有必要的调节,先富后富这个本来只是财富增长呈现的时序分布问题,在社会机制上就会转化为或集中表现为通过分配领域而折射出来的具有社会对立意义的阶级分层结构问题。因此,在中国特色社会主义的实践中,先富只是共富的一个必经阶段,其功能只在于示范和激励,共富才是最终目标。需要指出,"共同富裕"的本质在于"共享发展",共富不等于对财富的等量平均占有,而在于全体人民共同平等地享受到有较丰富的可自由支配的物质生活和精神生活。习近平指出:"我们的方向就是让每个人获得发展自我和奉献社会的机会,共同享有人生出彩的机会,共同享有梦想成真的机会,保证人民平等参与、平等发展权利,维护社会公平正义,使发展成果更多更公平惠及全体人民,朝着共同富裕方向稳步前进。"[10]"让广大人民群众共享改革发展成果,是社会主义的本质要求,是社会主义制度优越性的集中体现。"[11]中国特色社会主义鼓励和引导先富,同时致力于共享发展,在先富与共享之间逐步建立合理适当的衔接路径,为保持中国社会的繁荣提供了合理的政策框架。

第三,中国特色社会主义坚持社会主义的民主集中制原则,同时也在加强中央集权国家体制能力的前提下实行国家权力体系和中央地方关系的功能性分权。在制度形态上,集权与分权反映了制度的系统性、结构性的特征,但在治理过程中,无论是集权体制还是分权体制,都兼有集权和分权的因素,集权或分权更多的是一种工具性的运用,一种基于信息成本约束或收益—成本比较的任务组织和管理要求的行权方式。中国无疑是一个以集中统一为根本特征的体制,但在功能层面,中国的改革开放是一个相当灵活的集权与分权交互使用的过程。例如在公共治理问题上,中国强调"党委领导、政府负责",这是权力集中的一面(集众智众力),即所谓"集权以调控";但面对许多具体问题,中国也强调"公众参与、社会协同",这就需要分权(分工定责自治),即所谓"分权以搞活"。而为了排除障碍、统筹解决问题,中国提出的"民主协商、法治保障、科技支撑",把集权与分权纳入民主、法治和科学的轨道,从而保证集权而不至于专断,行权不失于监督;分权而不至于分散,分工不流于牵扯。这种具有中国特色的国家治理模式是维持稳定与增长的重要条件。[12]从一般意义上说,集权与分权的平衡是处理中央与地方、政府与公民、发展与安全、民主与治理关系的核心问题,集权的边界是不能抑制社会的自主性、积极性和创造性,分权的底线是不得损害国家的法制统一、政令统一和市场统一。中国的高速增长和稳定增长正是在这个空间内实现的。显然,中国特色社会主义在制度原理上拒绝了西式分权制衡的政治设计,但在保证党和国家政治系统的"集中统一"的前提下,极大地包容和鼓励放权让利、分权搞活、分工协作等调动社会各方面积极性的重要诉求,以及通过不断完善权力监督制度、积极开展反腐败来构筑权力体系和权力运行的约束条件,以强大的制度效能支持了中国的高速增长。

平等与效率、先富与共享、集权与分权这些具有内在紧张的关系,是事物发展的对立统一的本来面相,是影响经济社会发展的基本制约因素。任何社会都会面临如何妥善处理这三大关系的挑战。新自由主义基于市场优先、限制政府的偏好,把扩大收入差距、分权竞争作为提高效率的基本方法;新权威主义基于"威权+市场"的理念把压抑劳动权利、实行低社会保障和低社会参与作为刺激增长的必要代价,这两种做法在绝大多数发展中国家的长期经济表现中都鲜有成功案例,也不符合中国经济社会发展的宗旨、规律和特点。比较研究表明,先后实行过新权威主义(官僚威权主义)和新自由主义的拉美国家,在尝试过西方经济学理论的所有商业模式后都失败了;容忍社会极度不平等的南亚国家如印度,也并没有带来人们想象的经济效率的稳定提高;而新自由主义和新权威主义交替使用的非洲国家,至今没有走出初始原材料资源输出国的供应链底层,仍然是世界上最不发达的一片大陆。相较于这些国家和地区,中国保持了30余年的高速增长和进入21世纪第二个十年以来的中高速增长,最重要的条件是维持了以上三组关系的动态平衡,因而能够为经济增长提供稳定持久的激励。

事实证明,中国特色社会主义具有一种内在的激励—平衡—调适机制,在通向民族复兴的现代化道路上,注重效率,但不会听任效率压倒权利平等;鼓励先富,但不会容忍先富造成财富鸿沟;支持放权让利,但不会允许分权削弱集中统一。坚持社会主义的平等原则、社会主义的共享理念、社会主义的民主集中体制,是中国特色社会主义的基本逻辑。人们要问,是什么支持了这一基本逻辑的运行?是什么维系了它的激励—平衡—调适机制?答案是人民中心主义。人民中心主义是中国特色社会主义的内核,当代中国致力于增长和发展所从事的所有活动,从根本上都是为了推进人民的共同富裕,强盛人民国家的综合国力,实现人民社会的共享发展。正如习近平指出:"以人民为中心的发展思想,不是一个抽象的、玄奥的概念,不能只停留在口头上、止步于思想环节,而要体现在经济社会发展各个环节。"[13]正是这个内核决定了当代中国的发展方向和中国通向不断繁荣之路的制度架构。

对中国成功奥秘的探讨只是本书的一个引子。建军兄在本书"写作说明"中提到，它主要不是对当代中国政治体系与政治制度的分析，而是把当代中国政治作为一个整体性的研究对象，从中提取当代中国社会主义政治学的基本原理和基本规律；它也不是只专注于研究范围的拓展和研究方法的创新，而是努力谋求政治知识体系的突破与贡献。我们看到，对中国成功的解读已经隐伏在这些富有新意且极具个性的系列阐释中，但这些阐释其实有着更加宽阔的视野和更加绵密的运思，如各章节标题所示。本书一共十五章，每一章都显示了这种立于历史和现实、紧扣实践和理论，致力于从政治学原理上寻求对当代中国现代化、中国现代国家建设和中国现代国家治理深度挖掘的恢宏视野。其中，第一章第三节的"根基与构造"，可以说构成了全书的主旨与诠释结构：当代中国政治以人民中心主义为价值原点，一切从人民的根本福祉出发，是现代国家治理的最高法则。这一最高法则决定了中国政治的道路选择必须是社会主义，因为"社会主义是一种旨在通过国家超越资本力量、实现资源回归社会、回归人民的整体性制度安排"。维系这一制度的基石是中国政治的三大原则：党的领导、人民当家作主和依法治国，它们相互融合、彼此支撑、有机统一，构成了当代中国政治文明充满活力的终极根源。在这个"有机政治"的统一体中，共产党的领导是最本质的特征，中国共产党为国家铸魂、为社会立命、为民族赓续生机、为中华开辟太平，它的组织逻辑和行动逻辑通过当代中国政治的结构和制度的规定，创造了一种联结历史和未来的新的公共生活，实现这种公共生活的方式就是全过程人民民主。"中国应当对于人类有较大的贡献"[14]，在中国共产党的领导下，中国的发展道路、经验及其形成的政治样态不仅应该造福中国人民，而且应该造福世界人民。中国不会把自己的制度强加于人，但中国的价值、中国的方案和中国的智慧充满了人类大同的关怀，所指向的可欲且可行的世界秩序是超越资本逻辑和强权逻辑的人类命运共同体。

中国的成功不仅是经济上的可持续增长，而且是认知方式上的变革及其所带来的社会政治发展的巨大进步。从这个意义上看，本书不仅为理解当下中国人从事的中国式现代化运动提供新的知识资源，而且也为如何借助新的知识资源改造中国的政治思维方式提供新的观察视角。"政治创造美好生活"是本书的点睛之

政治
逻辑

笔,也是本书的思想主体,看似朴素无华,却立意高远、境界非凡。人类社会有过各种不同的政治理想,落到根处不外乎是国泰民安、政通人和、丰衣足食、河清海晏,能满足公平、正义、安全、尊严与共富,即"人民对美好生活的向往",就是善治或优良的政治。当代中国社会主义政治学将会继续面临这些问题:如何更好地增进人民的福祉、实现既有条件下的最大善治、在制度变迁中成功应对挑战并创造新模式、在现代政治生活中不断发展人民民主,等等,这既是政治学创新知识体系、建设学科的要求,也是政治学参与社会实践、济世经邦的责任。如此说来,当代中国社会主义政治学的发展与价值,不仅取决于"形而上"的学术学科建设,如对于新知识资源和新研究范式的有效整合,同样取决于"形而下"的资政理论研究,考究其对于社会进步、民生幸福、国家治理的积极介入和贡献程度。在中国政治学自主性建构的过程中,这是值得复旦学人念兹在兹、常思常新的问题。

不忘初心,铭记使命,革故鼎新,不断超越。应本书主编建军兄、周旺老师和仕凯老师之邀,有幸为本书的面世写下以上几句话,权且作为一个短序,是祝贺,也是学习,更是期待。

注释

1. 王沪宁:《政治的逻辑:马克思主义政治学原理》,上海人民出版社1994年版,"写作说明"第1页。

2. 见"国家统计局介绍2021年国民经济运行情况"(国务院新闻办新闻发布会,2022年1月17日),"中国政府网"(http://www.gov.cn/xinwen/zhibo1/20220117fbh1/index.htm)。根据世界银行2021年7月发布的最新标准,高收入国家的"门槛"上调至人均国民总收入(GNI)超过12 695美元;中等偏上收入国家人均GNI超过4 096美元,但低于12 695美元;中等偏低收入国家人均GNI在1 046美元到4 096美元之间;人均GNI低于1 046美元的,均属于低收入国家。尽管世界银行按照人均GNI作为划分标准,但由于人均GNI与人均GDP在数值上差异不大,因此人均GDP也常被学界和市场拿来作为收入划分的参考。当然,在国新办新闻发布会上,国家统计局局长宁吉喆表示,我国人均GDP尚未达到高收入国家下限标准,与发达国家相比还有较大差距。我们应当清醒地看到,中国目前仍处于中等偏上收入国家行列。

3. 在这里,新权威主义的"权威"或"威权"是为自由市场经济的成长服务的,是保护资本增值及其经济秩序的手段。经济精英依赖国家、政治精英运作资本,他们都期待国家能够在工业化阶段实现"经济转型"(自由市场经济)。新权威主义相信,"经济转型"的成果迟早会突破威权的"政治管控",通向私有产权、竞争选举、司法独立的"普世秩序"。所以新权威主义本质上是新自由主义逻辑的另一种表述。

4. Barry Naughton, "Singularity and Replicability in China's Developmental Experience," in *Seeking Changes: The Political Development in Contemporary China*, Central Compilation & Translation Press, 2011, p.148.

5. 林毅夫、蔡昉、李周:《中国的奇迹:发展战略和经济改革》,上海三联书店、上海人民出版社1996年版,第19—35页。

6. 这里以"平等与效率"代替"公平与效率",是因为平等包括了起点平等、机会平等和结果平等,而公平更多地指向机会平等,在自由主义的语境中,机会平等意味着竞争条件和规则的平等,意味着只要满足机会平等,竞争中产生的输赢是自然合理的结果,本身就是"效率"的体现。换言之,追求效率导致的差异扩大(结果不平等)本身就被看作公平的,否认差异的"结果均等显然与自由相抵触"(米尔顿·弗里德曼、罗斯弗里·德曼:《自由选择》,商务印书馆 1982 年版)。而对社会主义而言,竞争导致的结果不平等是需要予以救济和调节的,起点平等、机会平等和结果平等在价值上是"一个都不能少",在实践中是统一的。只不过在当下,人们已经把"平等"的这一含义(起点、机会与结果的平等)赋予了"公平"概念,笔者默认了这一用法,在一般的情况下,也交互使用这两个词。

7. 亚诺·科尔内:《矛盾与困境》,中国经济出版社 1987 年版,第 106 页。

8. 胡鞍钢:《中国走向》,浙江人民出版社 2000 年版,第 3 页。

9. 胡鞍钢:《中国减贫之路:从贫困大国到小康社会(1949—2020)》,载潘维主编:《中国模式:解读人民共和国的 60 年》,中央编译出版社 2009 年版,第 237 页。

10.《习近平在中法建交 50 周年纪念大会上的讲话》(2014 年 3 月 27 日),《人民日报》2014 年 3 月 29 日。

11.《习近平谈治国理政》第二卷,外文出版社 2017 年版,第 199—200 页。

12. 在一般的文献中,通常把中国这一治理模式完整表述为"党委领导、政府负责、公众参与、社会协同、民主协商、法治保障、科技支撑"。

13. 习近平:《在省部级主要领导干部学习贯彻党的十八届五中全会精神专题研讨班上的讲话》,人民出版社 2016 年版,第 24 页。

14. 毛泽东:《纪念孙中山先生》(1956 年 11 月 12 日),载《毛泽东文集》第七卷,人民出版社 1999 年版,第 157 页。

写作说明

　　开宗明义,本书不是对当代中国政治发展进程的分析,也不是对当代中国政治体系与政治制度的研究,而是把当代中国社会主义政治作为一个整体性的研究对象,从中提取当代中国社会主义政治学的基本命题与基本原理。同理,本书不是致力于单一层面的研究范围的拓展和研究方法的创新,而是致力于政治知识体系的突破与贡献。一言以蔽之,本书可以说是继复旦大学前辈学者所开创的马克思主义政治学原理这一学科体系之后,复旦政治学同仁面对中国致力于推进国家治理体系与治理能力现代化这一新时代交出的一份答卷。我们希冀通过这一知识化的努力、原理性的提炼、体系性的构建为世界范围内的政治学界呈现出一个别开生面的理论画面。

　　当代中国社会主义建设无疑是人类历史上最为壮阔的实践。因为这一实践的展开有其三个方面的背景:一是没有中断的超长历史和文明体系,二是拥有14亿人口的超大型社会,三是拥有广阔地域的超大型国家。在以上三重背景相互重叠和相互交织的国家或文明体中推进现代化建设,可以说亘古未有。更为重要的是,以上三重背景又同中国与世界的交织、社会主义世界的起伏跌宕、全球化进程的推进,以及互联网时代的来临等重大变革叠加在一起,为中国社会主义现代化道路的展开增加了难以估量的复杂性。但是,中国就是在这一前无古人的事业中取得了巨大的成功。在没有现代化对象可以模仿、没有现代化道路可以借鉴、没有现代化模式可以复制的宏伟大业中,中国打开了现代化的新出口。这正是中国模式、中国道路和中国经验的魅力之所在,更是当代社会主义政治学魅力之所在。

　　那么,我们不禁要问,中国模式的现代化实践为什么能超越传统和超越西方呢?中国人为什么能够凭借自己的勤劳和智慧打开崭新的、且让一直居住在现代化大厦顶端的西方人百思不得其解的出口呢？

　　本书就是在直接面对以上疑问的基础上，萌发了构建当代中国社会主义政治学这一知识体系的冲动。因为当代中国社会主义现代化的伟大实践和伟大成果首先得益于选择了正确的道路、制度和治理模式。政治起到了现代化发动机的作用，党作为最高政治领导力量是聚合民心、凝聚能量的引擎。首先应当明确的是，社会主义，作为一种学说、理论、价值和道路，规定了当代中国政治发展的轴线。正是沿着这一轴线，以人民为中心，也就顺理成章地成为中国共产党和国家治理的宗旨。于是，本书提出了"政治是创造美好生活的基本形式"这一初心性、宗旨性的重大命题。这一命题的背后包含着我们重新定义政治的知识化努力，即政治不是价值的权威性分配，也不是多种政治力量的同台竞争和尔虞我诈，更不是资本保持其垄断地位的护身符，政治的初心和宗旨在于人民美好生活的创造。正如经济不是追求利益的最大化而是"经世济民"，文化不是凸显优势地位的霸权而是人与自然、人与人的共生，也就是《易经》中所说的："刚柔交错，天文也；文明以止，人文也。观乎天文，以察时变，观乎人文，以化成天下。"知识和文明的贡献不仅在于数量的增加，更在于标准的确立。达此目标的路径就是重新定义世界，重新确立标准，重新为自然、社会与政治"立法"。基于此，我们提炼出了实现美好生活的形态和主体，即有机统一的政治形态和不忘初心、回归初心的行动者。故本书贯通性、统领性、纲领性的命题就是：党的领导、人民当家作主和依法治国的有机统一。有机统一的政治的背后实际上说明当代中国社会主义政治形态是一种政治合成、一种政治创造、一种政治发明，更是一种新型的政治文明。作为最高政治领导力量的政党是当代中国通向现代化进程中最为重要的政治行动者。中国共产党不是西方政治学理论视野中的政党，她与竞争性、对抗性体系中的政党完全不同，她是"不忘初心、牢记使命"的先进政治力量，这就是习近平在党的十九大报告中所说的"不忘初心，方得始终。中国共产党人的初心和使命，就是为中国人民谋幸福，为中华民族谋复兴"。中国的历史、文化以及近代遭遇铸就了中国依靠坚强正确的领导求取人民幸福和民族复兴的政治基因。如果说党的领导、人民当家作主和依法治国的有机统一是本书统领性的命题，那么"中国共产党领导是中国特色社会主义最本质的特征"就是本书最核心的命题。因此,当代中国社会主义政治就不是像西方政治学那样去测算选举胜利的概率、去绞尽脑汁地搜寻选区划分的技巧与策略、去关注竞选胜利之后的职位分配,而是聚焦人民幸福和民族复兴的实现。正是沿着这一思路,我们承担起了重新定义民主的使命。即民主不是华丽政治剧场的表演,也不是对抗性政治体系中的相互否决,更不是资本逻辑统驭下的权力分享和权力分配,民主是"民意连续性的表达与实现"。连续性、不间断的表达民意和实现民意的过程就是全过程人民民主的实践。在这样的政治逻辑的世界中,本书就完成了重新定义政治和重新定义民主的任务。政治从根本上来说就是"政通人和、国泰民安",这既是社会主义本质的政治呈现,也是社会主义精神的外化成果,更是社会主义目标的最终落实。政通人和的前提是全过程人民民主中的人民当家作主,国泰民安的前提就是中国共产党领导的国家治理体系和治理能力的现代化。"政通人和、国泰民安"就成为政治的初心要义。这正是本书试图构建的当代中国社会主义政治学体系的原点。

基于此,我们提出了如下十四个重大政治命题,它们构成了当代中国社会主义政治学的基本体系和基本原理:

1. 政治是实现人类美好生活的基本形式;

2. 当代中国社会主义政治形态是党的领导、人民当家作主和依法治国的有机统一;

3. 党是最高政治领导力量,党的领导是中国特色社会主义的最本质特征;

4. 人民规定国家制度,国家制度实现人民当家作主;

5. 中国特色社会主义法治国家追求政治性与规范性相统一;

6. 国家治理体系与治理能力现代化是中国政治发展的总体目标;

7. 社会主义公有制是实现共同富裕的制度基础;

8. 国家与社会是共生关系;

9. 马克思主义是社会主义国家的理论武器;

10. 党对军队的绝对领导是政治建军的根本原则;

11. 协商与团结是中国政治运作的基本机制;

12. 自我革命是中国共产党的政治品格；

13. 民族复兴是中国人民的共同意愿与共同目标；

14. 构建人类命运共同体是人类社会的共同价值。

以上十四个命题的逻辑组合和逻辑推演而成的当代中国社会主义政治学体系，是价值论、宗旨论、形态论、制度论、动力论和目标论的统一与整合。当代中国政治学实际上就是社会主义政治学。社会主义是主导当代中国政治的"大道"。所谓政治逻辑，指的就是政治的本根、政治的灵魂、政治的道理。从这个角度来说，民族复兴、美好生活、共同富裕、消灭贫困等，均是当代中国"社会主义"大道的展示。资本主义政治学宣扬的合法性旗帜，背后是追逐权力、分享权力的"术"；社会主义政治学宣扬的人民政权与人民民主，是展示社会主义精神的"道"。西方人说的民主和平论、霸权稳定论、集体安全论就是"术"，人类命运共同体就是"道"。政治之术的背后是力量与计谋的组合，政治之道的背后是价值和情感的彰显。所以，本书的价值基点就是社会主义，目标是揭示社会主义政治之本根，即社会主义政治逻辑。政治是实现人类美好生活的基本形式，是当代中国社会主义政治学的宗旨。这既是对分配论、制衡论、对抗论政治观的超越与否定，也是回归政治之本意、重新为政治注入灵魂与关怀的使命与追求。当代中国社会主义政治形态是党的领导、人民当家作主和依法治国的有机统一。有机统一的政治形态包含两条：一是有机性，二是统一性。有机性展示了政治机体的唇齿相依，统一性展示了政治能量的聚合与投放。有机统一是中国合一文化、整体性思维在政治形态中的落实与展现。那么，这一有机统一的政治形态是如何运转的呢？这就是党的领导、人民当家作主与依法治国。党作为最高政治领导力量担负着完全不同于竞争性、对抗性政治体系中政党的使命。中国共产党不是居于权力之家，而是居于人民之家。当代中国政治体系不是为纳税人服务，而是为人民服务，换言之，当代中国社会主义政治体系不是按照资本的逻辑在运转，而是按照人民当家作主的逻辑在运转。依法治国是中国步入现代国家的重要表征，是现代化社会主义国家的基本治理形态。这就是当代中国社会主义政治学的三个重大命题：第一，党是最高政治领导力量，党的领导是中国特色社会主义的最本质特征；第二，人民规定国家制度,国家制度实现人民当家作主;第三,中国特色社会主义法治国家追求政治性与规范性相统一。由此可见,当代中国政治体系包含着完全不同于西方政治学和其他文明体系中的新型范式,因为它不是在神与人、国家与社会、集体与个人、自我与他者的对立逻辑和区隔逻辑中构建起来的,而是在有机统一、关联主义和良性互动的逻辑中生成的。以"分"彰显众意是西方政治的逻辑,以"合"汇聚民心是中国政治的逻辑。这就是钱穆先生在《国史大纲》序言中所说的:西方当务于"力"的战争,中国常务于"情"的融合。[1]在"分"的格局中必然要靠强力去获取和巩固优势地位,在"合"的体系中必然要靠民心、民意的支持与养育去追求整体性的安康与幸福。有机统一、关联主义和良性互动的逻辑得益于中国文化的滋养,得益于当代中国现代化成果的巩固,也得益于人民的认同与支持,更得益于中国共产党对治国理政之规律的把握。

沿着价值论、宗旨论、形态论的步伐,本书提出了落实社会主义原则与精神、保证党的领导、人民当家作主和依法治国有机统一的制度保障和制度体系。这就是如下五个重大命题的出场:第一,国家治理体系与治理能力现代化是中国政治发展的总体目标;第二,社会主义公有制是实现共同富裕的制度基础;第三,国家与社会是共生关系;第四,马克思主义是社会主义国家的理论武器;第五,党对军队的绝对领导是政治建军的根本原则。当然,任何国家的政治发展都不是平坦的,任何国家的政治体系都不是静止不变的。这样一个极为重要的问题便跃然纸上,那就是当代中国社会主义政治发展的动力何在?这也是本书贯彻辩证唯物主义和历史唯物主义方法论的重要体现,那就是对当代中国社会政治发展动力原理的呈现。基于此,本书提出了协商与团结是中国政治运作的基本机制、自我革命是中国共产党的政治品格这两个命题,从中我们可以发现当代中国拥有完全不同于西方资本主义国家、原苏联东欧等社会主义国家的政治发展动力机制。任何政治都是有其目标指向的,正如马克思主义政治学最终指向共产主义和自由人的联合体一样,当代中国社会主义政治学的目标指向则是通过如下两个命题体现出来的:第一,民族复兴是中国人民的共同意愿与共同目标;第二,构建人类命运共同体是人类社会的共同价值。

尤其需要说明的是,本书不是纯粹文本的产物,而是在历史与现实、文本与实践、中国与世界、范式与经验这四重维度的相互贯通中,去发现和揭示当代中国社会主义政治学原理。这主要是基于以下四个方面的考虑:第一,当代中国社会主义政治是在历史与现实的交融、现实对历史的超越中逐渐落实下来的,它既包含着历史的惯性,也拥有超越和突破的品格。第二,当代中国社会主义政治是在文本与实践的相互结合、相互参照、相互修正过程中落实下来的。政治领袖的文本规定了当代中国社会政治的基本原则,中国波澜壮阔的实践又不断催生着政治文本和政治理论的创新与发展。第三,当代中国社会主义政治不是像古代中国政治那样具有相对锁定的发展空间,它从立国的那一刻起,就与世界紧密地联系在一起。所以,本书把中国与世界的关系作为揭示和发现当代中国社会主义政治学原理的一条重要轴线,并且将它贯穿始终。第四,当代中国社会主义政治学的最大贡献就在于它实现了对诸多理论范式的突破甚至否定。许多被西方政治学奉为圭臬的范式在中国这块土地上失去了它以往的傲慢与自负。本书就是沐浴在超越西方政治学范式这一地平线之上闪耀着的社会主义政治学的光芒之中。综上所述,《政治逻辑》所揭示的十四个重大命题的逻辑关系、逻辑关联与以上四重写作背景的关系可以通过下图得以完整呈现。

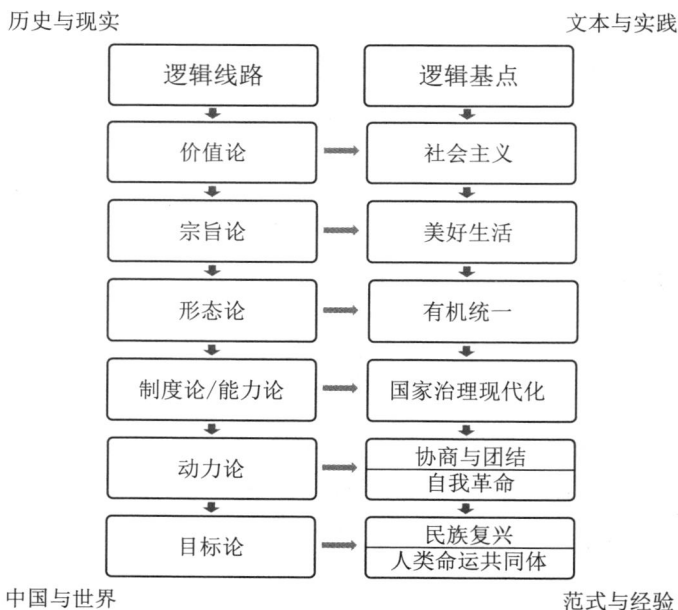

政治逻辑

历史与现实　　　　　　　　　　　　文本与实践

逻辑线路	→	逻辑基点
价值论	⇒	社会主义
宗旨论	⇒	美好生活
形态论	⇒	有机统一
制度论/能力论	⇒	国家治理现代化
动力论	⇒	协商与团结 / 自我革命
目标论	⇒	民族复兴 / 人类命运共同体

中国与世界　　　　　　　　　　　　范式与经验

本书是集体合作而成的成果。本书所有编写人员都是从复旦大学政治学这个家园中走出来的，他们汲取了复旦大学政治学的智慧与灵感，与复旦大学政治学有着永远不能隔断的血肉联系。复旦大学政治学既有精彩而绚丽的发展历程，也有崇高而光荣的使命。因此，本书编写者是一个志同道合的团队和集体。作为主编之一，我感谢他们的辛勤劳动和艰苦探索。

实事求是地说，我们的探索和思考还是初步的。我们希望我们的努力为当代中国社会主义政治学贡献绵薄之力，我们也希望当代中国社会主义政治学能够为人类政治知识体系添砖加瓦，使之成为人类政治知识世界中一颗耀眼的星辰，为人类探究政治现象的奥秘、分析政治现象的本质、揭示政治现象背后的规律提供智慧和启迪。因为在全球化时代，重新发现社会主义政治，重新彰显社会主义政治，重新提炼当代中国社会主义政治的原理，乃是迈向人类命运共同体的灿烂曙光和耀眼航标。

最后，我要特别感谢复旦大学国际关系与公共事务学院、上海人民出版社提供的鼎力支持。正是因为学院把本书列入学院发展规划，才促成了本书实质性的启动与撰写。正是因为上海人民出版社领导和编辑锲而不舍的督促，才促生了本书的面世。复旦大学国际关系与公共事务学院同仁李瑞昌教授、唐亚林教授、苏长和教授在本书撰写过程中贡献了很多真知灼见。尤其要感谢我院陈明明教授在百忙之中拨冗为本书作序，他撰写的精彩序言为本书增色良多。我院政治学系博士生夏蒙同学承担了很多联络性、服务性以及文字加工工作，费力劳神。在此一并致谢。

欢迎所有人对本书提出批评与建议。您的批评与建议是我们反思的动力，也是我们将来修订本书的重要凭据。

刘建军

2021 年 9 月 10 日教师节于复旦大学文科楼

注释

1. 钱穆：《国史大纲》（上册），商务印书馆 2010 年版，"引论"，第 23 页。

本书编者

刘建军，复旦大学国际关系与公共事务学院教授，政治学系主任，复旦大学当代中国研究中心主任。兼任中华人民共和国民政部基层政权与社区治理专家委员会委员、上海市民政局决策咨询专家、上海市社区发展研究会副会长、上海市居（村）协会副会长等。2012年7月—2013年7月曾挂职上海市民政局局长助理。主要从事古代中国政治制度、比较政治制度、基层政权与社会治理、城市政治学的研究。代表性著作有《单位中国》《社区中国》《古代中国政治制度十六讲》《当代中国政治思潮》(中文版2010年；韩文版2021年)、《居民自治指导手册》《中国现代政治的成长》《新中国根本政治制度研究》(合著)、《创新与修复：政治发展的中国逻辑》(合著)等。本书第一章、第二章"政治是实现人类美好生活的基本形式"第三节、第四章"党是最高政治领导力量"第二节第三目"比较视野中的新型政党"、第七章"国家治理现代化"第一节作者。

陈周旺，复旦大学国际关系与公共事务学院政治学系教授，主要研究国家理论与基层政治。先后出版《正义之善》《社区中的国家》《工人政治》(合著)等著作；翻译《论革命》《城邦的世界》《欧洲的抗争与民主》(合译)，在《政治学研究》《学术月刊》《文史哲》等学术刊物发表论文数十篇；多篇论文被《新华文摘》《中国社会科学文摘》《人大复印资料》转载；参与的"卓越为公：政治学一流专业育人模式的探索与实践"项目获得国家级教学成果二等奖、上海市教学成果特等奖。本书第二章"政治是实现人类美好生活的基本形式"、第七章"国家治理现代化"作者。

汪仕凯，政治学理论专业博士，现任复旦大学国际关系与公共事务学院教授、博士研究生导师；受教以来，以实现政治学理论本土化为志向，主要从事现代国家建构与发展、中国共产党与国家治理、历史政治学等领域的研究和教学。在《政治学研究》《世界经济与政治》《社会学研究》《学术月刊》等学术期刊上发表论文 60 余篇，出版专著 2 部，主持国家哲学社会科学基金重点项目和青年项目各 1 项；曾获上海市社联十大论文推介奖（2018 年）；兼任中国政治学会理事、上海政治学会理事。本书第三章"有机统一的社会主义政治"、第五章"人民民主"作者。

罗峰，中共上海市委党校、上海行政学院教授，中共上海市委党校、上海行政学院校务委员会委员、教育长，兼任中国政治学会副秘书长、上海市行政管理学会副秘书长等。主要研究兴趣为中国政党政治、社区公共治理等；上海领军人才、上海社科新人和上海市青年五四奖章获得者。主持包括国家社科基金重点项目在内的省部级及以上课题 10 项，先后 7 次获得省部级优秀成果一二三等奖，其中一等奖 2 项；著作有《嵌入、整合与政党权威的重塑》《社会的力量》等 4 部，在《政治学研究》《学术月刊》《复旦学报》《中国行政管理》等期刊上发表论文数十篇，有 10 余篇论文被《新华文摘》《人大报刊复印资料》等全文转载；有多项决策咨询成果获省部级及以上领导肯定性批示。本书第四章"党是最高政治领导力量"作者。

汪仲启，中共上海市委党校公共管理教研部副教授，主要研究方向为中国政府与政治、基层党建与社会治理创新。上海市委办公厅"1＋6"课题评估小组副组长。曾任《社会科学报》首席记者、记者部主任，连续五年参与全国"两会"报道。主持国家社会科学基金项目 1 项，国家社科基金重大项目子课题负责人，主持或参加省部级及以上课题 10 项。主要研究成果有：《实践民主：当代中国民主发展的历史与逻辑》（专著）；《权力运行制约和监督体系建设》（合著）、《中国国家治理现代化的探索与实践》（合著）、《党的全面领导与国家治理》（合著）；《百年大党正青春》（主编）、《走向现代社会治理共同体》（副主编）；在《学术月刊》《中国行政管理》《经济社会体制比较》《探索与争鸣》《复旦政治学评论》等权威与核心期刊及重要理论报刊发表论文 30 余篇。本书第六章"社会主义法治国家"作者。

李威利，复旦大学马克思主义学院副教授，兼任复旦大学党建理论研究基地执行主任，上海市"两新"组织党建研究基地研究员。主要研究领域为：比较政党、列宁思想研究、机关党建、国企党建、两新党建、社区党建、乡镇党建、党的建设与基层社会治理等。出版专著《城市基层党建指导手册》《协商之治：三会制度与基层民主《联动的力量：基层治理创新》等。代表论文有：《新单位制：当代中国基层治理结构中的节点政治》。本书第八章"共同富裕的制度基础"作者。

熊易寒，复旦大学国际关系与公共事务学院教授、副院长，中国政治学会青年工作专业委员会副会长，入选国家"万人计划"青年拔尖人才。主要研究兴趣为政治社会学和比较政治学，近期主要关注城市化、中产阶层、社会治理和族群冲突，在《中国社会科学（英文版）》《社会学研究》《世界经济与政治》《中国行政管理》《开放时代》《社会》《读书》，以及 China Quarterly，Security Studies，Citizenship Studies，Eurasian Geography and Economics，Japanese Journal of Political Science，Journal of Chinese Governance 等国内外学术刊物上发表论文 60 余篇，主持国家社科基金重点项目、青年项目和省部级项目 11 项，著有《城市化的孩子：农民工子女的身份生产与政治社会化》（中文版 2010 年；日文版 2018 年）、《你中产了吗？》（2015 年）、《平衡木上的中国》（2016 年），成果荣获教育部高等学校科学研究优秀成果三等奖，上海市哲学社会科学优秀成果一等奖、二等奖，上海市中国特色社会主义理论体系研究和宣传优秀成果一等奖、二等奖，首届"实践社会科学青年学者最佳专著奖"。本书第九章"国家与社会共生"作者。

张树平，上海社会科学院政治与公共管理研究所副研究员，兼任上海政治学会理事，主要研究领域为政治学理论、古典政治学、中国政府与政治，当前学术兴趣主要集中于历史政治学研究与当代中国政治研究。近年来主持国家社科基金一项，上海哲社项目两项，撰有《中国传统政治知识形态生成研究》（独著）、《政治建设与国家成长》（合著）、《政府体制改革的实与新：上海探索与实践》（合著）等学术著作，长期参与《中国政治发展进程》年度报告的编撰工作，另在《政治学研究》《学术月刊》《天津社会科学》《人文杂志》《人民日报》《解放日报》等学术期刊和报纸发表论文、文章多篇。本书第十章"意识形态领导权"作者。

郝诗楠，上海外国语大学国际关系与公共事务学院政治学系副教授、政治学理论专业博士生导师。兼任英文期刊 Chinese Journal of International Review 编辑部主任、上海市政治学会副秘书长、民盟上海市委理论研究会研究员、中国统一战线研究会基础理论研究上海基地研究员。2015 年入选上海市"晨光计划"；主持国家社科基金青年项目以及上海市哲社规划青年项目各 1 项;在中英文学术刊物上发表论文 30 余篇。本书第十一章"党对军队的绝对领导"作者。

肖存良,复旦大学马克思主义学院副教授,兼任中国统一战线理论研究会理事,中国统一战线理论研究会统战基础理论上海研究基地副秘书长,上海市统战理论研究会理事,上海市人民政协理论研究会会员等。研究方向:政党政治、中共党史、统一战线。在《学术月刊》《中共党史研究》《江苏社会科学》等刊物发表论文 70 余篇。代表性著作:《中国共产党与国家建设——以统一战线为视角》《中国政治协商制度研究》《平衡与优化:人民政协与政治体系研究》。曾获全国统战理论研究优秀成果一等奖、二等奖,上海市邓小平理论研究优秀成果二等奖,上海市人民政协理论研究优秀成果一等奖、二等奖等奖项。本书第十二章"协商团结的政治"作者。

李辉,复旦大学国际关系与公共事务学院教授、副院长,上海市监委第一届特约监察员,全国廉政学会学术委员会委员。主要研究兴趣为当代中国的权力监督与廉政建设、政治腐败的国际比较、职务犯罪的大数据分析等。在《中国社会科学(英文版)》《世界经济与政治》《公共行政评论》《中国行政管理》《社会》《开放时代》,以及 *Security Studies*,*Democratization*,*Modern China*,*Journal of Contemporary China*,*Problems of Post-Communism*,*Policy and Society* 等国内外学术刊物发表论文 40 余篇。著有《腐败、政绩与政企关系》(2011 年)、《当代中国反腐败制度研究》(2013 年)、《国外腐败问题研究:历史、现状与方法》(2019 年)。主持国家社会科学基金重大项目"完善党和国家权力监督理论体系与制度创新研究"。获得国家级教学成果奖,入选复旦大学卓学计划,获得 2019 年"上海社科新人"称号。本书第十三章"自我革命的政治"作者。

陈尧,上海交通大学国际与公共事务学院教授,兼任中国人权研究会理事、上海政治学会理事、上海市中国特色社会主义理论体系研究会理事等,党的十九届五中全会宣讲市委讲师团成员、党史学习教育市委讲师团成员。主要研究兴趣为比较民主化、中国政府与政治、城市基层治理。曾主持国家和上海哲学社会科学课题等多项。已经出版个人专著《民主的要义》《新兴民主国家的民主巩固》《新权威主义政权的民主转型》等 5 部,译著有《参与和民主理论》《现代化的政治》《政治过程》

等 4 部，另参与著、译作 10 多部。在《政治学研究》等专业刊物发表论文 100 多篇，在《求是》《人民日报》等发表理论文章多篇。著作曾获上海市哲学社会科学优秀成果二等奖。获"上海市高校优秀青年教师"、上海市"社科新人"、上海交通大学"教书育人"二等奖、上海交通大学优秀教师等称号或奖励。本书第十四章"实现中华民族伟大复兴"作者。

张骥，复旦大学国际关系与公共事务学院教授、院长助理、外交学系主任，复旦大学中外人文交流研究中心主任，法国研究中心副主任，教育部"中外人文交流高级研修计划"特邀专家，中国欧洲学会法国研究分会副会长，中国教育发展战略学会国际胜任力培养专委会学术委员会副主任，入选上海市青年拔尖人才、浦江人才、复旦大学卓学优秀人才等，《欧洲研究》等评审专家，《法国研究》等编委。研究领域涵盖外交学、国家安全、中国外交、法国及欧盟外交、中外人文交流等。著有《百年未有之大变局下的中法关系》《欧洲化的双向运动——法国与欧盟共同安全与防务政策》《世界主要国家国家安全委员会》，主编"中外人文交流研究丛书"。本书第十五章"迈向人类命运共同体"作者。

申剑敏，复旦大学政治学专业本科、硕士，管理学博士，2013 年入职上海政法学院，副教授。主要从事国家治理、行政组织、城市政治和区域合作等研究，在《南京社会科学》《北京行政学院学报》《上海行政学院学报》等核心期刊发表论文多篇，其中 2 篇论文被《人大报刊复印资料》全文转载，出版专著 1 部。作为课题组成员参与国家社科重大项目、上海市教育委员会本科重点项目等国家和省部级项目，主持完成校级课题 1 项。两次获评毕业论文优秀指导老师，开设《政府与社会发展》《市政学》《比较政治制度》《公共管理前沿专题》等课程。本书第七章"国家治理现代化"作者。

张兰，复旦大学国际关系与公共事务学院政治学系博士研究生，主要研究领域为中国政府与政治、基层政治、比较政治等，参与国家社会科学基金等多项课题，参与编写多本著作，在《复旦学报（社会科学版）》《华东师范大学学报（哲学社会科学版）》《甘肃行政学院学报》《复旦国际关系评论》《青年探索》《解放日报》等学术期刊和报纸上发表多篇文章，相关学术成果被《人大复印报刊资料》转载。本书第九章"国家与社会共生"作者。

目　录

政治逻辑

第一章　当代中国社会主义政治学的面貌与特色

第一节　来源与生成

1949 年中华人民共和国成立,标志着中国共产党实现了从"局部执政"到"全面执政"、从"边区执政"到"全国执政"的转变。从那时开始,社会主义建设的开创性实践,不仅为现代国家的治理与发展提供了独一无二的经验,而且也厚植了社会主义政治学形成和发展的土壤。如果把中华人民共和国 70 多年的经验、道路、模式作为一个整体来看,它孕育出了当代中国社会主义政治学这一独特学科。这一学科是我们解读中国社会主义现代化建设的重要知识资源。因为在中国这样一个具有超长历史的超大型国家与超大型社会中推进现代化建设,在古今中外是绝无仅有的,也没有可以模仿的道路与模式。现代化建设必须要有科学的理论来指导,与此同时,科学的理论也必须要在总结现代化建设经验和教训的基础上不断追求自身的完善与发展。

当代中国社会主义政治学的形成有着重要的国际背景。尤其是百年未有之大变局的降临,直接促成了当代中国社会主义政治学所具有的冷静和成熟的品格。从学理的角度来说,一是西方资本主义政治制度困境和历史局限性的显露与扩散,资本主义政治制度已经不能容纳恣意妄为的社会和风云突变的国际格局的重组,他们引以为豪的"民主制度"已经暴露出致命的弊端,听取众意的通道被高度极化的社会结构切断了,指引国家发展的公意"曙光"日渐黯淡,资本主义国家上层建筑与日益极化的社会结构、快速发展的生产方式、多极化国际格局、发展中国家对西方国家的全球资源垄断体系的挑战之间的矛盾,使其面临着前所未有的困境与危机。二是大批发展中国家的民主化进程充满各种风险与变数,尤其是那些一味效

1

仿资本主义国家政治制度的发展中国家,出现了严重的政治衰朽和政治动荡。三是苏联解体与东欧剧变引发的跌宕效应。可以说,苏联解体与东欧剧变是 20 世纪最为重要的历史事件。到目前为止,学术界还没有对这一重大历史事件提出令人信服的诠释。但是,毫无疑问,这一重大历史事件成为中国坚持和发展社会主义道路的一面镜子,中国从中汲取的经验和教训直接成为当代中国社会主义政治学形成与发展的最为重要的动力源泉。当代中国社会主义政治学作为指导和总结中国社会主义现代化进程的知识体系,是在马克思主义指导下,面对源远流长的中国政治传统,在反思和超越西方资本主义政治学体系以及系统反思其他国家政治变迁教训的过程中,逐渐孕育和成长起来的。其轴心是立足于中国现实,在科学总结中国社会主义现代化经验和成就的过程中形成了独树一帜的知识体系。概括来说,当代中国社会主义政治学的知识来源和思想来源包括四个方面。

一、马克思主义政治学

马克思主义政治学是当代中国社会主义政治学的基石和灵魂。马克思主义政治学是政治学发展史上全新的体系,不同于历史上或与马克思主义经典作家同时代的其他政治学体系,马克思主义政治学是建立在历史唯物主义和辩证唯物主义的基础上的,它从现实社会的生产方式和交换方式出发,科学地揭示了人类社会发展和历史进步的基本规律,分析了社会关系和经济关系对社会政治关系的作用,从而说明了政治现象的本质特征。马克思主义政治学根据揭示出来的人类社会和历史发展的必然趋向,提出了实现全人类解放的政治理想。马克思主义政治学的根本目的是通过揭示人类社会政治现象的本质特征,寻求改造世界、实现人类解放的途径和方法。马克思主义政治学的形成,使人们对政治现象的认识进入了一个新的时代。[1]马克思主义作为西方工业资本主义时代的批判性力量,深刻认识到资本条件下人的异化的经济社会根源,把为个体自由权利的辩护发展为争取阶级解放的学说,而阶级解放最大的障碍是由资本强制与扩张逻辑主导的管理资产阶级共同事务的委员会即所谓"现代的国家",因此必须通过废除这种国家的政治革命实现社会生产关系的改造。社会产生国家、决定国家乃至最终收回国家是马克思主义政治学国家理论的基本原理。[2]那么,马克思主义政治学对当代中国社会主义政治学的影响到底体现在哪里呢?它对当代中国政治发展以及中国人的政治思维世界又提供了哪些崭新的知识资源呢?马克思主义传入中国之后塑造出来的新型知识体系至少包含如下三个方面的要素。

一是政治认知知识。所谓政治认知知识就是指认知政治现象的工具,是在政治社会化进程中对个体进行塑造的知识元素。知识的功能就在于构建人们的认知世界。中国古代也拥有完整的知识传输体系。古代中国对政治的认知是从三字经、弟子规开始的。例如,大学以诗书礼乐为学习内容,而小学则以文字训诂为教授内容,故小学成为文字学的别称。《汉书·艺文志》说:"古者八岁入小学,故《周官》保氏掌养国子,教之六书,谓象形、象事、象意、象声、转注、假借,造字之本也。"古代政治知识传输的目的就是明人伦,即孟子所说的"父子有亲、君臣有义、夫妇有别、长幼有序、朋友有信"。这是支撑古代中国政治体系的知识基础和知识类型。伊斯兰世界对政治的认知是从《古兰经》开始的,西方人对政治的认知则是从《圣经》以及其他政治社会化的初级教义开始的。政治认知知识缔造了后来的政治价值观的起点。马克思主义传入中国之后形成的马克思主义政治学知识体系则从根本上改变了中国的政治认知世界。如下15个经典命题就是这一新型政治认知世界的体现:(1)政治是经济的集中表现;(2)政治是各阶级之间的斗争;(3)国家是阶级统治的工具;(4)国家是从社会分化出来的管理机构;(5)政治权力就是阶级的权力;(6)国家属性决定政治形式;(7)政治民主是阶级统治;(8)政党党派划分基于阶级划分;(9)政治是一门科学和艺术;(10)民族问题是社会革命问题的一部分;(11)社会存在决定社会意识形态;(12)社会发展促进政治发展;(13)革命是历史的火车头;(14)时代特征决定国际政治总格局;(15)人类社会必然向共产主义社会过渡。[3]以上15个经典命题不仅实现了对古代政治认知世界的突破,也为中国的现代化扫清了认知上的障碍,确立了中国现代化的主体和动力,为中国现代化打开了一条康庄大道。

二是政治分析知识。所谓政治分析知识就是指解释政治现象的概念、模型、理论与定律。美国政治学之所以拥有顽强的知识霸权,一个极为重要的原因就是它借助科学语言完成了对西方政治价值的知识化改造和知识化转述,从而形成了一整套解释政治现象的知识体系。例如,代议民主、多元民主、三权分立等,已经成为美国政治知识体系中不可或缺的分析工具。同样,古代中国的政治知识体系中也包含着影响至今的一套政治分析工具。古代中国政治分析的工具大致包括内外、轻重、礼法、文武、上下、名实、体用、干枝、高低、强弱等。这套工具就是古代中国进行政治分析的"手术刀"。政治分析概念的替代与更新实际上就是政治知识类型的更新和新型政治知识体系的构建,它直接成为塑造新型"政治人"的知识工具和知识资源。

马克思主义传入中国之后,中国的政治分析知识出现了前所未有的转型。但需要指出的是,知识体系的替代并未与传统知识体系彻底断裂,反而与其融合发展。马克思主义与中国古代政治的交融体现在如下几个方面:第一,马克思主义中的革命理论,实际上与古代中国"顺乎天应乎人"的政治认知是联系在一起的。换言之,它一旦借助"革命"两字完成对马克思主义革命理论的转译和转述之后,便立刻吸收了中国古代的知识元素,拥有了特定的中国文化内涵。第二,马克思主义的国家理论一旦借助"国家"两字完成了它的转译和转述之后,便立刻焕发出与中国文化相适应的生命力。这与孟子所说的"天下之本在国,国之本在家,家之本在身"有着难以隔断的古今关联。我们甚至可以说,"国家"与"家国"是可以互换与通用的。这种国家观念、个体与国家的关联,在西方政治知识体系中是比较稀缺的。第三,当我们用政治辩证法来转译和转述马克思主义政治学方法的时候,它已经与中国古代变通思想实现了有机的结合。阶级斗争的思想、物质世界与精神世界的关系、经济基础与上层建筑的关系,都可以从古代中国的阴阳之道中得到中国取向的阐释。《易经》中说:"一阴一阳之谓道,继之者善也,成之者性也。仁者见之谓之仁,知者见之谓之知,百姓日用不知,故君子之道鲜矣!"无产阶级与资产阶级的关系、国家权力与资本财富之间的关系、经济基础与上层建筑之间的关系、物质条件与精神世界之间的关系,都可以在中国的变通知识框架中重新焕发其现代生命力。当然,新型政治分析知识与传统的关联与嫁接是次要的,开新和突破是主要的。

三是政治规范知识。所谓政治规范知识就是对政治使命、政治关怀、政治理想的知识化表达。自由、民主、博爱、正义、平等等诸如此类的价值要素,在近代以来,经历了几轮知识化的改造,从而转化为西方现代政治学的规范知识元素。这是西方政治学能够确立起知识霸权地位的秘诀。中国古代知识体系中具有顽强生命力的"天下为公""大同""中和""中庸""仁政""道义""贤能""德治""爱人""正人""正己""正名""民本""信用",等等,必须要经过知识化的改造,才能成为支撑当代中国社会主义政治学的规范知识要素,它与马克思主义崇尚的共产主义、自由人联合体、人类解放等,都有着内在的关联和契合。这也是马克思主义能够与中国古代知识体系相结合的价值基础。

马克思主义政治学为中国共产党人开启的政治革命,不仅为中国人提供了崭新的知识资源,而且也借助新型的知识资源改变了中国的政治思维方式和政治分析方法。其中最为重要的体现就是从"党的领导"(中国新型政治文明得以立足的"体")和"社会主义"(中国新型政治文明得以立足的"道")衍生出来的新型政治知识和政治辩证法。我们知道,中国古代最为重要的政治发明之一就是带有现代性的科层管理体系。居于这一体系之上的是承载天道的君主,居于这一体系之下的是被治理的臣民。列宁主义为中国带来了崭新的领导力量,那就是政党对君主的替代。马基雅维利就认为政党替代君主是从传统政治向现代政治转变的重要标志。马克思主义对社会主义的探索直接唤醒了人民的力量。从臣民到人民的转换,成为中国政治实现实质性突破的最为重要的标志。如此一来,"君主—科层(士绅)—臣民"三者统一的体系就被"政党—科层(干部)—人民"三者统一的体系所替代。而且,中国共产党借助组织化的力量和新型的价值体系把传统的科层体系改造为服务于国家和人民、推动现代化建设的制度体系和干部体系。从这个角度来说,作为被统治者的臣民就被当家作主的人民所替代,传统的君主国家就被现代的政党国家所替代,古老的士绅国家就被新型的干部国家所替代。[4]古老的科层体系不是被披上一件崭新的外衣,而是在组织化的逻辑中得以彻底改造。贯穿科层体系的价值链条是崭新的,居于科层体系中的主体是崭新的。科层体系中的主体是被新型思想和新型知识武装起来的行动者。尽管传统的中央集权体系依然在延续,但它已经被注入了高尚的灵魂。这一替代的知识效应就是关于国家、制度、治理以及各种政治主体的认知工具和分析工具发生了史无前例的兴替。

二、中国传统政治学

中国传统政治学是人类政治知识体系的重要组成部分。我们不能因为亚里士多德写了一本《政治学》就把他视为政治学的创始者。诞生于春秋战国时期的各种经典实际上就是中国人创始的政治学的重要象征。传统中国虽然没有独设政治学这一学科，但这恰恰是中国传统政治学的特色和灵魂。正如钱穆先生所提出的：第一，治乱兴亡，多载实际政务，政治思想政治理论皆本实际政治来。此与经学无大异。故中国经史之学，可谓即中国之政治学。第二，中国政治最重实际经验，故政治学之重在实际练习与经验。第三，中国传统政治学常必有超于实际政治之一种理想之存在，这尤为重要。当然，惟中国人之政治理想，仍必本于实际政治而来，非凭空发挥为一套政治哲学之比。中国传统政治学既通史学，又通文学。通史学，则有道统、学统、政通；通文学意味中国最高政治理想之所寄。故钱穆先生作如下结论：西方政教分，政学亦分。其为学又主分，乃有政治学一专门，其实际政治则尚术不尚学。中国则"学而优则仕，仕而优则学"，必政学相通。尚术则为人所不齿。中国政治不专为治国，亦求平天下。同此人，能尽人道，同为一国，则其国治。同在天下，斯天下亦自平矣。[5]尽管中国传统政治学的知识要素在当代中国社会主义政治学体系中已经退居次要位置，但它铸就的精神、品格与追求却被完整地保留和延续下来，塑造了当代中国社会主义政治学的特色。

首先，当代中国社会主义政治学具有强烈的理想取向。当代中国社会主义政治学继承了中国传统政治学的理想传统，在融合各种现代性要素的基础上，展示了其崇高的价值关怀。这一价值关怀就是与中国的现代化、中华民族的伟大复兴联系在一起，当代中国社会主义政治学与以美国为代表的当代西方政治学的根本差异就在于此。美国学者多萝西·罗斯在《美国社会科学的起源》一书中就曾这样分析道：美国社会科学因其民族性起源而具有鲜明的特色。就像实用主义、新教原教旨主义或抽象表现主义那样，社会科学是现代美国文化的产物。它的自由主义价值、实用性偏好、肤浅的历史观和对技术专家治国的信心，是公认的 20 世纪美国的特征。对于国内外的批评者来说，这些特征造就了无关历史的、科学的美国社会科学，使其缺乏对历史差异性和复杂性的重视。……对于美国社会科学而言，它的显著特点在于借鉴自然科学而非历史科学的建立，并嵌入典型的自由个人主义的意识形态中。美国社会科学这种显著的特点对于美国的社会实践和社会思想有着深远的影响。历史世界是人造的世界，它由人、制度、实践和语言构成，这些都是人类的经验环境创造的，并通过权力的结构得以维持。历史学可以使我们获得一种对历史经验的批判性理解，并使我们可以去改变塑造这些历史经验的社会结构。相反，20世纪美国社会科学主流的社会模型则主张用一个假定先在的自然过程去理解历史。在这里，社会世界是由对自然刺激做出的个体行为构成的。资本主义市场和现代城市社会都可以被理解为自然的一部分。我们被导向了对自然进行量化的、技术性的操控，并对美国社会持一种理想化的自由主义想象。……美国人相信，共和制度的成功建立以及这块未经开垦的大陆所带来的自由机会，可以使美国成为千年王国，能够免除未来可能出现的质变，譬如现代性在英国造成的大规模的贫困与阶级冲突。内战前，这种美国例外论的观点将其社会科学引入了让时间静止的努力中。社会科学家找到了历史和自然的确定法则，它们使得业已建立的国家制度永存不朽。[6] 美国把自己视为"山巅之城"（a city upon a hill）。这就是"美国例外论"（American Exceptionalism）的思想根源和知识根源。但是，美国人犯了一个致命的错误，那就是把新型的知识体系还原为阻碍人类社会发展的"神学知识"。这里所说的"神学知识"，不是指中世纪关于上帝的知识，而是指把自身所创造的知识世界视为历史的顶点，置于傲视一切的绝对地位。所以，美国社会科学从诞生的那一天起就带有极强的"反历史"的特性。美国知识世界兴替的悲剧在于，它把新型的知识体系还原为抽干变革动力的神学知识。这样一具神学知识的僵尸，在日新月异的世界变革大潮面前，只能转向日益反动的保守主义。美国人克拉克所宣称的"没有社会主义的社会正义"（Social Justice without Socialism）也就成为一句空话。[7] 今天的美国，仍然固守居于"山巅之城"的例外主义的神学知识，继续沿着帝国主义的路径推动僵化的知识在世界范围内的传播。但这一战略已经与其内部困境与外部崭新的世界格格不入。从山巅跌落人间，注定了这套例外主义神学知识的苍白和疲软。与美国政治学把自己奉为居于山巅的"神学知识"不同，当代中国社会主义政治学则是与国家独立、人民中心主义、社会主义精神、民族复兴以及人类命运共同体紧紧联系在一起的。当代中国社会主义政治学超越了西方政治学极端主义的排他性特征，将自身安放在中国这块古老的土地上，在继承中国传统政治学理想传统的基础上，吐故纳新，绽放出崭新的理想之花。

其次，当代中国社会主义政治学具有强烈的实践取向。政治学具有天然的实践取向。在这一方面，当代中国社会主义政治学与中国传统政治学有着一脉相承的关系。中国传统经世主义是中国政治学的本土资源，其特点是讲究伦理为本、明道救世、家国一体、天下大同，落脚点不是个人，也不是阶级，而是家庭、宗族及其所构成的文化共同体；方法论特征不是本体论式的演绎，而是经验历史论的启示；政治统治的取向不是分权、竞争与适者生存，而是一统、协和万邦与天下太平；国家理论探究的重心不是政体更替的原因，而是天命何在、政道恒常的奥秘。中国经世主义预设了家国一体、家国兴盛的优先性，把人性放荡和失道暴君视为家国秩序的最大威胁，致中和、恤民生、大一统、公天下是政治学说的历史哲学基础。[8]如果政治学脱离了实践取向这一轨道，就会演化为一种技巧性的政治技艺。当代西方政治学就是在这样一条轨道上丧失了其存在的价值。因为社会科学的研究方法绝不是彰显研究技巧的职业化生存策略，更不是宣扬知识霸权的傲慢行为，而是接近真理、颂扬人类和社会关怀的积极行动。从这个角度来说，西方社会科学尤其是美国社会科学所推崇的"变量语言"（variable language）乃是对完整的社会事实与文明世界的肢解与阉割。近代以来，尤其是行为主义盛行以来的西方政治学之所以影响全球，一个极为重要的原因就是它借助科学语言完成了对宗教语言的扬弃。第二次世界大战以后，美国政治学之所以影响巨大，就在于它借助极端科学化、极端数字化、极端技术化的语言完成了对欧洲规范性政治知识的超越，从而拥有了貌似中立性的"知识霸权"。可以说，美国构建政治知识的科学化努力是当今世界最为彻底的，它一方面导致了美国政治知识体系包含着根深蒂固的"科学的傲慢"，另一方面也使美国政治知识体系显示出令人震惊的浅薄与短视，一旦历史的进程背离了政治知识所信奉的自然定律时，美国极端科学化、技术化的政治知识便立即显示出其致命的脆弱性，进而危及这套政治知识体系的传播与再生产。2001年发生的"9·11"事件对美国本土的冲击就是例证，它直接促成了美国科学化政治知识向文明冲突论的意识形态转向。当代中国社会主义政治学的实践取向体现为其所有的知识要素都是与中国政治发展道路结合在一起的。它既没有掉入技巧化的建构陷阱,也没有陷入反历史的漩涡,而是在与中国政治发展道路紧密结合、确立中国政治发展模式,以及在探索中国政治发展未来走向的过程中,形成了科学、完整的知识体系。可以说,当代中国社会主义政治学所关注的价值建构、制度建设以及推动政治发展的各种动力机制,都是在中国的历史—社会—文化土壤中所滋生出来的。

三、马克思主义中国化

马克思主义中国化既是一个马克思主义理论与中国现实相结合的过程,也是与中国固有知识体系相结合的过程,否则它绝不可能转化为改造中国社会的思想力量和知识力量。马克思主义中国化是沿着两条路径展开的:一是马克思主义意识形态化;二是马克思主义知识化。所谓马克思主义意识形态化就是指马克思主义成为中国革命与现代化建设的指导思想,是中国共产党领导中国革命和现代化建设的思想武器。所谓马克思主义知识化,就是指马克思主义借助中国文字、中国语言、中国知识表达方式、中国知识元素成为可传输、可沟通、可复制、可实践、可叠加、可信赖的知识系统。所以,我们说马克思主义中国化是一个宏大的历史命题,更是改天换地的历史事件。因为马克思主义不仅改变了中国的意识形态,也改变了中国的政治知识构造,更改变了中国政治知识的表达方式。但是,这一改变不是以与中国传统知识的相互隔绝作为前提的,而恰恰是以马克思主义与中国传统知识的结合作为基础的。马克思主义为什么能够在中国落地生根?为什么诞生于欧洲大地的马克思主义不断招致欧美统治者的异常警惕和持续排斥?其中的原因就在于马克思主义对资本大一统世界有着致命的颠覆力量。所以,西方政治知识的构建非但没有吸收马克思主义的思想元素,反而将其排斥在政治知识的构建轨道之外。国家权力依靠强制性的力量不断将其边缘化,把它压迫成一个孤零零的哲学流派。但是,诞生于欧洲大地的马克思主义却在中国开花结果。马克思主义不仅为中国革命提供了强大的思想武器,更为重要的是,它与中国传统知识相结合,改造了中国传统的政治知识体系,孕育出了开放性、革命性、能动性、辩证性的政治知识系统。马克思主义与中国传统知识的结合,应该被视为近代以来政治知识革命的代表性事件。对此,我们应该明白如下三个问题。

第一,马克思主义与中国传统知识结合的基础是什么?

马克思主义与中国传统知识结合的基础有两个:一是中国自古以来绵延已久的社会主义精神和反资本绑架国家的传统,二是中国传统知识中的实践精神。《西方的没落》作者斯宾格勒在《普鲁士的精神与社会主义》中分别从本体论和比较政治学的角度,阐明了对于"社会主义"以及德国文化意识形态的理解。就本体论来看,他认为,所谓社会主义,就是一种超越所有阶级利益的伟大政治经济制度在人生中实现的意志。从比较政治学角度来说,斯宾格勒把德国式的政治观念与英国式的政治观念对照起来,认为前者偏向共同体,主张社会主义,后者则着重于个体的独立,拥护个体主义。斯宾格勒的发现同样适合于中国。盎格鲁-撒克逊式的个人主义和自由主义在中国没有土壤。西方世界盛行的长子继承制和中国家庭制度中的财产均分制度,就说明中国家庭这个最为基本的经济单元和社会单元中,都有一种奉行家庭社会主义的制度安排。所以,马克思主义对社会主义的经典阐述自然就拥有了与中国传统知识相结合的先天性基因。与之相适应,社会主义精神和社会主义制度安排天然地要求国家拥有一种独立于阶级和资本之上的自主性。所以,与欧洲历史上的统治性政权、近代以来的财政—军事国家完全不同的是,在中国,国家具有自成一体的国家形成原理。在中国,国家的早熟特征塑造了历史上最早的自主性国家。"海内为郡县,法令由一统",中国的大一统孕育出来的郡县国家、考试国家,使其超越了地方利益和阶级利益。中国的国家政权不是统治性政权、掠夺性政权、侵略性政权,而是在全国范围内提供公共产品的保护性政权。依靠国家力量切断了阶级和资本对国家的绑架。可见,马克思与恩格斯在对私人利益和公共利益之间矛盾分析的基础上提出的国家自主性思想,是与中国自古以来的国家精神、国家原理、国家职能高度契合的。"公共利益以国家的姿态而采取一种和实际利益(不论是单个的还是共同的)脱离的独立形式,也就是说采取一种虚幻的共同体的形式。"[9]从马克思和恩格斯的表述来看,尽管采取的是虚幻的共同体形式,但是国家还是以公共利益的形式实现了对个体利益的超越,以国家权力独立性的形式保证了国家自主性。马克思和恩格斯以法国波拿巴主义为例子来论述国家自主性的问题,认为波拿巴主义利用各种手段,使资产阶级和工人农民进行对抗,在对抗中,使他们各自的利益保持暂时平衡。正是在这个过程中,国家自主性得以显现,即当各种社会力量势均力敌的时候,国家的权力作为表面上的调停人呈现出独立性。没有国家自主性,就没有社会主义精神的客观化,更不可能超越资本和阶级对国家的绑架与吞噬。所以,我们可以大胆地提出这样的判断,马克思主义之所以能够与中国传统知识相结合,孕育出关于国家和政治的整套新型的政治知识体系,就在于马克思主义国家理论与中国绵延已久的国家原理的内在一致性和高度契合性。

卡尔·马克思1845年在《关于费尔巴哈的提纲》第十一条中指出:"哲学家们只是用不同的方式解释世界,问题在于改变世界。"[10]这句话后来被刻在马克思的墓碑上。马克思说:"批判的武器当然不能代替武器的批判,物质力量只能用物质力量来摧毁;但是理论一经掌握群众,也会变成物质力量。"[11]马克思主义不是学院中的教条,也不是技巧性的文字游戏,更不是单纯的政治解释。马克思主义崇尚改变世界的实践。这个实践不是重复性的行为,而是改变世界的强大力量和关键节点。而中国知识中的经世致用传统,恰恰就是以崇尚实践作为其基本特征的。马克思主义的实践特质与中国知识的经世致用,同样具有天然的内在契合性。所以,一旦马克思主义进入中国,便立刻转化为知识阶层认知世界、改造世界的强大思想武器和理论武器。

第二,马克思主义与中国传统知识结合的机制是什么? 是什么力量促成了两者的结合?

马克思主义与中国传统知识的结合不是自发形成的,而是通过一系列复杂的机制得以实现的。换言之,马克思主义与中国传统知识的结合实际上就是马克思主义借助中国文字、对应中国实践的知识化进程。这一系列复杂机制至少包含如下几个方面:第一是转译。即马克思主义必须通过文字的转译,成为被中国大众所接纳的知识元素和知识表达。马克思主义经典著作被翻译的过程,实际上就是中国知识化的进程。马克思主义中的经典理论一旦经过中国文字的转译,便拥有了与中国传统知识相匹配的崭新内涵。国家、阶级、革命、意识形态、辩证法、经济基础、上层建筑等一系列概念工具，一旦借助中国文字得以表达出来，便立刻拥有了其特定的中国内涵。第二是转化。政治领袖在转化机制中扮演了极其重要的角色。如果说支撑西方政治文明的精神支柱是贵族文化，那么支撑中国政治文明的精神支柱就是领袖文化。这是难以否认的事实。所谓转化就是要把马克思主义转化为指导中国实践的知识工具。例如毛泽东的《矛盾论》《实践论》等一系列重要著作就是将马克思主义转化为中国知识元素的革命性创举。马克思主义转化为中国知识元素是推动马克思主义中国化的重要路径。第三是发展。所谓发展，就是指必须在中国现代化的历程中，不断对马克思主义注入新型的知识元素。改革、社会主义市场经济、全过程人民民主、多党合作制、政治协商、政治规矩、政治纪律、政治判断力、政治领悟力、政治执行力等概念工具，均已成为当代中国新型知识体系的重要元素。

四、现代国家治理经验

当代中国社会主义政治学不是封闭的，而是开放的。它的开放性体现在对人类社会治国理政之先进文明成果的吸收和转化之中。尤其是习近平关于治国理政的一系列阐述，为当代中国社会主义政治学的发展指明了方向。新时代中国共产党在治国理政方面的重大实践和突破以及新时代中国在推进国家治理体系和治理能力现代化方面做出的一系列努力，均已成为当代中国社会主义政治学的重要内容。可以说，伴随着近代的魏源发出"睁眼看世界"的呼声之后，中国就进入了汲取人类优秀文明成果的进程。中国文化中的变通哲学为中国汲取世界范围内先进的国家治理经验提供了勇气和智慧。现代国家先进的国家治理经验也顺理成章地沉淀到当代中国社会主义政治学的知识体系之中。

人类对国家治理的探索已经经历了漫长的历史时期。国家是人类文明演进过程中最为重要的政治发明。具有早熟性的文明体系曾经孕育出庞大的世界性帝国，这些世界性帝国的治理原理和治理形态为后来现代国家的治理提供了非常重要的参照。特别值得注意的是，现代国家在空间和要素两个层面上完成历史性的突破以后,就与早期城邦、史前国家以及昔日辉煌的世界性帝国完全区别开来了。可以说自现代国家诞生之后,探索国家治理体系的现代化进程就开始了。与现代国家形态和现代国家原理相适应,现代化的国家治理体系有其独特的制度、机制和要素。马克思和恩格斯尽管完成了对资本主义的本质性批判,但他们从来不否认作为现代国家资本主义国家在人类历史中的地位。资产阶级的发展过程既伴随着生产方式和交换方式的变革,也伴随着国家形态和国家治理的突破。正如马克思和恩格斯在《共产党宣言》中所说的:资产阶级的这种发展的每一个阶段,都伴随着相应的政治上的进展。它在封建主统治下是被压迫的等级,在公社里是武装的和自治的团体,在一些地方组成独立的城市共和国,在另一些地方组成君主的纳税的第三等级;后来,在工场手工业时期,它是等级君主国或专制君主国中同贵族抗衡的势力,而且是大君主国的主要基础;最后,从大工业和世界市场建立之时起,它在现代的代议制国家里夺得了独占的统治地位。现代的国家政权不过是管理整个资产阶级的共同事务的委员会罢了。资产阶级在历史上曾经起过非常革命的作用。[12]资产阶级在构建现代国家的同时,也给人类文明提供了新型的治理体系与治理能力。崇尚现代国家得益于战争逻辑的著名学者查尔斯·蒂利就曾经说过:要让真正的国家军队派上用场也得依赖统治者筹措钱粮的能力。统治者要建立军队,其短期策略是靠贷款;中期策略是攫取那些容易到手的财产;长期策略则是征税。因此,选择何种军事组织和战略对国家的性质有决定性的影响。[13]美国奥利佛·温德尔·霍姆斯大法官曾经说过一句非常经典的话:税是我们文明社会所付出的代价。[14]《评法国革命》作者埃德蒙·柏克也说过:国家的岁入即是国家。规范经济学家认为,国家岁入生产(revenue production)的历史即国家的演进史。人类社会中曾经没有任何产品,或者仅仅存在着私人产品。随着劳动分工和专业化的发展,人们更需要由国家来提供公共产品。在由国家提供物品和劳务的生产中,规模经济的引入,增强了国家提供公共产品的能力。而且,国家改善了对民众和资源的协调,这使国家能力得到进一步提升。居民逐渐认识到可以通过贸易获取收益,当然,他们也变得更加依赖国家。国家提供物品和服务增加的基础,在于它的岁入生产体系。[15]国家是神奇之物,日渐强烈的军事战争、经济竞争以及贸易战争,为国家职能的扩张提供了最好的借口。特别是当人需要借助国家识别来界定自己的身份、求取国家力量保护的时候,涉及国家能力的各种探索就冠冕堂皇地登上了历史的高峰。所以,现代国家所拥有的治理职能、治理技术、治理设计以及各种治理体系,也被有机地吸纳到当代中国社会主义政治学的体系中,成为支撑中国推进国家治理现代化的重要养料。

第二节 对象与体系

当代中国社会主义政治学的研究对象有着特定的时空限定。从时间维度来说,指的是 1949 年新中国成立之后的现代化实践;从空间维度来说,指的是在超长历史、超大型社会、超大型国家这三重背景叠加下的现代化历程中诞生的。首先,当代中国的现代化伟大实践与伟大成果是当代中国社会主义政治学最为壮丽的研究布景。中国现代化实践所孕育的"中国模式"以及在现代化进程中所形成的"中国道路"则成为最为重要的研究对象。因为到目前为止,现代化的成果还没有在超大型的后发国家中得以全面迸发。中国的发展无疑是人类历史上最为壮观的现代化场景。与之相适应,中国发展也成为 20 世纪中期以来丰富和发展现代化理论的最佳范本。当传统现代化理论面对中国成就而陷入解释困境和范式迷茫的时候,当代中国社会主义政治学对中国模式和中国道路的剖析,恰好为走出这一困境和克服这一迷茫提供了理论层面的佐证和知识层面的澄清。其次,最能体现当代中国社会主义政治特色的领域就是中国的领导体系与执政体系、制度体系与制度模式了。这两个领域也就顺理成章地成为当代中国社会主义政治学的重要研究对象。当代中国的领导体系与执政体系不同于其他任何国家,而且在价值、目标、策略以及技术方面,也完成了对传统中国的实质性、整体性超越。尤其是在全球范围内政治领导陷入全面性疲软甚至枯竭的时代,中国强而有力的领导体系从根本上保证了中国模式和中国道路的成功。可以说,当世界范围内很多国家在经受政治极化、权力透支、民主衰败煎熬的时候,中国正是依靠坚强的领导体系和执政体系保证了中国特色社会主义的顺利展开。再次,新时代奏响的推进国家治理体系与治理能力现代化的号角,成为中国政治现代化的最为重要的表征。体系与能力的二维并举是推动中国政治发展的战略选择。不仅亨廷顿提出的著名的"现代性带来稳定、现代化带来不稳定"的经典命题在中国不再灵验,而且中国对治理体系与治理能力现代化的探索,从根本上超越了绵延依旧的西方关于政治现代化的一系列假设和预判,开创了一条完全不同于西方资本主义国家政治现代化的道路与模式。最后,中国与世界的关系呈现出完全不同于古代天下主义、西方殖民主义的崭新特征。中国作为一个大国,无论在任何时候都是国际体系中极为重要的角色。中国与世界的关系也就成为极为重要的政治命题和学术命题。可以说,中国与世界的关系包含着中国哲学的世界想象、中国共产党的政治追求以及中国的全球责任等各个层面的内容,它既铸就了中国与世界的和谐共处,也孕育了中国参与、影响全球体系的中国智慧和中国经验。尤其是在中国致力于构建"人类命运共同体"的进程中,体现出了和平崛起的大国在人类文明体系和全球经济体系、全球治理体系中应该有的历史担当与国家责任。概括而言,当代中国社会主义政治学的研究对象包含以下几个方面的内容。

一、中国模式

毫无疑问,中国社会主义现代化的实践与成果已经铸就了中国独特的发展模式。这是中国模式得以确立的前提。目前中国模式不仅成为学术界的热门话题,而且也是全球关注的焦点议题。学术界关于中国模式的成果层出不穷。经济层面的混合模式与共同富裕模式,政治层面的协商、合作、团结模式,社会层面的和谐共生模式,政策层面的国家主导模式,以及国际层面的合作共赢模式,等等,均成为揭示中国模式之内容的重要维度。从当代中国社会主义政治学的角度来说,中国模式主要是指确立了以新型政党制度为载体的政党政治模式,以多元一体为指向的国家模式,以非对抗性为轴线的权力结构模式,以全国一盘棋、集中力量办大事为特点的治理模式等。中国在历史与现实、民族关系、权力机构关系以及中央与地方关系等四重维度上确立了与中国历史—社会—文化条件相适应的中国模式。

二、中国道路

中国道路说到底就是中国特色社会主义之路。习近平提出中国特色社会主义是由道路、理论体系、制度三位一体构成的。他又进一步指出：中国特色社会主义道路，是实现我国社会主义现代化的必由之路，是创造人民美好生活的必由之路。中国特色社会主义道路，既坚持以经济建设为中心，又全面推进经济建设、文化建设、社会建设、生态文明建设以及其他各方面建设；既坚持四项基本原则，又坚持改革开放；既不断解放和发展社会生产力，又逐步实现全体人民共同富裕、促进人的全面发展。[16]为什么中国道路成为当代中国社会主义政治学的研究对象？这是因为从现实角度来说，道路决定方向，道路就是生命；从理论角度来说，道路背后是一个国家和一个民族迈向未来的轴线和规范，道路背后就是一个国家和一个民族的"大道"。所有的制度安排和政策选择都是在这条道路所规定的逻辑中衍生出来的。有什么样的道路选择，就会有什么样的制度选择。道路选择决定制度选择，制度选择保障道路选择。因此，中国国家治理现代化需要解决的两大根本问题就是道路选择和制度模式的选择。在这两个问题上，是没有太多回旋余地的。它既得益于历史传统和社会结构等客观力量的孕育，也是领导阶级基于特定的政治立场、政治信条和政治追求而探索和总结出来的。2013 年 3 月 20 日，习近平在出访俄罗斯之前，接受金砖国家媒体联合采访。他谈道："正如一棵大树上没有完全一样的两片树叶一样，天下没有四海皆准的经验，也没有一成不变的发展模式。只有走中国人民自己选择的道路，走适合中国国情的道路，最终才能走得通，走得好。"[17]道路问题，决定着一个国家现代化的目标指向和政治属性。正如习近平所说："道路问题是关系党的事业兴衰成败第一位的问题，道路问题就是党的生命。"[18]纵观世界范围内各个国家的发展道路，具有代表性的就是两条道路：一是资本主义道路，二是社会主义道路。著名历史学家许倬云曾经这样说过："两次世界大战期间，世界各国分别走向集权国家发展国力的激进方式与民主国家推动社会福利的渐进方式这两条途径。这两条道路之间，有冲突有学习，彼此纠缠，至今还在进行之中。"[19]苏联解体、东欧剧变曾经一度让社会主义道路蒙上阴影，以至于美国学者福山喊出了"历史的终结"，即自由主义在苏联东欧的胜利意味着历史的终结，自由征服世界之日也就是历史终结之日。这显然是一种西方式的自大,甚至是西方文明尤其是美国文明塑造出来的一种愚昧与无知。且不说自由主义在苏联东欧的实现程度本身就值得疑问,更为重要的是苏联解体、东欧剧变非但不是社会主义道路陷入失败的征兆,反而是从反面证明了不走社会主义道路所带来的严重社会与政治后果。苏联解体与东欧剧变恰恰证明打着社会主义旗号的"官僚社会主义""特权社会主义""裙带社会主义"是走不通的。中国道路为什么能够走得通?有中国特色的社会主义道路为什么在全球范围内备受瞩目?这恰好说明了中国的社会主义道路不仅是适合中国国情的,也是符合社会主义之根本精神的。

习近平提出的"道路就是党的生命"这一论断,其实在革命战争年代就已经得到了充分的验证。中国共产党在探索中国化革命道路的过程中,显示出了富有远见的原则性、战略性和灵巧的战术性、策略性。特别是经历了长征后的中国共产党,在经验和教训的锤炼和洗礼中,她驾驭情势的灵活性策略使其具有愈来愈强的创新能力。一个显而易见的例证就是,共产党所坚持的阶级斗争的理论往往会随着客观情势的变化而变化,一个阶级的政治属性并不是被僵化地安置于革命与反革命这样一个两极对立、互不相容的结构中。正是这一创新力为其在抗日战争和解放战争期间积聚了丰富的政治资源,也吸收了更多的政治能量。例如在抗日战争期间,共产党人暂时放弃了没收地主土地的政策,主张减租。地主一般都拥有土地所有权,他们经过减租后收入仍有保障,并被允许参加当地的选举。共产党人宣布实行直接选举,用三三制来取代先前的苏维埃制度。[20]共产党富有弹性的创新力展示了一种高超的政治辩证法。当然,最能体现中国共产党创新力的莫过于它对中国革命主力军的寻找与定位。

毫无疑问,经典的马克思主义认为无产阶级革命的主力军是工人阶级。中国革命一度也把城市作为革命的主要阵地。但是,以毛泽东为代表的中国共产党人最终找到了革命的主力军,而且创造性地将马克思主义与中国实际相结合,走出了一条"农村包围城市"的道路,从而最终取得了革命的成功。道路就是党的生命。这是最好的佐证。事实上,走出这样一条革命之路,是很不容易的,是需要艰苦摸索的。中国革命以农民革命的形态表现出来,是经历了一个艰难的探索过程的。

中国共产党在革命道路的选择过程中所表现出来的创新能力是主观因素与客观因素的相互叠加所孕育出来的。就客观因素来说，1927年国民党所采取的"清党"运动使中国共产党在城市中的革命空间急剧萎缩，其首要任务就是要在国民党控制程度相对较弱的农村建立革命基地。当然，中国领导人特别是毛泽东对客观情势的判断对日后革命道路的选择是有决定性影响的。在国民党"清党"运动之前，毛泽东已经将政治思考的重心从城市转移到了农村。以研究毛泽东政治思想见长的施拉姆教授认为，毛泽东把工人阶级的领导这一原则植入他的信念：中国革命的命运最终有赖于农村所发生的一切。尽管这需要在一定程度上赋予农民一种与马克思主义的正统观念极不协调的阶级属性。[21]对中国阶级结构和革命策略有着特殊智慧的毛泽东，通过理论的建构解决了革命道路中国化的问题，正是由他推动的这次转型缔造了中华人民共和国。

西方学者也非常客观地指出，共产党人所坚持的马克思主义理论强调无产阶级作为反帝斗争先锋队的重要性，而在这方面中国共产党并没有取得多少进展。他们却不失时机地赢得了农民的支持。[22]源自俄国和欧洲的革命模式在其中国化的过程中发生了前所未有的转型。正如谢和耐所说："如果中国共产党人始终忠于由其苏联顾问强加给她的准则规范和从根本不了解中国实际情况的莫斯科发出的遥控指示，那么他们可能就永远无法获胜。……一场农民革命运动在农村是因违背苏联的指示并与正统的腔调背道而驰才得以发展起来的。大家在中国所发现的不是根据西方的陈旧传统和确保十月革命夺权的突发性城市起义，而是以农村包围城市的漫长过程。"[23]也许正是基于这一原因，在由美国学者主编的《世界文明的源泉》（*Sources of Civilization*）一书中，毛泽东的《湖南农民运动考察报告》赫然位于其中。在该书第六编"当代文明"中，与毛泽东同时出现的另两位是甘地和马丁·路德·金。编者对中国的农民革命是这样评价的："如果马克思看到共产主义在俄国生根很惊讶的话，那么他看到共产主义征服了中国，就一定会很震惊；因为中国的农业人口比俄国更多，只有很少的工业无产者人口。显然，按照正统马克思主义理论，这根本不是发生共产主义革命的地方。像在俄国的情况那样，共产主义在中国的成功与一个人——毛泽东的活动息息相关。毛泽东在实现两大目标方面作出了卓越贡献。首先,他将马克思主义的理论与实践应用于中国的实际情况。尽管缺少产业工人的基础,但是却面对上亿农业劳工,其中大部分生活在赤贫状况下,他便到这些农民中去寻找他的革命力量。……1926 年,中国内地的农民开始起来反抗地主,但是毛泽东的许多合作伙伴轻视他们的努力。毛泽东决定亲自去那些地方看看到底在发生什么事情。"[24] 所以,中国革命在历史上通常被认为是伟大的农民革命,甚至被称作农民革命的典型。当然,如果没有农民军队和广大村民的支持,中国共产党是不可能夺取政权的。但是如果没有共产党,农民们显然也不可能产生革命的思想。[25] 历史是如此惊人的相似,被邓小平称为"第二次革命"的改革开放,也是以释放农民的生产能量为起点的。20 世纪 90 年代以后在构建社会主义市场经济的过程中,更是以将近两亿农民工作为支撑中国崛起、平衡城乡与区域间不平衡,甚至是稳定中国社会的主体力量。显然,农村问题的解决是中国迈向现代国家的第一步。中国的革命道路和社会主义建设道路都印证了这一点。

在社会主义建设时期,选择什么样的道路,同样决定着中国的命运和党的事业的成败。"文革"时期将社会主义道路教条化、激进化,使党的事业、国家治理和社会经济的发展招致沉重打击。在这一重要历史背景下,中国到底要走什么样的道路,这个问题又摆在了全党全国人民的面前。中国找到了适合中国国情的道路,那就是中国特色社会主义道路。习近平2013 年在新进中央委员会的委员、候补委员学习贯彻党的十八大精神研讨班上的讲话中指出:"今年是邓小平同志提出建设中国特色社会主义进入 31 个年头了。邓小平同志开创了中国特色社会主义,第一次比较系统地初步回答了在中国这样经济文化比较落后的国家如何建设社会主义、如何巩固和发展社会主义的一系列基本问题,用新的思想观点,继承和发展了马克思主义,开拓了马克思主义新境界,把对社会主义的认识提高到新的科学水平。中国特色社会主义是社会主义而不是其他什么主义,科学社会主义基本原则不能丢,丢了就不是社会主义。一个国家实行什么样的主义,关键要看这个主义能否解决这个国家面临的历史性课题。历史和现实都告诉我们,只有社会主义才能救中国,只有中国特色社会主义才能发展中国,这是历史的结论、人民的选择。"[26] 那么,中国特色社会主义的基本原则是什么呢? 概括起来说,就是在中国共产党领导下，立足基本国情，以经济建设为中心，坚持四项基本原则，坚持改革开放，解放和发展社会生产力，建设社会主义市场经济、社会主义民主政治、社会主义先进文化、社会主义和谐社会、社会主义生态文明，促进人的全面发展，逐步实现全体人民共同富裕，建设富强民主文明和谐的社会主义现代化国家。其中的每一条都是至关重要的。就拿经济原则来说，邓小平提出了"贫穷不是社会主义"的伟大命题，也提出了"两极分化也不是社会主义"这个更加伟大的命题。1993年9月16日，邓小平在与其弟弟邓垦的谈话中就已经指出："十二亿人口怎样实现富裕，富裕起来以后财富怎样分配，这都是大问题。题目已经出来了，解决这个问题比解决发展起来的问题还困难。分配的问题大得很。我们讲要防止两极分化，实际上两极分化自然出现。要利用各种手段、各种方法、各种方案来解决这些问题。……中国人能干，但是问题也会越来越多，越来越复杂，随时都会出现新问题。比如刚才讲的分配问题。少部分人获得那么多财富，大多数人没有，这样发展下去总有一天会出问题。分配不公，会导致两极分化，到一定时间问题就会出来。这个问题要解决。过去我们讲先发展起来。现在看，发展起来以后的问题不比不发展时少。"[27] 1986年9月2日，邓小平在接受美国哥伦比亚广播公司《60分钟》节目主持人迈克·华莱士的采访时，曾经非常坚定地说："我们的政策是不使社会导致两极分化，就是说，不会导致富的越富，贫的越贫。坦率地说，我们不会容许产生新的资产阶级。"[28] 此后，邓小平不止一次重复"中国不能产生新资产阶级"这一重要命题。对邓小平的这一系列重要判断，习近平是有深切体会的。他认为实现共同富裕是社会主义的本质要求。十八届中央政治局常委同中外记者见面时，习近平强调要"坚定不移走共同富裕道路"。这是习近平代表新一届领导集体作出的庄严承诺。走共产党领导的道路而不走多党竞争的道路，走共同富裕的道路而不走两极分化的道路，走改革开放的道路而不走封闭僵化的老路和改旗易帜的邪路，走人民民主的道路而不走西方民主的道路，走社会团结、社会和谐的道路而不走社会分裂、社会隔绝的道路，所有这些都是国家治理中最为根本性的问题。道路走错了，再好的国家治理也必然会误入歧途。道路是对国家治理之政治属性、阶级属性和民族属性的基本规定。

三、领导体系与执政体系

中国的领导体系与执政体系在世界范围内独树一帜。之所以独树一帜,不在于它与其他国家在形式上的差异性,而在于其领导绩效和执政绩效上的差异性。西方学者在面对形式差异性的时候会显示出一种理论上的傲慢,但在面对领导绩效和执政绩效差异性的时候,顿时就会陷入理论上的迷茫与无奈。这其实是没有洞悉中国领导体系与执政体系之本质的体现。中国的领导体系与执政体系不是围绕赢得选举而构建起来的,而是以人民利益至上和民族复兴为目标而构建起来的。从这个角度来说,中国的领导体系与执政体系与资本主义国家相比,在制度起点和目标设定上存在着根本性、本质性差异。

2014 年 9 月 5 日,在庆祝全国人民代表大会成立六十周年大会上,习近平总书记提出了崭新论断:"中国共产党的领导是中国特色社会主义最本质特征。"2016年 7 月 1 日,在庆祝中国共产党成立九十五周年大会上,习近平再次强调:"中国特色社会主义最本质的特征是中国共产党领导,中国特色社会主义制度的最大优势是中国共产党领导。坚持和完善党的领导,是党和国家的根本所在、命脉所在,是全国各族人民的利益所在、幸福所在。"[29] 他又指出:中国有了中国共产党执政,是中国、中国人民、中华民族的一大幸事。只要我们深入了解中国近代史、中国现代史、中国革命史,就不难发现,如果没有中国共产党领导,我们的国家、我们的民族不可能取得今天这样的成就,也不可能具有今天这样的国际地位。在坚持党的领导这个重大原则问题上,我们脑子要特别清醒、眼睛要特别明亮、立场要特别坚定,绝不能有任何含糊和动摇。[30] 中国共产党是中国特色社会主义事业的领导核心,处在总揽全局、协调各方的地位。在当今中国,没有大于中国共产党的政治力量或其他什么力量。党政军民学,东西南北中,党是领导一切的,是最高的政治领导力量。中国共产党是执政党,党的领导是做好党和国家各项工作的根本保证,是我国政治稳定、经济发展、民族团结、社会稳定的根本点,绝对不能有丝毫动摇。[31] 从以上阐述我们可以得出这样的结论:在当代中国,领导体系与执政体系是一体的。也就是说,中国共产党是集领导与执政于一体的政党组织。中国共产党是在遵从领导规律与执政规律的双重前提下居于中国政治舞台中央的。这与领导日趋弱化、一味以获取权力为目标的执政党是有着本质区别的。从全球范围来看,以获取权力为单一目标的执政党实际上是以牺牲领导优势、领导远见为代价的。领导的短缺与政治发展进程因为周期性的选举而不断被打破、改道或中断,已经成为制约很多国家的政治顽疾。也就是说,很多国家的政党已经退化为赢得选举的政治机器和单一面目的执政动物。领导的蜕化和弱化直接导致了很多国家丧失了发展的目标与方向。中国独具特色的领导体系与执政体系的合一与统一,既保证了中国社会主义事业的方向,又开创出了一条富有中国特色的政治发展道路。

四、制度体系与制度模式

习近平指出:中国特色社会主义制度,坚持把根本政治制度、基本政治制度同基本经济制度以及各方面体制机制等具体制度有机结合起来,坚持把国家层面民主制度同基层民主制度有机结合起来,坚持把党的领导、人民当家作主、依法治国有机结合起来,符合我国国情,集中体现了中国特色社会主义的特点和优势,是中国发展进步的根本制度保障。他又说:中国特色社会主义制度是特色鲜明、富有成效的,但还不是尽善尽美、成熟定型的。中国特色社会主义事业不断发展,中国特色社会主义制度也需要不断完善。我们要坚持以实践基础上的理论推动制度创新,坚持和完善现有制度,从实际出发,及时制定一些新的制度,构建系统完善、科学规范、运行有效的制度体系,使各方面制度更加成熟更加定型,为夺取中国特色社会主义胜利提供更加有效的制度保障。[32]这一论断包含着如下命题:一是中国的制度体系与制度模式不是模仿的产物,而是中国独立自主和实践基础的产物。中国探索制度模式的进程秉承了独立自主的精神和传统。习近平说:"独立自主是中华民族的优良传统,是中国共产党、中华人民共和国立党立国的重要原则。在中国这样一个人口众多和经济文化落后的东方大国进行革命和建设的国情和使命,决定了我们只能走自己的路。"[33]二是中国的制度体系是由多种制度组合而成的,它们之间的关系不是相互对立、相互对抗和相互矛盾的,而是有机统一的。三是中国制度体系处于不断改进、不断优化的进程中。四是中国的制度体系不是服从于极端教条的政治价值标准,而是中国现代化事业的制度保障。我们在历史和现实、理论和实践、形式和内容的有机统一中,就能清楚地看到中国制度模式的独特优势。党的十九届四中全会表决通过《中共中央关于坚持和完善中国特色社会主义制度,推进国家治理体系和治理能力现代化若干重大问题的决定》,其中提出,我国国家制度和国家治理体系具有多方面的显著优势,主要是如下 13 个方面的优势:(1)坚持党的集中统一领导,坚持党的科学理论,保持政治稳定,确保国家始终沿着社会主义方向前进的显著优势;(2)坚持人民当家作主,发展人民民主,密切联系群众,紧紧依靠人民推动国家发展的显著优势;(3)坚持全面依法治国,建设社会主义法治国家,切实保障社会公平正义和人民权利的显著优势;(4)坚持全国一盘棋,调动各方面积极性,集中力量办大事的显著优势;(5)坚持各民族一律平等,铸牢中华民族共同体意识,实现共同团结奋斗、共同繁荣发展的显著优势;(6)坚持公有制为主体、多种所有制经济共同发展和按劳分配为主体、多种分配方式并存,把社会主义制度和市场经济有机结合起来,不断解放和发展社会生产力的显著优势;(7)坚持共同的理想信念、价值理念、道德观念,弘扬中华优秀传统文化、革命文化、社会主义先进文化,促进全体人民在思想上精神上紧紧团结在一起的显著优势;(8)坚持以人民为中心的发展思想,不断保障和改善民生、增进人民福祉,走共同富裕道路的显著优势;(9)坚持改革创新、与时俱进,善于自我完善、自我发展,使社会始终充满生机活力的显著优势;(10)坚持德才兼备、选贤任能,聚天下英才而用之,培养造就更多更优秀人才的显著优势;(11)坚持党指挥枪,确保人民军队绝对忠诚于党和人民,有力保障国家主权、安全、发展利益的显著优势;(12)坚持"一国两制",保持香港、澳门长期繁荣稳定,促进祖国和平统一的显著优势;(13)坚持独立自主和对外开放相统一,积极参与全球治理,为构建人类命运共同体不断作出贡献的显著优势。这些显著优势,是我们坚定中国特色社会主义道路自信、理论自信、制度自信、文化自信的基本依据。我们对以上 13 个方面的优势作如下的理论解析。

1. 组织优势

中国制度的组织优势体现在两个方面:一是依靠中国共产党这一领导核心确保统一的政治秩序和政治决策,二是依靠具有包容力和吸纳力的制度安排,实现国家与社会的良性互动和积极联系。这是成熟的政治辩证法在制度体系中的体现。

中国制度的组织优势首先体现为有一个超越私人利益、地方利益的政治组织——中国共产党。无怪乎,毛泽东特别关注中国共产党的领导权问题。他在《中国共产党与中国革命》一文中说:"领导中国革命和中国社会主义革命这样两个伟大的革命到达彻底的完成,除了中国共产党之外,是没有任何一个别的政党(不论是资产阶级的政党或小资产阶级的政党)能够担负的。"[34]邓小平提出的四项基本原则,最为重要的一条就是坚持共产党的领导。这已经成为后发现代化国家乃至发达国家极为羡慕的政治优势。正是因为有这样一个领导核心的存在,才能使决策获得一种超脱地位,使国家治理摆脱利益集团和资本力量的肢解和分割。正如习近平所认为的,坚持党的领导,发挥社会主义制度可以集中力量办大事的优势,这是我们的最大政治优势。目前,世界范围内很多国家的治理之所以陷入窘境和贫困,一个通病就是国家治理沦落为资本的附庸。这一现象在发达资本主义国家尤为严重。

政治逻辑

其次,相对于竞争性政治生态中的否决政体和党派斗争来说,中国的制度模式有利于保持党和国家活力,调动广大人民群众和社会各方面的积极性、主动性、创造性。调动各方积极性的政治优势,突出地体现在与人民政协和统一战线相匹配的各项制度安排中。邓小平就曾说过:"新时期统一战线和人民政协的任务,就是要调动一切积极因素,努力化消极因素为积极因素,团结一切可以团结的力量,同心同德,群策群力,维护和发展安定团结的政治局面,为把我国建设成为现代化的社会主义强国而奋斗。"[35]所以,习近平强调,做好人民政协工作,必须坚持大团结大联合。大团结大联合是统一战线的本质要求,是人民政协组织的重要特征。人民政协要坚持在热爱中华人民共和国、拥护中国共产党的领导、拥护社会主义事业、共同致力于实现中华民族伟大复兴的政治基础上,最大限度调动一切积极因素,团结一切可以团结的人,汇聚起共襄伟业的强大力量。中国制度模式的政治优势得益于这套制度与中国文化传统、国情特征、任务要求的吻合与匹配,也得益于中国政治家的高瞻远瞩和科学设计。

2. 结构优势

中国国家治理的结构优势主要体现在两个方面：一是党的领导、人民当家作主和依法治国有机统一的有机政治优势，二是能够集中力量办大事、全国一盘棋的制度优势。有机统一的结构优势是对西方对抗式政治体系和权力体系的实质性超越。邓小平曾一针见血地指出，美国的三权分立实际上就是三个政府。他认为："我们实行的就是全国人民代表大会一院制，这最符合中国实际。如果政策正确，方向正确，这种体制益处很大，很有助于国家的兴旺发达，避免很多牵扯。"[36]一些国家出现的民主透支、党派争斗，使得国家治理体系被各种关注私人利益的力量所肢解。各种政治力量打着公共和程序正义的旗帜，以牺牲国家治理的效率为代价，使自己站在一个虚假的捍卫人民利益的立足点上。以公共利益之名行捍卫私人利益之实，是很多国家的治理体系被肢解、被冻结、被阉割的根源所在。在这样的制度安排中，建设公共设施和克服公共危机蜕变为无休止的讨价还价，国家治理的效率也就彻底被牺牲掉了，人民期盼的公共利益也就蜕变为政治斗争的砝码。中国国家治理体系所秉承的中央集权原则与集分平衡原则，都不是依靠个人意志可以改变的，它渗透在中国的文化基因和政治审美之中。中国国家治理体系的单一性传统与欧美国家国家治理体系的复合性传统之所以代表了两种不同的治国理路，其根源在于国家形成的原理和路径是迥然不同的。中国近现代历史上关于联邦制的探索，之所以归于失败，乃在于它与中国文化基因是不相容的。中国在参与经济全球化的过程中，凭借单一制和中央集权所孕育出来的国家力量和国家能量，既能抗拒全球范围内利益集团对国家利益的分割，又能凭借国家力量为经济发展缔造统一性的秩序保障和制度保障。这就是中国国家治理的制度模式所显示出来的结构优势。2015年6月18日上午，习近平在贵州召开部分省区市党委主要负责同志座谈会，在谈到强化扶贫开发工作领导责任制的时候，他指出，把中央统筹、省负总责、市（地）县抓落实的管理体制，片为重点、工作到村、扶贫到户的工作机制，党政一把手负总责的扶贫开发工作责任制，真正落到实处。中央要做好政策制定、项目规划、资金筹备、考核评价、总体运筹等工作，省级要做好目标确定、项目下达、资金投放、组织动员、检查指导等工作，市（地）县要做好进度安排、项目落地、资金使用、人力调配、推进实施等工作。³⁷这一判断实际上揭示了中国制度模式的结构优势。"中央统筹、省负总责、市县落实"的结构性安排,可以最大限度地把中国制度模式的结构性优势发挥出来,可以把中国纵向治理、层级治理的结构性优势落到实处。当然,这一优势必须要与治理能力科学化的层级配置联系在一起,否则就会走向它的反面。

3. 发展优势

中国的制度模式具有"有利于解放和发展社会生产力、推动经济社会全面发展"这一显著优势。实践证明,中国的制度模式是具有强劲的发展优势的。这一发展优势是依靠市场"看不见的手"和政府"看得见的手"进行调节和激发的。所以,这一发展优势可以避免资本主义过分依赖"看不见的手"的弊端。进行改革开放以来,我国社会生产力获得了空前的大解放和大发展,国民经济发展已连续30余年保持着接近10％的年均增长速度,特别是在世界经济剧烈动荡的情势下仍创造了高速稳定增长的奇迹,现在已跃升为世界第二大经济体,成为世界第一大经济体指日可待。中国已经成为全球经济发展的重要引擎和推动力量。

4. 效率优势

中国的制度模式可以克服很多国家效率低下的弊端,因为中国的制度安排具有"有利于集中力量办大事、有效应对前进道路上的各种风险挑战"这一显著优势。中国的制度模式具有应对各种挑战的能力,能够最大限度地将其包容的效率优势彻底释放出来。事实证明,面对来自方方面面的挑战和考验,不断地办成大事、办好喜事、办妥难事,是新时期中国制度模式的一大亮点。特别是这些年来,中国成功战胜了非典疫情、雨雪冰冻、特大地震、特大泥石流等严重自然灾害;成功夺取了三峡工程、青藏铁路等重大工程建设,以及载人航天等重大科技项目的胜利;成功举办了北京奥运会、上海世博会、广州亚运会等国际性盛大活动;成功应对了国际金融危机对我国经济的严重冲击,率先实现经济回升向好,并在世界经济恢复中发挥着重要作用。诸如此类的"中国故事",生动展示了中国制度独特的效率优势。诸如此类的大事,在微小国家和被私有制锁定的国家中,的确是难以办成的。

五、国家治理体系与治理能力现代化

推动国家治理体系与治理能力现代化是新时代的重要任务。那么，怎样认识国家治理现代化呢？党在新时代对国家治理思想的重要贡献就体现在对国家治理的体系与能力两个维度的设定之中。体系与能力的"双维并举"就成为中国之治的重要特色。

在体系与能力两个维度中来理解国家治理现代化，是新时代中国探索国家治理现代化的重要成果。正如习近平所阐述的：国家治理体系和治理能力是一个国家的制度和制度执行能力的集中体现，两者相辅相成，单靠哪一个治理国家都是不行的。治理国家，制度是起根本性、全局性、长远性作用的。然而，没有有效的治理能力，再好的制度也难以发挥作用。同时，还要看到，国家治理体系和国家治理能力虽然有紧密联系，但又不是一码事，不是国家治理体系越完善，国家治理能力自然而然就越强。纵观世界，各国各有其治理体系，而各国治理能力由于客观情况和主观努力的差异又有或大或小的差距，甚至同一个国家在同一种治理体系下不同历史时期的治理能力也有很大差距。正是考虑到这一点，党才特别强调要把国家治理体系和治理能力现代化结合在一起提。从理论上来说，国家治理体系强调的是国家治理的结构，它涉及领导制度的完善、权力结构的优化等；国家治理能力则更多强调的是国家治理的能量、工具及其成效。

可见，在国家治理现代化的伟大进程中，治理体系和治理能力的双维并重就显得尤为重要。过度关注治理体系现代化会导致对原则和形式的迷恋，过度关注治理能力会导致政治体系弹性的缺失。与此同时，忽视治理体系的现代化则无法融入世界文明的大潮，忽视治理能力的现代化则会滋生无休止的不稳定状态。以上判断都是被中国历史经验和他国政治经验所证实的。从来源上来看，来自传统的大一统的政治体系、中央集权体系等，来自苏联因素的民主集中制、政党组织形态、列宁主义等，来自现代西方国家的代议民主、基层民主的思想与制度、市场经济的资源配置作用、现代管理思想等，都已经被有机地融合到当代中国的国家治理体系之中。从当代中国国家治理体系的结构维度来看，它是党的领导、人民当家作主和依法治国的有机统一。来源上的"复合政治"形态和结构上的"有机政治"形态，是

揭示当代中国国家治理体系总体特征的两个重要方面。

国家治理体系现代化的轴心是坚持和发展中国特色社会主义。这是我们理解新时代国家治理最为重要的出发点。正如习近平所指出的："推进国家治理体系和治理能力现代化，必须完整理解和把握全面深化改革的总目标，这是两句话组成的一个整体，即完善和发展中国特色社会主义制度、推进国家治理体系和治理能力现代化。我们的方向就是中国特色社会主义道路。"[38]国家治理体系现代化是对"五位一体"战略布局的全面提升和深化。党的十八大确立了国家治理的五大领域，即经济建设、政治建设、文化建设、社会建设、生态文明建设。国家治理体系现代化则必须将这五大建设领域的制度目标提炼出来，在各个领域形成更加定型和更加成熟的制度。所以，国家治理的五大领域实际上是一个整体，是要服从于全面深化改革这一面旗帜的要求的。因此，推进国家治理体系现代化已经不是靠单项领域的推进就能完成的，它必须转向整体推进。所谓整体推进，就是要把国家治理的各个领域纳入全面深化改革的战略要求之中。正如习近平所说的："全面深化改革需要加强顶层设计和整体谋划，加强各项改革的关联性、系统性、可行性研究。我们讲胆子要大、步子要稳，其中步子要稳就是要统筹考虑、全面论证、科学决策。政治、经济、文化、社会、生态文明各领域改革和党的建设改革紧密联系、相互交融，任何一个领域的改革都会牵动其他领域，同时也需要其他领域改革密切配合。如果各领域改革不配套，各方面改革措施相互牵制，全面深化改革就很难推进下去，即使勉强推进，效果也会大打折扣。"[39]所以，国家治理体系已经不是局限于单一层面的经济建设、政治建设、文化建设、社会建设和生态文明建设了，它是诸多治理领域组合而成的一个系统化的体系，至少包括政党治理、政府治理、市场治理、社会治理、文化治理、军队治理、公共安全治理、生态治理、城乡统筹治理、城市治理（特别是大城市治理和都市治理）、全球治理、腐败治理、司法治理以及互联网时代的治理，等等。[40]人类社会的发展已经把中国推至一个非常重要的位置，甚至影响世界局势的焦点位置。世界范围内的经济资源、文化资源和信息资源汇聚于中国，对中国内部治理和外部治理都提出了严峻的挑战。在这一特定情势下，新时代的国家治理体系就必然拥有更为繁杂的内容，必然拥有传统国家治理体系所不能包容的新逻辑和新挑战。

国家治理能力是依靠科学的战略规划、积极的介入行动、清晰的权责配置、有效的政策工具、先进的治理技术等要素支撑起来的。治理体系与治理能力相互支撑，互为表里。新时代国家治理的整体推进，致力于克服体系与能力的分离，突破体系与能力的失衡，在体系与能力相互促进、相互贯通的整合格局中，缔造新时代的"中国之治"。这是人类社会迄今为止，在世界上独一无二、历史传统绵延不绝的地域大国、人口大国实现治理现代化的伟大实践。受制于不同的政治立场、阶级属性和社会地位，人们对国家治理体系的理解是有着很大不同的。于是，对国家治理体系的评判也会出现很多价值上的纷争。但是，在对国家治理能力这一问题的理解中，国内外学术界和国家治理的实践者还是有足够多的共识的。国家治理能力最容易引发经济学者和战争研究者的兴趣。国家治理能力从最初的国家军事能力逐渐扩展到国家的资源汲取能力、再分配能力、公共产品的提供能力等。[41]我们认为，国家治理能力包括两个层面：一是国际层面的治理能力；二是国内层面的治理能力。特别是对于具有重要国际影响力的国家而言，国际层面的治理能力特别重要，如国际议程的设定权、国际规则的制定权、国际组织的领导权、国际事务的介入权、国际冲突的调停权以及本国国家安全的捍卫权等。国家介入和影响国际社会的能力是由硬实力和软实力两部分组合而成的，其中硬实力是决定性的，软实力是辅助性的。国内层面的治理能力则主要与资源汲取能力、公共产品提供能力、资源再分配能力以及强制能力、调控能力等联系在一起的。国家治理能力不仅对制度设计的要求比较高，而且还显示出对专业知识和专业精英的高依赖度。当然，在不同的发展阶段，受制于国家治理所面临的不同的任务情境，国家治理能力在其实现范围、目标指向等方面也就存在着明显的不同。就国内层面的治理能力来说，就是指国家权力的实践状态。具体而言，影响经济社会发展的国家治理能力包括汲取能力、再分配能力、强制能力、建制能力、协商能力。总之，国家治理能力是由国家外交制度、公共外交制度、公共预算体制、财政体制以及税收体制等诸多制度性要素组合而成的。

六、中国与世界的关系

一个国家尤其是一个大国如何处理与世界的关系，是近代以来很多国家面临的重大课题。马克思主义经典理论认为，资本主义国家按照资本主义的逻辑改造世界是其固有的本性，这直接导致了资本主义国家与世界的关系模式。对此，马克思和恩格斯在《共产党宣言》中揭示得最为透彻：资产阶级在它已经取得了统治的地方把一切封建的、宗法的和田园诗般的关系都破坏了。它无情地斩断了把人们束缚于天然尊长的形形色色的封建羁绊，它使人和人之间除了赤裸裸的利害关系，除了冷酷无情的"现金交易"，就再也没有任何别的联系了。它把宗教虔诚、骑士热忱、小市民伤感这些情感的神圣发作，淹没在利己主义打算的冰水之中。它把人的尊严变成了交换价值，用一种没有良心的贸易自由代替了无数特许的和自力挣得的自由。总而言之，它用公开的、无耻的、直接的、露骨的剥削代替了宗教幻想和政治幻想掩盖着的剥削。[42]按照资本主义的逻辑处理一国与世界的关系，既是资本的本性，也是资本主义国家的本性。曾几何时，人们羡慕的资本主义政治制度实际上是依靠对全球资源的剥夺和猎取作为巩固其制度优越性的代价的。资源的剥削铸就了制度的傲慢。这是国际政治经济学最为深层的逻辑。当发展中国家的发展阻断了资本主义国家在全球猎取资源的通道时，其内部的资源短缺立刻催生了资本主义政治制度缺陷和困境的彰显。从这个角度来说，资本主义国家与世界的关系呈现出严重的此消彼长的特点，而不是整体性的互利共赢与和谐共存。正是在这一残酷的历史场景中，中国的发展以及中国与世界的关系就成为重构全球秩序的最为宝贵的资源。因为中国可能是迄今为止唯一一个不依靠殖民、战争以及剥削而崛起的大国。中国对世界事务的参与，也是同中国与世界的关系模式一脉相承的。

与古代中国相比，当代中国的发展是在一个开放性、信息化、全球化的空间中展开的。我们知道，目前的全球治理体系是欧美国家特别是美国主导的。我们经常在电视上听到"某某事件引起了国际社会的关注"。但是，我们放眼望去，国际社会在哪里呢？我们看到的是联合国、世界银行、国际货币基金组织等国际组织，看到的是一个个的主权国家。"国际社会"在大多时候都是一个虚无缥缈的东西,甚至成为西方要挟发展中国家的工具。第二次世界大战之后,美国一跃成为头号强国,美国主导全球治理的法宝有三个:一是作为世界通货的美元,二是海外驻军,三是被美国改造成"普适价值"的"自由""民主"与"人权"等,即硬实力与软实力的组合。所以,有人认为美国霸权的支撑机制就是由外部的美国主导的自由主义国际秩序和内部的美元霸权以及美元霸权背后的石油美元的主导权。[43]以"软实力"这一概念风靡全球的美国学者约瑟夫·S.奈认为,美国的实力不仅体现在强大的政治、经济和军事力量上,更体现在文化吸引力、政治价值观吸引力及塑造国际规则和决定政治议题等软实力方面。事实上,没有软实力和硬实力的组合,是不可能支配世界的。美国借助资本和战争的相互哺乳获取巨额财富,必然导致自身的精神危机和国际声誉的坍塌。历史已经证明,西方世界在资本逻辑和战争逻辑中巩固其领导地位和支配地位的做法最终必然使其走向自我衰落。中国参与和主导全球治理的能力也是以软实力和硬实力作为基础的。只不过,中国的软实力不是美国崇尚的工具性"普适价值",而是和平共处、求同存异、互利互通、以文化人、互不干涉内政等终极性普适价值。纵观历史,任何国家试图通过武力实现自己的发展目标,最终都是要失败的。与此同时,支撑中国参与和主导全球治理的硬实力是以经济强国和军事强国作为基础的,尤其是依靠两者对抗由美国主导的压迫性的、不平等的国际体系。中国参与和主导全球治理的能力致力于构建人类命运共同体,它得益于中国文化的养育。中华优秀传统文化是我们最深厚的文化软实力,也是中国特色社会主义之根的文化沃土。而美国对霸权体系的膜拜则是美国物质主义文化和社会达尔文主义孕育出来的文化怪胎。

当代中国社会主义政治学是建立在当代中国伟大实践基础之上的,是在中国化的马克思主义指导下形成的知识体系。因此,它的整个体系是对中国这样一个超大型国家现代化进程和前景的分析和总结,是对中国政治发展道路的科学考察与系统提炼。在对当代中国社会主义政治学研究对象进行系统全面界定的基础上,我们提出了当代中国社会主义政治学的体系。这一体系形成的逻辑线路是,"以人民为中心"确立了这一体系的起点,在此基础上形成了有机统一的政治形态。

价值原点与政治形态共同构成了当代中国社会主义政治学的底盘。党作为最高政治领导力量，人民民主作为制度轴线，依法治国作为施政方略，形成了三者有机统一的政治形态。国家治理现代化、共同富裕的制度基础、国家与社会的共生、意识形态领导权、党对军队的绝对领导等方面形成了当代中国社会主义政治学的结构体系与主体体系。协商团结的政治与自我革命的政治包含着中国政治发展的运转机制与动力机制。实现中华民族伟大复兴和迈向人类命运共同体成为当代中国社会主义政治学的目标指向和世界指向。基于此，我们提出了如下 14 个重大政治命题，它们构成了当代中国社会主义政治学的基本体系和基本原理：（1）政治是实现人类美好生活的基本形式；（2）当代中国社会主义政治形态是党的领导、人民当家作主和依法治国的有机统一；（3）党是最高政治领导力量，党的领导是中国特色社会主义的最本质特征；（4）人民规定国家制度，国家制度实现人民当家作主；（5）中国特色社会主义法治国家追求政治性与规范性相统一；（6）国家治理体系与治理能力现代化是中国政治发展的总体目标；（7）社会主义公有制是实现共同富裕的制度基础；（8）国家与社会是共生关系；（9）马克思主义是社会主义国家的理论武器；（10）党对军队的绝对领导是政治建军的根本原则；（11）协商与团结是中国政治运作的基本机制；（12）自我革命是中国共产党的政治品格；（13）民族复兴是中国人民的共同意愿与共同目标；（14）构建人类命运共同体是人类社会的共同价值。以上14 个命题的逻辑组合和逻辑推演成为了当代中国社会主义政治学体系，是价值论、宗旨论、形态论、制度论、动力论和目标论的统一与整合。正是通过这一统一与整合，当代中国社会主义政治学完成了对政治和民主的重新界定。即政治不是价值的权威性分配，也不是多种政治力量的同台竞争和尔虞我诈，更不是资本保持其垄断地位的护身符，政治的初心乃在于美好生活的创造。正如经济不是追求利益的最大化而是"经世济民"，文化不是凸显优势地位的霸权而是人与自然、人与人的共生，也就是《易经》中所说的："刚柔交错，天文也；文明以止，人文也。观乎天文，以察时变，观乎人文，以化成天下。"如果说党的领导、人民当家作主和依法治国的有机统一是本书统领性的命题，那么"中国共产党领导是中国特色社会主义最本质的特征"就是本书最核心的命题。因此，当代中国社会主义政治就不是像西方政治

政治逻辑

学那样去测算选举胜利的概率,去绞尽脑汁地搜寻选区划分的技巧与策略,去关注竞选胜利之后的职位分配,而是聚焦人民幸福和民族复兴的实现。正是沿着这一思路,我们承担起了重新定义民主的使命。即民主不是华丽政治剧场的表演,也不是对抗性政治体系中的相互否决,更不是资本逻辑统驭下的权力分享和权力分配,民主是"民意连续性的表达与实现"。连续性、不间断的表达民意和实现民意的过程就是全过程人民民主的实践。在这样的政治逻辑世界中,本书就完成了重新定义政治的任务。政治从根本上来说就是"政通人和、国泰民安",这既是社会主义本质的政治呈现,也是社会主义精神的外化成果,更是社会主义目标的最终落实。政通人和的前提是全过程人民民主中的人民当家作主,国泰民安的前提就是中国共产党领导的国家治理体系和治理能力的现代化。"政通人和、国泰民安"就成为政治的初心要义。

第三节 根基与构造

一、社会主义:当代中国政治的价值属性与道路选择

中国政治发展的价值属性与道路基点在于社会主义。中国选择社会主义道路是由历史传统、现实要求、人民意愿,以及领导层的战略抉择、特定的国际环境等多重要素决定的。社会主义与中国文化基因的契合性、马克思主义对中国社会主义道路的指导,以及中国共产党对中国特色社会主义道路的理论总结和实践探索,共同构成了当代中国政治建设的价值属性与道路选择。社会主义作为一种意识形态能够与中国社会相结合,社会主义作为一种制度能够与中国现代国家的建设和现代化模式相结合,社会主义作为一种文化精神能够与中国传统文化基因相融合,一定是有难以窥探的深层次原因。就像"美国为什么没有社会主义"这一命题如此经久不衰一样,为什么中国一定要实行社会主义,也是一个有着无穷吸引力的重大命题。中国共产党的几届领导人都意识到这个问题,如果中国的发展脱离了社会主义道路,如果中国的发展导致了两极分化,那么,中国作为一个国家的整体性危机可能就要降临了。

首先,社会主义是超越资本主义的价值选择。社会主义所包含的所有价值取向构成了中国现代化的灵魂与追求。从这个角度来说,价值体系就成为当代中国社会主义政治学首先要关注的核心问题。《左传》中说:"国之大事,在祀与戎。"价值体系是国家治理赖以展开的轴线,它直接赋予国家治理以灵魂与关怀。人类历史上每一次重大的价值体系变革,都会成为政治革命和社会革命的前奏。中国春秋战国时代的百家争鸣是封建制趋于衰竭的象征,基督教在欧洲的胜利直接为神权政治提供了恰当的说明,欧洲的启蒙运动是人的时代代替神的时代的先声。马克思和恩格斯说:"当古代世界走向灭亡的时候,古代的各种宗教就被基督教战胜了。当基督教思想在 18 世纪被启蒙思想击败的时候,封建社会正在同当时革命的资产阶级进行殊死的搏斗。信仰自由和宗教自由的思想,不过表明自由竞争在信仰领域里占统治地位罢了。"[44]当现代国家替代狭小的治理单位成为最重要的政治实体的时候,它必须要拥有一套价值体系为其治理提供系统化的说明,通过某种价值的彰显与弘扬以显示国家治理的历史使命和目标指向。价值体系就是国家治理的心灵版图。但是,我们必须明白,不同国家、不同文明之间的价值体系之争绝不是单纯的观念之争,背后是利益之争。马克思在《神圣家族》里说过:"思想一旦离开利益,就一定会使自己出丑。"[45]懂得了这一点,就懂得了习近平提出"推进国家治理体系和治理能力现代化,要解决好价值体系问题"这一重大命题的根本缘由了。因为在资本主义的成长过程中,资产阶级按照自己的面貌为自己创造一个世界的本性自始至终都没有改变,资产阶级的野心不在于使自己的思想成为一国之内的统治思想,更要成为全球的统治思想。西方国家奉行的经久不衰的武力干涉战略、"和平演变"战略、"颜色革命"战略,均根源于此。对此,马克思和恩格斯解剖得非常透彻:"统治阶级的思想在每一时代都是占据统治地位的思想。这就是说,一个阶级是社会上占统治地位的物质力量,同时也是社会上占统治地位的精神力量。支配着物质生产资料的阶段,同时也支配着精神生产资料,因此,那些没有精神生产资料的人的思想,一般地是隶属于这个阶级的。占统治地位的思想不过是占统治地位的物质关系在观念上的表现,不过是以思想的形式表现出来的占统治地位的物质关系。因而,这就是那些使一个阶级成为统治阶级的关系在观念上的表现,因为这也就是这个阶级的统治的思想。"[46]在这里,如果把统治阶级换成"统治国家",对于资本主义诞生以来的历史同样是适用的。统治阶级的思想和统治国家的思想实际上是一致的,甚至在形形色色的资本主义国家背后,一直隐藏着跨越国界、利益高度关联、具有鲜明排他性的跨国垄断集团和跨国统治阶级。这个统治阶级捍卫其阶级利益的决心是异常坚决的,他们不允许任何新兴力量和崛起的国家分一杯羹。冷战时代对社会主义国家的围追堵截、后冷战时代假借"文明冲突"对中东地区和伊斯兰世界的干涉、经济全球化时代对中国和其他国家、地区进行的"颜色革命"策略,都暴露了价值体系之争、文明冲突背后的利益之争。中国推进国家治理体系和治理能力现代化的同时,如果不解决好价值体系问题,就会步已经爆发"颜色革命"的国家的后尘,成为资本主义经济链条上的末端环节,从而丧失对自身政治命运和经济命运的主导权。

在近代资本主义崛起之前,世界范围内的价值体系之争并没有充分展开。一个重要的原因就是马克思所说的世界的历史还没有真正形成。资本主义的崛起直接导致了资产阶级跨越国界,形成了世界历史的主导力量。资本主义在世界范围内的扩展和殖民孕育了资产阶级在价值上的征服欲望和独尊心态。从资本主义社会内部释放出来的价值观也就相应获得了资产阶级自我界定出来的"普适性"。与之相适应,"普适价值"也成为西方资本主义国家试图征服和控制整个世界的利器,是其在国际社会拥有文化优势地位的支点。正如英语是因为英美两国的霸权地位而在全世界扩展一样,任何一个国家崇尚的价值也正是依靠"硬实力"而拥有了所谓"普世地位"。在国际交往中,"硬实力"与"软实力"从来就不是截然分开的,两者是一枚硬币的两面。任何一个国家的霸权地位都是依靠硬实力与软实力的相互支撑才得以确定下来的。历史的偶然和巧合就在于,西方资本主义国家由于其在现代化进程中的先发地位和先发优势,故拥有了在全世界范围内推广其价值观的资本。其实,任何所谓"普世性"的价值,都是占据统治地位的阶级和占据优势地位的民族制造出来的。马克思、恩格斯在《德意志意识形态》一书中对这个问题已经说得很清楚了:"迄今为止人们总是为自己造出关于自己本身、关于自己是何物或应当成为何物的种种虚假观念。他们按照自己关于神、关于标准人等等观念来建立自己的关系。他们头脑的产物不受他们支配。他们这些创造者屈从于自己的创造物。他们在幻象、观念、教条和臆想的存在物的枷锁下日渐萎靡消沉，我们要把他们从中解放出来。我们要起来反抗这种思想的统治。"[47]西方人对自身创造的观念的迷恋程度已经达到疯狂的地步。这种疯狂来自西方文明根深蒂固的文化基因。这种文化基因根植于对亚里士多德式逻辑世界的迷恋和基督教的忠诚之中。欧美世界的文化殖民贯穿于近代以来的历史之中，依靠他们命名的"普适价值"为其霸道和扩张正名。由此可见，西方文明具有天然的扩张性和征服性。文化殖民是其国家战略的重要组成部分。一部西方文明崛起的历史，就是一部文化殖民的历史。尽管在第二次世界大战以后，有许多国家已经觉醒，第三世界的民族解放运动对西方的文化殖民释放出巨大的抵制能量。但是，以美国为核心的西方集团，并没有停止文化殖民的进程。加拿大学者梁鹤年提出："西方文化较重知识（求真），中国传统文化较重人性（求善）。追求知识，尤其是以机械性的逻辑去演绎不逻辑的人性，往往钻入死胡同。"[48]当这种所谓"求真"借助武力打开通道的时候，它就变成了一种知识暴力，变成了一种文化殖民。世界上的很多国家，尤其是印度、东南亚各国、非洲很多国家以及剧变之后的东欧，基本上都步入了追寻欧美"普适价值"的轨道。掉入西方"普适价值"陷阱的这些国家治理得怎么样呢？

任何人、任何国家都不能排斥终极意义上的"普适价值"。像孔子讲的"己所不欲，勿施于人"、康德讲的"人是目的"，都是人类社会要捍卫的普适价值。问题的关键是，一旦对普适价值的命名权、解释权、定义权被特殊群体和特殊国家所垄断，或者说，一旦普适价值成为政治扩张和彰显强权的工具与利器，那么，这样的价值就失去了普适性。例如，美国外交中的双重价值标准，说明它不是在捍卫普适价值，恰恰是借普适价值之名巩固自身的霸权地位。所以，接受终极意义的普适价值和接受被强权阉割过的"普适价值"，完全是两回事。诸多铁的事实证明，许多掉入部分西方国家所颂扬的"普适价值"陷阱的国家，并没有换来预期的秩序与繁荣。相反，从西方输入的民主已经蜕变为一件虚假的政治外衣。假借民主之名而进行的权力斗争撕裂了国家，降低了效率，错过了发展的机会。无休止的权力斗争和政党竞争引爆了残酷的暴力冲突。民主崩溃已经成为很多国家难以医治的制度难题。

于是,在许多第三世界国家,凡是跳出西方"普适价值"陷阱、奉行与本国国情相适应的发展道路的国家,就能立于不败之地。凡是对西方"普适价值"进行浪漫化处理的国家,都在经受着民主、自由等"普适价值"的煎熬。不可否认,将西方价值置于"普世地位"的观念在中国一些人的心目中还是存在的,认识的偏差和价值的错乱,并没有完全根除。把价值体系的重构视为推进国家治理现代化的重要组成部分,是新时代推进国家治理现代化的重要内容。中国要想依靠自身的文化软实力跳出西方"普适价值"的陷阱,基石在于发展。2014 年 5 月 4 日习近平在北京大学师生座谈会上的讲话中就指出:"中国已经发展起来了,我们不认可'国强必霸'的逻辑,坚持走和平发展道路,但中华民族被外族欺凌的时代已经一去不复返了! 为什么我们现在有这样的底气? 就是因为我们的国家发展起来了。现在,中国的国际地位不断提高,国际影响力不断扩大,这是中国人民用自己的百年奋斗赢得的尊敬。想想近代以来中国丧权辱国、外国人在中国横行霸道的悲惨历史,真是形成了鲜明对照。"[49]资产阶级为什么能够将其价值观演绎为普适性的文化力量? 就是因为它用商品的低廉价格来摧毁一切万里长城,迫使一切民族采用资产阶级的生产方式。它试图按照自己的价值观来创造符合资产阶级审美取向和利益需求的世界,这就是资产阶级思想上升为"普适价值"的终极根源。中国要想跳出西方"普适价值"的陷阱,根本的路径只有一条:那就是依靠中国道路、依靠中国发展、依靠中国制度来驱除资产阶级用他的法术呼唤出来的魔鬼。

自 17 世纪资本主义崛起以来,世界范围内的价值体系之争就从没有中断过。冷战时期两大阵营的对立是极端的价值体系之争,后冷战时代的"文明的冲突"仍然是价值体系之争的同义语,欧美世界与伊斯兰世界的对抗至今仍硝烟未散。资本主义对来自其他文明的对其价值体系的挑战具有天然的排斥性。资产阶级统治整个世界的野心与资本主义价值体系的"普世化"是一枚硬币的两面。尤其是在全球化、信息化、网络化时代,西方资产阶级按照自己面貌创造世界的手段和路径更加隐蔽,技术更加高超。因此,中国在推进国家治理体系和治理能力现代化的进程中,要解决好价值体系问题,就显得更为紧迫和重要。因为国家治理之魂就在于价值体系所释放出来的追求与关怀。国家治理如果没有正确的价值体系的引导,要么沦为西方价值观的附庸,要么遭致技术主义和工具主义的绑架。尤其是对于中国这样一个有着悠久历史的大国而言,它所追求的国家治理体系和治理能力的现代化,绝不是隔断历史的,更不是固步自封的,而是在历史与现实、守恒与创新中保持一种高度自信的品格。

价值体系是一个由价值要素和价值强度组合而成的体系。西方资本主义世界之所以在近代以来拥有了输出其价值观的资本,一个重要原因就是它借助资本力量和军事力量占领了价值体系的制高点,使他们标榜的自由、民主、人权、公平、正义等价值观念获得了一种所谓"普世地位"。美国政治学者亨廷顿说,普世主义是西方对付非西方社会的意识形态。这一论断实际上是把"普世主义"的本质揭示出来了。亨廷顿把西方国家的国际意图说到底了。早发现代化国家凭借其特殊的优越地位抢先占领了价值体系的制高点。这就是西方资本主义在全球范围内向非西方社会输出其价值观的资本。这无形之中强化了资本主义国家对其国家治理模式的自信与自满。

尽管西方早发国家过早抢占了价值体系的制高点,但他们在输出其价值观的过程中并不是一帆风顺的。非西方国家和社会对其价值制高点的质疑或批判一直绵延不绝,就是在资本主义世界内部,对其价值体系制高点的颠覆声也是不绝于耳。资本主义世界内部土著文化的觉醒与抗争、世界范围内神权政治对西方世俗化政治的抗击、社会主义价值体系对资本主义价值体系的致命批判、东方文化和东方价值观对西方文化与西方价值观的排斥与驱逐,都构成了对西方资本主义世界所占领的价值体系制高点的动摇。特别是在 20 世纪末和 20 世纪初,随着西方金融危机的蔓延和经济低迷的持续恶化,资本主义所占领的价值体系的制高点在世界范围内已经面临来自方方面面的多元文化的夹击和质疑。

价值体系的制高点总是与一国经济发展状况的好坏、一国国际影响力的强弱联系在一起的。中国的崛起为中国抢占价值体系制高点提供了难得的历史机遇。全球关注中国,不仅关注其经济走势,更关注其价值体系所释放出来的能量。构建充分反映中国特色、民族特性、时代特征的价值体系,就成为抢占价值体系制高点的基础。国家治理体系与价值体系应该是相互勾连、相互嵌入的。从历史上来看,影响世界的大国是集国家实力和价值影响力于一身的。世界范围内价值体系的重构与国际秩序的重构往往是同步的。一个国家的崛起往往其价值观也会伴随着扩展，一个国家的没落其价值观也会伴随着衰微。中国近代以来的被动挨打直接导致了中国古典价值体系的式微，法国在国际范围内影响力的弱化直接导致了法语的地方化和对法国革命传统的反思。在国际范围内，既存在着一个金字塔形的实力体系，也存在着金字塔形的价值体系。占据实力体系制高点的国家往往也是占据价值体系制高点的国家。因此，中国凭借其灿烂的文化传统、具有中国特色和民族特性的价值内核以及秉承社会主义原则的价值引领，居于价值体系的制高点，则是中国国家治理与文化自信相联结的前提所在。

其次，社会主义从根本上来说是一种超越资本主义的制度安排，它是以无产阶级为中心而不是以资产阶级为中心、以社会为中心而不是以私人利益为中心的制度安排。正如恩格斯所说：资本主义生产方式日益把大多数居民变为无产者，从而造成了一种在死亡的威胁下不得不去完成这个变革的力量。这种生产方式日益迫使人们把大规模的社会化的生产资料变为国家财产，因此它本身就指明完成这个变革的道路。无产阶级将取得国家政权，并且首先把生产资料变为国家财产。[50] 把生产资料变为国家财产不是最终目的，而是手段。如果封建主义的最终目的是人身控制，资本主义的最终目的是资本逐利，那么社会主义的最终目的是人的全面发展。正如恩格斯所说的：无产阶级将取得公共权力，并且利用这个权力把脱离资产阶级掌握的社会化大生产变为公共财产。通过这个行动，无产阶级使生产资料摆脱了它们迄今具有的资本属性，使它们的社会性有充分的自由得以实现……人终于成为自己的社会结合的主人，从而也就成为自然界的主人，成为自身的主人——自由的人。[51]

最后，在社会主义进程中诞生的美好生活状态，将社会主义取向的制度安排落实到人民的生活场域中，缔造了以人民为中心的社会主义生活政治。从宏观上看，社会主义是一种旨在通过国家超越资本力量、实现资源回归社会、回归人民的整体性制度安排。从这个角度来说，斩断资本绑架国家的通道是中国奉行社会主义道路的政治底线。这正是中国模式超越资本主义国家模式的要害之所在。从微观上来看,社会主义体制是与每个人的生活高度关联的制度设计,其要旨在于实现平等的、共享的生活政治状态。如果社会主义精神、社会主义制度、社会主义体系不能落实到每一个个体的生活的改善,那么这样的社会主义也就丧失了生命力。新时代中国打赢的脱贫攻坚战,正是社会主义最高价值的体现。告别贫困也就成为新时代最为壮丽的政治宣言,共同赋予的经济基础也就成为当代中国社会主义政治学的重要研究内容。

在当代中国现代化建设的历程中,如果把社会主义从宏观制度设计落实到基层生活领域,我们发现计划经济时代的社会主义体制实际上是通过"单位社会主义"体现出来的。社会主义体制作为一种整体性的制度安排,如何与一个个具体的人发生关系呢? 如何面对一个个活生生的人呢? 这是一个非常关键的问题。因为它不同于资本主义,会把一个个人驱赶到市场中去,把每个人的生命还原为市场化空间中的利益主体和交易主体,把个人的社会地位还原为市场能力的强弱。社会主义体制则是要把一个个具体的人镶嵌到整个国家机器之中,既要实现对每个个体的保护,又要实现对每个个体的调控。但国家不是抽象的,对于个体来说,国家只有把个体安置到实体化的空间和岗位之中,才能在个体与国家之间架起关联的通道。这就是计划经济时代独具中国特色的单位社会主义。

单位社会主义的基本特征就是个人与国家的联系是通过单位对资源的再分配体制得以实现的。单位作为国家的代理者或承载者,担负着为个人工作和生活提供所有资源的责任,也担负着调控个体行动和生活节奏的政治任务。单位在对资源进行再分配的过程中,秉承社会主义精神,在工资制度、福利制度、住房分配制度方面,力求贯彻平等的精神,把单位营造成标准的社会主义大家庭。在中国进入市场化改革进程之后,单位社会主义作为一种传统和精神特质,仍然得以延续,而且在局部领域反而呈现出更加强劲的功效。尽管个人对单位的依附关系出现松懈的迹象,但单位体制尤其是承担公共职能的行政单位体制和事业单位体制,依然在巩固和传递着单位社会主义的精神和文化。单位社会主义中的平等精神、主人地位、以单位为家的情怀,以及依托单位形成的社会治理体系,依然是中国社会结构没有被市场力量分解和分化的重要原因。

政治逻辑

当然，在社会主义市场经济得以推行之后，大多数人从单位中走出来，进入了一个与单位完全没有关系的新型生活空间，这就是社区。与以前的单位生活空间相比，现在的生活空间是由社会保障体系、基层公共服务体系、居委会制度、社会保险体制等多重社会性制度安排支撑起来的。这就是我们所熟知的从"单位人"向"社会人"的大转变。当单位社会主义作为一种情怀和精神日渐淡漠的时候，一种新型的社会主义文化在中国逐渐兴起，我们称之为"社区社会主义"。与单位社会主义相比，社区社会主义是怎样的一种精神特质和制度安排呢？

社区社会主义的根本就在于它不是把社区视为独立于国家之外的私人领域或绝对自治性的社团空间。在这个方面，西方人所熟知的市民社会、私人领域、自治性的公共领域、第三域等所有概念，与中国的社区都不是完全重叠的。社区社会主义虽然没有单位社会主义那样对其成员的资源再分配机制，但各种资源向社区的下沉、汇聚以及社区内部的资源整合、资源互补等是非常明显的。所有这些资源分配的机制都体现出了一种独具中国特色的社区社会主义精神。

既然社区要成为社会主义文化的展现空间，那么以政党引领为核心的社区治理体系就成为中国城市所有社区的一个基本特征。正如单位社会主义的领导力量是单位党委一样，社区社会主义运动的领导核心也是社区党组织或基层党组织。正是拥有至高合法性和唯一合法性的基层党组织，充当社区资源的争取者、串联者、整合者、开发者和分配者的角色。党建引领下的社区社会主义，避免了个人和行业性系统对社区资源的分割。我们在欧美国家经常看到"此为私人院落，禁止任何人进入"、"此为私人空间，进入者一切后果自负"的标牌。在个人主义和权利主义轨道上塑造出来的生活场域，实际上已经宣告了社区的死亡。这是典型的社区资本主义，从中释放出来的是资本的傲慢与权利的无情。就像德国哲学家哈贝马斯（Jürgen Habermas）所说的，生活世界完全被资本殖民了。在中国城市社区中，我们基本上看不到类似这样的捍卫绝对私有物权和空间权利的标牌。社区社会主义使得中国社区释放出一种温暖的气息。私人力量、资本力量、利己权利处于多种力量的监视之下，它们不能恣意无限扩张。社区这一公共生活空间和公共治理空间，没有被市场化的洪流完全吞没。波兰尼（Karl Polanyi）在《大转型》一书中所说的市场与社会的脱嵌、市场与社会的双向运动，在中国表现得并不是那么极端。这也是中国道路和中国模式的内在文化魅力。中国正是依靠社区中拥有社会主义性质的各种制度安排，将以上群体吸纳到社区公共空间之中，切断了边缘群体游离于社会体系之外的可能性。社区社会主义既表现为一种政治情怀，也表现为一种社会救济。在单位社会主义日渐淡薄的时代，社区社会主义成为支撑新型社会治理体系的精神支柱和制度保障。所谓共建共治共享、社会治理共同体，都是对社区社会主义的政策性表达。

在中国四十多年改革开放的历程中，我们发现社区成为保存社会主义文化传统的空间。当社区之外的所有空间都在契约化轨道上逐步推进的时候，社区却成为单位社会主义精神的转嫁之地，成为社会主义传统的沉淀之地。我们甚至可以进一步推论，将来能够将社会主义传统完整继承下来的空间可能就是社区。因为社会主义从根本上来说体现为权力、资源向社会的回归。权力回归社会不是一种抽象表达，而是一种制度安排，更要有实现的物理空间。社区具有彰显社会主义精神的禀赋与属性，因为它与每一个具体人的生活都联系在一起。从这个角度来说，没有社区社会主义的成长，就没有中国社会的稳定；没有社区社会主义的制度安排，以人民为中心的价值追求就失去了实践的空间与平台；没有社区社会主义的培育和巩固，中国的现代化进程就有可能脱离社会主义的轨道。

二、以人民为中心：当代中国政治的宗旨

如果用一句话来概括当代中国政治的宗旨，那就是"以人民为中心"。以人民为中心就是现代国家治理最崇高的理想与宗旨，是中国选择社会主义道路的必然结果。以统治阶级为中心、以资本为中心、以神为中心的治理，都是对人的蔑视。康德哲学之所以能够成为西方哲学的拐点，根本原因在于对"人"的发现。他提出的"人不是任何人的工具，而是自身的目的"就是今天大家耳熟能详的"人是目的"这一命题的完整表述。从此以后，哲学就不是神学了。康德哲学也就成为砍去自然神论的大刀。[52]当然，这还仅仅是思辨领域的革命，能否化为真实的政治实践，还

是有很长一段距离的。那么,如何将"以人民为中心"的价值追求转化到政策设计之中呢?如何将"以人民为中心"的价值追求内嵌于治理行动之中呢?这是新时代国家治理要解决的大问题。新时代的国家治理实践已经证明了这一点,那就是通过践行群众路线,完成对两千年以来形成的根深蒂固的"官本位"行政文化的彻底改造,从而形成"以人民为中心"的"民文化"。以人民为中心在施政原则上的集中体现就是群众路线。

我们知道,密切联系群众是中国共产党的三大作风之一。群众路线展现了新型的政党—社会关系。这不同于选举制度中的交易型关系,也不同于僵化的官僚体制中的压制与被压制的关系。这是鱼和水的关系、血和肉的关系。正如习近平所说的:"我们党来自人民、根植人民、服务人民,党的根基在人民、血脉在人民、力量在人民。失去了人民拥护和支持,党的事业和工作就无从谈起。我们多次讲,党的先进性和党的执政地位都不是一劳永逸、一成不变的;过去拥有不等于现在拥有,现在拥有不等于永远拥有。这是用辩证唯物主义和历史唯物主义观察得出的结论。保持党的先进性与纯洁性、巩固党的执政基础和执政地位靠什么?最重要的就是坚持党的群众路线、密切联系群众。"[53]这就说明群众路线是国家治理的生命线。也就是说,一旦背离了群众路线,党的事业就停滞不前了。与此同时,群众路线也是工作路线。也就是要把群众路线的要求贯彻到各项工作中去,这实际上是一个工作作风问题。习近平对这一根本工作路线的表述是这样的:"我们要坚持党的群众路线,坚持人民主体地位,时刻把群众安危冷暖放在心上,及时准确了解群众所思、所盼、所忧、所急,把群众工作做实、做深、做细、做透。要正确处理最广大人民根本利益、现阶段群众共同利益、不同群体特殊利益的关系,切实把人民利益维护好、实现好、发展好。要认真贯彻落实中央各项惠民政策,把好事办好、实事办实,让群众时刻感受到党和政府的关怀。"[54]懂得了生命线和工作路线的内涵,就懂得了"以人民为中心"的国家治理观的价值指向了。

四十多年的改革开放证明,中国共产党的执政方略在推动经济发展、保障和捍卫国家安全方面,取得了巨大成功。但有一个至关重要的问题需要我们去解决,那就是如何凝聚群众、凝聚党员、凝聚社会,使党依然保持与人民的血肉联系。这是关系到中国道路和中国模式成败的根本问题。邓小平就曾告诫全党:"如果我们的政策导致两极分化,我们就失败了;如果产生了什么新的资产阶级,那我们就真是走了邪路了。"[55]中国道路与西方国家道路的本质区别就是,中国国家政权没有陷入被资本绑架的深渊,资本对权力的统摄则是资本主义国家政治和经济危机的根源。依靠践行群众路线落实"以人民为中心"的治理理念,是中国道路的精髓所在。著名政治学者王绍光用"双轨民主"这一概念来揭示群众路线所具有的对代议民主的超越性和民本性。[56]

三、有机政治:中国政治的体系保障

当代中国政治不是板块式、机械式、反映不同利益集团政治诉求的三权分立,也不是神高国低的政教合一政权,而是一种有机政治。我们看美国政治体系中的三权分立,就会深深地感受美国的开国者把政治体系理解为一个机械式、可以人为切割的物理世界,其背后是不同利益集团、不同权力类型之间的斗争、冲突、抗衡与竞争。如果这套体系失去了丰厚的资源总量的支撑,其危机迟早是要爆发的。中国政治历来强调政治的有机性,天人合一、水能载舟亦能覆舟、道法自然等终极性的政治理念包含着塑造有机政治的文化基因和制度基因。当代中国政治的有机性就体现在党的领导、人民当家作主和依法治国的统一之中。党治、民治、法治不是机械式的组合,而是有机性的统一。有机性的捍卫与发扬则是当代中国政治文明充满活力的终极根源。反之,有机性的破裂和遗忘则使当代中国政治文明陷入无序和危机。那么,我们还要进一步追问,有机政治赖以立足的基础是什么? 有机政治形态中三者的统一性是如何实现的?

首先,人民代表大会制度是坚持党的领导、人民当家作主、依法治国有机统一的根本政治制度安排。[57]从这个角度来说,人民代表大会制度的有效运作,是决定中国有机政治得以展开的基础性条件。其次,有机政治作为一种政治精神和政治理念,还渗透在中国新型政党制度之中。"说它是新型政党制度,新就新在它是马克思主义政党理论同中国实际相结合的产物,能够真实、广泛、持久代表和实现最广大人民根本利益、全国各族各界根本利益,有效避免了旧式政党制度代表少数

人、少数利益集团的弊端；新就新在它把各个政党和无党派人士紧密团结起来、为着共同目标而奋斗，有效避免了一党缺乏监督或者多党轮流坐庄、恶性竞争的弊端；新就新在它通过制度化、程序化、规范化的安排集中各种意见和建议，推动决策科学化民主化，有效避免了旧式政党制度囿于党派利益、阶级利益、区域和集团利益决策施政导致社会撕裂的弊端。它不仅符合当代中国实际，而且符合中华民族一贯倡导的天下为公、兼容并蓄、求同存异等优秀传统文化，是对人类政治文明的重大贡献。"[58]有机政治的精髓就是把政治体系视为一个上下左右紧密联动的整体，而不是一个被利益集团、权力类型和部门利益分割的物理世界。有机政治的制度安排就是要促使政治体系能够良性运转、无缝衔接、上下联动、左右贯通。这是中国整体性哲学在当代中国政治体系中的落实与再生。正是在这个意义上，我们说，作为统一战线实践的制度形式的中国政党制度与一般国家的政党制度完全不同，其根本取向在于实现党的领导与人民民主的有机统一，即同时要承担双重的政治功能：一是为人民民主发展提供有效的实践路径和制度平台；二是为巩固和完善党的领导提供有效的政治基础和制度保障。[59]最后，有机政治体现在当代中国政治体系制度化、规范化、程序化的运作之中。这直接决定了依法治国成为党的领导与人民当家作主的联通者。在中国，法是党的主张和人民意愿的统一体现，党领导人民制定宪法法律，党领导人民实施宪法法律，党自身必须在宪法法律内活动。这就是党的领导力量的体现。党和法、党的领导和依法治国是高度统一的。只有在党的领导下依法治国、厉行法治，人民当家作主才能充分实现，国家和社会生活法治化才能有序推进。[60]总而言之，党的领导、人民当家作主和依法治国在价值、结构、制度、机制和过程等各个层面达到了一种有机的统一，从而避免了各种政治缝隙和政治陷阱的滋生和蔓延，掏空和净化了孕生否决政体、极化政治的土壤。

四、政党领导：当代中国政治的最本质特征

习近平指出：中国特色社会主义的最本质的特征就是中国共产党的领导。政党不仅为国家机器注入了高尚的政治灵魂，而且也成为汇聚民意、确定战略的领导力量，更是从结构和制度上规定了当代中国政治的组织逻辑。在社会主义现代化

建设的过程中,经济工作和经济领域就更加包含着政治问题,因为中国的现代化事业和经济建设本身就具有社会主义的政治性质。[61] 所谓社会主义的政治性质来源于高度组织化的政党。因之可以说,中国崛起的最为首要的因素就是坚持中国共产党领导。正如毛泽东所说:"领导我们事业的核心是中国共产党。"[62] 在中国,领导党是指中国共产党。领导党的"领导"作用主要在于政治领导,就是对国家政治原则、政治方向、重大决策的领导。纵观全球,现在普遍存在着"管理压倒领导"的趋势。政治领导力的疲软与缺失,是西方政治陷入困境的重要原因之一。政治领导因为权力分立、集团掣肘,从西方政治体系中逐渐隐退了。政治领导之所以处于被遗忘的境地,其根本原因在于政治领导实际上已经被政治统治和科层体系所替代。政治领导的空间已经受到严重地挤压。但问题的关键在于,我们看到在很多国家,由于政治领导的短缺,从而导致了政府的失败、制度的转型以及执政者的转移,特别是随着社会力量的日渐壮大以及互联网社会的崛起,政治统治和科层管理已经难以覆盖所有的交往空间,政治统治和科层体系的扩张使得执政者、政党以及领袖面对日渐复杂的社会问题而备受煎熬。政治领导的退却和短缺,正是中国为世界政治发展提供智慧的历史时刻。领导党的存在,是中国政治发展在组织化轨道上获取崭新生命力的基础所在。这样由政党来领导国家和整合社会的政党国家(Party-state)不同于多党制中政党轮流执政的资本国家。在资本国家中,政党屈从于资本,作为资本奴仆的政党其实是组建资产阶级国家管理委员会的临时代表。在政党国家中,其基本的逻辑线路是政党服从于人民的内在要求,代表人民治理国家。

五、全过程人民民主:人民当家作主的实现路径

由于民主本身包含着太多的矛盾、迷乱以及张力,以至于对民主的理解和论争从来没有真正退场。时至今日,学术界和政界必须要对民主正本清源地重新理解,以正视听。这是时代交给全人类的任务,也是时代叩响的文明钟声。正是在这一关键历史节点,习近平总书记提出了"全过程人民民主"的重要论断。这一论断将价值上的"以人民为中心""人民民主"与可操作、可观察、可测量的"过程"结合起

来,奠定了社会主义国家人民民主的实践方式,从而为破解民主悖论、克服民主困惑提供了一条通向未来政治文明的光明之路。

进入近代社会以来,民主便一直经受着各种悖论的煎熬。所谓民主的悖论,即人民的权力在代议民主的"委托—代理"关系之中,大都处于一种休眠状态,代议民主在很大程度上是以公民权的淡化或牺牲作为代价的。民主所经受的质疑、民主自身所产生的悖论,成为"民主的困惑"注定不能消退的根本原因。

若对"民主"一词追根溯源,可以发现其曾经是一个坏字眼。几乎任何一个人都认为,按照其最初的意义,即人民统治或政府遵从大多数人的意愿,民主就会成为一件坏事——对于个人自由和文明生活的优雅品质都会造成致命的危害。直到法国大革命时期,民主才不再是一个问题,而是成了具有普适价值的政治语汇中的一员。但是,基于对法国大革命后政治恐怖的惧怕,对民主的提防其实在西方的政治传统之中一直没有中断。

首先,就民主造成的政治后果来说,出现了一种"正当程序滋生出不正当统治"的现象。也就是说,民主不过是披在资产阶级和权贵阶级统治上的一层政治外衣。不难发现,马克思和恩格斯所言的"现代的国家政权不过是管理整个资产阶级的共同事务的委员会而已"[63]这一论断至今依然具有恒久的生命力。就拿美国为例,从1960年的大选之后,美国总统选举进入了以财力相比拼的阶段。那一次的大选中,约翰·肯尼迪(John F. Kennedy)凭借财团的支持与对媒体大量金钱的投入,于电视正在普及的美国开创了一种选举的新传统,先后在党内党外的竞选中击败了艾德莱·史蒂文森(Adlai E. Stevenson Ⅱ)与理查德·尼克松(Richard M. Nixon)。[64]同样值得关注的是,在被西方所"认证"的许多民主国家中,腐败问题甚为严重。民主选举、民主程序塑造出来的资产阶级的统治和权贵阶级的统治,已经从事实和结果层面完成了对资本主义民主的彻底否定。

其次,为资本主义国家所津津乐道的、最引以为豪的民主程序,已经变成了邓小平所说的三个政府之间的相互否决——邓小平认为三权分立就是"三个政府"[65]。以至于美国学者弗朗西斯·福山(Francis Fukuyama)也不无遗憾地指出,美国基于民主程序而创设的三权分立已经演化为不可收拾的"否决政体"。[66]而支撑西方政治理论之霸权地位的就是从古希腊绵延至今的"政体论"。从一定意义上来说,西方政治理论的傲慢就是政体论的傲慢,西方政体论的傲慢也就是民主论的傲慢。而著名政治学者王绍光将"政体"与"政道"视为中西政治之间的重要差别。[67]毋庸置疑的是,运用政体思维必然会将非西方世界的治理模式视为"异端",因为政体思维天然诉诸"合法性"这一概念工具。譬如当美国学者裴宜理(Elizabeth J. Perry)运用"合法性"这一概念解读中国的政治模式时,对西方理论与中国发展之间的非对称性也一筹莫展。[68]而王蒙则是直接提出用"合道性"替代西方民主理论中的"合法性"。他认为,在古代中国,更多强调的是权力的"合道性":君王、朝廷、邦国有道,有章法、有理念、有是非、有秩序,百姓才能安居乐业,共享太平盛世;无道,则国无宁日、人心乖戾、民不聊生、大难临头。[69]政道、合道性所关注的恰恰不是把制约和对抗奉为圭臬的"民主程序",而是关注民意、民心的实现程度——这恰恰就是"全过程民主"的题中应有之义,即从群众中来到群众中去(from the masses, to the masses)的过程民主和结果民主。

最后,随着西方世界之外国家的崛起与发展,全球资源流向和分布格局彻底被改变,而以剥夺全球资源为残酷代价而野蛮生长的西方文明已经达到了其前所未有的极限,依赖全球资源回流支撑起来的昂贵民主也就丧失了物质上的保障。从这个意义上来说,民主的极限在一定程度上也就是现代性的极限。当所有人沿着权利轨道恣意挥洒其民主诉求而又不可能在间歇性民主安排中得以实现其诉求的时候,就不可避免地导致了社会的碎片化。正像加拿大学者查尔斯·泰勒(Charles Taylor)对美国政治体系所进行的批评那样:危险的东西并不是现实的专制控制,而是碎片化——人们越来越不能形成一个共同目标并落实它。[70]西方政治,尤其是美国政治已经陷入这样一种泥潭:个人主义的无限泛滥、权利主义的狂飙突进,正在将西方政治拖入支离破碎的轨道之中。西方政治体系已经无法容纳恣意妄为的社会了,[71]这就是西方民主困境的社会根源。

在西方民主陷入整体性危机的时候,历史给人类社会提出一个重要的使命,那就是如要重新定义民主,其核心就是要探索从"选择民主"到"过程民主"的转型和突破路径。众所周知,民主的原意是指"人民的权利"或"人民的统治"。民主不仅

政治逻辑

仅是一种国家形态,也是一种决策体制和生活方式——民主是组织人们过政治生活的一种制度化途径。列宁指出:"民主是一种国家形式,一种国家形态。因此,它同任何国家一样,也是有组织有系统地对人们使用暴力,这是一方面。但另一方面,民主意味着在形式上承认公民一律平等,承认大家都有决定国家制度和管理国家的平等权利。"[72]

民主作为一种国家形态或国家形式,是一种在制度上最高层次的加工与改造。作为国家形态的民主使政治文明突破了古典的框架,它在制度上的表现形式就是代议民主(间接民主)对直接民主的替代。于是,民主就被定义为对治理者的选择——这也就顺理成章地成为西方民主理论最为骄傲的资本。故这样看来,民主还是一项未完成的事业,创建一个完全民主的社会是超越作为国家形态之民主的最终目标。[73]

面对"民主的悖论"和"民主的困惑",资本主义国家必须要完成对民主的进一步加工改造才能为其政治统治提供合法化的论证。于是,近代政治科学通过对作为价值的"民主"的知识化处理和生产,提出了一系列令人眼花缭乱的民主理论范式,如自由民主(弱势民主)、多元民主、参与民主(强势民主)、审议民主等。但是,近代政治科学的主要任务却不在于测量民主的实质及其实现程度,而是侧重于民主知识本身的生产与创造——民主"名"与"实"的次第关系被颠倒了,甚至是"名"将"实"遮蔽了。纷繁迷乱的民主范式一方面形塑了貌似独立、客观的知识系统,另一方面又构成了资产阶级民主制度的理念基础——这在米歇尔·福柯(Michel Foucault)关于"知识—权力"关系的阐释中得到了淋漓尽致的表达,他认为对于"知识"的生产本身便会成为一种施行权力的方式,其力图通过利用"知识"来更加科学地、巧妙地、全面地达成某些政治上的目的。[74] 以"选择"和"竞争"为两大支柱的民主理论,已经不能跳脱出自身永远不能克服的内在困境了。尤其是选择、竞争与全球资源回流渠道的断裂、极化的社会结构同时共存的时候,民主的危机与困境就成为了现代性的危机与困境,民主的极限就成为了现代性的极限。

面对西方民主的困境与危机,中国承担起了重新定义民主的任务。这是回归民主之本真理想的探索与努力。当代中国在政治发展过程中不断尝试突破形式意义上"空洞"的民主,而追求旨在帮人民解决问题的"实在"的民主——这就是社会主义民主制度的基本价值,即人民民主。而人民民主在实现过程中又释放出多种运作形态,可以说,习近平总书记所提出的"全过程人民民主"就是最重要的人民民主的实践形态之一。2019 年 11 月,习近平总书记在考察上海市长宁区虹桥街道时提出:"我们走的是一条中国特色社会主义政治发展道路,人民民主是一种全过程的民主,所有的重大立法决策都是依照程序、经过民主酝酿,通过科学决策、民主决策产生的。"[75] 在此基础上,习近平总书记在纪念建党一百周年的"七一"讲话中提出:"践行以人民为中心的发展思想,发展全过程人民民主。"[76] 相对于从自由民主脱胎而来的选举民主、多元民主、精英民主等知识化范式来说,"全过程人民民主"则是在它的实践操作过程中展示其客观性、可检测性、可观察性特征的。如果说精英民主、多元民主是"自由民主"的操作化定义,那么全过程民主则是"人民民主"的操作化定义。换言之,自由民主依靠精英民主来实现,人民民主要靠全过程民主来实现。时至今日,我们应该重新定义民主:民主不是对精英的选择,民主是民意连续性的表达与实现。实现民意贯穿于政治表达的全过程,贯穿于政策制定的全过程,贯穿于政治沟通的全过程,贯穿于不同层级政府与民意对接并穿透各种行政层级的全过程。这就是当代中国社会主义政治学担负的重要使命:重新定义政治与重新定义民主。在这样的政治逻辑世界中,本书就完成了重新定义政治和重新定义民主的任务。政治从根本上来说就是"政通人和、国泰民安",这既是社会主义本质的政治呈现,也是社会主义精神的外化成果,更是社会主义目标的最终落实。"政通人和"的前提是全过程人民民主中的人民当家作主,"国泰民安"的前提就是中国共产党领导的国家治理体系和治理能力的现代化——"政通人和、国泰民安"遂成为政治的初心要义。

当代中国政治体系不是在神与人、国家与社会、集体与个人、自我与他者的对立逻辑和区隔逻辑中构建起来的,而是在有机统一、关联主义和良性互动的逻辑中生成的。以"分"彰显众意是西方政治的逻辑,以"合"汇聚民心是中国政治的逻辑。这就是钱穆先生在《国史大纲》的引论中所说的:西方当务于"力"的战争,中国常务于"情"的融合。[77] 在"分"的格局中必然要靠强力获取和巩固优势地位;在"合"的体系中必然要靠民心、民意的支持与养育来追求整体性的安康与幸福。以"合"汇聚民心的政治逻辑和治理逻辑必然要求中国政治过程的全覆盖、全包容、全吸纳与全沟通,这就是全过程的题中应有之义。与在碎片化陷阱中愈陷愈深的西方社会不同,中国的全过程人民民主把人民视为整体,在汇聚民心的全过程中达成整体性的治理。从这个角度来说,我们可以对全过程人民民主中的"全"作如下理解。

首先,"全"指的是"全部阶段"。独具中国特色的信访制度、各种类型的听证会制度、频繁举行的座谈会制度以及形形色色的征询会制度,都是在全部时间阶段上保障人民当家作主的制度安排。也就是说,中国特色的政党—社会关系的制度建构、国家—社会关系的制度形构,将政治上的互动过程得以充分显现在全部时段上。尤其随着互联网时代的到来,全部时段的民主则更是拥有了前所未有的技术支撑。在一种近乎透明的状态中,全部时段的民主彻底置于人民监督之下,从而拥有了更加实实在在的内容和实现方式。

其次,"全"意在为"全体人民"。中国全过程人民民主的最大魅力之一就是把人民视为一个整体,为全体人民意志的表达提供了坚实的制度保障。中国是把每一个中国人置于国家主人的地位。正如习近平总书记所言,各民族都是中华民族大家庭的一份子,脱贫、全面小康、现代化,一个民族也不能少。各族群众携手并进,共同迈入全面小康社会,这体现了我们中华民族的优良传统,也体现了我们中国特色社会主义制度的优越性。[78]从这个意义上讲,古代中国的编户齐民在当代已经演变为服务全体人民、发展全体人民、关心全体人民的现代民主政治。

值得注意的是,全过程人民民主之"全"不仅体现在时段、主体之中,而且还体现在包含各种事务的"全部领域"。也就是说,全过程人民民主不是基于市场逻辑和资本逻辑的资源再分配,而是通过有效的治理将全部空间、全部事务、全部事项、全部项目都纳入奉行社会主义精神、以人民为中心的治理之中。

最后,"全"意在使得民意的表达可以穿越制度壁垒为不同的层级所吸纳,是为"全部层级"。正是在这一制度安排中,所有层级的政府都可以成为实践全过程人民民主的积极行动者——中央政府可以覆盖全国,省市政府可以覆盖自身所辖全部领域。一个普通中学生的建议可以通过设立在全国各地的基层立法联系点这一制度安排进入全国人大的立法过程之中，一个普通市民的建议可以通过中央政府向地方政府的转交进入后者的决策程序之中。全过程人民民主宛如灵敏神奇的神经，将党和人民、不同层级政府与人民串联起来、整合起来、联动起来。正是在这个意义上，我们发现，不仅人民是全过程人民民主的行动者和实践者，同样，不同层级的政府也成为了全过程人民民主的行动者和实践者——而这样的治理景观、沟通景观和联动景观在联邦制国家是很少看到的。

在明确了全过程人民民主之"全"的内涵之后，随之而来的就是如何理解"过程"？如果说"全"代表了人民民主的价值维度，那么"过程"则是代表人民民主的实践维度。"全"代表了人民民主静态的政治美感，"过程"代表了人民民主动态的行动力量。只有价值上的"全"、理念上的"全"、理想上的"全"，还不足以把全过程人民民主的能量释放出来。因此，过程之实、过程之畅、过程之快，就成为测量全过程人民民主的重要向度。

第一，表达过程中的民主为民意连续性的实现提供了畅通的渠道。全过程人民民主的表达不是间歇性的表达、周期性的表达或者是基于绝对政治正确性、沿着极端权利主义轨道上的表达，而是合法的、畅通的、持续性的表达。更为重要的是，相对于联邦制国家来说，全过程中的持续性表达还可以穿透科层的壁垒，是对马克斯·韦伯（Max Weber）所担心的现代科层制所造就的"官僚制铁笼"[79]之弊端的有效克服。

第二，协商过程中的民主上承了新中国立国"协商建国"的典范，下启了协商民主在不同领域的实现。政治协商、立法协商、行政协商、基层协商等，均已成为落实全过程人民民主的重要形式。协商过程的充分展开是克服周期性民主、间歇性民主的必由之路。我们发现社区基层治理有着两条基本的规律。规律一：越是到社会基层，政治的辨识度越低。在社区中，居民更多地关注物业费缴纳、住房维修基金使用、公共停车位等与个人生活密切相关的生活性议题。在生活性议题中，政党的、行政的、社会的等各方面是很难分开的，更多地需要多种主体的共建共治共享。规律二：社区中的议题与个人利益关联度越高，对公开、透明、参与的要求就越高。正是基于生活场域中的高关联度，全过程协商民主才蓬勃开展起来。从一定意义上来说,全过程协商民主就是实现人民民主的原初起点。

第三,征询过程中的民主将"全过程人民民主"的内涵由民意的连续性表达拓展至民意的连续性收集。现代国家治理的基本要理之一,就是要求政府必须通过一系列的制度设计将民意收集起来。西方国家的选举就是一种收集民意的制度设计。但是,这种收集机制已经沦落为取悦民众的技巧。与西方国家相比,中国则是构建了一系列自上而下的民意收集机制,这就是具有中国特色的征询制度。所谓问计于民、问需于民、问智于民,就是典型的征询过程中的民主。正是在这个意义上,中国各个层级的治理者有着西方国家和其他国家难以比拟的工作强度和工作压力。

第四,决策过程中的民主使得人们在生产生活中因个人无法或无力而只能通过集体组织,来实现或增进集体成员的相容性利益或共同利益的需要得以解决。在现代国家,人民参与决策的直接民主实际上已经被代议民主中的"委托—代理"关系所替代。但是,中国却是将民主这一古老形式有机地转化到国家治理体系以及治国理政的各个环节、各个领域当中来。在我们调查中国城市治理的过程中,发现几乎所有重大领域的决策,都会采取征询会、听证会等形式,为人民参与决策过程提供各种制度上的保障。更为重要的是,从中央到地方,各个层级的政府工作报告、五年发展规划、城市发展规划等涉及党和国家发展战略的重大决策,都会有连续性、长期性、多群体参与的民意表达和民意收集。中国所有的决策都不是办公室产品,而是在长期的艰苦调研和充分听取各种群体民意的基础上制定出来的。这种决策过程中的民主在全世界是独树一帜、独一无二的。

第五,评价过程中的民主使得民意的实现达到了何种层次得以纳入考量品评的标准之中。中国各级政府都会采取自下而上的考评方式评价政府治理的绩效。从随机性的问卷调查到"12345"热线监控和考评平台,从"一网通办"到跨区域性的公共服务,人民借助互联网拥有了史无前例的评价权。评价过程中的民主尤其适用于与人民衣食住行、生老病死以及教育等密切相关的领域。可以说,从民意连续性的表达到民意连续性的实现,全过程人民民主构建了严密的实践闭环。所以,评价过程中的民主就是确立了全过程人民民主的终点和归宿。

民主作为一个政治名词或政治概念诞生之后，就一直处于意识形态化的争论、争夺之中。西方社会借助经济上的早发优势、政治上的霸权优势以及表达解释上的话语优势，完成了对民主的窃取。[80] 伴随着发展中国家的崛起，当全球资源向西方国家回流的通道被切断的时候，依靠剥夺全球资源支撑起来的西方民主制度顿时低下了它那高傲的头颅。从国际政治经济学的角度来说，西方民主制度的危机来自外部按照资本主义逻辑构建起来的"中心—边缘"体系的瓦解，[81] 以及内部社会分裂、极化的快速演进。正是在这一双重背景下，依靠"竞争"和"选择"两大支柱支撑起来的西方民主理论便陷入了它自身难以克服的困境与危机之中。随着中国的发展与崛起，习近平总书记所提出的"全过程人民民主"恰成与西方民主相对的另外一极，无疑是找到了一种克服选举民主和制衡民主的善治出口。重新定义政治、重新定义民主的任务就这样落到了中国身上。政治就是政通人和、国泰民安，政治是为人民创造美好生活的形式，而民主就是民意的连续性表达与实现。这不是对民主的意识形态化的话语争夺，而是向民主本意、民主理想的回归。

六、人类命运共同体：超越资本逻辑和强权逻辑的世界秩序

人类命运共同体这一命题包含着开辟崭新国际政治秩序的重要契机。因为它对近现代的霸权主义和文化殖民体系有一种致命的动摇和颠覆力量。把人类命运共同体这一价值命题转化为全球治理的新方案，是中国特色政治体系的国际使命。"人类命运共同体"理念的提出，其意义并不局限于特定区域范围内的特定社会中的"共同体"的理念，更重要的是新时代新形势下的中国对外关系的理论指导和价值导向，也是未来人类社会的基本格局和新型国际关系的基本取向。人类命运共同体指的是在追求本国利益时兼顾他国合理利益，在谋求本国发展的进程中促进各国共同发展。人类命运共同体这一人类视野的价值观包含相互依存的国际权力观、共同利益观、可持续发展观和全球治理观。

人类社会经历了从相互隔绝到相互交流和融合的过程。资本主义的诞生促使西方社会抛弃了中世纪的遗产，进入了按照资本主义逻辑改造世界的过程。资本主义催生出来的是以优劣性、排他性、等级性为特征的资产阶级利益联合体。资产

政治逻辑

阶级利益联合体是以中心地带对边缘地带的剥夺作为代价的。马克思、恩格斯把资产阶级利益联合体的本质揭示出来了，他们提出了无产阶级利益联合体思想，继而更进一步提出自由人联合体的思想。自由人的联合体就是要超越资本主义"物统治人"的性质，实现人的全面发展。伴随着全球化、网络化、信息化的演进，人类社会已经进入了休戚与共的关联状态，排他性、等级性、优劣性的文明观已经不合时宜。与此同时，各种各样的全球议题此起彼伏。正是在这一历史大势下，习近平创造性地提出了"人类命运共同体"的思想。这一思想是在反思西方资本主义体系的基础上，在马克思主义关于无产阶级利益联合体、自由人联合体的思想和中国历史文化的双重孕育下诞生的。从"利益"走向"命运"，展示了人类社会对真正的人的尊重以及从部分向整体的跃迁；从"联合体"走向"共同体"，展示了人类社会内在联结程度的提升以及和平合作、开放包容、互学互鉴、互利共赢等多重属性的真正成型。

如果说欧美世界在过去五百年里致力于一个资产阶级利益联合体的形成与巩固，那么，习近平就是以中国文化为滋养、以马克思主义无产阶级利益联合体和自由人联合体为基础，创造性地提出了"人类命运共同体"思想。习近平关于"人类命运共同体"概念的提出既植根于中国传统文化（天下观），又是一次对马克思恩格斯共同体思想的继承和发展。虽然在马克思恩格斯的著作中找不到有关"共同体"的准确定义，但是马克思在回顾人类社会发展轨迹的论述中提出了自然共同体—抽象共同体—真正共同体的人类发展构想。而马克思所构想的人的自由而全面的发展只有在共产主义社会才能实现，那时会形成自由人的联合体，即真正的共同体。人类命运共同体包含三重关怀：第一，这是对全体人类的关照，绝不是"以物统治人"的资产阶级利益联合体。第二，这是对命运的关照，而不是对获利多少的思考，更不是对天国生活的服膺。这个命运就是马克思所说的人与他人、人与自然的本质统一。马克思早在《1844年经济学哲学手稿》中就对人类社会的本质状态进行了一种超越性的规范化界定，他认为，"社会"的原初形态或本真形态应该是这样一个"共同体"，即"人同自然界的完成了的本质的统一，是自然界的真正复活，是人的实现了的自然主义和自然界的实现了的人道主义"。[82]这就是人类社会的命运，在这种命运状态中,我们看不到异化力量对人的外在统治。第三,这是对共同体的关照,绝不是对排他性的集团利益的追寻。所以,习近平提出的"人类命运共同体"的思想,不仅是对在西方世界甚嚣尘上的"中国威胁论"的回应,体现了中国作为一个世界大国,超越二元思维和零和博弈、对未来世界秩序的一种良性构想,更是中国共产党核心领导集体基于马克思主义理论对当今世界性质和未来发展方向深入思考后的理论结晶,它植根于中国传统文化中的"天下为公""君子和而不同,小人同而不和"的天下观,又超越了资本主义天性逐利的思维和行为逻辑。

第四节　方法与地位

一、核心政治观

"核心"政治观作为当代中国社会主义政治学的方法论之一,就是指中国政治乃是以核心统领各方力量(总揽全局,协调各方),而不是在各种政治力量的分立中尔虞我诈、同台竞争。依靠核心统领四周,实际上是中国大一统的政治传统孕育出来的文化基因和政治基因。对此钱穆先生有过非常精彩的论述:和平的大一统,使中国政制常偏重于中央之凝合,而不重于四围之吞并。其精神亦常偏于和平,而不重于富强;常偏于已有之完整,而略于未有之侵获;对外则曰"昭文德以来之",对内则曰"不患寡而患不均"。故其为学,常重于人事之协调,而不重于物力之利用。钱穆先生又进一步指出:西方之一型,于破碎中为分立,为并存,故当务于"力"的战争,而竞为四围之战。东方之一型,于整块中为围聚,为相协,故常务于"情"的融和,而专为中心之翕。一则务于国强为并包,一则务于谋安为系延。故西方型文化之进展,其特色在转换,而东方型文化之进展,其特色则在扩大。转换者,如后浪之覆前浪,波澜层叠,后一波涌架于前一波之上,而前一波即归消失。西洋史之演进,自埃及、巴比伦、波斯以逮希腊、罗马,翻翻滚滚,其吞咽卷灭于洪涛骇浪、波澜层叠之下者,已不知其几国几族矣。扩大者,如大山聚,群峰奔凑、蜿蜒缭绕,此一带山脉包裹于又一带山脉之外,层层围拱,层层簇聚,而诸峰映带,共为一体。[83] 历史已经证明,核心缺失或核心疲软则导致政治破碎;核心坚强,则可凝聚各方力量维系

政治逻辑

统一的政治共同体。新中国成立之后,中国共产党依靠组织化的逻辑克服了近代以来中国核心虚弱和核心缺失的弊端,缔造了新型的政治形态。正如习近平所言:我国社会主义政治制度优越性的一个突出特点是党总揽全局、协调各方的领导核心作用,形象地说是"众星捧月",这个"月"就是中国共产党。在国家治理体系的大棋局中,党中央是坐镇中军帐的"帅",车马炮各展其长,一盘棋大局分明。如果中国出现了各自为政、一盘散沙的局面,不仅我们确定的目标不能实现,而且必定会产生灾难性后果。中国近代以后到新中国成立之前的一百多年历史已经充分证明了这一点。[84]核心政治观不是凭空产生的,而是从历史和现实中抽取和生长出来的。中国古人讲"天无二日,民无二王"就是指中国政治中存在着一个唯一性的核心。当代中国政治依靠政党完成了对核心政治观的现代性改造,在制度、价值和组织三个层面保证了核心政治观的生命力,从而迸发出强大的政治能量。这就是习近平所讲的众星捧月,而不是一月独亮,众星暗淡。这也是钱穆先生分析的罗马与中国的根本区别。罗马如一室中悬巨灯,光耀四壁;秦、汉则室之四周,遍悬诸灯,交射互映;故罗马碎其巨灯,全室即暗,秦、汉则灯不俱坏,光不全绝。因此罗马民族震烁于一时,而中国文化则辉映于千古。[85]

二、大局政治观

大局政治观是指政治不是简单的资源再分配,也不是单一性的巩固权力基础,更不是选举政治中依靠别有用心的政策取悦于选民,而是指从战略、方向、目标上理解政治在中国社会主义革命和社会主义建设中的"大局"地位。例如,坚持中国共产党的领导、维护中央权威、密切党群关系等,都是左右中国政治方向的大局。1962年,邓小平引用毛主席的话说:"毛泽东同志多次讲过这么一个例子,在红军过草地的时候,伙夫同志一起床,他不问今天有没有米煮,却先问向南走还是向北走。向南走向北走是当时最重要的战略问题。这说明我们军队的战士都是关心战略的。"历史证明,重视并善于从整体、大局、全局上考虑问题,在工作中坚决做到着眼大局、把握大局、服从大局、服务大局,一直是我们党夺取胜利的根本保证,也是我们在长期革命、建设和改革实践中形成的优良传统。[86]所以,当代中国领导人都强调讲政治。所谓"讲政治"就是大局政治观在政治行为和政治运行过程中的物化与体现。政治就是大局，大局就是政治。这样一种方法论实际上完全超越了私利政治观和工具政治观。私利政治观和工具政治观恰恰是制约很多国家且难以摆脱的梦魇。正如习近平所说的：领导干部要胸怀两个大局，一个是中华民族伟大复兴的战略全局，一个是世界百年未有之大变局，这是我们谋划工作的基本出发点。[87] 从政治上把握中国的道路选择、制度选择与政策选择，就是大局政治观在政治分析中的具体运用。中国正是依靠作为大局的政治把如此庞大的国家聚合在一起，并走上了现代化的康庄大道。从理论意义上来说，大局政治观是对马克思主义政治学中的唯物政治观的发展。马克思主义政治学唯物政治观的基本内容是：第一，揭示历史运动的基本动力和发展规律；第二，从社会发展的客观条件认识社会政治现象；第三，从社会政治不断发展的过程来认识社会政治现象；第四，以经验的观察来分析和认识政治现象的本质。[88] 只有不带任何神秘和思辨色彩去透视政治现象，才能透过表象去把握大局，确立当代中国政治发展的中心轴线和历史担当。

三、辩证政治观

任何一个国家的政治发展都不是能够沿着一条笔直的线画出来的。这就需要在历史变动和社会政治变迁的规律中把握政治发展的走向。在历史运动过程、政治与社会的普遍联系中理解政治、重构政治，是马克思主义政治辩证法的具体体现。这是辩证唯物主义对当代中国社会主义政治学方法论的重要启示。马克思主义对中国的重要影响就体现为推动了中国政治辩证法的革命。

伴随着马克思主义的传入与当代中国社会主义政治学知识体系和知识内容的变革，中国人理解政治演进规律的观念也发生了史无前例的变革，这就是"政治辩证法"革命。辩证唯物主义和历史唯物主义共同构成马克思主义政治学的方法论基础。唯物辩证法在政治领域中的应用，就是将唯物辩证法的基本原理运用于社会政治领域。唯物辩证法的基本观点是把客观世界视为一个不断发展、不断运动的过程，认为客观世界不会是静止的、一成不变的，世界上的一切事物是相互联系、相互作用、相互制约的，而不是独立的、互不相干的，概括起来就是四条：第一，社会政治生活是一个运动的过程;第二,政治和社会发展有着普遍联系;第三,政治中贯穿着辩证法的基本规律;第四,政治学中体现辩证法的基本范畴。[89]中国传统的政治辩证法体现为"水能载舟亦能覆舟"、陆贾所说的"马上得天下但不能马上治天下"等经典命题。在中国共产党人完成了对政治知识体系的重建之后,这一套政治辩证法也就被经济基础决定上层建筑、上层建筑反作用于经济基础,生产力决定生产关系、生产关系反作用于生产力这一新型的政治辩证法所替代。例如,马克思主义政治学在分析人类社会的政治发展时,充分运用了质变和量变的规律,人类社会生产力的发展,不断推动生产方式的发展,社会的经济基础在生产力的逐渐发展中不断变化,最后达成一种新的形态,当整个经济基础慢慢发生变化以后,就要求政治上层建筑也发生相应的变化。人类历史的政治发展过程就是这样。"当社会生存的物质条件发展到迫切需要变革它的官方政治形式时,旧政权的整个面貌就发生变化。"[90]这就是从量变到质变的过程。反过来,也存在从质变到量变的过程,等到政治上层建筑发生变化以后,产生了适应社会经济基础发展需要的政治上层建筑,社会生产力又会大大向前发展。[91]

只有实现了政治辩证法的突破与革命,只有拥有了这一套新型的政治辩证法,才能为吸收新型的科学知识要素、技术知识要素以及各种社会科学知识要素扫除障碍。因为政治辩证法的革命直接带动了政治思维的革命、政治分析的革命以及对政治规律的重新发现。如果中国政治还是在"水能载舟亦能覆舟""马上得天下和马下治天下"这一套辩证法中兜圈子,那么中国大地上孕育出来的依然是单一属性的统治性、封建性政权,是狭隘的无法与世界相接的空间维度上的封闭性政权。只有在经济基础与上层建筑、生产力和生产关系这套政治辩证法中,我们才能在新型的思想和知识框架中完成对古代统治性政权的实质性超越,依靠发展性政权、现代性政权、人民性政权、服务性政权的构建重新为中国政治"立法"。我们今天每一个读过书的中国人的思维世界和思维链条就是这套政治辩证法塑造出来的。我们用长幼、上下、内外、轻重来思考我们所处的生活世界和人际世界,但我们用经济基础与上层建筑、生产力与生产关系来思考我们所面对的宏观结构和历史进程。恰恰是后者是传统的文字知识、经学知识所无法容纳的。因此,我们可以做这样的判断:只要实现了政治辩证法的突破与革新,中国的知识世界就被彻底替换了。

正是在辩证政治观的指导下,中国共产党形成了自身的世界观和方法论,从而在根本上超越了传统的政治关系框架。毛泽东同志曾经说过,马克思主义有几门学问,但基础的东西是马克思主义哲学。他在革命战争年代写下的《反对本本主义》《实践论》《矛盾论》等著作,在社会主义建设时期写下的《论十大关系》《关于正确处理人民内部矛盾的问题》等著作,灵活运用了辩证唯物主义世界观和方法论,形成了具有鲜明中国特色的马克思主义哲学思想,为我们党掌握和运用辩证唯物主义树立了光辉典范。邓小平同志非常善于运用辩证唯物主义解决实际问题。他强调,必须抓住社会主义初级阶段的主要矛盾,坚持以经济建设为中心;必须用实践来检验我们的工作,坚持"三个有利于"标准;必须坚持"两手抓、两手都要硬""摸着石头过河",处理好计划和市场、先富和共富等关系。江泽民同志指出:"如果头脑里没有辩证唯物主义、历史唯物主义的世界观,就不可能以正确的立场和科学的态度来认识纷繁复杂的客观事物,把握事物发展的规律。"胡锦涛同志也说过,"辩证唯物主义和历史唯物主义的世界观和方法论,是马克思主义最根本的理论特征",要学习掌握马克思主义哲学,努力提高探索解决新时期基本问题的本领。习近平强调,我们党要团结带领人民实现"两个一百年"奋斗目标、实现中华民族伟大复兴的中国梦,必须不断接受马克思主义哲学智慧的滋养,更加自觉地坚持和运用辩证唯物主义世界观和方法论,更好地在实际工作中把握现象和本质、形式和内容、原因和结果、偶然和必然、可能和现实、内因和外因、共性和个性等关系,增强辩证思维、战略思维能力,把各项工作做得更好。习近平提出,第一,学习掌握世界统一于物质、物质决定意识的原理,坚持从客观实际出发制定政策、推动工作。第二,学习掌握事物矛盾运动的基本原理,不断强化问题意识,积极面对和化解前进中遇到的矛盾。第三,学习掌握唯物辩证法的根本方法,不断增强辩证思维能力,提高驾驭复杂局面、处理复杂问题的本领。第四,学习掌握认识和实践辩证关系的原理,坚持实践第一的观点,不断推进实践基础上的理论创新。[92]政治辩证法革命带来的不仅是话语的改变,更是政治思维方式的变革和处理问题、解决问题的方法的改进。从这个角度来说,辩证唯物主义和当代中国社会主义政治学中的辩证政治观,是对政治思维、政治行动、政治能力等多重维度的重新塑造。

四、历史政治观

从历史理解政治,是当代中国社会主义政治学极为重要的立场与方法。因为到目前为止,中国是唯一一个自古迄今延续下来且没有中断过的文明体系。这一漫长的历史进程塑造了中国的文化基因和政治基因。从历史理解政治就不是以人的意志为转移的客观抉择。钱穆先生在《国史大纲》一书的序言中写道:中国史如一首诗,西洋史如一本剧。一本剧之各幕,均有其截然不同之变换。诗则只在和谐节奏中转移到新阶段,令人不可划分。所以诗代表中国文化之最美部分,而剧曲之在中国,不占地位。[93] 历史政治观的最大启示,就是当代中国的治国理政与历史传统存在着紧密的关联。古代中国确立的国家治理的制度传统、关系模式以及治国经验,都创造性地转化到了当代中国的国家治理之中。新时代推进国家治理体系与治理能力现代化,自然无法斩断与历史的关联纽带。

中国共产党人特别强调中国国家治理体系的民族性、独特性及其与西方国家的差异性,这是中国共产党人的历史观,也是中国共产党人的国家治理观。我们知道,历史与文化是影响国家治理体系之国别属性的恒久因素。因为历史与文化几乎是难以改变的,由此塑造了国家治理体系的历史—文化基因。从世界范围内来看,没有一个国家是完全依靠照搬其他国家的制度模式、重复其他国家的道路得以发展起来的,美国、英国、法国、德国等国家的发展道路都是具有自身特色的,这是每个国家的历史所铸就的。所以,中国共产党一直有一种强烈的政治判断,那就是,人类历史上,没有一个民族、一个国家是可以通过依赖外部力量、跟在他人后面亦步亦趋地实现强大和振兴。那样做的结果,不是必然遭遇失败,就是必然成为他人的附庸。

分析新时代国家治理的一个重要维度就是历史与现实的关联。对此,习近平作出了如下判断:"一个国家选择什么样的治理体系,是由这个国家的历史传承、文化传统、经济社会发展水平所决定的,是由这个国家的人民决定的。我国今天的国家治理体系,是在我国历史传承、文化传统、经济社会发展的基础上长期发展、渐进改进、内生性演化的结果。"[94]有传承、有改进、有内生性演化、有实质性突破,这就是当代中国国家治理体系与古代国家治理体系的内在关联。历史铸就的难以改变的因素,如大一统、中央集权、选贤与能等,宛如流淌在血管中的血液,已经渗透到中国文化和中国思维的骨髓之中,几乎是任何力量都难以割除的。这就是中国国家治理的历史之根。后人构建的国家治理体系,不管吸收了多少崭新的要素,都是这历史之根与其他因素结合所结出的果实,是历史之根孕育出来的花朵。没有一个国家的治理是能斩断历史之根的,对于历史悠久的国家来说更是如此。

我们可以在时间维度和空间维度中形成对当代中国社会主义政治学之地位的科学判定。首先,从时间维度来看,当代中国社会主义政治学完成了对古代中国经学知识和治国传统的实质性超越和整体性超越。其次,从空间维度来看,它包含三个方面:第一,当代中国社会主义政治学是对资本主义国家现代化理论一统天下的挑战与超越;第二,当代中国社会主义政治学是在苏联解体、东欧剧变之后对社会主义政治学理论与实践的拯救与发扬;第三,当代中国社会主义政治学是对诸多发展中国家政治发展道路的一种知识和理论上的警醒与借鉴。所以,从时间和空间两个维度来看,当代中国社会主义政治学在世界范围内政治知识体系中是拥有无可替代的地位的。因为到目前为止,还没有任何一个国家能够提供在如此一个拥有超长历史的超大型社会的超大型国家中实现现代化的经验和模式。单凭这一点,就决定了当代中国社会主义政治学在整个人类政治知识体系中的地位是不可撼动的。当代中国社会主义政治学的知识贡献、范式贡献、理论贡献、形态贡献、机制贡献以及价值贡献,都决定了它所拥有的独特魅力和不可抵挡的吸引力。中国历史与现实的交融、马克思主义在中国的创新与发展以及当代中国的现代化实践成果,都决定了当代中国社会主义政治学是整个人类政治知识大厦上最为璀璨的明珠,是人类知识苍穹中最为耀眼的光芒,是人类探究、分析政治现象最为珍贵的成果。

注释

1. 王沪宁主编:《政治的逻辑》,上海人民出版社1994年版,第1页。

2. 陈明明:《调适中国政治学的知识资源》,《社会科学报》第 1764 期第 5 版,2021 年 7 月 15 日。

3. 参见王沪宁主编:《政治的逻辑》。

4. 参见王海峰:《干部国家》,复旦大学出版社 2012 年版。

5. 参见钱穆:《现代中国学术论衡》,九州出版社 2012 年版,第 185—203 页。

6. [美]多萝西·罗斯:《美国社会科学的起源》,王楠等译,生活·读书·新知三联书店 2019 年版,第 3—5 页。

7. 同上书,第 211 页。

8. 陈明明:《调适中国政治学的知识资源》。

9. 《马克思恩格斯选集》第 1 卷,人民出版社 1995 年版,第 84 页。

10. 《马克思恩格斯全集》第 3 卷,人民出版社 1965 年版,第 6 页。

11. 《〈黑格尔法哲学批判〉导言》,载《马克思恩格斯文集》第 1 卷,人民出版社 2009 年版,第 11 页。

12. 《马克思恩格斯文集》第 2 卷,人民出版社 2009 年版,第 33 页。

13. 参见查尔斯·蒂利为约瑟夫·R.斯特雷耶《现代国家的起源》一书所撰写的序言,华佳等译,格致出版社、上海人民出版社 2011 年版,第 4—5 页。

14. [美]保罗·萨缪尔森、威廉·诺德豪斯:《萨缪尔森谈财税与货币政策》,萧琛译,商务印书馆 2012 年版,第 90 页。

15. [美]玛格丽特·利瓦伊:《统治与岁人》,周军华译,格致出版社、上海人民出版社 2010 年版,第 1 页。

16. 《习近平谈治国理政》,外文出版社 2014 年版,第 8—9 页。

17. 习近平:《习近平答金砖国家记者问:增进同往访国人民友好感情》,《人民日报海外版》2013 年 3 月 21 日第 2 版。

18. 《习近平谈治国理政》,第 21 页。

19. 许倬云:《历史大脉络》,广西师范大学出版社 2009 年版。

20. [美]费正清、赖肖尔:《中国:传统与变革》,江苏人民出版社 1992 年版,第 500 页。

21. [美]费正清主编:《剑桥中华民国史》(第二部),章建刚等译,上海人民出版社 1992 年版,第 884 页。

22. [美]巴林顿·摩尔:《民主与专制的社会起源》,拓夫、张东东等译,华夏出版社 1987 年版,第 391 页。

23. [法]谢和耐:《中国社会史》,耿昇译,江苏人民出版社 1995 年版,第 559 页。

24. [美]奥利弗·A.约翰逊、詹姆斯·L.霍尔沃森编:《世界文明的源泉》(第三版)(下卷),北京大学出版社,第 255 页。

25. [美]费正清主编:《剑桥中华民国史》(第二部),第 299 页。

26. 《习近平谈治国理政》,第 22 页。

27. 《邓小平思想年编》,中央文献出版社 2011 年版,第 719 页。

28. 《邓小平文选》第三卷,人民出版社 1993 年版,第 172 页。

29. 2014 年 9 月 5 日习近平在庆祝全国人民代表大会成立六十周年大会上的讲话;2016 年 7 月 1 日习近平在庆祝中国共产党成立九十五周年大会上的讲话。

30. 2015 年 12 月 11 日习近平在全国党校工作会议上的讲话。

31. 2015 年 2 月 2 日习近平在省部级主要领导干部学习贯彻党的十八届四中全会精神全面推进依法治国专题研讨班上的讲话。

32. 《习近平谈治国理政》,第 9—10 页。

33. 同上书,第 29 页。

34. 《毛泽东选集》第二卷,人民出版社 1991 年版,第 652 页。

35. 《邓小平文选》第二卷,人民出版社 1994 年版,第 187 页。

36. 《邓小平文选》第三卷,人民出版社 1993 年版,第 220 页。

37. 《习近平在贵州召开部分省区市党委主要负责同志座谈会》,人民网,2015 年 6 月 19 日,http://politics.people.com.cn/n/2015/0619/c70731-27183846.html。

38. 《习近平强调:推进国家治理体系和治理能力现代化》,中国政府网,2014 年 2 月 17 日,http://www.gov.cn/ldhd/2014-02/17/content_2610754.htm。

39. 习近平:《关于〈中共中央关于全面深化改革若干重大问题的决定〉的说明》,《〈中共中央关于全面深化改革若干重大问题的决定〉辅导读本》,人民出版社 2013 年版,第 87 页。

40. 参见刘世军、刘建军等:《大国的复兴》,上海人民出版社 2014 年版。

41. 中国最早关注国家能力的学者当属王绍光和胡鞍钢,他们在《中国国家能力报告》一书中,将国家能力定义为国家将自己的意志、目标转化为现实的能力,包括四种:第一,汲取能力,即国家动员社会经济资源的能力,国家汲取财政的能力集中体现了国家汲取能力;第二,调控能力,即国家指导社会经济发展的能力;第三,合法化能力,即国家运用政治符号在属民中制造共识,进而巩固其经济地位的能力;第四,强制能力,即国家运用暴力手段、机构、威胁等方式维护其统治地位的能力。他们认为财政汲取能力是最重要的国家能力,明确主张以汲取能力和调控能力作为衡量国家能力的指标。他们认为国家能力主要指中央政府能力,而不是泛指公共权威的能力。参见王绍光、胡鞍钢:《中国国家能力报告》,辽宁人民出版社 1993 年版。

42. 马克思、恩格斯:《共产党宣言》,人民出版社 2014 年版,第 30 页。

43. 参见梁亚滨:《称霸密码:美国霸权的金融逻辑》,新华出版社 2012 年版。

44. 马克思、恩格斯:《共产党宣言》,载《马克思恩格斯文集》第 2 卷,人民出版社 2009 年版,第 51 页。

45. 马克思、恩格斯:《神圣家族,或对批判的批判所做的批判》,载《马克思恩格斯文集》第 1 卷,人民出版社 2009 年版,第 286 页。

46. 马克思、恩格斯:《德意志意识形态》,载《马克思恩格斯文集》第 1 卷,人民出版社 2009 年版,第 550—551 页。

47. 马克思、恩格斯:《德意志意识形态》,载《马克思恩格斯文集》第 1 卷,人民出版社 2009 年版,第 509 页。

48. [加拿大]梁鹤年:《西方文明的文化基因》,生活·读书·新知三联书店 2014 年版,第 73 页。

49. 《习近平谈治国理政》,第 170 页。

50. 恩格斯:《社会主义从空想到科学的发展》,载《马克思恩格斯文集》第 3 卷,人民出版社 2009 年版,第 561 页。

51. 同上。

52. 谢遐龄:《砍去自然神论头颅的大刀》,云南人民出版社 1989 年版。

53. 习近平:《习近平谈治国理政》,第 367—368 页。

54. 中共中央文献研究室:《论群众路线——重要论述摘编》,中央文献出版社、党建读物出版社 2013 年版,第 117 页。

55. 《邓小平文选》第三卷,人民出版社 1993 年版,第 111 页。

56. 参见王绍光:《双轨民主:群众路线与公众参与》,"复旦大学制度论坛 2011 学术研讨会"(2011 年 11 月 2 日)。

57. 中共中央宣传部:《习近平新时代中国特色社会主义思想学习纲要》,学习出版社、人民出版社 2019 年版,第 127 页。

58. 习近平:《坚持多党合作发展社会主义民主政治为决胜全面建成小康社会而团结奋斗》,《人民日报》2018 年 3 月 5 日,第 1 版。

59. 林尚立:《当代中国政治:基础与发展》,中国大百科全书出版社 2017 年版,第 130 页。

60. 中共中央宣传部:《习近平新时代中国特色社会主义思想学习纲要》,第 105—106 页。

61. 曹沛霖:《制度的逻辑》,上海人民出版社 2019 年版,第 329 页。

62. 《毛泽东文集》第六卷,人民出版社 1999 年版,第 350 页。

63. 马克思、恩格斯:《共产党宣言》,载《马克思恩格斯选集》第 1 卷,人民出版社 2012 年版,第 274 页。

64. 许倬云:《许倬云说美国:一个不断变化的现代西方文明》,上海三联书店 2020 年版,第 209—217 页。

65. 《邓小平文选》第三卷,人民出版社 1993 年版,第 195 页。

66. [美]弗朗西斯·福山:《政治秩序与政治衰败:从工业革命到民主全球化》,毛俊杰译,广西师范大学出版社 2015 年版,第 445—460 页。

67. 王绍光:《政体与政道:中西政治分析的异同》,载胡鞍钢主编:《国情报告(第十四卷·2011 年(下))》,党建读物出版社、社会科学文献出版社 2012 年版。

68. Elizabeth J. Perry, "Is the Chinese Communist Regime Legitimate?" in Jennifer Rudolph and Michael Szonyi eds., *The China Questions*: *Critical Insights into a Rising Power*, Cambridge and London: Harvard University Press, 2018, pp.11—17.

69. 王蒙:《中华传统文化博大精深"不可说"? 不妨抓住"道通为一"来解读》(2019 年 5 月 5 日),原文链接:https://www.jfdaily.com/news/detail? id=148878,最后浏览日期:2021 年 9 月 20 日。

70. [加拿大]查尔斯·泰勒:《公民与国家之间的距离》,载汪晖、陈燕谷主编:《文化与公共性》,生活·读书·新知三联书店 2005 年版,第 213—214 页。

71. 刘建军:《社区中国》,天津人民出版社 2020 年版,第 44 页。

72. 列宁:《国家与革命》,载《列宁选集》第三卷,人民出版社 1972 年版,第 257 页。

73. Anthony Arblaster, *Democracy*, Minneapolis: University of Minnesota Press, 1994, p.96.

74. [法]米歇尔·福柯:《规训与惩罚》,刘北成、杨远婴译,生活·读书·新知三联书店 2012 年版,第 19—25 页。

75. 习近平:《中国的民主是一种全过程的民主》(2019 年 11 月 3 日),原文链接:http://www.xinhuanet.com//politics/leaders/2019-11/03/c_1125186412.htm,最后浏览日期:2021 年 9 月 29 日。

76. 习近平:《在庆祝中国共产党成立 100 周年大会上的讲话》,人民出版社 2021 年版。

77. 钱穆:《国史大纲》(上册),商务印书馆 2010 年版,"引论",第 23 页。

78.《习近平:脱贫、全面小康、现代化,一个民族也不能少》(2020 年 6 月 9 日),原文链接:http://www.gov.cn/xinwen/2020-06/09/content_5518164.htm,最后浏览日期:2021 年 9 月 29 日。

79. [德]马克斯·韦伯:《新教伦理与资本主义精神》,康乐、简惠美译,广西师范大学出版社 2010 年版,第 182 页。

80. [英]杰克·古迪:《偷窃历史》,张正萍译,浙江大学出版社 2009 年版,第 300—310 页。

81. [美]伊曼纽尔·沃勒斯坦:《现代世界体系》,郭方、夏继果、顾宁译,社会科学文献出版社 2013 年版。

82. 马克思:《1844 年经济学哲学手稿》笔记本Ⅲ《私有财产和共产主义》,《马克思恩格斯文集》第 1 卷,人民出版社 2009 年版,第 187 页。

83. 钱穆:《国史大纲》,"序言"。

84. 2015 年 2 月 2 日习近平总书记在省部级主要领导干部学习贯彻党的十八届四中全会精神全面推进依法治国专题研讨班上的讲话。

85. 钱穆:《国史大纲》,"序言"。

86. 张东明:《邓小平如何讲政治》,《学习时报》2017 年 5 月 31 日。

87.《习近平谈治国理政》第三卷,外文出版社 2020 年版,第 77 页。

88. 王沪宁主编:《政治的逻辑》,上海人民出版社 2004 年版,第 25—26 页。

89. 同上书,第 27—30 页。

90. 马克思:《道德化的批评和批评化的道德》,载《马克思恩格斯选集》第 1 卷,人民出版社 1972 年版,第 180 页。

91. 王沪宁主编:《政治的逻辑》,第 29 页。

92. 习近平总书记 2015 年 1 月 23 日在十八届中央政治局第二十次集体学习时的讲话。

93. 钱穆:《国史大纲》,"序言"。

94. 习近平:《习近平谈治国理政》,第 105 页。

第二章　政治是实现人类美好生活的基本形式

政治没有一刻不是与人类生活息息相关,即使刻意远离政治者,事实上也是生活在政治之中。他(她)使用的水电煤卫、衣食住行,离开由公共权力提供的资源,几乎不可能实现,除非他(她)宁可倒退回丛林时代,过鲁滨孙式的野蛮人生活。政治是人类文明的标志,也是文明人生活的基本保证。从这一意义上,所有人都是政治人,人就在政治之中。

第一节　政治:至善生活

人为什么要过政治生活? 基于政治哲学,有一种观点以为政治无非"必要的恶",若找到政治之替代选择,应坚决弃之如敝屣。这种观点从哲学根源上就是误导。因为政治既非"恶",亦非"必要"。政治并非恶的力量,恰恰是"善",更是亚里士多德口中的"至善";政治不是"必要",物质需要才是"必要",政治恰恰是对"必要"的超越。基于政治经验,有一种观点认为政治是上层精英的事情,无关社会底层民众,"帝力于我何有哉""基层无政治"。这种观点也是误解。公权力的运用关乎每一个人的生活,人与人之间也很难彻底脱离政治的日常交往,政治关系就是人与人的关系本身。

一、政治存在是人的本质规定性

人之为人,之所以区别于一般动物,或者是灵长类动物的进化,在于人首先是群体性动物;其次在于人拥有理性实践能力。群体不是人类独有的,动物也有,大多数动物都采取群居生活,从昆虫到哺乳动物,都形成了自己的群居方式,比如蚂

政治逻辑

蚁、蜜蜂，还有黑猩猩等。近年来的研究还在群居动物中发现了相对固定的制度形式，比如分工制度、选举制度等，好像与人无异。因此，简单的群居生活还不能真正界定人，人通过群体生活构建出来的群体性，在于它是政治的，才区别于一般的动物。而它之所以能够是政治的，是由于人的理性实践能力，亦即只有人才能通过理性实践，发展出自己的伦理、制度、历史和文化，用这些来规定自己的群体性，使之形成为一个共同体。这一能力则是动物所不具备的。换言之，人与动物最根本的区别，在于人的政治性，这种政治性就是群体性与理性实践能力的结合。正是在此意义上，亚里士多德说"人类是天生的政治（或译为城邦）动物"，[1]不是所有群体动物都能被称为"政治动物"，因为政治或者城邦是需要被建构出来的。为了进一步说明这一点，亚里士多德又继续指出"人是天生的逻各斯动物"，[2]"逻各斯"是指人通过语言来言说真理的能力，真理之被言说，并被聆听者所接收，是基于言者和听者之间的理解，两者之间共同性的建构。这是对人的政治性较为完整的理解。

当我们理解了亚里士多德"人是天生的政治动物"的真正内涵，我们就能对人的政治存在做进一步的规定。第一，在政治体内，首先要强调人的差异性和多样性，群体性不是抹煞差异，恰恰是对差异性和多样性的尊重和包容，才构成了一个真正的群体。将人齐一化，或者将人界定为去人格化的"法人"，这种人的集合是非政治的。就好比公交车站等车的一群乘客，他们表面上是一样的，都要乘坐公交车，好像是一个群体，但是他们之间的利益可能是冲突的而非一致的，因为先上车的人可能有座位，落在后面的乘客只能站着，最坏的情况，还有可能连车都上不了。用那种客观的"利益"来界定人，使之齐一化，只能造就抽象的群体。真实的群体是政治的，建立在对多样性和差异性的包容上。第二，政治关系的纽带是共同性。群体不是一群个体组成的乌合之众，乌合之众的一盘散沙不能建构政治。对差异性与多样性的承认，不是对共同性的否认，恰恰这种相互承认本身就是共同性。下文将重点阐述，现代政治最根本的问题，就是从个体主义中无法抽象出共同性，霍布斯、洛克的理论努力都失败了，因为他们的前提就错了，他们不承认人的差异性和多样性，而以为将人敉平为齐一的法人才是政治社会之所以可能的前提。卢梭发现了这个问题，因此他的学说被查尔斯·泰勒称为"承认的政治"。[3]卢梭的学说当然不止于泰勒所诉求的族群平等的问题,而是涉及政治存在的根本,就是如何将相互的承认设定为政治的前提。第三,政治生活就是将人与人之间的共同性结晶为基本制度。只有建立了相互承认这种共同性,人与人之间才能对他们的共同体形成某种共识,达成相互的理解。小到一个概念,一个判断,大到一种理念,比如说这样做很好、这朵花很美,都要对话者之间对什么是"好"、什么是"美",有共同的理解,这就是共识。政治就是将这些共识结晶为制度,使之能够持续下去,成为一代又一代人对生活世界的共同理解。如果只是针对个别人之间达成的和解、哪怕是局限于某一代人的共识,充其量都只能是偶然性的、稍纵即逝的。政治是关乎人之为人根本的,在时间上和空间上都应该是持续的,只有将共识结晶为制度才是政治生活最后的作品。

本源的政治是从整体出发,关照其中个体的差异性和多样性。西方近代以来的政治,则是从个体出发,去推导出一种虚假的整体性。后者是政治的一种变异形式。马克思将政治的整体性,视为人的"类本质"。马克思指出:"人是一切社会关系的总和。"我们认识人,要从社会关系的总和上去看,而不是将人看作一个个孤立的个体。人的个体性只有置于整体中才能被理解,因为只有这样人的个体性才能被认为是有意义的。否则的话,个体就是一个个盲目的原子。

总而言之,政治存在是人的本质规定性,政治生活是人类独有的,其他群居动物没有政治。《黑猩猩的政治》一书力图证明,黑猩猩群体中早于人类已经建立了政治,[4]但是书中所指的那种"政治",是马基雅维利式的权力政治。反过来也说明,权力斗争意义上的政治,非政治之本源存在形式。权力斗争不仅不是人类独有的,而且还早于人类的形成。人不能以权力斗争作为自己的本质规定。本源之政治,在于它是人类美好生活之基本形式。

正是在此意义上,亚里士多德才会说政治是一种"至善"生活。不是去争夺、维护自己的私利,而是理解、奉献、尽责、团结,才是人之为人、超越于动物性的本性。前者可以说是人之常情,但是不能被称为美德,美德是人可以践履的、超越于动物性需要的东西。这种伦理政治观,到约翰·洛克那里被颠覆了,洛克心中的美德,就是为了长远的利益,克制眼前的欲望。反观亚里士多德,他说所有能满足人生活需要的都是好的,都是"善",但只有政治是"至善",因为从事政治才是人的完成。前政治的追求,哪怕做到极致,也不是自足的。比如说赚钱,人可以赚无限的钱,但是赚钱这一活动本身是有限的。[5]亚里士多德的意思是,哪怕赚再多的钱,也不能通过赚钱来完成、成就一个人。人不断完善自己的践履过程,是以政治为终点的。只有过上政治生活的人,才能让自己彻底告别动物性。

二、好的政治安排是好生活的前提

人通过构建政治来实现和谐共处,人之外的其他群居性动物面对的是冲突,冲突在动物性群居中常常表现为秩序,即使以强权压倒反对,但本质上还是冲突。动物首先都是个体主义者,从个体利益出发来建立的群体,只是一群利益相互冲突磨损者的松散组合,不得不依赖强权来维系。西方崇尚的个体主义"政治",不过复制了原始的动物性,当然也将不可避免地陷入强权逻辑的悲剧;动物以物质欲望来界定利益,用柏拉图的话来说,建立在口腹之欲基础上的群体只是"猪的城邦"。"猪的城邦"基本上是西方现代政治文明的隐喻,这种资产阶级市侩政治,只是重复人类的动物性本身,本质上是一种返祖现象。

人在自己的群体中建立政治,是人类特异的能力。我们可以把这种政治能力,称作人为自己的至善生活构建城邦的能力。城邦,可以理解为一种制度,一个空间,或者更广义的,一个可以装载政治活动、政治生活的持存物。可以说,人的至善生活的前提,就在于拥有一个好的制度安排。藉是之故,亚里士多德把"什么形式才是最好而又可能实现人们所设想的优良生活的体制"[6],当作《政治学》最根本的大学问,后人则称之为政体问题:什么样的政治安排是最能满足人的美好生活的;这种好的政治安排在什么条件下是可欲的;人如何才能建立这样的政治安排。据亚里士多德的说法,法勒亚与柏拉图是比较早考虑政体安排的人,他们都是多少有从政经验者;而第一个没有从政经验、创制出最优良政体安排的是米利都的希波达摩。这两种政治设计都有其美中不足之处。

最好的政治安排,是与当地人的风俗相适应的政治安排。因为只有与人民的生活相适应,人民才有意愿去维护和发展这个政治安排。《史记·鲁周公世家》中有这么一段：

> 鲁公伯禽之初受封之鲁，三年而后报政周公。周公曰："何迟也？"伯禽曰："变其俗，革其礼，丧三年然后除之，故迟。"

> 太公亦封于齐，五月而报政周公。周公曰："何疾也？"曰："吾简其君臣礼，从其俗为也。"

> 及后闻伯禽报政迟，乃叹曰："呜呼，鲁后世其北面事齐矣！夫政不简不易，民不有近；平易近民，民必归之。"

顺其自然，还是移风易俗，都是为了让政治安排与人的生活相和谐，理论上都是好的。在中国古代传统政治智慧中，顺其自然更能守本。但顺其自然不等于政治家什么事都不做，他们必须努力去促成政治安排与人的美好生活相互调适。孔子讲政治就是"正之"与"教之"。"正之"主张的是，政治安排是良好生活的前提。受时代局限，孔子说的"正"是"君君，臣臣，父父，子子"，各安其职，各守本分，则天下大治。反之，若君行无道，臣子皆有不臣之心，父子相仇，则天下大乱。当然，孔子不会认为有了政治安排就万事大吉，因为哪怕再好的政治安排，也是需要一代代人长久去守护的，所以教化也是非常必要的。好的政治安排只是好的生活的必要条件，决非充分条件。如果人心坏了，政治安排就失去它的作用。

有文字记载最早关于政治安排的讨论，来自希罗多德《历史》中大流士的君臣对话。这是一场没有结果的辩论：每一种政体都会败坏；政体败坏的原因，就是统治者变坏。[7]人的腐败、政体的衰落、世界的动乱，是联系在一起的闭环。柏拉图认为从黄金时代到黑铁时代，政治的坠落是不可逆的进程；亚里士多德则坚信某一种政体就是对前一种政体的拯救，比如贵族制是对僭主制的拯救，民主制是对寡头制的拯救，如此往复循环。到波利比乌斯索性建议发明一种"混合政体"，将这些不同的政体有机统一在一起，这样不管人心怎么变坏，政体都能保持正常运转，可以一劳永逸地解决问题。

不管这些思想家持何种观点，他们都承认，政治安排对于人的生活而言是至关重要的，甚至是首要的。即使到了近代，霍布斯、洛克、孟德斯鸠、卢梭等人还是执着于政治设计，但是洛克之后财产权保护取代政治设计，成为人的美好生活的庇护所,政治设计失去了必要性,这是现代西方"去政治化"的"政治"。如果说卢梭对政治设计的讨论,尚有一点儿唐吉诃德的味道,那么到了约翰·密尔那里,"代议制政府"俨然成为一种技术操作,而非根本性的、关乎人的美好生活的大问题。

马克思指出,失去政治设计能力,是资产阶级的政治宿命。资产阶级是历史上第一个"不统治的统治阶级"[8],他们将自己的利益与政治完全分离了,甚至认为投身政治将有损于资产阶级的利益,因此他们决定退出统治,寻求自己的政治代理人。马克思指出,资产阶级以为议会共和制最适合他们代理人政治的政治安排,从此就可以安逸地享受资产阶级的幸福生活了。但是事与愿违,资产阶级退出统治的结果就是路易·波拿巴的篡权。资产阶级失败了,伴随着政治设计能力的彻底退化。从城邦时代到自然法时代,人类一直试图通过创造政治形式来确保自己的美好生活,这种努力在民主时代终结了,现代市侩"普遍同质的世界"不需要政治设计。法国学者马南指出:"我们观察到的不是政治形式的泛滥而是其稀缺。……未来属于文明的去地方化和全球化过程。我们不需要政治形式。政治上缝合言与行的必要性已经从视野中消失。技术规范和司法规则被认为足以组织日常生活。"[9]

对抗市侩政治的唯一道路,就是重拾政治设计的努力,通过新的政治设计来实现人的类本质。这就是马克思自由思想的初衷,从马克思的"异化"理论中可以探出端倪。

"异化"(alienation)确乎是一个晦涩难懂的术语。费彻尔的说法代表了很多人的理解:"当个人所创造的对象遵从自身的规律性而冷眼漠视个人的愿望与希冀,并最终作为'敌对的和相异的'东西与个人对立时,对象化就变成了一种'异化'。"[10]英文用 alienation 来硬译"异化",进一步指出异化是抽离、疏远、相异的意思。

虽然马克思对异化的运用具有明显的批判色彩,但是就异化的哲学意义而言,它是指一种状态、过程和活动。所以异化不能简单地说是好的、还是坏的。根据之前费彻尔的说法,异化的第一步就是对象化,而对象化本身是没有什么问题的。马克思清楚地指出对象化就是人自身的确证。[11]什么是人?没有异化会有人吗?没有异化人就仍然停留在蒙昧状态,人不会有自我意识、不能认识自己、不能发现自己的灵魂。"认识你自己"就是一种异化。换言之,人必须抽离,并且与自身疏远,才能发现自己。异化是人自我认识的一个过程。总之,哲学意义上的异化是指,归属于人的本质的东西即类意识,在外化后构成一个世界,而成为与人的本质相异的东西,因为世界会遮蔽人对其类本质的认识。人的自我认识,从一开始就是英雄史诗般的悲剧性过程,就是一个奥德赛的故事,他远离家园去征服世界,然后历经重重磨难,返回家园,但这已经是一个相异的世界,他必须化装,用假的身份,即知识、皮相,去恢复它。从某种意义上,可以说黑格尔的全部努力就在于此。

所以,这样一种异化概念,完全可以说是源于柏拉图的"助产士"概念,但是黑格尔将它系统化。黑格尔的异化就是一种"精神外化",然后再克服掉这种异化,返回到自身。受政治经济学影响,马克思称"异化"为"生产过程",人是在劳动这一生产过程中,在将自己的劳动力输出到外部自然、对后者进行改造的过程之中,形成自我意识的,也就是"劳动产生人"。[12]马克思深刻揭示出:异化在黑格尔这里集大成了。最终极的异化形式就是知识。现代人与自身的疏远,只能通过知识、概念来认识自己,而不能通过对象化来体认自己。只有到了"密涅瓦的黄昏",历史充分展开了,知识的秘密被解开,人才能彻底克服异化,认识自己。换言之,一切人造物,包括国家、制度、文化、宗教、知识,在黑格尔眼中,都是异化。只要这种异化存在,人就不可能真正抵达自己的本源生活。必须用新的政治设计来打破他们。对异化的克服,马克思称为"扬弃",就是超越这些已有的异化形式对人与其对象化之物的隔绝。所有异化皆为"必然",只有"扬弃"之,才能从必然走向自由。这是人的伟大飞跃,届时,"人的发展是其他一切人发展的前提",换言之,人正是通过政治来打破必然性的一切枷锁,实现自己类本质的还原。

第二节　市民社会:政治解放的幻象

黑格尔曾经说过:这是一个光辉灿烂的黎明,一切有思想的存在,都分享到了这个新纪元的欢欣。一种性质崇高的情绪激励着当时的人心,一种精神的热诚震撼了整个的世界,仿佛"神圣的东西"和"世界"的调和现在首次完成了。[13]

这是黑格尔在《历史哲学》中颂扬法国大革命的著名段落,时至今日读来依然激动人心。现时代的来临,一扫罗马灭亡之后欧洲长达数百年的黑暗,市民社会的兴起,代表着光明、进步、平等、自由。然而历史证明,资产阶级市民社会只不过是政治解放的幻象。

一、市民社会的国家

马基雅维利被马克思称为"第一个用人的眼光来观察国家"者,他第一次用"国家理由"取代了"神正论",也就是人的行动是否正当,不取决于神谕,不取决于禁令,而取决于是否符合国家利益。有些行为,在私人领域里面是恶的,但是如果是为了"国家",就变成"好的",反之亦然。比如杀人是不对的,但若是为国而战,则杀敌越多越应得到赞赏,惧怕杀人者反而被认为是懦夫。这是西方政治思想史上一个重大的转折。

马基雅维利就将"民族国家"的利益,作为衡量一种政治行为是否恰当的标准,这就改变了过去以伦理作为衡量标准的做法,迎合了中世纪晚期民族国家兴起的现实。相应地,政权的败坏乃至于更迭,不再是因为君主、人民的道德败坏,而是因为统治者的统治能力下降所导致。

这样,在马基雅维利那里,政治不再是"至善生活",而是保有国家的"技艺",或者"策略"。马基雅维利借用西塞罗的比喻,指统治者应像"狮子与狐狸"一样,言下之意,狮子代表猛兽,利维坦,是马氏政治的"决断者";狐狸则是一个精于计算的"权衡者",代表资产阶级市民。事实上,马基雅维利的君主本质上就是一位"市民",因为这位君主要想获得成功,就一定要懂得为了"国家利益"来约束自己的"物欲"。一旦接受这种说法,君主就被"驯化"了。从马基雅维利开始,政治失去了它本源的意义。

如果说马基雅维利打破了政治的伦理性,使本源政治化为一种功利思虑,那么霍布斯则是第一个论证了个体的正当性,是西方个体主义政治的首倡者。在霍布斯之前,个体权利并无这种正当性,个体只有献身于神,也就是履行义务才成为人。从霍布斯开始,他假设了一个自然状态,把人对自身利益的追求确定为正当,符合人的自然本性,把这个自然权利作为政治秩序的起点。马克思在《政治经济学批判》导言中指出这种认识本身是虚假的,因为正是到了资产阶级市民社会之后,这种所谓个人的起点,才成为可能,因此"个人"其实是历史的结果而绝非历史的起点。[14]

霍布斯的难题在于要从个体出发推导出一个政治体。每个人从自身利益出发,也就是个体的"欲望"被正当化了之后,整体的秩序、群体的生活如何构建?

众所周知霍布斯假设了一种"自然状态",并从自然状态假设中推导出了现代国家的正当性。他在巨著《利维坦》中描述了一个充满人性恶的自然状态。这个自然状态的特征是"每个人对每个人的战争","人的生活孤独、贫困、卑污、残忍和短寿"。[15]但是,人与人的战争一定会导致人类种族的灭绝。"恐惧死亡"成为所有人共同的底线,也就是人的共性,而政治就必须建立在最根本的人的共性基础之上。对死亡的恐惧,使人试图摆脱自然状态,于是这些人订立契约,让渡出一部分的权利,产生出一个主权者,这个主权者就是所谓"利维坦"。"利维坦"是集权的,甚至是专制的,因为"不带剑的契约无异于一纸空文"。[16]因此很多研究者认为霍布斯的"利维坦"的最高目标是"秩序",或者"权威",而不是"自由",更不是"民主"。霍布斯的学说被认为是当时欧洲绝对君主制的写照。如果将"利维坦"理解为"国家",那么主权者集权的过程,就可以理解为是市民社会将暴力交给国家,让国家垄断暴力的过程。相应的结果就是市民社会和平化、文明化。

但是霍布斯的逻辑是有缺陷的。他知道从个体推导到整体,就必须在个体之间寻找共性。他力图从人的"欲望"中去寻找这种共性,深信只有将政治权威建立在这种最基本,或者说是最本能的共性之上,即使是最卑劣的人性也能支持这个权威的秩序,才是可能的。霍布斯找到的是"恐惧死亡",认为这种欲望最本根、最彻底。然而,约翰·洛克指出霍布斯其实不够彻底,因为"喜欢生活"相比"恐惧死亡"更应该是前提。阿兰·布鲁姆指出:"恐惧死亡本身已经事先假定了一个更为深层的基础,生命是美好的。"[17]然而,"喜欢生活"是多样性的。换言之,霍布斯找错了方向,因为"欲望"的共同性导致的可能是冲突而不是共识。

霍布斯的问题还不止于此。在自然状态中,人与人为了利益争斗,"虚荣自负

政治
逻辑

者"也就是超越了利益计算者,将成为主权者、主人;而害怕死亡,用生命来做交易的,则成为被统治者、奴隶,这些精于计算、权衡生死的,都是资产阶级市民。霍布斯确立了一个超越于市民社会之上的主权者,并且认为只有"利益之外",或者说"无欲无求"、超越市民社会算计的主权者,才能代表整体,维持这个群体的秩序。因此,霍布斯讲的"恐惧死亡"、相互契约,其实都是针对市民社会,而不是作为政治权威代表的国家。这个国家其实从未走出"自然状态",它垄断了暴力,并用暴力强制来维持自己的统治。换言之,霍布斯论证了半天,其实从未建立起一个超越自然状态的"政治社会"来。这是霍布斯的错误吗?这是从个体出发推导整体秩序的必然结果,霍布斯只不过揭示了个体主义在政治上的宿命。

约翰·洛克发现了霍布斯的问题,而他所做的,就是在霍布斯的基础上更进一步,将由已经正当化的个体组成的市民社会,确立为人的解放的终点。

洛克指出,人在自然状态中遇见他人之前,首先是与自然打交道。人与自然相处的阶段才是自然状态。霍布斯那种人与人为了生存相搏的状态,是战争状态,不是自然状态,而且这种战争状态其实是可以避免的。[18]

如果每个人都可以从自然界中获得满足自己生存的一切必需品,只要他们之间互相承认彼此的获得,就不会发生战争,人与人之间就是和平的。这种承认,就是洛克说的财产权。人与人的相遇,不必然发生霍布斯的战争,如果人对自然的占有已经被承认,那么战争就不会发生;只有人对自然的占有不够充分,满足不了生存的需要,或者人贪得无厌,产生了超过生活必需的欲望,才会发生战争。

政府之所以是必要的,是因为要由政府来确保财产权的相互承认,从而避免战争。政府的正当性就在于对财产权的保护。这样一来,洛克就彻底克服了霍布斯,让政治社会与市民社会同一化。洛克认识到霍布斯的自然状态是前社会、前道德的,事实上无法直接过渡到政治社会;但是他的解决方案不是去论证这个过渡,而是将自然状态直接后置到市民社会。洛克的市民社会,才是名副其实的"自然社会",在其中,人对自然单向实行专制、占有、开发,人是自然的绝对主人。霍布斯认为市民是奴隶,市民奴隶为了获得承认,将持续发起对主人的斗争,用一切枷锁包括法律、道德等,来束缚主人的行动;洛克的市民已经不需要发起斗争,因为他们都是主人，是自然的主人，在对自然的压迫和剥削中获得了一切满足。

失去了斗争性的市民主人，已经不是真正的主人，而是必需性的奴隶，他们将陶醉于从自然中获取的物质需要而不能自拔；通过财产权相互承认，他们获得了自我确证，但是这种自我确证不是直接的确证，是以财产权为中介的，是一种异化，财产权才是真正的主人，而不是人；法律上承认的是"法人"，不是人本身。最根本的，市民社会被财产权分割为一个个原子，每个个体都躲在自己的财产权里享受安逸，相互隔绝，互不侵犯甚至互不往来。洛克构建的是一个原子化社会。同样是从个体出发，洛克避免了霍布斯的战争，也避免了霍布斯的利维坦，但是洛克却缔造了一个相互隔绝、高度市侩化的原子化社会，这是资产阶级市民社会的另一个宿命。霍布斯与洛克的两个个体主义政治宿命表面上是分岔的，但是在特定历史条件下会殊途同归，不妨可以参照汉娜·阿伦特对"极权主义"的现代西方个体主义起源的描述：

> 在非极权主义世界里使人走向极权统治的是，孤独变成了我们这个世纪里日益增多的群众的一种日常经验。极权主义驱使和策动群众进入的无情过程，像是对这种现实自杀式的逃避。……正是这种内在强制似乎能在与其他人的一切关系之外证明一个人的身份。即使当他处于孤独，这种内在强制也使他陷入恐怖的铁掌，而极权统治尝试绝不让他独处，除非是让他处于孤寂的幽闭之中。运用摧毁人际一切空间、迫使人们相互反对的手法，甚至消灭了孤立的生产潜力。[19]

二、重新发现政治

洛克将人的解放寄托于市民社会，而市民社会实质上是共同性的幻象，人在市民社会已经"非政治化"，也"非人化"了。躲在财产权庇护所下的生活，不可能是人的完成，也不可能是真正的好的生活。

对此卢梭有清醒的认识。他在《社会契约论》开篇就声称，"人生而自由，却无往不在枷锁之中"，继而说"自以为是其他一切的主人的人，反而比其他一切更是奴隶"。洛克笔下的市民，以为拥有了财产权便是自然的主人，是自己的主人，其实是自然的奴隶，必需性的奴隶，从未真正建构起主体性。

卢梭的理由也很简单：从个体出发构建的共同性，不是真正的共同性。霍布斯的"欲望的共同性"，洛克的财产权的相互承认，都是虚假的共同性，并没有在人与人之间建立真正的联系，甚至是催生冲突。

卢梭同意洛克的观点，在自然状态下，只存在人与自然的关系，人并未与他人相遇，也不需要他人，"在橡树下饱餐，在随便遇到的一条河沟里饮水，在供给他食物的树下找到睡觉的地方，于是他的需要便完全满足了"[20]。人的自我意识乃是在与自然的对抗中培养出来的，"自然支配着一切动物，禽兽总是服从；人虽然也受到同样的支配，却认为自己有服从或反抗的自由。而人特别是因为他能意识到这种自由，因而才显示出他的精神的灵性"[21]。这种自由，可以被称为"自然的自由"，区别于"社会的自由"。

市民社会起源于人原始的节制本性的打破。一方面是种族无节制的繁衍导致人口增加，而使人与人相遇的机会大大增加；另一方面，当人已经不满足于简单的自我保存，而要追求单靠他个人力量无法实现的目标时，他就要寻求他人的帮助，从而形成人与人之间的合作，一旦合作，就会产生对劳动产品的所有权的争议，这就必然会产生一种私有的观念，"这是我的"，以维护自己的利益，这就是最初的财产权。在此意义上洛克是错的，因为财产权是人开始产生超出自然的需要之后才发生的，这样一来，承认财产权的结果，不可能是人人都成为主人。

通常就因人在自然禀赋上的差异，使之在人群中的地位出现了差异。强者成为最受尊重的人，迫使弱者承认他的财产权，而弱者则依附于强者。在这一点上，是霍布斯而不是洛克是对的。在私有制的条件下，寻求他人尊重的唯一途径乃是利用强力尽可能地求取和扩大自身的利益，而将他人压制在被奴役的层次。卢梭指出："一方面是竞争和倾轧，另一方面是利害冲突，人人都时时隐藏着损人利己之心。这一切灾祸，都是私有财产的第一个后果，同时也是新产生的不平等的必然产物。"[22]

斗争发展到一定阶段，政治制度和法律便应运而生，以消弭冲突所带来的对自我保存的威胁。强者之所以接受契约，乃在于他在承认的斗争中树敌太多，担心那些受其欺压的弱者一旦联合起来,就威胁自己的生存,而弱者则希图得到法律的保护,于是人们通过契约结合市民社会。

至此,霍布斯关于政治起源的观点,又显得比洛克更独到。卢梭比霍布斯更为深刻之处在于,他指出了市民社会制度和法律的性质,即保障私有财产和对不平等的认可。人们结合成市民社会,并没有因此获得以法律为保障的普遍正义,而恰恰是要面对依靠政府强制力量所维持的不平等和非正义。市民社会的结合所形成的,乃是一种依附关系,而政府则使之合法化了,这种政府必然是暴虐、腐化的。少数拥有特权的人,借助政府权力,一再地将多数人压制在被奴役的必需性层次。但是另一方面,由于多数人处于被奴役的状态,而使少数统治者也失去了获得承认的可能,相反,他们在必需性上更加依赖于前者,遂沉沦为奴。卢梭这样说:"纵使他变成了他的同类的主人,在某种意义上说,却同时也变成了他的同类的奴隶。"[23]因此,市民社会这一解决方案是一个"两败俱伤"的方案。

在《社会契约论》中,卢梭便要探讨如何将人类从市民社会的奴役状态中拯救出来的问题了。在卢梭看来,要超越市民社会的混乱和争斗,构建全新的政治文明,必须从问题的根源入手,即取消私有财产权。"每个结合者及其自身的一切权利全部都转让给整个的集体。"[24]在卢梭看来,这一权利的完全转让无非是为构建一种新的政治关系提供基础。首先,市民社会的权利关系不过是一种物权关系,人在其中被物役,而无法获得承认,因此,对权利的取消并不意味着对人的本性的否定,而恰恰是把人的本性从物役关系中解救出来;其次,权利的完全转让,就使每个人都获得了和他人同样的基础,即处于平等的状态。一些卢梭的批评者认为这种平等是强调前提平等的平均主义,可能会导致后果的不平等。这种观点不得卢梭的要领。结合《论不平等》,就不难体会,卢梭所强调的平等,并非物权方面的平等,而是个人在其价值和尊严上的平等。正是由于物权关系的解除,个性的相互承认才具备其基础。"人类由于社会契约而丧失的,乃是他的天然的自由以及对于他所企图的和所能得到的一切东西的那种无限权利;而他所获得的,乃是社会的自由以及对于他所享有的一切东西的所有权。"[25]

显然,任何政治社会都要建立在某种普遍性的基础上,问题在于,这种普遍性

政治逻辑

是什么。卢梭提出"公意"的概念,试图在人类价值实现的深层共识上寻求政治社会的联合基础。卢梭认为,以私人利益为基础根本无法构建出真正的人类共同体,而只能形成不平等和相互冲突的市民社会。人类的政治联合应建立在一种普遍化政治价值的基础上。只有在这一深层的共识上,人类才可能超越自我利益的狭隘眼光,实现真正的平等和普遍的正义。而这就是卢梭所称的"公意"。"公意"本身是自足的,它在其目的和本质上都同样是"公意",而不能屈从于任何个别意志。"公意"具有普遍性,正由于它是从全体出发的,因此才对全体具有普遍的适用性,也就是说,"公意"本身就是正义。卢梭指出:"唯有公意才能够按照国家创制的目的,即公共幸福,来指导国家的各种力量;因为,如果说个别利益的对立使得社会的建立成为必要,那么,就正是这些个别利益的一致才使得社会的建立成为可能。"[26]

"公意"从哪里来?卢梭深刻认识到霍布斯和洛克的症结,都在于从个体出发来构建政治社会,这是不可能的任务。人基于自然的欲望,并不能让人成为政治的人,而人被束缚进一种所谓自由的秩序中,代价就是人的尊严和激情的丧失。卢梭的解决方案是什么?卢梭认为"利益"不能用来界定人,"情感"才是。人对他人的情感,包括爱、同情,才是唤起人内心自我确证的东西,同时也是人与人之间真正的共同性所在。人的情感只有在与他人相遇的时候才会发生,因此天然是人际的、社会的,人与人之间通过相爱、理解而形成的承认,不是零和的,而是相互强化的。这种情感,被查尔斯·泰勒称为一种"本真性"的情感。[27]这种"本真性"就此"相互强化"的特征而言,就是"公意"的基础。

进一步而言,卢梭认为自然不平等是客观存在的,问题在于社会不平等,这样自然平等与社会平等之间存在矛盾,我们需要在克服社会不平等的条件下确保自然的不平等,换言之,我们要承认人与人自然形成的差异。自然的差异不仅不能够成为相互承认的阻碍,相反应该是相互承认的条件。因此,对性别、肤色、身体等差异的承认,就构成了反对现代性排他性政治的"承认的政治"。我们只有在克服了社会不平等之后,才能恢复自然的不平等,避免同质化的危机。

卢梭用自然状态、市民社会、政治社会三段论彻底解决了霍布斯和洛克的问题,关键是自然状态中具备了政治社会的共同性。自然状态无法解决欲望的矛盾,然后产生了市民社会,市民社会就是利益的冲突、承认的斗争,这种承认的斗争产生了各种不平等和分裂,维持着一种利益分化的共同体幻象,卢梭称之为"多头怪物"。这个"多头怪物"就是霍布斯的利维坦,洛克的"财产权"社会。要解决这个问题,必须进入政治社会,政治社会就是一个"承认差异的社会",建立在"公意"基础上的共同体。这个时候,人保有的一种激情,超越市侩的个体利益计算,是一种对联合体的激情,一种爱国主义的情感。

三、政治解放的幻象

市民社会的政治解放,不过是一种幻象。对此马克思始终保持高度的清醒。在与青年黑格尔派代表鲍威尔的争论中,马克思指出了鲍威尔政治解放学说的虚妄。鲍威尔以美国和法国为例,认为犹太人的解放应服从于政治解放,马克思认为这样一种批判不够彻底,因为鲍威尔批判的只是"基督教国家"而不是"国家本身"。[28]所以马克思要做的,当然是批判"国家本身",而最终马克思做到的,就是对黑格尔伦理国家观念的抛弃:当我们像黑格尔那样,将"国家"从神学中解放出来,国家就成为飘扬在空中的"神",或者在大地上行走的"神",而这并不是"完成了的基督教国家"。[29]

在很多人眼中,现代世界意味着基督教对犹太教的胜利,也就是意味着理性化的力量对非理性的力量的胜利,尽管在新教的禁欲主义中还包含着一丝隐秘的非理性因素。现代世界走上了理性化控制的道路。但是马克思通过对鲍威尔的批判,实际上颠覆了这一信念:现代世界不是基督教对犹太教的胜利,而恰恰是犹太教对基督教的胜利。"犹太精神随着市民社会的完成而达到自己的顶点;但是市民社会只有在基督教世界才能完成。"[30]换言之,犹太教的"市民社会"是现代世界的主角,而基督教的"国家"则成为黑格尔的地上行走的"神"。也就是说,真正值得重视的是犹太教的"市民社会",而不是基督教的"国家"。更重要的是,现代世界中犹太教对基督教的胜利,意味着现代世界中非理性力量对理性化力量的胜利,马克思认为现代世界是"非理性"的,这种非理性体现在犹太教的"逐利原则"中,而这种非理性的逐利最终会导致社会的解体。这里就蕴含了马克思后期对资本主义生产体系的批判。

整个批判围绕的关键概念是"自由"。这部《论犹太人问题》也被认为是马克思自由观的集中阐释。马克思所理解的自由是"from"而不是"of"，是从财产、从宗教的束缚中获得自由，而不是财产的自由、宗教的自由。鲍威尔所理解的政治解放，就是国家从神学中摆脱，转化为宪政国家。马克思指出了这种政治解放的局限性："政治解放一方面把人归结为市民社会的成员，归结为利己的、独立的个体，另一方面把人归结为公民，归结为法人。"[31] 政治解放的后果，是造成作为独立个体的"人"与作为"政治人"的"公民"的对立；利己的"人"不具有"类存在"意义；而"公民"呢，就是一个"抽象的、人为的、寓意的人、法人"，[32] 换言之，现代国家不可能将"公民"还原为"真正的人"。这里包含了一丝怀旧气息，因为中世纪的市民社会毕竟还具有"政治性质"。正是随着封建社会的瓦解，才剩下了"利己的人"。[33] 因此，现代政治的基础就是市民社会利己的人，而将"公民"变为抽象的"法人"。为了填补这一空洞的"法人"，就不断往它身上填充各种所谓"自然权利"，使之伪装为"类存在"，而把利己的、空洞的个体的自由伪装为"自由"。

之所以要批判这样一种自由，是因为它是相互疏远和相互冲突的。"自由是什么呢？""这里所说的是作为孤立的、退居于自身的单子的自由"，"这种自由不是建立在人与人结合的基础上，而是建立在人与人分隔的基础上"，"这种自由不使每个人不是把别人看做自己自由的实现，而是看做自己自由的限制"[34]。这样的自由，让我们想起伯林的消极自由，而伯林之所以讨论这个问题，不是说我们在面对选择的时候，可以决定选择哪一种自由，而是说自由本身就存在这种冲突性。实际上消极自由中也蕴含了积极自由的种子。

然而，我们更感兴趣的是马克思在一系列否定性的表述背后，其实蕴含了自己对自由的看法："任何解放都是使人的世界和人的关系回归于人自身。"[35] 这样一来，《共产党宣言》中所指出的，"每个人的自由发展是一切人的自由发展的条件"，也就可以得到理解了。首先，马克思批判了利己的人的虚假的"普遍性"，指出它不能构成共同体的共同基础；其次，马克思认为不可能在冲突的条件下构建共同体，人的自由发展不可以以社会关系的破坏作为代价，因为这样就无法理解人自身。

所以，鲍威尔所有的错误，都在于用政治解放取代从市民社会中的解放，而最终强化了市民社会对人的奴役，他忽略了市民社会本身的奴役性。人在市民社会的生活中没有真理性。人的自由主要是摆脱市民社会的束缚而不是简单地摆脱国家的束缚。

后来，马克思在《资本论》中，从历史的角度进一步批判了市民社会作为共同体形式的虚幻性。他指出，资本主义生产方式之前，存在三种不同的所有制形式：亚细亚的所有制形式（公有制）、古代的所有制形式（公有制与私有制结合）和日耳曼的所有制形式（私有制），在此基础上，形成三种个人与共同体关系的类型。马克思通过对资本主义生产之前的共同体形式的研究，指出对于人而言，共同体比个体是更本源的存在形式。马克思指出，"孤立的个人是完全不可能有土地财产的"，"把土地当作财产，这种关系总是要以处在或多或少自然形成的，或历史地发展了的形式中的部落或公社占领土地为媒介的"。[36] 在资本主义生产以前的各种形式中，个人不是把自己当作劳动者，而是把自己当作所有者和同时也进行劳动的共同体成员。这种劳动的目的是为了保证各个所有者及其家庭以及整个共同体的生存。在所有这些共同体形式中，发展的基础都是单个人对公社的原有关系的再生产。这些才是本源的、真实的、历史的共同体形式。

马克思认为，现代世界的特征就是人脱离共同体而存在，"凡是公社成员作为私有者已经同作为城市公社以及作为城市领土所有者的自身分开的地方，那里也就出现了单个的人可能丧失自己的财产的条件"[37]。这时候，共同体走向解体，但是人却陷入凄惶状态。"在现代世界，生产表现为人的目的，而财富则表现为生产的目的。""在资产阶级经济以及与之相适应的生产时期中，人的内在本质的这种充分发挥，表现为完全的空虚。"[38]市民社会瓦解了共同体，也瓦解了人的政治存在。因此，市民社会对人的解放，只是一种幻象。

第三节　新时代通过政治创造美好生活

中国特色社会主义进入新时代，标志着中国政治发展进入了一个崭新的阶段。

中国进入新时代的最为庄严的宣言就是社会主要矛盾的转换。习近平在党的十九大报告中明确指出："中国特色社会主义进入新时代，我国社会主要矛盾已经转化为人民日益增长的美好生活需要和不平衡不充分的发展之间的矛盾。"社会的主要矛盾从人民日益增长的物质文化需要同落后的社会生产之间的矛盾向新的主要矛盾的转化，是大局政治观、辩证政治观这一方法在中国政治判断中的具体体现。正如上文所言，当中国超越了西方依靠利己的公民社会构建美好生活的幻影之后，就必然会进入一个通过中国特色的政治缔造美好生活的征程。

一、超越公民社会：中国社会成长的政治逻辑

当今世界一个最为耀眼的事实，就是中国改革开放事业孕育出了任何一个国家在数量和规模上都无法比拟的中产群体。全球最庞大的中产群体的兴起不仅印证了邓小平提出的中国现代化模式——小康社会的胜利，同时见证了习近平所说的"以人民为中心""人民城市"等命题的强大生命力。

小康社会和人民城市为我们走出惯常的"公民社会"的判断，提供了丰富的现实支撑和奔向光明理论空间的地平线，也为以中国为基准的普遍性理论的创新提供了历史性契机。大多数人尤其是西方学者不停追问：为什么中国城市中产阶层的崛起没有导致西方式公民社会的诞生？为什么城市中产阶层的崛起并没有启动西方式民主化？为什么在政治学界广为人知的"李普塞特命题"（Lipset Hypothesis）或"李普塞特假设"在中国失去了效力？[39]到底中国城市社会包含着什么样的秘密呢？在回答以上问题之前，让我们沿着前文的逻辑，从理论上撕下西方公民社会的面纱，呈现它的真相。

现代西方文明向全球扩张最锐利、最自豪的精神武器就是"公民社会"理论。公民社会来源于英文的"civil society"。在中文中，"civil society"有四种译法：一是文明社会，二是民间社会，三是市民社会，四是公民社会。目前学术界普遍使用的译法是"公民社会"。公民社会作为被人为创造出来的一个概念，它到底指向何物？人们在创造这一概念的时候，赋予了它怎样的价值内涵和政治目的？以上两个问题是理解"公民社会"的关键所在。要想回答以上两个问题，必须要追根求源，弄清楚"civil society"在西方世界中的产生与流变。

　　首先应当明确的是,"公民社会"在西方世界并没有一个统一的、固定的内涵。它既是一个历史的概念,又是一个文化的概念。也就是说,它在不同的历史时期、不同的国家、不同的个人、不同的文化背景下,其内涵是完全不同的,甚至是相互对立的。概括来讲,"civil society"至少有如下几种代表性内涵。

　　第一,与自然社会相对应的"文明社会"。亚里士多德和西塞罗(Marcus Tullius Cicero)就将"civil society"等同于"文明社会",这显然是与人类文明初始时期的发展阶段相适应的,即对人类摆脱蒙昧状态进入文明状态的一种概括与说明。这一传统被后来的洛克、康德(Immanuel Kant)、卢梭(Jean-Jacques Rousseau)等人继承下来。例如,洛克就将"civil society"等同于"公民或政治社会",这一"公民或政治社会"是建立在私人财产基础之上的,他认为,处于奴隶状态、没有财产,难被认为属于公民社会。[40]因为公民社会的建立目的在于保护个人财产。康德将公民社会看作宪政国家[41],卢梭也将公民社会视为国家。[42]在这种传统中,我们非但丝毫看不到公民社会是与国家相对立的独立领域,反而看到公民社会就是政治社会,公民社会等于国家。在这里,公民社会本身就是城邦、国家的代名词,是指一个社会团体发展到一定程度并脱离野蛮状态的产物和结果,它是与自然状态相对立的一种文明形态。

　　第二,与政治国家相对应的"私人领域"。公民社会脱离国家而成为一个自主领域,这代表了一种新型传统的形成。亚当·弗格森(Adam Ferguson)是这一传统的提出者,他认为,公民社会是从国家分离出来的自主领域。公民社会的发展反映了人性的进步,即从简单的、以部落为江湖的军事主义社会发展成为复杂的商业社会。[43]这一传统被后来的黑格尔(G. W. Friedrich Hegel)、马克思等人所继承。19世纪,黑格尔在福格森的基础上,明确将政治国家和公民社会区分开来。公民社会是代表私人利益的领域,国家是代表普遍利益的领域。[44]马克思曾经在《论犹太人问题》中指出:"犹太精神随着市民社会的完成而达到自己的顶点,但是市民社会只有在基督教世界才能完成。基督教将一切民族的、自然的、伦理的、理论的东西变成对人来说是外在的东西,因此只有在基督教的统治下市民社会才能完全从国家生活中分离出来,扯断人的一切类联系,代之以利己主义和自私自利的需要,使人的世界分解为原子式的相互敌对的个人的世界。"[45]原子式的个人要能够产生,并且构成市民社会,就必须使得一切血缘的、半血缘的,伦理的、半伦理的,宗法的、半宗法的关系彻底解体,只有到这时才能说产生原子式的个人,从而市民社会方得以成立。[46]可见,黑格尔和马克思都推翻了以前对公民社会所赋予的政治内涵和道德内涵。尤其是马克思干脆将"civil society"等同于"资产阶级社会",它代表了一种按照自身法则运行而不受法律要求和政治团体伦理影响的经济秩序。这一传统被 20 世纪 80 年代的中国学者所继承,它迎合了当时市场经济发展初期的某些要求,即将"civil society"视为从计划经济国家体系中所释放出来的市场领域,它与国家是并行共存的两大领域。

第三,制约、监督国家权力的"独立领域"。在第二次世界大战之后,尤其是在 20 世纪 70—80 年代以后,随着第三波民主化浪潮的兴起,西方学者开始创立关于公民社会的第三种传统。即将公民社会视为真实的、建立在非正式社会团结基础之上的一种社会形态。这一界定完全颠覆了黑格尔传统,赋予了公民社会以极强的政治内涵。在这里出现了公民社会的两种"亚形态":公民社会Ⅰ与公民社会Ⅱ。公民社会Ⅰ来源于以斯密(Adam Smith)为代表的苏格兰学派,即民主政体通过嵌入由公民社团构成的紧密联系以得到有效的保护。公民社会Ⅱ则认为自治的自我组织群体,能够产生替代性的公共领域,并以此限制国家权力。公民社会Ⅰ催生了帕特南(Robert D. Putnam)提出的社会资本理论,公民社会Ⅱ则催生出了社会抗争理论、民主转型理论等各种具有颠覆性的理论范式。进入 21 世纪以后,中国学者逐渐摆脱黑格尔、马克思式的公民社会理论,对公民社会给予了浓重的政治青睐,赋予了其特殊的政治功能,就是以公民社会Ⅱ作为经典蓝本的。西方学者将拉丁美洲和东欧公民社会的兴起视为其民主转型的直接动力。但历史证明,强大的公民社会或许会导致民众群体的碎片化,并使之形成许多敌对派别,从而增加了产生公共暴力的风险。西方国家在这一点上已吃过大亏。普林斯顿大学教授伯尔曼(Sheri Berman)对于公民社会在魏玛共和国的作用进行了详细分析。她认为,在 20 世纪 20—30 年代德国的公民社会,社团生活非常活跃,几乎每个人都属于职业或文化组织,而这恰恰被认为是公民社会的支柱。但是,这些活跃的公民社团不但没有能够强化民主和自由价值,反而颠覆了民主和自由价值。主要原因是德国的政治制度十分薄弱,没能满足市民组织的要求,这使得市民将目光转移到民族主义甚至纳粹身上。最后恰恰是公民社会的密切网络促使了纳粹的成立。[47]可见,西方人所颂扬的公民社会并不是天然的自由和民主的基础。

第四,作为与国家合作的"公民社会"和作为国家控制手段的"公民社会"。如果说公民社会作为与自然社会相对应的"文明社会"、与政治国家相对应的"私人领域"、制约、监督国家权力的"独立领域"等三重界定,具有或多或少的修辞意味,是在创造概念上做文章的话,那么作为与国家合作的"公民社会"和作为国家控制手段的"公民社会"可以说是在直面现实的基础上提出来的。事实上,制约、监督国家权力的"独立领域"往往是在西方国家输出民主的时候经常被使用。在其国内,资产阶级国家更加强调公民社会与国家的合作性以及作为国家控制机器之构成部件的公民社会。特别是国家依靠基金会体制、政教合作体制、舆论控制体制以及政府作为后台的社会组织体制,完成了对社会的无形控制。而以上要素恰恰就是公民社会的重要构成要素。公民社会不过是这一国家控制体系的代名词而已。如果公民社会的行动超出了国家控制体系的范围,垄断暴力的国家机器就迅速登场了。所以,就连西方学者也不得不承认,"独立于国家"不是公民社会的唯一标准。德国埃森-杜伊斯堡大学教授托马斯·海贝勒(Thomas Heberer)认为,"独立于国家"这一条件远远不能成为公民社会的唯一标准。为了实现共同的发展目标——比如中国的"四个现代化"或者"和谐社会",国家和公民社会组织之间的共同合作、协调是绝对必要的。他还指出,民主化不等于公民社会,也不是在民主化后就会产生公民社会。它需要在此之前就形成有助于公民社会发展的结构。为此,公民社会的结构一定不能与国家结构相对立,双方可以相互补充,并以这种方式促进社会稳定。[48]

可见,公民社会绝不是具有单一的面孔,它作为一个历史的概念,在不同的历史时期具有不同的含义。在资产阶级统治得以确立的过程中,公民社会更多的是作为国家的合作者、国家控制体系的外围要素这一面目出现的。若将公民社会简单地界定为国家权力的制约者，显然有悖于历史事实。其实，公民社会更多的是作为人为的概念，在不同历史时期被赋予了不同的内涵。以至于许多西方学者不得不承认"公民社会"的内涵极其模糊、在诸多重大问题上都显得模棱两可、飘忽不定。在"唯一真"使命的驱动下，输出西式民主——"政治市场化"的代名词——推动非西方国家的"民主转型"是西方资本主义国家的固有秉性。这一秉性在今天非但没有消失反而日渐强化。在推动苏联东欧、中东北非的"民主转型"中，"公民社会"就成为西方国家得以利用的最好的政治符号。反观历史，我们发现，只有当西方国家输出西式民主的时候，他们才会特别强调公民社会的独立性、监督性和制约性。而在其国内，公民社会往往被赋予更多的道德属性、合作责任和法律内涵。对外强调公民社会的政治性，对内强调公民社会的建设性，是西方国家巧妙处理"公民社会"这一概念的政治技巧。

所以，当西方人一直在追问中国经过四十多年的改革开放为什么没有孕育出西方式的"公民社会"的时候，我们不禁也要问，中国的社会建设为什么孕育出了不同于西方"公民社会"的另外一种形态？为什么中国的社会建设开辟出了一条不同于西方近代以来社会转型的道路和模式？这里面肯定涉及社会基本单元的根本差异、社会观念的根本差异、个人与社会以及国家与社会关系的根本差异等多重因素。如果说西方的"公民社会"是其独特的政治传统、经济制度和文化观念所孕育出来的，那么中国也在按照自身的逻辑孕育出了自身的社会形态。简单地追问为什么中国社会建设没有孕育出西方式的公民社会，就如同追问为什么西方在后现代轨道的社会转型没有孕育出东方式的情感社会、伊斯兰世界的宗教社会一样，这都是带有独断主义、自我中心主义的追问。任何社会形态的合理性都取决于与其自身发展进程相适应的程度，而不是取决于模仿他者和追随他者的程度。本书提出的"业民社会"的范式，正是摆脱或者超越西方公民社会范式的重要尝试。这是见证了我们沿着"通过政治理解社会"的路径试图提出突破性、原创性和超越性理论判断和基本命题的努力。

二、通过政治创造美好生活的新范式

（一）人口政治

自从古希腊的思想家柏拉图和亚里士多德最先指出人口计划的必要性以来[49]，人口历来是政治问题。历史证明，人口的急剧变化掀起了政治社会的巨大转变。在14世纪欧洲，鼠疫夺走了当时的三分之一人口，劳动力缺乏问题突出，农奴作为劳动力，其发言权自然提高，结果促进了自耕农的兴起及庄园制的解体。在18世纪中国，随着前所未闻的人口大膨胀而产生了缺粮、劳动力过多等问题，从此各种民变频繁发生，晚清的国力逐渐衰弱。人口变化与社会变革可以视为互为因果。有时候某种社会变化会导致人口的增或减，有时候某种社会现象之所以发生，是因为人口的增或减。无论何因何果，伴随着社会变化必然出现更新更多的需求。政治必须面对社会情境的变化而回应各种需求。政治稳定与政治动荡取决于国家对主要变化的政策回应能力。因而与人口增减直接相关的生育问题很难被认为完全属于私人领域，自古以来生育问题总是寓于国家的管理之中。不同国家的政府按照国情采取恰合时宜的人口对策。人口数量和人口结构的复杂性是解读政治的"冷酷变量"。但是人口政治一直是被传统政治学所忽视的一个领域。主要是因为，人口变化的趋势根据各国情况均有所不同，从而人口变化本是长期进行的过程，难以把握人口学与政治学之间的对应关系。由此，关于人口结构变化对政治影响的研究到目前为止仍止步不前。[50]

如果基于人口结构形成的国情去理解中外政治，我们可以发现跨越价值判断、规范性的思路。例如，如果美国人口在现有基础上增加十亿，那么它的自由持枪制度可否持续？它一向标榜的小政府大社会能否维持？它所捍卫的第一原则或首位原则，即自由原则还有这么大的声势吗？在中国，有近94％的人口居住在40％的国土面积上，以黑河腾冲为界的"胡焕庸线"成为中国人口聚集的重要分界线。我们试想一下，将"胡焕庸线"以东的人口移动到"胡焕庸线"以西，中国的国家治理模式是否会发生改变？拿城市来说，上海目前有近2 500万人，大部分人口生活在市区，而法国巴黎市区只有200万人，整个巴黎地区也不过1 200万人；美国纽约市（包括郊区）的人口也只有1 800万人。而与中国的北京、上海最相似的亚洲超大

政治逻辑

型城市日本东京,其市区人口也不过 1 385 万人(截至 2019 年 2 月 1 日)。总之,将人口视为影响政治社会的主要因素——将人口当作引起政治变化与社会现象的主要议题,这就是传统政治学一向漠不关心的分支学科——人口政治学。即人口与粮食、居住、安全、生态、环保等关系的一门学问。人口的生老病死、人口的社会保障、人口与土地的关系、人口规模与治理成本的关系,都属于人口政治学的研究范畴。

从人口政治学的视角出发,世界上唯一能与中国有比较价值的国家就是印度。印度依靠于宗教、族群制度将 13 亿人口锁定在一个互相隔绝的刚性结构之中。因此,印度带给世界的印象就是"无管理的公共秩序"(public order without management)、历史上此起彼伏的"语言替代"(replacement of language),以及残酷的肤色分层、种姓分层等。基于刚性结构的社会制度难以建立跨族群、跨地域交往的通用语言。可以说,中国在高度流动的社会中保持一种秩序,印度是在相对静止的社会中保持一种秩序。孰难孰易,不言而喻。

需要指出的是,人口政治是比人口治理更加宏观的概念。如上文已述的关于针对人口增减国家实施强制力的政治决策及措施属于人口治理,是指国家对人口的制度措施以及管理。福柯(Michel Foucault)在《安全、领土与人口》里提出的"生命—权力"(bio-power)可以理解为国家对人类/人口的治理机制。国家对整个人类——不是作为个体,而是作为经过出生、死亡、生育、疾病的种的存在——行使的权力被指称"生命—权力"。福柯指出,在 18 世纪,国家以人口统计学的发明为起点,将人口当成被统治对象,通过人口政策的细致机制构建了国家权力(对人和家庭)介入点。[51] 宽泛而言,人口治理可属于人口政治,但人口治理并不等于人口政治。本文所说的人口政治不同于福柯所说的人口治理。福柯的人口治理等同于国家对身体的控制权。我们所说的人口政治可以被理解为人口与社会资源总量的比例关系。如果像印度那样,把庞大的人口锁定在刚性的种姓制度之中,是不需要充足的社会资源总量作为支撑的。一旦把庞大的人口数量纳入现代化的轨道上去,把庞大人口的能量充分释放出来,就需要与人口规模、人口流动、人口就业相匹配的政策与制度。中国是迄今为止唯一一个把庞大人口纳入现代化轨道上来的国家。基于此，通过人口政治理解中国社会的变迁，就成为不可忽视的一个向度。正是在现代化轨道上奔驰的中国人，依靠自身的勤奋、努力和肯干，在广阔的经济空间中推动了社会资源总量的增升。庞大的人口与丰富的社会资源总量形成了恰当的比例关系。以家业、事业、学业、志业为追求的中国人，在人口政治和个体发展的有机结合中，释放出了人生的能量。"人口政治"所缔造的人生内涵和人生价值在后文将阐述的"生活政治"框架中获得了一种新的发展与新的阐释。在这里我们要明确的是，特殊的人口政治情境特征决定了中国实现现代化的政策选择。中国如果不奉行"人民中心主义"的导向，最终只能导致贫富分化以及大规模的结构性对立、结构性对抗和结构性冲突。像印度那样依靠传统制度作为抵挡现代化冲击的残酷代价在中国是没有任何可行空间的，同样，完全把现代化动力诉诸个人市场能力的道路选择也不符合中国的人口政治特征。人口政治的视角为我们提供了从政治理解制定何种政策、选择何种政策工具的通道。

（二）家国政治

《大学》开篇就提出"格物、致知、诚意、正心、修身、齐家、治国、平天下"。这一贯通古今的人生八条目，本来是一个由内到外、由心到形的人生线路。但是，越往后来，往往是"外"掩盖了"内"，"形"压倒了"心"。没有了"内"，丧失了"心"，国家治理和社会治理的原点和基点也就不存在了。习近平所强调的源头治理的效能就无法释放出来了。所以，八条目说明中国社会生成的机理是以个体修养为原点逐渐向外扩展的。这种机理孕育出了一种关联主义的身心结构、知行结构、群己结构与家国结构。这四重结构背后的灵魂与精神就是家国情怀。人不仅要处理行为与心智、个体与自然的关系，还要处理自我与小家、个体与社群的关系，更要处理个人与国家及其所在的群体的关系。这就要求我们每个人必须要拥有与他人、与社群、与国家相处的"认知工具"。认知工具的使命就在于人际关系和社会关系的人文建构。这是一个社会迈向善治的原始基础。我们在第九章提出的"业民社会"，实际上就是这一贯通古今的八条目与现代化要素有机结合的产物。修身是一个人的志业，齐家是一个人的家业，治国平天下是一个人追随党所要成就的大业。受制于能力不同，一个人可以将其"业"推至不同的边界和范围。但无论是"大业"还是"小业",它们都是服从于人生价值和生命价值的展开这一总体目标的。

Country、State 和 Nation 都被翻译成"国家",直接反映了中国人对国家的本土理解。《孟子·离娄章句上》曰：天下之本在国,国之本在家,家之本在身。这一论断是中国对政治共同体的最佳诠释。从国到家和从家到国这两条线路,在中国是并存的。这显然不是私人领域与公共领域的二元划分。中国社会最为基本的单元不是个人,而是家庭。中国古人所颂扬的家国一体观念就成为新时代中国社会治理的起点与基础。在当代中国,家与国的关系虽然不是古代的机械同构,但也不是绝对的互相隔离。著名学者梁鹤年先生认为,有两组基因共同构建成西方文明的文化基因,一是"唯一"与"真"的组合,二是"人"与"个人"的组合。这两组基因是系于一体的。在较早登场的理性主义中,"人"是包括个人或人人,可称人的主义(Humanism)。而在稍晚出现的经验主义中,"人"的概念被窄化为"个人主义"(Individualism),也就是仅仅指个人而已。西方文明追求唯我独尊、排他性的秩序。自从西方资本主义世界崛起之后,他们就企图为全世界的人定制"普洛克路斯忒斯之床"(Procrustean bed)。这与其文化基因中的"唯一真"不谋而合,也就是说,西方人的排他性和扩张性是由"唯一真"扩展出的结果。西方世界在唯一真的驱使下在全球范围内输出"西式民主"可以与历史上的十字军东征相提并论。至此,个人主义与"唯一真"开始产生关联。但以"分"为中心的文化逻辑也为人的性格分裂和西方文明危机埋下伏笔。关于这种以"分"为基本格调的轨迹,梁鹤年先生非常深刻地指出：理性主义的笛卡尔以"我"为主体,以别于"世界"(客体),开启了现代西方主/我、客/他二元的世界观,创出个人的理念。这个二元世界有两个层面：我与外界、我的思想与我的身体。随后,经验主义的洛克将个人的意识建立在经验上：个人像块白板,通过经验和教育而成形。这定义出个人自由与权利、个人与个人之间的社会性契约关系,并开启盎格鲁-撒克逊式的个人主义——一种在道德、政治与社会层面上强调个人价值的意识形态。个人价值与个人自由将支配西方文明的轨迹。[52]成也萧何,败也萧何。正是因为围绕个人主义的文化内涵,西方文明在近代大放异彩,但同样,造成西方文明终将走向困境的根源也恰恰是个人主义。在个人意识无限膨胀的轨道上衍生出来的追求私利和自由竞争不仅创造出具有异化性的物质文明和资本主义世界，也使西方世界走上资本化和私利化的不归之路。西方社会治理中出现的许多问题是因为个人主义的泛滥，导致了社区共同体和生活共同体的终结。而帕特南描写的"独自打保龄球"十分应景地反映出西方社会基层共同体衰亡的现象。以至于有学者喊出了"太多的权利、太少的责任"（too many rights，too few responsibilities）这样的呼声。以极端个人主义为信仰的西方"使徒"将任何权威认定为潜在的"威权"，他们极力反对合法性、民主化的调控以及实质性的公共权威。[53]社区精神的衰落标志着西方个人主义社会的危机和困境。帕特南提出的社会资本理论试图填补由黏连资本（bonding capital）消失后留下的理论真空。基于志愿组织的关联资本（bridging capital）和基于横向联结的共同利益，可以超越不同社区和网络之间形成的基于阶层、种族和其他异质性产生的差别。此外，基于纵向关系而形成的联结资本可以使得个人从社会经济发展的正式制度中获取资源。[54]但是，从西方国家对一系列社会问题、社会危机的应对策略中，他们短期内还无法走出个人主义所缔造的碎片化陷阱。就像加拿大学者查尔斯·泰勒对美国政治体系所作的批评那样：危险的东西并不是现实的专制控制，而是碎片化——人民越来越不能形成一个共同目标并落实它。碎片化发生在人们越来越原子主义地看待自己之时，换句话讲，人们越来越少地认为自己与其同胞结合在共同的事业和忠诚里。他们实际上可能感到与别人结合在共同事业中，但这些事业更多的是小群体而不是整个社会：例如，一个局部共同体、一个少数族裔、某个宗教或意识形态的信徒们、某个特殊利益的促进者们。近几十年中，美国政治过程中越来越多的精力被转移到司法复议（judicial review）过程中。与司法复议掺杂在一起，美国人的精力被引进利益政治或鼓吹政治之中。人民将自己投入单议题的运动之中，狂热地为他们喜爱的事业而忙碌。[55]西方政治尤其是美国政治已经陷入这样一种泥潭：任何人、任何群体都在试图将"自身合理性"（如同性恋等）的东西转化为"集体合法性"的东西。个人主义的无限泛滥、权利主义的狂飙突进，将西方政治拖入支离破碎的轨道之中。西方政治体系已经无法容纳这恣意妄为的社会了。这是西方政治困境的社会根源。

　　与之相反，中国的国家治理、基层治理和社区治理并未脱离家国一体主义的文化基因。习近平对中国的"文化基因"有着非常深刻的理解。他提出："使中华民族最基本的文化基因与当代文化相适应、与现代社会相协调,以人们喜闻乐见、具有广泛参与性的方式推广开来。"[56]中国优秀的传统思想和文化体现了中国独特的世界观、人生观、价值观等,并在中国人民的生产和生活中世代相传,而其中的核心内容也已成为中华民族最基本的文化基因,中国人民在培养自身修齐治平、尊时守位、知常达变、开物成务、建功立业的过程中逐渐形成了与其他民族不同的独特标识。换句话说,尽管中国的国家治理体系和基层治理体系从未犹豫以开放的胸怀和态度吸收诸多优秀的外部因素,但它本身是中国的"文化基因"酝酿出来的。如果说西方的社会治理和国家治理植根于两种文化基因——"唯一—真""泛人—个人"——得以在制度、文化、政策和法律中得以展现,那么中国社会治理和国家治理则是基于"合一—道""家—国"这两个文化基因重新出现并继续进入文化、制度、政策和法律中。每个文明都有追求真理、大道的倾向,但是通往真理的途径却不尽相同。中国人到达真理彼岸的途径是"天下定于一""阴阳合于一""天地合于一""天下合于一",西方追求抽象和排他的"唯一",而中国追求包容和综合的"合一"。从这个起源出发,包含万物的同一性表现为一种"大道",而各种利益的统一性表现为一种"群道"。西方人将他们信奉的终极依据叫作"真",中国人将自身信奉的终极依据叫作"道"。"合一—道"奉行的是包容差异性、即求同存异的秩序。而将自己的价值观强加于他人并管理秩序则是"唯一—真"的外在化。在求同存异的基础上展示"大道"与"群道",这是"合一—道"的外在化。"个人—泛人"追求的是以个人为起源、以平等为逻辑命题,个人超越集体的机会主义的制度安排,"家—国"的关系追求的则是将小我与大我合成一体的整体主义的制度安排。个人主义的治理传统强调个人领域和外部领域的并立,而家国理论则强调个人、群体、国家这一链条形成的多种要素和多重领域的关联与整合。不理解家国关系就无法理解中国政治,就像不理解政教关系就无从理解西方政治一样。家国同构与政教同构在中西文明演进史上都占有极为重要的位置。尽管现在严格意义上的家国同构和政教同构已不复存在,但家国同理、政教同理的传统还是延续下来了。在中国,"有国才有家""家为国之本"在中国社会结构中依然稳固。所以,我们说家国理论是理解当代中国政治的元理论，家国情怀是支撑当代中国超大型社会的精神纽带。

（三）生活政治

习近平说："在漫长的历史进程中，中国人民依靠自己的勤劳、勇敢、智慧，开创了各民族和睦共处的美好家园，培育了历久弥新的优秀文化。我们的人民热爱生活，期盼有更好的教育、更稳定的工作、更满意的收入、更可靠的社会保障、更高水平的医疗卫生服务、更舒适的居住条件、更优美的环境，期盼孩子们能成长得更好、工作得更好、生活得更好。人民对美好生活的向往，就是我们的奋斗目标。人世间的一切幸福都需要靠辛勤的劳动来创造。我们的责任，就是要团结带领全党全国各族人民，继续解放思想，坚持改革开放，不断解放和发展社会生产力，努力解决群众的生产生活困难，坚定不移走共同富裕的道路。"[57]习近平的这段论述就是对生活叙事的一种政治阐释。其最终指向是人民，是人民中心主义的集中表达。

长期以来，政体政治学和国家政治学的传统根深蒂固。政体政治学尽管指向善的政治生活，但是这里的政治生活是带有古典政治属性的，是服从于"人天生是政治动物或城邦动物"这一命题要求的。故在古典政治学视野中的生活是纯粹的、透明的、未经过经济染指的公共生活。现代政治学被锁定在现代国家的领地之内，将丰富多彩的市民生活留给了社会学和经济学。在马克思所断言的人类经过政治解放之后，在政治领域中实现平等的同时，则将不平等留在了市民社会之中。在这里，已经预设了政治与生活的分离。现代政治学之所以专注于国家权力，就是因为生活的非国家化、非政治化。但是，在我们对现代政治学所鄙视的生活场景中，我们发现了完全不同于国家政治但又与国家政治有着千丝万缕关系的生活政治领域。在这个特殊的生活政治领域中，尽管没有大规模的阶级对抗，但是一个简单的生活议题可能会成为引爆国家政治动荡的前奏。也就是说，专注于公共权力、阶级政治、大人物政治的国家政治学，实际上是处于弥散性的生活政治的包围之中的。

生活政治既是在生活场域中价值的协商性分配，又是生活场域中生命价值和共同体价值的呈现，更是个体与国家相关联、将生命价值推至它所能达到的界线的积极行动。这与戴维·伊斯顿（David Easton）所说的政治就是"价值的权威性分配"[58]、拉斯维尔说的"政治就是谁得到什么？何时和如何得到？"[59]是完全不同的。

孟德斯鸠说过:"掌握着最高权力的人民应该亲自做他们能做好的一切事情,自己做不好的事情,则应交由执行人去做。"[60]这里已经暗含着共同体政治与恩格斯诉说的日益与大众相脱离的国家政治的区别了。当生活场域被纳入政治学的视野且被赋予特殊的政治内涵之后,生活政治学作为一门亚学科也就有应运而生的可能了。生活政治有三重规定性:(1)作为低政治的生活政治(politics of life as low politics);(2)作为弱政治的生活政治(politics of life as weak politics);(3)作为小政治的生活政治(politics of life as little politics)。尽管是低政治、弱政治、小政治,但生活政治的出场恰恰为美好生活的营造、基层协商民主的孕育提供了广厚的土壤。可见,生活政治学是一种回归真实世界的政治知识。在传统的政治知识中,几乎所有概念都是基于特殊的目的制造出来的。但生活政治却是指向真实的生活场域的,指向一个个真实的生命的。

政治学中一直盛行二元论的传统,这是以"一分为二"这一哲学工具为基础的。例如私人与国家、个人主义与集体主义、国家与社会、上层阶级与下层阶级、专制与民主,等等。这样的二元划分都是人为的,为特定的政治目的服务,因而带有很强的建构性和目的性。我们在理解中国社会的构成时,不能陷入个人主义与集体主义的二分框架而被困住。关联主义的社会生成机理直接导致了中国社会注重从个体向外部的道德扩展。所以,这是一个有别于西方立体社会(即阶层社会或阶级社会)的水平社会。在这个水平社会中,个体身心的关联、个体知行的关联、个体与家庭的关联,家庭与社区的关联,社区与国家的关联,成为将不同要素串联在一起的联结机制。而我们所关注的生活政治学,则是直接指向人的真实的生活世界。

美国著名思想家爱默生(R.W. Emerson)曾经讲过:以爱为基础的秩序是不牢靠的。[61]这种信条深深地影响了几代美国人。资本主义法权社会成就了以法律为中心的秩序。然而,过于强调法律却导致了帕特南所说的"社会资本"不断流失的现象。因之可以说,爱默生犯了一个错误,缺乏以爱为基础的秩序才是不可靠的。当面对推崇家庭、社群、集体的中国社会的时候,我们发现依靠情感、互助、关系建构起来的秩序正处于成长和扩展的过程之中。难以否定的事实是,市场逻辑并未破坏中国固有的社群秩序。中国社区中关系资源、情感资源、互助资源和沟通资源的不断发展和巩固,为复杂的中国社会、流动社会、物权社会、网络社会和风险社会的治理奠定了深厚的基层根基,同时也促进改革开放四十多年来中国社会的快速发展和转型。我们可以用"有温度的社区"来解释其所有秘密。熟人社区、互助社区、关联社区、温情社区等概念均可成为揭示"有温度的社区"的不同维度。

市场化将不可避免地导致人与人之间关系的疏离。这种以商品为媒介,以货币为媒介的关系实际上将人与人之间的交流转化为交易。这是资本主义逻辑的必然后果。但是,市场化不能吞噬人类活动的所有空间。这也是资本主义社会生活困境的根源。社区的性质,无论是作为生活单位还是作为治理单位,都不能等同于市场规则。甚至我们可以说,基于自私自利的经济人(economic man)、私有物权和个人主义的所有经济原理都与生活政治是背道而驰的。因此,我们首先要摆脱私有物权—公共物权、私有财产—公共财产、个人主义—集体主义这一二元对立的框架。克服这一二分法之后,我们在社区中发现,公与私两极之间生长出的相邻物权、社会财产、关联主义等蕴含着社区温度的"公共空间"。这正是有温度的社区、温情化的生活政治得以成立和扩展的基础。从"一分为二"到"一分为三",这既是哲学观的革命,也是生命观的革新。有温度的社区,使人们放开事物的束缚,重新回归真正的关系状态。温情化的生活政治其本质在于关系资本、情感资本、黏连资本的培育和积累。人与人之间的关系构建、情感交流和内聚强化就是生活政治的真谛。

在中国,社区作为生活政治的典型场域,它不是简单扩大的个体,而是"扩大的家庭"。社区人恰好说明了人与其生活的社区的紧密关联。如果我们将这道关联开发出来,并且通过一系列的制度设计和资源供给将这道关联固化下来,那么中国社会治理的基石也就确立了。将家业、学业、产业等有形标识嵌入事业、志业这一价值标识之中的"业民"就是在这一生活政治场域中成长起来的。所以,作为国家治理体系之重要组成部件的社区治理,不能脱离恢复社会关系、缔造社会联结、培育社会资本、提高精神密度、催升社区温度、展示社区风度这一底线。换言之,社区乃是一个有温度、有温情、有温暖、有风度的善治空间。改革开放四十多年来,中国的社区治理一直在坚守这道底线,这也是中国经济发展、社会治理的秘密所在。

注释

1. 亚里士多德：《政治学》，吴彭寿译，商务印书馆 1965 年版，1253a。译文有改动。

2. 同上书，1253a10。译文有改动。

3. [加拿大]查尔斯·泰勒：《承认的政治》，载汪晖、陈燕谷主编：《文化与公共性》，生活·读书·新知三联书店 1998 年版，第 290—337 页。

4. [美]弗朗斯·德瓦尔：《黑猩猩的政治》，赵芊里译，上海译文出版社 2009 年版。

5. 亚里士多德：《政治学》，1257b30。

6. 同上书，1260b。

7. [美]埃里克·沃格林：《城邦的世界》，陈周旺译，译林出版社 2009 年版，第 428—430 页。

8. Fred Block, "The Ruling Class Does not Rule: Notes on the Marxist Theory of the State", *Socialist Revolution Review*, May 1977.

9. [法]皮埃尔·马南：《城邦变形记》，曹明、苏婉儿译，广西师范大学出版社 2019 年版，第 14—15 页。

10. [德]费彻尔：《马克思与马克思主义：从经济学批判到世界观》，赵玉兰译，北京师范大学出版社 2009 年版，第 38 页。

11. 马克思：《1844 年哲学经济学手稿》（单行本），人民出版社 2000 年版，第 52 页。

12. 同上。

13. [德]黑格尔：《历史哲学》，王造时译，上海书店出版社 1999 年版，第 459 页。

14. 《马克思恩格斯选集》第 2 卷，人民出版社 1995 年版，第 2 页。

15. [英]霍布斯：《利维坦》，黎思复、黎廷弼译，商务印书馆 1985 年版，第 95 页。译文有改动。

16. 同上书，第 128 页。译文有改动。

17. [美]艾伦·布鲁姆：《走向封闭的美国精神》，缪青等译，中国社会科学出版社 1994 年版，第 177 页。

18. [英]约翰·洛克：《政府论》（下篇），叶启芳、瞿菊农译，商务印馆 1964 年版，第二、三章。

19. [美]汉娜·阿伦特：《极权主义的起源》，林骧华译，生活·读书·新知三联书店 2008 年版，第 595 页。

20. [法]卢梭：《论人类不平等的起源和基础》，李常山译，商务印书馆 1962 年版，第 75 页。

21. 同上书，第 83 页。

22. 同上书，第 125 页。

23. 同上书，第 125 页。

24. [法]卢梭：《社会契约论》，何兆武译，商务印书馆 1980 年版，第 23 页。

25. 同上书，第 30 页。

26. 同上书，第 35 页。

27. [美]查尔斯·泰勒：《承认的政治》，第 293 页。

28. 《马克思恩格斯全集》第 3 卷，人民出版社 2002 年版，第 167 页。

29. 同上书，第 175 页。

30. 同上书，第 196 页。

31. 同上书，第 189 页。

32. 同上书，第 188 页。

33. 同上书，第 186、187 页。

34. 同上书，第 183、184 页。

35. 同上书，第 189 页。

36. 《马克思恩格斯全集》第 46 卷（上），人民出版社 1979 年版，第 483 页。

37. 同上书，第 494 页。

38. 同上书，第 486 页。

39. "李普塞特命题"或"李普塞特假设"主要关注经济发展与政治民主之间的关系。这一命题的基本观点是一个国家越富裕，它实现民主的可能性就越大。参见[美]西摩·马丁·李普塞特：《政治人：政治的社会基础》,张绍宗译,上海人民出版社1997年版。

 40.〔英〕洛克:《政府论》(下卷),叶启芳、瞿菊农译,商务印书馆1996年版,第48—58页。

 41.〔德〕康德:《历史理性批判文集》,何兆武译,商务印书馆1990年版,第1—21页。

 42.〔法〕卢梭:《社会契约论》,崇明译,浙江大学出版社2018年版,第27—32页。

 43.〔英〕亚当·弗格森:《文明社会史论》,林本椿、王绍祥译,浙江大学出版社2010年版,第251—259页。

 44.〔德〕黑格尔:《法哲学原理》,范扬、张企泰译,商务印书馆1979年版,第1—40页。

 45.《马克思恩格斯文集》(第1卷),人民出版社2009年版,第54页。

 46.吴晓明:《1978年之后中国出现了"市民社会"吗?》,《中华读书报》2014年12月10日。

 47. Sheri Berman, "Civil Society and the Collapse of the Weimar Republic," *World Politics*, Vol.49, No.3, 1997, pp.401—429.

 48.吴志成:《中国公民社会:现在与未来——与德国著名中国问题研究专家托马斯·海贝勒教授学术对谈》,《马克思主义与现实》2006年第3期。

 49.参见〔古希腊〕柏拉图:《法律篇》,张智仁、何勤华译,商务印书馆2016年版,第五卷;〔古希腊〕亚里士多德:《政治学》,吴寿彭译,商务印书馆2016年版,第七卷。

 50. Weiner, Myron, and Michael S. Teitelbaum, *Political Demography*, *Demographic Engineering*, New York: Berghahn Book, 2001, pp.10—22.

 51.参见〔法〕米歇尔·福柯:《1978年1月11日》,载《安全、领土与人口》,钱翰、陈晓径译,上海人民出版社2010年版。

 52.〔加拿大〕梁鹤年:《西方文明的文化基因》,生活·读书·新知三联书店2014年版,第73页。

 53. Amitai Etzioni, *The Spirit of Community*, New York: Simon & Schuster, 1993, pp.163—164.

 54. Mark Gottdiener, Leslle Budd and Panu Lehtovuori, *Key Concepts in Urban Studies*(Second Edition), London: Sage Publication Ltd., 2016, p.21.

 55.〔加拿大〕查尔斯·泰勒:《现代性的隐忧》,程炼译,南京大学出版社2020年版,第162—164页。

 56.中共中央宣传部:《习近平总书记系列重要讲话读本》,学习出版社、人民出版社2014年版,第104页。

 57.习近平:《人民对美好生活的向往就是我们的奋斗目标》,《人民日报》(海外版)2012年11月16日。

 58. David Easton, *The Political System*, New York: Knopf, 1953, p.129.

 59.参见〔美〕哈罗德·D.拉斯韦尔:《政治学:谁得到什么?何时和如何得到?》,杨昌裕译,商务印书馆1992年版。

 60.〔法〕孟德斯鸠:《论法的精神》(上卷),许明龙译,商务印书馆2008年版,第18页。

 61. Ralph Waldo Emerson, "Politics", in *Emerson's Essays*, New York: Harper Perennial, 1995, p.402.

第三章 有机统一的社会主义政治

　　当代中国政治是有机统一的政治，中国共产党领导、人民当家作主、依法治国是一个有机统一的整体，这个有机统一的整体构成了当代中国政治的内核，因此有机统一就成为了当代中国政治的基本特性。作为当代中国政治的基本特性，一方面，有机统一植根于当代中国政治的实践过程，是中国现代政治发展的产物，因此它是社会主义建设规律在政治上层建筑中的体现；另一方面，有机统一植根于中国共产党对当代中国政治的塑造过程，是中国共产党在认识了当代中国政治规律的基础上，有意识地对当代中国政治进行塑造的产物，因此它也是中国共产党执政规律的体现。

第一节　有机统一是个历史唯物主义概念

一、政治上的否定之否定

　　有机统一是在社会主义制度已经确立的基础上，伴随着社会主义政治的实践逐渐发展和显现出来的。中国共产党在领导中国特色社会主义事业的历史进程中，根据发展和完善社会主义制度的总体目标，立足中国特色社会主义政治发展的基本经验，逐渐认识到党的领导、人家当家作主、依法治国是一个有机统一的整体，因此有机统一是中国社会主义政治制度在实践中不断发展的产物，是对中国特色社会主义政治发展经验的集中概括，是中国特色社会主义政治发展道路的集大成者。当中国共产党认识到党的领导、人民当家作主、依法治国构成了一个有机统一的整体之后，就积极推动这个有机统一整体的发展，并且将其同中国社会主义政治发展的实践和中国社会主义政治制度的完善紧密结合起来。

当代中国政治的内核是以中国共产党领导、人民当家作主、依法治国共同组成的有机统一的整体，有机统一因而成为了当代中国政治的基本特性。有机统一是根源于历史唯物主义的概念，历史唯物主义认为，人类社会的发展是一个体现辩证法规律的自然历史过程。阶级斗争是人类社会历史发展的动力，阶级斗争必然要发展成为争夺政治统治地位的政治斗争，无产阶级与资产阶级之间的政治斗争是阶级斗争的最后形态，其最终结果将是无产阶级成为统治阶级。也就是说，阶级斗争必然导致无产阶级专政。无产阶级专政不仅是对资产阶级政治统治的否定，而且也是对整个阶级统治的否定，无产阶级统治最基本的目的在于实现人类的政治解放与社会解放，因此无产阶级统治代表了否定之否定规律的"合题"。[1] 合题是否定之否定的集大成者，否定之否定是矛盾运动的核心阶段，"按本性说是对抗的、包含着矛盾的过程，一个极端向它的反面的转化，最后，作为整个过程的核心的否定的否定"[2]。正是由于经历了对阶级统治的否定之否定，人类社会的政治生活才发展到有机统一的状态。

马克思从生产力与生产关系辩证运动的角度阐述了无产阶级专政的性质。他指出："现在要剥夺的已经不再是独立经营的劳动者，而是剥削许多工人的资本家了。这种剥夺是通过资本主义生产本身的内在规律的作用，即通过资本的集中进行的。一个资本家打倒许多资本家。随着这种集中或少数资本家对多数资本家的剥夺，规模不断扩大的劳动过程的协作形式日益发展，科学日益被自觉地应用于技术方面，土地日益被有计划地利用，劳动资料日益转化为只能共同使用的劳动资料，一切生产资料因作为结合的、社会的劳动的生产资料使用而日益节省，各国人民日益被卷入世界市场网，从而资本主义制度日益具有国际的性质。随着那些掠夺和垄断这一转化过程的全部利益的资本巨头不断减少，贫困、压迫、奴役、退化和剥削的程度不断加深，而日益壮大的、由资本主义生产过程本身的机制所训练、联合和组织起来的工人阶级的反抗也在增长。资本的垄断成了与这种垄断一起并在这种垄断之下繁盛起来的生产方式的桎梏。生产资料的集中和劳动的社会化，达到了同它们的资本主义外壳不能相容的地步。这个外壳就要炸毁了。资本主义私有制的丧钟就要响了。剥夺者就要被剥夺了。从资本主义生产方式产生的资本主义占有方式,从而资本主义的私有制,是对个人的、以自己劳动为基础的私有制的第一个否定。但资本主义生产由于自然过程的必然性,造成了对自身的否定。这是否定的否定。"[3]无产阶级专政就是在否定资本主义制度的基础上建立的社会主义制度的政治内容。

列宁对作为"否定之否定"的无产阶级专政进行了深入解释。无产阶级专政就是无产阶级占据了统治地位的国家政权,也就是社会主义国家,但是社会主义国家已经不再是原来意义上的国家了。在《国家与革命》中,列宁继承和发展了马克思的思想,他指出巴黎公社是对多数人实行民主和对少数人实行专政的新国家,"公社已经不再是国家了,因为公社所要镇压的不是大多数居民,而是少数居民(剥削者);它已经打碎了资产阶级的国家机器;居民已经自己上台来代替实行镇压的特殊力量"[4]。由于无产阶级专政是由大多数人以民主的形式进行的统治,那么国家与社会之间的二元分立,以及两者之间的相互冲突,就会在最大程度上得到缩小,于是国家与社会之间形成了相互支持关系,因此列宁把无产阶级专政也称为"半国家"。[5]这种思想对以毛泽东为代表的中国共产党人产生了重大的影响,毛泽东在总结中国革命的基本经验并据此建立新中国时就认为,社会主义中国是人民民主专政的新中国,由工人阶级、农民阶级、城市小资产阶级以及民族资产阶级组成的人民占到了全体中国人的百分之九十以上,将人民内部实行民主和对敌人进行专政结合起来,是中国共产党领导革命和国家建设的"主要经验"和"主要纲领"。[6]

人民民主专政是无产阶级专政在中国的实践,所以它也是对阶级统治进行了否定之否定的政治发展的新阶段,以人民民主专政为基础的当代中国政治就是有机统一的政治。有机统一是从历史唯物主义角度对当代中国政治的整体上的基本特性的界定。有机统一的基本内涵是:政治已经不再是围绕着统治地位而进行的阶级斗争,中国是以绝大多数民众组成的人民当家作主的国家,人民当家作主的国家的政治以在不断发展生产力的基础上正确处理人民内部矛盾为基本内容。具体而言包括两个方面。一方面,中国在社会主义制度已经确立的条件下,由最广大民众组成的人民取得了统治地位,国家是以人民为基础建立的,因此"国家事务提升为人民事务",国家无非是取得了统治地位的"人民的自我规定",[7]于是国家与社会之间形成了相互支持关系,取代了过去长期存在的相互冲突关系。另一方面,阶级统治虽然存在,但是已经发展到了人民民主专政的历史阶段,这个历史阶段只不过是消除阶级统治的过渡阶段,因此阶级之间为了统治地位而进行政治斗争已然不是中国社会的主要矛盾,正确处理人民内部矛盾就成为了当代中国政治的主题,而要正确处理人民内部矛盾就必须不断解放和发展生产力,不断满足人民日益增长的美好生活需要。

二、有机统一政治的特征

当代中国有机统一政治具有以下主要特征:第一,有机统一政治意味着政治是一个紧密联系在一起的整体。当代中国政治的内核是由党的领导、人民当家作主、依法治国共同组成的,虽然中国共产党领导、人民当家作主、依法治国是组成这个内核的基本要素,但是它们是紧密联系在一起的。江泽民在党的十六大政治报告中指出:"党的领导是人民当家作主和依法治国的根本保证,人民当家作主是社会主义民主的本质要求,依法治国是党领导人民治理国家的基本方略。中国共产党是中国特色社会主义事业的领导核心。共产党执政就是领导和支持人民当家作主,最广泛地动员和组织人民群众依法管理国家和社会事务,管理经济和文化事务,维护和实现人民群众的根本利益。宪法和法律是党的主张和人民意志相统一的体现。"[8]中国共产党领导、人民当家作主、依法治国都不足以单独构成当代中国政治的内核,只有三者有机统一的整体才是当代中国政治的内核,这个内核就是人民民主,因此人民民主就是中国共产党领导、人民当家作主、依法治国有机统一的产物。

中国共产党领导、人民当家作主、依法治国有机统一于中国特色社会主义民主政治之中,而中国特色社会主义民主政治就是人民民主。人民民主是由中国共产党领导、人民当家作主、依法治国组成的有机统一的整体,这个整体不是中国共产党领导、人民当家作主、依法治国三者简单累加的产物,而是在超越三者的基础上具有自身性质,从而对中国共产党领导、人民当家作主、依法治国进行规定的整体。也就是说,中国共产党领导、人民当家作主、依法治国都不能简单地从自身的、孤立的角度得到正确的理解,而是必须从人民民主的角度即三者有机统一的整体的角度,才能得到准确的解释。集中而论,中国共产党领导、人民当家作主、依法治国是人民民主的组成部分,人民民主界定了中国共产党领导、人民当家作主、依法治国的性质和内涵,规定了中国共产党领导、人民当家作主、依法治国的实践逻辑与行动边界,塑造了中国共产党领导、人民当家作主、依法治国的发展动力与发展空间。

第二,有机统一政治具有深厚的根基。有机统一政治的根基就是由中国绝大多数民众组成的人民,人民在社会主义制度下是一个以中国共产党领导为中心的整体力量,因此人民也可以被称为人民整体。人民整体是社会主义国家政权的掌握者,社会主义国家政权的性质决定了它必须服务于人民整体,其基本的内容就是社会主义国家政权要解放和发展生产力,推动经济基础的不断变革,不断满足人民日益增长的美好生活需要,推动人的自由和全面发展,推动社会进步,进而不断巩固和发展人民整体。人民整体的巩固和发展实际上就是人民民主的巩固和发展,因此人民整体就为有机统一政治提供了深厚的根基。

社会主义国家政权巩固和发展人民整体,是经济基础与上层建筑辩证关系的题中之义。马克思认为:"随着经济基础的变更,全部庞大的上层建筑也或慢或快地发生变革。在考察这些变革时,必须时刻把下面两者区别开来:一种是生产的经济条件方面发生的物质的、可以用自然科学的精确性指明的变革,一种是人们借以意识到这个冲突并力求把它克服的那些法律的、政治的、宗教的、艺术的或哲学的,简言之,意识形态的形式。"[9]上层建筑在人类社会发展中的根本作用就是要在意识到经济基础内部冲突的基础上力求克服这种冲突,但是这种根本作用主要是由政治上层建筑发挥出来的,"政治上层建筑是整个上层建筑的一部分。但它是其中有决定意义的核心部分"[10]。生产力与生产关系之间的矛盾在社会主义国家仍然存在,社会主义国家政权的基本任务就是要不断解决这个矛盾,在推动经济基础变革的过程中巩固和发展人民整体。只要社会主义国家政权能够发挥上述作用,人民整体就能够不断得到发展。

第三,有机统一政治具有强大的活力。有机统一政治是由中国共产党领导、人民当家作主、依法治国共同组成的整体,作为整体的基本要素的变革以及基本要素之间关系的发展，正是整体的活力所在。中国共产党领导、人民当家作主、依法治国都将伴随人民整体巩固和发展的需要而进行变革，并且在它们各自的变革中，中国共产党领导、人民当家作主、依法治国之间的关系也必须不断发展，从而实现它们之间关系制度化、程序化、规范化，这些变革和发展就是有机统一政治绵绵不绝的活力。

在有机统一政治的全部活力源泉中，中国共产党领导是最为重要的活力源泉。习近平指出："中国共产党的领导是中国特色社会主义最本质的特征。"[11]中国共产党在中国特色社会主义事业中发挥着总揽全局、协调各方的领导核心作用，发展社会主义现代化，建成发达的人民民主政治，实现中华民族的伟大复兴，是中国共产党的历史使命所在。因为中国共产党是先锋队性质的政党，它完全不同于西方国家政治生活中的政党，先锋队意味着中国共产党必须不断探寻和努力实践人类社会发展规律、社会主义建设规律和共产党执政规律，进而言之，先锋队性质决定了中国共产党必须不断革新实现自我革命，并以此为基础推动中国社会的发展和变革。所以，中国共产党的领导必将为有机统一政治提供强大的活力。

第四，有机统一政治是不断发展的，具有广阔的发展空间。有机统一政治存在于社会主义民主政治的实践和中国特色社会主义政治发展之中，中国特色社会主义政治发展就是要实现高度发达的社会主义民主政治或者说人民民主，其根本目标就是要实现社会对国家的主导。马克思在总结巴黎公社经验时就认为，社会主义国家是"社会共和国"，"这是社会把国家政权重新收回，把它从统治社会、压制社会的力量变成社会本身的生命力；这是人民群众把国家政权重新收回，他们组成自己的力量去代替压迫他们的有组织的力量；这是人民群众获得社会解放的政治形式，这种政治形式代替了被人民群众的敌人用来压迫他们的假托的社会力量"[12]。社会对国家的主导是社会共和国的根本标志，但是由于包括中国在内的社会主义国家都是在现代化程度不高的基础上建立的，因此"劳动对资本的依赖，经济与社会发展对国家的依赖宣告了社会解放的不可能"[13]。

社会主义国家只是阶级解放的产物而非社会解放的产物，这是当代中国有机统一政治必须面对的最根本的事实。以工人阶级为领导阶级的、由中国绝大多数民众组成的人民整体获得阶级解放,是有机统一政治的根基所在,决定了有机统一政治的形成,但是只有在人民整体获得阶级解放的基础上进一步实现社会解放,有机统一政治才是真正成熟的有机统一政治。社会解放的缺位,既说明当代中国有机统一政治有所不足,又说明当代中国有机统一政治具有广大的发展空间,因此,有机统一政治必须以实现社会解放为目标,发展到成熟与完善的状态。有鉴于此,有机统一政治必须在社会主义国家政权克服经济基础内部矛盾的过程中积极发挥作用,为政治上层建筑充分有效地反作用于经济基础而提供资源、创造条件。

第二节　有机统一政治观的发展

一、发展过程

中国共产党对于有机统一政治的认识是逐渐发展的,经历了一个从不成熟到成熟的发展过程。当然中国共产党对于有机统一政治的理解是伴随着中国特色社会主义事业的发展而逐渐深入的,特别是在总结中国特色社会主义政治发展的正反两方面经验的基础上不断发展的。可以说,中国共产党对于有机统一政治的理解是社会主义民主政治不断发展的产物。但是,当中国共产党形成了对于有机统一政治的成熟认识之后,就开始根据自身对于有机统一政治的理解,从而有意识地塑造当代中国政治的内核,努力在社会主义民主政治的发展中推动有机统一政治的发展、完善和成熟。

对于中国共产党来说,社会主义国家是人民民主专政的新政权,工人阶级对于社会主义国家的领导是通过中国共产党实现的,因此中国共产党领导就成为了社会主义国家的核心要素,同时也成为了社会主义民主政治的核心要素。尽管中国共产党首先明确了党的领导的至关重要性,但是共产党领导内在地具有实现人民当家作主的要求,因为正是共产党领导才将中国广大民众凝聚成为人民整体,人民整体以社会革命的方式建立了社会主义国家,人民整体是社会主义国家的政治基础,人民整体同时在社会主义国家中得到了阶级解放,获得了当家作主的地位。改革开放以来,中国共产党对于人民当家作主也产生了全新的认识,不仅认识到没有民主就没有社会主义，而且开始认识到必须将民主与法制联系起来。邓小平就认为，政治上发展民主，是改革开放的两个重要内容之一。[14]他在启动改革开放的纲领性文件《解放思想，实事求是，团结一致向前看》中指出："为了保障人民民主，必须加强法制。必须使民主制度化、法律化，使这种制度和法律不因领导人的改变而改变，不因领导人的看法和注意力的改变而改变。"[15]

邓小平在改革开放初期的判断，实际上成为了中国共产党对于党的领导、人民当家作主、依法治国是有机统一整体的认识的起源。在不断总结社会主义政治发展经验的基础上，江泽民在党的十五大报告中指出："建设有中国特色社会主义的政治，就是在中国共产党领导下，在人民当家作主的基础上，依法治国，发展社会主义民主政治。"[16]他在阐述社会主义初级阶段的基本纲领时指出："建设有中国特色社会主义的经济、政治、文化的基本目标和基本政策，有机统一，不可分割，构成党在社会主义初级阶段的基本纲领。"[17]并且，江泽民在具体论述政治体制改革与民主法制建设时进一步认为："党领导人民制定宪法和法律，并在宪法和法律范围内活动。依法治国把坚持党的领导、发扬人民民主和严格依法办事统一起来，从制度和法律上保证党的基本路线和基本方针的贯彻实施，保证党始终发挥总揽全局、协调各方的领导核心作用。"[18]应该说，在党的十五大政治报告中的论述，已经说明中国共产党对于有机统一政治有了比较成熟的理解。

中国共产党对于有机统一政治的理解在党的十六大报告中发展成熟。江泽民认为："发展社会主义民主政治，最根本的是要把坚持党的领导、人民当家作主和依法治国有机统一起来。党的领导是人民当家作主和依法治国的根本保证，人家当家作主是社会主义民主政治的本质要求，依法治国是党领导人民治理国家的基本方略。"[19]由此论述可见，共产党领导、人民当家作主、依法治国不仅是有机统一的，而且它们构成了一个有机统一的整体，这个有机统一的整体就是社会主义民主政治。社会主义民主政治就是人民民主，胡锦涛在党的十七大报告中进一步认为："人民民主是社会主义的生命。"[20]至此，中国共产党对于有机统一政治的认识完全成熟了，不仅共产党领导、人民当家作主、依法治国是有机统一在一起的整体，而且这个整体即人民民主是社会主义的生命所在。人民民主作为有机统一的整体，对自身的组成部分进行规定,这就是说,共产党领导、人民当家作主、依法治国都必须从人民民主寻求意义和得到解释。

在认识到共产党领导、人民当家作主、依法治国有机统一为整体即人民民主的基础上,中国共产党就以此认识为指导积极塑造有机统一政治,这种塑造集中体现为以社会主义政治发展和人民代表大会制度巩固和发展有机统一政治。习近平在党的十九大报告中指出:"坚持党的领导、人民当家作主、依法治国有机统一。党的领导是人民当家作主和依法治国的根本保证,人民当家作主是社会主义民主政治的本质特征,依法治国是党领导人民治理国家的基本方式,三者统一于我国社会主义民主政治伟大实践。"不仅如此,有机统一政治要用我国根本政治制度的实践来实现发展,"人民代表大会制度是坚持党的领导、人民当家作主、依法治国有机统一的根本政治制度安排,必须长期坚持、不断完善"[21]。以人民代表大会制度巩固和发展有机统一政治,并且将有机统一政治的发展置于我国社会主义民主政治发展实践中,代表着中国共产党对于有机统一认识的新高度。

二、中国共产党领导

中国共产党是中国特色社会主义事业的领导核心,党的领导构成了"中国特色社会主义最本质的特征"和"中国特色社会主义制度的最大优势"。[22]因此,党的领导具有自身特定的含义,它并不是一个现代领导科学所理解的一般意义上的领导。所谓党的领导就是中国共产党对于国家事务、经济文化事务、社会事务以及政党自身的事务享有最高的权威性,这种权威性集中体现在党凝聚人民整体并引导人民整体实现确定的目标上,具体内容包括推荐国家机关工作人员、确定国家发展方向、决定国家大政方针、引导社会进步、掌握武装力量等。江泽民在党的十六大报告中指出:"党的领导主要是政治、思想和组织领导,通过制定大政方针,提出立法建议,推荐重要干部,进行宣传教育,发挥党组织和党员的作用,坚持依法执政,实施党对国家与社会的领导。"[23]显而易见,党的领导不是单纯基于道义、价值的正当性从而对民众进行动员和说服的思想领导,而是涵盖政治、组织、思想等领域的系统性过程,要言之,党的领导就是指中国共产党是国家与社会的最高政治领导力量。

中国共产党领导是社会革命的结果。中国共产党是先锋队性质的政党,它以代表先进社会生产力的工人阶级为阶级基础,以解释了人类社会发展规律的马克思主义为行动指南,因此中国共产党自然成为领导社会革命的核心,并且通过社会革命创建社会主义国家。社会革命不同于单纯以政权变更为目标的政治革命,它要求经济基础与上层建筑的共同变革,这种共同变革必须要求广大民众的集体行动才能完成,因此社会革命就是党凝聚人民和领导人民建立新的政治秩序与社会制度的历史过程,其中广大民众凝聚成为人民整体是中心环节。林尚立认为:"党的领导的核心使命就是创造人民的联合,凝聚人民的团结。"[24]中国社会革命的集大成者就是社会主义国家的形成,而在社会革命中凝聚成的人民整体就构成了社会主义国家的政治基础,在此过程中,党自然成为了社会主义国家的领导核心。由此可见,党的领导深深地扎根于人民整体塑造的过程。

中国共产党领导在社会主义制度中得到了确立,一方面党领导人民建立了社会主义制度,另一方面党担负着保证社会主义制度有效运转的责任。社会主义制度是在阶级解放而非社会解放的基础上建立的,社会对国家的主导在社会主义制度中并没有实现。所以,国家能够以人民和社会的名义决策,但是在社会不能主导国家的情况下,人民的事务就不能充分地变成为国家的事务,也就是人民和社会不能保证国家始终代表着人民的利益,人民的利益与国家的行动之间存在紧张关系,"面对这样的现实,政党在其中的作用就将是决定性的"[25]。习近平指出:"中国共产党的领导,就是支持和保证人民实现当家作主。"[26]中国共产党领导必须要发挥克服人民与国家之间紧张关系的关键作用,其基本内容就是,党以人民利益为根本,在国家主导社会的现实基础上组织和支持人民领导国家,以人民利益指导国家行动,保证国家服务于人民利益,从而实现社会主义制度的有效运转。

三、人民当家作主

社会主义民主政治的本质和核心就是人民当家作主。人民当家作主就是人民主权,进而言之,人民掌握社会主义国家政权、行使国家权力、决定公共事务。胡锦涛在党的十七大报告中对人民当家作主进行了精要的解释,他认为:"坚持国家一切权力属于人民,从各个层次、各个领域扩大公民有序政治参与,最广泛地动员和组织人民依法管理国家事务和社会事务、管理经济和文化事业。"并且,保证人民当家作主,就必须"要健全民主制度,丰富民主形式,拓宽民主渠道,依法实行民主选举、民主决策、民主管理、民主监督,保障人民的知情权、参与权、表达权、监督权"[27]。从胡锦涛的论述中我们可以发现,人民当家作主在社会主义政治发展的现阶段意味着,公民在行使知情权、参与权、表达权、监督权的基础上,围绕着国家事务与社会事务、经济与文化事业,进行民主选举、民主决策、民主管理、民主监督。

实现人民当家作主是社会主义国家政权性质使然。社会主义国家是以人民整体为政治基础的国家,其实质就是作为一种政治力量的人民整体的制度化,所以社会主义国家必须由人民执掌国家政权、行使国家权力,实行人民当家作主。习近平指出:"中国共产党领导人民实行人民民主,就是保证和支持人民当家作主。保证和支持人民当家作主不是一句口号、不是一句空话,必须落实到国家政治生活和社会生活之中,保证人民依法有效行使管理国家事务、管理经济和文化事业、管理社会事务的权力。"[28]人民的权力要落实为作为人民一分子的公民的民主权利,判断人民是否享有权利的标准,"要看人民是否在选举时有投票的权利,也要看人民在日常生活中是否有持续参与的权利;要看人民有没有进行民主选举的权利,也要看人民有没有进行民主决策、民主管理、民主监督的权利。社会主义民主不仅需要完整的制度程序,而且需要完整的参与实践。人民当家作主必须具体地、现实地体现到中国共产党执政和国家治理上来,具体地、现实地体现到中国共产党和国家机关各个方面、各个层级的工作上来,具体地、现实地体现到人民对于自身利益的实现和发展上来"[29]。

在民主政治已经成为世界政治发展潮流的背景下,中国必须持续不断地推进人民当家作主,发展更为发达和成熟的民主政治,从而在同自由民主体制竞争性共存的过程中,充分展现社会主义民主政治的优越性。其中,在治国理政中实行同人民群众广泛商量、发展协商民主是重点。习近平指出:"在中国社会主义制度下,有事好商量,众人的事情由众人商量,找到全社会意愿和要求的最大公约数,是人民民主的真谛。涉及人民利益的事情,要在人民内部商量好怎么办,不商量或者商量不够,要想把事情办成办好是很难的。我们要坚持有事多商量,遇事多商量,做事多商量,商量得越多越深入越好。"[30]同时,实现人民当家作主是社会主义事业发展的需要。社会主义事业是中国亿万人民的共同事业,依赖于广大民众在充分发挥积极性的基础上的集体行动,只有如此,社会主义事业才能获得持久深厚的发展动力,而人民当家作主无非是将亿万民众的积极性释放出来,并使他们能够对国家事务与社会事务、经济与文化事业产生持续的有约束力的影响,因此人民当家作主正是社会主义事业发展动力的源泉所在。

四、依法治国

党领导人民治理国家的基本方式是依法治国。所谓依法治国就是指宪法和法律是国家与社会赖以开展行动的最高准则,任何国家机关、政党、社会组织、公民都必须在宪法和法律规定的范围之内活动,决不允许超越宪法和法律之外的特权存在。作为党领导人民治国理政的基本方式,依法治国与共产党领导是一致的,共产党领导是依法治国的根本保证。中国共产党在《中共中央关于全面推进依法治国若干重大问题的决定》中认为:"党的领导和社会主义法治是一致的,社会主义法治必须坚持党的领导,党的领导必须依靠社会主义法治。只有在党的领导下依法治国、厉行法治,人民当家作主才能充分实现,国家与社会生活法治化才能有序推进。"[31]具体而言,共产党领导与依法治国的一致性可以概括为,党领导人民制定宪法和法律,宪法和法律确立共产党的领导地位、全面贯彻了共产党的治国主张,因此"在当今中国,坚持依法治国,就是坚持党的领导"[32]。

至关重要的问题在于,党的领导与依法治国之间的一致性,并不仅仅在于宪法和法律的具体条文确立了党的宪法地位、表述了党的主张,更为关键的内容在于宪法和法律的规范性内容必须符合党的意识形态规定。以宪法为中心的社会主义法律体系必须完善和发展社会主义制度,这就是说社会主义法治的规范性内涵或者说实质法治,必须符合社会主义的基本原则,其中保障共产党领导最为根本。陈明明认为,"党的领导被认为满足了关于国家、社会和人民何去何从的政治正确性规范",因而构成了"法治的灵魂"和"法治的边界"。[33]实质法治符合党的意识形态规定,其实也是在提升党的法治化水平,因为在党的意识形态不断塑造实质法治时,党的自身也必须不断按照意识形态规定来规范自身,集中体现在严格依规治党上面,依规治党强化党的意识形态,党的意识形态塑造实质法治。只有在依法治国的规范性内涵与共产党领导一致的基础上,才能够建设社会主义法治国家,也才能够实现依法治国与依规治党相统一。

依法治国的目标是建设社会主义法治国家。建设社会主义法治国家是一项系统工程,其中将党和人民意志通过国家权力机关的法定程序上升为国家意志,从而形成以宪法为中心的完备的社会主义法律体系,是至关重要的基础性关节。既然作为最高准则的宪法和法律是共产党领导人民制定的,宪法和法律本身就是党和人民意志的集中体现,那么党就必须在治国理政的过程中带头遵守宪法和法律,坚决服从宪法和法律的权威。宪法和法律的权威实际上就是党的权威,任何破坏宪法和法律权威的行为,无疑也是在破坏党的权威,任何破坏依法治国的行为,无疑都是对中国共产党领导的损害。将党的权威与宪法和法律的权威统一起来,对于当代中国有机统一政治而言极为关键,因为只有推进依法治国、树立宪法和法律的权威,由中国共产党领导、人民当家作主、依法治国有机统一而成的整体——人民民主——才能够制度化、规范化、程序化。

第三节 社会主义国家是有机统一政治的根基

有机统一政治是社会主义国家中的政治,社会主义国家是有机统一政治的根基。社会主义国家是以工人阶级为领导阶级的,由中国绝大多数民众组成的人民占据政治统治地位、实施政治统治行为的国家,因此社会主义国家是对阶级统治进行了否定之否定的新国家。具体到中国来说,就是由中国绝大多数民众组成的人民在中国共产党领导下整体掌握国家政权、行使国家权力、实现当家作主。因此在中国政治生活中已经不存在阶级之间围绕着政治统治而进行的政治斗争,阶级矛盾不是中国社会的主要矛盾,人民的各个组成部分在根本利益上是一致的,正确处理人民内部矛盾构成了政治生活的主题。不难发现,人民整体、社会共同体、国家政权、生产资料公有制构成了社会主义国家的基本环节,有机统一政治正是扎根在这些基本环节之中,从而形成并获得了发展空间。

一、人民整体

社会主义国家以人民整体为政治基础,这就意味着必须从人出发来理解社会主义国家,"任何政治学说体系的逻辑起点和现实起点都应是人本身"[34]。国家是从人的生产和生活过程中产生的,但是,人不是抽象的人,而是处于一定社会关系中从事着各种活动故而发生了社会交往和形成了社会联系的现实的人。马克思认为:"以一定的方式进行生产活动的一定的个人,发生一定的社会关系和政治关系。经验的观察在任何情况下都应该根据经验来揭示社会结构和政治结构同生产的联系,而不应当带有任何神秘和思辨的色彩。社会结构和国家总是从一定的个人的生活过程中产生的。但是,这里所说的个人不是他们自己或者别人想象中的那种个人,而是现实中的个人,也就是说,这些个人是从事活动的,进行物质生产的,因而是在一定的物质的、不受他们任意支配的界限、前提和条件下活动着的。"[35]现实的人凝聚成为各种集体形式,作为整体的人民则是其中最为重要的集体形式。

现实的人在生产和生活中发生一定的关系,并以此为基础结成社会,社会是现实的人生存和发展的条件。但是,在社会这种人的集合性存在中,人与人之间、群体与群体之间不可避免地会发生利益冲突,当这些利益冲突发展成为阶级冲突并且上升为政治斗争时,国家就作为控制这些冲突、维护社会秩序的工具而出现了。国家并不能消除社会之中的利益冲突和阶级斗争,经济上占据了统治地位的阶级将成为国家的统治阶级,于是国家就相应地成为统治阶级压制阶级冲突、镇压被统治阶级反抗的工具。这种局面经过了漫长的历史发展必然会进入一个新的阶段,即无产阶级与资产阶级进行总体决战的历史阶段,无产阶级代表了先进社会生产力,与广大民众有着根本上一致的利益,因此无产阶级推翻资产阶级的政治统治就能够实现广大民众的阶级解放和建立由大多数人享有的民主。然而,无产阶级要想取得革命的胜利,不仅需要自身成为社会成员中的大多数,而且需要在先锋队领导下团结起来组成一支具有高度内聚性的革命大军,这个革命大军就是由大多数民众组成的人民整体。

中国共产党领导的社会革命,同样是以工人阶级为领导阶级的、由中国绝大多数民众组成的人民整体进行的推翻旧的统治阶级以实现大多数人的民主的革命,但是由中国绝大多数民众组成的人民整体具有更高的内聚性和完整性。中国革命是在现代化水平十分落后的基础上进行的,这就是说,资本主义工业化的欠发展没有为中国革命制造出规模庞大的工人阶级。事实上,工人阶级在中国社会中是少数,因此为了壮大革命的力量从而取得革命的胜利,工人阶级必须同占据了中国社会多数地位的农民阶级结成联盟,同时与城市小资产阶级和民族资产阶级建立统一战线。单纯由工人阶级、农民阶级、城市小资产阶级、民族资产阶级组成的中国社会大多数还不能被称为人民整体,只有在共产党领导下以工人阶级为领导阶级的、由中国绝大多数民众组成的集体才是人民整体。根本的原因就在于,中国共产党通过发达的组织网络、严格的纪律、包容的意识形态、合理的行动纲领将中国绝大多数民众塑造成为了整体。质言之,中国共产党为人民整体提供了内聚性和完整性。

人民整体是推动中国革命的基本力量,在推翻了旧的统治秩序建立新的统治秩序的过程中,人民整体就构成了新的统治秩序的基础,也就是构成了社会主义国家的政治基础。社会主义国家无非是作为一种政治力量的人民整体的制度化表现形式,因此人民整体在社会主义国家中就成为执掌国家权力、实施政治统治的主体。由于人民整体是由中国社会的绝大多数民众在共产党领导下凝聚而成的,因此人民整体执掌国家政权、实施政治统治,就是大多数人的民主统治,也就是人民的自我统治,国家也就成为人民的自我规定,于是社会与国家之间的相互支持关系就形成了。

二、社会共同体

既然社会主义国家以人民整体为政治基础,那么人民整体必然要形成相应的社会,从而与社会主义国家相对应。马克思认为:"社会——不管其形式如何——

究竟是什么呢？是人们交互活动的产物。人们能否自由选择某一社会形式呢？决不能。在人们的生产力发展的一定状况下，就会有一定的交换和消费形式。在生产、交换和消费发展的一定阶段上，就会有相应的社会制度、相应的家庭、等级或阶级组织，一句话，就会有相应的市民社会。有一定的市民社会，就会有不过是市民社会的正式表现形式的相应的政治国家。"[36]社会是由生产力发展水平决定的，以相应的社会制度、相应的家庭、等级或阶级组织为构成要素。

在社会主义制度已经确立的条件下，在中国社会生产力已经得到了很大的发展，总体上已经实现全面小康的基础上，中国社会同样实现了巨大的发展，并进入一个新的阶段。人民整体是由中国社会绝大多数民众组成的，因此人民整体的性质决定了中国社会的性质，由人民整体决定的、发展到新的阶段的中国社会就是一个和谐共同体，而和谐共同体的本质就是和谐社会。也就是说，同社会主义国家相对应的由人民整体构成的社会是一个和谐的社会共同体。

胡锦涛认为，社会主义和谐社会"是经济建设、政治建设、文化建设、社会建设协调发展的社会，是人与人、人与社会、人与自然整体和谐的社会"[37]。由人民整体决定的、发展到新的阶段的中国社会之所以是和谐社会，根本的原因在于，生产资料公有制为主体的经济体制建立了起来，阶级矛盾已经不是中国社会的主要矛盾，中国共产党除了最广大人民群众的利益之外没有自己的特殊利益，人民已经成为了国家的主人。胡锦涛认为："我们党和国家的这种性质，决定了我国最广大人民利益在根本上是一致的，我国社会的基本矛盾是非对抗性的，我们具有不断促进社会和谐、最终建成社会主义和谐社会的根本政治前提和社会制度保证。"[38]和谐社会是人民利益根本一致的社会，这里所说的人民利益根本一致其实就是指人民整体是一个具有高度内聚性和完整性政治实体，而建设社会主义和谐社会就是要不断巩固和发展这个政治实体。

人民整体的内聚性和完整性排除了中国社会由对抗性的阶级矛盾占据主导地位的可能性，但是和谐社会并非一个没有矛盾的社会，而是存在着大量的错综复杂的人民内部矛盾的社会，和谐社会就是要在解决人民内部矛盾的过程中实现发展。胡锦涛认为："构建社会主义和谐社会的过程，就是在妥善处理各种矛盾中不断前进的过程,就是不断消除不和谐因素、不断增加和谐因素的过程。随着我国改革开放进入关键时期,我国社会存在的人民内部矛盾出现了多发多样的状况。这是我国社会深刻变革中难以完全避免的现象。"[39]如果说和谐社会的人民利益根本一致的一面,构成了当代中国有机统一政治的根基,那么和谐社会的错综复杂的人民内部矛盾广泛存在的另一面,则促进了这个根基深入发展。因为不断解决人民内部矛盾的过程,实际上就是不断扩大人民利益根本一致的基本面的过程,也就是不断增强人民整体的内聚性和完整性的过程。

中国社会主要矛盾的转化意味着社会共同体的发展进入新的高水平发展的历史阶段。习近平在党的十九大上郑重指出:"中国特色社会主义进入新时代,我国社会主要矛盾已经转化为人民日益增长的美好生活需要和不平衡不充分的发展之间的矛盾。我国稳定解决了十几亿人的温饱问题,总体上实现小康,不久将全面建成小康社会,人民美好生活需要日益广泛,不仅对物质文化生活提出了更高要求,而且在民主、法治、公平、正义、安全、环境等方面的要求日益增长。同时,我国社会生产力水平总体上显著提高,社会生产能力在很多方面进入世界前列,更加突出的问题是发展不平衡不充分,这已经成为满足人民日益增长的美好生活需要的主要制约因素。"[40]抓住人民日益增长的美好生活需要和不平衡不充分的发展之间的矛盾,是在中国特色社会主义新时代正确解决人民内部矛盾的关键所在,通过不断满足人民日益增长的美好生活需要,能够更好地提升人民整体的内聚性和完整性,进而将社会共同体发展到更高的水平。

三、国家政权

社会主义国家的建立创造了有机统一政治,因为社会主义国家的政权是由人民整体掌握的。尽管人民整体掌握的政权是对人民实行民主和对敌人实行专政相结合的人民民主专政,但是人民整体是以工人阶级为领导的、由中国绝大多数民众组成的,所以被专政的敌人只是中国社会成员的极少数人以及国外的敌对势力。这就意味着人民民主专政主要的方面是人民民主,对敌人的专政是人民民主专政的次要方面,对敌人进行的专政既是对人民民主的保障,又是对人民民主的补充。

人民整体是社会主义国家政权的政治基础,人民民主专政在将人民整体确立为国家政权的掌握者的同时,就将人民整体同国家政权结合在了一起,社会主义国家的政治制度的基本作用就是巩固人民整体与国家政权的结合。而且,只有将人民整体与国家政权结合在一起,社会主义国家的政治制度才能够通过自身的运转巩固和发展有机统一政治。

在社会主义制度已经确立和人民整体掌握国家权力的条件下,人民整体能够不断得到巩固和发展。在当今中国社会,人民的范围已经得到了最大程度上的扩大。江泽民在党的十六大报告中指出:"随着改革开放的深入和经济文化的发展,我国工人阶级队伍不断壮大,素质不断提高。包括知识分子在内的工人阶级,广大农民,始终是推动我国先进生产力发展和社会全面进步的根本力量。在社会变革中出现的民营科技企业的创业人员和技术人员、受聘于外资企业的管理技术人员、个体户、私营企业主、中介组织的从业人员、自由职业者等社会阶层,都是中国特色社会主义事业的建设者。"[41]人民在最大程度上包括了中国民众,这说明作为一种政治力量的人民整体得到了巩固和发展,社会主义民主政治也将伴随着人民整体的内聚性和完整性的提高而得到长足的进步,进而论之,人民整体掌握的国家政权也将进一步地得到巩固。

由于人民整体掌握的国家政权在人民整体与社会成员之间最大程度实现了重合的基础上对阶级统治进行了否定之否定,因而阶级统治以及与此密切联系在一起的阶级斗争就不可能是政治的主要内容了,取而代之的是以正确处理人民内部矛盾为主要内容的有机统一政治。有机统一政治开辟了人类社会政治生活的新境界,这种新境界自然是相对阶级对抗的政治而言的。可以说,有机统一政治开辟的新境界就是人民民主。人民民主的根本宗旨就是保障、发展以及调控"社会的政治主体的全局利益关系"[42]。在有机统一政治中,政治主体的全局利益关系就是人民根本利益,人民整体掌握的国家政权必须不断促进人民根本利益,也就是要不断发展人民整体的全局利益关系,从而推动有机统一政治的完善和成熟。

四、生产资料公有制

社会主义国家是以公有制为生产资料所有制主要形式的国家。如果社会主义国家的政治基础是由人民整体构成的,那么社会主义国家的经济基础则是由生产资料公有制构成的,并且,生产资料公有制也构成了作为整体力量的人民的经济基础。因为只有在生产资料公有制的基础上,中国共产党在革命过程中凝聚而成的人民整体,才能够在社会主义国家中得到长久地巩固和发展。进而言之,只有在生产资料公有制的基础上,中国广大民众才能够形成具有一致性的根本利益,才能在根本利益一致的基础上凝聚成为人民整体,所以,生产资料公有制是当代中国有机统一政治最为深厚的根基。

有机统一政治是在对阶级统治进行否定之否定的基础上形成的,中国共产党将绝大多数民众凝聚成为人民整体从而取代少数人掌握国家政权,是对阶级统治进行否定之否定的第一个历史行动,而利用国家政权在废除生产资料私有制的基础上建立和发展生产资料公有制,则是对阶级统治进行否定之否定的第二个历史行动。马克思和恩格斯就指出:"工人革命的第一步就是使无产阶级上升为统治阶级,争得民主。无产阶级将利用自己的政治统治,一步一步地夺取资产阶级的全部资本,把一切生产工具集中在国家即组织成为统治阶级的无产阶级手里,并且尽可能快地增加生产力的总量。"[43]废除生产资料私有制和建立同社会生产力发展相适应的生产资料公有制,是实现人的自由和全面发展的基石,所以对于有机统一政治来说,第二个历史行动具有更为深远的历史意义。

有机统一政治对阶级统治的否定之否定的关键在于人民整体掌握了国家政权,但人民整体并非广大民众随意构成的松散集合,而是广大民众在根本利益一致的基础上凝聚而成的政治实体。由于人是现实的人,体现着一切社会关系的总和,因此人的利益必然是变化和发展着的。这就意味着广大民众的根本利益并不能自动地实现一致,进而言之,由广大民众凝聚而成的人民整体并非一经形成就始终巩固的事物。为了长久巩固人民整体,就必须增强和发展广大民众根本利益的一致性,其中的关键就在于建立生产资料公有制,因为生产资料公有制为广大民众根本利益的一致性奠定了基础。习近平指出,坚持和发展公有制"关系巩固和发展中国特色社会主义制度的重要支柱"，国有企业则是"保障人民共同利益的重要力量"。[44]生产资料公有制的建立使得阶级矛盾已经不是中国社会的主要矛盾，中国共产党的先锋队性质和国家政权的社会主义性质，决定了中国人民的利益在根本上是一致的，虽然人民内部客观地存在着矛盾，但是中国社会的基本矛盾并不具有对抗性。由此可知，生产资料公有制决定了社会主义生产关系的性质，塑造了广大民众利益分配的基本格局和利益发展的基本方向，也就是从经济基础层面为人民整体的长久巩固提供了重要保障。

当然，广大民众根本利益的一致并不等于民众之间没有矛盾，必须看到中国特色社会主义的所有制形式是以公有制为主体、多种所有制共同发展，所以民众之间不可避免地会存在矛盾，甚至一些矛盾有可能影响到广大民众根本利益的一致性。在这种情况下，坚持和发展生产资料公有制，对于塑造广大民众根本利益的一致性进而长久巩固人民整体来说，就越发重要了。党的十八届三中全会的决议明确要求："必须毫不动摇巩固和发展公有制经济，坚持公有制主体地位，发挥国有经济主导作用，不断增强国有经济活力、控制力、影响力。"[45]十九届四中全会《决定》同样强调：以公有制为主体、多种所有制共同发展，体现了社会主义制度优越性，必须"毫不动摇巩固和发展公有制经济"[46]。由于多种所有制共同发展是社会主义初级阶段的基本经济制度，因此发展生产资料公有制就显得尤其重要，只有不断巩固公有制的主体地位，才能在多种所有制共同发展的社会主义初级阶段不断增强广大民众根本利益的一致性，进而在此基础上巩固和发展人民整体。同样只有坚持和发展生产资料公有制，才能为社会主义国家提供经济基础和政治基础，从而为有机统一政治的发展奠定深厚的根基。

第四节　有机统一政治的耦合结构

由中国共产党领导、人民当家作主、依法治国有机统一而成的整体是社会主义民主政治，而社会主义民主政治就是人民民主。人民民主作为有机统一政治的整体，它一旦在中国政治中初步形成就获得自己的性质，并且进一步对构成自身的核心要素即中国共产党领导、人民当家作主、依法治国进行规定和塑造，因此人民民主构成了中国共产党领导、人民当家作主、依法治国有机统一的基础。可以说，中国共产党领导、人民当家作主、依法治国有机统一于人民民主的实践和发展中，而人民民主的实践和发展则更进一步地巩固和完善由中国共产党领导、人民当家作主、依法治国组成的有机统一政治。人民民主的实践和发展主要包括国体、政体、治体三个结构，中国共产党领导、人民当家作主、依法治国正是通过国体、政体、治体实现有机统一。

一、以国体实现有机统一

国体就是国家政权的性质，社会主义国家的国体就是人民民主专政。毛泽东在分析革命胜利之后的政治时就认为：未来的国家是人民共和国，国体"它只是指的一个问题，就是社会各阶级在国家中的地位"，人民共和国的国体就是"各革命阶级联合专政"。[47]这里所说的各革命阶级就是工人阶级、农民阶级、城市小资产阶级、民族资产阶级以及其他阶级中的革命力量。在新中国成立之时，毛泽东对于国体的认识有了新的发展。他认为新中国的国体就是人民民主专政，"人民是什么？在中国，在现阶段，是工人阶级，农民阶级，城市小资产阶级和民族资产阶级。这些阶级在工人阶级和共产党的领导之下，团结起来，组成自己的国家，选举自己的政府，向着帝国主义的走狗即地主阶级和官僚资产阶级以及代表这些阶级的国民党反动派及其帮凶们实行专政"[48]。不难发现，人民民主专政取代了各革命阶级联合专政的表述。

人民共和国的国体从各革命阶级联合专政升华到人民民主专政是重要的理论发展，一方面人民不仅是由革命阶级联合而成的，而且是在中国共产党领导下凝聚而成的整体力量，另一方面人民不仅是实施专政的主体，而且是实行民主的主体，人民是国家的主人，实现当家作主。人民当家作主意味着绝大多数中国民众在凝聚成为整体的基础上实现了阶级解放，所谓阶级解放就是人民整体从被统治的地位中解放出来进而成为了统治者。实现了阶级解放的人民整体在国家中获得了统治地位，但是对极少数敌人进行的专政并不是人民整体的主要工作，人民整体的根本任务是利用自己的统治地位,不断改革生产关系以解放生产力,持续有效地推进社会主义建设,从而消灭阶级和阶级统治,建设高度发达的人民民主。这些就是社会主义国家的国体所要集中表达的基本含义。

人民整体是实行民主和实施专政的主体,但是人民整体不是由中国绝大多数民众组成的松散联合,它是以中国共产党领导为中心的、以工人阶级为领导阶级的、由中国绝大多数民众组成的政治实体。由于中国共产党领导是凝聚人民整体的关键所在,因此当人民整体掌握国家政权、行使国家权力、当家作主时,就内在地将中国共产党领导确立在人民民主专政之中,也就是确立在人民当家作主之中。进而言之,中国共产党领导与人民整体在中国革命过程中就是有机统一在一起的,在人民整体通过革命取得统治地位和成为国家政权的掌握者之后,中国共产党领导就同人民当家作主有机统一在一起。中国共产党领导与人民当家作主的有机统一,是中国共产党领导与人民整体的有机统一从社会领域上升到国家政权领域后的必然结果。

在中国共产党领导与人民整体的有机统一向中国共产党领导与人民当家作主有机统一转化的过程中,依法治国就开始作为第三种要素出现并结合进来。依法治国是人民当家作主的内在要求,"一个合法的政治社会应基于人民的同意,这种同意应在人们为建立政府而达成的社会契约中反映出来。这种社会契约通常采取宪法的形式,而宪法又会确定政制架构及其建制蓝图"[49]。人民当家作主对依法治国的需求,实际上意味着要将作为社会主义国家政治基础的人民整体以宪法的形式确定下来。毛泽东在主持制定1954年宪法时就贯彻了一个思想,这就是将中国革命的成果即人民民主国家在宪法上予以确立和巩固。[50]宪法对人民整体和人民当家作主的确立和巩固,实际上就是以依法治国的方式对中国共产党领导和人民当家作主的有机统一的确立和巩固,并且伴随着依法治国的持续推进和社会主义法治的不断完善,依法治国对于有机统一政治的巩固和发展的作用将越来越明显和重要。因此,中国共产党领导、人民当家作主、依法治国从根本上是由国体有机统一起来的,并且伴随着国体的巩固和发展而不断完善。

二、以政体实现有机统一

中国共产党领导、人民当家作主、依法治国以国体实现的有机统一将会延伸到政体上来，宪法对于人民整体以及中国共产党领导与人民当家作主的有机统一的确定和巩固将具体表现为社会主义国家的政治制度体系，而政体则是社会主义国家的政治制度体系中的根本。政体就是国家政权的组织形式，它由国体决定并体现国体。中国的政体就是人民代表大会制度，人民代表大会制度是实现中国共产党领导、人民当家作主、依法治国有机统一的根本形式。

中国共产党对于人民代表大会制度在实现中国共产党领导、人民当家作主、依法治国有机统一上的重要地位和能够发挥的关键作用的认识，本身就是有机统一政治实践的产物。党的十七大报告中指出要将中国共产党领导、人民当家作主、依法治国有机统一于中国特色社会主义政治发展之中，同时必须推进社会主义民主政治的制度化、规范化、程序化，坚持社会主义政治制度的特点和优势。[51]中国共产党此时已经提出了通过社会主义政治制度巩固有机统一政治的任务，在此基础上，胡锦涛在党的十八大报告中认为"要把制度建设摆在突出位置，充分发挥我国社会主义政治制度的优越性"[52]。在反复总结中国社会主义民主政治实践经验和社会主义政治制度建设经验的基础上，习近平在党的十九大报告中明确指出："人民代表大会制度是坚持党的领导、人民当家作主、依法治国有机统一的根本政治制度安排，必须长期坚持、不断完善。"[53]以人民代表大会制度实现中国共产党领导、人民当家作主、依法治国的有机统一，代表了有机统一政治发展到了新的高度，以有机统一政治为内核的中国社会主义政治制度也发展到了一个新的阶段。

人民代表大会制度是按照有机统一政治的内涵设计的。党领导人民以选举的形式产生人民代表，由人民代表组成各级人民代表大会，人民代表大会将党和人民的意志上升为国家意志，也就是根据法定程序将其制定成宪法和法律，党和人民遵照宪法和法律的规定开展活动。其实，全国人民代表大会是以组织形式将党凝聚的人民整体呈现出来，因此可以认为全国人民代表大会是人民整体的一个缩影或者说"缩小的人民"[54]。既然人民代表大会制度本身不过是宪法的产物，党凝聚而成的人民整体又通过人民代表大会呈现出组织化形态，党和人民的意志也通过人民代表大会成为宪法和法律,那么人民代表大会制度就实现了中国共产党领导、人民当家作主、依法治国的有机统一。

中国共产党领导、人民当家作主、依法治国在人民代表大会制度中实现的有机统一同样是一个动态的政治过程。在人民代表大会召开的时间里面,各级党委将成立专门的临时性工作委员会或者领导小组,用以领导人民代表大会举行期间的议程。与此同时,组成人民代表大会的代表也按照代表团成立临时党支部,党委不仅通过临时领导小组直接领导代表团的临时党支部,而且通过代表团党组织负责人联席会议来协调代表的行动和强化党委的领导。[55] 由此可见,党通过进入人民代表大会内部实现领导和支持人民当家作主,并且党进入人民代表大会的方式是由宪法和法律规定的,因此人民代表大会的政治过程就将中国共产党领导、人民当家作主、依法治国有机统一了起来,这个政治过程是人民民主的典型写照。

在社会主义政治制度体系中,政府是由人民代表大会产生、受人民代表大会监督、对人民代表大会负责的国家机构,可以说政府是人民代表大会的延伸,因此可以将政府看作政体的重要组成部分。中国共产党领导、人民代表大会、依法治国通过政体实现有机统一,不仅是通过人民代表大会实现的,而且也是通过政府实现的。各级政府不仅接受同级党委的领导,而且政府内部的党组也保证了党的领导;各级政府是由人民代表大会产生的,所以政府本身就是人民民主的结果和体现;各级政府必须以宪法和法律为行动准则,依法行政是政府的基本特征。由于公共事务管理的主要承担者实际上是各级政府,因此中国共产党领导、人民当家作主、依法治国在实践中的有机统一,就主要由政府来完成。进一步讲,人民民主归根结底要落实到增进人民根本利益和改善公民权利上来,所以政府行为就从人民民主的主要方面直接影响到人民民主的发展,因而影响到中国共产党领导、人民当家作主、依法治国有机统一的发展和完善。

三、以治体实现有机统一

治体就是国家治理体系,其基本内容则是当今中国社会主义制度体系。国体和政体是社会主义制度体系中最为根本的组成部分,因此国体与政体也包括在治体之中。虽然,国体和政体在实现中国共产党领导、人民当家作主、依法治国有机统一的过程中发挥了至关重要的基础性的作用,但是除了国体和政体之外的国家治理体系的其他部分也在实现中国共产党领导、人民当家作主、依法治国有机统一的过程中发挥着重要作用。并且,伴随着社会主义制度的不断建设、发展和完善,国体和政体之外的国家治理体系在实现中国共产党领导、人民当家作主、依法治国有机统一上能够发挥的作用也越来越大,这种变化集中体现在政党制度和基层群众自治制度上。所以,这里分析的以治体实现有机统一就是指除了国体和政体之外的国家治理体系实现的有机统一,特别是政党制度和基层群众自治制度实现的有机统一。

中国的政党制度是中国共产党领导的多党合作与政治协商制度,人民政治协商会议则是多党合作与政治协商的组织形式。人民政治协商会议虽然不是国家机关,但是由于它是我国政党制度的组织形式,所以就在事实上发挥着类似国家机关的作用,这种作用集中体现为同人民代表大会相互配合。具体来说,中国共产党领导的多党合作与政治协商制度以及人民政治协商会议制度,一直肩负着在最大程度上扩大人民的范围,并借助自身所包含的以中国共产党为中心、由民主党派和人民团体组成的组织网络,对中国绝大多数民众进行"认同性整合"[56],进而最大程度地发挥人民整体的职能。中国共产党领导、人民当家作主、依法治国都是"认同性整合"赖以发生的价值基础和认同对象,因此在进行"认同性整合"的过程中就实现了中国共产党领导、人民当家作主、依法治国的有机统一。

基层群众自治制度是在国家政权之外的社会领域中实现中国共产党领导、人民当家作主、依法治国有机统一的政治制度。社会领域是中国民众的切身利益集中汇聚的政治领域,围绕着保障和改善中国广大民众的切身利益进行自我管理、自我服务、自我教育、自我监督,不仅是人民当家作主最有效、最广泛的途径,而且是发展人民民主的基础性工程。可以说,社会领域是人民内部矛盾集中汇聚的主要领域,而基层群众自治是正确处理人民内部矛盾的基本方式,法治是基层群众自治的关键资源,"全面推进依法治国,基础在基层,工作重点在基层"[57]。由此可见,借助基层群众自治制度的有效运转,党领导人民以依法治国的方式直接解决中国广大民众切身利益的保障和改善过程中的各种问题,从而在不断增强人民整体内聚性和完整性的基础上实现中国共产党领导、人民当家作主、依法治国的有机统一。

有机统一政治与国家治理体系是相互促进的,国家治理体系将不断地为有机统一政治的巩固和完善提供动力和资源,有机统一政治将为国家治理体系现代化提供根本支持。中国共产党领导、人民当家作主、依法治国有机统一必须贯穿在推进国家治理现代化的过程中,它是指导"新时代国家治理现代化的黄金法则"[58]。从中国特色社会主义民主政治的发展来看,国家治理现代化在实现中国共产党领导、人民当家作主、依法治国有机统一上的作用将会越来越大,因为有机统一政治只有在国家治理的实践活动中才能不断巩固和臻于完善。

第五节　不断发展的有机统一政治

社会主义国家的建立开创了有机统一政治,中国共产党领导、人民当家作主、依法治国等核心要素的发展,以及社会主义政治制度对中国共产党领导、人民当家作主、依法治国的地位安排和对它们之间相互关系的调配,说明有机统一政治已经发展成型。但是,有机统一政治并没有完全成熟,它需要在社会主义民主政治的发展中不断完善,从而发展成为发达的人民民主。为了巩固和完善有机统一政治,必须以人民为中心巩固根基、以深化改革增强活力、以制度创新完善形态,进而推动有机统一政治走向完全成熟的状态。

一、巩固根基

社会主义国家是有机统一政治的根基所在,巩固根基就是要巩固社会主义国家。从有机统一政治的角度来分析,作为其根基的社会主义国家存在着人民整体、和谐社会、国家政权、生产资料公有制等重要环节,因此巩固有机统一政治的根基就必须从人民整体、和谐社会、国家政权、生产资料公有制四个方面具体入手。

首先,巩固有机统一政治的根基就必须巩固人民整体,不断增强人民整体的内聚性和完整性,保证中国共产党领导能够始终将广大中国民众凝聚成为人民整体,从而为社会主义国家创造坚实的政治基础。其次，巩固有机统一政治的根基就必须巩固和谐社会，在不断增进人民根本利益的基础上不断改善公民权利，妥善调处整体利益与局部利益、长远利益与眼前利益、集体利益与个人利益的关系，正确解决人民内部矛盾，从而为党凝聚人民整体提供坚实的社会基础。再次，巩固有机统一政治的根基就必须巩固国家政权，从人民民主出发不断发展国家政权的民主性质，保证国家政权始终掌握在人民手中，在增强国家政权的公共管理职能的基础上提高国家政权服务于人民的能力。最后，巩固有机统一政治的根基就必须坚持生产资料公有制的地位，做强做优做大国有企业，更好地发挥公有制经济在满足人民群众的美好生活需要上的基本作用。

虽然从分析的角度可以将社会主义国家区分为人民整体、和谐社会、国家政权、生产资料公有制四个部分，但是巩固有机统一政治的根基必须在四个环节中形成合力，这就需要在人民整体、和谐社会、国家政权、生产资料公有制中贯穿一个共同的理念——以人民为中心。习近平在论述新时代中国特色社会主义思想时认为："坚持以人民为中心。人民是历史的创造者，是决定党和国家前途命运的根本力量。"[59]人民是社会主义国家的主人，一切权力都属于人民，因此以人民为中心巩固有机统一政治的根基抓住了有机统一政治的根本。当代中国有机统一政治的前景在很大程度上取决于以人民为中心的理念转化为实践的程度，只有在人民整体能够不断巩固和发展的基础上，有机统一政治才能够获得发展和完善。

二、全面深化改革

中国共产党在凝聚人民整体的基础上建立了社会主义国家，社会主义国家通过社会主义政治制度将人民整体与国家政权结合在一起。这种结合一方面使人民整体得到了社会主义政治制度的确立和巩固，从而使以社会状态存在的人民整体转换成为了国家状态的存在，事实上有利于人民整体的巩固和发展。但是另一方面，由于社会主义政治制度的不完善，这种结合也存在弱化人民整体的内聚性和完整性、阻碍人民整体进一步发展的问题。如果人民整体得不到发展，那么以人民整体为政治基础的社会主义国家就难以获得发展，因此有机统一政治也就难以获得发展。这就意味着，社会主义政治制度的不完善将制约有机统一政治的发展，所以必须对社会主义政治制度进行深化改革，从而增强有机统一政治的活力。

全面深化改革是中国共产党领导中国特色社会主义事业的重要方式，它是中国特色社会主义事业能够不断前进的活力源泉。习近平指出："改革开放是决定当代中国命运的关键一招，也是决定实现'两个一百年'奋斗目标、实现中华民族伟大复兴的关键一招。"[60] 在发展和完善有机统一政治的过程中，面对社会主义政治制度不完善所引发的问题，只能以全面深化改革的方式进行解决。社会主义民主政治建设的实践没有止境，全面深化改革也没有止境。全面深化改革的目标是发展和完善社会主义政治制度，而要实现全面深化改革的目标，就需要将中国共产党领导体制和中国共产党的自我革命作为全面深化改革的关键。

中国共产党是中国特色社会主义事业的领导核心，中国共产党领导是社会主义政治制度的核心构成要素，可以说中国共产党是社会主义政治制度的发动机，因此对社会主义政治制度进行深化改革就必须改革和完善中国共产党领导体制，借助健全和有效的领导体制实现党的全面领导。强化中国共产党领导，必须建立在党始终是先锋队性质的政党的基础上，因此以全面从严治党的方式推进党的自我革命，从而保持党的先锋队性质，对于发展和完善社会主义政治制度来说就是至关重要的工作。[61] 只有在党始终是先锋队性质的政党的基础上，党才会始终立党为公、执政为民，从而始终不渝地推进中华民族伟大复兴的历史使命，因此才能够为有机统一政治提供活力。

三、制度创新

有机统一政治的发展，要求以制度创新来完善有机统一政治的形态。中国共产党领导、人民当家作主、依法治国只是有机统一政治的核心要素，在社会主义民主政治发展的过程中，中国共产党领导、人民当家作主、依法治国的有机统一意味着有机统一政治的成型，但是并不意味着有机统一政治的完全成熟，事实上有机统一政治处在不断发展的过程中，发达的人民民主才是有机统一政治的完全成熟形态。人民民主是由中国共产党领导、人民当家作主、依法治国有机统一而成的整体,然而人民民主的实践过程和制度形式则是丰富多彩的,不会局限于中国共产党领导、人民当家作主、依法治国这三个核心要素上,因此必须根据人民民主发展的需要进行制度创新,从而丰富人民民主的实践过程和制度形式,进而建立高度发达的人民民主,有机统一政治也就相应地发展到了完全成熟的形态。

制度创新本身就是一种深刻的政治变革。因为制度创新不是对旧的制度进行简单的修补,而是在解决旧制度之中存在的障碍和问题的基础上,或是实现既有制度资源的重组从而实现制度变革来满足实践的需要,或是创造出全新的制度添加到现有的制度体系中去从而满足实践的需要。在制度创新的过程中,人类政治文明的一切优秀成果和人民民主发展的实践经验是重要的基础,其中人民民主发展的实践经验更为根本。因为制度创新并不是要从整体上改变社会主义政治制度体系,而是要在遵循社会主义政治制度的基本原则的基础上,根据人民民主发展的实践过程所提出的要求建立新的制度,从而发展和完善人民民主,进而巩固和丰富社会主义政治制度体系。由此可见,制度创新是在社会主义政治制度体系之中立足人民民主实践的政治变革过程,它将为有机统一政治创造更多的制度形式,进而满足推动有机统一政治走向完全成熟的需要。

注释

1.《马克思恩格斯选集》第 3 卷,人民出版社 1995 年版,第 475 页。

2. 同上书,第 483 页。

3.《马克思恩格斯选集》第 2 卷,人民出版社 1995 年版,第 268—269 页。

4.《列宁选集》第 3 卷,人民出版社 1995 年版,第 169 页。

5. 列宁:《马克思主义论国家》,人民出版社 1964 年版,第 52 页。

6.《毛泽东选集》第 4 卷,人民出版社 1991 年版,第 1480 页。

7.《马克思恩格斯全集》第 3 卷,人民出版社 2002 年版,第 41 页。

8.《江泽民文选》第 3 卷,人民出版社 2006 年版,第 553 页。

9.《马克思恩格斯选集》第 2 卷,人民出版社 1995 年版,第 33 页。

10. 王沪宁主编:《政治的逻辑》,上海人民出版社 2016 年版,第 64 页。

11.《习近平谈治国理政》第二卷,外文出版社 2017 年版,第 18 页。

12.《马克思恩格斯选集》第 3 卷,人民出版社 1995 年版,第 95 页。

13. 林尚立:《复合民主:人民民主在中国的实践形态》,载《复旦政治学评论》第九辑,上海人民出版社 2011 年版,第 29 页。

14.《邓小平文选》第三卷,人民出版社 1993 年版,第 116 页。

15.《邓小平文选》第二卷,人民出版社 1993 年版,第 146 页。

16.《江泽民文选》第二卷,人民出版社 2006 年版,第 17 页。

17. 同上书,第 18 页。

18. 同上书,第 29 页。

19.《江泽民文选》第三卷,人民出版社 2006 年版,第 553 页。

20.《胡锦涛文选》第二卷,人民出版社 2016 年版,第 634 页。

21. 习近平:《决胜全面建成小康社会　夺取新时代中国特色社会主义伟大胜利》,人民出版社 2017 年版,第 36—37 页。

22. 同上书,第 20 页。

23.《江泽民文选》第三卷,人民出版社 2006 年版,第 555 页。

24. 林尚立:《论人民民主》,上海人民出版社 2016 年版,第 60 页。

25. 林尚立:《复合民主:人民民主在中国的实践形态》,载《复旦政治学评论》第九辑,上海人民出版社 2011 年版,第 29 页。

26.《习近平谈治国理政》第二卷,外文出版社 2017 年版,第 18 页。

27.《胡锦涛文选》第二卷,人民出版社 2016 年版,第 635 页。

28.《习近平谈治国理政》第二卷,外文出版社 2017 年版,第 291—292 页。

29. 同上书,第 292 页。

30. 同上。

31. 中共中央文献研究室编:《十八大以来重要文献选编》中卷,中央文献出版社 2016 年版,第 158 页。

32. 俞可平:《论国家治理现代化》,社会科学文献出版社 2015 年版,第 214 页。

33. 陈明明:《发展逻辑与政治学的再阐释:当代中国政府原理》,《政治学研究》2018 年第 4 期,第 26 页。

34. 王沪宁主编:《政治的逻辑》,上海人民出版社 2016 年版,第 40 页。

35.《马克思恩格斯选集》第 1 卷,人民出版社 1995 年版,第 71—72 页。

36.《马克思恩格斯选集》第 4 卷,人民出版社 1995 年版,第 532 页。

37.《胡锦涛文选》第二卷,人民出版社 2016 年版,第 523 页。

38. 同上书,第 522—523 页。

39. 同上书,第 294 页。

40. 习近平:《决胜全面建成小康社会　夺取新时代中国特色社会主义伟大胜利》,人民出版社 2017 年版,第 11 页。

41.《江泽民文选》第三卷,人民出版社 2006 年版,第 539 页。

42. 刘德厚:《广义政治论》,武汉大学出版社 2004 年版,第 80 页。

43.《马克思恩格斯选集》第 1 卷,人民出版社 1995 年版,第 293 页。

44.《习近平谈治国理政》,外文出版社 2014 年版,第 78—79 页。

45. 中共中央文献研究室编:《十八大以来重要文献选编》上卷,中央文献出版社 2014 年版,第 515 页。

46.《〈中共中央关于坚持和完善中国特色社会主义制度、推进国家治理体系和治理能力现代化若干重大问题的决定〉辅导读本》,人民出版社 2019 年版,第 20 页。

47.《毛泽东选集》第二卷,人民出版社 1991 年版,第 676—677 页。

48.《毛泽东选集》第四卷,人民出版社 1991 年版,第 1475 页。

49. 路易斯·亨金:《宪政·民主·对外事务》,邓正来译,生活·读书·新知三联书店 1996 年版,第 12 页。

50. 逄先知、金冲及主编:《毛泽东传 1949—1976》,中央文献出版社 1999 年版,第 320 页。

51.《胡锦涛文选》第二卷,人民出版社 2016 年版,第 635 页。

52.《胡锦涛文选》第三卷,人民出版社 2016 年版,第 633 页。

53. 习近平:《决胜全面建成小康社会　夺取新时代中国特色社会主义伟大胜利》,人民出版社 2017 年版,第 37 页。

54. 林尚立:《当代中国政治:基础与发展》,中国大百科全书出版社 2017 年版,第 84 页。

55. 何俊志:《作为一种政府形式的中国人大制度》,上海人民出版社 2013 年版,第 103 页。

56. 林尚立:《中国共产党与国家建设》,天津人民出版社 2017 年版,第 203 页。

57. 中共中央文献研究室编:《十八大以来重要文献选编》中卷,中央文献出版社 2016 年版,第 179 页。

58. 虞崇胜:《坚持"有机统一":新时代国家治理现代化的黄金法则》,《当代世界与社会主义》2018 年第 4 期,第 33 页。

59. 习近平:《决胜全面建成小康社会　夺取新时代中国特色社会主义伟大胜利》,第 21 页。

60.《习近平谈治国理政》,第 71 页。

61. 汪仕凯:《先锋队政党的治理逻辑:全面从严治党的理论透视》,《政治学研究》2017 年第 1 期,第 26—39 页。

第四章　党是最高政治领导力量

　　共产党的性质定位尽管来自马克思主义经典作家的理论演绎和章程的明确宣告，但其为民众谋福利的价值使命却蕴含于工人在机器大生产过程中所形成的经济关系、社会关系以及政治关系中。近代以来，中国现代化的开启、推进离不开共产党的嵌入与引领，在革命、建设和改革的伟大历史征程中，其为民谋幸福的价值基因、为国家和民族谋复兴的历史使命激励着一代又一代共产党人砥砺奋进、开拓进取。正是在具有强烈历史使命、勇于担当和富于创新特质的中国共产党的领导下，中国才从黑暗的旧社会中走出，迎来新中国的诞生，进行社会主义建设，推进改革开放，进而步入新时代，实现了中国从站起来、富起来到强起来的跃升。中国共产党作为新型政党，诞生于民族危难、困局之际，在百年的风雨历程中，它通过自己行动的有效性推动了国家的现代化进程，驱动着国家从文化国家到民族国家，再到现代国家的渐次跃升，在引领国家发展的同时，自身也得到了发展与壮大，其制度性成果之一就是新型政党制度。从比较的视野上观之，中国的新型政党有熔开放、责任、发展、变革和领导于一炉的特点。百年来中国社会巨变及其成功转型，离不开新型政党及其制度体系的驱动与引领。在中国的现代化进程中，新型政党、新型政党制度之所以能释放出如此巨大的能量，其核心密码还得从其特质中去找寻。中国共产党作为最高政治领导力量，改革开放以来，其有效的全面领导来自与政府、市场和社会关系的科学定位，即将理性定位、"市场归位"与和谐社会作为其关系处理的核心原则。

第一节　新型政党的诞生与锻造

　　中国人民在追求民族解放、建设现代国家的过程中，找到了马克思主义这一锐利的思想武器,组建了中国共产党这一新型政党组织。列宁指出:"要想了解一个政党的真正作用,不是看它的招牌,而是看它的阶级性质和每个国家的历史条件。"[1]这一新型政党的诞生是中国现代化内生发展的需要,从此中国革命、建设和改革就有了组织化的驱动力量。共产党在驱动现代国家成长过程中,在有效的组织行动和自身革命化改造过程中,也建立起了新型政党的制度化形态,即中国共产党领导的多党合作和政治协商制度。

一、新型政党的诞生

按照马克思主义的唯物史观,政党并不是凭空产生的,而是有着现实的经济基础。恩格斯指出:"迄今为止在历史著作中根本不起作用或只起极小作用的经济事实,至少在现代世界中是一个决定性的历史力量;这些经济事实形成了产生现代阶级对立的基础;这些阶级对立,在它们因大工业而得到充分发展的国家里,因而特别是在英国,又是政党形成的基础,党派斗争的基础,因而也是全部政治史的基础。"[2]所以分析政党现象特别是政党的生成必须从经济关系及在此基础上形成的社会关系与政治现实入手。近代中国,在主权不独立、民权不伸张的现实背景下,积贫积弱的中国要实现现代化,必须完成重组中国社会的社会革命的任务。无数的仁人志士为中国摆脱内忧外患的局面而殚精竭虑。但由于中国民族资产阶级的不成熟和软弱性,以及现代化过程中对传统文化强烈冲击与消解,特别是在主权没有独立的情况下所采取的种种救国方案和制度设计,最后导致的都是现代化的受挫,中国的社会整合陷入了深刻的危机之中。直到十月革命后,中国受"全球时刻"的影响,开始认识和接受了马列主义,特别是以马列主义为指导的共产党的诞生,为中国摆脱内忧外患的政治困境和社会整合危机提供了必要的组织基础。在近代,作为新型政党的中国共产党,在马克思主义理论的指引下,通过自身的有效行动来组织和动员社会,推进社会整合,通过新民主主义革命和社会主义革命来完成政治共同体建设,从而将中国的现代化推向一个新的高度。在某种意义上,中国共产党这一新型政党是在社会出现了整合性危机的情形下诞生的。这种整合性危机从以下方面可见一斑。

（一）主权上的不独立

中国现代化开启的时候正是资本主义向海外扩张和殖民的时期,中国国土的沦丧、列强势力范围的划分和强制性的资源汲取,等等,这些不仅破坏了中国民族工业的正常发展进程,而且由于对中国基层社会过分的资源汲取,社会的贫困使社会关系处在紧张的状态之中。因而,由主权危机所引发的社会整合问题,不仅体现在国土的支离破碎、内政被列强所染指上,更体现在由此所引发的社会反抗的风起云涌,使社会处于一种动荡不安的状态。陈独秀在描述列强瓜分中国时指出:"各国驻扎北京的钦差,私下里商议起来,大打算把我们几千年祖宗相倚的好中国,当作切瓜一般,你一块,我一块,大家分分,这明目就叫做'瓜分中国'。"[3]列强的强行介入与利益索取冲击了传统中国的超稳定结构,引发了民众对统治体系的信任危机及其带来的社会反抗;同时,由于主权上的不独立和在反抗列强的军事征服过程中的一再败北,这些会导致一部分知识分子对传统文化的怀疑和动摇,从而影响文化整合的效度。总之,主权上的不独立所引发的社会整合上的危机与难题呼唤着能够凝聚全民族力量的社会整合器的出现,这构成了新型政党出场的国际背景。

（二）政权上的分割

毛泽东在《外力、军阀与革命》一文中,分析了20世纪20年代当时中国所面临的形势:"我们从内外政治经济的情势上,可以断定中国目前及最近之将来,必然是反动军阀支配的天下。这个期内是外力和军阀勾结为恶,是必然成功一种极反动极混乱的政治的。"[4]在这种极混乱的政治下,传统的大一统体制面临着国内外分割的新局面:一是国内军阀的分割,它主要表现为军阀的割据,使国内大量资源耗费在军阀混战之中;二是国外列强的分割,分立的军阀势力为外国资本的强势介入提供了机会与空间,也就是国内分割的军事集团被外国势力所操控,产生了列强的"代理人",形成了所谓"国中之国"。这两种分割互为因果、相互强化。在国家政权处于这种分割的局面下,中国要完成民族民主革命就必须唤起与组织民众,以形成有效的集体行动;而要唤起与组织民众,就需要一种组织性的力量来设定目标框架、集中优势资源和推进有效行动,进而进行一场广泛而深刻的社会革命。"我们早已看透了中国的病根是由于帝国主义的列强之剥削操纵及国内军阀之扰乱,非人民起来以革命的手段,外而反抗列强,内而解除军阀之政权及武装,别的方法都是药不对症,白费力气。"[5]也就是说,国家政权上的分割让传统的由国家政权来充当社会整合器的社会整合模式失效,在十月革命胜利的示范下,有着严明组织纪律的新型政党就呼之欲出了。

（三）文化认同上的迷失

文化认同上的迷失可以分为两个层面,一是民族层面,由于民族危难的加重,在与西方文化对话的过程中,促使一部分先进的国人在反思中国的传统文化,有一部分人对传统文化的负面效应的过分张扬,有一种文化上的受挫感,这样就会消解文化要素在社会整合上的积极作用。另一个层面是组织层面上的迷失,即,由于缺乏在价值层面上先进理论的引导,尽管诞生了具有现代政党外形的政党组织,但一旦在政治实践中运作,它们立刻就会被中国传统文化所消融,也就是说,在没有外来价值观念的灌输和引导下,对政党组织及其现象的文化解释会陷入迷失之中。文化认同上出现迷失,现代政党作为社会整合器的功能就不可能得到发挥。因而,在外国势力干预所导致的中西文化激烈碰撞的背景下,如果缺乏能够得到广大民众认同的价值层面的最大公约数,民族民主革命就很难凝聚成有效的集体行动而陷入困境。正是在这种文化认同迷失的背景下,十月革命一声炮响,给中国送来了马列主义这一整合中国社会的锐利的思想武器,也为中国共产党这一新型政治组织的诞生提供了理论武器。毛泽东在谈到中国共产党的诞生时指出:"中国共产党是产生在'五四'之后,五四运动又是产生在俄国十月革命之后。中国共产党是在列宁的号召之下组织起来的,是共产国际派人来帮助组织的,在中共第一次代表大会上就有国际代表到会。"[6]

（四）整合社会的组织缺失

在半殖民地半封建社会下,要完成民族民主革命不可能寄希望于当时的政权组织,政权的非人民性决定了统治者不可能以民族、民众的利益作为自己行动的指针。同时,由于中国传统社会是一个权力高度集中的皇权体制,在这个依靠严密的官僚体系、基层乡绅和传统文化连接的控制体系中,民众的利益诉求不是靠自身成立相关的组织去向统治体系系统表达,而是靠统治者自身的对民间社会的体认。

这样，要完成民族民主革命，必须要在中国社会萌生一个新型的政治组织，其主要任务是动员、组织基层民众进行利益表达，并在此基础上进行利益综合。这种组织一经成立，就成了组织、动员中国社会的枢纽。毫无疑问，这种政治组织就是中国共产党。尽管在辛亥革命后中国也萌生了政党组织，但是除了中国共产党外，它们一般都带有很强的宗派色彩，在实际政治运作中，仍然挣不开朋党政治、集权和崇尚权威思想的羁绊，有的干脆就蜕变为政治官僚组织。因而在共产党产生之前，中国社会整合缺乏相应的政治组织载体。这构成了新型政党登上历史舞台的社会背景。

总之，近代中国，由于现实上存在着主权不独立、政权上的分割和文化认同上迷失的问题，传统的政权组织不可能担当起唤起民众、整合破碎的中国社会的重任。这些构成了新型的整合性的政治组织，即中国共产党诞生的结构性条件。中国要走出这种结构性困局，就必须有一种整合性的组织力量将社会组织起来，以完成民族民主革命。早期的共产党人恽代英指出："我们必须靠团体才有力量，必须靠社会，靠党，不然，我们将永远屈服于黑暗势力之下。自然，一个社会或党的中间，一定亦有许多使我们脑疼心烦的事情，然而我要有团体的力量，才可以打倒恶势力，改造恶环境，才可以自救而且救人。"[7]而中国共产党这种新型的政党组织之所以能担负起领导新民主主义革命的重任，是"因为半殖民地的中国的社会各阶层和各种政治集团中，只有无产阶级和共产党，才最没有狭隘性和自私自利性，最有远大的政治眼光和最有组织性，而且也最能虚心接受世界上先进的无产阶级及其政党的经验而用之于自己的事业"[8]。

二、新型政党的锻造

毛泽东在《中国革命和中国共产党》一文中指出，要领导中国民主主义革命和社会主义革命到达彻底的完成，只有中国共产党才可以担负。同时他也开出了能够担负此重任的共产党所应具备的资格与条件，即"一个全国范围的、广大群众性的、思想政治上组织上完全巩固的、布尔什维克化的中国共产党"，否则，"这样的任务是不能完成的"。[9]共产党这种资格条件具备的过程，实际上就是对其锻造的过程。在《〈共产党人〉发刊词》中，毛泽东又指出了对党进行革命性锻造的具体路径："十八年来，党的建设过程，党的布尔什维克化的过程，是这样同党的政治路线密切地联系着，是这样同党对于统一战线问题、武装斗争问题之正确处理或不正确处理密切地联系着的。"[10]统一战线、武装斗争、党的建设，再加上彰显共产党本质属性的马列主义，这几个方面构成了新型政党锻造的四个基本面向，新型政党正是接受了这四个方面的锻造，其组织力、战斗力和影响力才日益强大。

（一）马列主义

组织作为一种人群的集合体，要产生有效的集体行动，必须要壮大队伍、吸纳资源和设计制度等；同时，组织一经存在，也有一个有效激励的问题。因而，对一个组织而言，无论是解决发展中的资源吸纳，还是解决对组织成员的有效激励，都离不开组织愿景、组织目标的设定。对一个新型政党而言，其纲领、路线是其所接受的某种理论的具体化，是其区别于其他政党、政治力量的标识，也是壮大队伍、产生权威性影响力的深层要素。列宁指出："没有革命理论，就不会有坚强的社会党，因为革命理论能使一切社会党人团结起来，他们从革命理论中能取得一切信念，他们能运用革命理论来确定斗争方式和活动方式。"[11]列宁不仅指出理论之于政党、革命的意义，而且还指出了理论的作用域与有效方式。恩格斯则指出了党纲的形成与变迁后面的物质因素，"新的党必须有一个明确的积极的纲领，这个纲领在细节上可以因环境的改变和党本身的发展而改动，但是在每一个时期内都必须为全党所赞同"[12]。也就是说党纲的形成要立足于现实社会的物质基础，要聚合全党的意志。中国共产党人在建党伊始就认识到了理论、"主义"之于新型政党及其领导的革命的重要意义。1920年11月，毛泽东指出新民学会"不可徒然做人的聚集，感情的结合，要变为主义的结合才好"，"主义譬如一面旗子，旗子立起来了，大家才有所指望，才知所趋附"。[13]这里的"主义的结合"实际上就指出了中国革命必须得到科学的理论指导，这种理论的科学性体现在它接通了科学的世界观，即辩证唯物主义和历史唯物主义。共产党人的理论原理"不过是现存的阶级斗争，我们眼前的历史运动的真实关系的一般表现"[14]。所以，立足中国大地的现实物质运动和阶级关系，新型政党的主义确定与纲领选择就要反映中国所处的民族民主革命的新的发展阶段,进而反映中华民族整体的最高利益,即通过新民主主义革命谋国族之解放、求民众之幸福。也正是在这个意义上,毛泽东指出:"我们的党从它一开始,就是一个以马克思列宁主义的理论为基础的党,这是因为这个主义是全世界无产阶级的最正确最革命的科学思想的结晶。马克思列宁主义的普遍真理一经和中国革命的具体实践相结合,就使中国革命的面目为之一新,产生了新民主主义的整个历史阶段。"[15]

(二)统一战线

在半封建半殖民地的中国,主权的独立、人民的解放必须要在能凝聚全民族力量的中国共产党的领导下,通过民族民主革命才能达到。要保证革命成功,就必须整合、动员全社会的资源与力量。对中国来说,就是要把一盘散沙的社会组织起来。梁启超在1921年的《政治运动之意义及价值》中指出:"欲共和基础巩固,欲国民事业发展,总以养成国民协同之习惯为第一要义,""大规模的协同动作,实以政治运动为最。"[16]梁启超在这里也提出了组织中国社会的命题。对于中国共产党而言,需要完成双重组织的任务。一方面组织自身,作为革命的领导者、引领者,就要拒绝毛泽东所说的"关门主义",提升党在全社会的吸纳能力,将认同党的纲领的先进分子吸纳进党组织,使党组织网络能延伸至整个中国社会,从而为党组织在全国影响力的扩散提供组织基础和人力资源供给。另一方面,党组织要以自身为原点组织社会,即根据中国在不同历史阶段所面临的任务和矛盾,将社会中其他可以团结的阶级、阶层、团体等方面的力量聚合起来,汇成革命斗争的洪流,这就是党团结、整合社会的统一战线的行动方略。从规范层面上说,党组织社会有两种路径,一是党依靠自身的组织和党员个体的力量直接深入社会,宣传党的主张,动员和组织民众围绕着革命的目标形成革命的集体行动;二是党组织依靠其他组织化的力量,如其他党派、阶级、阶层和团体等,去影响、动员和组织它们所联系的群众的力量,形成革命行动的各组织主体间的大联合。在某种意义上,统一战线建立、行动的过程就是扩大革命朋友圈、减少革命征程上的组织化阻力的过程。毛泽东在《中国社会各阶级的分析》中指出:"谁是我们的敌人?谁是我们的朋友?这个问题是革命的首要问题。中国过去一切革命斗争成效甚少,其基本原因就是不能团结真

政治逻辑

正的朋友，以攻击真正的敌人。"[17]但是，扩大朋友圈、建立统一战线的过程并不是自动形成的，这离不开党自身的有效行动，这种行动的有效性来源于党对中国社会利益矛盾、阶级关系的正确分析，据此提出的合作项目、合作路线才能得到革命同盟者的认同支持与积极响应。在《〈共产党人〉发刊词》一文中，毛泽东归纳了从党成立到1939年统一战线建立过程中的六条基本规律，指出了既要反对忽视同资产阶级建立统一战线的"左"倾关门主义，又要反对忽略资产阶级可能叛变革命的右倾机会主义[18]，并且指出"中国共产党的政治路线的重要一部分，就是同资产阶级联合又同它斗争的政治路线。中国共产党的党的建设的重要一部分，就是在同资产阶级联合又同它斗争的中间发展起来和锻炼出来的"[19]。毛泽东在这里直接指出了统一战线的形成过程，就是党的建设、党自身的锻造过程。可以说，统一战线的形成、更新与运作，取决于共产党对中国社会性质、社会问题的科学把握，取决于共产党科学化纲领的提出与有效推行，在此过程中，新型政党也不断得到锻造，其制度化水平也越来越高。

（三）武装斗争

马克思恩格斯在《共产党宣言》中指出："无产阶级，现今社会的最下层，如果不炸毁构成官方社会的整个上层，就不能抬起头来，挺起胸来。"[20]没有阶级斗争，在现实的利益面前，剥削阶级不可能退出历史舞台，广大的贫苦民众不可能凝聚成一个独立的阶级，进而进行维护和增进民众福祉的有效的集体行动。对中国共产党为何要通过武装斗争的方式去争得民主，毛泽东有着精彩的论述："中国的特点是：不是一个独立的民主的国家，而是一个半殖民地的半封建的国家；在内部没有民主制度，而受封建制度压迫；在外部没有民族独立，而受帝国主义压迫。因此，无议会可以利用，无组织工人举行罢工的合法权利。在这里，共产党的任务，基本地不是经过长期合法斗争以进入起义和战争，也不是先占城市后取乡村，而是走相反的道路。"[21]从这里可以看出，在无产阶级与统治阶级的利益存在着根本冲突的前提下，面对着武装起来的国内外敌人，广大民众是不可能通过体制内的合法抗争来争得权益，只有通过武装斗争，以"武装的革命反对武装的反革命"，"革命战争'是中国革命的特点之一，也是中国革命的优点之一'，这一论断，完全适合于中国的情况"。[22] 由于"战争是政治的继续",在战争中需要进行资源调配、社会动员和价值凝聚,这在某种程度上是政治关系、社会关系,甚至是价值体系的重构过程,因而这也是一个政治动员的过程。在革命战争年代,面对着强大的反革命力量,共产党在领导武装斗争的过程中,要赢得革命的胜利,必须提高党组织的动员能力,必须从社会中吸纳革命力量和赢得同盟者的支持,必须对革命战士进行思想引领和革命化的改造,等等,所有这些党提升自身组织力的过程,实际上也是党进一步布尔什维克的过程,因而是新型政党的锻造过程。对此,毛泽东在《〈共产党人〉发刊词》一文中,直接指出了武装斗争之于党自身发展的重大意义:"十八年来,我们党的发展、巩固和布尔什维克化,是在革命战争中进行的,没有武装斗争,就不会有今天的共产党。"[23] 在执政的和平年代,尽管没有疾风暴雨、残酷激烈的武装斗争,但在实现国家现代化的征程中,还面临着许多艰难险阻,还需要跋山涉水,因而革命战争年代所铸就的斗争精神、斗争品格仍需要继承和发扬。习近平指出:"我们党诞生于国家内忧外患、民族危难之时,一出生就铭刻着斗争的烙印,一路走来就是在斗争中求得生存、获得发展、赢得胜利。越是接近民族复兴越不会一帆风顺,越充满风险挑战乃至惊涛骇浪。不忘初心、牢记使命,必须安不忘危、存不忘亡、乐不忘忧,时刻保持警醒,不断振奋精神,勇于进行具有许多新的历史特点的伟大斗争。"并且,他还指出了斗争的初衷,即"我们讲的斗争,不是为了斗争而斗争,也不是为了一己私利而斗争,而是为了实现人民对美好生活的向往、实现中华民族伟大复兴知重负重、苦干实干、攻坚克难"[24]。

（四）党的建设

在中国现代化征程中,共产党在领导人民获得新民主主义革命和社会主义革命胜利的过程中,在构建现代国家、驱动经济社会发展的过程中,也实现了对自身的革命化锻造,党的自组织能力及其马克思主义中国化水平得到不断跃升。在某种意义上,前述的三个方面都同党的建设密切关联:马列主义作为一种先进理论,是党对外吸纳社会先进分子、对内推行组织内价值整合的思想武器;同时,在统一战线的构建过程中、在武装斗争展开的过程中,是党不断成长、壮大的过程,如上所述,也是新型政党的锻造过程,均同党的建设直接相关。毛泽东直接将党的建设与统一战线、武装斗争联系起来:"我们今天要怎样建设我们的党⋯⋯这个问题,考察一下我们党的历史,就会懂得;把党的建设问题同统一战线问题、同武装斗争问题联系起来看一下。"[25]从规范层面说,党的建设问题包括两个层面的问题,一是党的组织网络在中国社会的延伸、覆盖的问题,也即毛泽东所说的要将党建成"全国范围内的、广大群众性的"政党,另一个方面就是对党组织中的部分成员进行价值灌输与思想改造的问题。

党的建设的一个重要维度就是将党建成一个能影响全国的"广大群众性"的政党。党作为无产阶级先锋队,在革命战争年代的大多数时间里,是作为体制外的革命领导力量而与当时的政权相对峙的。在那种白色恐怖的岁月,党组织这一"星星之火"要在全国形成"燎原之势",这就要求党组织及其行动者要将马克思主义的"人民本位"思想同中国的实际相结合,同广大民众的实际需求相贯通,以满足他们的利益诉求。"一切群众的实际生活问题,都是我们应当注意的问题。假如我们对这些问题注意了,解决了,满足了群众的需要,我们就真正成了群众生活的组织者,群众就会真正围绕在我们的周围,热烈地拥护我们。"[26]在解放战争即将胜利之时,党的工作重心由乡村转移到城市,在即将到来的城市斗争中,毛泽东提出了城市生产建设的重要性,如果我们不能"首先使工人生活有所改善,并使一般人民的生活有所改善,那我们就不能维持政权,我们就会站不住脚,我们就要失败"[27]。这同样是要解决民众最关心的利益问题。党在不同活动场域,通过维护和增进民众的利益诉求不仅解决了党权威的树立问题,也厚植了党领导中国革命的社会根基。

对党员进行教育和思想改造,就是用共产主义信仰、无产阶级思想来激发党员、红军战士为广大中国人民谋幸福奋斗的内在动力,从而超越狭隘的个人利益、团体利益和阶级利益。之所以要对党员进行思想上的引领与改造,这与党内的阶级构成有关,即党内有不少人是来自非无产阶级,其思想难免会受到资产阶级、小资产阶级和小农思想的影响,"中国共产党是无产阶级的政党。无产阶级里头出了那样一部分比较先进的人,组织成一个政治性质的团体,叫共产党。共产党里当然还有别的成分,有别的阶级如农民、小资产阶级出身的人,有别的阶级出身的知识分子。但出身是一回事,进党又是一回事,出身是非无产阶级,进党后是无产阶级,他的思想、他的行为要变成无产阶级的"[28]。将其思想变为无产阶级的,就是毛泽东所说的给他们"以无产阶级的思想领导"[29]。通过党内组织生活、组织建设,将马克思主义的思想元素注入党组织成员头脑中,抑制或消除了党内的非无产阶级思想,也在党内完成了以马克思主义思想为统领的思想动员与价值整合,从而为后面有效的革命的集体行动奠定了思想基础。

第二节 新型政党及其制度体系的特征

新型政党一经形成,尽管在领导活动中其战略、策略、具体的行为方式等会随着环境的变换而发生变化,但其基本特质并不会随着时代、环境的变迁而发生变化。同时,新型政党与新型政党制度是有区别的,后者是在相对稳定的制度环境下所形成的一种制度关系。在革命战争年代,尽管新型政党在根据地、解放区,甚至在敌占区、白区等场域中有着有效领导的经验,但其与其他民主党派关系的制度化程度还有待进一步提升,在全国性政权还未夺取的情况下,很难形成全国性的影响力。在实践中,新型政党制度是新型政党与各民主党派、无党派人士等在协商建国过程中形成的,具体而言是在新政协召开过程中形成的。同新型政党一样,其制度化关系也具有某种恒定性,它们不会随着时代的演进而发生改变。新型政党及其制度体系所蕴含的这些恒定的东西就是其标示自身的特征要素,这些也是新型政党、新型政党制度区别于其他政党、政党制度的重要方面。

一、新型政党的特征

诞生于 20 世纪 20 年代的中国共产党,在百年的风雨历程中,推动了国家从文化国家、民族国家再到现代国家的转换,使中国实现从站起来、富起来再到强起来的跃升。同国家、社会的变迁与发展相一致,中国共产党也实现了自身从小到大、从弱到强的发展,这种发展不仅体现在规模上,从当时仅仅是 50 多名成员的小团体一直到成为今天有 9 500 多万名党员的大党,也体现在为了适应不断变化的社会实际而做的政策调整上。尽管如此,但中国共产党之所以为中国共产党,一定有着其百年不变的基因,它们是静态政党组织结构或组织网络后面的深层因素,这些既是新型政党与其他类型政党类型相区分的标尺,也是其具有强大的自组织能力和权威性影响力的原点。这些伴随着政党百年变迁的不变的基因就是新型政党的特质。

（一）人民本位

新型政党一经成立,就将自己的奋斗目标同国家与民族大义、人民的利益密切相连。毛泽东在1949年的一次讲话中谈道:"二十二年前我们什么也没有,二十八年前甚至连共产党也没有。为什么过去没有的东西今天会有呢？就是因为人民需要。从前我当小学教员时,只是靠教书吃饭,没有想到要搞共产党,共产党是后来因为人民需要才成立的。"[30] 在党的第二次全国代表大会宣言中提到:"中国共产党为工人和贫农的目前利益计,引导工人们帮助民主主义的革命运动,使工人与贫农与小资产阶级建立民主主义的联合战线。中国共产党为工人和贫农的利益在这个联合战线里奋斗的目标是……上面的七条,是对于工人、农民和小资产阶级都有利益的,是解放他们脱出现下压迫的必要条件。我们一定要为解放我们自己共同来奋斗！"[31] 这种以人民为中心的发展思想在理念上可归于人民本位,其对国家和政党的生成、建构、发展具有基础性意义。这种基础性意义主要体现在其对新型政党自身发展与壮大的重要作用,它既是吸纳组织成员、获得社会资源支持的价值因子,也是新型政党组织能力、整合能力建构的价值因子。

新型政党的这种人民本位的特质接通了马克思关于民主制的思想。马克思在《黑格尔法哲学批判》中指出,"在民主制中,国家制度本身只表现为一种规定,即人民的自我规定";国家制度"不仅就其本质来说,而且就其存在、就其现实性来说,也在不断地被引回到自己的现实的基础、现实的人、现实的人民,并被设定为人民自己的作品。国家制度在这里表现出它的本来面目,即人的自由产物"。[32] 按照马克思的观点,国家及其制度是"人民自己的作品",一方面被人民所塑造,另一方面当国家获得自主性后一定要反映人民的现实诉求,且唯其如此,国家政权的根基才能稳固。对政党而言,人民显然是立党之基、力量之源。中国共产党百年来的风雨历程无可辩驳地证实了这一点。人民,作为人的集合性存在,其存在的组织形式就是社会。因此，无论是国家政权还是执政党，贯彻以人民为中心的发展思想就是要有效回应社会这个集体的变动的、多元的利益诉求。

无论时代的风云如何变幻，以民为本的价值融进党在不同时期的纲领、路线、方针和政策之中，跨越革命、建设、改革的广阔时空，直抵新时代的现实年代。对以人民利益为依归的新型政党而言，无论是自身组织体系的实际运作，还是对国家政权、社会的引领，都要考虑民众的需求，注意收集、整合和反映民意，将以人民为中心的发展思想贯注到领导（包括革命年代）、执政和行政等一切集体行动与公共权力运作的领域中。习近平指出："全心全意为人民服务，是我们党一切行动的根本出发点和落脚点，是我们党区别于其他一切政党的根本标志。党的一切工作，必须以最广大人民根本利益为最高标准。检验我们一切工作的成效，最终都要看人民是否真正得到了实惠，人民生活是否真正得到了改善，人民权益是否真正得到了保障。"[33]"江山就是人民、人民就是江山，打江山、守江山，守的是人民的心。中国共产党根基在人民、血脉在人民、力量在人民。"[34]新型政党的这种人民本位的特质既区别于民国时期产生的旧有政党，更区别于现时代的西方国家其他政党。对此，毛泽东有着明确的揭示："国事是国家的公事，并非一党一派的私事。共产党的惟一任务，就在团结全体人民，奋不顾身地向前战斗，推翻民族敌人，为民族与人民谋利益，绝无任何私利可言。"[35]"一党一派"的私利与人民本位之间的分野，这构成了西方国家的其他政党与中国共产党之间最本质的不同。在这里，新型政党对"一党一派"的私利型政党的超越性体现在两个方面：一是其当下的路线方针与政策举措接通了当时社会的最大公约数，这体现了它强大的社会利益表达、利益综合能力；二是，新型政党在当下的行动接通了社会的演进方向，共产党人在未来理想社会的感召下，实现了对现实社会既适应又批判的改造，体现了新型政党的强大的适应能力、自我修复能力和社会的引领能力。无论是社会的最大公约数还是未来社会的美好设想，都体现了中国新型政党的这种超越性。实际上，马克思恩格斯在《共产党宣言》中直接指出了这种"超越性"："共产党人为工人阶级的最近的目的和利益而斗争，但是他们在当前的运动中同时代表运动的未来。"[36]如果说新型政党有功利方面的诉求，那也是毛泽东所说的"无产阶级的革命的功利主义者"[37]，这样的功

政治逻辑

利主义者,更直接体现了对私利的超越。

（二）组织网络

中国这个有着沉重历史负荷和超大治理空间的巨轮,在现代化征程中,尽管也历经过曲折,甚至是某时段、时点上的挫败,但从总的方面来看,这艘航船既能行稳,更能致远。之所以能如此,就是因为中国的革命、建设和改革有了新型政党——中国共产党的领导。从毛泽东到邓小平、江泽民、胡锦涛,再到习近平都论述过党的领导对中国现代化进程的不可替代的作用。"自从有了中国共产党,中国革命的面貌就焕然一新了。"[38]"离开了中国共产党的领导,谁来组织社会主义的经济、政治、军事和文化? 谁来组织中国的四个现代化?"[39]"中国共产党的领导是中国特色社会主义最本质的特征。没有共产党就没有新中国,就没有新中国的繁荣富强。坚持中国共产党这一坚强领导核心,是中华民族的命运所系。"[40]而新型政党之所以能起到如此大的作用,一个非常重要的原因就是它拥有延伸并扎根到中国基层的社会的组织网络。这种组织网络是政党嵌入中国社会的组织依托和影响力发挥的载体,是其发挥权威影响力的基础性平台。"我们党是按照马克思主义建党原则建立起来的,形成了包括党的中央组织、地方组织、基层组织在内的严密组织体系。这是世界上任何其他政党都不具备的强大优势。"[41]现今,这种覆盖到社会每一个角落且上下贯通、左右相联的网络状的组织结构是政党具有强大能力的表现。尽管在革命战争年代,这种组织网络无论是覆盖的范围还是其成员的数量,都不能与现时代同日而语,但那时的做法与经验却构成了日后新型政党组织力提升的路径依赖。

从规范层面来讲,新型政党作为主体在引领、整合和动员社会或政权系统这个客体时,一是靠党员个体深入客体中去,将政党的价值理念与方针政策贯注其中,使其朝着新型政党所希冀的方向或目标行进。毛泽东在《关于纠正党内的错误思想》一文中批判了红军中的"单纯军事观点",认为"红军决不是单纯地打仗的,它除了打仗消灭敌人军事力量之外,还要负担宣传群众、组织群众、武装群众、帮助群众建立革命政权以至于建立共产党的组织等项重大的任务"[42]。这就说明,在土地革命时期,红军战士承担了打仗和宣传动员这双重任务,红军不仅是战斗队,而且也是宣传队,后者是靠接受了新型政党知识信息的战士个体将党的政治信息社会化,引起更多的社会民众认同与追随,并在此过程中实现党组织、红军队伍的发展壮大。"现时革命高潮之中,我们党的职任是吸收工人及革命的智识分子的群众,巩固并且发展我们党的势力于全国工人阶级之中,开始在乡村农民中工作,建筑党在农民群众的基础。必须我们的党变成真正群众政党的组织,才能巩固我们对于工人阶级斗争的指导地位,对于这民族革命的领袖的指导地位。要实行这种重大的职任,我们的党应当作群众中的鼓动和宣传。每一个党员不论他在什么地方,都应当宣传我们党的主义及口号。"[43]二是靠党组织在社会中建立党的延伸机构或分支机构,依靠体系化的组织力量来宣传党的政策主张,以此将所嵌入的基层社会组织起来,形成推动不同时期革命、建设与改革的磅礴力量。在革命战争年代,为了保证红军的战斗力,将党的支部建在连上,毛泽东认为"红军所以艰难奋战而不溃散,'支部建在连上'是一个重要原因"[44]。将党的分支机构嵌入一个异质性组织,这是保证该组织的政治发展方向并促进其核心功能履行的重要组织保障。诞生于革命战争年代的这一有效做法直接延续至今。"基础不牢,地动山摇",从江泽民、胡锦涛一直到习近平都强调加强党基层组织建设的重要性,针对基层有些地方党组织建设中存在的虚化、弱化甚至边缘化等问题,江泽民提出"要坚持围绕中心、服务大局,拓宽领域、强化功能,扩大党的工作的覆盖面,不断提高党的基层组织的凝聚力和战斗力"[45]。习近平提出要"以提升组织力为重点,突出政治功能,把基层党组织建设成为宣传党的主张、贯彻党的决定、领导基层治理、团结动员群众、推动改革发展的坚强战斗堡垒"[46]。

实际上,无论是发挥党员个体作用,还是建构嵌入社会的党组织网络,它们构成作为革命、治理主体的新型政党嵌入中国社会的两种方式,即人事嵌入与组织嵌入,两者之间相互配合、彼此支持:党组织是党员个体的聚合,是个体力量的"倍增器";党员是党组织战略的具体执行者,是党组织的"手脚"。通过这两种彼此相依的嵌入方式,将新型政党的价值理念、政治要求等注入被嵌入的组织机构,党组织网络越健全、覆盖面越广,党组织对社会影响力也就越大,从而新型政党领导、执政的社会基础也就更加牢固。

政治逻辑

（三）有效领导

江泽民指出："我们党已经从一个领导人民为夺取全国政权而奋斗的党，成为一个领导人民掌握着全国政权并长期执政的党；已经从一个在受到外部封锁的状态下领导国家建设的党，成为在全面改革开放条件下领导国家建设的党。"[47]这两句话实际上指出了在新的时代背景下新型政党的"变"与"不变"：所谓"变"，就是"两个转变"，即从"夺取政权"到"掌握政权"、国家建设处在从"外部封锁状态"到"全面改革开放"条件下；所谓"不变"，是指无论时代的风云如何变幻，"领导"都是新型政党处理与国家关系的不变的"底色"。无论是革命战争年代，还是在社会主义建设、改革时期，党领导的有效性都显现无遗。在中国共产党成立100周年的讲话中，习近平总书记将党领导的百年辉煌业绩首次概括为四个方面的"伟大成就"，即新民主主义革命的伟大成就、社会主义革命和建设的伟大成就、改革开放和社会主义现代化建设的伟大成就，以及新时代中国特色社会主义的伟大成就。[48]在党的十九届六中全会所通过的决议中，除了重申这四个"伟大成就"外，还提出了与之相对应的实践层面上的四次"伟大飞跃"，即"实现了中国从几千年封建专制政治向人民民主的伟大飞跃"（新民主主义革命时期）、"实现了一穷二白、人口众多的东方大国大步迈进社会主义社会的伟大飞跃"（社会主义革命和建设时期）、"推进了中华民族从站起来到富起来的伟大飞跃"（改革开放和社会主义现代化建设新时期）、"中华民族迎来了从站起来、富起来到强起来的伟大飞跃"（中国特色社会主义新时代）。[49]这四个方面的伟大成就都是在党的领导之下进行的，其有效性不仅来自主权的独立、经济的发展、政治的进步、社会的和谐以及民生的改善，等等，也包括"中国人民就从精神上由被动转为主动"[50]，由绩效上的渐进增长带来了制度、文化上的自信。总之，新型政党的百年发展历程实际上也是其对中国革命、建设和改革的有效领导过程，有效领导也就构成了其区分于其他类型政党的主要特质之一。

从规范层面上进行分析，"领导"，单纯从词义上看，就是"带领、引导"的意思。任何社会的发展，都离不开一定规模的群体或集体活动，只有形成集体或群体的合力，才能成为影响或推动社会发展的重要力量。但是集体行动何以形成？这就离不开群众中的少数先进分子的"带领""引导"，特别是"带领"，它意味着带领者也是某种集体行动中的"一分子",而之所以能"引导",就是因为其行动能得到一定群体或共同体的认同与支持,反映了公共理性或社会的最大公约数。毛泽东在谈何谓领导时指出:"只有当着还没有出现大量的明显的东西的时候,当桅杆顶刚刚露出的时候,就能看出这是要发展成为大量的普遍的东西,并能掌握住它,这才叫领导。"[51]这里所说的"大量的普遍的东西",就是公共理性、社会最大公约数的显现,也是领导活动应把握的精髓。从政党的构成要素、目标宗旨和功能作用等方面来看,它是形成集体行动的重要推动力量,是社会的整合器。但是能否担当领导重任,能否成为领导党,这与政党的性质有关。如前所述,如果政党反映的是"一党一派"之私利,党员就不可能是社会中广大民众中的一分子,更不能提炼出反映社会公共利益的纲领、路线或方针、政策,因而是不可能担当"领导"重任的。只有在"当前的运动中同时代表运动的未来"[52]的无产阶级政党,才能担当起"领导党"的角色与重任。对中国的新型政党来说,党的领导包括党的领导主体,是指中国共产党这一组织实体,而不是某一个党员个体;领导的客体,包括国家的政治、经济、社会和文化等方面;党的领导方式,指党对国家和社会不同领域进行领导的具体方式。党的领导,就其动态而言是一种"活动",是对人民加以引导、组织和带领的示范性活动。毛泽东指出:"所谓领导权,不是要一天到晚当作口号去高喊,也不是盛气凌人地要人家服从我们,而是以党的正确政策和自己的模范工作,说服和教育党外人士,使他们愿意接受我们的建议。"[53]就其静态而言,领导是一种"关系"状态,是党通过自身的有效活动,使自己相对于人民群众和其追随者而言处于一种领先、先行的地位;从党领导的目的而言,是为了实现人民的根本利益。

将党的领导建立在民众的支持和认同的基础上,是政党本质属性的具体体现,也是政党能发挥影响力的重要条件,在这一点上,中西方政党概莫能外。在西方国家,政党的认同和支持主要体现在竞选过程中的得票率上;在中国,除了全民族的共同利益外,共产党没有一党一派的私利。在革命战争年代,党在当时的政权体系中没有合法的地位,因而不可能靠外在的强制力来实现党的领导,党靠自身理论的先进性、严密的组织性和政策的有效性等方面赢得了民众的认同。[54]列宁认为,在无产阶级取得政权后,"党是无产阶级的直接执政的先锋队,是领导者"[55]。共产党

政治逻辑

在建立了新中国，成为执政党以后，党的领导作用仍然不能被削弱，党合法性的获得仍然离不开党组织和党员个体的先锋模范作用，以及对中国的政治、经济、社会和文化等方面的引领作用。但党在价值理念、组织基础和执政方式等方面都应该进行调整，以适应变动的社会环境，从而更好地实现党的领导。

从上面对党领导的解析可以看出，党领导地位的树立并不是来自自身的宣告，或是完全借助国家权力的力量来实现的，而是靠自身活动的有效性和合法性来实现的。没有民众对执政党纲领、路线、方针和政策等方面的认同和支持，没有执政党活动的有效性，党的领导地位不可能得以树立和保持。所以，党领导地位的树立，决定于民众的发自内心的认同，是民众的认同而不是党的自身的活动决定了党的领导地位，因为党自身的活动最终也需要民众的评判。也就是说，党领导地位的真正树立不是先定的和一劳永逸的，因而，不能将党在一定时期的领导方式固化，将党在某一环境、领域和历史时期的领导模式不加分析地直接运用，也不能认为党在一定时期的领导地位会自动得到延续，因为民众的认同基础会发生变动，合法性资源也是流动的。习近平总书记指出："党的先进性和党的执政地位都不是一劳永逸、一成不变的，过去先进不等于现在先进，现在先进不等于永远先进；过去拥有不等于现在拥有，现在拥有不等于永远拥有。这是用辩证唯物主义和历史唯物主义观察问题得出的结论。"[56]总之，民众的支持和认同决定了党的领导地位能否得到树立，因而，无论是在革命战争年代，还是在社会主义革命、建设和改革时期，传承"以民为本"的价值基因，并将其与党的群众路线结合起来，这是新型政党有效领导彰显的经验总结，也是其走向未来要时常警醒的重要议题之一。[57]

（四）民主集中

对于新型政党而言，为实现其宗旨、提升权威性影响力，必须加强自身的组织能力建设；其为民服务的价值理念、健全的组织网络、科学化的规章制度和有效的领导构成了其组织力提升的四个着力点。如果说为民服务的价值理念是理念层面，组织网络和规章制度就属于结构层面，那么有效的领导就可归为行动层面，它们共同构成了新型政党的特质结构。在理性的组织理论那里，科学化的规章制度能够过滤掉组织成员那些与组织目标实现无关的个性，而保留或激励那些与组织目标达成相关的要素,从而有助于组织场域内集体行动的达成。对新型政党而言,这个制度就是民主集中制。之所以将民主集中制也列为新型政党的主要特质之一,一个非常重要的原因是此制度的生成与马克思主义政党的性质紧密相连;同时,与民主集中制相连的相关制度安排,如党内相关层面的会议制度、选举制度、领导决策制度等保证了新型政党严密的组织纪律性和较强的执行力,后者也承继了马克思主义政党这方面的制度遗产。共产党人所从事的事业是接通广大人民群众乃至全人类解放的事业,因而一方面必须发扬民主,激发广大人民群众参与的积极性,另一方面,要有严明的组织纪律,以保证新型政党强大的组织力和战斗力。对于积极性的发挥,毛泽东在《中国共产党在民族战争中的地位》一文中指出:"处在伟大斗争面前的中国共产党,要求整个党的领导机关,全党的党员和干部,高度地发挥其积极性,才能取得胜利。所谓发挥积极性,必须具体地表现在领导机关、干部和党员的创造能力,负责精神,工作的活跃,敢于和善于提出问题、发表意见、批评缺点……而这些积极性的发挥,有赖于党内生活的民主化。"[58]同时,在该文中,毛泽东针对张国焘严重破坏党的组织纪律的行为,重申了党的纪律:"(一)个人服从组织;(二)少数服从多数;(三)下级服从上级;(四)全党服从中央。谁破坏了这些纪律,谁就破坏了党的统一……除了上述最重要的纪律外,还须制定一种较详细的党内法规,以统一各级领导机关的行动。"[59]

马克思主义经典作家非常强调组织纪律、制度规范对政党发展、政党战斗力建设的重要作用。1859 年 5 月 18 日,马克思在致恩格斯的信中明确指出:"我们现在必须绝对保持党的纪律,否则将一事无成。"[60]恩格斯也认为,在无产阶级革命斗争中,"胜利的首要条件是严格遵守法律,而一切革命的高调和喧嚷都不可避免地会导致失败。这种纪律是一个有成效的和坚强的组织的首要条件,是资产阶级最害怕的"[61]。列宁在论述布尔什维克成功的基本条件时指出:"如果我们党没有极严格的真正铁的纪律,如果我们党没有得到整个工人阶级全心全意的拥护,……那么布尔什维克别说把政权保持两年半,就是两个半月也保持不住。""无产阶级实现无条件集中和极严格的纪律,是战胜资产阶级的基本条件之一。"[62]强调党的组织纪律,这是马克思主义政党同西方松散的选举意义的政党相比又一重大的差异,而之所以如此,这是由马克思主义政党的本质属性所决定的。无论是在以推翻政权为主要任务的革命年代,还是在执掌国家政权的建设时期,新型政党都是以维护最大多数人的利益为最终目标,而要完成这一任务,就离不开对自身以及社会的高度动员与组织,要求把党组织建成坚强的"战斗堡垒"。而在提升自身的战斗力、组织力的过程中,就需要严格的组织纪律:一方面通过思想建设、组织建设等纯洁党员队伍,来激发党组织成员为理想、目标奋斗的内在动力,另一方面需要通过制度规范,理顺组织间关系、规范党员行为以形成有利于党组织目标实现的有效的集体行动,从而提升党组织的执行力。对此,列宁有着明确的论述:"我们已经不止一次从原则上明确地谈了我们对工人政党的纪律的意义和纪律的概念的看法。行动一致,讨论和批评自由——这就是我们明确的看法。只有这样的纪律才是先进阶级民主主义政党所应有的纪律。"[63] 在这段论述中,"讨论和批评自由",这实际上就是指"民主",而"行动一致",也蕴含在"集中"之中。列宁实际上已经指出了马克思主义政党所需要的纪律就是民主集中制。

无论是在革命时期,还是在建设改革年代,新型政党要完成其历史使命必然要完成两种"组织化":一是对自身的组织,即将自身锻造成一个充满活力、运转协调和行动高效的组织体系;二是对领导、执政客体,即国家与社会的组织,即新型政党从其作用的客体那里吸纳革命、建设和改革等方面的资源、智慧和经验,且将分散的原子化力量给整合起来,从而形成推进革命运动、国家建设和民族复兴的有效集体行动。对前者而言,民主集中制就是党的根本组织制度,如江泽民指出:"民主集中制,是党的根本组织原则,是党内生活必须遵循的基本准则,是实现决策科学化、民主化必不可少的制度保证。这种高度民主和高度集中辩证统一的制度,是辩证唯物主义和历史唯物主义在党的组织建设和制度建设上的体现,也是我们党的群众路线在组织制度建设上的创造性运用。"[64] 对后者而言,民主集中制就成了国家组织活动的原则,如习近平指出:"民主集中制是我国国家组织形式和活动方式的基本原则,是我国国家制度的突出特点。在党的领导下,各国家机关是一个统一整体,既合理分工,又密切协作,既充分发扬民主,又有效进行集中,克服了议而不决、决而不行、行而不实等不良现象,避免了相互掣肘、效率低下的弊端。"[65] 毛泽东在

《论联合政府》中指出："新民主主义的政权组织,应该采取民主集中制,由各级人民代表大会决定大政方针,选举政府。它是民主的,又是集中的,就是说,在民主基础上的集中,在集中指导下的民主。"[66] 总之,民主集中制在新型政党、国家和社会场域中的运用,既是政党作为"整合器"整合自身(内整合)和整合国家、社会(外整合)最主要的制度工具,也是党内民主和群众路线在党内外实施的制度保障。新型政党在带领民众追求美好生活的过程中,必须要调动国家、社会各方面的积极性,而民主集中制度比较好地勾连了新型政党、国家与社会,因而它是新型政党实现其价值使命的不二选择。

二、新型政党制度的形成及其优势

从理论上说,新型政党并不等于新型政党制度,后者还包括新型政党与其他民主党派、人民团体和无党派人士等的关系,新型政党与它们在追求民族独立、人民民主和国家建设过程中所形成的制度关系就构成了新型政党制度的重要内容。统一战线政策是中国革命胜利的三大法宝之一,其形成主要是要解决以新型政党为核心的各政党、革命团体之间的联合问题,通过提升革命行动的组织化效能来促成规模庞大的革命性集体行动,为革命的最终胜利奠定组织化基础。在某种意义上,新型政党制度是新型政党的统一战线政策的制度性成果。毛泽东在强调统一战线政策之于革命意义的同时,更指出了新型政党与其他党派、团体合作的重要性,"没有非党干部参加政府就会出毛病。共产党要永远与非党人士合作,这样就不容易做坏事和发生官僚主义……没有统一战线,革命不能胜利,胜利了也不能巩固。"[67] 1949 年 9 月召开的新政协会议,有 11 个民主党派和中国共产党一起参加,并围绕着建国问题展开了亲密合作,充分体现了共产党领导的多党合作精神。[68] 在经会议选举产生的 7 名中央人民政府主席和副主席中,有 3 人属于民主党派;在中央人民政府 56 名委员中,有民主党派 20 人。民主党派人士通过人员嵌入的方式进入国家政权体系中,同执政的中国共产党一起参与国家政权治理和国家建设。在某种意义上,新政协会议的召开昭示着中国新型政党制度的正式形成,这也是新型政党制度在中国政治舞台上首次正式而全面的运作。

改革开放以来，中国政党制度的政治地位有两次跃升：一是1993年的宪法修正案将"中国共产党领导的多党合作和政治协商制度将长期存在和发展"庄严载入宪法；二是2018年全国"两会"期间，习近平将中国共产党领导的多党合作和政治协商制度正式概括为"新型政党制度"，"中国共产党领导的多党合作和政治协商制度作为我国一项基本政治制度，是中国共产党、中国人民和各民主党派、无党派人士的伟大政治创造，是从中国土壤中生长出来的新型政党制度"[69]，并深刻阐述了其鲜明特色与优势。关于新型政党制度"新"在哪里，习近平指出："说它是新型政党制度，新就新在它是马克思主义政党理论同中国实际相结合的产物，能够真实、广泛、持久代表和实现最广大人民根本利益、全国各族各界根本利益，有效避免了旧式政党制度代表少数人、少数利益集团的弊端；新就新在它把各个政党和无党派人士紧密团结起来、为着共同目标而奋斗，有效避免了一党缺乏监督或者多党轮流坐庄、恶性竞争的弊端；新就新在它通过制度化、程序化、规范化的安排集中各种意见和建议、推动决策科学化民主化，有效避免了旧式政党制度囿于党派利益、阶级利益、区域和集团利益决策施政导致社会撕裂的弊端。它不仅符合当代中国实际，而且符合中华民族一贯倡导的天下为公、兼容并蓄、求同存异等优秀传统文化，是对人类政治文明的重大贡献。"[70]在这里，习近平实际上指出了中国新型政党制度所具有的代表性、动员性、整合性和包容性的特色，相较于国外其他政党制度，这些也是明显的优势。

（一）真实的代表性

中国的新型政党制度一方面强调中国共产党的领导，保证了对最广大人民的根本利益的代表，另一方面各民主党派作为中国特色的参政党，代表了各自所联系的部分人民群众的利益。同时，通过人大的选区制与政协的界别制相互配合，保证了各民族、各阶层、各群体、各界人士都有政治上的代表，通过民主与协商的方式参与政治生活。这种精巧的制度安排保证了新型政党制度具有广泛、真实的代表性。在现代国家中，人民是国家的主人，由人民所组成的社会是政党、政府汲取力量与资源的场域与空间，是其合法性持续增进的重要来源，同时，政党或政府也引领和规范了社会的发展与进步。

执政的中国共产党在领导人民政协工作中，始终以人民利益为依归，站位人民立场，是中国人民、中华民族利益的最忠实的代表者。同时，作为专门协商平台与载体的人民政协，各民主党派、人民团体和无党派人士等履行宪法、政协章程等赋予的职责使命，收集、整合来自他们所联系的人民群众的真实利益诉求，向执政党和公共权力机构输送反映经济社会发展问题的各种提案、建议。另外，从八届全国政协开始，政协的界别由以前的 29 个增加到 34 个，包括党派、团体、各族各界、特邀人士四大方面，安排了经济、科技等领域的专家学者和有突出贡献者，增加了一线工人、农民数量，安排了基础教育、职业教育工作者和基层医护人员、公共卫生和疾控工作等方面的基层一线代表；吸收了一大批各行各业涌现出来的新的代表人物和相对年轻的优秀人才。这样，人民政协的代表性就更强，在政协平台上反映的利益诉求也更加多元、立体和真实。

（二）有效的动员性

在革命、建设和改革年代，人民政协的有效动员是完成新民主主义革命、社会主义革命和推进社会主义现代化建设的重要保证，是我们从一个胜利走向另一个胜利的法宝。这种动员有效性的机理有三：思想引领，通过会议、学习、宣传等方式内化某种价值理念或目标导向；物质激励，将现实的行动与未来的物质收益关联起来，通过绩效形成强大的内聚力与内驱力；组织构建，革命、建设与改革是亿万人民的事业，是规模庞大的集体行动，因而，组织网络的构建是凝聚群众进而推动有效集体行动的重要组织保障。这种组织网络，既包括中国共产党的，也包括民主党派和其他社会团体的。

对新型政党制度而言，这三种动员的有效性主要体现在：在思想引领上，由于实现中华民族伟大复兴的中国梦需要动员全社会的力量，因而有效的思想引领，就是要让人民政协及其所联系的各界群众认识到中国共产党设定的各种阶段性目标具有跨越时空的伟大历史意义；在物质激励上，政党的活动绩效是引发人们对政党认同的基础和理由。也就是说，政党要扩大对社会的影响力，其活动的目标追求之一就是要与人们的物质追求相契合。通过有效动员，让人民群众认识到个人利益增进同全面建设小康社会、同建设社会主义现代化强国息息相关，实现梦想需要靠奋斗和进取来支撑；在组织构建上，通过广泛的组织网络构建，特别是中国共产党的基层组织建设，为新时代党全面领导的实现、政协委员参政议政提供组织支撑和人力资源上的保障。

（三）高度的整合性

在现代国家，政党的功能之一就是作为社会整合器使社会一体化。政党存在的价值就是能够把混乱的公共意志(卢梭所说的"公意")组织起来，使大众的偏好转化为公共政策成为可能。这种"整合器"功能体现在两个方面：一方面使社会有序与稳定，将民众的政治参与纳入制度化轨道，避免其他转型国家出现的"参与爆炸"；另一方面是组织动员社会，弥合社会分歧、粘合社会裂缝和连接原子化个体，引导整个社会奔向值得追求的价值目标。这两个功能对当下中国的稳态发展亦具有极其重要的价值。在当今的中国，新型政党制度已成为实现政治和社会整合的制度性安排。这种制度具有强大动员力、决策力、执行力和凝聚力；该制度的有效实施既能实现与多党派的团结合作，又扩大了整合的边界和张力，强化了整合功能。对中国的这种新型政党制度来说，这种高度的整合性体现在制度本身所具有的较强的吸纳能力、协商能力和参政议政能力，它们分别对应着社会整合、意见整合和参与整合。

首先，新型政党制度的吸纳能力，是指包括共产党的组织网络、各民主党派和人民团体等本身在组织发展中所体现的开放性，通过吸纳新生的社会力量实现对社会的整合。一方面，对中国共产党而言，其对新兴社会阶层的政治吸纳，体现了党对中国社会结构出现的现实变化的敏锐洞察与理性权衡，这有助于提高党在全社会的凝聚力和向心力，增强了执政党的调适能力和社会整合能力。同时，面对执政环境的深刻变革，中国共产党不断加强组织建设和组织网络渗透的力度，全方位扩大党的工作的覆盖面，党的基层组织建设的开放性和包容性显著增强。另一方面，政党体制的开放性让不同社会阶层和功能界别群体的代表都能进入不同党派，通过参政议政和民主监督等多种方式表达自我诉求，影响或参与公共政策的制定与执行。体制的开放性还促进了体制吸纳议题的开放性。社会中不同公共诉求，都能借助不同界别的代表进入人民政协这个平台得到公共表达。这种吸纳能力也反映了新型政党制度较强的适应性与调整性。

其次，新型政党制度的协商能力，即通过民主协商机制实现对社会意见的整合，主要有两种形式：一方面，中国共产党同民主党派的协商，即政党协商；另一方面，在人民政协内，中国共产党与民主党派和各界代表人士的协商。在协商中，社会各方的意见和观点得到了表达与碰撞，在团结与民主的氛围中求同存异，对相关问题与议题达成了共识，从而实现了政党维度、组织维度的社会意见整合。

最后，新型政党制度中的参政议政能力，主要是指民主党派和无党派人士等参与国家权力运作，从而影响具体的公共政策供给。一方面，在中国的公共权力机构中，各民主党派直接在人大、政府和司法机构中担任领导职务，且占有相当比例；另一方面，民主党派和无党派人士以人民政协为制度平台，就国家、地方经济社会发展的重要问题开展视察调研、咨询论证等，以调研报告、提案和建议案等方式实现其参政议政的功能。通过直接参与决策或间接影响决策，实现了民主党派、团体等人士及其所代表群体的参与整合。

（四）巨大的包容性

中国的新型政党制度立足中国现实，接通中国传统，连接着政治文明通则，因而具有极大的包容性。这种包容性体现在蕴含于政党制度之中的主体多元、政协方针和有机团结这三大要素之中。

主体多元是指中国的新型政党制度不是一党制，也不是多党制，而是在坚持中国共产党领导前提之下的多党合作与政治协商制度。其中，除了有执政的中国共产党之外，还有八个参政的民主党派，它们之间不是"在朝"与"在野"的关系，而是亲密友党关系。党际之间的亲密友党关系、团结民主的合作氛围昭示着该制度的极大包容性，在坚持党的领导这"一体"的前提下也展示了其他政党这一"多元"的存在和功能的有效发挥。

政协方针是指作为人民政协的基本方针。从 1982 年党的十二大首提"长期共存、互相监督、肝胆相照、荣辱与共"之后，2018 年 3 月修订通过的《中国人民政治协商会议章程修正案》再一次确定了这一基本方针。人民政协作为新型政党制度的具体运作机构，其基本方针为党际关系的处理设定了团结、和谐的主基调，也为

政治逻辑

在人民政协这一平台上的其他组织主体的活动设定了"非零和博弈"的前提条件。

有机团结,是指新型政党制度所关涉的各党派、无党派和其他社会团体能在功能上实现协调互补。邓小平对各党派间的功能互补有很精当的论述:"共产党总是从一个角度看问题,民主党派就可以从另外一个角度看问题,出主意。这样,反映的问题更多,处理问题会更全面,对下决心会更有利,制定的方针政策会比较恰当,即使发生了问题也比较容易纠正。"[71]在明确的规范要求和具体的实践中,中国的新型政党制度一方面坚持中国共产党在政党体系中的领导地位,在此基础上把各民主政党和无党派人士紧密团结起来、为着共同目标而奋斗;另一方面,民主党派和无党派人士在坚持政治共识的基础上,通过提出意见、批评建议的方式对中国共产党进行民主监督。

三、比较视野中的新型政党

作为在特定背景下、特定时空范围内成长起来的政党,中国共产党与西方资本主义国家以及很多发展中国家的政党不可同日而语。因为中国共产党是领导党与执政党的合一,是代表人民利益的政党,是中华政治共同体的捍卫者和维护者。所有这些属性恰恰是其他国家的政党所不具备的。从这个角度来说,新型的政党理论就成为当代中国社会主义政治学最为重要的构成要素。我们可以在比较的视野中,从理论上全方位、整体性地理解中国共产党的特性。

（一）封闭型政党与开放型政党

当我们在谈论政党之封闭性与开放性的时候,是指什么意思呢? 我们是在什么层面上使用封闭型政党与开放型政党这两个概念呢? 我们认为判断一个政党是开放型政党还是封闭型政党取决于以下两个标准:第一是看它的意识形态是否会吸收与其原初阶级属性不相容的新要素;第二是看它的成员,尤其是领导成员是否向与原初阶级属性不相容的新成员开放。

首先,任何政党都是拥护特定意识形态的。在社会科学中,广义的意识形态被看作信仰体系,它们提供对特定社会政治秩序的一致而又相当稳定的说明,或者对如何实现新的社会政治秩序提供一种程式化的看法。它们常常具有关于人类本性的核心构想和历史哲学，来说明我们如何抵达目标以及我们该走向哪里。从这个意义上来说，意识形态就是一种简化了的政治哲学、学说或世界观。[72] 按照经典的政治学解释，意识形态是一种关于美好社会的文字幻象，一种建构此种社会的最终手段。政治意识形态不是以平和的、理性的态度来理解政治系统，而是要承诺改变政治系统。[73] 政治学意义上的意识形态比单纯观念意义上的意识形态更为重要，因为政治学意义上的意识形态乃是政治行动者的思想武器。在政治生活中，意识形态与"运动""政党"或是"革命"等紧密联系在一起。为了奋斗并承受牺牲，人们需要意识形态的激励，需要某些东西成为信仰的对象。美国政治学家认为美国人对以上看法会感到难以理解。因为他们看重的是调和与实用主义，无法理解意识形态在当代世界拥有的巨大能量。[74] 这种说法当然不全面。即便一般民众体会不到这一巨大能量，但是作为统治者或政治精英的人们，恰恰是借助这一能量来维护其政治地位和在全球范围内进行扩张的。有人估计美国的政治精英接近一万人[75]，不管是来自共和党还是民主党，这一万人的意识形态取向是极为明显的。西方资本主义国家的政党出于竞选的需要，出现了对意识形态进行实用性加工的迹象，最典型的莫过于在欧洲兴起的全方位党（catch-all party）以及美国在理性法则支配下的政党。由基希海默（Kricheimer）提出的这个术语，刻画了许多政党，包括精英党（Elite party）或干部党（"Caucus" party）、大众党（Mass party），为回应 1945 年以后的社会条件而采纳的一种演化路径所产生的结果。全方位党谋求以国家利益而非某个单一社会集团之代表的身份执掌政权；在党内居支配地位的领袖通过电视——而非数量庞大且行动积极的党员——与选民沟通；全方位党寻求选民支持而无论其身处何方、身属何方；党的目标是治理而非代表。[76] 而美国的政党则在竞争程度异常激烈的政治市场中，出现了向理性化组织转化的迹象，唐斯认为，在政治市场上，政党的行为方式是理性的、自私的；他将政党界定为"谋求在定期举行的选举中以获取职位的方式控制治理机构的一组人马"，而为了使其对政府的控制实现最大化，甚至是在多党制的条件下，政党全力谋求实现其选票的最大化，"政党赢得的选票越多，其进入联合政府的机会也就越大"。这样，两党制的两个政党都会向意识形态谱系的中点位置趋中而动。某一政党也许会从一个极端位置开始移动,但肯定会走向中点。因为较之于因极端支持者转向放弃他们的支持而遭受的损失,该政党会在中点位置上赢得更多的选票。换句话说,放弃极端支持者无碍大局,因为大多数人已处在意识形态谱系的中间位置,争取大多数人的支持比依靠数量狭小的极端支持者更有把握获取执政权。政党在意识形态上的调整与策略性开放,显然要比意识形态极化的国家和选民被多种意识形态分割开来的国家要稳定得多。[77]在一个意识形态极化的社会中,两个政党都将回到常态。但是,它们在意识形态上的差距是如此之大,以至于一旦某一政党当选,它将无法同时满足支持它的选民和反对它的相对少数选民。政府亦将变得不稳定,甚至达到革命的临界点。或者,在一个国家中,如果人民分属于几种不同的意识形态,而且各派人数又几近相等,那么,就会呈现为一种多党体制,每一个政党都将吸引各自的一部分人口。在这样一种体制中,意识形态的区分将趋于白热化。由于这一原因,政治联盟在从事治理时会发现,他们很难找合适的政策,让其核心选民和其他选民都可以接受,政府也将因此变得没有效率。[78]

　　相对于以上几种模式而言,中国共产党存在于非竞选性的一党执政体系之中。这一执政模式杜绝了多种政治力量运用不同意识形态对民众进行分割的格局,也避免了为了获取政权抛弃极端支持者而采用意识形态中间路线的弊端。但它对党开发意识形态的弹性空间提出了很高的要求,既要通过意识形态的合理化完善吸取更多的民众支持,以保障革命和建设的成功,与此同时,又要顾及各种持极端意识形态的群体的利益。相对于革命模式中不同政党所持有的排他性的意识形态及其对选民的政治分割,以及多党制中各种不相上下的政治力量对选民的分割,在中国共产党百年发展历程中,除了"文革"时期,其意识形态的弹性特征是很明显的,中国共产党能够根据情势的变化与要求,游刃有余地伸缩意识形态的弹性空间。例如,在毛泽东那篇经典性的《中国社会各阶级的分析》一文中,他将中国社会划分为地主阶级和买办资产阶级、中产阶级、小资产阶级、半无产阶级和无产阶级。针对中产阶级,毛泽东这样说道:"那些中产阶级,必定很快地分化,或者向左跑入革命派,或者向右跑入反革命派,没有他们'独立'的余地。所以,中国的中产阶级,以其本阶级为主体的'独立'革命思想,仅仅是一个幻想。"针对小资产阶级,毛泽东这样说道，小资产阶级"对于革命的态度，在平时各不相同；但到战时，即到革命潮流高涨、可以看得见胜利的曙光时，不但小资产阶级的左派参加革命，中派亦可参加革命，即右派分子受了无产阶级和小资产阶级左派的革命大潮所裹挟，也只得附和着革命[79]"。在抗日战争期间，中国共产党能够通过统一战线的理论将资产阶级进行分门别类的划分与动员。胡乔木在谈到毛泽东对阶级理论的贡献时说："在四十年代，毛主席对中国社会的阶级关系提出了一些新的观点。过去三十年代没有那样提。他从地主资产阶级中分出大地主大资产阶级，以后在解放战争时期把大资产阶级称为官僚资产阶级。把民族资产阶级同大地主大资产阶级划分开来，这是毛主席对中国革命的理论政策非常重要的一个贡献。可以说，这是中国革命在四十年代能胜利发展的一个很重要的前提。在大地主大资产阶级中间又分出附属于不同帝国主义集团的，如依附日本的，依附英美的。后者主要是依附美国的。依附日本的又分为降日的和亲日的。只有正确认识这些区别，利用这些矛盾，才能坚持抗日民族统一战线并取得胜利。对其他中间力量（民族资产阶级也当作一个中间力量），也作了许多具体的分析并采取许多重要的政策。自从三十年代提出抗日民族统一战线后，党开始注意这个问题了，如从福建人民政府开始，利用不同的地方军阀同蒋介石集团的矛盾，一直是党的政治生活中一个重要的问题。在抗日战争进程中，这方面的情况有更多的变化。党不但把中央军同地方军加以区别，而且对不同的中央军也采取不同的政策。对比较能接受抗日统一战线的如卫立煌，采取主要是联合的政策。在地主阶级中也把开明地主区分出来。这些区分，成了四十年代我们党制定政策的重要依据。"[80] 后来邓小平讲的"爱国统一战线"、江泽民提出的"三个代表"重要思想，以及胡锦涛提出的"和谐社会"，都使中国共产党的阶级基础和社会基础得到了扩展，爱国者、社会主义建设者等重要提法，使得党与人民群众的新型关系逐渐形成。这一关系模式与实行多党制和竞选制国家中政党与选民的关系有着很大的不同，其重要区别在于中国共产党拥有整合各阶层利益、顾及持不同观念的群体之需求的弹性空间。

其次，经典的西方政党理论都认为政党承担着精英纳用的功能，它们是为公共职位准备和纳用候选人的主要机制。谁要想充当国家领导，谁就必须首先说服某个政党将其当作候选人。[81]也就是说,政党是精英和干部的孵化器。所以,透过政党之差异性,我们发现有一个穿插于不同执政体系的通约性要素是存在的,这就是任何执政体系都要依靠精英群体的积极行动才能得以维持。相对于科层精英、经济精英以及其他与政府权力保持一定距离的精英来说,支撑政党获取权力和巩固权力的精英群体在一个国家之中并不是特别庞大,其数量取决于国家规模的大小。[82]作为政治领域中关键行动者的精英群体,实际上是政治运作过程中最鲜活的力量。与其他政党一样,正是因为干部精英群体的支撑,共产党才拥有了创造崭新历史的主体、行动和力量。那么,如何判断一个政党在精英录用方面是开放的呢?最为重要的标志就是一个政党能够突破身份与财产的限制,将其精英录用功能置于一个更为广阔的空间中来运行。政权之开放性的传统在中国是由来已久的。按照我们提出的判断政党在精英录用方面所具有的开放与封闭程度,可以发现,国民党从一个广泛吸取革命分子参与其中的革命型政党沦落为一个代表地主和资本家利益的保守型政党,实际上就是从开放型政党向封闭型政党的转变。资本主义国家的很多政党在精英录用方面受财产标准所限制,这一极具隐蔽性的特征实际上并不为大多数人所熟知,但其骨子里是封闭的。很多家族政权完全以身份作为精英录用的标准,这有点类似于古代中国的门阀政治,其封闭性自不待言。从革命时期到现代,中国共产党的精英吸纳所显示出来的开放性是决定其获取政权的重要砝码。来自不同阶层、不同地域的精英人士汇聚延安就是一个很好的例证。邓小平推行的革命化、年轻化、专业化和知识化的干部更新战略,无疑是具有远见卓识的。相对于身份标准和财产标准来说,邓小平讲的"四化"标准所显示出来的开放性,是决定一党执政体系拥有勃勃生机的奥秘所在。孔子非常喜欢这么一句话:"为政者不赏私劳,不罚私怨"。我们完全可以说,在精英任用上,赏私劳、罚私怨的政党就是封闭型政党;无出身之见、无身份之见、无门户之见、无财产之见的政党就是开放型政党。在代际更替中维系权力交接的政党就是封闭型政党,能够促进代内更替、源源不断的社会流动的政党就是开放型政党。

(二)官僚型政党与责任型政党

官僚型政党与责任型政党,指的是政党在其演化过程中,是脱离其成立之初的宗旨蜕变为一个特权集团,还是能够以信仰、纪律、法律或其他调控性手段,依然保持其活力? 米歇尔斯认为任何政党都会趋向于寡头统治。由于在组织中需要协调、交流、通信和联合行动等,技术因素导致领导和成员之间产生距离。寡头统治随之成为铁律而不可避免。另外,组织成员逐渐需要领导,领导本身却很快追求领导和统帅的欲望。因此,心理学因素将推动产生寡头统治的发展。寡头统治可被归纳为:组织会呈现被选举人统治选举人、被授权人统治授权人、被委派代表统治委派人的情况。[83] 米歇尔斯指出的寡头统治的政党,仅仅还是迈向官僚型政党的第一步。真正的官僚型政党意指整个政党因为其利益上的交融和互惠而蜕变为一个脱离民众的巨型集团,甚至是一个维持其特权地位的新阶级。官僚型政党的唯一目的就是保持其特权地位,为了达到此目的甚至不惜对社会和民众之资源进行掠夺。客观而论,一党制的确容易导致执政党蜕变为官僚型政党,因为一党制国家缺乏社会通过选举机制对执政党的外在约束。从这个意义上来说,西方学者把克服政党官僚化的途径归因于民主机制。但是,这也容易导致以获取选票最大化的理性化政党的出现。因此,在西方政党研究中存在着理性—绩效模型和责任政党模型的争论。在责任政党理论看来,政党是通过组织政府来提供公共服务、影响公共政策的组织。与之相对照,中国不仅对政党责任给予了更多的道德限定和政治限定,而且还在不断开发保障和维持这一责任的动力机制。持续已久的反腐败行动、周期性的整党运动,以及自上而下的监察体系、命令体系、教育体系都是构成这一动力机制的必备要素。官僚型政党把维持特权地位作为唯一目标,除此之外,基本上就没有任何责任可言了。显而易见,比起由大资产阶级控制的政党,官僚型政党在猎取资源、维持地位的技巧方面,显得异常拙劣和粗陋,长此以往,其执政地位是岌岌可危的。在这方面,苏联共产党就是很好的例子。西方学者在分析苏联解体的原因时,认为苏联的收入差距不是导致其解体的原因,而是上层为了使自身财产合法化的私有化革命。在苏联体制下,社会上层和底层之间的收入差别,比在资本主义国家体制下的差别要小得多。一个苏联大企业的总经理的报酬大约是一般产业工人的 4 倍,而美国企业总裁的报酬一般是普通工人的 150 倍。苏联政治局委员们的收入每月 1 200—1 500 卢布,最高领导层的收入也最高,大约每月 2 000 卢布。当时的苏联企业一般工人的收入大约是每月 250 卢布。因此,在苏联体制下,最高领导人的工资是一般产业工人的 8 倍。1993 年,在美国,产业工人的平均收入是每年 2.5 万美元,这种工资水平的 8 倍那就是一年 20 万美元,而美国高层精英每星期的收入都超过这个水平。[84] 从收入差别来分析苏联解体的原因显然是幼稚肤浅的,因为在苏联体制中,收入差别并不是显示人之特权的标志。在苏联社会主义体制下,官僚机构内部的高层成员在低级职员眼中具有一定的威望。职位高低是衡量官僚成员地位高低的唯一标尺。威望还意味着按照级别享有相应的物质生活特权。高级职位和低级职位之间的工资级别差额与资本主义国家行政机构大体相似,实际收入也不是很高。但问题的关键在于,除了工资收入之外,还有与级别相联系的附加福利,其中包括免费或以很便宜的价格获得各种福利待遇。官僚机构人员还可以获得短缺商品和服务,他们能到内部商店购买普通大众商店里所没有的特殊商品。官僚机关都有自己的住宅。官僚机关的工作人员在设备更好、条件舒适的医院里享受医疗服务,他们在自己内部的疗养所休假,那里的豪华程度是普通企业工人度假中心所不能比拟的。这些特殊服务也是根据不同级别提供的:更高层的领导干部可以在更高级的医院里接受治疗,到商品更丰富的商店里购物,坐着由专职司机驾驶的部门专车,有私人的度假别墅,等等。领导干部的家庭成员也同样享受着这些物质生活特权。[85] 可见,仅仅从收入上是看不出苏联共产党的官僚化程度的,差别不大的收入结构恰恰是对执政党官僚化的掩盖与美化。政党官僚化的程度体现在它对资源排他性的占有和垄断之中。官僚化政党因为对资源的掠夺式占有从而丧失了推动国家发展的责任,而这一责任的丧失又使其只有采取更强的掠夺才能维系其特权地位。这样就形成了一个恶性循环。所以,苏联的解体,不在于它所凭借的思想资源和知识资源的落后,恰恰在于苏共的堕落。用历史学家沈志华先生的话来说,苏联的解体直接源于苏共的不思进取。这是政党的失败,是苏联式寡头体制的失败,而不是思想的失败,更不是新型思想体系的失灵和新型知识世界的坍塌。苏联领导集团对国家利益的窃取是其失败的终极根源。在俄罗斯的历史发展进程中,执政集团对国家利益的窃取是根深蒂固、源远流长的。无怪乎当时的叶卡捷琳娜大帝试图通过对国家利益的唤醒,斩断这一根深蒂固的传统，以抵消对她通过政变上台所带来的合法性危机。她上台之后对元老院宣布，她本人属于国家，她希望拥有的一切都属于国家，从今以后没有人区分她的（个人的）利益和它的（公众的）利益……叶卡捷琳娜提供了国家所需要的基金。她的政治信条是"国家的荣耀造就了我的荣耀"，"我们是为人民而造就的"。[86]但就是她苦心经营的国家观念和国家利益，在苏联时代，又被狭隘的集团观念和集团利益所替代，这直接注定了科学理论、先进思想与扭曲的政治体系的错配（misalignment）。伴随着苏联的解体，支撑俄罗斯的知识资源也就丧失了突破和超越的禀赋。与苏联共产党相比，中国共产党选择了对社会主义体制的改革与完善。苏联抛弃社会主义体制的结果是重新缔造了一个更为贪婪的特权阶级，而中国改革和完善社会主义体制的结果，是社会资源总量的日趋丰富和发展成果的共享。中国共产党所负有的责任把中国推向了克服苏联式恶性循环的发展的轨道，从而使其成为一个典型的责任型政党。

（三）统治型政党与发展型政党

当我们谈论统治型政党与发展型政党的时候，指的是政党战略与政党使命这一重要问题。如果说责任侧重于政党对社会的回应及其对资源的正义性分配，那么政党使命和政党战略侧重于一个拥有政权的政党要把它的国家带往何方。在西方民主国家中，因为面临选举的压力，政党蜕变为统治型政党的概率是不大的，当然这并不是对最高层政治精英集团控制政党的否定。不过话又说回来，构成资本主义国家最高层政治精英的主要成分是大资产阶级、大银行家等，他们为了保持其经济地位也不允许政党蜕变为统治型政党，因为由政党组织起来的政府对民众提供的服务越好，他们就有更多剩余价值可以获取。资本主义经济制度客观上有杜绝统治型政党的内在逻辑。统治型政党大多产生在家族政权、独裁政权之中。当家族利益和个人利益远远超过国家利益的时候，统治型政党便产生了。在这些国家，一旦执政党被推翻，政党领袖选择的路径往往是流亡或逃亡，因为国家并不是其心目中最高的政治实体，只要拥有金钱和资本，居于国家之中和居于国家之外是没有什么区别的。相对于统治型政党，发展型政党把自己的利益与国家的利益、民族的利益、人民的利益融为一体，发展的目的在于富国富民。相对于第三世界许多

政治逻辑

国家的执政党来说,中国共产党是典型的发展型政党,经济发展、社会发展以及政治发展的战略设计均出自共产党。正是发展型政党铸就了不同于古代中国的统治型政权与以前的革命型政权。

从统治型政权到革命型政权的转型,是中国政治发展史上的一次真正的变革。当然将革命型政权与统治型政权彻底割裂开来的是以毛泽东为核心的中国共产党人对中国的改造与重组。毛泽东依靠其独到的政治智慧,完成了马克思主义的中国化,为中国革命型政权的确立和发展提供了重要的思想资源。阶级理论、人民民主革命的理论、统一战线的理论、政党理论以及军事理论等重要思想资源决定了中国共产党人领导的政权所具有彻底的开新属性。统治型政权的属性在于如何维系统治地位,革命型政权的属性在于如何求取人民的政治解放和现代国家的建立。两者奉行着完全不同的延展线路,追寻着完全不同的政治目标,承担着完全不同的政治使命。革命型政权得以奠定之后,中国共产党人将其执政方略逐渐转移到了革命后社会的重建和发展之中。这就是当代中国在 20 世纪 50 年代新的战略选择,即推动从革命型政权向发展型政权的转变。尽管新中国在 20 世纪 50 年代的进程夹杂着革命的色彩,但其总体趋势是遵循了革命后发展的总体规律的,特别是"一五"计划的完成,为现代国家建设提供了较为坚实的基础。1978 年的十一届三中全会,为中国揭开了从革命型政权到发展型政权转变的序幕。从十一届三中全会到现在,是中国重建发展型政权的时期。如果说革命型政权的目的在于实现人民的政治解放和现代国家的确立,那么,发展型政权的目的就在于培育和开发现代国家建设的资源,为民生的改善缔造坚实的基础,从而走出一条独特的强国富民之路。从邓小平同志提出的"发展是硬道理",到江泽民同志提出的"发展是执政兴国的第一要务",到胡锦涛同志提出的科学发展观,再到习近平提出的推动国家治理体系与治理能力现代化,中国共产党的国家构建之路在改革开放时期具有惊人的一致性和连贯性。发展型政权对于当代中国所具有的重大意义是以往任何一个政权所无法与之相比的。就像著名政治学者郑永年所说的:学者们经常用发展型国家来形容那些致力于推动经济发展的政府,我们完全可以把现在的中国共产党称为发展型政党,至少从经济意义上来说如此。[87]

（四）交易型政党与变革型政党

所谓交易型政党与变革型政党是在政党与社会的关系中针对政党的行动策略而言的，其核心在于政党是否能够拥有一种相对自主的地位，而不被资本所绑架，不被民粹力量所俘虏，更不被某个阶级和利益集团所左右。萨托利曾经说道："多元体系中的政党是表达的工具，一元体系中的政党则是选拔的工具。"[88]这句话可以从两个方面来理解，一是多元体系的政党相对于一元体系中的政党来说与社会的距离大大缩短，二是多元体系中的政党相对于一元体系中的政党更容易被社会所左右。唐斯所说的政党作为追求选票最大化的组织，实际上是大大削弱了政党在战略上的自主性。无怪乎在很多资本主义国家，一旦政党上台之后，很少能够兑现选举期间的各种承诺，其实这是政党试图独立于各种利益集团之外，追求相对自主性地位的体现。否则诸多超越利益集团和阶级之外又符合国家整体利益的战略是根本无法得以推行的。交易型政党仅仅是对政党选举策略的描述。当然，真正超越各集团利益自主地推行国家发展战略的不是交易型政党，而是变革型政党。变革型政党意味着政党可以通过教育、引导以及愿景设置，使其领导的精英和民众从狭隘的个人利益世界中解放出来，专注于更宏伟的目标。对于任何一个政党来说，要达到这一目标似乎很困难。市场化运动往往会使人们陷入追逐个人利益的轨道中不能自拔，从精英到普通民众，似乎都难以幸免。这基本上是一个世界性的现象。但是，作为变革型政党，必然承担着为一个国家、一个民族注入灵魂的使命。那些促使历史发生转折的政党往往都是作为变革型政党出现在政治舞台上的。对于中国这样一个发展中国家来说，中国共产党更多地是表现为变革型政党而不是交易型政党。因为专注于私人利益的个人、组织或集团是无法担负起国家使命的。这也是目前中国不实行多党制的重要原因。因为多党制必然导致不同政治集团对国家利益的分割和因取悦选民而丧失自主性的国家战略。国家构建在每个时期都有与其面临的问题相关联的任务与职能。作为变革型政党的中国共产党，是中国在时空两个维度上所处的位置所决定的。

（五）支配型政党与领导型政党

以前的日本、印度、墨西哥以及今天的新加坡等国，实行的都是一党独大制的政党制度。一党独大制既有可能孕育出支配型政党,也有可能孕育出领导型政党。当我们谈论支配型政党与领导型政党的时候,首先指的就是指该政党与其他政党的关系。毫无疑问,在多党制国家,政党之间的关系是竞争性的,在一党独大制国家,政党更容易处于支配地位。与之不同的是,中国共产党是作为领导党出现在中国政治舞台上的。严格来说,中国不是一党制国家,也不是多党制国家,中国的政党制度是中国共产党领导的多党合作和政治协商制度。中国共产党对其他民主党派的领导不同于一党独大制国家执政党对反对党的压制,而是在一种具有更多中国文化伦理内涵的关系中,维持着共同的政治责任与政治使命。其次,与多党制国家执政党拥有政府的组织权不同,中国共产党在领导国家构建的过程中,更多地将其意志转化为法律和国家意志。这是针对党政关系而言的。当然,政党领导国家容易导致以党代政和一元化领导。可以说,政党领导国家所提供的理论空间和实践空间还需要我们去填补。再次,领导型政党还体现在政党与社会的关系中,传统的说法是"党群关系"。可以说,在现代社会,政党不可能将社会完全纳入政党组织体系中,中国单位体制就是将社会纳入政党组织体系中的一种制度安排,其优势是提高了社会调控的效能,缺陷是扼杀了社会的活力。西方政党通过外围组织、志愿者等多种途径领导社会的经验,说明政党领导社会可以不依赖刚性的政党组织体系而承担扼杀社会活力的代价。可以说,在单位体制逐渐趋向于弱化、社会自主性成分逐渐成形、社会流动速度和规模超出原有体制性空间的态势下,政党如何领导社会,对于中国共产党来说,还是一个有待于解决的问题。最后是党对军队的领导,即党军关系问题。中国共产党赋予党对军队的领导以无可争辩的绝对性。党对军队的绝对领导这一制度安排,是中国特殊的历史教训所孕育出来的,这种制度的独特性不在于它与其他国家党政关系模式的不同,而在于它对中国历史上已有的党政关系的超越。遗憾的是很少有西方人能够懂得这一点。中国共产党实行的"党指挥枪"的制度,既解决了"私人军队"所产生的分裂问题,又解决了宋朝以后军权收归皇帝所有所导致的国弱问题,而且还避免了许多发展中国家军队干政的问题。因此,赋予党对军队的领导以绝对性是中国党军关系的最为重要的特色。

基于以上分析，我们可以清晰地看到，如果把中国共产党与其他国家的政党进行机械类比，是有问题的。中国共产党实际上是承担着多种功能的政治组织，例如价值引导、控制政权、维护社会政治稳定、推动经济发展、政治教育、政策制定、社会救济等几乎所有关乎国家治理的领域，都与共产党联系在一起，它所承担的职能在其他国家则是分解到各种政治组织和社会组织之中的。也就是说，如果把其他国家承担和维系国家治理之职能的组织集合起来并将其视为一个整体，它在中国的功能等价物很可能就是共产党。当然，我们的这一比较并不是否定其他执政党所具有的与开放型政党、责任型政党、发展型政党、变革型政党、领导型政党相一致的特点，也不否认中国共产党与其他政党在部分功能和部分属性上的相通性，而且现代社会和市场经济的发展使这一相通性日趋强化，这样的比较只是想证明中国共产党在特定发展进程、特定制度情境以及特定历史阶段中，已经拥有了其他政党所难以比及的特性。如果一看都是"党"（party），就认为是同一的事物，显然是太流于表面。就像同样是封建，中国的有头封建制与西欧的无头封建制显然是截然不同的，[89]西周的封建制趋向于统一，西欧的封建制趋向于分裂。同样是宗教，佛教与基督教、伊斯兰教显然不同。同样是"政党"，在有的国家是族群利益或家族利益的代表者，在有的国家则是阶级利益的代表者，而在有的国家则是国家和人民整体利益的代表者。此封建非彼封建，此宗教非彼宗教，同样，此"党"非彼"党"。

第三节　党全面领导的逻辑

如上所述，"领导"是中国新型政党的重要特质之一，它蕴含于马克思主义政党的价值使命之中。从新型政党领导的实践历程上分析，从纵向上看，它贯穿于革命、建设和改革各个历史时期，其有效领导是中国由一个胜利走向另一个胜利的重要保证；从横向上看，改革开放以来，执政的新型政党在与国家、市场、社会互动过程中遵循了科学化的逻辑，其有效性体现在人民美好生活和国家综合国力的跃升上。也就是说，新型政党的领导领域是全面的、全方位的，它不仅包括政权领域，而且还包括更广泛的经济与社会领域。在 2019 年召开的党的十九届四中全会上，党的这种全面领导被表述为"必须坚持党政军民学、东西南北中,党是领导一切的","把党的领导落实到国家治理各领域各方面各环节"。[90]"国家治理各领域各方面各环节"作为新型政党的作用客体,涵盖了除自身之外所有的组织化主体。从一般的组织层面来进行分析,组织间的差异不仅体现在性质上,也体现在结构、规模和拥有的资源等方面。正是由于组织在性质、资源总量上的差异及其所形成的权力位差,导致了它们在实现组织目标时需要从他者那里吸纳资源、输入合法性,需要与任务环境中的其他组织进行持续的互动;而互动的积极后果取决于双方关系的制度化程度和在此基础上所形成的信任度。对新型政党组织而言,其在与政府、市场和社会互动的过程中,一方面树立了自身的权威性影响力,另一方面实现了对其作用场域的有效领导。在新型政党与国家、市场和社会所形成的制度性关系中,理性执政、"市场归位"与和谐社会是相应关系处理应遵循的基本逻辑,这些逻辑是实现有效领导的价值关怀。

一、理性执政:现代国家执政的逻辑

"我们的党是执政的党,党的领导要通过执政来体现。"[91]新型政党在处理与国家政权系统的关系时要遵行依法执政,即理性执政,这是现代中国执政的逻辑。依法执政是现代国家处理政治关系的基本遵循,更是新型政党有效领导的必然要求。习近平指出:"推进国家治理体系和治理能力现代化,就是要适应时代变化,既改革不适应实践发展要求的体制机制、法律法规,又不断构建新的体制机制、法律法规,使各方面制度更加科学、更加完善,实现党、国家、社会各项事务治理制度化、规范化、程序化。要更加注重治理能力建设,增强按制度办事、依法办事意识,善于运用制度和法律治理国家,把各方面制度优势转化为管理国家的效能,提高党科学执政、民主执政、依法执政水平。"[92]强调发挥制度、法律在国家治理中的作用,实际上是重视理性在国家政治生活中的作用。对执政党而言,要求其在处理与政府[93]或国家政权机关的关系时,要立足公共理性和制度规范。

(一)理性执政的提出

新型政党在执掌国家政权后,意味着其可以凭借国家政权的力量来实施领导。

由于政党组织与政权组织的差异性，为了保证其领导的有效性，必须将其纳入国家的制度规范，实现依法执政。邓小平在《党与抗日民主政权》一文中指出："党要细心地研究政策，正确地决定政策，并经过行政机关或民意机关中的党团，使党决定的政策成为政府的法令和施政方针。党的指导机关只有命令政府中党团和党员的权力，只有于必要时用党的名义向政府提出建议的权力，绝对没有命令政府的权力。"[94] 尽管这是邓小平在抗日战争期间写的文章，但却指出了党与政权机关关系处理应遵循的基本原则，即党要"经过行政机关或民意机关中的党团，使党决定的政策成为政府的法令和施政方针"，也就是依法执政。由于法律是理性的显现，因而依法执政是新型政党处理与国家政权机关关系应遵循的基本原则。[95] 从规范意义上说，理性化是政治生活的重要价值取向，在其演进的过程中，从对政治生活规律的认识、政治系统合法性地位的订立到非人格化官僚体系的建立，再到公共理性在协商讨论中形成，政治生活的理性化愈来愈与公民自身的利益诉求紧密相连，其实现的可能性越来越大，操作性和规范性也越来越强。正是从这个意义上来说，无论是统治体系的有效性与回应性，还是民众参与的有序性，它们都要求现代政治体系的理性化与规范化，并且这种理性化是主体间的理性化。对于中国的执政体系而言，执政党嵌入政治体系中与其他政治主体所形成的一种互动也是主体间的互动，执政党的主导作用和嵌入对象的积极性都要得到充分发挥。

（二）理性执政的现实诉求

1928 年 7 月，党的六大通过了《关于苏维埃政权的组织问题决议案》，在论及党与政权（苏维埃）关系时指出，"党是苏维埃思想上的领导者，应经过党团指导苏维埃。党在各处苏维埃中，均应有党团的组织，经过这些党团，经过党员所发的言论，表示党对苏维埃工作上各种问题的意见"，并且特别指出"党应预防以党代苏维埃或以苏维埃代党的种种危险"。[96] 新型政党在苏维埃时期的探索为党革命后的执政提供了思想、经验上的启迪与借鉴。执政党在嵌入政治体系后，理性化要求其在介入国家机构过程中，一方面要注意一定的渠道和方式，保证其介入的有效性；另一方面，要注意这种介入也是一个主体间互动的过程，执政党不能替代嵌入客体的功能与积极性的发挥。这种理性化的嵌入是执政党主导和推进的结果，其主导是

政
治
逻
辑

来自执政党对中国经济发展、社会成长过程中的政治需求的理性判断和认识。并且，这种理性化嵌入也是社会主义民主的必然要求，同时还是执政党和政府公共性的本质体现。习近平指出："我们党是执政党，坚持依法执政，对全面推进依法治国具有重大作用……各级党组织必须坚持在宪法和法律范围内活动。各级领导干部要带头依法办事，带头遵守法律。各级组织部门要把能不能依法办事、遵守法律作为考察识别干部的重要条件。"[97]

1. 理性执政的概括

在计划经济年代，执政党对政治体系的嵌入塑造了国家政治体系的制度结构并维持了它的有效运转，这种"一元性嵌入"在当时有着极大的现实合理性：既有利于执政党权威的树立，也有利于国家与社会发展。在新时代，各种矛盾纷繁复杂，社会多元彰显了社会活力，但组织力缺乏又导致了基层失序；经济总量不断增大，但不平衡不充分的问题严峻；人们的物质生活得到相当的改善，现在正在向全面小康迈进，但人们对民主法治公平正义等的需求日益高涨，等等。这些变化意味着执政党运作的空间发生了翻天覆地的变化。新的时代背景要求执政党要改变传统的非法治的嵌入模式，探索执政规律。具体来说，在一个变动的多元社会，党执政的环境和其活动的经济基础发生了变化，这些要求执政党进行适应性变革，从而为其提供充沛的执政资源。针对这些变化，党的十六届四中全会提出了"科学执政、民主执政和依法执政"，在党的十八届三中全会上，习近平再次提出要提高"党科学执政、民主执政、依法执政水平"。这三个"执政"要求党在执政过程中，要注意把握规律性，坚持民主性，并遵循法治化原则。把握规律性，要求结合中国实际不断探索和遵循共产党执政、社会主义建设和人类社会发展的规律，要注重政治文明的本土性与普适性的平衡，在坚持我国根本政治制度的前提下，借鉴反映人类政治文明演进规律的价值理念，挖掘本土的符合现代文明要求的政治文化资源，理性、渐进地推进中国的政治体制改革；坚持民主性，要求执政党为人民执政、靠人民执政，聚合和反映民众的利益诉求，并积极探索民众参与公共生活的制度化渠道；遵循法治化原则，就是要求执政党领导人民制定宪法和法律，同时也要在法律的范围内活动，要认识到法律对制约、保障公共权力运作和规范公民社会交往具有不可替代的作用。党对这些原则的遵循，意味着党在执政方式调整的过程中，既考虑到市场主体作用的发挥，也考虑到包括政府主体、社会主体法定功能的履行，从而在政党、国家和社会之间形成一种有机的制度性关系，为执政能力建设提供政治保障。无论是把握规律性、坚持民主性，还是遵循法治化原则，都是执政党理性执政的表现。理性执政不仅体现在执政党对中国社会转型正确研判的理性自觉，更体现在这些理性化执政方略的提出。

2. 建设社会主义民主的要求

民主，无论是直接民主，还是代议制民主，其本质是由人民掌握公共权力的运作。要把公共权力转移至人民手中并能有效运作，离不开理性的渐次升华：首先由人民掌握自己的命运，将统治自己的力量从外在的神秘力量或"天国"拉回到人间；其次，要推翻封建专制的统治，将统治自己的力量从外在于己的封建暴君转至自己手中；最后，要设计与及时提供人们参与政治的制度框架与制度，使人们有序与有效地参与政治生活、掌控公共权力。这种理性渐次升华的过程，也是民主政治深入发展的过程，民主与理性的政治生活，具有某种同一性。追求与发展民主，是中国共产党人矢志不渝的目标。毛泽东在《新民主主义论》中分析了中国的社会性质，认为中国革命必须分两个步骤：一是民主主义革命；二是社会主义革命。民主主义革命分两阶段，即旧民主主义革命和新民主主义革命。[98] 从新民主主义革命到社会主义革命，其目标是建立起人民民主专政的人民共和国，人民民主是人民共和国的题中应有之义。在纪念马克思诞辰 200 周年大会上，习近平指出："学习马克思，就要学习和实践马克思主义关于人民民主的思想……我们要坚定不移走中国特色社会主义政治发展道路，在坚持党的领导、人民当家作主、依法治国有机统一中推进社会主义民主政治建设，不断加强人民当家作主的制度保障，加快推进国家治理体系和治理能力现代化，充分调动人民的积极性、主动性、创造性，更加切实、更有成效地实施人民民主。"[99] 所以，共产党自从登上中国的政治舞台，民主就成了其主要的价值取向和追求的目标，并且随着社会的发展，民主化的路径和制度化通道需要进一步完善，这是理性化提升的重要表现。改革开放以来，社会主义民主提供了政治发展的思想资源和制度基础，也是有效动员中国社会的价值依托。在新时代，民主化之于执政体系的要求，就是执政党在嵌入国家机构的过程中，要遵循民主化的价值取向，即要充分运用执政党所拥有的资源和优势，推进民主政治发展，支持人民通过各级人大参与国家政权管理，监督政府依法行政，从而将国家政权体系的运作纳入理性化的轨道。

3. 执政党与政府的公共性要求

政党作为拥护一定价值主张和政策纲领的人群的集合体，当然要反映一定群体的利益诉求。但政党要扩大社会影响，或成为执政党以后，其政策主张就不能是社会中一部分人利益的反映，而是要尽可能地反映社会上最大多数人的利益，因而具有强烈的公共性。而政府，作为国家的抽象代表，按照马克思的观点，是阶级统治的工具，尽管采用虚幻共同体的形式，如马克思指出："正是由于特殊利益和共同利益之间的这种矛盾，共同利益才采取国家这种与实际的单个利益和全体利益相脱离的独立形式，同时采取一种虚幻的共同体的形式。"[100] 但它仍然要以公共利益的姿态出现，并且在职能上要完成一定的社会职能，恩格斯指出："政治统治到处都是以执行某种社会职能为基础，而且政治统治只有在它执行了它的这种社会职能时才能持续下去。"[101] 马克思、恩格斯在这里尽管是对资本主义国家的政府职能进行阐析，但是却揭示出社会职能之于国家的重要性。对现代国家而言，社会管理职能是永恒存在的。政府的社会管理职能的履行，实际上就是政府公共性的体现。所以，执政党和政府都具有公共性的取向，它们存在的价值和合法性都需要接受民众的评判，如果执政党嵌入政治系统中不是以规范的、可预期的、理性化的形式，这一方面会导致这种嵌入的低效甚至是无效，另一方面会导致民众在评判过程中的无所适从，也容易引发执政党与政治系统合法性的双重受损。所以，执政党的这种理性执政，一方面是执政党的理性自觉和意识，另一方面，这种理性化嵌入既是发展社会主义民主的需要，也是执政党与政府公共性的必然要求。

总之，政党执掌了国家政权，意味着它要与国家政权机关进行互动：一方面，由于政权机构刚性化、公共性的属性，执政党的纲领、路线等通过国家政权的力量予以推行，能大大拓展政党权威的覆盖范围与影响力；另一方面，在执政党的引领下，特别是通过其利益表达、利益综合、政治社会化以及精英录用等功能的发挥，能提升政权机构行为的有效性与回应性。但是,两者的这种有效的互动是建基于组织边界清晰和功能完善的基础之上。也就是说,执政党与政权机构在互动时既不是组织机构上的物理性的替代,也不是功能上的替代,在某种意义上是各自在功能上的互补、互强。政党与政府间这种平衡关系的形成,意味着党政关系的理性化与规范化。对中国的执政党而言,全能政治年代党政关系的一元化既不符合政治发展中政治分化的逻辑,也不利于社会主义民主建设的推进,特别是在社会日益多元、政治日趋理性的年代,这种一元化的关系模式必然会走向解体,并让位于党政关系的规范化与理性化,这也是理性执政的基本体现。在理性执政的要求下,执政党嵌入政治体系中与其他政治主体所形成的一种互动也是主体间的互动,执政党的主导作用和嵌入对象的积极性都要得到充分发挥。在执政党主导政党治理的过程中,要将执政党的这种"主导作用"规范化和制度化,唯其如此,才能为其他组织主体功能的拓展创造新的空间,也为政党治理的有效性奠定组织与制度基础。基于此,党的十九届四中全会提出要"坚持和完善党的领导制度体系,提高党科学执政、民主执政和依法执政水平",要"把党的领导贯彻到党和国家所有机构履行职责全过程"。[102]

二、市场归位与驾驭市场

改革开放以来,与新型政党进行互动的经济领域不再是受政治权力宰制的政治社会,而是有着自主活动范围、受价值规律支配的日益自主的空间。在这一空间中,市场在资源配置中起着决定性作用,同时政府也发挥着必要的调控作用,这就是有效市场与有为政府间的协调、互补。通过市场体系的构建及其运转,确保资源配置的有效性;通过必要的行政调控与有效驾驭,弥补资本运作的缺陷,为公平正义的实现奠定必要的制度基础。在中国的社会主义实践中,从认识市场机制的价值到将其与社会主义对接,这一过程并不是一帆风顺的,更不是一蹴而就的,它历经了艰难的探索与渐进的演进。在经济活动领域,对市场规律的遵循、市场机制的真正确立,也就是"市场归位",这与新型政党对政治的理解、对社会主义本质的认识以及全球化浪潮等客观因素密切相连。

（一）市场作用的发掘

马克思、恩格斯在《德意志意识形态》中指出："共产主义和所有过去的运动不同的地方在于：它推翻一切旧的生产关系和交往关系的基础，并且第一次自觉地把一切自发形成的前提看作是前人的创造，消除这些前提的自发性，使这些前提受联合起来的个人的支配。因此，建立共产主义实质上具有经济的性质，这就是为这种联合创造各种物质条件，把现存的条件变成联合的条件。"[103] 从这一段话中我们可以看出，共产主义不是一种理论构想，而是一场现实的为促进人们联合的经济运动，未来自由人联合体是建基在物质充分的涌流的基础上。因而，没有生产力的发展，作为有生命的、现实的人是不可能存在的，共产主义的实现更是空中楼阁。"全部人类历史的第一个前提无疑是有生命的个人的存在。因此，第一个需要确认的事实就是这些个人的肉体组织以及由此产生的个人对其他自然的关系。"[104] 从这个意义上说，作为马克思主义政党，新型政党在执掌国家政权后的重要使命就是促进生产力的发展。毛泽东指出："中国一切政党的政策及其实践在中国人民中所表现的作用的好坏、大小，归根到底，看它对于中国人民的生产力的发展是否有帮助及其帮助之大小，看它是束缚生产力的，还是解放生产力的。"[105] 但是，生产力的最终解放离不开一定的现实条件支撑。在革命战争年代，革命根据地的政策举措尽管也促进了生产力的发展，但不能形成全国性的促进生产力发展的潮流；"解放中国人民的生产力，使之获得充分发展的可能性，有待于新民主主义的政治条件在全中国境内的实现"[106]。因而，新中国的成立为解放生产力提供了基本的政治条件。

但是，生产力的释放不是随着新的政权体系建立而自动实现的，因为作为生产力中最活跃的因素，人或者劳动者不是一个独立的纯粹的个体，他（她）要受现实的生产关系、制度安排的直接影响。在计划经济年代，本来是生产力中最活跃的要素——人，却受制于行政指令，其内在的潜能得不到释放，因而，在计划经济年代是一种短缺经济，人们美好生活的物质基础阙如。改革开放以来，中国特色社会主义建设得以开启。邓小平基于对社会主义的本质认识：即社会主义的本质是"解放生产力，发展生产力，消灭剥削，消除两极分化，最终达到共同富裕"[107]。邓小平直接将社会主义同生产力发展联系起来，并指出："搞社会主义，一定要使生产力发达，贫穷并不是社会主义。"[108]而要发展生产力，一个非常重要的举措就是要把人、劳动者从生产关系的桎梏中解放出来。在计划经济年代，市场经济被当作与资本主义相伴生的一种现象而被高度意识形态化，市场、私有等概念或零星的做法被当作与集体主义相背离的字眼、行径而受到了严厉的批判。邓小平基于对社会主义本质的科学认识，对计划与市场的科学定位，让市场在改革开放后不再成为一个敏感字眼，而成了调动积极性、发展生产力的核心机制。早在1979年，邓小平就指出："说市场经济只存在于资本主义社会，只有资本主义的市场经济，这肯定是不正确的。社会主义为什么不可以搞市场经济，这个不能说是资本主义。……社会主义也可以搞市场经济。"[109] 1985年，他又指出："社会主义和市场经济之间不存在根本矛盾。"[110] 1991年初，他进一步指出："不要以为，一说计划经济就是社会主义，一说市场经济就是资本主义，不是那么回事，两者都是手段，市场也可以为社会主义服务。"[111] 1992年初，邓小平在南方谈话中更明确地指出："计划多一点还是市场多一点，不是社会主义与资本主义的本质区别。计划经济不等于社会主义，资本主义也有计划；市场经济不等于资本主义，社会主义也有市场。"[112]

从以上的论述可以看出，作为马克思主义政党，无论是革命、建设与改革，其最终的目标就是要带领人民过上美好的幸福生活。由于对社会主义本质认识上的分野，一段时间以来，市场机制被当成资本主义的伴生物而受到批判，更谈不上成为新型政党驱动生产发展的基本经济战略。而这一任务，由改革开放的总设计师——邓小平来完成。而邓小平对市场机制与生产力发展之间的正相关关系的发现与论述，不仅是基于对实事求是的党的根本工作方法的遵循[113]，而且也接通了马克思主义经典作家对未来自由人联合体所需物质基础的深刻洞见。

（二）"市场归位"的渐进确立

重视市场对促进生产力发展的重要作用并不能简单地被认为就是"市场归位"的确立，后者是要强调市场在资源配置中的决定性作用。改革开放以来，"市场归位"的确立完全是新型政党为实现人们对美好生活的追寻这一政治目标，基于经济发展战略的"三步走"目标，即解决温饱、解决总体小康和解决全面小康而提出。与之相对应，社会主义市场经济体制也呈现出渐进发展的特征，直至市场在资源配置中占据决定性作用,即"市场归位"的最终确立。

陈云指出,"开国以来经济建设方面的主要错误是'左'的错误","这是主体方面的错误"。同时,他认为我们的国情是:"我们是十亿人口、八亿农民的国家,我们是在这样一个国家中进行建设。"[114]我国"80%的人口是农民","革命胜利三十年了,人民要求改善生活"。"但不少地方还有要饭的,这是一个大问题。……农民是大头,不能让农民喘不过气来。"[115]所以,在改革开放之初,新型政党面临的主要问题就是通过一定的政策创新来解决农民的温饱问题,于是,家庭联产承包责任制应运而生。"生产责任制的建立,不但克服了集体经济中长期存在的'吃大锅饭'的弊端,而且通过劳动组织、记酬方法等环节的改进,带动了生产关系的部分调整,纠正了长期存在的管理过分集中、经营方式过于单一的缺点,使之更加适合于我国农村的经济状况。"[116]生产责任制不是通过契约化的刚性压力来让农民完成生产任务,而是通过让农民看得见的物质资源的增长、温饱问题的解决来激发其从事农业生产的内在积极性。农民的市场主体地位得到初步确立。新型政党为了解决当时面临的温饱问题,不仅将工作的着力点放在农业和农村,而且还对计划经济下重工业发展战略进行了反思,推行了轻工业优先的发展战略。这两个方面的调整与变动为体制外的增量改革提供了现实可能性,"计划经济为主、市场调节为辅"的模式逐渐向"有计划的商品经济"模式过渡,市场机制在资源配置中的分量逐步加重。

"计划经济为主、市场调节为辅"尽管有明显的市场导向作用,但由于它把计划经济定位为基本经济制度,市场经济只是一种调节手段,因而还是无法从根本上解决传统计划体制的弊端,因而党的十二届三中全会提出"有计划的商品经济",阐明了商品经济是我国经济发展不可逾越的阶段,"只有充分发展商品经济,才能把经济真正搞活,促使各个企业提高效率,灵活经营,灵敏地适应复杂多变的社会需求,而这是单纯依靠行政手段和指令性计划所不能做到的"[117]。由于新型政党对计划与市场的认识不断深入,解除了把计划经济和市场经济看作属于社会基本制度范畴的思想束缚[118],再加上"改革开放十多年来,市场范围逐步扩大,大多数商品的价格已经放开,计划直接管理的领域显著缩小,市场对经济活动调节的作用大大增强"等现实原因，因而党的十四大明确提出："实践的发展和认识的深化，要求我们明确提出，我国经济体制改革的目标是建立社会主义市场经济体制，以利于进一步解放和发展生产力。"[119]新型政党这一时期提出的建立社会主义市场经济体制的目标，从表面上看是要通过市场机制的作用来推动生产力的发展，其深层因素是通过一定的经济发展速度来提升人们的生活水平，为解决总体小康问题打下基础。邓小平指出："如果经济发展老是停留在低速度，生活水平就很难提高。人民现在为什么拥护我们？就是这十年有发展，发展很明显。假设我们有五年不发展，或者是低速度发展……会发生什么影响？这不只是经济问题，实际上是个政治问题。"[120]将经济发展问题、人民生活水平提高问题直接同政治问题联系起来，这实际上是新型政党将政治界定为"对美好生活的追寻"的最好的注解。

党的十四大以后，社会主义市场经济体制总的发展趋向是让市场的基础性地位、决定性作用不断得到发挥。在2017年初，习近平在谈及政府与市场关系时指出：要处理好政府和市场的关系。使市场在资源配置中起决定性作用和更好发挥政府作用，是推进供给侧结构性改革的重大原则。我们既要遵循市场规律、善用市场机制解决问题，又要让政府勇担责任、干好自己该干的事。市场作用和政府作用是相辅相成、相互促进、互为补充的。要坚持使市场在资源配置中起决定性作用，完善市场机制，打破行业垄断、进入壁垒、地方保护，增强企业对市场需求变化的反应和调整能力，提高企业资源要素配置效率和竞争力。发挥政府作用，不是简单下达行政命令，要在尊重市场规律的基础上，用改革激发市场活力，用政策引导市场预期，用规划明确投资方向，用法治规范市场行为。[121]在党的十九大报告中提出要"加快完善社会主义市场经济体制。经济体制改革必须以完善产权制度和要素市场化配置为重点，实现产权有效激励、要素自由流动、价格反应灵活、竞争公平有序、企业优胜劣汰"。强调"产权制度和要素市场化配置"[122]，这是发挥市场在资源配置中的决定性作用的重要举措。在新时代，随着改革的再进发和更大力度的开放，市场在资源配置中的决定性作用会越来越明显，也就是说，在经济活动的资源配置中，要遵循市场归位的原则。反映在党对经济系统的影响力上主要体现在两个方面：一是坚持党对国有企业的领导。习近平指出："坚持党的领导、加强党的建设,是我国国有企业的光荣传统,是国有企业的'根'和'魂',是我国国有企业的独特优势。"他强调党处理与国有企业关系的两个"一以贯之",即"坚持党对国有企业的领导是重大政治原则,必须一以贯之;建立现代企业制度是国有企业改革的方向,也必须一以贯之"[123]。二是激发非公有制经济活力和创造力。"我国非公有制经济,是改革开放以来在中国共产党的方针政策指引下发展起来的,是在中国共产党领导下开辟出来的一条道路。"[124]党的十九大又提出"全面实施市场准入负面清单制度,清理废除妨碍统一市场和公平竞争的各种规定和做法,支持民营企业发展,激发各类市场主体活力"[125]。没有执政党方针政策的支持和指引,非公有制经济不可能取得那么大的成就。所以,无论是国有企业中"建立现代企业制度",还是"激发非公有制经济活力和创造力",都要求确立市场在资源配置中起决定性作用,也就是真正确立了"市场归位"的原则。

（三）"市场归位"的现实动因

新型政党在处理与经济系统的关系时,要通过经济体制改革推进、政策规划引领等来逐步发挥市场在资源配置中的决定性作用。而在经济体制改革渐进推进、市场归位的价值理念逐渐树立的过程中,与其紧密相连或者说是相伴生的各种要素又反过来进一步推动了市场归位的价值理念的张扬,它们构成了市场归位理念确立的现实动因。

1. 经济全球化的推动

全球化具有结构性的影响力:一方面,对任何一个行为主体来说,全球化对其影响是结构性的,从其价值观念的树立到组织的建构,再到行为模式的选择,等等,这些无不被网罗到全球化之中。另一方面,发生在某一地域、某一主体身上的某一事件往往突破了组织边界和地域限制,最终形成一种全球的冲击力和影响力。全球化的这种结构性影响力要求我们在看待和分析有关问题时超越单纯的经济观、政治观或文化观,要注意某一问题、某一事件的综合效应或"超域效应"。经济全球化意味着市场经济的逻辑在全球范围内拓展,市场规则突破了民族国家的疆界与地域,影响到我国企业主体的运作。企业要想分享经济全球化所带来的正向效应,必然要接受国际市场的游戏规则。极具诱惑力的开放政策、低成本优势和广阔的市场,使外资竞相涌入,它们不仅带来了资金、技术和管理,而且带来了竞争意识和契约观念,这些推动了市场的逻辑以更快的速度在中国境内渗入。社会主义市场经济体制的确立除了需要政治系统的远见卓识和主动构建外,也离不开这种外源动力。所以,习近平在海南讲话时指出:"中国开放的大门不会关闭,只会越开越大。这是我们对世界的庄重承诺。要坚持对外开放的基本国策,奉行互利共赢的开放战略,遵守和维护世界贸易规则体系,推动经济全球化朝着更加开放、包容、普惠、平衡、共赢的方向发展,让经济全球化进程更有活力、更加包容、更可持续,让不同国家、不同阶层、不同人群共享经济全球化的好处。"[126]这更进一步指出了经济全球化对国内经济和契约规则的影响。

2. 规则制度的诱导

市场经济本质上就是一种法治经济。改革开放以来,从"计划为主,市场为辅",到"有计划的商品经济",再到社会主义市场经济,市场机制在资源配置过程中逐步占据了基础性、决定性地位。但是,市场经济并不能自动导致繁荣,它离不开相应的产权制度的设计、一定的保障设施,且完全放任的市场经济也会导致"市场失灵"。无论是产权的界定与执行,还是防止掠夺行为的发生,政府均负有重要责任,满足这样条件的政府被称为"有为政府"。"有为政府"能够保证市场机制正常运转、纠正"市场失灵"。习近平指出:"在社会主义条件下发展市场经济,是我们党的一个伟大创举。我国经济发展获得巨大成功的一个关键因素,就是我们既发挥了市场经济的长处,又发挥了社会主义制度的优越性。……我们要坚持辩证法、两点论,继续在社会主义基本制度与市场经济结合上下功夫,把两方面优势都发挥好,既要'有效市场',也要'有为政府',努力在实践中破解这道经济学上的世界性难题。"[127]"有为政府"要发挥这种作用,就需要建立规章制度。就拿产权制度来说,在 2016 年 11 月份通过的《中共中央、国务院关于完善产权保护制度依法保护产权的意见》中,明确指出"产权制度是社会主义市场经济的基石,保护产权是坚持社会主义基本经济制度的必然要求"。"加强产权保护,根本之策是全面推进依法治国……进一步完善现代产权制度,推进产权保护法治化,在事关产权保护的立法、执法、司法、守法等各方面各环节体现法治理念。"[128]社会主义市场经济体制的确立,它呼唤着政府的有效作用,特别是其要供给促进市场经济发展的完备的法律体系,法律体系愈健全、执行越有力,"市场归位"的原则就越能牢固树立。

3. 权利观念的流布

马克思指出:商品是天生的平等派。也正是有了市场所带来的经济上的激励,人们的权利才得以萌生或者才有更强大的现实动因。没有社会主义市场经济的发展,人们的平等观念、权利意识不会那么深入人心;人们正是在日常的经济交往中,才感受到权利、平等、自由等价值理念的珍贵。现代意义的权利需要法律作为支撑。从合法性角度上说,没有一定的权利意识,统治的合法性地位根本不可能树立。权利具有公共特性,它要求对归属于某个主体的物品的法律保护。从历史的演进来看,统治权力并不一定都建立在法律上,外在的先验神秘力量、强制性作用都可导致对统治权力的承认。把法律同权利联系起来,使权利的实现有着刚性化的保障与共同体的支撑,权利不再是无妄的独特需求,它是在考虑他者需求情况下的一种个性伸张。这样,建立在法律基础上的权利有利于整个社会的发展与繁荣。所以,习近平指出:"要把体现人民利益、反映人民意愿、维护人民权益、增进人民福祉落实到依法治国全过程,使法律及其实施充分体现人民意志。"[129]

总之,在政治—经济—社会领域呈现出分化状态的国家,政党作为联接国家与社会的中介与桥梁,要将社会中相关主体的利益诉求进行整合,并影响国家的政权机构。政党只有通过有效的利益表达与整合才能拓展其在经济领域中的权威性影响力。同时,经济领域中的各个市场主体要想维持或增进其利益,也会通过一定的方式影响有着某种政治诉求的政党,甚至塑造其政治偏好。所以,无论是执政党自身权威性影响力的拓展,还是市场主体为其利益增进而与政党进行的积极互动,都是以经济领域中的核心运行机制,即市场机制的有效运作为前提的。没有对市场逻辑的遵循,经济主体的利益不可能得到维系与保证,经济领域也不可能繁盛。从这个意义上说,新型政党在与市场主体进行互动时,要发挥市场在资源配置中的决定性作用。在这里,两者关系的规范性就体现为对市场价值规律的遵循。对中国的执政党而言,其与经济系统的关系经历了从统合到尊重这样一个演进过程。在全能主义政治年代,计划经济占据主导地位,社会很难生发出与政治主体、行政主体相异的市场组织。因而,那时尽管也有经济领域,但基本融于政治关系之中,受到包括执政党在内的政治力量的高度统合。改革开放以来,随着政治权力的收缩与调整,各种市场主体逐步出现,展示了其在经济领域中的自主性与活力。究其原因,如果没有执政党对其地位与价值规律的认可与尊重,这种情况根本就不可能出现。从上面的论述可以看出,就与经济领域互动而言,中国的执政党承担着比发达国家更为繁杂的任务:一方面要通过体制改革,催生、培育出日益健全发达的市场体系,另一方面要通过规划等政策或举措,实现对经济发展的引领,对资本负面效应的遏抑,使经济发展建立在以人为本的基础之上。具体来说,执政党在推进以经济领域为其对象的党外治理过程中,从演进的趋势上看,从计划经济—计划为主、市场为辅—有计划的商品经济—社会主义市场经济,特别是十八届三中全会提出要让市场在资源配置中起决定性作用,"市场归位"的色彩越来越浓。这一市场化的党外治理路径主要是采用两种方式进行的:一是体制调整,通过执政党的权威文件直接调整、定义中国的经济体制,主要是从计划到市场的转向,推进社会主义市场经济体制的渐进确立;二是规划引领,即通过提出关于国民经济和社会发展五年规划的建议,实现对中国经济的重点、方向,甚至是项目直接引领。与此同时,我们注意到,执政党实现对经济领域的引领过程中,不仅向体制内的国有企业组织,而且也向新经济组织,如三资企业等市场组织延伸自身的组织网络。执政党的这种组织覆盖是提升其组织能力的重要举措。

三、和谐社会与政党引领

马克思恩格斯在《德意志意识形态》中指出:"只有在共同体中,个人才能获得全面发展其才能的手段,也就是说,只有在共同体中才可能有个人自由。……在真正的共同体的条件下,各个人在自己的联合中并通过这种联合获得自己的自由。"[130]对于单纯的个体而言,他(她)只有在社会网络中才能定义自我,找寻到自身的价值,维护、增进自身的利益。作为以人民利益为依归的新型政党,其在社会关系的处理上,必须立足于人的自由与价值实现。"社会管理,说到底是对人的管理和服务,涉及广大人民群众切身利益,必须始终坚持以人为本、执政为民,切实贯

政治逻辑

彻党的全心全意为人民服务的根本宗旨,坚持权为民所用、情为民所系、利为民所谋,不断实现好、维护好、发展好最广大人民根本利益。"[131] 唯其如此,社会才能成为新型政党的执政之基、力量之源。面对着日益变化的社会领域,执政党要能持续从中吸纳认同与资源,就必须把准社会的脉搏,通过有效的举措来满足社会的诉求。"全面建成小康社会,是我们党向人民、向历史作出的庄严承诺,是13亿多中国人民的共同期盼。为实现这一目标,党的十八大以来,执政党积极推进经济建设、政治建设、文化建设、社会建设、生态文明建设五位一体的总体布局,形成并积极推进全面建成小康社会、全面深化改革、全面依法治国、全面从严治党的战略布局。'五位一体'和'四个全面'相互促进、统筹联动,要协调贯彻好,在推动经济发展的基础上,建设社会主义市场经济、民主政治、先进文化、生态文明、和谐社会,协同推进人民富裕、国家强盛、中国美丽。"[132] 因而,在新时代,执政党既要解决促进发展的问题,即全面建成小康社会,又要促进社会和谐,在某种程度上社会和谐是一个更高的目标追求,因而,新型政党在与社会领域互动时将"和谐社会"的构建作为其社会治理的重要价值取向。而要构建和谐社会,新型政党必须把握社会领域的变化及党建工作的重点、明确其治理任务。

（一）社会领域的变化与社会领域党建工作的重点

与政府相对应的非单位组织,包括新经济组织和新社会组织（"两新组织"）,怎样保证党在这些组织中的有效嵌入是转型期社会领域党建工作的重点之一。同时,由于单位组织与非单位组织同属于一定的地域空间,因而,单位党建与"两新组织"的党建应实现互通、互联、互补,形成网络化的党建格局,这也是新时期社会领域党建工作的重点。

1. "单位体制"的侵蚀与党在新经济组织的嵌入

单位,在中国的语境中主要是指党政机关、事业单位和国有、集体企业等组织。在计划经济年代,单位是党和政府管理经济和社会的组织载体,正是靠不同层级的、不同领域的单位组织,国家通过单位体制所内涵的"双重依赖"（单位对政府的依赖和个体对单位的依赖）实现了对城市社区的纵向统合。在社会转型期,随着所有制结构的调整,在政企分开的要求下,不同所有制的企业雨后春笋般地涌现出来,特别是外企和私营企业,它们不属于传统的单位组织。这样,传统的以单位为主体的社会调控模式受到了破坏,计划体制下的单位党建就出现了适用性问题。在经济发展比较快、市场化程度高的地区,外企、私营企业等新经济组织更是得到了快速发展。这些非单位的经济组织吸纳了大量的就业人口,怎样在这些领域有效地开展党建工作、消灭党建的空白点,就直接关系到党执政基础的巩固。因而,在企业聚居地,如楼宇、园区,在企业员工的居住地,如社区,执政党要将其影响力贯注其中,这是社会领域党建工作的重中之重。

2. 社会自主性的萌生与党在新社会组织的嵌入

在计划经济年代,由于党政不分、政企不分和政社不分,严格意义上的现代社会组织根本就不存在。随着计划体制的瓦解、法律上的保障,特别是改革开放所带来的人们经济地位的提高和境外资金的进入,社会上的流动资源逐渐增多,人们自由行动的空间逐步扩大,拥有一定自主性的人们在一定资金的支持下,就会成立一些新社会组织,以满足个体或社会的某种需求,这种需求往往是政府组织和市场组织所无法提供的。这类组织包括社会团体、民办非企业单位、慈善组织和各种草根组织,等等。据国家民政部网站,截至2018年底,全国共有社会组织81.7万个,比上年增长7.3%;吸纳社会各类人员就业980.4万人,比上年增长13.4%。这些新社会组织的出现,给党的社会工作提出了全新的课题:一方面要通过新的管理体制和平台使这些组织进入党和政府的视野,另一方面,要在这些组织中实现党的组织覆盖和功能覆盖,引导他们向法治化、促进社会进步的方向上发展。

3. 利益的多元与网络党建格局的形成

从计划经济体制走向社会主义市场经济的过程中,以前单一的同质社会逐渐变为多元的异质社会。就城市社会而言,生活在这三种不同社会形态中的个体在某一个城市空间集聚,因而,党的社会工作应该考虑到这些不同群体的利益诉求。执政党不仅要考虑城市社会高素质群体,如白领、金领的利益诉求,也要考虑城市社会困难群体,如失业下岗、因病致贫等城市居民和到城市打工的"农民工"群体的需求。还要考虑一部分民众对生活品位、品质的追求。新型政党在这方面的作用主要体现在:了解这些多元化的利益诉求;创造条件以满足他们的利益诉求。无论是了解还是满足民众的利益诉求,都离不开网络党建格局的形成,其一是要在不同的利益群体中建立党的组织或是实现党的工作覆盖;其二是将不同领域、不同行业甚至是不同属性的党建组织网络起来,形成区域性的大党建格局。在网络化党建形成过程中,党组织不是直接供给某类公共物品或处理某类公共事务,而是公共价值的促成者,起到了集体行动中的初始行动者的作用;通过组织网络实现资源共享,把"断裂的社会"弥合、连接起来。

(二)新型政党社会治理的任务

在明确了党的社会工作的范围和重点以后,党的社会工作任务的问题就浮出水面。从理论上来说,对新时期党的社会工作的任务的界定既要考虑变化与发展的时代背景,又要考虑政党发展与社会发展的目标。在新时代,党的社会工作任务主要有以下 5 个方面:

第一,组织社会。计划经济年代,党组织社会是通过党组织延伸、以行政命令的方式实现了对社会的高度统合,政社不分。随着计划体制的解体和社会主义市场经济的推行,社会的成长与发育有着体制和资源上的支持,传统体制外的各种组织,"两新组织"、自治组织等得到了快速发展。新型组织的出现与发展体现了社会发展逻辑,却对政党发展提出了挑战,即出现了党建"空白点",也就意味着政党在组织社会方面面临着挑战。"现在,有些地方、有些基层处于放任自流的无组织、无管理、无政府状况,问题、怪事出来前无人警惕和察觉,出来以后也没有人报告、研究,迟迟得不到处理。这就说明,我们党在那里的组织力量、战斗力量是相当薄弱的。这种状况如果任其蔓延发展下去,我们党和政府的工作就会失去群众基础,是极其危险的。"[133]因而,新时期党的社会工作的任务之一就是要在消灭这些"空白点"的过程中实现对社会的非行政化重组。

第二,引领社会。在中国的语境中,社会发展不是自足的,它需要党和政府的引领和规范。这种引领主要体现在两个方面:一方面是社会教育的任务。社会是个性展示的空间,它要求展示自己的个性,实现自身的利益诉求;但同时社会又是个体的集合,它要求个体在实现自身利益的过程中尊重他人的权益和社会的公共利益。在这方面,政党通过对社会个体引领能提炼出社会公共利益,尊重他者的合法权益,这是党的社会教育任务;另一方面是对社会民主的带动。社会民主的制度安排是一项公共物品,它需要公众的参与才能有效运转,从而才能发挥出它在公共决策和精英选择中的积极作用。但公众的参与是需要触发和带动的,政党就是公共参与民主生活的制度化通道。并且,通过党内民主的有效开展,它能对人民民主、社会民主起到带动作用。因而,对社会的教育和对社会民主的带动,也是党的社会工作的任务。

第三,稳定社会。当前的中国社会所面临的既是发展的黄金机遇期,又是各种矛盾的凸显期,后者使中国社会进入了德国学者贝克所说的"风险社会"。在社会流动性较强的中国社会,其整体所面临的矛盾和风险同样可以显现在城市空间,并且,由于城市空间的人口与资源密集度高,其面临的问题可能更严重,这些矛盾和风险严重威胁到社会的稳定。因而,新时期党的社会工作的任务就是要通过党组织网络的覆盖和功能的开发,收集、反映和满足社会的诉求,从而为社会的稳定奠定基础。在稳定社会过程中,要注意发挥法治作为社会稳定器的作用。"我们必须把依法治国摆在更加突出的位置,把党和国家工作纳入法治化轨道,坚持在法治轨道上统筹社会力量、平衡社会利益、调节社会关系、规范社会行为,依靠法治解决各种社会矛盾和问题,确保我国社会在深刻变革中既生机勃勃又井然有序。"[134]

第四,服务社会。政党只有扎根于社会,才能获得社会的认同和支持;政党只有服务于社会,通过其行为的有效性才能赢得合法性的持久增进。习近平指出:"我们党来自人民、植根人民、服务人民,党的根基在人民、血脉在人民、力量在人民。失去了人民的拥护和支持,党的事业和工作就无从谈起。"[135]新时期党的社会工作的任务,离开了服务社会,既不符合政党发展的逻辑,也不符合社会发展的逻辑。在服务社会的过程中建立起服务型的政党,不仅是党服务社会理念的张扬,更重要的是服务社会、服务群众行为的落实,以及其行为的有效性。

第五,整合社会。整合社会是使社会处于某种一体化的状态。在现代社会,这种一体化不是要通过行政手段来消灭差异,而是要使社会的多元要素处于一种有机、互补的状态;并且,政党在现代社会里本身就发挥着"整合器"的功能。所以,党的社会工作的重要任务之一就是要将政党这种理论上的"整合器"的功能给开发出来,使执政党在现代的多元社会中能真正发挥出利益表达、利益综合和政治社会化等方面的功能。

从规范意义上说,社会在演进的过程中,会逐渐分化出政治组织、社会组织和经济组织,这三类组织间的功能互补是和谐社会形成的重要条件。但是,当公共权力没有得到制度化规训时,它就会成为一种压制、覆盖市场或社会的力量,社会会被政治力量所淹没。因而,只有建立起规范公共权力的现代国家,和谐社会建立才有了制度上的基础。1949年的开国建政,执政党启动了现代国家建设的任务。那时的国家建设,执政党依靠单位制和人民公社体制,延伸自己的组织网络,实现了对中国城市与乡村的组织化渗透与控制,改变了中国社会一盘散沙的局面,也为大规模政治动员的进行提供了组织基础。并且,在革命话语和意识形态的强大影响下,民众的参与和政治忠诚,达到了无以复加的地步。由于那时国家建设没有与规训公共权力的制度化努力相伴随,导致了权力的高度集中,社会力量被压抑,因而,执政党对社会的深度嵌入使那时的中国社会带有浓厚的政治色彩和科层化特征,政党、政治与社会高度一体化,政社不分。当历史步入改革开放的新时期,给执政党提出了社会生产的命题,即要重建或生产社会生活的各种制度和规范。要完成这一任务,一方面离不开社会中各种权利主体的努力,通过自身权利的张扬与实现来提升社会的自组织能力,另一方面,以执政党为主体的政治体系要规训权力,让渡社会发育与成长的空间,并通过有效的制度安排来培育和引导社会组织的发展。只有激发社会活力,让社会组织依法、有序地开展活动,政府才能找到职能转变的承接主体,政党治理的展开才有坚实的社会基础。总之,社会生产与政党治理关联密切,它催生、培育了政党治理所依托的社会组织力量,形成了和谐社会构建的组织化框架。[136]面对着日益成长的社会领域,政党治理的有效性体现在双方互动关系的规范性之上:一方面体现在对和谐社会构建目标的认同,另一方面体现在执政党、社会力量之于社会治理框架的认可,后者是和谐社会建构的基本路径。

注释

1.《列宁全集》第 19 卷,人民出版社 1958 年版,第 207 页。

2.《马克思恩格斯选集》第 4 卷,人民出版社 2012 年版,第 202 页。

3.《陈独秀文集》第一卷,人民出版社 2013 年版,第 10 页。

4.《毛泽东文集》第一卷,人民出版社 1993 年版,第 12 页。

5.《中国共产党第三次对于时局宣言》(一九二四年九月十日),载《建党以来重要文献选编》(1921—1949)第 2 册,中央文献出版社 2011 年版,第 109 页。

6.《毛泽东文集》第二卷,人民出版社 1993 年版,第 403—404 页。

7. 恽代英:《造党》,载《建党以来重要文献选编》(1921—1949)第 2 册,中央文献出版社 2011 年版,第 24 页。

8.《毛泽东选集》第一卷,人民出版社 1991 年版,第 183—184 页。

9.《毛泽东选集》第二卷,人民出版社 1991 年版,第 652 页。

10. 同上书,第 605 页。

11.《列宁专题文集·论马克思主义》,人民出版社 2009 年版,第 95 页。

12.《马克思恩格斯选集》第 4 卷,人民出版社 1995 年版,第 389 页。

13.《毛泽东早期文稿》,湖南出版社 1990 年版,第 508 页。

14.《马克思恩格斯选集》第 1 卷,人民出版社 1995 年版,第 285 页。

15.《毛泽东选集》第三卷,人民出版社 1991 年版,第 1093 页。

16.《梁启超全集》第 11 卷,北京出版社 1999 年版,第 3335 页。

17.《毛泽东选集》第一卷,人民出版社 1991 年版,第 3 页。

18.《毛泽东选集》第二卷,人民出版社 1991 年版,第 606—608 页。

19. 同上书,第 608 页。

20.《马克思恩格斯选集》第 1 卷,人民出版社 2012 年版,第 411—412 页。

21.《毛泽东选集》第二卷,第 542 页。

22. 同上书,第 544 页。

23. 同上书,第 610 页。

24. 习近平:《在"不忘初心、牢记使命"主题教育总结大会上的讲话》,《人民日报》2020 年 1 月 9 日。

25.《毛泽东选集》第二卷,第 613—614 页。

26.《毛泽东选集》第一卷,人民出版社 1991 年版,第 137 页。

27.《毛泽东选集》第四卷,人民出版社 1991 年版,第 1428 页。

28.《毛泽东文集》第三卷,人民出版社 1996 年版,第 305—306 页。

29.《毛泽东选集》第一卷,第 77 页。

30.《毛泽东文集》第五卷,人民出版社 1996 年版,第 305—306 页。

31.《中国共产党第二次全国代表大会宣言》,载《建党以来重要文献选编》第 1 册,中央文献出版社 2011 年版,第 133—134 页。

32.《马克思恩格斯全集》第 3 卷,人民出版社 2002 年版,第 39—40 页。

33. 习近平:《在纪念毛泽东同志诞辰一百二十周年座谈会上的讲话》(2013 年 12 月 26 日),载《十八大以来重要文献选编》(上),中央文献出版社 2014 年版,第 697—698 页。

34. 习近平:《在庆祝中国共产党成立 100 周年大会上的讲话》,人民出版社 2021 年版,第 11 页。

35.《毛泽东文集》第二卷,人民出版社 1993 年版,第 395 页。

36.《马克思恩格斯选集》第 1 卷,人民出版社 2012 年版,第 434 页。

37. 毛泽东在《在延安文艺座谈会上的讲话》指出:"我们是无产阶级的革命的功利主义者,我们是以占全人口百分之九十以上的最广大群众的目前利益和将来利益的统一为出发点的,所以我们是以最广和最远为目标的革命的功利主义者,而不是只看到局部和目前的狭隘的功利主义者。"参见《毛泽东选集》第三卷,人民出版社 1991 年版,第 864 页。

38.《毛泽东选集》第四卷,人民出版社 1991 年版,第 1357 页。

39.《邓小平文选》第二卷,人民出版社 1994 年版,第 170 页。

40.《习近平谈治国理政》第二卷,外文出版社 2017 年版,第 18 页。

41.《习近平新时代中国特色社会主义思想学习纲要》,学习出版社、人民出版社 2019 年版,第 230—231 页。

42.《毛泽东选集》第一卷,人民出版社 1991 年版,第 86 页。

43.《宣传问题议决案》(一九二五年十月),载《建党以来重要文献选编》(1921—1949)第 2 册,中央文献出版社 2011 年版,第 527 页。

44.《毛泽东选集》第一卷,第 65—66 页。

45. 江泽民:《全面建设小康社会,开创中国特色社会主义事业新局面》,人民出版社 2002 年版,第 53 页。

46.《习近平新时代中国特色社会主义思想学习纲要》,第 231 页。

47.《江泽民文选》第三卷,人民出版社 2006 年版,第 282 页。

48. 习近平:《在庆祝中国共产党成立 100 周年大会上的讲话》,人民出版社 2021 年版,第 4—7 页。

49.《中共中央关于党的百年奋斗重大成就和历史经验的决议》,人民出版社 2021 年版,第 8—62 页。

50. 习近平:《决胜全面建成小康社会 夺取新时代中国特色社会主义伟大胜利——在中国共产党第十九次全国代表大会上的报告》,人民出版社 2017 年版,第 13 页。

51.《毛泽东文集》第三卷,人民出版社 1996 年版,第 394—395 页。

52.《马克思恩格斯选集》第 1 卷,人民出版社 2012 年版,第 434 页。

53.《毛泽东选集》第二卷,人民出版社 1991 年版,第 742 页。

54. 关于无产阶级怎样经过它的政党实现对于全国各革命阶级的政治领导,毛泽东在《中国共产党在抗日战争时期的任务》一文中指出:"首先,是根据历史发展行程提出基本的政治口号,和为了实现这种口号而提出关于每一发展阶段和每一重大事变中的动员口号。……第二,是按照这种具体目标在全国行动起来时,无产阶级,特别是它的先锋队——共产党,应该提起自己的无限的积极性和忠诚,成为实现这些具体目标的模范。……第三,在不失掉确定的政治目标的原则上,建立与同盟者的适当的关系,发展和巩固这个同盟。第四,共产党队伍的发展,思想的统一性,纪律的严格性。共产党对于全国人民的政治领导,就是由执行上述这些条件去实现的。"参见《毛泽东选集》第一卷,人民出版社 1991 年版,第 262—263 页。

55.《列宁选集》第四卷,人民出版社 1972 年版,第 457 页。

56.《习近平谈治国理政》,人民出版社 2014 年版,第 367 页。

57. 在新的历史条件下,新型政党要保证其领导的有效性,必须进一步遵循引发有效领导的基本规律,即在政党与民众关系的处理上,要以民众的根本利益为依归。新型政党在夺取全国政权执政后,在缺乏刚性化的生存压力后,其最大的危险就是容易脱离民众。对此,无论是毛泽东,还是习近平,都有着非常清醒的认识。毛泽东在 1956 年 4 月审阅《人民日报》编辑部的文章《关于无产阶级专政的历史经验》时,针对文章中提及的"当革命胜利之后,在工人阶级和共产党已经成为领导全国政权的阶级和政党的时候……就面临到有可能利用国家机关独断独行、脱离群众、脱离集体领导、实行命令主义、破坏党和国家的民主制度的这样一个很大的危险性",提出"我们需要建立一定的制度来保证群众路线和集体领导的贯彻实施,而避免脱离群众的个人突出和个人英雄主义,减少我们工作中的脱离客观实际情况的主观主义和片面性"。参见《毛泽东文集》第七卷,人民出版社 1999 年版,第 19—21 页。习近平在《在纪念毛泽东同志诞辰 120 周年座谈会上的讲话》中指出:"我们党的最大政治优势是密切联系群众,党执政后的最大危险是脱离群众。毛泽东同志说:'我们共产党人好比种子,人民好比土地。我们到了一个地方,就同那里的人民结合起来,在人民中间生根、开花。'要把群众观点、群众路线深深植根于全党同志思想中,真正落实到每个党员行动上,下最大气力解决党内存在的问题特别是人民群众不满意的问题,使我们党永远赢得人民群众信任和拥护。"参见习近平:《在纪念毛泽东同志诞辰 120 周年座谈会上的讲话》,《人民日报》2013 年 12 月 27 日。

58.《毛泽东选集》第二卷,人民出版社 1991 年版,第 528—529 页。关于发扬民主,毛泽东在 1962 年的"七千人大会"上将其意义讲得很清楚,也指出发扬民主对正确集中的重要意义:"没有民主,意见不是从群众中来,就不可能制定出好的路线、方针、政策和办法。我们的领导机关,就制定路线、方针、政策和办法这一方面说来,只是一个加工工厂。大家知道,工厂没有原料就不可能进行加工。没有数量上充分的和质量上适当的原料,就不可能制造出好的成品来。如果没有民主,不了解下情,情况不明,不充分搜集各方面的意见,不使上下通气,只由上级领导机关凭着片面的或者不真实的材料决定问题,那就难免不是主观主义的,也就不可能达到统一认识,统一行动,不可能实现真正的集中。"参见毛泽东:《在扩大的中央工作会议上的讲话》,《毛泽东文集》第八卷,人民出版社 1999 年版,第 294 页。

59.《毛泽东选集》第二卷,人民出版社 1991 年版,第 528 页。毛泽东在 1926 年 3 月的《纪念巴黎公社的重要意义》一文中,在论述巴黎公社存在不过七十二天的原因时指出:"没有一个统一的集中的有纪律的党作指挥——我们欲革命成功,必须势力集中行动一致,所以有赖于一个有组织有纪律的党来发号施令。"参见《毛泽东文集》第一卷,人民出版社 1993 年版,第 35 页。

60.《马克思恩格斯全集》第 29 卷,人民出版社 1972 年版,第 413 页。

61. 同上书,第 540 页。在另一个地方,恩格斯也强调了组织纪律之于党组织战斗力的重要性:"没有任何党的纪律,没有任何力量在一点的集中,没有任何斗争的武器!那末未来社会的原型会变成什么呢?简而言之,我们采用这种新的组织会得到什么呢?会得到一个早期基督徒那样的畏缩胆怯的而又阿谀奉承的组织。"参见《马克思恩格斯全集》第 17 卷,人民出版社 1963 年版,第 519 页。

62.《列宁选集》第四卷,人民出版社 1995 年版,第 134—135 页。

63.《列宁全集》第 14 卷,人民出版社 1988 年版,第 121 页。

64.《江泽民文选》第一卷,人民出版社 2006 年版,第 96—97 页。

65. 习近平:《坚持、完善和发展中国特色社会主义国家制度与法律制度》,《求是》2019 年第 23 期。

66.《毛泽东选集》第三卷,人民出版社 1991 年版,第 1057 页。

67.《毛泽东文集》第六卷,人民出版社 1999 年版,第 13—14 页。早在抗日战争时期,毛泽东就强调要发挥党外人士的作用:"我们自不是一个自以为是的小宗派,我们一定要学会打开大门和党外人士实行民主合作的办法,我们一定要学会善于同别人商量问题。"参见《毛泽东选集》第三卷,第 810 页。

68. 在 1949 年 6 月 16 日通过的《新政治协商会议筹备会组织条例》第一条中,有关于参加新政协会议人士的原则性规定,即"新政治协商会议,为全中国拥护新民主主义、反对帝国主义、反对封建主义、反对官僚主义及同意动员一切人民民主力量、推翻国民党反动统治、建立人民民主共和国的各民主党派、各人民团体、各解放区人民政府、人民解放军、国内少数民族、海外华侨及无党派和各界民主人士的代表人物所组成,国民党反动政府系统下的一切反动派及反动分子不许参加"。据此原则,该组织条例列出了参加筹备会的 23 个单位:中国共产党;中国国民党革命委员会;中国民主同盟;民主建国会;无党派民主人士;中国民主促进会;中国农工民主党;中国人民救国会;三民主义同志联合会;中国国民党民主促进会;中国致公党;中国人民解放军;中华全国总工会;解放区农民团体;产业界民主人士;文化界民主人士;民主教授;中华全国民主青年联合会;中华全国民主妇女联合会;中华全国学生联合会;上海人民团体联合会;国内少数民族;海外华侨民主人士。参见《新政治协商会议筹备组织条例》,载《建党以来重要文献选编(一九二一——一九四九)》第二十六册,中央文献出版社 2011 年版,第 470—471 页。

69. 习近平:《坚持多党合作发展社会主义民主政治 为决胜全面建成小康社会而团结奋斗》,《人民日报》2018 年 3 月 5 日。江泽民在《人民政协继往开来的方向和使命》一文中指出:"中国共产党领导的多党合作,是适合中国国情、具有中国特色的社会主义新型政党制度。"参见《江泽民文选》第二卷,人民出版社 2006 年版,第 412 页。从这里看出,习近平所提出的"新型政党制度"除了有"多党合作"外,还包括"政治协商",因而他继承和发扬了江泽民关于新型政党制度的思想。

70. 习近平:《坚持多党合作发展社会主义民主政治 为决胜全面建成小康社会而团结奋斗》,《人民日报》2018 年 3 月 5 日。

71.《邓小平文选》第一卷,人民出版社 1994 年版,第 273 页。

72. [英]肯尼思·麦克利什:《人类思想的主要观点——形成世界的观点》(中),查常平等译,新华出版社 2004 年版,第 707 页。

73. [美]迈克尔·罗斯金等:《政治科学》(第九版),林震等译,中国人民大学出版社 2009 年版,第 106 页。

74. 同上书,第 106 页。

75. [法]马太·杜甘:《国家的比较》,文强译,社会科学文献出版社 2010 年版,第 248 页。

76.［英］罗德·黑格、马丁·哈罗德：《比较政府与政治导论》，张小劲等译，中国人民大学出版社2007年版，第271页。

77.参见［美］唐斯：《民主的经济理论》，姚洋等译，上海世纪出版集团2010年版。

78.［加］弗兰克·坎宁安：《民主理论导论》，谈火生等译，吉林出版集团有限公司2010年版，第138—139页。

79.毛泽东：《中国社会各阶级的分析》，载《毛泽东选集》第一卷，人民出版社1991年版，第3—6页。

80.胡乔木：《胡乔木回忆毛泽东》，人民出版社1994年版，第4—5页。

81.［英］罗德·黑格、马丁·哈罗德：《比较政府与政治导论》，第268页。

82.［法］马太·杜甘：《国家的比较》，第248页。

83.参见［德］罗伯特·米歇尔斯：《寡头统治铁律》，任军锋等译，天津人民出版社2003年版。

84.［美］大卫·科兹、弗雷德·威尔：《来自上层的革命》，曹荣湘等译，中国人民大学出版社2008年版，第119页。

85.［匈牙利］雅诺什·科尔奈：《社会主义体制》，张安译，中央编译出版社2007年版，第40页。

86.［美］里亚·格林菲尔德：《民族主义：走向现代的五条道路》，王春华等译，刘北成校，上海三联书店2010年版，第237—243页。

87.郑永年：《中国模式：经验与困局》，浙江人民出版社2010年版，第69页。

88.［意］G.萨托利：《政党与政党体制》，王明进译，商务印书馆2006年版，第74页。

89.参见赵鼎新为《统治史》一书所写的序言。［英］芬纳：《统治史：古代的王权和帝国：从苏美尔到罗马》（第一卷），马百亮等译，华东师范大学出版社2010年版。

90.《〈中共中央关于坚持和完善中国特色社会主义制度、推进国家治理体系和治理能力现代化若干重大问题的决定〉辅导读本》，人民出版社2019年版，第6页。

91.江泽民：《论党的建设》，中央文献出版社2001年版，第7页。

92.习近平：《切实把思想统一到党的十八届三中全会精神上来》，《求是》2014年第1期。

93.这里的"政府"是大政府概念，与政权机关范围相同。

94.《邓小平文选》第一卷，人民出版社1994年版，第13页。

95.毛泽东在《井冈山的斗争》一文中批评了当时民众政权工作中存在的"党政不分"的问题："党在群众中有极大的威权，政府的威权却差得多。这是由于许多事情为图省便，党在那里直接做了，把政权机关搁置一边……以后党要执行领导政府的任务；党的主张办法，除宣传外，执行的时候必须通过政府的组织。"参见《毛泽东选集》第一卷，人民出版社1991年版，第73页。实际上，毛泽东在这里已注意到党与政权机关这两者的不同，已蕴含了理性执政、依法执政的思想。

96.《中共中央文件选集》第4册，中央党校出版社1991年版，第408页。

97.《习近平谈治国理政》，人民出版社2014年版，第146页。

98.《毛泽东选集》第二卷，人民出版社1991年版，第666—668页。

99.习近平：《在纪念马克思诞辰200周年大会上的讲话》，《人民日报》2018年5月5日。

100.《马克思恩格斯选集》第1卷，人民出版社2012年版，第164页。

101.《马克思恩格斯选集》第3卷，人民出版社2012年版，第559—560页。

102.《〈中共中央关于坚持和完善中国特色社会主义制度、推进国家治理体系和治理能力现代化若干重大问题的决定〉辅导读本》，人民出版社2019年版，第6—8页。

103.《马克思恩格斯选集》第1卷，人民出版社2012年版，第202页。

104.同上书，第146页。

105.《毛泽东选集》第3卷，人民出版社1991年版，第1097页。

106.同上书，第1081页。

107.《邓小平文选》第3卷，人民出版社1993年版，第373页。

108.同上书，第225页。

109.《邓小平文选》第二卷，人民出版社1994年版，第236页。

110.《邓小平文选》第三卷，人民出版社1993年版，第148页。

111. 同上书,第 367 页。

112. 同上书,第 373 页。

113. "一定要和实际相结合,要分析研究实际情况,解决实际问题。按照实际情况决定工作方针,这是一切共产党员所必须牢牢记住的最基本的思想方法、工作方法。实事求是,是毛泽东思想的出发点、根本点。"参见《邓小平文选》第二卷,第 114 页。

114.《陈云文选》第三卷,人民出版社 1995 年版,第 281—282 页。

115. 同上书,第 250 页。

116. 中共中央文献研究室编:《全国农村工作会议纪要》(一九八一年十二月),《三中全会以来重要文献选编》(下),人民出版社 1982 年版,第 1062—1063 页。

117. 中共中央文献研究室编:《中共中央关于经济体制改革的决定》,《十二大以来重要文献选编》(中),人民出版社 1986 年版,第 568 页。

118. 邓小平指出:"不要以为,一说计划经济就是社会主义,一说市场经济就是资本主义,不是那么回事,两者都是手段,市场也可以为社会主义服务。"参见《邓小平文选》第三卷,人民出版社 1993 年版,第 367 页。邓小平的南方谈话也有类似的论述。

119. 中共中央文献研究室编:《加快改革开放和现代化建设步伐,夺取有中国特色社会主义事业的更大胜利》,《十四大以来重要文献选编》(上),人民出版社 1996 年版,第 568 页。

120.《邓小平文选》第三卷,人民出版社 1993 年版,第 354 页。邓小平在另一个场合也指出:"社会主义现代化建设是我们当前最大的政治,因为它代表着人民的最大利益、最根本利益。"参见《邓小平文选》第二卷,人民出版社 1994 年版,第 163 页。这反映了他对政治的解读直接关涉人民的根本利益。

121. 习近平:《把改善供给侧结构作为主攻方向　推动经济朝着更高质量方向发展》,《人民日报》2017 年 1 月 23 日。

122. 习近平:《决胜全面建设小康社会　夺取新时代中国特色社会主义伟大胜利——在中国共产党第十九次全国代表大会上的报告》,人民出版社 2017 年版,第 33 页。

123.《习近平谈治国理政》第二卷,外文出版社 2017 版,第 176 页。

124. 同上书,第 258 页。

125. 习近平:《决胜全面建设小康社会　夺取新时代中国特色社会主义伟大胜利——在中国共产党第十九次全国代表大会上的报告》,第 33—34 页。

126. 习近平:《在庆祝海南建省办经济特区 30 周年大会上的讲话》,《人民日报》2018 年 4 月 14 日。

127. 习近平:《在十八届中央政治局第二十八次集体学习时的讲话》(2015 年 11 月 23 日),载《习近平关于社会主义经济建设论述摘编》,中央文献出版社 2017 年版,第 64 页。

128.《中共中央、国务院关于完善产权保护制度依法保护产权的意见》,载《十八以来重要文献选编》(下),中央文献出版社 2018 年版,第 467—468 页。

129.《习近平谈治国理政》第二卷,第 115 页。

130.《马克思恩格斯选集》第 1 卷,人民出版社 2012 年版,第 199 页。

131. 胡锦涛:《在省部级主要领导干部社会管理及其创新专题研讨班上的讲话》,载中共中央文献研究室编:《十七大以来重要文献选编》(下),中央文献出版社 2013 年版,第 149—150 页。

132. 习近平:《在庆祝中国共产党成立 95 周年大会上的讲话》,《人民日报》2016 年 7 月 2 日。

133. 江泽民:《论"三个代表"》,中央文献出版社 2001 年版,第 11 页。

134. 习近平:《在中共十八届四中全会第二次全体会议上的讲话》(2014 年 10 月 23 日)。

135.《习近平谈治国理政》,外文出版社 2014 年版,第 367 页。

136. 党的十九大提出要"加强社会治理制度建设,完善党委领导、政府负责、社会协同、公众参与、法治保障的社会治理体制,提高社会治理社会化、法治化、智能化、专业化水平"。参见习近平:《决胜全面建成小康社会　夺取新时代中国特色社会主义伟大胜利——在中国共产党第十九次全国代表大会上的报告》,人民出版社 2017 年版,第 49 页。新型政党通过社会管理体制的设定为和谐社会的构建奠定了体制基础。

政治逻辑

第五章　人民民主

人民民主是中国共产党领导中国人民在创造现代政治的过程中构建的社会主义类型的民主,革命、群众和解放是中国共产党领导中国人民实现现代政治创造的基石,现代政治孕育了人民民主。人民民主的实质是人民当家作主。就其一般内涵而言,人民民主意味着中国广大民众在中国共产党的领导下凝聚成为一个整体即人民,从而实现人民在整体上掌握国家政权、规定国家制度、行使国家权力。进而论之,中国共产党凝聚人民、人民规定国家制度、国家保障人民当家作主,是人民民主的基本内容。全过程是人民民主的实践特性,人民民主是在实践中持续创造和不断发展的。美好生活的不断满足、人的自由和全面发展的持续进展,不仅是人民民主的根本目的,而且是检验人民民主的根本标尺。

第一节　现代政治孕育人民民主

一、革命

人民民主是中国革命的集大成者。从中国在西方入侵下被强制性纳入资本主义世界体系之初,中国就开始步入以革命谋求独立和发展的政治发展时期,虽然中国革命并不是在一开始就是以实现人民民主作为目标的,但是中国革命取得胜利之后的客观后果则是建立了人民民主。人民民主作为中国革命的集大成者出现说明,中国革命的历史过程,不仅受制于资本主义世界体系等结构性要素,而且取决于主导中国革命的政治力量。主导中国革命的政治力量在时代背景的约束下,充分地发挥了自身的政治创造性,而人民民主就是主导中国革命的政治力量的政治创造性的集中体现。因此,人民民主是由中国共产党领导中国人民创造的,并且有赖于在持续创造中获得发展。

古代中国在西方入侵下逐渐陷入全面危机,而革命则是克服全面危机的必由之路。所谓全面危机就是指包括政治、经济、文化在内的中国社会在整体上陷入结构性冲突的状态之中,但是全面危机的要害则在于政治。正是因为传统王朝国家未能有效地推动中国融入现代化的历史进程,故而引发了主权危机和政权危机,并且进一步导致了中国社会在整体上出现了溃败,主权沦丧、国家分裂、阶级对抗等都是中国社会整体溃败的集中写照。既然中国社会的全面危机由政治上的失败而起,那么中国社会的重建同样必须以政治上的成功为前提,而创建对外实现主权独立和对内完成国家统一的现代国家,则是中国在政治上取得成功的重中之重。现代国家不是在古代王朝国家的废墟上生长出来的,而是由长期的革命进程创造出来的,因而中国的现代国家必然具有自身的特殊性。

中国自古以来就是一个多民族共同体,虽然在现代化的冲击下,中央集权的王朝国家走向了崩溃,但是多民族共同体仍然得到了保全。这就是说,如何使用现代国家提供的政治框架将多民族共同体组织起来,就构成了中国现代国家建设的基本问题。林尚立就指出,"保持国家在向现代转型过程中的统一性和整体性,使千年文明古国实现整体的现代转型"是决定中国现代政治走向的一个历史大势,因此"在现代化转型中维系住一个统一的中国,使千年古国完整地转型到现代国家"就构成了中国现代政治的基本使命。[1]将多民族共同体在整体上转型到现代国家,其中最为基本的内容就是要在现代国家建设的历史过程中保障多民族共同体的统一性,并且这种统一性必须能够同现代国家相契合。中国现代国家建设对于统一性的追求落实到现代政治中就表现为整体取向的政治观,其主要的含义是国家是由各个民族的民众组成的整体,国家的独立自主和生存发展具有优先性,整体的利益构成了中国现代政治的出发点和落脚点,公民的权利和福祉必须在整体的利益得到保障的基础上才能获得改善。

如果说保障多民族共同体的统一性只是中国现代国家建设的一种诉求,那么创建现代国家的中国革命则将此种诉求变成了现实。由于中国现代国家要保障多民族共同体,因此中国革命必然是一场深刻的社会革命,它不仅要推翻本国旧的统治秩序,而且要求推翻帝国主义施加在中国身上的半殖民统治。中国共产党对革命的艰巨性有深刻的认知,"中国革命的敌人是异常强大的。中国革命的敌人不但有强大的帝国主义,而且有强大的封建势力,而且在一定时期内还有勾结帝国主义和封建势力以与人民为敌的资产阶级的反动派……在这样的敌人面前,中国革命的长期性和残酷性就发生了。因为我们的敌人是异常强大的,革命力量就非在长期间内不能聚积和锻炼成为一个足以最后地战胜敌人的力量"[2]。由此可见,革命敌人的强大意味着要想取得革命的胜利,非将多民族共同体塑造成强大的革命力量不可。

二、群众

中国革命取得胜利之后创建的现代国家是人民共和国,人民共和国同样是多民族共同体。人民共和国之所以是现代国家,根本的原因就在于它贯彻了主权在民的基本原则,当多民族共同体以人民共和国的形式得以延续时,各个民族的民众也在事实上广泛地参与保障多民族共同体整体转型到现代国家的革命进程中。并且,多民族共同体的延续就是通过将广大民众凝聚成为一个整体作为中间形态而实现的,于是由中国广大民众凝聚而成的整体就进一步构成了人民共和国的政治基础。中国民众走上政治舞台、参与革命进程,标志着中国现代政治的发轫,而中国民众以一定的组织形态和制度程序主导国家事务,则标志着中国现代政治的发展和成熟。不言而喻,中国民众力量的兴起与现代政治的发展是密切联系在一起的,并且中国民众力量与现代政治之间关系的制度化发展,正是人民民主得到孕育的关键所在。

中国广大民众并不能自动地参与到中国革命的历史洪流中来,更不可能自动地成为推动中国革命的基本动力,这是由近代中国落后的社会结构决定的。在步入现代化进程之后,由于缺乏政治力量的引导和支持,中国资本主义的发展十分滞后,作为现代政治的社会基础的资产阶级和工人阶级都没有得到充分地发展,作为传统政治的社会基础的农民阶级仍然是中国最大的社会集团。落后的社会结构实际上就是中国社会在现代化冲击下不断溃败的重要体现,而要改变中国社会的面貌就必须进行革命，但是要进行革命，就必须正视广大民众的力量和作用。正如历史学家所强调的，广大民众在中国革命中的作用问题"不管如何界定，都是中国革命日程中的一个关键问题"[3]。中国革命仅仅依靠工人阶级和资产阶级的力量是不可能完成的，而要想将包括农民阶级在内的中国广大民众引导到革命的历史进程中，就不能停留在从生产关系出发形成的社会阶级分析上，而是必须从革命本身出发采取有效的阶级动员和政治整合。

对中国民众进行阶级动员和政治整合是由中国共产党完成的。中国共产党掌握革命领导权之后，逐渐形成了指导中国革命的理论，从而彻底地改变了中国革命的面貌。中国共产党准确地认识到中国社会结构的内在约束性，这就是先进的工人阶级要想领导中国革命取得胜利，就必须在最大程度上将中国民众团结到自己的先锋队周围，从而引导中国广大民众走上革命的轨道。毫无疑问，广大中国民众走上革命道路是中国共产党进行的广泛阶级动员的产物，由于中国共产党具有完备的组织体系和发达的组织网络，因此中国共产党在进行阶级动员的同时也在进行政治整合。在此过程中，中国共产党能够将领导权贯彻到中国广大民众之中，从而实现"共产党队伍的发展，思想的统一性，纪律的严格性"同广大中国民众的融合。[4]不难发现，中国共产党领导中国革命取得胜利是以中国广大民众参与革命进程为基础的，中国广大民众能否团结到中国共产党领导之下，是中国革命能否取得胜利的根本之处。

从阶级动员和政治整合的角度来看，中国广大民众实际上是同革命有着根本利益一致性的群众。群众不同于公民，它主要是指在旧的统治秩序下权利和利益受到限制、侵害的社会成员。由于群众内部存在着巨大的差异性，因此群众无法依靠自身形成一个整体，从而推翻旧的统治秩序。由于群众在旧的统治秩序下是受压迫的社会成员，因此群众有着推翻旧的统治秩序的强烈需求。群众的特性决定了它们能够在中国共产党领导下参与到中国革命的历史进程中来，并且能够充当推动中国革命发展的基本动力。群众革命是现代政治的先声，以群众为基本动力的中国革命所创造的现代政治，自然要尊重群众的政治地位，并且会留足群众发挥作用的空间。当然，群众进入现代政治后自然也需要发生转化，必须同人民共和国的制度相适应,只有如此,群众才能继续作为重要的政治资源以新的形式推动中国现代政治不断成长。确定无疑的是,无论群众以何种形式进入现代政治,群众都是中国现代政治中不可或缺的重要力量。

三、解放

中国广大民众在中国共产党的领导下开展革命,在革命胜利之后创建了人民共和国,于是中国广大民众在人民共和国中获得了解放。解放是贯穿在中国革命和中国现代政治中的特定主题,就其政治内涵而言,解放就是指获得政治自主性。进而论之,政治主体能够按照自己的意志创造政治制度、开展政治活动、保障各种权利和利益、实现自由发展。群众获得的解放主要是民族解放和阶级解放。民族解放就是指,多民族共同体在中国共产党的领导下凝聚成为中华民族,中华民族摆脱了帝国主义的半殖民统治,从而能够根据自己的意愿创造自己的美好生活。阶级解放就是指,分属不同阶级的群众在中国共产党的领导下,推翻了旧的统治秩序,终结了被统治的地位,从而在新的国家政权中成为了统治阶级的一分子,于是得以在人民共和国中实现自由和全面的发展。

无论是民族解放还是阶级解放,其主体都不是独立的个人,都是一个由群众组成的有机整体。民族解放是对建立主权独立的现代国家的概括,阶级解放则是对建立工人阶级领导的社会主义国家的概括,民族解放与阶级解放是实现多民族共同体在整体上转型到现代的历史过程的组成部分。要在创建中国现代国家的过程中保全多民族共同体,就必须推翻帝国主义列强施加在中国身上的半殖民统治,这就意味着实现民族解放,本就是保障多民族共同体整体转型的题中应有之义。但是,要实现中华民族的解放则只能从阶级着眼,因为要保障多民族共同体整体转型就必须首先将多民族共同体凝聚成为一个整体,所以就需要一种能够超越民族的自然形成过程的政治过程介入多民族共同体中,这个政治过程在革命的历史背景下只能是阶级动员。当然,近代中国社会不是只有一个阶级,而是具有包括工人阶级、农民阶级、城市小资产阶级、民族资产阶级在内的多个阶级,这就意味着必须在阶级动员的基础上完成政治整合,在中国共产党的领导下结成阶级统一战线,进而完成将多民族共同体凝聚成为整体的任务。

阶级解放与民族解放是有机统一的,其中阶级解放是民族解放的根本,而无产阶级成为领导阶级又是阶级解放的关键,因为只有无产阶级成为领导阶级,中国共产党才能获得领导权,从而才能将多民族共同体凝聚成为整体。无产阶级成为领导阶级对于中国革命的性质而言至为关键,毛泽东在论述人民共和国的国家制度时就指出:"一九二四年,孙中山亲自领导的有共产党人参加的国民党第一次全国代表大会,通过了一个著名的宣言。这个宣言上说:'近世各国所谓民权制度,往往为资产阶级所专有,适成为压迫平民之工具。若国民党之民权主义,则为一般平民所共有,非少数人所得而私也。'除了谁领导谁这个问题以外,当作一般的政治纲领来说,这里所说的民权主义,是和我们所说的人民民主主义或新民主主义相符合的。只许为一般平民所共有、不许为资产阶级所私有的国家制度,如果加上工人阶级的领导,就是人民民主专政的国家制度了。"[5] 由此可见,无产阶级成为领导阶级是阶级解放的关键,没有无产阶级领导就谈不上阶级解放,也就谈不上民族解放。是否存在阶级解放,成为中国共产党领导的革命区别于其他革命的标志,同样也是决定革命前途和国家制度性质的关键。

从阶级解放与民族解放的有机统一来看,解放就是中国人民的解放,也就是说,由广大民众凝聚而成的人民获得了解放。虽然解放并不能等同于人民民主,但是解放却为民主开辟了道路和准备了基础。一方面,解放意味着整体上的政治自主权,只有获得了此种政治自主权,中国广大民众才能决定国家事务,政治自主权为人民民主开辟了道路,因此整体上的政治自主权是人民民主不可或缺的基础。另一方面,阶级解放的过程就是中国广大民众凝聚成为人民的过程,由于这个过程并不是一个自然生长的过程,而是依靠中国共产党以阶级动员和政治整合进行政治介入的过程,因而广大中国民众的意愿表达以及不同意愿之间的协商就是其中的重要内容,民众意愿之间的协商以及中国共产党同民众之间的协商,毫无疑问是人民民主的基本要素,也是人民民主不断发展所能依靠的重要资源。

第二节　中国共产党凝聚人民

一、人民是一个整体

人民民主是在社会主义国家中实践的民主，在性质上同资本主义国家的民主存在根本差别。这种根本差别不在于"民主"而在于"人民"，集中而论，人民民主的主体是由绝大多数人组成的人民，人民是国家的主人。人民掌握国家政权、行使国家权力是人民民主的根本，这就是说人民构成了我们解释人民民主的关键所在。人民是由中国社会的绝大多数民众组成的，但是人民绝非一个松散的集合，而是由共同意志和领导核心凝聚而成的有机整体。人民是一个整体，但是这个整体不可能自然形成，将广大中国民众凝聚成为人民，只能是一个政治过程，所以人民也是一个政治实体。

革命是锻造人民的最初温床。中国革命是反帝反封建的新民主主义革命，必须最大程度上团结中国民众组成革命大军，才能战胜革命的敌人最终取得革命的胜利。组成革命大军的社会成员就是人民，人民只不过是对革命动力的另一种表述。中国革命的动力包括工人阶级、农民阶级、城市小资产阶级、民族资产阶级，但是它们在革命中的地位和作用各有不同。毛泽东在分析中国革命的动力时就指出："中国无产阶级应该懂得：他们自己虽然是一个最有觉悟性和最有组织性的阶级，但是如果单凭自己一个阶级的力量，是不能胜利的。而要胜利，他们就必须在各种不同的情形下团结一切可能的革命的阶级和阶层，组织革命的统一战线。在中国社会的各阶级中，农民阶级是工人阶级的坚固的同盟军，城市小资产阶级也是可靠的同盟军，民族资产阶级则是在一定时期中和一定程度上的同盟军，这是现代中国革命的历史所已经证明了的根本规律之一。"[6]工人阶级、农民阶级、城市小资产阶级、民族资产阶级都是构成人民的基本要素，以工人阶级为领导的，由农民阶级、城市小资产阶级、民族资产阶级共同参加的阶级同盟或者说革命统一战线，则是人民得以形成的基础。

阶级是人民的构成要素，从社会生产关系的角度对中国民众进行阶级划分，是人民得以形成的第一步。对中国民众进行阶级划分并不是目的,在阶级划分的基础上进行阶级动员从而将其引导进革命的轨道才是目的,所以阶级划分从一开始就具有政治含义。政治整合是人民得以形成的第二步,根据各个阶级在革命中的地位和作用,分别结成工农联盟和革命统一战线,从而将多民族共同体转变成为多阶级联合战线。多阶级联合阵线不仅在革命进程中完整地保存了多民族共同体,而且从革命的角度将多民族共同体的成员凝聚成为了一个整体,当然,此时的整体还不是人民,它只是人民得以形成的基础,因为人民是一个政治实体。中国共产党领导是人民得以形成的第三步,一方面中国共产党领导为多阶级联合阵线提供了中心,从而确定了不同阶级在阶级联合阵线中的位置,另一方面中国共产党具有发达的组织网络和强大的动员能力,从而成为了组成人民的各个阶级之间的黏合剂。

由此可见,人民其实是中国共产党根据革命建国的逻辑对中国民众进行有意识地塑造的产物,这个有意识地塑造过程就是一个政治过程,其实质就是中国共产党同中国广大民众相结合的过程。因而,人民不仅是由广大中国民众构成的整体,而且是以中国共产党为领导核心的政治实体,甚至可以说人民就是中国共产党与中国广大民众紧密结合在一起的政治状态。进而论之,人民不仅是社会成员的集合,而且是政治关系的集合。这里所说的政治关系,既是指组成人民的不同阶级之间的关系——主要是联盟,又是指中国共产党同民众的关系——主要是领导。不同阶级之间的关系是中国共产党同民众之间关系的基础,中国共产党同民众之间的关系是不同阶级之间关系的关键。

二、中国共产党是人民的领导核心

人民是以中国共产党领导为中心的政治实体,中国共产党领导是人民这个政治实体得以形成的关键。中国共产党的领导地位根源于党的先锋队性质,因为中国共产党是工人阶级的先锋队,而工人阶级则是社会先进生产力的代表,代表着人类社会的发展方向,肩负着开辟历史新境界的政治使命,所以工人阶级就是革命的领导阶级,而工人阶级的领导地位则决定了中国共产党的领导地位。尽管工人阶级的先进性为中国共产党的领导地位提供了根本依据,但是中国共产党的领导地位最终要具体落实到革命建国的历史过程中,其中最为重要的方面就是要落实到将中国广大民众凝聚成为人民的政治实践中。只有将中国广大民众凝聚成为人民,才能借助人民的伟大力量取得革命的胜利,才能证明工人阶级的先进性和中国共产党的先进性以及强大的领导能力,进而最终奠定工人阶级的领导地位和中国共产党的领导地位。

先锋队是对中国共产党的性质的集中概括,由于中国共产党是先锋队性质的党,因而中国共产党具有中央集权、纲领合理、纪律严格、组织发达、思想统一、行动有力等关键特征。[7]中国共产党的先锋队性质以及由此获得的关键特征,能够契合中国社会的实际情况和中国革命的需要。具体言之,中国社会的落后性质决定了必须通过中国共产党来落实工人阶级的先进性,而工人阶级的弱小和农民阶级的分散则进一步要求中国共产党运用组织优势和思想优势,在中国革命的历史过程中逐渐克服工人阶级弱小和农民阶级分散等弊端,最终在中国共产党的组织网络和革命纲领的支撑下形成强大的革命力量。诚如列宁所言,先锋队政党就是要用"组织的物质统一"巩固"思想一致",同时要用"思想一致"强化"组织的物质统一",这是无产阶级在争取政权的斗争中具有的唯一而且强大有力的武器。[8]

中国共产党凝聚人民的过程其实就是中国共产党实现领导的过程,人民凝聚的程度也集中体现了中国共产党的领导地位确立的程度。毛泽东对革命胜利之后的国家政权问题的相关论述,很好地说明了中国共产党领导与人民凝聚之间存在的相互促进关系。在抗日抗争时期讨论新民主主义时,毛泽东指出未来国家的性质是"各革命阶级联合专政"[9],此时中国共产党还处在同国民党争取领导权的历史阶段,因此毛泽东看到了革命统一战线的决定性地位,但是还不能认为人民凝聚过程已经完成。而在人民共和国即将成立时,毛泽东则认为:"总结我们的经验,集中到一点,就是工人阶级(经过共产党)领导的以工农联盟为基础的人民民主专政。"[10]此时,中国共产党的领导地位已经在革命中得到了完全确立,所以由工人阶级、农民阶级、城市小资产阶级、民族资产阶级共同构成的政治实体——人民——也就最终凝聚完成了。

人民最终凝聚完成和人民共和国建立实际上是同一个历史时刻,人民是共和国的政治基础,共和国是人民的国家。当共和国以人民为基础得以创立时,作为人民的领导核心的中国共产党也就自然成为了人民共和国的最高政治领导力量。中国共产党作为国家之中的最高政治领导力量和作为人民的领导核心是一脉相承的,中国共产党只有始终将中国广大民众凝聚成为人民,才能保证国家是人民当家作主的国家,从而才能保证党自身的领导地位,中国共产党只有始终成为国家中的最高政治领导力量,才能保证国家始终服从人民的意志,从而服务于人民美好生活需要的满足。

进而论之,中国共产党、人民、共和国是高度一体化的,中国共产党领导在这种三位一体中始终居于枢纽位置,因为中国共产党领导不仅在理论逻辑上联系着人民与共和国,设定了人民的性质与共和国的性质,而且在政治实践过程中支撑着人民与共和国,决定了人民与共和国的具体状态。

三、凝聚人民是历史过程

由于人民是一个由中国共产党领导的政治过程塑造而成的整体,因而人民有赖于介入性的力量同中国广大民众相结合。只有在介入性力量成为了中国广大民众内在支持的情况下,作为两者紧密结合产物的人民才能够存在。作为介入性力量的中国共产党是动态发展的,因而中国共产党自身的变化将不可避免地对人民凝聚产生至关重要的影响。而且,即使介入性力量能够同中国广大民众结合从而作为内在支撑力量的前提下,中国民众的变化也会对中国共产党的凝聚作用形成新的挑战,所以无论是中国社会的变化,还是中国共产党的变化,都将对人民凝聚过程产生重要影响。这就意味着凝聚人民不是一个一经完成就结束的工程,而是需要根据条件的变化持续不断地将中国广大民众凝聚成为整体的历史过程。

在革命建国时期以及人民共和国建立以后相当长的时期,能够作为人民的组成部分的中国民众是大体稳定的。毛泽东论述人民民主专政时就指出:"人民是什么?在中国,在现阶段,是工人阶级,农民阶级,城市小资产阶级,民族资产阶级。这些阶级在工人阶级和共产党的领导之下,团结起来,组成自己的国家,选举自己的政府。"[11] 由工人阶级、农民阶级、城市小资产阶级、民族资产阶级组成的人民,在社会主义改造完成之后主要包括工人阶级、农民阶级和知识分子阶层,在社会主义市场化改革的过程中进一步发生了巨大变化。江泽民在 21 世纪初就指出:"随着改革开放的深入和经济文化的发展,我国工人阶级队伍不断壮大,素质不断提高。包括知识分子在内的工人阶级,广大农民,始终是推动我国先进生产力发展和社会全面进步的根本力量。在社会变革中出现的民营科技企业的创业人员和技术人员、受聘于外资企业的管理技术人员、个体户、私营企业主、中介组织的从业人员、自由职业人员等社会阶层,都是中国特色社会主义事业的建设者。"[12]

归结起来看,中国社会结构已经发生了如下重大的变化:首先,虽然城市小资产阶级、民族资产阶级已经在阶级划分中消失了,但是中国社会结构非但没有简单化反而日益复杂化,在工人阶级、农民阶级之外形成了很多新的社会阶层;其次,作为社会主体力量的工人阶级和农民阶级发生了深刻的变化,工人阶级的规模获得了长足的发展,农民阶级中转移出大量的进城务工人员,不断地为工人阶级增添力量,以新型农民工为代表的工人阶级已经成为中国工人阶级的主体力量,与此同时,中国工人阶级内部构成也变得多元了;最后,伴随着中国社会结构深刻变化而来的则是社会阶层之间利益冲突的广泛性和复杂性,以及社会阶层之间思想观念的多元性,人民内部矛盾出现了新的变化趋势,矛盾激化的可能性在局部地区和局部领域比较大。

中国社会的深刻变化对中国共产党形成了系统的挑战,胡锦涛指出:"新形势下,党面临的执政考验、改革开放考验、市场经济考验、外部环境考验是长期的、复杂的、严峻的,精神懈怠危险、能力不足危险、脱离群众危险、消极腐败危险更加尖锐地摆在全党面前。"[13]毫无疑问,中国共产党面临的考验和风险将直接影响同中国广大民众相结合进而凝聚人民的政治使命,因此在新形势下必须全面加强和改善党的领导,"党的领导的核心使命就是创造人民的联合,凝聚人民的团结"[14]。为了全面加强和改善党的领导,就必须以全面从严治党的方式推进党的建设伟大工程。习近平强调:"坚持党要管党、全面从严治党,以加强党的长期执政能力建设、先进性和纯洁性建设为主线,以党的政治建设为统领,以坚定理想信念宗旨为根基,以调动全党积极性、主动性、创造性为着力点,全面推进党的政治建设、思想建设、组织建设、作风建设、纪律建设,把制度建设贯穿其中,深入推进反腐败斗争,不断提高党的建设质量,把党建设成为始终走在时代前列、人民衷心拥护、勇于自我革命、经得起各种风浪考验、朝气蓬勃的马克思主义执政党。"[15] 只有如此,中国共产党才能满足在社会主义市场经济条件下将最广大的中国民众持续地凝聚成为人民的需要。

中国共产党必须持续不断地强化自身的建设,保证党的先锋队性质,增强党的领导能力,从而始终成为能够同中国最广大民众紧密结合在一起并有效地转化成为中国社会内在支撑的核心力量,进而始终能够完成凝聚人民的政治使命。由此不难发现,党的建设伟大工程、中国共产党的领导过程、中国广大民众凝聚成为人民,是紧密联系在一起的持续的历史过程。

第三节　人民规定国家

一、社会主义国家

国家是革命的中心问题,在革命取得胜利建立民主制度的过程中,国家仍然是中心问题。无论民主制度的类型为何,都必须落实人民主权的政治原则,切实解决人民主导国家的问题。现代国家不同于古代国家的根本之处就在于实现了直接统治,这就是说,国家借助中央集权的统一的机构,将中间势力从统治轨道中排除了出去,进而将统治建立在民众同意或者默认的基础之上。毫无疑问,国家已经在社会之中扎下了发达的根系,并且根据统治意图对社会进行组织,或者说,将社会组织到了国家的网络之中,从而使得国家权力能够达至社会的每一位民众以及社会的每一个领域。由此现代国家所实现的发展对社会和民众产生了巨大的压迫,民主制度的重要性就根源于现代国家不断发展所导致的此种弊病,只有建立民主制度才能控制住现代国家的权力,进而以社会的利益主导现代国家的权力行使过程,最终保障国家服从社会。

马克思主义从现实的人出发来认识国家与社会,从而对于现代国家的发展以及由此产生的问题有着深刻的洞察。马克思和恩格斯认为:"以一定的方式进行生产活动的一定的个人,发生一定的社会关系和政治关系。经验的观察在任何情况下都应当根据经验来揭示社会结构和政治结构同生产的联系,而不应当带有任何神秘和思辨的色彩。社会结构和国家总是从一定的个人的生活过程中产生的。但是,这里所说的个人不是他们自己或别人想象中的那种个人,而是现实中的个人,也就是说,这些个人是从事活动的,进行物质生产的,因而是在一定的物质的、不受他们任意支配的界限、前提和条件下活动着的。"[16]现实的个人是处在社会关系中从事物质生产的个人,由此形成了现实的人的两重属性,即个体性和集体性。社会和国家的形成,就根源于现实的人所具有的个体性和集体性以及两者之间的矛盾。

现实的个人当然是独立的个体,因而具有自由意志和个人权利。但是,现实的个人不可能以个体的状态获得生存和发展,所以必须结成社会从而形成集体性存在,集体性存在是现实的个人生存和发展的条件。然而,结成社会的现实的人不可避免地形成一系列的冲突,这些冲突威胁着社会的存续,因此就需要一种公共机构来裁决冲突,进而维系社会。这种公共机构就是国家,国家的使命就在于化解社会冲突,保障人的集体性存在,进而维护人的生存和发展。林尚立指出:"人从利己性出发,构成社会;人从公共性出发,构成国家;而不论社会,还是国家,其使命都是保障人的自由和发展,同时维系住人民这个集合体,服务于人的集合性存在。"[17]尽管国家的使命是维护社会从而保障人的集体性存在,但是国家的发展过程也充分说明了它存在着压迫社会的弊端,因此要想保证国家服务于社会的同时又不至于压迫社会,唯一的解决之道就是让社会主导国家。

社会主义国家就是社会主导的国家,只不过这里的社会不是由个体的人组成的松散集合,而是在中国共产党的领导下凝聚成为的人民,因此人民其实就是社会主义国家中的社会的具体形态。社会主导国家,在当代中国,就是人民主导国家。中国广大民众在中国共产党领导下凝聚成为人民,人民不仅意味着作为一个整体摆脱了国家的压迫从而获得了解放,而且意味着形成了足以驯服国家力量的强大集体力量进而能够有效地控制国家。进而论之,社会主义国家就是作为整体的人民掌握国家政权、行使国家权力、实现人民当家作主的国家。人民最初是中国共产党在革命建国的历史过程中所塑造出来的政治实体,社会主义国家是以人民为政治基础而建立的。在社会主义国家建立之后,如何通过国家制度来巩固人民,并且依靠国家制度保障人民主导国家,就是社会主义国家的民主制度必须解决的根本问题。

二、人民意志定型为国家制度

社会主义国家是人民主导的国家,人民意志必须被定型为国家制度,国家制度根据人民意志进行设计。其实,国家制度本质上就是一种思想关系,或者说是属于观念范畴的事物。"历史唯物主义认为政治设施和法律设施所表现的关系与人们在物质生活的生产中表现的关系不同,不是一种物质关系,而是人们通过对物质关系发展要求的认识、或者说是从物质关系的发展中派生出来的一种关系,是人们政治认识的产物。国家等政治法律设施是人们通过主体有意识的活动而设立的,以保护一定的经济基础所确定的利益结构。"[18]国家制度在本质上是一种思想关系,决定了社会主义国家制度必须是人民主导国家的思想关系,这种思想关系的核心只能是人民意志。只有将人民意志定型为社会主义国家制度,才能在国家制度的内在精神层面和由国家制度界定的政治过程层面,最大程度上保障国家权力服务于人民利益。

人民主导国家集中表达的意涵在于,国家不再是外在于人民的压迫性力量,而是转变成为内在地维护人民利益的支撑性力量,因此国家一定是人民的国家,国家制度必然是民主制度。马克思就认为,建立了民主制度的国家其实就是人民的国家,而国家制度无非就是人民的自我规定。马克思通过对君主制和民主制进行比较分析集中说了这一点:"在君主制中,整体,即人民,从属于他们的一种存在方式,即政治制度。在民主制中,国家制度本身只表现为一种规定,即人民的自我规定。在君主制中是国家制度的人民;在民主制中则是人民的国家制度。民主制是一切形式的国家制度的已经解开的谜。在这里,国家制度不仅自在地,不仅就其本质来说,而且就其存在、就其现实性来说,也在不断地被引回到自己的现实的基础、现实的人、现实的人民,并被设定为人民自己的作品。国家制度在这里表现出它的本来面目,即人的自由产物。"[19]由此可以说,社会主义国家制度就是凝聚成为人民从而获得了解放的中国广大民众的共同意志的产物,也就是中国人民的自我规定。

但是人民意志不是中国民众意志的简单相加,正如人民是一个整体一样,人民意志是集中体现了整体的根本利益的政治意志。由于人民是中国共产党同中国广大民众结合在一起的政治实体,因而人民意志也就不可能是中国民众自然形成的,而是必然由中国共产党从中国广大民众的根本利益出发提炼出来的。人民意志具有两个方面的基本规定性:一方面是客观现实性,人民意志要体现中国广大民众的客观利益需求;另一方面则是历史发展性,人民意志要体现中国广大民众的长远利益需求。人民利益始终是人民意志的基础,中国共产党对于人民意志的提炼不可能是主观想象,只能是以人民的切身利益出发,最后落脚于人民的根本利益。

当然,人民利益是不断发展的,人民作为一个政治实体本身也是需要中国共产党不断塑造的,因此人民意志也是不断发展的。人民意志就是中国共产党立足实际并将党的指导思想同实际结合起来的结果。进而论之,人民意志将具体体现为中国共产党治国理政的基本纲领。社会主义国家制度体现人民意志,也就必须体现中国共产党治国理政的基本纲领,中国共产党治国理政的基本纲领的发展最终也要反映到社会主义国家制度的发展上。

三、国家权力机关代表人民

将人民意志定型为国家制度并不是最终目的,由人民主导国家从而保证国家服务于人民利益才是最终目的,因此人民规定国家不能停留在人民意志定型为国家制度上,而是必须由特定的国家机关来代表人民意志,从而将人民意志转变成为治国理政的具体过程。这就意味着,人民意志定型为国家制度的核心,在于创造一个正式的国家机关代表人民意志,进而通过正式的国家机关的有效运转,一方面不断地将人民意志创造出来,另一方面保障人民意志转变成为政治实践。代表人民意志的正式国家机关就是我国的人民代表大会,人民代表大会不同于资本主义国家中的立法机关,它是作为整体的人民的代表,人民代表大会掌握的是整个国家权力,全国人民代表大会掌握的就是最高国家权力。所以,人民代表大会是国家权力机关的具体形式,而人民代表大会制度就是社会主义国家的政体。

由国家权力机关代表人民同中国共产党凝聚人民、提炼人民意志并不矛盾,因为国家权力机关代表人民是中国共产党领导人民革命建国的产物，并且中国共产党领导的治国理政也在客观上形成了由国家权力机关代表人民的迫切需要。人民是中国共产党同中国广大民众紧密结合在一起的产物，于是人民作为一个政治实体就在革命胜利之后成为了社会主义国家的政治基础，国家权力机关在社会主义国家中实际上就是"缩小的人民"，人民代表大会的组成结构对应着整体的人民的组成结构。[20]在人民转变成为社会主义国家并且由国家权力机关代表的过程中，中国共产党也实现了重大的转变，这就是从人民的领导核心转变成为国家的领导核心。至关重要的是，当中国共产党成为了国家的领导核心之后，中国共产党领导的治国理政就必须依靠国家制度的有效运转进行，因此由国家权力机关代表人民，就在党领导的治国理政中占据了越来越重要的位置，并且将发挥越来越重要的作用。

中国共产党作为国家的领导核心，主要就是要通过国家权力机关的运作达到提炼人民意志的目的，而中国共产党运作国家权力机关就是指中国共产党进入国家权力机关内部进而实现对国家权力机关的领导。经过多年的实践探索以及经验总结，中国共产党已经形成了比较成熟的从内部领导国家权力机关的体制和机制。这些体制和机制的基本内容是，既在人民代表大会召开期间建立临时的党组织分别领导各个代表团和领导整个大会，从而确保大会的程序和过程在中国共产党领导下进行，又在人民代表大会闭会期间建立常设的党组织领导人民代表大会常务委员会的工作，从而确保国家权力机关的常设机构在中国共产党领导之下。[21]中国共产党从内部领导国家权力机关是人民民主至关重要的内容，一方面它在结构层面实现了中国共产党代表人民和国家权力机关代表之间的有机统一，另一方面它在过程层面实现了中国共产党凝聚人民意志与人民代表大会代表人民意志的有机统一。进而论之，国家权力机关代表人民，实际上表达了党和人民的意志上升为国家意志这种基本内涵。

第四节　国家实现人民当家作主

一、中国共产党领导

中国共产党领导是中国广大民众凝聚成为人民的根本支撑，在社会主义国家建立之后，中国共产党就从人民中的领导核心转变成为了国家之中的领导核心，因此要在社会主义国家中实现人民当家作主须臾不可脱离中国共产党领导。进一步讲，只有坚持中国共产党领导，中国广大民众才能凝聚成为一个整体，人民民主才能获得其主体力量——"人民"，进而才能形成人民民主。事实上，人民本就是中国共产党同中国广大民众紧密结合而成的政治实体。这就意味着，中国共产党内在于人民之中从而成为了人民的构成要素，因此人民民主包含着中国共产党领导这一内容在里面。毫无疑问，中国共产党领导是在社会主义国家中保障人民当家作主的根本前提。

中国共产党领导不仅是在社会主义国家中实现人民当家作主的根本前提，而且是在社会主义国家中实现人民当家作主的基本内容和重要体现。由于中国共产党代表着人民利益，同时中国共产党的基本纲领和政策主张体现着人民意志，因而在中国共产党成为了社会主义国家的领导核心的基础上，中国共产党领导本身就是人民当家作主的基本内容。并且，中国共产党在社会主义国家中的领导核心地位，集中体现在从内部领导国家权力机关上面，所以中国共产党领导实际上构成了人民掌握国家政权、行使国家权力的重要体现。不言而喻，"党的领导与人民民主具有内在的统一性，两者是唇齿相依的关系"[22]。坚持中国共产党领导，同实现人民当家作主，在根本上是一致的。

当然，中国共产党领导能够成为在社会主义国家中实现人民当家作主的根本前提和重要内容，必须满足一个基本条件，这就是中国共产党必须是能够代表人民利益、体现人民意志的先锋队。因此，在社会主义国家中实现人民当家作主必须根据先锋队的标准全面加强党的建设，先锋队的标准最为根本的内容在于政治标准，这就意味着必须要以政治建设统领党的建设伟大工程。具体而言，党的建设必须贯彻落实民主集中制，切实维护党中央的权威和党的集中统一，保证党能够始终发挥驾驭全局、协调各方的领导核心作用。唯有加强党的建设，才能保证党的领导。党的建设是一项长期的系统性的伟大工程，它不仅将为凝聚和巩固人民提供根本保障，而且将为提高人民当家作主的质量提供根本动力。由此可见，中国共产党的建设同凝聚人民从而实现人民当家作主的历史过程是相伴始终的。

二、选举人民代表

人民代表大会作为国家权力机关，是在社会主义国家中实现人民当家作主的根本组织形式，因此选举人民代表组成人民代表大会，就成为实现人民当家作主的基本内容。人民代表大会是由人民代表组成的，而人民代表则是由人民遵照合法程序选举产生的，代表着人民意志。人民代表大会行使着国家权力，然而国家权力的行使能否成为人民当家作主的体现，归根结底要落实到人民代表大会是否由人民选举产生上面来。在社会主义国家中，选举权同样是广大民众参与国家事务的基本途径，人民代表大会由人民选举产生的根本就在于普通中国民众享有选举权，也就是选举人民代表的权利。人民代表大会作为国家权力机关的合法性，直接同人民代表是否由人民选举产生紧密联系在一起，因此，选举人民代表就是在社会主义国家中实现人民当家作主的基础性环节。只有从选举人民代表出发，才能逐渐落实人民当家作主。

虽然选举人民代表组成人民代表大会从而行使国家权力，是实现人民当家作主的基本内容，但是选举人民代表只是实现人民当家作主的间接形式，因此，在讨论选举人民代表实现人民当家作主时，必须考虑到选举人民代表作为一种间接形式而具有的特点。中国国家规模巨大，国家治理充满复杂性，政治决策具有专业性，这些共同决定了在国家政权中实现人民当家作主必须采取间接形式。人民代表大会就是一种多层级的间接民主形式，主要的运作方式是广大民众直接选举包括乡镇、县区、县级市在内的基层政权的人民代表大会的代表，而基层政权以上的人民代表大会的代表，则由下一级政权的人民代表大会选举产生。这种组织结构是由马克思在总结巴黎公社的经验时提出的，贯彻的是马克思关于在社会解放的基础上建立社会主导国家的社会共和国的基本原则。[23] 在多层级的间接民主形式中，民众的选举权只有在基层政权中才是直接的，而在基层政权之上的国家政权中则是间接的。

中国民众在人民代表大会制度中的选举权的特殊性，一方面说明在国家中实现人民当家作主有赖于长期发展的过程，另一方面说明选举权的至关重要性，也就是必须切实保障中国民众在选举基层政权的人民代表大会的代表上的权利。由于

政治逻辑

选举人民代表是在国家中实现人民当家作主的基本内容和基础环节,因此民众在基层政权中选举人民代表,对于实现人民当家作主来说就变得至关重要了。切实保障民众选举人民代表的权利,在现阶段的中国,就是让民众在中国共产党领导下,能够选举人民代表,同时能够监督和罢免人民代表,从而不断强化人民代表表达人民意志、维护人民利益、对人民负责的政治本质。当然,从提升人民当家作主的程度来看,国家必须根据社会进步和政治发展的需要,适时扩大民众选举人民代表的层级,将民众的选举权向着更高层级的国家政权延伸,这种发展既是人民民主的要求,也是人民民主的体现。

三、广泛协商

民主的关键环节是多数决定,人民民主也不例外,政治决策最终要通过多数决定的方式做出。多数决定掩盖了协商在民主中的重要性,即使政治决策代表了多数人的意见,并是以多数决定的方式进行的,然而多数却是协商过程的产物。在面对多个不同的政策方案时,多数往往很难自发形成,如果没有协商过程,就不可能形成足以做出决策的多数。当前资本主义国家的民主过程中不断出现的政策僵局,就是缺乏有效的协商过程的最好证明。[24] 协商在人民民主中的重要性远远超出了它在资本主义民主中的重要性,甚至可以说,协商是人民民主的核心组成部分,人民民主过程其实主要就是在人民内部进行广泛协商的过程。所以,广泛协商与选举人民代表,是人民民主的两种基本形式。

协商在人民民主中的重要性,是由人民民主的性质决定的。协商就是商量。习近平指出:"有事好商量,众人的事情由众人商量,是人民民主的真谛。"[25] 人民民主是一种整体意义上的民主,一方面是作为民主的主体的人民是一个整体,另一方面贯穿在民主过程中的人民意志也是一个整体。所以,人民民主就是指:中国广大民众在中国共产党的领导下凝聚成为一个整体即人民,由人民掌握国家政权、行使国家权力。人民作为一个整体,是由中国共产党和中国广大民众紧密结合在一起的产物,而中国共产党与中国广大民众的紧密结合,不仅是阶级动员的过程,而且也是政治整合的过程,党与群众之间的广泛、多层次、制度化协商,则是决定人民能够形成的关键。人民意志也是整体的意志,而非多数人的意愿,它类似于卢梭所说的反映了公共利益的公意,即"除掉这些个别意志间正负相抵消的部分而外,则剩下的总和仍然是公意"[26]。人民意志的形成,同样是广泛、多层次、制度化协商的结果,通过协商使得人们在根本利益的基础上达成基本共识,这种基本共识就构成人民意志的内容。

协商是人民民主的内在精神,但是对于实现人民当家作主来说,广泛、多层次、制度化协商必须落实为具体的机制,进而构成人民民主过程不可或缺的环节。在协商精神得到确立和发展、协商程序得到创建和运转的基础上,广泛、多层次、制度化协商就同人民民主高度融合在一起并实现了共同发展,因此就形成了人民民主的新实践形式即协商民主。习近平指出:"要推动协商民主广泛、多层、制度化发展,统筹推进政党协商、人大协商、政府协商、人民团体协商、基层协商以及社会组织协商。加强协商民主制度建设,形成完整的制度程序和参与实践,保证人民在日常政治生活中有广泛持续深入参与的权利。"[27]不难发现,协商民主在实现人民当家作主上有着更为明显的优势,它可以突破选举人民代表局限于基层政权的问题,在最为广阔的程度上实现了中国民众对国家事务与公共事务的参与,进而在更为广泛的层次和领域中保障了中国民众的政治权利。

四、群众自治

除了选举人民代表组成国家权力机关实行间接形式的人民当家作主以外,由基层群众直接管理同自己切身利益密切相关的公共事务的群众自治,同样是在社会主义国家中实现人民当家作主的重要形式。群众自治有着两个方面的显著特点,一方面群众自治是非政权形态的人民当家作主,群众自治实施的领域只能是城乡社区和工厂企业,所以中国的群众自治实际上就是中国的社会自治,在具体形式上包括城市居民自治、农村居民自治、企业职工自治;另一方面群众自治的范围是有限的,群众只能围绕着自己生活的社区或者工作单位中的同自身切身利益密切相关的公共事务,进行自我管理、自我监督、自我教育、自我服务。虽然群众自治不是国家政权形态的民主,但是群众自治同民众切身利益的直接联系,充分说明群众自治完全契合人民民主的性质,因此是人民民主的重要形式。

对于人民民主而言,在社会中以群众自治的形式实现人民当家作主,和在国家政权机关中实现人民当家作主,具有同等重要的政治意义。人民民主的要义在于,广大民众在凝聚成为整体的基础上摆脱了国家权力的压迫,作为整体的人民具有强大的力量,足以控制住强大的国家,这就是说,社会在凝聚成为人民的基础上并以人民这种形态获得解放。社会解放的终极形态就是国家消亡,国家从阶级统治的工具蜕变成为公共权力机关,而公共权力机关本来就是国家的原初面目,这就是说,社会解放必然要求社会自治。在国家尚未消亡、由人民主导国家的历史时期,社会解放不可能完全彻底地实现,只能在国家权力机关中实现人民当家作主的同时,采取群众自治的形式在有限的范围内部分地实现社会解放。因此,群众自治孕育着更高级的人民当家作主,从历史唯物主义的角度来看,它代表着人民当家作主的发展方向。

群众自治是人民民主的基础性工程,发展人民民主、实现人民当家作主,就必须推进群众自治。推进群众自治的关键在于使基层群众对于关涉切身利益的公共事务拥有决定权,只有让广大民众能够对日常生活中的公共事务进行自我管理,广大民众才能切实感受到人民当家作主的有效性,进而才能够将当家作主的主人翁精神扎根在最为朴素的政治实践中。当然,协商在推进群众自治中仍然占据了关键位置,越是涉及群众切身利益的公共事务,越是要开展广泛、多层次、制度化协商,甚至可以说,群众自治其实就是群众以协商的方式进行自我管理。群众自治是生动鲜活的自我管理实践,只有在得到制度支持的基础上才能获得持续发展的空间,所以推动群众自治就必须系统总结群众自治的经验,将其上升为国家法律、定型为政治制度,从而为不断提高群众自治的质量提供支撑。

五、全过程实践

由中国广大民众组成的整体力量是人民民主的主体,这就意味着人民民主必然是一种全过程实践。从政治生活实践的角度来看,人民民主必须是全过程民主。全过程实践将人民民主同资本主义国家的民主在政治生活实践上明显区分开来。资本主义国家的民主将其过程主要局限于选举,甚至将民主等同于选举,于是民主政治生活呈现出"选举时漫天许诺、选举后无人过问"、为选票"党争纷沓、相互倾轧"、打选战不惜挑动"民族隔阂、民族冲突"等病症，而人民民主则将民主选举、民主协商、民主决策、民主管理、民主监督共同作为民主政治生活的基本环节，人民当家作主不只是依法进行民主选举，而且能够依法进行民主协商、民主决策、民主管理、民主监督，只有这五个基本环节全部存在，才能满足人民民主的实践要求。

民主选举、民主协商、民主决策、民主管理、民主监督五个环节紧密衔接共同构成了人民民主完整的实践过程，人民民主的全过程实践大大地拓展了人类民主政治的实践深度。人民民主的全过程实践特性实际上是同作为整体力量的人民相适应的，人民是民主的主体，人民民主的实践过程也是凝聚、巩固和发展人民的过程，中国广大民众必须在人民民主的实践过程中，在中国共产党的领导下，持续不断地凝聚成为人民并继续巩固和发展，因此人民民主的实践就不可能局限在狭小的过程内，更不可能局限于选举之上。只有在由民主选举、民主协商、民主决策、民主管理、民主监督共同构成的全过程实践中，中国广大民众才获得了充分实行政治参与、行使政治权利的空间，也才能够满足作为整体力量的人民实现当家作主的需要，同时人民在此过程中才能获得发展。由此可见，全过程实践是人民民主发展到一定阶段的必然结果。

人民民主的全过程实践和中国共产党全面领导是相互促进的。中国共产党领导是"中国特色社会主义制度的最大优势"[28]，要在新时代确保党始终发挥总揽全局、协调各方的领导核心作用，"关键是要增加和扩大我们的优势和特点，而不是要削弱和缩小我们的优势和特点"[29]。增加和扩大中国特色社会主义制度的优势的根本内容就是加强中国共产党全面领导，将中国共产党领导"落实到国家治理各领域各方面各环节"，将中国共产党领导"贯彻到党和国家所有机构履行职责全过程，推动各方面协调行动、增强合力"[30]。中国共产党全面领导的过程是支持人民当家作主的过程，民主选举、民主协商、民主决策、民主管理、民主监督都必须随着中国共产党全面领导的深入发展而成为中国广大民众实现当家作主的基本环节，而人民民主的全过程实践不仅需要中国共产党全面领导，而且为强化和完善中国共产党全面领导提供了重要条件。

第五节　推进人的自由和全面发展

一、创造美好生活

虽然人民民主的要义在于人民掌握国家政权、行使国家权力、实现人民当家作主,但是人民民主的关键则在于"人民"而非"民主"。也就是说,人民民主以"人民"为根本的出发点和落脚点,人民掌握国家政权、行使国家权力并不是人民民主的根本目的,人民民主的根本目的是服务人民。习近平指出:"我国社会主义民主是维护人民根本利益的最广泛、最真实、最管用的民主。发展社会主义民主政治就是要体现人民意志、保障人民权益、激发人民创造力,用制度体系保证人民当家作主。"[31]由此可见,人民民主将有效性摆在了优先位置,它不只是关于权力配置的制度,也不只是人民意志转化为政策的过程,它最为根本的是治国理政的实践带来的有利于人民的积极成果。集中而论,人民民主的有效性主要包括两个方面的内容,一方面是为人民创造美好生活,另一方面则是为人民实现彻底的社会解放。

中国广大民众在中国共产党的领导下凝聚成为人民,在过去七十年的时间里艰苦奋斗,就是为了通过人民整体的力量创造美好生活,可以说,人民共和国发展的历程就是人民追求美好生活的历程。中国人民对于美好生活有着深切的渴望,"我们的人民热爱生活,期盼有更好的教育、更稳定的工作、更满意的收入、更可靠的社会保障、更高水平的医疗卫生服务、更舒适的居住条件、更优美的环境,期盼孩子们能成长得更好、工作得更好、生活得更好"[32]。随着我国经济发展和社会进步,中国人民对于美好生活的认知也在不断发展,"人民美好生活需要日益广泛,不仅对物质文化生活提出了更好要求,而且在民主、法治、公平、正义、安全、环境等方面的要求日益增长"[33]。准确地把握人民对于美好生活的需要,进而在此基础上为中国人民创造美好生活,始终是中国共产党领导的治国理政的基本目标,所以,人民民主的有效性就体现在它为满足人民的美好生活需要而创造的积极成果上面。

人民民主创造美好生活的基础性工作仍然是推动中国社会生产力的发展,充分发挥人民民主作为上层建筑所具有的变革经济基础的反作用,从而为创造美好生活提供丰厚的物质基础。而人民民主创造美好生活的关键性工程则是集中解决制约人民的美好生活需要得到满足的障碍，从而使得美好生活能够被创造出来，成为人民的需要。制约人民的美好生活需要得到满足的主要障碍是发展的不平衡不充分，"更加突出的问题是发展不平衡不充分，这已经成为满足人民日益增长的美好生活需要的主要制约因素"[34]。人民日益增长的美好生活需要同发展的不平衡不充分之间的矛盾，已经成为当今中国社会的主要矛盾，这就意味着人民民主必须紧紧围绕着解决当今中国社会的主要矛盾而展开，将实现更为平衡和充分的发展作为中心议题。

二、实现社会解放

为人民创造美好生活，只是人民民主的有效性在每一个特定时代的具体表现，每一个特定时代的人民拥有属于自己那一个时代的美好生活，所以美好生活就是不断发展并需要不断创造的。而贯穿在每一个不同时代的不同的美好生活之中的共同内涵，则是不断推进人的自由和全面发展，并且只有以实现人的自由和全面发展引领人民在自己的时代创造美好生活，才能在创造美好生活的长期历史过程中逐渐推进人的自由和全面发展。实现人的自由和全面发展是社会主义的终极价值，在工人阶级已经成为社会主义国家的领导阶级、广大民众在中国共产党领导下凝聚成为人民，从而掌握国家政权和行使国家权力的前提下，实现人的自由和全面发展的关键就是实现社会解放，实现社会解放就成为检验人民民主有效性的根本尺度。

社会解放是马克思在总结巴黎公社经验时提出的理论创见。马克思认为，公社是社会解放的政治形式，"这是社会把国家政权重新收回，把它从统治社会、压制社会的力量变成社会本身的生命力；这是人民群众把国家政权重新收回，他们组成自己的力量去代替压迫他们的有组织的力量；这是人民群众获得社会解放的政治形式，这种政治形式代替了被人民群众的敌人用来压迫他们的假托的社会力量"[35]。由此可见，社会解放是在国家与社会之间关系的根本扭转的基础上实现的社会力量的发展壮大，这里所指的社会力量就是联合起来的个人的集体力量。巴黎公社实际上是将来取代资产阶级共和国的社会共和国的雏形,社会共和国的"真正社会性质"就是工人阶级掌握着政权,[36]所以社会共和国就是社会主义国家。巴黎公社"宣布'社会解放'是共和国的伟大目标,从而以公社的组织来保证这种社会改造"[37],因此,社会主义国家必须以实现社会解放为伟大目标,并且只有在社会主义国家中才能最终实现社会解放。

在社会主义国家中,虽然实现了人民当家作主,但是人民掌握国家政权、行使国家权力所取得的最大成就只是阶级的政治解放。因为社会主义国家是在生产力发展水平不高的基础上建立的,阶级分化仍然是社会结构的核心特征,经济基础尚未发达到能够使自由的个人联合起来占有生产力的程度。阶级的政治解放必然意味着以工人阶级作为领导阶级的人民民主专政,而人民民主专政则意味着阶级的政治统治仍然是社会主义国家政权的基本属性。只要还存在阶级的政治统治,就不能说实现了社会解放。纵使在人民掌握国家政权、行使国家权力的条件下,社会解放露出了曙光,随着人民当家作主以群众自治的形式获得深入发展,社会解放在特定范围内获得了初步进展,但不能说社会解放完全实现了,只能说社会采取了人民这种政治实体的形式,进而为社会解放开辟了道路和准备了基础。

只有在实现了彻底的社会解放的基础上,现实中的个人才能够发展成为自由而全面的个人。社会解放是一个历史过程,首先,它将推动社会生产力获得极大发展,并不断变革经济基础,从而为人的自由和全面发展提供丰富的物质条件;其次,社会解放将实现人民当家作主的深入发展,从政治生活上提升人的自由和全面发展的程度;最后,社会解放将逐渐消除阶级之间的差别、城乡之间的差别、脑力劳动与体力劳动之间的差别,从而最终消除存在于人民内部的由于人的活动而造成的社会界限。

人民民主要推进社会解放不断获得进展,必须紧紧把握经济基础与上层建筑之间的辩证关系,一方面要充分发挥人民民主作为上层建筑所具有的强大反作用,积极推动经济基础的变革,最大程度上发展社会生产力,从而创造自由的个人联合起来的条件;另一方面要适应经济基础发展的程度以及人民当家作主能力提高的程度,积极创造实现人民当家作主的新内容和新形式,逐渐减轻公共权力机关的阶级性质,拓展社会自治的广度和深度。总而言之,必须将实现社会解放确立为人民民主的制度和实践的内在规定性,从而构成指引人民民主发展的方向和激发人民民主发展的动力。

注释

1. 林尚立:《大一统与共和:中国现代政治的缘起》,载陈明明主编:《劳工政治》,复旦大学出版社 2016 年版,第 4 页。

2.《毛泽东选集》第二卷,人民出版社 2009 年版,第 634 页。

3. 费正清、费维恺主编:《剑桥中华民国史》下卷,刘敬坤等译,中国社会科学出版社 1994 年版,第 86 页。

4.《毛泽东选集》第一卷,人民出版社 2009 年版,第 263 页。

5.《毛泽东选集》第四卷,人民出版社 2009 年版,第 1477—1478 页。

6.《毛泽东选集》第二卷,人民出版社 2009 年版,第 645 页。

7. 汪仕凯:《先锋队政党的治理逻辑:全面从严治党的理论透视》,《政治学研究》2017 年第 1 期,第 28—31 页。

8.《列宁选集》第一卷,人民出版社 1995 年版,第 526 页。

9.《毛泽东选集》第二卷,人民出版社 2009 年版,第 677 页。

10.《毛泽东选集》第四卷,人民出版社 2009 年版,第 1480 页。

11. 同上书,第 1475 页。

12.《江泽民文选》第三卷,人民出版社 2006 年版,第 539 页。

13.《胡锦涛文选》第三卷,人民出版社 2016 年版,第 653 页。

14. 林尚立:《论人民民主》,上海人民出版社 2016 年版,第 60 页。

15. 习近平:《决胜全面建成小康社会　夺取新时代中国特色社会主义伟大胜利》,人民出版社 2017 年版,第 62 页。

16.《马克思恩格斯选集》第 1 卷,人民出版社 1995 年版,第 71—72 页。

17. 林尚立:《论人民民主》,第 6 页。

18. 王沪宁主编:《政治的逻辑:马克思主义政治学原理》,上海人民出版社 2016 年版,第 67 页。

19.《马克思恩格斯全集》第 3 卷,人民出版社 2002 年版,第 39—40 页。

20. 林尚立:《论人民民主》,第 49 页。

21. 何俊志:《作为一种政府形式的中国人大制度》,上海人民出版社 2013 年版,第 101—112 页。

22. 林尚立:《论人民民主》,第 60 页。

23.《马克思恩格斯选集》第 3 卷,人民出版社 1995 年版,第 56 页。

24. 汪仕凯:《不平等的民主:20 世纪 70 年代以来美国政治的演变》,《世界经济与政治》2016 年第 5 期,第 12—13 页。

25. 习近平:《决胜全面建成小康社会　夺取新时代中国特色社会主义伟大胜利》,第 37—38 页。

26. 卢梭:《社会契约论》,何兆武译,商务印书馆 2003 年版,第 35 页。

27. 习近平:《决胜全面建成小康社会　夺取新时代中国特色社会主义伟大胜利》,第 38 页。

28. 同上书,第 20 页。

29.《习近平谈治国理政》第二卷,外文出版社 2017 年版,第 289 页。

30.《〈中共中央关于坚持和完善中国特色社会主义制度、推进国家治理体系和治理能力现代化若干重大问题的决定〉辅导读本》,人民出版社 2019 年版,第 6、8 页。

31. 习近平:《决胜全面建成小康社会　夺取新时代中国特色社会主义伟大胜利》,第 35—36 页。

32.《习近平谈治国理政》,外文出版社 2014 年版,第 4 页。

33. 习近平:《决胜全面建成小康社会　夺取新时代中国特色社会主义伟大胜利》,第 11 页。
34. 同上。
35.《马克思恩格斯选集》第 3 卷,人民出版社 1995 年版,第 95 页。
36. 同上书,第 107 页。
37. 同上书,第 105 页。

第六章 社会主义法治国家

　　阶级性和规范性是任何法治形态的两大基本属性。马克思主义以前的法学理论普遍从规范性意义上界定法治,忽视了法治的阶级性。中国特色社会主义法治国家建设需要在阶级性和规范性的两方面共同推进。新中国成立七十多年来的法治国家建设经验表明,中国特色社会主义法治国家建设的意义、内涵和方式存在一个逐步探索、重点迁移并不断丰富完善的过程。

第一节　中国特色社会主义法治模式

　　中国特色社会主义法治模式显著不同于欧美国家典型的法治模式。西方国家法治模式的特征主要表现为抽象主义、程序主义、专业主义等,而且其法治道路是原生性的,其法治理论和法治理念的最根本特征在于强调法的规范性而忽视法的阶级性。当代中国的法治国家建设和中国特色社会主义法治道路,与西方传统法治理念和法治模式大异其趣。如果说欧美国家的法治模式是一种基于唯心主义的抽象法治、基于正当程序原则的形式法治、基于社会分工的专业主义法治,那么中国特色社会主义法治就是一种政治型法治、治理型法治和融合型法治。

一、政治型法治

　　法律是一种非常重要的政治事物,法治是一种非常重要的政治现象。任何法治形态和法治模式都有其政治基础和政治属性。西方法治理论认为,"法治"(rule of law)的根本含义在于,法律之上再无其他专断意志、普遍意志或共同意志。这种法治观念的形成,有着极为悠久的理性和宗教传统,成为贯穿欧洲历史的一条延绵不绝的主线。这是一种脱离了法律的历史唯物主义背景和本质的抽象法治观,忽视了法律的权力性、阶级性和政治性。中国特色社会主义法治作为一种政治型法治,不仅强调法治的规范性,更加强调法治的政治性。这一方面表现在中国特色社会主义法治公开说明并牢固坚持自己的政治属性,另一方面表现在中国特色社会主义法治的生成、发展和实现,均受到政治的保障和规约。

（一）政治基础是人民民主

法律是人类历史上十分古老的现象。马克思指出:"法的关系正像国家的形式一样,既不能从它们本身来理解,也不能从所谓人类精神的一般发展来理解,相反,他们根源于物质的生活关系。"[1]在阶级社会,法权关系"是一种反映着经济关系的意志关系。这种法权关系或意志关系的内容是由这种经济关系本身决定的"[2]。因此,法律在本质上是阶级关系和政治权力的延伸与表征。

然而,长期以来西方法律思想家大都基于抽象理念探讨法律的本质,而不承认甚至有意拒斥法的政治性,如古希腊时期的自然正义和自然法观念,欧洲中世纪永恒法、神法、自然法和人定法的区分,启蒙时代以来的理性主义法律观等。近代以来,实证法学派和分析法学派把法的本质归结为主权者的命令,从而与纯粹伦理相区别,社会法学派甚至明确宣布,所谓法治就是"通过法律的社会控制"[3]。但是,所有这些法律理论都认为法律具有一种自在自为的抽象本质,法治实现的一个根本性条件是人们对于法律至上的真诚信仰。当代西方国家的法律形式主义和程序主义的生成,很大原因就在于这种法律抽象主义。

马克思主义对这种抽象法治观进行了深刻的揭露和批判。在《关于林木盗窃法的辩论》一文中,马克思看到了法的一般抽象物背后的利益冲突和阶级本质,有产阶级可以动用国家机器来保护自己并不符合自然正义的私有财产。看似是公共利益守护神的国家机器实际上不过是私人利益的奴仆,"盗窃林木者偷了林木所有者的林木,而林木所有者却利用盗窃林木者来盗窃国家本身"。法律并非维护正义的"公器",而不过是有产阶级利益的"代言人","维护林木所有者利益的法理感和公平感"是一项公认的原则,而"这种法理感和公平感同维护另外一些人的利益的法理感和公平感正相对立"[4]。所以,在《共产党宣言》中,马克思恩格斯直言不讳地指出："你们（资产阶级）的法不过是奉为法律的你们这个阶级的意志。"从而揭开了抽象主义法治虚伪的面纱，进而在唯物主义的历史基础上阐明法律的政治性，即必须说明法律是谁的法律，法治为谁而治。

中国特色社会主义法治向来直截了当地声明并坚持自己的阶级基础和政治属性，即中国特色社会主义法治的政治基础是人民民主。1954年《宪法》第一条和第二条分别规定："中华人民共和国是工人阶级领导的、以工农联盟为基础的人民民主国家。""中华人民共和国的一切权力属于人民。人民行使权力的机关是全国人民代表大会和地方各级人民代表大会。"国家依照法律保护资本家的生产资料所有权和其他资本所有权，但是国家对资本主义工商业采取利用、限制和改造的政策，逐步以全民所有制代替资本家所有制。新中国成立前夕，毛泽东提出，我们实行人民民主专政，人民有言论集会结社等自由权，对反动派实行专政，不许他们乱说乱动，"如要乱说乱动，立即取缔，予以制裁"[5]。人民民主构成中国特色社会主义法治的政治基础，延续至今。中国特色社会主义法治强调政治与法律的相互关系，强调法治当中有政治，没有脱离政治的法治；往往将"政法"相提并论，且"政"在"法"前[6]，强调政治决定法治，"每一种法治形态背后都有一套政治理论，每一种法治模式当中都有一种政治逻辑，每一条法治道路底下都有一种政治立场。公法只是一种复杂的政治话语形态，公法领域内的争论只是政治争论的延伸"[7]。

（二）政治核心是党的领导

阶级利益不会自动实现，也并非任何阶级的权力诉求或权力份额都能得到法律的保障，"从某一阶级的共同利益中产生的要求只有通过下述办法才能实现，即由这一阶级夺取政权并用法律的形式，赋予这些要求以普遍的效力"[8]。也就是说，一个阶级只有夺取政权，取得统治阶级地位，才能真正让阶级意志上升为国家意志，并通过其掌握的国家机器确保阶级意志得到贯彻。

在无产阶级夺取政权掌握国家机器的过程中，就产生了党的领导问题。无产阶级要在同资产阶级的斗争中取得胜利，联合并发动其他中间阶级，将革命推向更高层次，就必须"组成一个不同于其他所有政党并与它们对立的特殊政党，一个自党的阶级政党"[9]。因此，党的领导成为通往共产主义过程中的社会主义阶段的最本质特征。正是基于这一认识，《中国共产党章程》和《中华人民共和国宪法》都明确规定，中国共产党的领导是中国特色社会主义的最本质特征。

作为中国特色社会主义道路的一部分，中国特色社会主义法治国家建设，同样以党的领导为政治核心和最本质特征。党的领导是中国特色社会主义法治之魂，是中国的法治同西方资本主义国家的法治最大的区别。当代中国的法治建设进程是由中国共产党发起并推动的，党的领导是社会主义法治最根本的保证。中国共产党把依法治国上升为治国理政的基本方略，将党政主要负责人作为履行推进法治建设的第一责任人[10]，要求各级党政领导干部模范遵守宪法和法律，法治发展的方向和动力都取决于党的领导。中国共产党坚持和加强党对政法工作的绝对领导，通过各级党委政法委来确保政法工作的政治性和有效性。[11]中国共产党推动法治、尊崇法治，中国的法治发展才有可能；法治中国在中国共产党的领导下，才能确保社会主义方向，服务于广大人民群众的根本利益。

中国共产党一直是作为推动新中国法治发展的最重要的主体性力量而存在。无论从观念还是实践角度来看，在西方国家法治发展的进程中，哲学家、宗教家、法学家、法官和律师等思想家和法律职业群体发挥着主体性作用。而当代中国的法治建设，主要是由中国共产党特别是党的历代领导人带领中国人民推动的。有关法治中国建设的价值、目标、内涵、方略等主要都是通过政治领导人来论述并加以推动的。这也使得新中国的法治发展进程不同于西方的法律专业主义路径，而呈现出鲜明的政治视角和政治家视角。

（三）政治功能是执政兴国

中国特色社会主义法治不以法律专业主义为最终目标，而是始终强调法治要服务大局，充分发挥法治的政治功能。与西方法学理论不同，中国共产党不单纯从法治本身的价值来论证法治的价值，而是通过强调法治对于保障人民民主、国家发展、长期执政的功能来体现法治的价值。邓小平曾经说，政治体制改革总的目标有三条：一是巩固社会主义制度，二是发展社会主义生产力，三是发扬社会主义民主，调动广大人民的积极性。[12]社会主义法治国家建设作为政治体制改革的重要组成部分,其功能和价值也主要在这些方面。总的来说,就是法治建设要有利于中国共产党带领中国人民执政兴国。具体而言,法治的政治功能:

一是体现为保障功能。法治的保障功能体现在多个方面,比如保障中国特色社会主义道路和制度,保障中国共产党的执政权,保障人民群众的合法权益,保障社会秩序长治久安,等等。如毛泽东认为:"我们的法律,是劳动人民制定的。它是维护革命秩序,保护劳动人民利益,保护社会主义经济基础,保护生产力的。"[13]其中的根本在于保障中国共产党的领导。在从革命党向执政党转变的过程中,中国共产党的合法性来源也发生了许多重要变化,其中一个根本性变化就是法律合法性与制度合法性增强,而法律和制度合法性资源主要来自法治建设。因此,建设法治国家,有利于保障人民当家作主和党长期执政,根本上是保障社会主义制度。2018年第五次《中华人民共和国宪法修正案》,明确将中国共产党的领导写入宪法,并将之确定为中国特色社会主义的最本质特征。

二是体现为发展功能。法治水平是现代国家治理体系和治理能力的重要指标。法治的发展功能,主要体现为推动国家现代化,这既包括经济社会等方面的现代化,也包括国家治理的现代化。中国的法治理念强调:"实行和坚持依法治国,对于推动经济持续、快速、健康发展和社会全面进步,保障国家长治久安,具有十分重要的意义。"[14]特别是在社会主义市场经济条件下,法治推动发展的功能更加明显。市场经济主要是法治经济,产权保护、交易规则、宏观调控等市场经济健康发展的条件都同法治紧密相关。通过法治来推动发展的理念也体现在我国具体的法律规范之中[15],并进而渗入执法、司法、守法的各个环节。依法治国还被视为社会进步、社会文明的一个重要标志,是建设社会主义现代化国家的必然要求;建设中国特色社会主义法治体系、建设社会主义法治国家是实现国家治理体系和治理能力现代化的必然要求。[16]

三是体现为规范功能。在任何时代任何国家,规范各类权力关系和社会关系都是法律的基本功能。马克思主义认为,权力的"异化"是其天然属性,而严格的权力监督是防止权力异化的必然选择。通过法律对权力进行规范是权力监督的主要形式之一。依法治国是我国宪法确定的治理国家的基本方略,而能不能做到依法治国,关键在于党能不能坚持依法执政,各级政府能不能依法行政。[17]因此,中国特色社会主义法治国家建设,一方面要通过法律确保执政党的执政权,另一方面必须对于其执政权的行使进行严格规范,从而将权力"关进制度的笼子"。

二、治理型法治

程序主义法治更多聚焦于法律规则和法律程序本身,强调程序正义多于强调实质正义,并进而形成"遵守了正当程序原则就实现了正义本身"的法治理念。而追求实质正义和解决实际问题是治理型法治的最基本特征。中国特色社会主义法治建设是中国特色社会主义政治建设和国家治理现代化的有机组成部分,是后两者诸多政治工具和政策工具选项之一。

(一)一核多元的法治格局

中国共产党是中国特色社会主义法治格局中的核心,在推进科学立法、严格执法、公正司法、全民守法的过程中起着总揽全局、协调各方的作用。在具体的法治建设和法治活动中,中国共产党各级党组织以及各级党政主要负责人,贯彻落实党中央关于法治建设的重大决策部署,统筹推进科学立法、严格执法、公正司法、全民守法,各级人大、政府、政协、审判机关、检察机关等在各级党组织的领导下开展相应的法治建设活动和法律业务活动,它们在开展工作的过程中遇到问题和困难,可以向党组织寻求帮助。各级人大、政府、政协、审判机关、检察机关在具体业务活动中,虽然存在分工和相互监督的职能,但它们之间不是对抗关系,而是在党领导下的协作关系,共同努力确保法律和党的政策得到落实,人民合法权益得到实现,具体的法律问题得到解决。在面对重大、复杂、影响面大的案件时,党委政法委可以牵头公检法"联合办案"。

一核多元的本质是一核,强调在一核领导下的多方协作,而非多元主导下的相互对抗。在法治事业中,各有关方面共同协作,服务于党依法治国的政治目标,是中国特色社会主义法治"政治性"的重要表现及基本要求。早在1949年1月,时任最高法院院长的谢觉哉在司法培训班上讲道:"我们的法律是服从于政治的,没有离开政治而独立的法律。政治要求什么,法律就规定什么……我们的司法工作者一定要懂政治。"[18]中国法官、检察官和人大机关公务员、行政部门公务员等虽属于不同序列,适用不同的职业晋升模式,但他们都是党的干部,都需要接受党的领导;不同序列的公务员和领导干部也可以根据需要交叉任职。这体现了各部门业务上有分工,但政治上要统一的特点。

（二）实用主义的法治信念

中国特色社会主义法治模式具有鲜明的实用主义色彩,坚持问题导向和实质正义原因,以解决国家发展和人民生活中出现的实际问题为根本依归。在论证全面依法治国的必要性时,首先强调"全面建成小康社会、实现中华民族伟大复兴的中国梦,全面深化改革、完善和发展中国特色社会主义制度,提高党的执政能力和执政水平,必须全面推进依法治国"[19]。在应对人民群众对法治活动特别是司法活动的期待时,重点强调"我们要依法公正对待人民群众的诉求,努力让人民群众在每一个司法案件中都能感受到公平正义,决不能让不公正的审判伤害人民群众感情、损害人民群众权益"[20]。在对司法机关的要求上,突出强调司法机关工作要"为大局服务""为人民司法"。以法院向人大报告工作为例,其行文方式类似于政府工作报告,往往突出结案数量增长情况、保障大局重点情况、服务民生工作情况、司法创新亮点情况等"成绩"。在考核司法机关的工作时,采用类似于官僚机构考核方式的数目字管理,特别强调其以数量指标为衡量标准的工作成绩,如立案率、结案率、调解率、上访率等;对于法官等法律职业工作者的考核标准与考核方式,也并非从专业主义角度进行,而是类同于其他党政部门的考评标准,如维稳、化解矛盾、服务大局等。

在具体法治实践活动中,突出强调政治效果、法律效果、社会效果"三统一"。其中"政治效果"主要强调的是服从党的领导、服务大局,法律效果是社会效果的基础和前提,社会效果则是法律效果价值的体现和归宿。采取"世轻世重"的法治策略;通过"联合执法""专项行动",将治理议题作为法治议题来推动,如法律部门根据时代条件和实际需要开展"解决拖欠农民工工资""打击邪教""破解执行难""维护金融秩序""扫黑除恶"等集中整治活动;采用运动式治理方式维护经济社会秩序,满足人民群众的法治需求。

政治逻辑

（三）政策调控的法治实践

法治政策是法治领域的公共政策。相较于法律文本和司法判例，法治政策有着更强的政治性和灵活性。中国特色社会主义法治运行实践受到政策文件广泛而深刻的影响，这构成中国特色社会主义法治区别于其他国家和地区司法制度及法治模式的突出特征。在法律专业主义模式下，西方国家主要通过立法机关立法或修改法律、司法机关形成新的判例进行法律发展和调适。在中国特色社会主义法律体系和法治实践中，除了宪法、法律和司法解释之外，还存在大量诸如"指导性意见""规范性文件""非司法解释性文件"等政策文件。这些政策文件是党委领导下制定的，反映党的意志，在实践中起着比成文法和判例同样重要甚至更加重要的作用。

法治政策具有明显的治理功能，属于国家治理体系和治理能力的重要部分。早在新中国成立初期，中国共产党就明确提出"司法工作必须为经济建设服务"[21]，1951年4月14日发布的《最高院、司法部关于保护国家银行债权的通报》（司三通字第16号），明确指出法院干部不够重视、拖延时间的错误态度，以及未认识到"保卫国家金融就是保护国家生产建设事业，是人民法院重要任务之一"的问题。1949年以来，国家发布的法治政策涉及土地改革改革、社会主义改造、市场经济建设、国企改革、防范金融风险、和谐社会建设、新型城镇化建设、"一带一路"建设、生态文明建设、产权保护、自由贸易试验区建设、乡村振兴战略、保护民营企业发展等国家治理的方方面面。可以说，司法政策是国家政策在司法领域的具体化，是整个国家政策的重要组成部分，是确保司法合法性、合目的性、合正义性的调节器，是法律效果和社会效果统一的桥梁。[22]

在司法机关的工作文本中，政策语言大量出现，且具有鲜明的时代特点，成为各个阶段指导具体司法实践活动的重要依据。这些政策内容具有明显的政治性、时代性和治理性，基本都是针对某一阶段的重点治理任务。如"围绕服务供给侧结构性改革和防范化解重大风险、精准脱贫、污染防治三大攻坚战，完善司法政策"[23]，设立最高院巡回法庭能够"便于最高院本部集中精力制定司法政策"[24]，最高人民法院将"根据经济社会发展需要，及时完善司法政策……为落实宏观经济政策提供司法保障"[25]，人民法院工作中存在"有的法官对法律精神、司法政策的理解存在偏差"[26]，人民法院"必须坚持'宽严相济'、'调判结合'、'监督与支持并重'的刑事、民事和行政审判政策"[27]。这些司法政策成为中国特色社会主义法治实践的有机组成部分。

三、融合型法治

徒法不足以自行。任何一种法治模式，都有其相应的实现方式。西方法治理论和实践同其政治理论和实践一样，强调"分"的逻辑，即强调部门的分权和专业的分工。在此基础上，西方国家形成强大的法律专业主义逻辑，法治实践主要靠法律专业部门和专业人士，在法律规范和正当程序原则下"自主"进行，因此其法治秩序被认为是一种专业主义逻辑主导下的"自治型法治"。而中国特色社会主义法治同中国特色社会主义政治一样，强调"合"的逻辑，并在此基础上形成一种融合型法治模式。这种融合性突出体现在以下三个方面。

（一）依法治国与以德治国相融合

道德是一种基本的人类心理和社会现象，但德治却可以说是中国语境中的独特事物。作为一种社会秩序的形塑方式，德治在中国有着悠久的历史传统和深厚的积淀。"道之以政，齐之以刑，民免而无耻；道之以德，齐之以礼，有耻且格。"为政以刑和为政以德，成为传统中国国家治理的两大基本手段和支柱，而且自先秦以来中国就有着明确的"德主刑辅"观念。在这种历史文化基因的影响下，与法律专业主义逐步剔除法律的道德性的旨趣不同，中国特色社会主义法治十分强调道德规范、道德示范、道德感化的作用。

法治、德治"两治融合"的思路在中国特色社会主义法治理念的形成过程中有一个逐步发展的过程。德治思想首先体现在党内。党员的道德修养，是毛泽东党建思想的关键。中国传统文化中的大同理想、民本思想、重义轻利、集体主义等道德因素同马克思主义基本原理相结合，成为毛泽东思想建党的重要组成部分。而当时，法治思想十分薄弱。邓小平则多次提出要一手抓物质文明建设、一手抓精神文明建设，一手抓坚持四项基本原则、一手抓改革开放，一手抓建设、一手抓法制等"两手抓、两手都要硬"的思想，"要用法律和教育这两个手段来解决这个问题"[28]。

在党的十五大报告中，江泽民提出："法制建设同精神文明建设必须紧密结合，同步推进。"[29]进入 21 世纪以来，江泽民对依法治国和以德治国的关系进行明确论述，法治和德治同属于上层建筑的组成部分，都是治理国家的重要手段，法治属于政治文明，德治属于精神文明，我们"要坚持不懈地加强社会主义法制建设，依法治国；同时也要坚持不懈地加强社会主义道德建设，以德治国"[30]，"两治融合"的思路正式形成。2012 年，胡锦涛在党的十八大报告中指出："要坚持依法治国与以德治国相结合，加强社会公德、职业道德、家庭美德、个人品德教育，弘扬中华传统美德，弘扬时代新风。"习近平多次强调，要坚持依法治国与以德治国相结合，把法治建设和道德建设紧密结合起来，把他律和自律紧密结合起来，做到法治和德治相辅相成、相互促进。党的十八届四中全会《决定》明确提出，坚持依法治国和以德治国相结合，并把其作为实现全面推进依法治国总目标必须坚持的重要原则。

中国特色社会主义法治之所以形成这种"两治融合"的格局，有着极为深刻的原因。第一，德治本身就是优良社会秩序的一种理想状态。道德作为人的内在觉悟和自我要求，相比于法律的外在约束，在规范人的行为方面标准更高、作用更持久。即便在主张法律专业主义的西方国家，他们也不排斥道德对于规范人的行为的重要功能，只不过他们将之与法治明确区分。第二，中国长期以来是一个以血缘关系为基础的伦理社会，即使到今天，中国社会依然非常强调伦理道德的重要性，德治依然具有坚实的社会基础和切实的社会需求。第三，在法治传统较为薄弱、法治资源较为匮乏的历史条件下，德治在中国不失为一种推行善治的合理选择。第四，中国人秉持一种推己及人、由内而外的秩序观。这种秩序观认为，如果人的内在秩序合乎正义，那么合乎正义的外在秩序自然水到渠成；反之，如果人内心的道德秩序不能建立，那么很有可能就是"法令滋彰而盗贼多有"的结果。第五，中国文化强调"君子德风，小人德草"，要求为政者应能在德行上起到引领示范作用。这一观念同中国共产党的"先锋队"思想不谋而合，党员干部作为政治上的觉悟者，必须有更高的伦理道德标准，从而能够在社会上起到带头示范作用。所以，精神文明建设，也首先"要着眼于党风和社会风气的根本好转"[31]。总而言之，德治并不因其为传统治理模式而失去当代价值，法治、德治"两治融合"正体现了传统智慧和现代文明的有机统一。

（二）依法治国与依规治党相融合

中国共产党是中国政治和社会生活的中轴,既是中国人民的领导党,也是中国国家的执政党,中国共产党本身还是一个有着严密组织体系和九千多万名党员的超大型政治集团。这种特殊性使得:第一,中国共产党掌握极大的领导权力和执政权力,并同领导对象和所有国家机关发生政治关系。对于领导权力和执政权力、党国关系和党政关系等如何进行规范和监督,居于中国法治国家建设的核心位置。第二,中国共产党作为一个超大规模政党,本身就有着复杂的组织结构和运行体系,其各级组织的设立、变动、活动、权限和相互关系必须要有据可循,有规可依,否则难以解决超大型组织的有序运转问题。第三,与政党组织作为拟制主体相对应的是全党上下数千万各级党员干部,特别是其中的高级干部,他们往往占据着重要的公共职位,掌握着重大的公共权力,对于党员领导干部如何进行管理、约束和规范,是中国法治国家建设必须解决的问题。可以说,如果党的领导权、执政权不能规范化,那么法治国家建设将是无本之木。

依规治党是全面从严治党的一种重要思路和方法,涉及党的组织建设、思想建设、作风建设、反腐败斗争、党的活动和党内生活等许多方面,其核心和根本是管党治党的法治化,即用法治思维全面从严治党。依规治党首先要有规可依,因此依规治党主要表现为党内法规制度的不断完善。中国共产党早期,为了使党内关系规范化,毛泽东提出:"为使党内关系走上正轨,除了上述四项最重要的纪律外,还须制定一种较详细的党内法规,以统一各级领导机关的行动。"[32]邓小平在 1978 年中央工作会议上的讲话中指出,"国要有国法,党要有党规党法。章程是最根本的党规党法。没有党规党法,国法就很难保障"[33],第一次把党规党法同国家法律放在同等重要的地位。党的十六大以来,中国共产党的党内法规制度日益完善,党的活动和党内政治生活的制度化、规范化水平越来越高。2006 年,胡锦涛提出:"要适应新形势、新任务的要求,加强以章程为核心的党内法规制度体系建设,提高制度建设的质量和水平,做到用制度管权,用制度管事,用制度管人,推进党的建设和党内生活制度化、规范化。"党的十八大以来,依规治党和党内法规建设被提到前所未有的高度上。党的十八届四中全会通过的《中共中央关于全面推进依法治国重大问题的决定》指出,"依法执政,既要求党依据宪法法律治国理政,也要求党依据党内法规管党治党",依规治党和党内法规建设已经成为社会主义法治国家建设总体战略的有机组成部分。经过长期发展,中国共产党目前已经形成一个以章程为核心的包含约 4 200 部有效党内法规的相对严密完整的党内法规体系,其中中央党内法规约 220 多部。

"在社会发展某个很早的阶段,产生了这样一种需要:把每天重复着的产品生产、分配和交换用一个共同规则约束起来,借以使个人服从生产和交换的共同条件。这个规则首先表现为习惯,不久便成为法律。"[34] 党内法规的发展体现出同国家法律发展相类似的规律,许多党内法规一开始是党内政治生活的习惯和惯例,为了增强它们的规范性和权威性,中国共产党通过一定程序使之上升为正式的党内法规,实现了某些领域更好的制度化。为了规范中国共产党党内法规制定工作,建立健全党内法规制度体系,提高党的建设科学化水平,2013 年 5 月 27 日,中共中央发布《中国共产党党内法规制定条例》。该《条例》就相当于党内的"立法法",对党内法规的制定权限、制定原则、规划与计划、起草、审批与发布、适用与解释、备案、清理与评估等作出了明确规定。

依规治党和依法治国相辅相成。"党要管党内纪律的问题,法律范围的问题应该由国家和政府管。""从党的工作来说,重点是端正党风,但从全局来说,是加强法制。"[35] 对于中国来说,依规治党除了增强政党政治的规范性之外,还对于推动依法治国有着重要的引领和示范作用。党内关系的规范化,有助于权力关系的规范化;党员领导干部遵守党纪,有助于带动全社会遵守国法。邓小平曾提出:"越是高级干部子弟,越是高级干部,越是名人,他们的违法事件越要抓紧查处……抓住典型,处理了,效果也大,表明我们下决心克服一切阻力抓法制建设和精神文明建设。"[36] 党内法规既是管党治党的重要依据,也是建设社会主义法治国家的有力保障。章程是最根本的党内法规,全党必须一体严格遵行。完善党内法规制定体制机制,加大党内法规备案审查和解释力度,形成配套完备的党内法规制度体系。注重党内法规同国家法律的衔接和协调,提高党内法规执行力,运用党内法规把党要管党、从严治党落到实处,促进党员、干部带头遵守国家法律法规。[37]

（三）专业法治与综合治理相融合

法治的生命在于实践,而法治实践的形式也在很大程度上影响法治的属性与实际效果。现代西方国家的法治实践是高度专业主义的,法治被认为是具有高度"自治性"的一种自由秩序,法治实践主要由律师、法官、职业官僚等一批法律专业人士在制定法、判例和惯例指引下,通过专业主义的方式来推动。而中国的法治实践则体现出法治专业主义和综合治理策略相结合的特征。

秩序既是长期法治实践的一个结果,更是法治实践得以长期存在的基本条件。在缺乏基本政治秩序的情况下,一个社会通常是陷入"普力夺"[38]式的丛林社会,规则之治和规范化的社会关系无从谈起。在长期革命斗争过程中,中国共产党为了适应条件艰苦、瞬息万变的斗争形势,不得不采取极为灵活的斗争策略。在当时的情况下,常规治理和循规蹈矩并非首要原则和需求。恰恰相反,为了战胜一个又一个具体困难,中国共产党必须运用高度灵活的政治动员方式,在保存自己的同时,"集中优势兵力,各个击破"。然而,在革命斗争之外,中国共产党也面临着解决生产、分配、社会治安、权力监督等一系列常规治理任务,特别是在已经建立政权的根据地,这种常规治理的需求更加迫切。所以,在根据地时期,中国共产党一方面开展了大量法治实践,比如制定了一批根据地法律、成立了司法机构等;但更重要的是,为了在规范化不足的情况下提供基本秩序和公共物品,中国共产党发展起形式丰富的综合治理工具,比如"严打""整风"等运动式治理模式,以及思想教育、人民调解等多样化治理工具。在变动社会要快速实现有序化,这类"超常规"治理工具和治理模式成为当时取得"常规化"治理效果的必然选择,而且它们还作为制度沉淀和执政经验而移转到新中国成立后的常规治理格局中。上述种种综合治理工具,虽然不属于西方意义上的"法治",但都有助于实现政治经济社会生活的秩序化,从而无疑具有"法治化"的实际效果。

新中国成立后的很长一段时间,法制建设未能成为核心政治议题,以综合治理确保基本秩序的做法几乎成为主流。加之客观上中国国家的法制体系很不健全,国家治理也不得不采取运动式、多元化的综合治理模式。因此,这种治理模式深刻地塑造了中国的法治形态。以至于改革开放以来，在法制建设被提上核心政治议程、依法治国方略被写入宪法、中国特色社会主义法律体系基本形成等大背景下，综合治理工具也并不因专门化的法治发展而式微，反倒在理论和事实上都逐步融合成为中国特色社会主义法治形态的有机组成部分。中国不曾走上西方式的专业主义法治现代化之路，而是在自身的历史基础和资源禀赋基础上形成了一种法律专业主义和多元综合治理融合发展的法治模式。

法律专业主义和多元综合治理的融合性体现在多个方面。一是参与主体的融合性。与西方专业主义法治模式下主要是法律职业共同体参与法治过程不同，中国的法治实践中，除了法官、律师等职业群体参与外，各级党组织、有关行政部门、基层群众自治组织、社会组织、社会贤达和普通公民等都参与其中。二是法治方法的融合性。与法治专业主义逻辑下的"规则至上"不同，多元综合治理更加强调"对话协商""人民调解""群众路线""思想教育"等手段。例如，在司法实务中，强调多元纠纷解决机制，特别是强调调解作为化解矛盾纠纷的重要方式，"人民调解""马锡五审判方式""枫桥经验"等在法治实践中得到广泛宣传和应用。三是法治效果的融合性。具体的法治实践则以问题和需求为导向，追求政治效果、法律效果和社会效果的统一。特别是基层法治实践，与西方专业部门和科层制为主的专业执法、专业司法的最大区别是，中国特色社会主义法治表现出明显的多元综合特征，其本质为党建引领下的社会治理法治化。具体表现为三方面：一是以行政执法部门依法行政为基础，强调执法规范和公平正义；二是加入社区协商、人民调解等群众工作方法，提高效率和效果；三是发挥所院办联勤联动综合执法优势，鼓励基层面对新情况新问题开展探索创新。总的来说，中国特色社会主义法治不仅仅是为了法律规范或者法律专业部门的自我实现，而且是追求一种党的领导、人民当家作主和依法治国有机统一的综合性治理效果。

第二节　政党主导的法治国家建设路径

当代中国的政治发展和现代化建设是在政党主导下进行的，中国共产党的领导是中国特色社会主义的最本质特征。中国特色社会主义法治国家建设属于中国特色社会主义现代化建设和中国特色社会主义政治发展的内在组成部分。中国特色社会主义走的是一条政党中心的国家建设道路[39]，因此中国特色社会主义法治国家建设也遵循政党中心的总体逻辑。中国共产党的领导是中国特色社会主义法治的最本质特征，"是社会主义法治最根本的保证"[40]。政党中心的法治国家建设逻辑，体现在理论基础、历史过程和实践方式各方面。

一、理论基础

一个国家能否在政党的主导下建设成为一个法治国家？这既是一个实践问题，也是一个理论问题。政党主导的法治国家建设，在人类法治文明发展史上属于全新的探索，在实践上并无先例可循。但是，这一实践在理论上并非没有一定的基础。中国特色社会主义法治国家建设的理论基础在于马克思主义中国化，其不仅需要体现马克思主义法律观的基本原理，也需要基于中国国情而进行发展创新。

（一）马克思主义法律观

马克思主义中国化，包括马克思主义法律观的中国化。马克思主义法律观的基本特征在于：第一，法律是统治阶级意志的体现，是阶级统治的工具。"无论是政治的立法或市民的立法，都只是表明和记载经济关系的要求而已"[41]；"在议会中，国民将自己的普遍意志提升成为法律，即将统治阶级的法律提升为国民的普遍意志"[42]。强调法律的阶级性是马克思主义法治观的最鲜明特征，这一点在林木盗窃案、黑格尔法哲学批判等经典文献中都有着清晰的体现。第二，掌握政权是统治阶级实施其法律的基本条件。"官吏既然掌握着公共权力和征税权，他们就作为社会机关而驾于社会之上。从前人们对于氏族制度的机关的那种自由的、自愿的尊敬，即使他们能够获得，也不能使他们满足了；他们作为日益同社会脱离的权力的代表，一定要用特别的法律来取得尊敬，由于这种法律，他们就享有特殊神圣的和不可侵犯的地位了。"[43]第三，法律具有普遍性的内在本质和外在形式。统治阶级"除了必须以国家的形式组织自己的力量外，他们还必须给予他们自己的由这些特定关系所决定的意志以国家意志即法律的一般表现形式"[44]。法律是统治阶级意志的表达,但是法律所表现出来的统治阶级意志,既不是统治阶级中少数人的意志,更不是什么个别人的"自我意志",而是体现了统治阶级的整体利益。这种由统治阶级的"共同利益所决定的这种意志的表现,就是法律"。[45]第四,真正的法律是集体意志的表现,是人民民主的保障。"法律应该是社会共同的,由一定物质生产方式所产生的利益和需要的表现,而不是单个人的恣意横行。"[46]"只有当法律是人民意志的自觉表现,因而是同人民的意志一起产生并由人民意志所创立的时候,才会有确实的把握,正确而毫无成见地确定某种伦理关系的存在已不再符合其本质的那些条件,做到既符合科学所达到的水平,又符合社会上已形成的观点。"[47]另一方面,马克思主义认为,同民主不一样,法律在一个后阶级社会并无存在的意义和必要。因为,到了后阶级社会,法律作为阶级社会的上层建筑,必将同国家、政党、军队、警察一样,随着阶级的消亡而消亡。因此,不论是资产阶级虚伪的法律,还是无产阶级真正的法律,在马克思主义基本原理中似乎都不具有"本体性"的意义,而只具有"工具性"的意义。

(二)政党主导是社会主义法治国家建设逻辑的必然结果

马克思主义法律观清晰地揭示了法律的阶级性、权力性和政治性,并基于此对剥削阶级披着普遍性外衣的虚伪的法律观进行了无情的批判。但需要注意的是,马克思主义并不是在一般意义上批判法律,它只是批判披着普遍性外衣的阶级社会的法律,而真正体现共同意志并以人民民主为基础的法律则是马克思主义所认同的。因此,与其说马克思主义批判法律,毋宁说马克思主义真正批判的是阶级统治和不民主的政治状态。自然地,马克思主义不仅不抽象地反对法治,反倒是乐于追求真正的法治。只不过,相比于表层的"法治",马克思主义更加注重里层的"政治"。共产主义革命"就是要最坚决地打破过去传下来的所有制关系",建立无产阶级的政治统治,"工人革命的第一步就是无产阶级变为统治阶级,争得民主"。[48]因此,要建设社会主义的法治,首先必须建设社会主义的政治。马克思明确提出,在阶级社会,政权和权力是比法律和权利更为本质、更为重要的东西;无产阶级要拥有自己的"法"(right),首先必须获得自己的"权"(power)。而无论是"夺权"还是"建法",松散的、自在的无产阶级都不可能完成,而必须依靠自觉的无产阶级政党来领导完成。无产阶级政党带领人民建设无产阶级政权,是建设无产阶级法治的根本条件。

（三）中国特色社会主义法治国家建设对马克思主义法律观的继承和发展

马克思主义的法律观深刻影响了中国特色社会主义法治国家建设。中国化的马克思主义法律观,既有对于经典马克思主义法律观的继承,又有接续中国传统、凸显时代特征、融合世界法治文明的创新发展。

马克思主义法律观的中国化,主要体现为以下几个方面。一是强调法律的阶级属性。特别是中国共产党早期更是强调法律的阶级性超过规范性,这也导致对规范意义的法制建设不够重视。毛泽东认为,没有民主的宪政法治是虚假的,"宪法,中国已有过了,曹锟不是颁布过宪法吗? 但是民主自由在何处呢?""宪政是什么呢? 就是民主的政治。……但是我们现在要的民主政治……是新民主主义的政治,是新民主主义的宪政。它不是旧的、过了时的、欧美式的、资产阶级专政的所谓民主政治。"[49]毛泽东认为:"政治法律不装在穿长衣的先生们的脑子里,而装在工人们、农民们的脑子里……他们对法律要怎样定就怎样定。"[50]二是强调法律的上层建筑地位。一方面法律是为经济基础服务,如毛泽东提出,法律"对于我国社会主义改造的胜利和社会主义劳动组织的建立起了积极的推动作用,它是和社会主义的经济基础即社会主义生产关系相适应的"[51]。另一方面法律作为阶级斗争的工具,随着阶级斗争的消亡,法律也不可避免地走向消亡。三是强调法律的工具价值。这体现在对旧的法权的批判过程中连带也否定了法律的规范性功能;体现在革命斗争过程中依靠政治动员和政策办事的经验带入国家的常规治理,以至于在共和国早期将法制建设当作"过渡",甚至后来严重践踏民主、破坏法制的情况[52];体现在法治的功能被设定为主要是服务于党执政兴国,事关人民幸福安康,事关党和国家长治久安,而不在于形成自身的超越性价值。[53]四是强调民主与法治的结合,将民主作为社会主义法治的基础,将法治作为人民民主的保障条件,建设兼具阶级性和规范性的社会主义法治。六是强调法治的现代文明属性。日益突出法治在规范政治权力、保障人民权利方面的功能,将法治作为调整和规范经济社会关系的核心手段,作为社会主义核心价值体系的重要组成部分,作为国家治理体系和治理能力现代化的基础条件、重要目标和具体实现形式。以上几个方面，归根结底是强调党在法治方向、法治发展、法治保障和法治实施中的核心地位。

总的来说，在强调法的阶级性、政治性，强调党领导法治等方面，中国特色社会主义法治观同马克思主义法律观一脉相承。但中国特色社会主义法治理论不断丰富，逐步形成了党的领导、人民当家作主、依法治国有机统一的法治格局。一方面，中国特色社会主义法治观继承了马克思主义法律观关于法治政治性的基本原理；另一方面，日益强调并凸显法治的规范意义和本体意义。在当代中国，法治不再是一个可有可无甚至被批判的对象，而是已经成为中国特色社会主义道路、理论、制度、文化十分重要的有机组成部分。

二、历史过程

新中国是在同帝国主义、封建主义和官僚资本主义进行艰苦卓绝的斗争中建立起来的社会主义国家，中国共产党在这个过程中是绝对的领导力量和国家发展方向的把控者、社会资源和价值的整合者、改革开放的设计和推动者，以及中国人民和中华民族最根本利益的代表者。这种特殊的国家建设和发展背景决定了中国特色社会主义法治国家建设的历史逻辑。

（一）从革命建国到依法治国

历史已经充分证明，中国特色的政党制度是历经了战火的洗礼，并在同各种政治理想、政治模式的充分竞争中胜出的。这种历史的淘汰机制是最公平的，某种程度上，这背后反映的就是各种经济、文化和社会条件的"聚合"所导致的必然结果。这至少能说明，当时的中国不具备西方议会制政党产生的政治条件、文化基础和历史时机。但是，要认清这种"聚合"背后的政治逻辑又是有难度的。历史背后有两条逻辑主线：一是需要认识到中国特色社会主义国家建构过程中存在一个从"革命建国"到"依法治国"的逻辑转换；二是需要认识到无论在革命建国过程中，还是依法治国过程中，党的领导都是始终不变的核心要素，也是这两个建国逻辑最根本的推动力量和保障力量。

不同的是，在革命建国过程中，党和国家生活是完全重合的，党的力量就是国家的力量,党的意志就是国家意志,党的兴衰就是国家的兴衰,中间没有明显的过渡环节。而在依法治国过程中,党的领导和国家政治生活发生了制度上的功能区分,这种区分的制度化表现就是国家法制体系的形成,党的领导要以依法治国的现代形态加以体现。因此,在革命建国的逻辑下,不会发生"依法治国"问题,而在法律建国的逻辑下,党的领导和依法治国就形成了直接对接,即"党的领导—依法治国—国家机器运转—贯彻党的意志—实现党的领导",依法治国从而成为落实党的领导不可或缺的中间环节。

(二)社会主义建设与依法治国挫折

中国共产党虽然没有依法治国的丰富经验,但是一直注重发挥法制的良好功能。在革命斗争年代,党就在革命根据地制订了自己的组织法,并有意让党的活动"有法可依"。在新中国成立之前,党领导各民主党派和全国各族人民共同制订了《共同纲领》,从而为新中国的成立奠定了坚实的法律基础。1954 年,新中国第一部《宪法》诞生,并召开了全国人民代表大会,这意味着新中国的政治生活正式走上了法制的轨道。但是,党对法律在治国理政中的作用,长时间受到"工具论"和"价值论"之间张力的影响。新中国成立后一直到改革开放之前,党,特别是党的高级干部对法律的态度主要受到"工具论"的影响,将法律当作社会主义改造和继续革命的工具。这一方面让我们在较短时间内完成了社会主义改造,建成了社会主义基本制度,另一方面也造成某些法律意识淡薄、部分党员干部不依法办事的后遗症。这种后遗症发展到后来,就酿成"文化大革命"期间完全废弃法律的恶果。"文革"极端政治的形成,法制的缺乏无疑是最重要的原因之一。

改革开放后,我们首先在观念上修正了对法律的看法,认识到法律不仅是党治国理政的工具,同时具有一定的价值属性,法治能够凝聚社会共识,规范国家生活,降低交易成本。特别是改革开放过程中,我们需要通过宪法法律来保护多种所有制经济共同发展,保护人民群众的基本权利,规范党员干部的行为,预防腐败。当然,法律价值论的观点也不能极端化,否则会消解法律的阶级属性,淡化资本主义法制和社会主义法制的差别,从而落入一种庸俗的、虚无的法治观当中去。要调节法制的工具属性和价值属性,最重要的就是推进法治建设过程中坚持党的领导,以

政治逻辑

保证社会主义法治的人民本色。

（三）改革开放与国家发展：人民主体性与依法治国复归

在改革开放后的国家发展中我们看到人民主体性和依法治国在理论和实践层面的双重复归。首先，国家政治生活需要走向"制度化"。革命中，党是通过"动员—攻坚"的方式解决社会问题，而新中国成立后，国家政治力量之间的关系日益面临规范化的要求。其次，党的活动方式需要走向"法治化"。革命任务完成之后，中国特色社会主义事业的领导者——中国共产党的主要使命也必然面临从"革命战争"向"治国理政"的转变，党的活动方式也因此发生转变，以适应不断制度化了的国家生活。第三，国家政权的合法性需要逐步走向"法理化"。革命中领导党的"合法性"主要来源于革命纲领的凝聚力和号召力，革命领袖的超凡魅力，以及这个革命领导者真正依照最广大人民的根本利益诉求而发动革命，并取得胜利。但是作为"执政党"而言，革命纲领和革命任务已经完成，革命领袖也已转变为国家领导人，所以必须寻找新的合法性来源。现代政治中，执政党合法性来源依然是综合性的，主要包括历史合法性、绩效合法性以及法理合法性，其中又以法理合法性最为根本、最为稳定。在法理合法性下，执政党掌握国家政权的依据来源于宪法授予，执政党的各项活动均以宪法法律为依据，而国家宪法和法律又都是在党的领导下，由中国人民共同制定的。因此，党的领导、人民当家作主和依法治国就在宪法法律的实施过程中实现了有机统一。

在实践层面，随着社会日益多元，利益分化成为客观事实。人们的权益诉求出现差别化，不同的社会主体，对国家、对其他社会成员有着不同的行为模式期待，这一重大变化，要求通过法律予以保护、予以规制。另外，市场经济发展成为普遍共识，并被写入宪法而受到保护，而市场经济发展最重要的支柱就包括产权保护和交易规则法治化，无论是产权保护还是交易规范化管理，归根结底都是对法治的呼唤。加之 2002 年加入世界贸易组织后，中国融入国际社会的步伐大大加快，正在日益成长为一个举足轻重的国际角色。在意识形态差异短期内必然继续存在的现实情况下，法治成为全球共同认可的价值和治理方式。因此，建设社会主义法治国家，有助于奠定中国作为世界大国的重要基础。

三、实践方式

法治既然是人类政治事物和政治文明成果,就必然不会自动产生,而是需要一定的推动主体和产生条件。在不同的国家,推动产生法治的主体并不完全相同。在中国,能够成为推动法治建设主体力量的,只能是中国共产党。中国共产党主导中国法治国家建设的基本方式,一是推动法治发展,二是保障法治实施,三是引领法治方向。

（一）政党推动法治发展

中国特色社会主义法治国家建设的发展脉络,实现了从主要强调法治的政治性,到在确保法的政治性基础上更加强调法治的规范性的飞跃;经历了从主要强调法的工具属性,到日益重视法的价值属性的转变。而引领这种飞跃和转变的最根本动力和主体是中国共产党。

早在根据地时期,中国共产党就开始了建设新民主主义法制的工作。例如,中华苏维埃共和国先后制定了《中华苏维埃共和国宪法大纲》《划分行政区域暂行条例》《苏维埃地方政府暂行组织条例》《中华苏维埃共和国中央苏维埃组织法》《中华苏维埃共和国地方苏维埃暂时组织法草案》等一系列宪法性法律,用法制方式建设苏维埃政权;还颁布实施了《中华苏维埃共和国土地法》《中华苏维埃共和国婚姻法》《中华苏维埃共和国劳动法》《中华苏维埃共和国惩治反革命条例》等一批民事、行政法律法规,解决了重要领域治理常规化无法可依的情况。陕甘宁边区政府也先后制定了《陕甘宁边区抗战时期施政纲领》《陕甘宁边区保障人权财权条例》《陕甘宁边区政绩总则草案》《陕甘宁边区政务人员公约》《陕甘宁边区婚姻条例》《陕甘宁边区劳动保护条例草案》《抗战时期惩治汉奸条例》《惩治贪污条例》等一大批法律法规。[54]新中国成立后,大力加强宪法组织法、经济立法、财税立法、刑事立法、民事行政立法等许多方面的法制建设工作,为新政权的建章立制奠定了基础。这一时期政党主导的法治发展带有很强的政治性、问题性和针对性。这些法制建设活动,使新生政权确立在新的人民民主的政治基础上,并有针对性地解决当时国家政治、经济、社会生活的规范化、有序化问题。

改革开放以来,党推动法治发展也不仅限于建章立制,而是朝着"科学立法、严

政治逻辑

格执法、公正司法、全民守法"全面推进。党的十一届三中全会是中国特色社会主义法治国家建设新的起点。邓小平提出了"没有民主法治就没有社会主义"的著名论断。法治成为中国特色社会主义的内在组成部分，这是对马克思主义法治理论的重要发展。党的十三大提出，国家的政治生活、经济生活和社会生活的各个方面，民主和专政的各个环节，都应该做到有法可依，有法必依，执法必严，违法必究。法治建设必须贯穿于改革的全过程。党的十四大提出，要高度重视法治建设，加强立法工作，建立和完善社会主义市场经济法律体系。2010年，时任全国人大常委会委员长李鹏宣布，中国特色社会主义法律体系基本建成。党的十五大把依法治国确立为党领导人民治国理政的基本方略，强调依法治国是发展社会主义市场经济的客观要求，是国家长治久安的根本保障，是社会文明进步的重要标志。依法治国基本方略的确立，是我们党治国理念和执政方式的重大转变。党的十六大提出，建设社会主义政治文明的任务，将发展民主、健全法制、依法治国、建设社会主义法治国家作为党领导人民建设中国特色社会主义必须坚持的基本经验。党的十六大强调指出，发展社会主义民主政治，最根本的是要把坚持党的领导、人民当家作主和依法治国有机统一起来。党的十七大明确强调，依法治国是社会主义民主政治的本质要求，法治是中国特色社会主义总体布局和发展目标的重要组成部分，是全面推进中国特色社会主义事业的必然要求。

党的十八大以来，法治中国建设进入新的历史时期，在全面推进科学立法、严格执法、公正司法、全民守法的基础上，坚持依法治国、依法执政、依法行政共同推进，坚持法治国家、法治政府、法治社会一体建设，不断开创依法治国新局面。党的十八届三中全会提出，全面深化改革的总目标是完善和发展中国特色社会主义制度，推进国家治理体系和治理能力现代化。紧紧围绕坚持党的领导、人民当家作主、依法治国有机统一深化政治体制改革，加快推进社会主义民主政治制度化、规范化、程序化，建设社会主义法治国家。紧紧围绕提高科学执政、民主执政、依法执政水平深化党的建设制度改革，加强民主集中制建设，完善党的领导体制和执政方式。党的十八届三中全会报告还推出了涉及各方面的数十项法治中国建设的具体改革举措。[55]党的十八届四中全会在党的历史上第一次以法治建设作为全会主题，全会明确提出,依法治国是坚持和发展中国特色社会主义的本质要求和重要保障,是实现国家治理体系和治理能力现代化的必然要求,事关我们党执政兴国,事关人民幸福安康,事关党和国家长治久安;全面推进依法治国,总目标是建设中国特色社会主义法治体系,建设社会主义法治国家。全面推进依法治国成为中国共产党治国理政的基本方略,政党引领法治中国建设走上了全面发展的快车道。

很明显,中国特色社会主义法治发展的核心推动力量是中国共产党,不仅中国人民的民主权利是中国共产党带领中国人民以暴力革命方式争得的,中国国家的组织体系、权力关系,中国经济社会的规则、规范体系等,都是在中国共产党主导下逐步建立起来的。这种政党主导法治发展的模式,是当代中国法治建设的必然选择,政党推动法治发展的决心、力度、策略,将从根本上决定法治中国建设的方向、速度和质量。

（二）政党保障法治实施

法律的生命在于实施,但徒法不足以自行。经过长期努力,中国特色社会主义法律体系已经形成,总体上解决了有法可依的问题。但是,"天下之事,不难于立法,而难于法之必行"[56]。有了法律不能有效实施,那再多的法律也是一纸空文,依法治国就会成为一句空话。因此,中国共产党在推动法治中国建设的过程中,除了花大力气完善各方面法律体系之外,始终注重以政党的力量保障法治实施,做到有法必依、执法必严、违法必究。

一是要求依宪执政,依法行政。法律实施首先要求公权力机关依照法律行使权力。党的十八届四中全会提出:"法律的生命力在于实施,法律的权威也在于实施。各级政府必须坚持在党的领导下、在法治轨道上开展工作,加快建设职能科学、权责法定、执法严明、公开公正、廉洁高效、守法诚信的法治政府。"由于中国党政体制的权力结构,公权力机关的核心是执政党自身,以及包括行政机关和司法机关在内的国家机关。因此,法治中国的基本内涵是要求共产党依宪依法执政,各级政府依法行政,司法机关依法独立行使审判权和检察权。具体来说,依宪执政、依法行政,就是各级政府在党的领导下,在法治轨道上开展工作、行使权力。法律的实施,首先要求任何组织或者个人都必须在宪法和法律范围内活动,各级党委政府依法全面履行职能，推进机构、职能、权限、程序、责任法定化，推行权力清单制度；各级党和政府应严格贯彻"法无授权即禁止，法定职责须履行"的原则，严格按照法律规定，在执政、行政的各个环节规范行使权力；强化权力公开和权力监督，让权力在阳光下运行，在人民群众的监督下运行。改革开放以来，特别是党的十八大以来，中国依宪执政、依法执政取得巨大发展。宪法法律不断完善，党内法规制度不断健全，执政党依宪执政的基础更加牢固；政府职能转变不断深入，权力清单制度普遍建立并不断完善；法治政府、透明政府建设积极推进，法治建设被纳入各级政府考核指标体系；权力运行的监督和制约力度不断加大，反腐败斗争持续深入，建立重大决策合法性审查机制，建立重大决策终身责任追究制度及责任倒查机制，完善纠错问责机制；依法决策机制更加健全，公众参与、专家论证、风险评估、合法性审查、集体讨论决定等重大行政决策法定程序得到完善。通过这些机制和程序的建立健全，中国法治政府建设扎实推进。

二是要求领导干部带头守法。公权力机关是实施法律法规的重要主体，要严格依法执政、依法行政。在具体的行使权力的过程中，则要求各级领导干部带头遵法守法、严格执法，提高运用法治思维和法治方式的能力；各级组织部门要把能不能依法办事、遵守法律作为考察识别干部的重要条件。[57]司法工作者要密切联系群众，规范司法行为，加大司法公开力度，回应人民群众对司法公正公开的关注和期待。[58]在具体的司法案件中，"要从政法机关做起，坚决破除各种潜规则，杜绝法外开恩，改变找门路托关系就能通吃、不找门路托关系就寸步难行的现象，让托人情找关系的人不但讨不到便宜，相反要付出代价"[59]。比如，最高人民法院法发布《领导干部干预司法活动、插手具体案件处理的记录、通报和责任追究规定》和《司法机关内部人员过问案件的记录和责任追究规定》，法院将建立信息库专库，司法人员履职过问案情须全程留痕并入卷备查，对于领导干部干预司法活动插手案件的行为，将一律录入信息专库，并报送相关党委政法委和上一级人民法院。

三是推动全社会形成法治信仰。信仰是法治的力量之源，法律要发挥作用，需要全社会信仰法律。西方成熟法治国家之所以能够形成"自治型法律秩序"，最根本的原因就在于全社会有法治的信仰，人们相信依照法律来办事情是最好的方式。

卢梭说,一切法律中最重要的法律,既不是刻在大理石上,也不是刻在铜表上,而是铭刻在公民的内心里。中国是一个人情社会,法治观念、法治信仰、法治习惯比较薄弱。因此,建设社会主义法治国家,需要在全社会形成尊崇宪法法律的氛围。比如,2015 年 7 月 1 日第十二届全国人民代表大会常务委员会第十五次会议通过宪法宣誓制度,国家工作人员就职时应当依照法律规定公开进行宪法宣誓。同时,深入开展法制宣传教育,弘扬社会主义法治精神,引导群众遇事找法、解决问题靠法。比如,2014 年 11 月 1 日,十二届全国人大常委会第十一次会议表决通过决定,将 12 月 4 日设立为"国家宪法日"。当然,法治信仰的形成,需要长期的经验积累,最难的部分就在于推动全社会形成一种对于法治的坚定信赖和信心,推动每个人形成依法办事的习惯。所以人民群众在每一次同公权力机关打交道的过程中都能感受到严谨规范,在每一个案件中都能感受到公平正义至关重要。如果通过正常程序不能得到公平正义,群众对政法机关不托底、不信任、不放心,那光说加强法治观念也没有用。这其中,关键还在于权力机关和领导干部自身,能否以上率下,带头尊法守法、依法用权、依法办事。

（三）政党引领法治方向

在近代中国的转型过程中,从戊戌变法、清末立宪,到国民党政府制定"六法全书",法制变革是一条突出的主线,西方法律理念和文本的"移植"是这一时期典型的特点。新中国的法治(法制)建设不仅是一场法律规范意义上的革命,而且是政治意义上的深刻革命,社会主义法制不可能在旧法制的基础上建立;移植西方法律文本、借鉴西方法治经验,更是无法根本解决社会主义法治国家建设的问题。因此,方向问题就成为中国特色社会主义法治国家建设的一个根本性的问题。

中国特色社会主义法治国家建设的起点是打破国民党旧政权,摧毁国民党旧法统,在新民主主义革命根据地创建新政权、制定新法律。例如,1929 年湘鄂赣边区革命委员会政纲之一,便是"摧毁国民党各级党部及其御用压迫民众、欺骗民众之政府机关、反动团体"[60]。在抗日战争时期,为了和平民主的抗战,建立抗日的民族统一战线,中国共产党曾向国民党提出将共产党领导的陕甘宁革命根据地政府更名为中华民国特区政府,红军改名为国民革命军,停止武力推翻国民党的方针,停止没收地主土地等让步政策。但同时,中国共产党声明"决不抛弃其社会主义和共产主义的理想",而且中国必须立即开始实行下列两方面的民主改革,一是将政治制度上国民党一党派一阶级的反动独裁政体,改变为各党派各阶级合作的民主政体,"从改变国民大会的选举和召集上违反民主的办法,实行民主的选举和保证大会的自由开会做起,直到制定真正的民主宪法,召集真正的民主国会,选举真正的民主政府,执行真正的民主政策为止"[61]。要求国民党开放爱国运动,释放政治犯,取消《危害民国紧急治罪法》和《新闻检查条例》,废除一切束缚人民爱国运动的旧法令,颁布革命的新法令。[62]也就是说,即便在抗战时期,中国共产党对于中国法制建设的方向和属性问题依然牢牢坚持。

1949年1月,已经胜利在握的中共中央发表了国共和谈的八项条件,即惩办战争罪犯;废除伪宪法;废除伪法统;改编国民党军队;废除卖国条约;没收官僚资本;改革土地制度;召开政协会议。[63]1949年2月22日,中共中央发布了《关于废除国民党六法全书确定解放区司法原则的指示》,明确提出"国民党的《六法全书》和一般资产阶级法律一样,以掩盖阶级本质的形式出现。国民党的全部法律只能是保护地主与买办官僚资产阶级反动统治的工具,镇压与束缚广大人民群众的武器"。废除资产阶级旧法统不仅体现在政权建设上,更是进一步具体化为抛弃资产阶级所制定的法律文本。

邓小平在大力提倡法制建设的同时,明确提出要"旗帜鲜明地坚持四项基本原则","我们讲民主,不能搬用资产阶级的民主,不能搞三权鼎立"。"我们执行对外开放政策,学习外国的技术,利用外资,是为了搞好社会主义建设,而不能离开社会主义道路","没有中国共产党的领导,不搞社会主义是没有前途的","没有专政手段是不行的"。[64]一方面,邓小平极力推动解放思想、改革开放;另一方面,他始终将巩固党的领导、确保社会主义方向放在根本位置。中国特色社会主义法治国家建设始终坚持党纵览全局、协调各方的领导核心作用,坚持党领导人民制定宪法和法律,党领导人民执行宪法和法律,党自身必须在宪法和法律范围内活动,真正做到党领导立法、保证执法、带头守法。[65]

具体而言,中国共产党引领法治国家建设的方向体现在:一是坚持国家一切权力属于人民,法治发展要有助于增强人民民主,保障人民当家作主的地位,保障人权和公民权利;二是坚持人民民主专政的国体和人民代表大会制度的政体,强调不照搬西方政治制度的模式;三是坚持社会主义方向,强调社会主义民主法治建设"在党的领导下有步骤、有秩序地推进"[66]。

第三节　有机统一的法治国家实践机制

中国特色社会主义法治国家建设的核心问题,可以简单地被归纳为:在缺乏法治资源和法治传统的基础上,一要确保法治建设和政治发展的社会主义方向,即确保法治的政治性;二要推动国家快速实现现代化,即追求发展性;三要在快速发展过程中逐步实现"关系的规范化",即实现法治的规范性。这就决定,中国特色社会主义法治国家建设不是单一内涵的,也不是单线推进的,而是必须同时实现政治性、现代性和规范性三重目标和内涵。在追求实现上述三重目标和内涵的过程中,中国逐步走出了一条政党主导的在落后国家同步协调实现社会主义、人民民主、国家现代化、依法治国的复合型法治现代化道路。这一道路的内在逻辑,集中体现在党的领导、人民当家作主、依法治国的有机统一。这种有机统一的法治模式和法治发展道路在人类历史上不曾有过,它既挑战人们对法治模式的认知,也挑战我们对法治实践的智慧。其中,党的领导是人民当家作主和依法治国的核心动力与根本保障,人民当家作主是党的领导和依法治国的目标导向与价值依归,依法治国是党的领导和人民当家作主的基本形式与制度保障。只有深入这种有机统一性,我们才能够理解和认识中国特色社会主义法治国家的内在属性和基本逻辑,并在此基础上推动中国特色社会主义法治国家不断发展。

一、法治国家建设的基本维度

中国特色社会主义法治模式之所以形成政治型、治理型、融合型特征,主要是受到中国特色社会主义法治道路的内在逻辑的规定。理论上,单一的规范性法治的发展,不符合中国特色社会主义法治发展的需要;实践中,单纯的法律移植以及自下而上的法治运动也已经被历史证明不可能在中国社会结出法治的硕果。但同时,在有机统一的法治发展模式中,我们必须妥善处理好"法治与现代化""法治与权威""法治与民主"这三大基本关系。

（一）法治与现代化

法治中国建设是一个涉及历史起点、价值目标和实践路径的复杂命题。当代中国的法治国家建设受到几重规定性的重大制约,一是基础薄弱的法治传统,二是社会主义的方向性质,三是国家现代化发展的现实需求。

这意味着:第一,中国是在缺乏法治资源和法治传统的"非法治国家"基础上建设法治国家。[67]因此,法治中国建设具有促使中国传统政治形态内在转型的深刻意涵,这一转型过程的发生和实现不可能自动完成,必须依靠强大的推动和主导力量建构并积累法治因素才有可能。第二,新中国确立了社会主义的发展方向,在国内外确保社会主义发展方向的结构性力量并未稳固形成的情况下,中国要追求社会主义事业就必须要有强大的政治引领力和保障力。第三,中国的现代国家建设需要符合世界现代化发展的一般规律,现代国家的核心指标包括诸如经济社会不断发展、人民民主不断扩大和法治化水平的不断提升,中国需要依靠核心政治力量协调现代国家建设诸目标之间的关系。这几重规定性决定,中国特色社会主义法治道路无法自动生成,也不可能复制资本主义法治发展模式,而必然体现为党的领导、人民当家作主和依法治国的有机统一。

中国特色社会主义法治国家建设内在于中国特色社会主义现代化国家建设的总体性格局之中。中国特色社会主义现代化国家建设走的是一条"一体发展、全面推进"的复合型道路[68],即中国的现代化道路不是局部现代化和片面现代化,而是由中国共产党进行整体谋划和布局,推动政治、经济、文化、社会、生态全面发展的整体现代化。中国特色社会主义法治国家建设既是中国国家整体现代化的内在成分和必然要求,也是中国国家整体现代化的重要保障和主要表现。马克思提出:"人民自己创造自己的历史,但是他们并不是随心所欲地创造,并不是在他们自己所选定的条件下创造,而是在直接碰到的、既定的、从过去继承下来的条件下创造。"[69]因此,我们不能脱离历史、实践和理念,讨论抽象的法治国家建设。而应当在中国特色社会主义现代化国家建设的整体性道路中审视并认知中国特色社会主义法治国家建设。中国特色社会主义法治国家建设不可能单兵突进，而必须遵循社会主义现代化国家建设"有机统一"的总体逻辑。

制度化和法治化是政治现代化的基本特点之一。长期以来，特别是党的十一届三中全会以来，中国共产党深刻总结中国社会主义法治建设的成功经验和深刻教训，提出为了保障人民民主，必须加强法治，必须使民主制度化、法律化，把依法治国确定为党领导人民治理国家的基本方略，把依法执政确定为党治国理政的基本方式，积极建设社会主义法治，取得历史性成就。[70] 中国共产党第十九届四中全会聚焦坚持和完善中国特色社会主义制度，推进国家治理体系和治理能力现代化，全会《决定》明确"建设中国特色社会主义法治体系、建设社会主义法治国家是坚持和发展中国特色社会主义的内在要求"。可见，经过 70 年的探索，法治无论是作为一种价值目标还是制度形式都已经成为中国特色社会主义制度和国家治理现代化的内在组成部分。全面推进依法治国是一个系统工程，是国家治理领域一场广泛而深刻的革命，最终落实为国家治理现代化。没有法治就没有社会主义，也就没有社会主义现代化。

（二）法治与权威

在规范意义上，法治与权威似乎是一对矛盾体。既然是法治，就应当以法律为最高权威，法律之上不应再有其他权威。然而，法律的权威不会自动降临，而是必然有一个形成与发展过程。在缺乏法治传统的国家，法律规范的权威性的获得就成为其法治发展中的核心问题。就像昂格尔所说，以法的普遍性和自治性为根本特征的法律秩序"是一个非常罕见的历史现象"[71]。法治在任何国家都不会自动发生，而必须要有推动和保障的主体。因此，传统中国未能形成强大的规范意义上的法律秩序只是一个历史事实，并不值得过分纠结，而当代中国提出的建设中国特色社会主义法治国家的理想和方略如何实现才是最要紧的事情。

在中国，推动法治建设，让法律规则获得权威的主体只能是中国共产党。中国特色社会主义法治国家建设，首先需要解决法治国家的社会主义政治基础问题，然后才是推动规范意义上的法治建设的问题。正如毛泽东所说："中国现在的事实是半殖民地半封建的政治，即使颁布一种好宪法，也必然被封建势力所阻挠，被顽固分子所障碍，要想顺畅实行，是不可能的。所以现在的宪政运动是争取尚未取得的民主，不是承认已经民主化的事实。这是一个大斗争，决不是一件轻松容易的事。"[72]毛泽东认为，民国的宪政同英、法、美等国的宪政一样，实际上都是"吃人的政治"，许多国家挂起了共和国的招牌，实际上不过是"挂羊头卖狗肉"，人民并无真正的民主自由。宪政不会从天而降，不是开会写文章就会实现，也不是发布了命令、颁布了宪法、选举了大总统就实现了宪政，"真正的宪政决不是容易到手的，是要经过艰苦斗争才能取得的"[73]。所以，打破旧政权建设新政权是打破旧法统建立新法统的前提和基础，建设社会主义法治国家，首先需要建设人民民主的社会主义政权，而这一过程无疑需要中国共产党作为领导权威。政治意义上的法治中国建设，中国共产党的权威是不可或缺的。

问题在于，对规范意义上的法治中国建设而言，中国共产党的领导权威地位，对法治发展是推动力还是阻碍力？在规范意义上，法治的根本要义是任何组织或者个人都必须在宪法和法律范围内活动。这要求法治国家首先必须"有法可依"。新中国的法律规范体系不是继承自传统资源，也不是移植自外部资源，而是在新政权的基础上按照人民民主的基本要义创设的。这一创设性的立法过程，就是中国共产党领导中国人民制定宪法法律的过程。因此，即使从规范意义上而言，中国共产党的权威对于法治中国建设也具有发生学上的意义。

法治作为一种关系的规范化的理想状态，本身意味着法律规则的权威性。但是，在法律规则还没有获得这种权威性之前，它是不可能有权威的。其中的深刻辩证关系在于，如果没有法律规则之上的权威来建立、增强并维护法律规则的权威，那么法律规则将很难具备权威；但同时，如果法律规则之上的权威可以任意对待法律规则，那么法律规则将永远不可能获得权威。这就意味着，中国共产党的领导权威对于规范意义上的法治中国建设的积极意义并非无条件的。最根本的条件，就是要确保党的领导、人民民主、依法治国的有机统一。党既领导人民制定宪法法律，也领导人民执行宪法法律，党自身也在宪法法律范围内活动，做到党领导立法、保证执法、带头守法。如果三者能够实现有机统一，那么党的政策和国家法律都是人民意志的体现，三者在本质上是一致的，那么党的权威就是人民的权威，就有助于实现和增强法律的权威。反过来说，如果这种有机统一性未能很好建立或者受到破坏，那么党的领导权威和法律规范权威之间就势必产生张力，也就会出现"党大还是法大"的问题，人民民主也势必受到威胁。其中的根本问题，首先是党要保证政治上的人民性，其次是保证党的领导权力行使上的规范性，保证党的领导权威真正代表人民利益，且在宪法法律范围内行使，即邓小平所提出的："要通过改革处理好法治和人治的关系，处理好党和政府的关系。党的领导是不能动摇的，但党要善于领导。"[74]也就是说，法律规则具有高于任何组织或者个人的权威，任何组织或者个人必须尊崇法律规则。这意味着，中国共产党作为建设新政权的领导力量，作为法定的执政党，也必须在宪法法律范围内活动。

因此，要建设法治中国，首先必须确保人民民主的社会主义国家性质不变，其次必须确保法治国家有法可依，第三必须确保制定出来的法律规范获得权威。在这三个方面，中国共产党的领导权威都是不可或缺的。也就是说，中国共产党的领导权威不仅对于政治意义上的法治中国建设具有根本意义，对规范意义上的法治中国建设同样具有根本意义。

（三）法治与民主

追求民主在马克思主义理论谱系和马克思主义政党的实践历史上具有显著的核心位置。《共产党宣言》提出："工人革命的第一步就是使无产阶级上升为统治阶级，争得民主。"[75]但同时，伴随着马克思主义经典作家对于"资产阶级法权"理论的批判，以及马克思主义政党通过暴力革命夺取政权的普遍性经验，使得法治话语和法治实践在马克思主义国家理论中相对式微。这种反差也是造成新中国成立后一段时间里走上追求"大民主"而忽视国家法制建设的错误道路的理论根源。实际上，至少在国家消亡以前，民主和法治一体两面，正如马克思所揭示的，没有民主的法治是虚伪的，而没有法治的民主则是混乱的。

追求民主是近代以来中华民族最重要的奋斗主题之一，也是中国共产党的初心使命之一。但与此同时，我们在党的早期文选中，很少看到有关法制建设的论述，在改革开放以前的很长历史时期里，法制建设也始终未能成为党的中心工作。

正因如此,在党的十一届三中全会上,邓小平提出:"为了保障人民民主,必须加强法制。必须使民主制度化、法律化,使这种制度和法律不因领导人的改变而改变,不因领导人的看法和注意力的改变而改变。"[76]邓小平更是提出:"社会主义民主和社会主义法制是不可分的。不要社会主义法制的民主,不要党的领导的民主,不要纪律和秩序的民主,决不是社会主义民主。"这一论断,在中国特色社会主义法治国家建设历程中,乃至在马克思主义理论发展进程中都具有划时代的重要意义。这意味着,中国特色社会主义法治国家建设既追求人民民主的政治性,也强调依法治国的规范性,从而具有了完整意义。由此,法制(法治)建设进入中国的核心政治议程,并同民主建设紧密结合起来。

党的十五大报告明确指出:"建设有中国特色社会主义的政治,就是在中国共产党领导下,在人民当家作主的基础上,依法治国,发展社会主义民主政治。"自此,发展民主、健全法制、建设社会主义法治国家融为一体;人民当家作主和依法治国共同成为中国特色社会主义的基本要素。

二、法治国家的实践形式

党的领导、人民当家作主、依法治国有机统一是中国特色社会主义法治国家的根本属性和内在逻辑。实践当中,要推动法治国家建设,需要分为不同的层次。具体而言,可以分为价值层面、战略层面、方法层面等三个维度。在形而上的层面上,社会主义法治国家建设的价值目标是建设"法治中国",这意味着对传统中国政治形态的超越。在形而下的层面上,社会主义法治国家建设,就体现为全面依法治国基本方略,以及建设中国特色社会主义法治体系的各项具体举措。

(一)价值理想:建设法治中国

法治国家建设的目标依归是建设"法治中国"。传统中国奉行"德主刑辅"的治国理念。在长期历史发展过程中,中国虽然也形成了较为完备的制定法体系——中华法系,但国家治理的总体形态是"德治"和"人治",而非"法治"。因此,从非法治国家走向法治国家,对于中国而言具有文明形态转型的深刻意义。法治中国概念于 2013 年由习近平在中央政法工作会议上首次提出,党的十八届三中全会《决定》正式提出"推进法治中国建设"重大命题,十八届四中全会将"法治中国"的逻辑内涵系统化[77],并发出"为建设法治中国而奋斗"的号召。这一命题的提出意味着,中国共产党要推动中国政治文明形态发生深刻转型——从非法治形态走向法治形态,推动中国的主权结构和治理结构的法治化。一个法治的中国必然是一个现代的中国,因而必然体现民主、正义、有序等现代价值。

1. 民主的中国

中国共产党诞生之初,就通过《中国共产党第一个纲领》明确了自己的目标是"与无产阶级一起推翻资本家阶级的政权"(第二条),并承诺将建立起一个"苏维埃管理制度"[78](第三条),而党的核心组织原则——民主集中制——也已经确定下来。[79]中共二大则更加明确地提出了最高纲领和最低纲领的区分,党的最高纲领是:"组织无产阶级,用阶级斗争的手段,建立劳农专政的政治,铲除私有财产制度,渐次达到一个共产主义社会。"最低纲领是"消除内乱,打倒军阀,建设国内和平","推翻国际帝国主义压迫,达到中华民族完全独立","统一中国本部(东三省在内)为真正民主共和国"。对于缺乏民主,党的早期领导人有着深刻体会,毛泽东曾经说:"中国缺少的东西固然很多,但是主要的就是少了两件东西:一件是独立,一件是民主。"[80]中国的缺点,"一言以蔽之,就是缺乏民主"[81]。因此,社会主义中国要"兴利除弊",就必须"建设有中国特色的社会主义民主政治"[82]。江泽民说:"进行政治体制改革,就是要无论在什么情况下,我们都要牢牢掌握社会主义民主的旗帜。"[83]"发展社会主义民主政治,是我们始终不渝的奋斗目标。"[84]胡锦涛说:"人民民主是社会主义的生命"[85],"是中国共产党始终高扬的光辉旗帜"[86]。习近平在此基础上进一步提出,没有民主"就没有中华民族伟大复兴"[87]。这种对于民主的奋斗和追求,最终以法治的形式得到保障,在法治中实现了对于民主价值的确证。必须坚持法治建设为了人民、依靠人民、造福人民、保护人民,以保障人民根本权益为出发点和落脚点,保证人民依法享有广泛的权利和自由、承担应尽的义务,维护社会公平正义,促进共同富裕。必须保证人民在党的领导下,依照法律规定,通过各种途径和形式管理国家事务,管理经济文化事业,管理社会事务。必须使人民认识到法律既是保障自身权利的有力武器,也是必须遵守的行为规范,增强全社会学法尊法守法用法意识,使法律为人民所掌握、所遵守、所运用。[88]

2. 正义的中国

法治在任何国家都被寄予实现正义的厚望。在规范的意义上,法治意味着所有人得到同等对待,"法律面前人人平等"是现代社会基本的正义伦理。法治中国建设体现出强烈的正义诉求,它同时反过来又被称为维护正义的基石。正义的基本含义是平等,平等是社会主义法律的基本属性。《中华人民共和国宪法》规定,任何组织和个人都必须尊重宪法法律权威,都必须在宪法法律范围内活动,都必须依照宪法法律行使权力或权利、履行职责或义务,都不得有超越宪法法律的特权。必须维护国家法制统一、尊严、权威,切实保证宪法法律有效实施,绝不允许任何人以任何借口任何形式以言代法、以权压法、徇私枉法。必须以规范和约束公权力为重点,加大监督力度,做到有权必有责、用权受监督、违法必追究,坚决纠正有法不依、执法不严、违法不究行为。除了以宪法确认法律面前人人平等的政治原则,《中华人民共和国宪法》还从基本经济制度的角度体现出对于经济正义的追求,《宪法》第六条规定,"社会主义公有制消灭人剥削人的制度,实行各尽所能、按劳分配的原则"体现着平等这一社会主义根本价值追求;第三十三条"国家尊重和保障人权"则可以解读出以自由为重要追求的主张。党的十八届四中全会《决定》指出,依法保障公民权利,加快完善体现权利公平、机会公平、规则公平的法律制度,保障公民人身权、财产权、基本政治权利等各项权利不受侵犯,保障公民经济、文化、社会等各方面权利得到落实,实现公民权利保障法治化,增强全社会尊重和保障人权意识,健全公民权利救济渠道和方式。

3. 秩序的中国

秩序是任何政治体都愿意积极追求并极为珍视的一种价值和状态。在性质上,有"压制的秩序"和"自由的秩序"之分。自由的秩序意味着各类主体各安其位,各行其道,并行不悖,从而达成和谐的政治社会局面。在规范意义上,自由的秩序类同于法治秩序。这里的"法"指的不仅是制定法,而且是事物的客观规律,从而具有形而上的"道"的意义。理想形态的法治秩序不可能在人类社会完美呈现,意外和矛盾等不和谐因素总是会出现。这就使得秩序不能停留于自然层面,而在必要时需要有权威的介入。因此，在实践意义上，权威和秩序并不矛盾，有时候权威正是秩序得以存在的条件。实际上，秩序的背后包含一种对权威的自愿的服从。

传统中国以宗法社会为底色，在此基础上形成了一个以伦理秩序为基础的社会生活世界。儒家根据亲疏远近，构建起一套以"礼"为核心的伦理秩序规则，这套规则生发并根植于中国人的日常生活和心理人情，因此被认为是符合自然秩序的规则体系，并由此获得了合法性。国家制定法在此基础上加以延伸，并以国家权力为后盾，强化了伦理秩序的权威基础。由此，一套礼法规则体系和宗法伦理秩序得以形成。虽然政治失序和改朝换代在中国历史上时有发生，但社会生活世界的宗法伦理秩序保持稳定，人情—礼—法—权威的基本结构也不曾动摇。

近代以来，中国面临"三千年未有之大变局"。在一百多年间，继政治权威瓦解、封建法律体系失效之后，中国人的社会生活世界也得到根本性改造。礼法秩序和宗法社会的基础几已不复存在。近代以来的中国成为一个典型的变动社会和"失序的中国"，这种失序不仅表现在政治层面，也表现在社会生活层面。因此，对秩序的追求当为近代以来中国的基本追求；能否提供有序的政治社会生活，成为近代以来的中国政府是否有力和有效，甚至是否能够获得合法性的试金石。

新中国成立以后，革命运动在政治和社会生活层面得到延续，秩序成为急缺的"公共品"。如何为新中国超大社会提供秩序，考验党和政府的治理能力与合法性。值得注意的是，由于新中国宗法伦理社会的根基不复存在，由社会"自下而上"生发秩序规则的可能性也已丧失。新中国的秩序生成不得不走"自上而下"的形式，由政治秩序塑造社会秩序，由政治权威保障社会秩序。今天的中国社会依然处于快速变动之中，并无牢固的自然秩序基础，因此社会秩序受到政治秩序的强烈影响，政治秩序将直接影响到社会秩序的状况。所以，改革开放以来，追求稳定有序始终是中国共产党的核心工作和主流话语之一，从"稳定压倒一切"到"和谐社会建设"，再到党的十八大以来强调总体国家安全观等，都体现出中国政治和中国社会对秩序的强烈追求。在中国，稳定被认为是改革和发展的基础，由于自由秩序尚未生成，为了保证国家的总体发展态势，在某些情况下，甚至不惜用压制的秩序来实现稳定。但新中国对秩序的追求，始终指向自由的秩序，这就要求法治必然成为提供秩序的基本方式。今天的中国已经成为世界上最安全的国家之一，这种安全有序的主要依靠在于党和政府通过不断加强法治建设提供了有力的保障。

（二）战略部署：全面推进依法治国

虽然民主、正义、秩序等价值目标一直是中国共产党追求的重要政治目标，但新中国成立后的很长一段时间里，中国共产党更多依靠的是使用政治和政策手段去追求这些目标，而并未将之同法制（法治）紧密关联。因此，法制建设在新中国初期并未获得重要的地位，在国家建设的整体战略格局中并不具有重要地位。

1. 法治国家建设的战略演进

中国共产党虽然在根据地时期就着手进行制度建设，新中国成立后也通过了一大批重要法律法规，建立起基本的国家制度。实际上，中共八大曾出现了强化法律制度功能的苗头。这次全会提出国家主要任务"从大规模的群众运动走向稳定正规的法制建设"，在决议中提出"我们目前在国家生活中的迫切任务之一，是着手系统地制定比较完备的法律，健全我们国家的法制"。但是总的来说，在很长时间里法制（法治）建设并未得到真正重视，法治实践也没有成为治国理政的主要工作。改革开放真正开启了新中国法制建设的新篇章。党的十一届三中全会把社会主义法制建设作为党和国家坚定不移的基本方针，提出"为了保障人民民主，必须加强社会主义法制，使民主制度化、法律化，使这种制度和法律具有稳定性、连续性和极大的权威"。此后，一直到 1997 年 9 月党的十五大召开，20 年间的主要提法是"建设社会主义法制国家"，即侧重于制度建设和法律规范体系建设。党的十五大在社会主义法制基本方针的基础上，明确提出"依法治国，建设社会主义法治国家"的基本方略。2018 年，现行宪法第五次修改将原序言中的"发扬社会主义民主，健全社会主义法制"修改为"发扬社会主义民主，健全社会主义法治"，法治建设获得了宪法的确认。党的十八大以来，依法治国战略再度升格。2014 年，全面推进依法治国同全面建成小康社会、全面深化改革、全面从严治党一道成为新时代中国共产党治国理政的"四个全面"战略。党的十八届四中全会在党的历史上第一次以"全面推进依法治国"为主题，对新时代的法治建设作出了全面、全新部署。党的十九大报告进一步把"全面依法治国"作为新时代坚持和发展中国特色社会主义的基本方略之一。70年来,法治中国建设经历了从不重视法制到"必须加强社会主义法制"的飞跃,从"法制建设"到"法治建设"的飞跃,从"依法治国"到"全面依法治国"的飞跃,从"基本方针"到"基本方略"的飞跃,其重要性不断凸显,内涵不断丰富,价值属性不断增强。经过长期探索发展,全面依法治国的基本内涵——在中国共产党领导下,坚持中国特色社会主义制度,贯彻中国特色社会主义法治理论,建设社会主义法治国家,维护人民当家作主的地位——成为一个价值整体、实践形态和逻辑闭环。党的十八届四中全会《决定》对全面依法治国战略作了具体阐述,其主要内涵包括三个共同推进、三个一体建设、四个实现。

2. 三个共同推进

三个共同推进即坚持依法治国、依法执政、依法行政共同推进。依法治国就是广大人民群众在党的领导下依照宪法和法律规定,管理国家事务、管理经济文化事业、管理社会事务。它是党领导人民治理国家的基本方略。依法执政就是执政党接受宪法和法律的规范,努力建立科学的领导机制和工作机制,通过完备的制度和法律体系来治理国家。依法行政就是各级政府及其工作人员严格依法行使其权力,依法处理国家各种事务。三者共同推进,意味着需要妥善处理政党、政府、人民、法律、政策之间的关系。对于四者的关系,彭真曾经说过:"虽然党是代表人民,全心全意为人民的,但党员在十几亿人民中只占少数,我们不仅有党,还有国家。党和国家要做的事,讲内容,当然是一个东西,讲形式,那就不仅有党,还有国家。党的政策要经过国家的形式成为国家的政策,并且要把在实践中证明是正确的政策用法律的形式固定下来。……一经制定,就要依法办事。凡是关系国家和人民的大事,光是党内作出决定也不行,还要同人民商量,要通过国家的形式。"[89]因此,实现依法治国总方略,要求依法执政和依法行政两大支撑。依法执政的根本是依宪执政,其实质是人民民主的法制化,说明党执政的合法性来源转向了法理化。宪法是我国的根本大法,遵守宪法不仅是公民的义务,更是执政党的执政理念。因此,依宪执政是法治国家建设的重要推进,是依法治国更深入、更透彻的体现。依法行政则是对政府而言的,要求政府机关"法无授权不可为,法定义务必须为",严格遵守法律法规行使行政权力。党的十八届四中全会指出:坚持依法治国首先要

政治逻辑

坚持依宪治国，坚持依法执政首先要坚持依宪执政。坚持依法治国、依法执政、依法行政共同推进，要求我们党必须在宪法法律范围内活动。各级领导干部要带头依法办事，带头遵守法律。各级组织部门要把能不能依法办事、遵守法律作为考察识别干部的重要条件。

3. 三个一体建设

三个一体建设即坚持法治国家、法治政府、法治社会一体建设。全面推进依法治国，目标是建设法治国家；全面推进依法行政，目标是实现法治政府；建成法治国家与法治政府的同时，形成法治社会。法治国家是法治中国建设的长远目标，必须全面推进科学立法、严格执法、公正司法、全民守法进程。法治政府是法治中国建设的重点，核心是规范与制约政府权力，提高运用法治思维和法治方式化解社会矛盾的能力，使市场在资源配置中发挥决定性作用，实现政企分开、政事分开、政资分开、政社分开。法治社会是法治中国建设的重要组成部分，核心是弘扬社会主义核心价值观，倡导富强、民主、文明、和谐，倡导自由、平等、公正、法治，倡导爱国、敬业、诚信、友善，形成全社会所有成员自觉信仰法律、敬畏法律、遵守法律、运用法律、维护法律的法治思维、法治意识与法治文化。[90]法治国家、法治政府、法治社会一体建设，构成一体两翼的驱动格局，既相互补充，又相互促进，共同构成法治中国建设的重要内容。法治国家、法治政府、法治社会建设的相互关系是：建设法治国家是建设法治政府的前提，建设法治政府是建设法治国家的关键；建设法治国家是建设法治社会的基础，建设法治社会是建设法治国家的条件；建设法治政府是建设法治社会的保障，建设法治社会是建设法治政府的目标。[91]法治国家是从人民主权角度出发，侧重立法；法治政府是从依法行政角度出发，侧重行政；法治社会是从社会治理角度出发，侧重自治协商。

4. 四个实现

四个实现即实现科学立法、严格执法、公正司法、全民守法。1978年，党的十一届三中全会提出"有法可依，有法必依，执法必严，违法必究"的法制建设十六字方针，涵盖了立法、执法、司法、守法等法制建设的方方面面，突出了"有法""必依""必严""必究"，即突出强调中国共产党实行法制建设的决心和意志。党的十八届四中全会在此基础上更进一步，提出"科学立法、严格执法、公正司法、全民守法"法治建设新的十六字方针，更加突出社会主义法治建设的品质和质量。其中[92]：

科学立法是全面推进依法治国的前提条件。我国形成了以宪法为统帅的中国特色社会主义法律体系，国家和社会生活各方面总体上实现了有法可依。实践是法律的基础，法律要随着实践发展而发展。要完善立法规划，突出立法重点，坚持立改废释并举，提高立法科学化、民主化水平，提高法律的针对性、及时性、系统性。要完善立法工作机制和程序，扩大公众有序参与，充分听取各方意见，使法律准确反映经济社会发展要求，更好协调利益关系，发挥立法的引领和推动作用。

严格执法是全面推进依法治国的关键环节。我们要加强宪法和法律实施，维护社会主义法制的统一、尊严、权威，形成人们不敢违法、不能违法、不愿违法的法治环境，做到有法必依、执法必严、违法必究。行政机关是实施法律法规的重要主体，要带头严格执法，维护公共利益、人民权益和社会秩序。各级领导机关和领导干部要提高运用法治思维和法治方式的能力，努力以法治凝聚改革共识、规范发展行为、促进矛盾化解、保障社会和谐。要加强对执法活动的监督，坚决排除对执法活动的非法干预，坚决防止和克服地方保护主义和部门保护主义，坚决惩治腐败现象，做到有权必有责、用权受监督、违法必追究。

公正司法是全面推进依法治国的重要任务。习近平指出："我们提出要努力让人民群众在每一个司法案件中都感受到公平正义，所有司法机关都要紧紧围绕这个目标来改进工作，重点解决影响司法公正和制约司法能力的深层次问题。要坚持司法为民，改进司法工作作风，通过热情服务，切实解决好老百姓打官司难的问题，特别是要加大对困难群众维护合法权益的法律援助。司法工作者要密切联系群众，规范司法行为，加大司法公开力度，回应人民群众对司法公正公开的关注和期待。要确保审判机关、检察机关依法独立公正行使审判权、检察权。"[93]

全民守法是全面推进依法治国的基础工程。要深入开展法制宣传教育，在全社会弘扬社会主义法治精神，努力形成守法、用法的良好氛围。要坚持法制教育与法治实践相结合，广泛开展依法治理活动，提高社会管理法治化水平。各级领导干部要带头依法办事，带头遵守法律。各级组织部门要把能不能依法办事、遵守法律

政治罗辑

作为考察识别干部的重要条件。

（三）具体举措:建设中国特色社会主义法治体系

全面依法治国的各项战略任务要得到有效实现,支撑机制在于建设中国特色社会主义法治体系。具体包括:形成完备的法律规范体系、高效的法治实施体系、严密的法治监督体系、有力的法治保障体系,形成完善的党内法规体系。最终落脚点是促进国家治理体系和治理能力现代化。[94]

一是努力形成完备的法律规范体系。法治中国建设,首要条件是有法可依,且做到科学立法。2007年10月,党的十七大报告指出:"中国特色社会主义法律体系基本形成。"到目前,中国共有法律250多部、行政法规700多部、地方性法规9 000多部、行政规章11 000多部,中国特色社会主义法律体系进一步完善。但是,一些重要领域依然存在立法空白,不同层级、不同位阶的法律法规之间不协调、不一致的问题依然存在,制定法跟不上经济社会发展形势的情况日益突出。科学立法是一个持续不断的过程,今后的立法目标应更加着眼于填补空白、提高法律质量。因此,需要加强重点领域立法,坚持立改废释并举,增强法律法规的及时性、系统性、针对性、有效性,提高法律法规的可执行性、可操作性。

二是努力形成高效的法治实施体系。法律的生命力和权威在于实施,而法律的有效实施,是全面依法治国的重点和难点。目前,中国在法律实施过程中还存在许多不适应、不符合的问题,执法体制权责脱节现象仍然存在,执法司法不规范现象较为突出,群众对执法司法不公和腐败问题反映强烈。今后,我们要加快完善执法、司法、守法等方面的体制机制,坚持严格执法、公正司法、全民守法。各级政府必须在法治轨道上开展工作,创新执法体制,完善执法程序,推进综合执法,严格执法责任,建立权责统一、权威高效的依法行政体制,加快建设职能科学、权责法定、执法严明、公开公正、廉洁高效、守法诚信的法治政府。

三是努力形成严密的法治监督体系。没有监督的权力必然导致腐败。为什么党内这么多高级干部走上犯罪的道路? 根本原因在于理想信念动摇了。铲除不良作风和腐败现象滋生蔓延的土壤,根本上要靠法规制度。应以规范和约束公权力为重点,构建党统一指挥、全面覆盖、权威高效的监督体系,把党内监督同国家机关监督、民主监督、司法监督、群众监督、舆论监督贯通起来，增强监督合力、强化监督责任、提高监督实效，做到有权必有责、有责要担当、失责必追究。

四是努力形成有力的法治保障体系。没有一系列的保障条件，法治就难以实现。要建设中国特色社会主义法治体系，建立有力的法治保障体系至关重要。我们要切实加强党对全面依法治国的领导，提高依法执政能力和水平，为全面依法治国提供有力的政治和组织保障。加强法治队伍建设，为全面依法治国提供有力的队伍保障和坚实的物质经费保障。改革和完善不符合法治规律、不利于依法治国的体制机制，为全面依法治国提供完备的制度保障。弘扬社会主义法治精神，增强全民法治观念，完善守法诚信褒奖机制和违法失信行为惩戒机制，使尊法守法成为全体人民的共同追求和自觉行动。

五是努力形成完善的党内法规体系。治国必先治党。党内法规既是全面从严治党的重要依据，也是全面依法治国的有力保障。党的十八大以来，制定和修订了140多部中央党内法规，出台了一批标志性、关键性、基础性的法规制度，有规可依的问题基本得到解决，下一步的重点是执规必严，使党内法规真正落地。今后，要坚持依法治国与制度治党、依规治党统筹推进、一体建设，注重党内法规同国家法律的衔接和协调，构建以章程为根本，以民主集中制为核心，以准则、条例等中央党内法规为主干，由各领域各层级党内法规制度组成党内法规制度体系，切实提高党内法规执行能力和水平。

从传统的德治国家转向现代的法治国家，中国所走的是一条全新的法治道路。中国的法治发展之路不是单线推进的一维道路，而是多维并进的复合道路。当代中国法治国家建设不仅要确保人民民主和社会主义方向，追求并推动国家现代化建设，而且要在这一过程中实现制度成熟与制度定型，实现各方面关系的规范化。在某种意义上，社会主义方向、现代化发展、关系规范化在理论和实践中都存在一定的内在张力。为了协调这三者的关系，实现这三个方面的共同发展，中国走出了一条党的领导、人民民主、依法治国有机统一的复合型法治模式和法治道路。而在上述诸多关系和要素中，中国共产党是核心要素。具体而言，马克思主义中国化的承载主体是中国共产党，人民民主的保障力量是中国共产党，中国现代国家建设的推动主体是中国共产党,单纯的革命党向革命的执政党转变的政治主体是中国共产党,中国法治建设和法治实践的推动、保障、引领力量是中国共产党。这充分说明,中国特色社会主义法治道路是一条政党主导的社会主义法治现代化道路。这条法治发展之路接续马克思主义法律观,立足于中国的历史社会环境,融合了多样法治文明成果和现代化国家建设的需求,其总的走向是实现"政治性"和"规范性"的双重提升,从而推动传统中国向"法治中国"的文明转型。实践中,中国特色社会主义法治国家呈现出"政治型""治理型""融合型"的显著特征,其价值正当性、实践效用性、运行问题性等都寓于上述特征之中。

注释

1.《马克思恩格斯选集》第 2 卷,人民出版社 2012 年版,第 2 页。

2. 同上书,第 128 页。

3.〔美〕庞德:《通过法律的社会控制——法律的任务》,商务印书馆 1984 年版,第 88—89 页。

4.《马克思恩格斯全集》第 1 卷,人民出版社 2002 年版,第 277 页。

5.《毛泽东选集》第四卷,人民出版社 1991 年版,第 1475 页。

6. 如"政法机关""政法工作""政法院校"等。

7. 习近平:《在省部级主要领导干部学习贯彻党的十八届四中全会精神全面推进依法治国专题研讨班上的讲话》(2015 年 2 月 2 日),载中共中央文献研究室编:《习近平关于全面依法治国论述摘编》,中央文献出版社 2015 年版,第 34 页。

8.《马克思恩格斯全集》第 21 卷,人民出版社 1965 年版,第 567—568 页。

9.《马克思恩格斯选集》第 4 卷,人民出版社 2012 年版,第 592 页。

10.《党政主要负责人履行推进法治建设第一责任人职责规定》(中共中央办公厅、国务院办公厅 2016 年 11 月 30 日印发)。

11.《中国共产党政法工作条例》。

12.《邓小平文选》第三卷,人民出版社 1993 年版,第 178 页。

13.《毛泽东文集》第七卷,人民出版社 1999 年版,第 197 页。

14.《江泽民文选》第一卷,人民出版社 2006 年版,第 511—513 页。

15. 例如,现行《民事诉讼法》第二条所规定的民事诉讼的目的真正的落点在于"维护社会秩序、经济秩序,保障社会主义建设事业顺利进行"。

16. 习近平:《关于〈中共中央关于全面推进依法治国若干重大问题的决定〉的说明》(2014 年 10 月 20 日),载《中国共产党第十八届中央委员会第四次全体会议文件汇编》,人民出版社 2014 年版,第 81 页。

17. 习近平:《加快建设社会主义法治国家》,《求是》2015 年第 1 期。

18.《谢觉哉同志在司法训练班的讲话(摘要)》,《人民司法》1978 年第 3 期,第 5 页。

19.《中共中央关于全面推进依法治国若干重大问题的决定》(2014 年 10 月 23 日中国共产党第十八届中央委员会第四次全体会议通过)。

20. 习近平:《在首都各界纪念现行宪法公布施行三十周年大会上的讲话》(2012 年 12 月 4 日),载中共中央文献研究室编:《习近平关于全面依法治国论述摘编》,中央文献出版社 2015 年版。

21. 董必武:《司法工作必须为经济建设服务》,载《董必武政治法律文集》,法律出版社 1985 年版,第 383—387 页。

22. 江必新：《司法政策的功能、维度与具体把握》，《法制日报》2017年10月18日第9版。

23. 周强：《最高人民法院工作报告——2018年3月9日在第十三届全国人民代表大会第一次会议上》。

24. 周强：《最高人民法院工作报告——2015年3月12日在第十二届全国人民代表大会第三次会议上》。

25. 王胜俊：《最高人民法院工作报告——2011年3月11日在第十一届全国人民代表大会第四次会议上》。

26. 王胜俊：《最高人民法院工作报告——2012年3月11日在第十一届全国人民代表大会第五次会议上》。

27. 肖扬：《最高人民法院工作报告——2008年3月10日在第十一届全国人民代表大会第一次会议上》。

28.《邓小平文选》第三卷，人民出版社1993年版，第156页。

29.《江泽民文选》第二卷，人民出版社2006年版，第31页。

30.《江泽民文选》第三卷，人民出版社2006年版，第200页。

31.《邓小平文选》第三卷，人民出版社1993年版，第144页。

32.《毛泽东选集》第二卷，人民出版社1991年版，第528页。

33.《邓小平文选》第二卷，人民出版社1993年版，第147页。

34.《马克思恩格斯选集》第3卷，人民出版社1995年版，第211页。

35.《邓小平文选》第三卷，人民出版社1993年版，第163页。

36. 同上书，第152页。

37.《中共中央关于全面推进依法治国若干重大问题的决定》（2014年10月23日中国共产党第十八届中央委员会第四次全体会议通过）。

38."普力夺"社会是亨廷顿的著名观点，即缺乏共同遵守的规则的情况下，各方凭借"权力"（power）定胜负。参见［美］塞缪尔·亨廷顿：《变化社会中的政治秩序》，王冠华、刘为等译，上海人民出版社2008年版，第163—164页。

39. 郭定平：《政党中心的国家治理：中国的经验》，《政治学研究》2019年第3期。

40.《习近平谈治国理政》第二卷，外文出版社2017年版，第114页。

41.《马克思恩格斯全集》第4卷，人民出版社1958年版，第121—122页。

42.《马克思恩格斯全集》第8卷，人民出版社1961年版，第214页。

43.《马克思恩格斯全集》第21卷，人民出版社1965年版，第195页。

44.《马克思恩格斯全集》第3卷，人民出版社1960年版，第378页。

45. 同上。

46.《马克思恩格斯全集》第6卷，人民出版社1961年版，第291页。

47.《马克思恩格斯全集》第1卷，人民出版社1995年版，第349页。

48.《马克思恩格斯全集》第4卷，人民出版社1958年版，第489页。

49. 毛泽东：《新民主主义的宪政》，载《毛泽东选集》第二卷，人民出版社1991年版，第732页。

50.《毛泽东早期文稿》，湖南出版社1990年版，第519页。

51.《毛泽东文集》第七卷，人民出版社1999年版，第215页。

52. 毛泽东在新中国成立初期说过，我们办事主要不是靠法律，而是靠会议、靠政策，提出"有事办政法，无事搞生产"，"文化大革命"期间民主法制遭到全面破坏。

53. 参见《中共中央关于全面推进依法治国若干重大问题的决定》对依法治国重要性和价值的论述。

54. 参见公丕祥：《中国的法制现代化》，中国政府大学出版社2004年版，第398页。

55.《中共中央关于全面深化改革若干重大问题的决定》辅导读本，人民出版社2013年版，第31—35页。

56.（明）张居正：《请稽查章奏随事考成以修实政疏》。

57. 习近平：《坚持法治国家、法治政府、法治社会一体建设》，载《习近平谈治国理政》，外文出版社2014年版，第146页。

58. 同上书，第145页。

59. 习近平：《严格执法，公正司法》，载《十八大以来中央文献选编》，中央文献出版社2014年版，第721页。

60. 参见韩延龙、常兆儒编:《中国新民主主义革命时期根据地法制文献选编》第一卷,中国社会科学出版社 1981 年版,第 22 页。

61.《毛泽东选集》第一卷,人民出版社 1991 年版,第 257—258 页。

62.《毛泽东选集》第二卷,人民出版社 1991 年版,第 346、355 页。

63.《毛泽东选集》第四卷,人民出版社 1991 年版,第 1389 页。

64.《邓小平文选》第三卷,人民出版社 1993 年版,第 194—197 页。

65. 习近平:《在首都各界纪念现行宪法公布施行 30 周年大会上的讲话》,载《习近平谈治国理政》,第 142 页。

66.《江泽民文选》第二卷,人民出版社 2006 年版,第 32 页。

67. 如邓小平提出:"我们国家缺少执法和守法的传统,从党的十一届三中全会以后就开始抓法制,没有法制不行。"参见《邓小平文选》第三卷,人民出版社 1993 年版,第 163 页。

68. 比如中国共产党第十九届全国代表大会报告确定的"五位一体""四个全面"发展战略。

69. 马克思:《路易·波拿马的雾月十八日》,载《马克思恩格斯选集》第 1 卷,人民出版社 2012 年版。

70.《中共中央关于全面推进依法治国若干重大问题的决定》,2014 年 10 月 23 日中国共产党第十八届中央委员会第四次全体会议通过。

71. 昂格尔:《现代社会中的法律》,吴玉章、周汉华译,译林出版社 2001 年版,第 63 页。

72. 毛泽东:《新民主主义的宪政》,载《毛泽东选集》第二卷,人民出版社 1991 年版,第 735 页。

73. 同上书,第 736 页。

74.《邓小平文选》第三卷,人民出版社 2006 年版,第 177 页。

75. 中央编译局译:《共产党宣言》单行本,人民出版社 1997 年版,第 48 页。

76. 邓小平:《解放思想、实事求是、团结一致向前看》,载《邓小平文选》第二卷,人民出版社 1994 年版,第 146 页。

77. 十八届四中全会《决定》提出:全面推进依法治国,总目标是建设中国特色社会主义法治体系,建设社会主义法治国家。这就是,在中国共产党领导下,坚持中国特色社会主义制度,贯彻中国特色社会主义法治理论,形成完备的法律规范体系、高效的法治实施体系、严密的法治监督体系、有力的法治保障体系,形成完善的党内法规体系,坚持依法治国、依法执政、依法行政共同推进,坚持法治国家、法治政府、法治社会一体建设,实现科学立法、严格执法、公正司法、全民守法,促进国家治理体系和治理能力现代化。

78. 苏维埃制度是人大制度理论和实践的起源。参见何俊志:《作为一种政府形式的中国人大制度》,上海人民出版社 2013 年版,第 2 页。

79. 中共中央文献研究室、中央档案馆编:《建党以来重要文献选编(1921—1949)》,中央文献出版社 2011 年版。

80. 毛泽东:《新民主主义的宪政》,载《毛泽东选集》第二卷,人民出版社 1991 年版,第 731 页。

81.《毛泽东 1944 年接待中外记者的讲话》。

82. 江泽民:《在接受美国〈纽约时报〉董事长兼发行人苏兹伯格、执行总编莱利维尔德等一行采访时的谈话》(2001 年 8 月 8 日),《人民日报》2001 年 8 月 14 日。

83. 江泽民:《关于坚持和完善人民代表大会制度》(1990 年 3 月 18 日),载中共中央文献研究室编:《十三大以来重要文献选编》中册,人民出版社 1992 年版,第 940—941 页。

84. 江泽民:《在接受美国〈纽约时报〉董事长兼发行人苏兹伯格、执行总编莱利维尔德等一行采访时的谈话》(2001 年 8 月 8 日),《人民日报》2001 年 8 月 14 日。

85.《胡锦涛文选》第二卷,人民出版社 2016 年版,第 634 页。

86. 胡锦涛:《庆祝中国共产党成立 90 周年的讲话》,2011 年 7 月 1 日。

87. 习近平:《在庆祝全国人民代表大会成立 60 周年大会上的讲话》(2014 年 9 月 5 日),载中共中央宣传部编:《习近平总书记系列重要讲话读本》,学习出版社、人民出版社 2016 年版,第 163、170 页。

88.《十八届四中全会决定》。

89. 彭真:《不仅要靠党的政策,而且要依法办事》,载《彭真文选:一九四一——一九九〇》,人民出版社 1991 年版,第 493 页。

90. 李林:《全面推进依法治国是一项宏大系统工程》,《国家行政学院学报》2014 年第 6 期,第 14—23 页。

91. 姜明安:《论法治国家、法治政府、法治社会建设的相互关系》,《法学杂志》2013 年第 6 期,第 1—8 页。

92. 李林:《全面依法治国必须坚持四个方面协调发展》,人民网,2015 年 8 月 28 日,http://theory.people.com.cn/n/2015/0828/c148980-27527445.html.

93. 习近平:《坚持法治国家、法治政府、法治社会一体建设》,载《习近平谈治国理政》,第 145 页。

94.《中共中央关于全面推进依法治国若干重大问题的决定》,2014 年 10 月 23 日中国共产党第十八届中央委员会第四次全体会议通过。

政治逻辑

第七章　国家治理现代化

国家理论在 20 世纪 80 年代"复兴"之后,国家建设与政治发展成为政治现代化研究中时而交锋、时而互补的两条理论主线。查尔斯·蒂利更是直言不讳自己对西欧民族国家形成的研究,用意即在挑战政治发展理论。[1]近二十年来,第三世界国家的政治现代化目标,被塞缪尔·亨廷顿等人倡导的"第三波民主"带入一个按西方标准模式预设的理论陷阱之中,致使政治发展逐渐失去感召力。相比之下,国家建设更专注于具体国家体系和能力建设的比较,顾及不同国家地区发展的特殊性,更融入国家治理现代化理论体系之中,其解释优势日益彰显。依此路径,有望摆脱基于西方国家形成经验而打造的理论桎梏,发展出新的概念范型,重新理解不同国家的体制转型、体系建设进程,构建新的国家理论。

第一节　国家治理的理论解读

国家治理可能是人类社会面临的最艰难的一项任务。同样,以国家治理为重要研究对象的政治学可能也是一门最艰难、最富有争议的学问。如果说利润高低和收入多少是衡量一个企业治理好坏的刚性标准,知识贡献和人才培养是衡量一个大学治理好坏的刚性标准,那么,评价国家治理的标准就没有这么简单清晰了。不同地域、不同时代、不同阶层、不同立场、不同地位,甚至不同种族的人都会对国家治理有不同的评价与认知。在国家治理上求取一个最大的共识性评价是非常困难的。尤其是大国治理,更是难上加难。历史学家许倬云曾经说过:"这两千年来,中国人一直在想怎么才能管得好。中国是个大国,广土众民,现在是十三亿。从汉代四千八百万到现在的十三亿,这其中每个朝代都在思考怎样才能管理得好,怎样才能提高管理的效率,怎样才能把下面的问题传到上层,有难题来了怎样能够解决。"[2]广袤的空间、绵延的历史、庞大的人口,再加上复杂的社会结构、立场不同的判断、内外相互交织的情境压力,的确对中国这样一个超大型国家的治理提出了数不清的难题。就是历史极为短暂的美国,在其立国之初,也有美国人非常困惑的问题:"人类社会是否真正能够通过深思熟虑和自由选择来建立一个良好的政府,还是他们永远注定要靠机遇和强力来决定他们的政治组织。"[3]有人把国家治理界定为一门科学,也有人把国家治理称为一种艺术,甚至还有人把国家治理视为一种政治谋略。国家治理的复杂程度和艰难程度可见一斑。从理论的角度来说,国家治理包含着以下三重属性。

一、国家治理的一般属性

现代国家治理有其可以通约的一般属性。这是由现代国家原理的一致性所决定的。凡是宣称自己摆脱神权国家、封建国家和君主国家的现代国家,几乎都要毫无例外地遵循这一一般属性。构成现代化国家治理体系一般属性的要素都不是一夜之间奠定下来的,它们的成长都经历了一个漫长的历程。

(一)关及合法性(正当性)的治理体系

合法性是政治科学中最重要的概念之一。它意指人们内心的一种态度,这种态度认为政府的统治是合法的和公正的。资产阶级政治科学家将合法性的基础理解为"同意"。但是,通过民主和社会改革的扩展营造出来的同意,乃是对阶级对抗的抑制,故新马克思主义者哈贝马斯认为资本主义社会的合法性危机使得资本主义国家难以单独凭借制造同意来维持稳定。合法性危机的核心是资本主义积累逻辑和民主政治释放的大众压力之间不可调和的矛盾。[4]合法性(legitimacy)一词的原意包括两重意思:一是合法性、正统性;二是正确性、合理性、正当性。国王的儿子继承王权指的就是前者;代表人民和国家的利益进行战略规划且被事实证明是正确的,指的则是后者。所以,把合法性单纯地与选举相联结是有缺陷的。选举产生的政权有其合法性但不一定有正确性。关及合法性的治理体系不是单一的,而是复合的,更不是短时段的分析所能奏效的,只有立足长波段的分析才能把握其实质。政治科学家将政府获取合法性的途径归结为四种：一是长时间的存在；二是良好的政绩；三是能够公平代表民众的政府构成；四是对国家象征的制造和操纵。[5]因此，关及合法性（正当性）的国家治理体系并不是大多数人想当然地认为是维系在选举之上的。基于选举产生的政权丧失其正当性的例子屡见不鲜。本书提出关及合法性（正当性）的国家治理体系包括以下三个方面：一是具有形式合法性（正当性）的国家治理体系；二是具有实质合法性（正当性）的国家治理体系；三是具有认同合法性（正当性）的国家治理体系。具有形式合法性（正当性）的国家治理体系往往是与政权产生的程序有关系，具有实质合法性（正当性）的国家治理体系则是与国家治理的有效性、国家治理目标的长远性等因素联系在一起的。而具有认同合法性（正当性）的国家治理体系则是与公民或国民对政权系统的意愿联系在一起的。纵观现代国家的发展史，我们发现具有形式合法性（正当性）和实质合法性（正当性）的政权系统往往会因为缺乏实施统治的权利（right to rule），而面临民众对合法性（正当性）的信仰真空。从这个角度来说，关及合法性（正当性）的国家治理体系是与国家治理者的权威联系在一起的。我们在本书提出用"正当性"和中国文化孕育出来的"合道性"替代容易引发歧义和误解的"合法性"这一说法，因为权威体现了正当性的威力、威严和魅力。在正当性的理论视野中，国家治理体系可以处于道德、法律和舆论多重力量的监视之下。在古代中国，更多强调的是权力的"合道性"。什么叫合道性？就是说君王、朝廷、邦国有道，有章法、有理念、有是非、有秩序，百姓才能安居乐业，共享太平盛世。无道，则国无宁日、人心乖戾、民不聊生、大难临头。[6]著名政治学者王绍光已经注意到了这一问题，他将政体与政道视为中西政治分析的重要差别。[7]运用政体思维必然会将非西方世界的治理模式视为"异端"。因为政体思维天然地诉诸"合法性"这一概念工具。一旦运用这一概念，就有挥之不去的困惑与不解。关及合法性（正当性）的国家治理体系是与国家存在的理由、公民对国家治理的服从程度联系在一起的，因此，它作为现代国家治理体系一般属性的首要部件，关系到国家治理体系内在生命力的强弱。

（二）关及治理主体和治理结构的治理体系

在国家治理体系中，治理主体由谁来承担？治理结构是怎样的？治理结构中的领导者、主导者和驾驭者在不同的国家又有何不同？

现代国家的治理主体和治理结构在政道和治道两个层面得以展示。政道层面的治理主体和治理结构带有更多的政治属性，它更强调权力的来源和权力的组织方式。正是在这个意义上，政党被推至国家治理体系的中心地位。如果把一国宪法设立的政府视为一座庞大的工厂，那么政党就是这座工厂中的发电机，只有当政党这台发电机开动马力之后，机器才能运转，工厂才能进入永不停息的运作轨道。所以人们习惯于把政党组织称为"机器"，这是一台坚固而有效率的机器。如果这台机器运作得当，可以提供给那些以"政治"为职业的、并在选举时出力的人物以各种职位。[8]执政党给予国家机器以"政治能源"，是国家这座工厂的发电机，已成为广泛共识。当然，在奉行不同政党制度的国家，政党向国家输入能源的通道和方式也就各不相同。

其次，在治道层面的国家治理体系中，治理主体不是一元的，治理结构也不是单一中心的。这是由现代社会的复杂性原理和有限政府原理所决定的。政府、企业、社区、社会组织都有充当治理主体的资格与可能。当然，最具权威性的理论概括就是政府—社会—市场三元组合的合作治理结构。这一合作、协同治理的结构也是降低政府治理风险的一种务实选择。因此，现代国家治理体系越来越具有多方合作、各界协同的特征。依靠封闭治理单元划定疆界和空间的时代已经结束了，面对可能波及每一个人的公共安全议题、公共卫生议题、生态文明议题，依靠地域分割、阶层和族群隔离的"保护性"治理，已经无法应对。很多公共议题具有了超地域、超阶层、超族群的特征，它与每个人的生活休戚相关。也就是说，很多公共议题已经成了穿透制度壁垒、财富壁垒、族群壁垒、地域壁垒和国家壁垒的"通货"。因此，合作治理、协同治理、协商治理等诸多范式跳出了以往个人—国家、市场—政府、自由主义—社群主义、统治阶层—被统治阶层、富人群体—穷人群体等二元对立的制度框架和思维方式。尤其是在互联网时代，数字化生活方式、数字化治理方式与数字化表现方式渗透到现代社会的每一根毛细血管。随着以政府权力为中心的金字塔形的传统治理体系的松解，构建具有弥散性、广延性的协同治理格局势在必行。

政治逻辑

（三）关及政治秩序的治理体系

现代国家包含着各种各样的冲突。现代国家中的冲突规模、冲突强度是以往的社会冲突所不能比拟的。不仅阶级冲突或带有阶级色彩的族群冲突，往往会使现代国家陷入不能自拔的无序和混乱之中，而且现代的社会冲突可能会通过应得权利和供给、政治和经济、公民权利和经济增长的对抗全方位地爆发出来。[9]如何将现代国家保持在秩序的状态中？这个严峻的问题刺激了法治国家的诞生。现代国家必须要依靠理性化的现代制度提供保持社会秩序和个人发展的基础，这一现代制度最为集中的体现就是法律制度。[10]因为法律的使命在于创造秩序，减少社会交往过程中的机会主义行为，降低社会调控过程中的附加成本。这对于维护社会秩序和经济秩序来说是至关重要的。[11]现代国家几无例外地都是奉行法治精神的国家。无论是将法律视为"普遍性的陈述"，还是将法律当作国家治理的手段，法律在现代国家治理体系中的地位都是不容小觑的。所以，法律决不是单一性的控制手段的组合，而是一种社会制度，是一种社会规范，它与风俗习惯有着密切的关系，它维护现存的制度和道德、伦理等价值观念，它反映某一时期、某一社会的社会结构。[12]如果一个国家在其治理过程中不断面临着个人意志的左右，充满着各种机会主义的陷阱，那么它离法治国家就还有很长的一段距离。尽管法律不是万能的，聪明的国家治理者肯定不是法律的偏执狂，但是现代国家的政治过程却与法律有着天然的内在契合性。这是现代国家治理体系与传统国家治理体系最为显要的区别。建立在爱、道德、个人关系和血缘关系之上的社会秩序是不牢靠的，法律意味着治理者和被治理者都有勇气在公共事务上运用理性。更为重要的是，法律是对治理者和被治理者的双重约束。法律不仅缔造了国家权力扩张的边界，而且也是规范被治理者行为的强制性规则。正是在这个意义上，我们说司法腐败往往是一个国家最为严重的腐败，因为它是对法律正义的公开亵渎。司法正义是衡量国家治理体系现代性程度的重要标杆。总之，国家治理过程的制度化、程序化、规范化依赖于法治国家的构建，在观念多元、结构复杂、横向与纵向差异都异常显著的现代国家之中，唯有按照法治的尺度才能缔造具有稳定性、连续性、再生性、扩展性的政治秩序；唯有依靠法治才能将国家治理的制度和程序固定下来并传递下去。法治国家本身就是国家长治久安的同义语。

二、国家治理的国别属性

虽然从理论上来说，现代国家治理体系有其一般属性。但从现实来看，世界上没有两个国家的治理体系是完全雷同的。这就是现代国家治理体系的国别属性。任何国家都有其特定的历史—社会—文化条件，每个国家所承受的国际压力和与国际社会的交往程度也有不同。因此，每个国家的成长路径、治理体系的演进过程，以及导致国家与社会革命的动力都具有鲜明的国别色彩。例如，在近代国家中，尤其在英国，所谓政治是为了解决"市民社会"的发展所共生的各种问题，市民在协商解决问题的过程中，孕育出了作为政治中心的议会，这是与普鲁士截然不同的"内政优位"的政治体制。日后两国的全球扩张道路也就完全不同。日本构筑的近代国家政治体制正是从普鲁士导入的。以国王和天皇为中心的制度安排为日后德、日两国军国主义的盛行铺平了道路。[13] 同样是实行联邦制，美国、加拿大、澳大利亚实行的是"国家"之间的联邦制、分立联邦制或并行联邦制，而德国实行的却是复合联邦制或"国家之内的联邦制"[14]。为什么出现这一差别？显然是联邦国家诞生之前的国内力量分布、阶级构成以及国家诞生的历史起点等诸多因素的差异性所导致的。现代国家治理体系的国别属性有助于消除对国家治理体系现代化的单向度追求，也有助于深化对不同国家权力结构和政府间关系、机构间关系的深层透视。

（一）基于历史、文化与地理而形成的国家治理体系

历史与文化是影响国家治理体系之国别属性的恒久变量。因为历史与文化几乎是难以改变的，由此塑造了国家治理体系的政治基因。一般来说，国家治理体系诞生之初所铸就的历史起点，往往会缔造日后国家治理赖以遵循的轨道与路径。即便国家治理体系经历多次革命性改造，都难以改变其政治基因。例如中国秦始皇缔造的中央集权体系，就通过制度创设将《诗经》里所说的"普天之下，莫非王土；率土之滨，莫非王臣"这样一种政治想象变成现实，并以此为起点确立了后世国家治理体系演进的历史起点。中国的国家治理体系则以此为准绳巩固着国家形态的

延续与再生。而美国的建国历史与世界上其他所有国家几乎没有任何共同点,在这一方面,它的确有例外主义的色彩。美国是先有市县、后有州;先有州,后有国家;先有邦联,后有联邦。特别是美国开国之初通过地方利益、家族利益和阶级利益之间的协商与谈判所形成的联邦制,塑造了美国国家治理体系的历史起点。即便后来不断兴起的联邦集权主义运动,也难以改变以纵向分权为基本特征的联邦体制。

其次,任何历史与文化都是在一定的空间上展开的,它所赖以存在的空间载体也是现代国家治理体系之国别属性的重要依据。毫无疑问,美国国家治理体系与地缘安全度如此之高的新大陆、地理环境和气候较为优越的北美大陆是有着密切关系的。南美种植园奴隶制塑造出来的军人政权以及南美植物结构所导致的脆弱性的经济体系,与北美作为天赐之物的地理与气候形成了鲜明的对照。尽管有人对治水社会导致中央集权的说法有很多怀疑,但中国独特的地理环境与中央集权的关联性是不容否定的。例如中国的南北之间既不像非洲和墨西哥北部那样被沙漠阻断,也不像中美洲那样被狭窄的地峡隔开。倒是中国由西向东的大河方便了沿海地区与内陆之间作物和技术的传播,而中国东西部之间的广阔地带和相对平缓的地形最终使这两条大河的水系得以用运河连接起来,从而促成了南北之间的交流。所有这些地理因素促成了中国早期的文化和政治统一,而西方的欧洲虽然面积和中国差不多,但地势比较高低不平,也没有这样形成如此一体的江河,所以欧洲直到今天都未能实现文化和政治的统一。[15]古希腊多城邦政体的形成则与条状山脉的隔离有着密切关系。英国国家治理体系与大陆国家治理体系的差异显然是与英国作为岛国这一特殊的地理条件有关系的。作为岛国,英国与大陆的隔离使其摆脱战争威胁和邻国压力而能专注于制度创新。[16]历史、文化与地理合成塑造的国家治理体系往往具有贯穿古今的恒定性,它与基于社会结构和国际环境压力而成长起来的国家治理体系有着很大的不同,因为社会结构和国际环境是不断变化的。尽管国家治理体系会基于社会结构调整和国际环境的变化而做出一些调整,但万变不离其宗,这就是历史、文化和地理塑造的政治基因所致。

（二）基于社会结构而形成的国家治理体系

此处的社会结构意指一个社会的阶级构成、族群构成及其相互关系。任何国家的治理体系都是与其一定阶段的社会结构相适应的。当然，国家的治理者也会动用意识形态和政策的力量去改变社会结构。但是，社会结构一经形成便在较长时段内具有相当的稳定性。因此，基于社会结构而形成的国家治理体系往往会具有两重面貌：第一，在历史转折时期，革命的领导阶级往往会决定日后国家治理体系的性质；第二，社会结构具有历史制度主义所指出的路径依赖特性，一旦固化便具有了左右甚至决定国家治理体系的能力，此种状态下的国家治理体系便表现出对既定社会结构的迎合性质。随着矛盾的日积月累，这种具有单向迎合性质的国家治理体系便面临着变革的需要。从长波段的历史演进过程来看，国家治理体系与社会结构表现出典型的互动性。

历史的经验已经证明，一个国家的治理体系与其阶级构成、阶级地位以及驱动国家治理体系变革的领导阶级有着紧密的关联性。美国的国家治理是以庞大的中产阶级作为基础的，资产阶级的膨胀与中产阶级的萎缩必然会对国家治理提出严峻的挑战。英国和日本的不同政党与其赖以支持的阶层在城乡、不同区域的分布有着异常明显的关联。托克维尔曾说"只有阶级才能占据历史"，在历史转折的重大关头，在国家治理体系诞生的历史起点上，居于领导地位的阶级往往成为主导日后国家治理走向的决定性力量。处于历史转折关头的阶级绝不是像今天所说的阶层那样，仅仅具有狭隘的统计学价值。领导阶级所信奉的意识形态、所采取的政治行动策略及其依靠的联盟力量，决定了国家治理的性质和形态。在资产阶级崛起的过程中，尽管资产阶级发展的每一个阶段，都有相应的政治上的成就伴随着，但现代的国家政权不过是管理整个资产阶级的共同事务的委员会罢了。[17]即便是出现令人为之神往的社会流动，也不是民主化的产物，而是对新加入统治集权的来自其他阶级的人士的"资产阶级化"的过程。[18]时至今日，资本主义社会国家的国家治理体系依然显示出对以资产阶级为主导的社会结构的迎合与服从。

在一些国家，阶级间的不平等往往是与族群这样的自然结构联系在一起。内嵌于族群结构的阶级压迫更具隐蔽性和欺骗性。因为它借助不可更改的自然因素把阶级关系永久地固化了。在这样的状态中,阶级被镶嵌在族群之中,族群的肤色就是阶级的肤色。与这一族群结构相匹配的国家治理更加肆无忌惮地强化了统治阶级的垄断和特权地位。在印度以及实行种族隔离的南非,国家治理体系就是依靠暴力和宗教确定了具有不同肤色的"族群阶级"的地位。当族群平等运动与以往的国家治理体系难以共处的时候,国家治理体系的变革也就来临了。

(三)基于国际环境压力而形成的国家治理体系

国际政治与国内政治的互动范式是解释国家治理体系之国别属性的重要变量。因为很多国家的治理体系是在应对不同的国际环境压力的过程中成长起来的。日本目前的国家治理体系就包含着强烈的美国意志,欧洲近代民族国家的治理体系与其所处的纷繁复杂的国际局势息息相关。正如法国思想家基佐所认为的,英法之间的战争促进了法兰西国家的形成,推进了它的统一,促使法国进入了建立常备军和以公权取代封建权力的时代。[19]如果说在资本主义成长之前,世界还是"世界性帝国"(如罗马帝国、中华帝国等)唱主角,整个世界还没有因为某种机制联系在一起形成具有吸纳力和扩展力的国际环境的话,那么自16世纪以后以世界范围内的劳动分工为基础而建立起来的资本主义世界体系[20],则孕育了日后几乎所有国家治理体系赖以成长的国际环境。当全球范围内大多数国家被拉入由核心国家主宰的世界体系中的时候,后发国家治理体系的成长便拥有了天然的参照物和对旧国家体系进行变革的动力。于是,我们看到的是新型治国理念对传统治国理念的替代,新型治国坐标对传统治国坐标的置换。现代国家强化了世界政治的内外结构。在它作为一个独具特色的角色登上历史舞台三四百年的时间里,现代国家将全球几乎所有其他的政治单位湮没并取代,使之殖民化或屈从于它的统治。少数几个从前占主导地位的、依旧保持独立的更古老的单位(日本、中国、埃塞俄比亚、奥斯曼帝国、泰国)被迫做出调整,从而呈现出类似国家的形式。[21]尽管后人对流行一时的"冲击—回应"学说进行了诸多反思,但资本主义世界在全球范围内的影响力仍然是分析后发国家治理体系转型的重要动因,尽管新型国家治理体系的外衣掩盖着绵延已久的政治基因。这种复合型、杂交型的国家治理体系恰恰是其国别属性的重要体现。

当然,影响国家治理体系的国际环境力量并不是像西方学者所宣称的,沿着单向线路从中心向边缘流动。冷战体系的形成则加剧了社会主义国家和资本主义国家治理体系的相互竞争,冷战格局强化了两大体系中不同性质国家的治理体系的排他性。"第二次世界大战以后,大国之间没有政治和经济的团结。世界分为两方,苏联及其卫星国为一方,世界的其余部分为另一方,在这两方之间存在着完全的割裂。简言之,地球上有两个世界,而不是一个世界。"[22] 在冷战体系瓦解之后,很多国家的治理体系都经历了天翻地覆的变化。以至于福山乐观地认为"历史终结"的曙光开始出现。当然,完全独立于现代国家治理体系一般法则之外的国家,其治理体系都经受了前所未有的冲击。但是,如何在从容应对国际环境压力的前提下,探索适合自身国情的国家治理体系,使之具有更强的正当性、稳定性和延续性,则是很多转型国家还没有完成的现代使命。目前的国际环境已经显示出沃勒斯坦所言的世界体系正在经受着多重力量的侵蚀和瓦解,后发国家的崛起以及西方世界的危机与困境,使许多国家在探索新型治理体系的道路上更加清醒。资本主义国家治理体系的制度性困境、政策性困境、理念性困境以及结构性困境,使得目前的国际环境远没有像冷战时期和苏东剧变时期那样弥漫着西方人引以为自豪的自由主义气息。

所以,任何一个国家的治理首先是被锁定在固定的国土之上,与该国的人民联系在一起的。一个国家的治理到底好不好,谁最有发言权? 当然是这个国家的人民最有发言权。尽管不同立场、不同阶层、不同观念的人对国家治理有不同的评价,但是,人类社会肯定存在着一个评判国家治理的最大公约数。这个最大公约数就包含在客观指标与主观感受的融合之中。它一方面通过一些具体的、刚性的指标体现出来,另一方面,也要通过主观性、同理性的感受和体悟得以呈现出来。一个国家的治理体系宛如穿在人民脚上的鞋子,合不合脚,大小如何,走路的舒适度是怎样的,唯有该国的人民最有发言权,唯有国家治理的事实最有说服力。

三、国家治理的任务属性

任何国家的治理体系都要面对它所要解决的政治议题或者危机。人类依靠制度化的方式每化解一次新型的政治议题或政治危机,国家治理体系的完善就会向前推进一步。任何国家的治理体系有其恒定的一面,也有其变迁的一面。国家治理体系的恒定性是与治国理念、治国原则以及治国传统联系在一起的,变迁性是与该国所面临的任务与使命联系在一起的。当这一任务和使命完成之后,国家治理体系也就面临着调整甚至革新的命运了。一般而论,现代国家治理体系的一般属性与国别属性包含着更多的恒定性和持久性,而其任务属性显示了国家治理所要解决的重大议题或危机。

（一）资本逻辑与现代国家治理体系的创建

马克思和恩格斯在《共产党宣言》中将基于资本逻辑而产生的国家体系阐述得入木三分:资产阶级日甚一日地消灭生产资料、财产和人口的分散状态。它使人口密集起来,使生产资料集中起来,使财产聚集在少数人的手里。由此必然产生的后果就是政治的集中。各自独立的、几乎只有同盟关系的,各有不同利益、不同法律、不同政府、不同关税的各个地区,现在已经结合为一个拥有统一的政府、统一的法律、统一的民族阶级利益和统一的关税的国家了。[23] 没有人怀疑,资本主义世界的国家是在服从资本的逻辑中得以构建起来的,其国家治理体系也被迫服从于资本逻辑的要求。尽管蒂利认为英国、法国最终遵循资本强制模式,把更多的精力花在直接把资本家和资本的来源吞并到他们的国家机构中去,资本和强制的拥有者在相对平等的条件下相互作用。这一中间性的资本强制模式比单纯的强制密集型国家(例如俄罗斯、波兰、匈牙利等)和资本密集型国家(例如热那亚、荷兰共和国等城邦国家,城市帝国,城市联盟等)成长模式更高明,更容易建立起成熟的民族国家。[24] 但是,资本高于权力、资本重于权力、资本支持权力乃是所有资本主义国家的根本特征。所以,资本主义国家的国家治理体系在其创建之初,是在资本的轨道上按照资本的逻辑孕育出来的。这一属性至今未变。马克思说:"资本家作为资本的人格化在直接生产过程中取得的权威,他作为生产的领导者和统治者而担任的社会职能,同建立在奴隶生产、农奴生产等等基础上的权威,有重大的区别。"[25] 这种内嵌于经济过程中的国家治理比单纯地依靠政治统治和神权统治更具隐蔽性。资产阶级就是借助作为天然平等派的商品颠覆了权力支配财产的传统,从而以资本的逻辑为轴心构建了完全区别于以往的国家治理体系。当资本突破民族国家边界在世界范围内驰骋时，资本精英改善本国政治制度的愿望和动力就变得严重不足了；在虚拟经济压缩实体经济的后工业时代，政治权力的根基发生了变化，资本与权力间的关系和距离也发生了改变。由于国内治理体系长期缺乏更新，就导致了国家治理体系与社会生产间的匹配失衡，并导致了现代国家治理体系的失效。这种失衡和失效就是西方政治制度危机的政治经济根源。沿着资本轨道无限驰骋的国家治理必然要在资本的极度膨胀中陷于自身无法克服的危机和困境。

（二）民主逻辑与现代国家治理体系的变革

尽管现代国家治理体系打着民主的旗号摆脱了绝对王权的束缚，但是，民主的逻辑在很长一段时期始终无法展示其古典性的魅力和功能。民主逻辑的有限性使现代国家的治理体系始终面临着纯正的民主主义者的批评。民主逻辑在现代国家治理体系中的实现程度取决于统治者的让步程度和抗争者的压力程度。民主逻辑的展现并不是一帆风顺的。尽管任何现代国家的统治者都把民主奉为至高的政治法则，但是，任何国家的统治者都对民主持有足够强的警惕。因为所有人都明白，任何时代、任何国家都不可能按照实质民主的要求，将所有的资源实现彻底的民主性的再分配。那么，现代国家治理体系又是如何应对来自抗争者的民主压力呢？换言之，统治者又是如何将民主逻辑巧妙地融合进现代国家治理体系之中呢？

基于民主逻辑构建的国家治理体系要解决的首要问题是如何将民主原则融入规模较大的国家有机体之中。这既是新型国家所面临的重要使命，又是发掘新的国家理由、构建合法性的重要一环。这直接导致了萨托利所说的"纵向民主"的产生。如果说选举式民主典型地概括了民主的横向安排，民主的纵向装置或纵向形变就是代议制民主。[26] 因为在民族国家诞生之前，西方社会不是一个纵向的社会，仅仅是一个横向社会。人们通常说，中世纪的分割线是水平的而不是垂直的。[27] 但当国家这一庞大的政治有机体出现后，复杂的纵向社会马上就形成了。也就是说，西方现代国家治理体系将民主的横向安排锁定在基层治理领域，使之与城邦民主、中世纪的庄园治理的横向民主更加接近。与此同时，又借助灵巧的制度安排，限制及操纵选举权的门槛，在程序主义的轨道上构建起了显示现代西方国家治理体系之霸权地位和"普世地位"的纵向民主制度。令人眼花缭乱的精英民主、多元民主、审议民主、耦合民主等层出不穷的民主理论范式,对这一纵向性的国家治理体制进行了貌似固若金汤的理论包装和逻辑证明。

民主逻辑的崛起确实激发了国家治理体系的重大变革。著名的"李普塞特假设"总结了经济发展与民主化的关联,即当经济发展将人们带离困境之时,人们或许能够满足于没有政治自由的生活。而一旦他们富裕起来,他们通常会主张更多的政治自由。[28]与此同时,统治者和治理者也认识到,原先基于资本逻辑而构建起来的国家治理体系,必然要在民主化的资源再分配体系中才能拥有更高的安全系数。因此,西方现代国家治理体系在民主轨道上的变革是统治者的让步与平民的抗争在不同时期、不同程度的组合中得以推进的。民主赋予了现代国家治理体系在形式、程序上的正当性与合法性。彰显民主的逻辑是现代国家治理体系不可或缺的使命与任务,问题的关键是治理者和大众在多大程度上对民主的理解达成何种共识,这直接决定着民主在国家治理体系中的实现程度。

（三）发展逻辑与现代国家治理体系的强化

几乎所有后发国家都经受着来自西方资本主义世界的压力,这直接刺激了后发国家对发展的渴望。发展与国家能力的提升是互为因果的。在国家上升时期,发展逻辑与民主逻辑的交集是难得一见的。在政体变化与国家能力组合而成的坐标中会有不同类型的国家治理体系。这就是今天我们所看到的低能力民主的牙买加、低能力不民主的索马里、高能力不民主的伊朗等。[29]在西方资本主义世界经济体系的压力下,大多数后发国家都经历了从统治型政权到革命型政权再到发展型政权的转变。这直接促成了比较政治经济学中"发展型国家"这一范式的诞生。[30]发展逻辑的轴心地位必然导致发展型国家的产生,而发展型国家必然要求国家治理体系侧重于对强国家能力的青睐。更为重要的是,这一强国家能力更多地表现为国家权威的凝聚力而不是国家对阶级的承诺。阿图尔·科利在其经典著作《国家引导的发展》一书中提出新世袭性国家、凝聚性资本主义国家和分散性多阶级国家这三种理想类型,为我们理解后发国家中不同的国家权威类型提供了重要的理论判据。新世袭国家虽有现代国家的外表,但国家官员倾向于将公共资源当作他们的家传物品来使用。凝聚性资本主义国家开创了一系列与社会主要经济团体的明确连结，并发明了一些有效的政治工具。分散性多阶级国家虽然有广泛的阶级联盟，但无法像凝聚性资本主义国家那样缩小目标范围并有效地追求这些目标。因为分散性多阶级国家的领袖比其他类型国家的领袖更担心政治支持。[31]分散性多阶级国家奉行发展逻辑的程度取决于执政党的统摄程度和精英之间的团结程度。与发展逻辑相匹配的国家治理体系往往是国家干预主义、国家规划主义、国家—资本联盟主义的代名词。国家治理体系更多地体现出一种效率取向和迎合资本的秉性。国家本身往往也是作为一种经济主体直接介入经济过程。在官言官、在商言商的现代分野往往是被在官言商、在商言官的交错状态所替代。发展型国家治理体系在权力—资本的联盟中得到了极大的巩固，一方面国家拥有了足够强的资源汲取能力和供其汲取的社会资源总量，另一方面，资本在国家权力的保护和推动下跨越国界直接进入资本主义经济体系之中。从经验层面来看，发展逻辑的演进不是没有终点的，资本的傲慢和权力的统摄也不是没有边界的。伴随着经济的快速发展、经济资源分布的不平等以及官商联盟所缔造的贫富分化，发展型国家治理体系的导向必然要完成从效率向公平、从特权向公正的转变。

第二节　追寻治理型国家

现代国家从理论原型上，应该都是治理型国家，而不是别的什么。让我们回顾一下恩格斯对国家的经典定义：

> 国家是承认：这个社会陷入了不可解决的自我矛盾，分裂为不可调和的对立面而又无力摆脱这些对立面。为了使这些对立面，这些经济利益互相冲突的阶级，不致在无谓的斗争中把自己和社会消灭，就需要有一种表面上凌驾于社会之上的力量，这种力量应当缓和冲突，把冲突保持在"秩序"的范围以内；这种从社会中产生但又自居于社会之上并且日益同社会相异化的力量，就是国家。[32]

根据马克思主义理论，国家首先是服务于统治阶级的利益，在资本主义社会就是服务于资产阶级的剥削功能;其次国家为了从"总体上"、间接地服务于统治阶级的利益,又不能不将自己打扮成是公共利益的代表,去执行一些所谓公共职能。这是国家产生的历史合理性和必然性。

恩格斯指出了重要一点:国家功能的产生,是基于国家与社会的分化乃至对立。国家从社会中分离并凌驾于社会之上,使国家不得不化身社会矛盾的"调解者",成为承担社会治理功能的治理型国家。这是我们理解现代国家的理论基础和起点。

一、从财政—军事国家到治理型国家

理论上,现代国家都应是治理型国家,只是表现形态、实现程度各异而已。如果国家政权倚重统治阶级的利益,或者说直接服务于经济上占统治地位的剥削阶级的利益,其形式上离治理型国家较远;如果国家建设至一定程度,因为各种历史社会条件的变化,使国家试图平衡社会各方的矛盾,以便间接服务于统治阶级的利益,而不得不去履行一些具公共性的社会治理职能,就在形式上更接近于治理型国家。无论如何,只要国家政权是代表经济上占支配地位的剥削阶级的利益,它就不可能是真正的治理型国家,充其量只是统治阶级的工具。治理型国家的可能性,建立在国家政权性质的根本转变上,也就是国家政权必须真正掌握在无产阶级手中。这就可以理解,何故马克思与恩格斯将早期欧洲国家政权定义为"国家机器",并且在《哥达纲领批判》中讥笑拉萨尔信徒居然将社会治理寄托在这些"国家机器"上:"自由就在于把国家由一个高踞社会之上的机关变成完全服从这个社会的机关;而且就在今天,各种国家形式比较自由或比较不自由,也取决于这些国家形式把'国家的自由'限制到什么程度。"[33]另一方面,恩格斯在《论权威》一文中则指出,在资本主义向社会主义过渡阶段,仍然需要"权威",公共职能将"变为维护真正社会利益的简单的管理职能"[34]。恩格斯所指的"权威",照本文的理解,就是服务于公共治理需要的治理型国家。

西欧国家走过的,正是从早期纯粹的国家机器,也就是所谓"财政—军事国家",到形式上更接近于治理型国家的发展之路,即便如此,此路也并非坦途。

"财政—军事国家"是查尔斯·蒂利等学者总结早期西欧国家形成经验而炮制的概念,已经被广为接受。不过,这并非查尔斯·蒂利的原创,其实他是受马克思与恩格斯解释资本主义发展历程的启发,这一解释可见诸《共产党宣言》:

> 资产阶级日甚一日地消灭生产资料、财产和人口的分散状态。它使人口密集起来,使生产资料集中起来,使财产聚集在少数人的手里。由此必然产生的结果就是政治的集中。[35]

马克思与恩格斯明确指出现代化进程的主要特征是"集中"。集中包括了两个齐头并进的进程,即资本的集中化与政治的集中化。他们分别产生了两个不同的组织化后果,前者是生产性企业的蓬勃,后者是现代国家的兴起,中介是城市的发展。马克思与恩格斯的这一重要发现,被查尔斯·蒂利全盘接受,并发展为资本集中和强制集中这"两个集中"的国家形成模式。[36]

"财政—军事国家"概括了现代国家作为权力拥有者的两个基本形象。首先,现代国家是一个掠夺者,借助强制力向社会强行提取资源来壮大自己;其次,现代国家还是一个控制者。它通过财政集中和强制集中来强化自己的能力,将权力不断向基层社会渗透,直至对其臣民形成完全监控,使后者不敢越雷池半步。在埃利亚斯、安东尼·吉登斯等"莱斯特城学者"眼中,现代化进程就是国家这一"权力容器"对臣民监控能力提高的进程。[37]

当然,财政集中与强制集中并非一致的过程。那些片面依赖商业税的城市国家,或者片面横征暴敛的土地—官僚国家,都在现代化进程中被扫进了历史的垃圾堆。只有那些将两个进程有机结合在一起的国家,才是最后的胜利者,成为追赶者竞相效仿的对象。在蒂利的众多追随者看来,正是对"财政—军事国家"模式的摹仿,构成了政治现代化的世界图景。

然而,财政—军事国家并非轻易习得,否则将无法解释现代化进程中的分岔。比如拉克曼就发现,由于精英斗争的存在,诸如西班牙、荷兰这些早期国家,在维持高水平财政收入的条件下,仍然出现军事能力衰退的非线性回归现象。[38]这表明财政—军事国家建设不是一成不变的,本身存在复杂的机制。

在财政—军事国家框架下,早期西欧国家并不是一个真正意义上的"公共权威",而只是"宫廷权力"的放大,在政策目标上充其量也只能达到类似于亚当·斯密笔下的"守夜人国家"水平。它们并非公认的社会治理主体,更多是充当战争机器。社会治理功能更多是由教会、商业联盟、行会这些组织来承担。

一般认为,城市共和国对财税的依赖程度,会较之君主制国家更大,相对而言,城市共和国更倾向于提供公共品来"回馈"纳税市民,也就是更有可能成为形式上的"治理型国家"。君主制国家更多依赖于直接税,具有较强的自主性,不必听从社会力量的诉求,更像是一个单纯的提取者。但是西欧的历史证据表明,两者之间的区别并没有想象般大,原因就在于西欧的小国政治模式。由于周边小国林立,无论君主制国家还是城市国家,都面临风险巨大的地缘政治竞争,而国土规模小又使得竞争失败的后果很可能直接就是国家崩溃。如此一来,这些早期国家不得不将财政支出的大部分用于战争和战争准备。战争也是这些统治者向市民和农民索取的主要借口之一。可以说,西欧不是没有公共品,而是把战争当成主要的公共品;如此便没有多少剩余价值来提供攸关治理的公共品。[39]

吊诡的是,国家间战争阻碍了西欧早期国家从财政—军事国家向治理型国家的转型,而这种转型之所以可能发生,竟然同样是战争动员的扩大,以及因之提取过度引发的社会抗争。[40]战争频仍、动员规模的扩大,无论对战胜国还是战败国,都构成了巨大的社会压力,要求国家提供对等的公共品。这种诉求在战争状态下并不显著,一旦战争结束,如果国家不能及时给予社会精英和民众相应补偿,就会引发政治危机。[41]

从历史上看,拿破仑战争之后的百年和平,是西欧国家走向治理型国家的关键转折。在这一百年的时间内,有几个因素促成了向治理型国家的转型,包括国家间战争实质性的减少、社会抗争的反复、普选权的扩大、议会制度,以及财税体系的完善,等等。其中最重要的,按照经典马克思主义理论的解释,是西方国家加深了对第三世界国家的殖民和剥削,用来缓和资产阶级内部的竞争,以及国内资产阶级与工人阶级的矛盾。换言之,欧美虚假的、形式上的治理型国家建设,建立在对第三世界的帝国主义压迫与剥削基础之上,这也为它们的治理型国家建设埋下隐患。一旦帝国主义间的矛盾尖锐化,或者第三世界崛起,都会对这些帝国主义的治理型国家造成致命危机。欧洲在 20 世纪初迎来了长和平的终结，两次世界大战横跨半个世纪，几乎中断了西欧的治理型国家建设进程。战后西欧在美国的军事安全保护卵翼下，才有机会重拾建设治理型国家的努力。迄今不过半个多世纪，随着全球化的发展，老牌欧洲国家已经无力应对经济衰退、基础设施老化、难民潮等社会危机，疲态尽露。这种曲折性也充分暴露了欧美治理型国家的虚假性，是形式大于内容。

二、原生态治理型国家的特征

中国国家形态是原生的，远早于西欧，期间还经受了内亚政治传统的深刻影响[42]，形成了自身的演化逻辑。审视中国传统国家，会发现她非常接近于"治理型国家"。中国古典国家形成的时间远较西欧要早。原始社会晚期，中原文化载体就已经从"农耕聚落"转化为"都邑国家"[43]，形成了比较完善的职官行政体系。另一方面，中国在整个东亚处于独大地位，不存在致命的地缘政治竞争，除了应付北方的游牧民族之外，没有更多的战争负担。近年来，加州学派通过中西比较，以公共品供给比例来测量国家的治理水平，发现中国传统王权治下的公共品供给比例更高[44]，国家财政支出的相当大部分，用于基础设施建设，包括河道疏浚、灌溉工程、城市网络、驿站交通，等等。

更有一例可供佐证。尽管中国古典国家向来奉行"皇权不下县"原则，而底层社会亦有"帝力于我何有哉"之惯习，仿佛王权推卸其治理责任，悉数交由基层社区自我调节。但是一叶便可知秋。例如攸关民生的食物供应问题，向来是中国王朝的文治之一，自秦以来便形成了系统的民食政策。[45]更有晋惠帝"何不食肉糜"之荒唐言语流传至今。在欧洲，民众的生老病死，从来不入王权法眼，只在借现代国家缔造的契机，西欧才形成了由国家控制的食物供应系统，蒂利以此为西欧国家形成之标志，[46]即便如此，食物供应较之财政、军事两个集中，还是黯然失色。相比之下，中国的国家治理传统显然久远、稳固得多。当然，由于传统中国政权的性质，我们只能说在这里形成了一些原生态的治理型国家特征，而不能称之为治理型国家。

因晚清帝国的衰落，传统中国的国家治理失去了财政—军事基础。正是在此意义上，重振财政—军事国家，成为近代以来国家建设不得不走的一段弯路。这也影响了学者对这一段历史的认知，以为财政—军事国家模式就是中国国家建设的目标。[47]这一误解来自两点：第一，它与近代以来中国上下一致倡导的"富国强兵"目标看起来十分一致；第二，它与鸦片战争之后中国采取的一些应对手法似乎也相当吻合。可以说，中国作为后发国家，是从失败中向更先进的财政—军事国家学习，开始其民族国家建设进程的。对中国近代以来国家建设的研究，基本逃不出"国家提取"和"军事化"两个主题。[48]这种对中国国家建设的研究，要么是以西欧早期经验为普遍准则，要么是把中国当作西方的单纯摹仿者和追随者，当然难以令人满意。

事实上，对财政—军事国家的追求，只是中国国家建设进程中的一个插曲。即便近代以来饱受西方帝国主义冲击，国家建设进程也并非片面专注于财政和军事的集中，事实上这两个集中在中国近代化过程中也从来没有真正实现过。"富国强兵"背后其实是一个根深蒂固的观念：寄厚望于国家，勠力建设之，使之承担民族复兴之大任。换言之，所谓财政—军事国家从来就不是目标，而仅仅是手段。

从历史上，不可忽视民族战争与革命的催化剂作用。大规模的民族战争引发了最广泛、最彻底的社会动员，用查默斯·约翰逊的说法，日本人对中国农村的扫荡，使中国农民形成了民族主义。[49]以民族政权名义抗击日本侵略，使中国国家建设进程完成了身份政治的转变。国共两党都试图充分激发中国农民民族主义的效应，在这方面中国共产党大获全胜。原因在于，中国共产党清醒地认识到，在双方势均力敌的条件下发动的革命战争，通过政治承诺来争取民心，是革命成功的必要条件。相形之下，国民党政权显然就是那个迷恋财政—军事国家模式的"冬烘"。革命的成功，既是历史使然，也是治理型国家模式对财政—军事国家模式的胜利。在战争结束之后重建合法性的过程中，中国共产党一手抓"财政—军事国家"建设，一手抓治理型国家建设，两手并重，从根本上逆转近代以来国家建设困局，从此一往无前地走上治理型国家建设道路。党的十八届三中全会提出："全面深化改革的总目标是完善和发展中国特色社会主义制度，推进国家治理体系和治理能力现代化。"这意味着治理型国家建设将成为全面深化改革的基本要求，其理论意义与政策意义都非同凡响。

三、治理型国家与国家治理

与单纯作为暴力统治机器的国家相比，治理型国家更是公共政策制定的责任主体，具有以下特征：第一，具备一整套"公共性"的政治伦理系统，以此作为合法性基础；第二，形成分工合理、相互约束、权责对称的组织结构，来确保权力运作和政策目标的实施；第三，以提供公共品作为主要政策目标，着眼于整体社会的长远发展来制定战略规划。

可见，对于治理型国家而言，"国家治理"是题中应有之义。但在西欧历史经验中，"国家治理"却长期缺席。"国家治理"与西方学者一直主张的那种"治理"存在根本区别。后者所提出的"治理"旨在"去国家化"，倡导所谓"多中心主义"。这种"治理"概念有其合理性，在于指出社会力量参与公共事务之必要性，但是它拒斥国家在治理中的决定性作用，而是基于西欧历史经验做了形而上学的理解。

在西欧，国家向来不是唯一的治理主体。应该说，作为政治权力原型的王权本来是一种高度自主的权力。但是后来欧洲的王政传统中断了。罗马之后是一片黑暗，那是王政被摧毁之后的秩序混乱。欧洲出现了新的权力形态，那就是教权。教权的兴起，是一个决定性的转折，意味着后来重建的世俗国家权力，无论多么强大，都始终面临教权的制衡。更何况，中世纪以降，欧洲那些重建的王政一直羸弱不堪，他们为了争权夺利甚少关心公共品输出，并且在这些争斗中不断被消耗、侵蚀，甚至被摧毁。总的来说，欧洲那些前现代政治体的"权力"本身并不如想象般那么强大，而且更重要的是，它并非唯一的政府权力。除了高高在上的教权，领主、行会、贸易联盟都以"超经济强制"各据一方，形成自己的"政府"。这种政府权力的多元化，是欧洲中世纪之后新的政治传统。

国家在形成之后貌似获得统一的权力，实现了中央集权，但是一方面国家步入现代之际本身就先天不足，另一方面那些在社会上掌握了各种权力的集团，都想方设法让自己的权力独立化且不受制约。欧洲新兴现代国家所摧毁的，只是那些与之竞争的政治体，对于社会上根深蒂固的各种权力，依然显得无能为力。除此之外，国家还面对一个新的竞争权力的力量——资产阶级。资产阶级本来就是在中世纪庄园制之外产生的势力，相对于国家具有独立性，而其后的发展，是法国大革命之后资产阶级以一种全新的方式——议会共和制——支配了政治权力。

资产阶级对国家权力的支配，原本是欧洲旧制度下"超经济强制"的现代翻版。资产阶级支配了社会经济，同时也控制了国家权力，使国家沦为资产阶级统治的"工具"。按照马克思的理解，国家作为一种自主的统治力量兴起，始于第二个波拿巴执政时期，前提是经济权力与政治权力的分离，中世纪"超经济强制"的政治传统消退。由于资产阶级更注重于自己在市场上对经济权力的支配，而不得不放弃了直接统治，将国家权力交给自己的代理人，国家便有可能成为一种自主的力量。[50]

现代国家从社会权力中脱颖而出，"凌驾于社会之上"，使国家权力仿佛成为社会中唯一具有宰制性质的权力。这样的国家形象，只有置于马克思主义关于国家的工具性和自主性双重属性的框架下才能解释。对国家作用的夸大，甚至认为只要通过扩大普选权等民主政治方式，将国家权力驯化，就可以永久消除权力的宰制，实际上是掩耳盗铃，或者说是一种障眼法，让人们忽视国家之外的社会权力。从久远时代流传下来的各种国家之外的权力形式，并没有因为国家的产生而被消灭。它们在现代社会与古代社会唯一的不同之处，就是采取了更加隐蔽的方式，并且向社会各个角落蔓延。用福柯的话来说，只有在权力的基层，才能发现权力的真相。[51]

相比"找回国家"学派主张国家权力在某些领域的决定性作用，他们的批评者米格代尔的"社会中的国家"[52]，可能更接近真相，那就是波比奥在他的国家与社会权力二元对立框架[53]中所阐释的问题：国家权力随社会力量的强弱而变化。更重要的是，国家权力因其在现代化过程中被赋予了所谓"公共性"，而不得不置身于社会公众力量的监督和制约之下。相反，那些从中世纪甚至之前就已经流传下来的各种权力形式，因其一直处于独立、封闭发展的地位，实际上是不受约束、任性和专制的，这种专制的权力形式被认为是天然的、不容置疑的，也无法通过民主的方式加以监督和控制，然而资本主义的发展不是弱化而只是不断强化这种权力的专断性质。

对于欧洲传统的国家社会二元模式来说，两次世界大战是一个重要转折点。战争摧毁和削弱了很多旧权力，特别是那些与国家长期颉颃的旧社会势力集团。按照奥尔森的观点，摧毁得越彻底的国家，特别是德国日本这样的战败国，其战后经济社会发展越迅速。[54]可以说,战后西方国家的国家与社会关系发生了根本性变化,事实上国家通过大规模战争,强化了它在社会治理中的作用,这种变化是以"福利国家"的形式表现出来的,无论是福利国家还是美国这样的非福利国家,都不得不面临"大政府的兴起",使之在形式上更接近于治理型国家。

然而,即使国家开始对那些传统上具有独立性的社会权力发起了挑战,在治理中扮演越来越吃重的作用,总的来说还不足以引发革命性变化。或者说,在资本主义社会,国家权力对多元社会权力主体的挑战是有限度的。后者的因应,就是通过法律、民主、普选等手段来约束国家权力,力图使国家权力被限制在可控的范围内,不至于对自己的权力构成致命威胁。西方选举式民主的发展,是在欧洲传统多元主权的历史逻辑下发生的。这种选举式民主自有其限度,表面上对国家权力有所限制,另一方面却为社会权力横行留下大量剩余空间,后者是选举式民主不可及之地。反过来,迄今选举式民主依然是现代社会经济上占支配地位的权势集团控制国家政权最有效也最简便的手段。这就是选举式民主与治理有效之间,鱼和熊掌不可兼得的问题实质:选举式民主只能让特殊利益更加有效地控制政权,而克服不了特殊利益的权力滥用本身。因此不难发现,在那些缺乏强大而自主社会力量的地区,民主化更有可能取得治理效果;而在那些社会力量我行我素、不受约束的地区,民主化所带来的更多是灾难性结果。在这种情况下,一味追求选举式民主来企图制约国家权力,而不考虑如何通过治理型国家建设去加强社会治理的做法,不能不说是缘木求鱼。正如福山痛定思痛之后所称:"软弱无能国家或者失败国家已成为当今世界许多严重问题的根源。"[55]他已经隐约意识到,21世纪世界现代化进程更取决于治理型国家建设的成败。

联合国前秘书长潘基文曾经指出:"在之前的世纪,联合国的中心任务是制止国与国(country)之间互相厮杀。在新的世纪,根本的使命是加强国际体系,这样才能应对新的挑战,更好地服务于人。我们需要有能力、负责任的国家(state)来满足我们人民的需要,联合国正是为他们而创建。"[56]潘基文的愿望是世界各国都能普遍建立治理型国家,显然这是一个不可能完成的任务。西方国家的治理型国家建设进程,从根本上看是一种形式而非内容,仅就此形式本身,也取决于帝国主义剥削世界其他地方的程度。这种剥削和压迫越有成效,西方国家自身的治理型国家建设在形式上才能更成功。换言之,西方国家是在国际上用他们的霸权来维护和实现其国内治理。这种治理机制先天不足,经不起危机冲击,可谓外强中干。同时,在国际上,一旦其霸权遭遇实质性挑战,西方国家就极易暴露本来的国家机器面目。

第三节　从内敛型国家建设到开放型国家建设

20世纪中国虽遭逢严重的财政—军事危机,依然在新中国成立后迅速走上治理型国家建设道路,这取决于国家政权的性质本身。以无产阶级为领导、工农联盟为基础的国家政权,必然要建设真正的治理型国家。当然,国家建设进程不可能是一蹴而就的,事实上中国也经历了十分艰难的探索和实践。本书将新中国成立后的国家建设进程,依据其总体战略选择,划分为内敛型国家建设与开放型国家建设两个发展阶段。

一、内敛型国家建设

中华人民共和国成立之后,首要的任务就是进行国家政权体系建设,恢复国家的人力、物力、财力以及军力。新中国政权脱胎于生产力极端落后的旧社会,刚刚经历了重大的革命战争,亟待建立强大的国家政权体系。当其时,政权体系的重建不仅是迫切任务,也具备了较为充分的条件。经历战争之后,中国已经拥有了一个团结而富有战斗力的政党组织、一支强大的人民军队,建立了严格的自上而下命令体制,这都十分有利于建设新的政权体系。

对于一个新生的国家政权而言,最紧迫的任务,一是民族建设,二是国家机构建设。民族建设,就是通过落实民族政策、推行民族区域自治,实现各民族的团结统一,共同构成为中华人民共和国的国民;国家机构建设就是从上到下,建立一个完整的国家机构实体。最初建立的是军队、警察、司法等一系列强制机构,随之形成的是基层社会治理体系,上海、北京、杭州、天津这些大城市相继建立了居委会体系。[57]

与之相比,行政管理机构的建设进程更加复杂些。一些观点认为传统中国的行政体制已经足够现代化,以至于新生国家政权只要"坐享其成"就可以了[58],这种观点是非常片面的。事实上,不仅新生国家政权应有新的行政管理机构,而且那些保留下来的传统行政体制和机构,也因其过于早熟,改造过程显得更加复杂,存在不为人知的艰难。另一方面,由于行政管理机构的主要功能在于开发、控制和分配经济社会资源,需要随经济社会的变化适时调整,因时因地而制宜,变化也是最大的。可以说行政体制改革贯穿了中国国家建设的全过程。

根据一般理论观点,政权体系的重建,是国家建设不可绕开的第一步。[59]缺乏强大的国家体制和军事能力,就无法确保一个新生政权在和平环境下进行其他方面建设的可能。这一个阶段的国家政权体系建设,使国家能够集中社会资源,借助国家强制力,自上而下推动重工业等关乎国家战略的产业的发展,建立健全的工业体系,这些为后来的经济社会建设和国家治理奠定了强大的物质基础和组织体制基础。

在这里,我们把国家政权体系建设阶段的战略选择,称为内敛型国家建设。内敛型国家建设主要表现为两个方面。第一,生产方式和管理方式的集约化。为了尽快实施赶超,国家必须借助强制力和集中资源手段,确保资源投放的效率和生产效率,严格控制投入和产出的比率。第二,为了实现这一点,国家必须实现资源和强制的集中化,集中统一管理。这两点必须结合起来对待,也就是以集中来达到集约,才能称得上是内敛型国家建设。

据查尔斯·蒂利等人的研究,早期西欧国家建设是集中的,但不一定是集约的。集约化应该是在集中化后期,经由大规模工业化才发生的。为什么西欧早期国家建设反而会给人一种去集中化的"自由市场"错觉呢?这一方面固然是基于某种意识形态的西方理论长期鼓吹的结果,另一方面,在具有竞争优势的条件下,那些早期国家当然有强大的动机来维持它们的"自由市场",让人忽略它们在经济起飞阶段的集中化特征。这些显然都是出于对资产阶级利益的维护。对于后发国家来说,其实不必讳言集中化体制的作用。格申克龙指出,作为一个后发的落后国家,其比较优势只能是集中资源、重点发展某些战略性领域,不断加强模仿学习的速度。这是后发的德国、俄国都曾经走过的道路。[60]对于现代化而言,集中化体制也许是必要的,但最重要的是集中化体制能否达到内敛效果。如果单纯只有集中,而没有达到集约,这种集中化体制注定是要失败的。

新中国成立初期的国家建设之所以是内敛型的,是因为我们不是为了集中而集中,集中的目的在于集约。内敛型国家建设,就是通过集中来达到集约,以质为主,以最集中的投入达到社会化大生产的高度集约化。新中国国家政权的性质决定了它不是一般意义上的财政—军事国家,而是以治理型国家为目标。新中国成立后,国家通过集中资源进行基础性建设,包括工业体系建设、国家体制建设,建立国家治理的基本框架结构,并由国家力量掌控经济"制高点",主导资源开发、分配和利用,其目的都是在确保国家权力自主性条件下,达到资源积累之结果,用于整体社会发展,体现出高度的内敛化特征。

内敛型国家建设在社会体制上,形成了以单位制为主的组织化特征。刘建军认为单位是中国社会资源总量不足的必然产物,作为一种制度化组织形式,单位之目的就是实现社会整合和扩充资源总量。[61]单位制在20世纪90年代趋于解体,在很多学者眼中,单位制是一个时代落后的特征。事实并非如此简单。在内敛型国家建设中,单位制扮演了重要角色。通过单位制,中国社会形成了相对比较健全完整的社会组织网络,以最小的代价实现了中国社会的高度组织化;在政治—行政上,单位制的运作是高度集约的,形成了自上而下非常严格的命令系统和资源控制调配机制,确保了政令畅通和政策目标的高度一致。单位之外当然存在民间社会,但是这个与单位相对的"社会",在相当长时间内是一个贬义词,是指单位制控制之外的非体制,甚至反体制力量。比如社会青年,是指社会上没有工作的闲散青年、无业游民或者流氓群体之意;社会车辆是指非本单位的车辆,在单位控制产权的道路空间中要区别对待,等等。当然,"单位"与"社会"的区分,并不简单等同于"国家"与"社会"的二元划分,首先"社会"更多地是指"单位"的剩余,而不是对立;其次"单位"与"社会"也不是对等的,"社会"仅仅指"单位"之外、在地位上低于"单位"的力量;更不用说此"社会"非彼"社会",与"单位"相对的"社会",是指某社某会加在一起的总称,而不是整体的社会。

内敛型国家建设的政治文化也是高度内敛的,不主张个性的张扬、情欲的开放,而以严谨、克制的生活态度为导向,以勤俭节约、艰苦朴素为基本美德。在这个阶段,消费主义被认为是有害的。生产重于消费,投资重于储蓄,目的就是在短期内迅速实现资本、资源的有效积累。生产的目的是扩大再生产,而不是将生产用于消费,用消费刺激生产。这种模式基本上是用扩大供给,不断追加投资,压抑消费。文化上也是压抑消费、控制欲望,与马克斯·韦伯描述的"资本主义精神"相较,可以说这是一种由国家主导的"集体主义"精神,同样是工业化初期必要的文化操作,因此消费社会的发展遭到最大程度压制。

二、开放型国家建设

内敛型国家建设的结果当然是强化了国家权力,使之在较短时间内达到高度的体系化且颇富有效性。然而如前所述,集中本身不是目的,所谓集中力量办大事,"大事"才是目的。这个"大事"就是整体社会发展。正如曼瑟·奥尔森的理性选择理论所指出的,权力必须造就繁荣,理性的政府应该是"强化市场型政府"[62]。内敛型国家建设通过集中资源实现资本积累,通过集约化管理建成完整的工业体系和健全的基础设施,通过国家信用扩大投资规模和社会合作网络,等等,使那些在市场经济起步阶段本应由市场主体自行承担的投入,都由国家来实现,这些都为后来中国的经济起飞创造了最重要的条件,其成就是不可否认的。但是另一方面,内敛型国家建设若仅仅止步于集中化体制,就会导致国家对于社会的一元化支配。单位制牢牢控制了资源的生产和分配,就使市场社会彻底失去活力。治理型国家建设的成败,取决于在集中化体制发展到一定阶段,是否能够通过体制的自我调适,实现体制转型,形成新的发展战略和发展模式。不消说这是极其困难的,甚至要付出巨大的社会代价。纵观世界各地的现代化进程,正是在这个关键节点出现分流。早期现代化国家如西欧的财政—军事国家,就借助国家强力,通过殖民化去推进资本的全球扩张,克服了其现代化结构—功能调适问题;对于错失市场全球扩张历史契机的后发国家地区,若不能通过自身的制度调适来推动转型,则极易中断其发展进程。更不用说那些从未达到集约化更遑论转型的国家与地区。中国没有复制这些灾难性悲剧，而是在中国共产党的坚强领导下主动推动这一艰难转型，完成了一次从内敛型国家建设向开放型国家建设的飞跃式发展，其主要表现形式是从原来的集中化体制，通过有序放权、有效调控、规范管理，充分释放市场社会力量，进而在体系分化条件下赋予各发展主体相对自主性，激发其最大的积极性和创造力，形成国家与社会的良性互动，全面建设小康社会。

与内敛型国家建设侧重于国家政权体系建设不同，开放型国家建设的侧重点是市场社会建设，即要在国家体制之外培育市场社会，不再单一依赖国家的资源集中投入，而更强调资源以市场化方式来进行有效配置；通过对自主创新的组织化激励，产生出扩散效应，吸引更多元的力量参与国家治理和经济建设的进程之中，形成国家与社会共生共治的国家治理模式。为此，开放型国家建设必须分解出以下四个政策目标：

第一，竞争性的市场。市场化的主要目的是实现资源的优化配置。市场化的最大好处，是能够通过供需调节达到一般均衡，充分鼓励自主创新。尽管完全竞争的市场是不存在的，市场本身也存在各种缺陷，但是一个竞争性市场的存在，至少可以确保国家治理根据经济规律而不是个人或者行政意志来进行。

第二，法治化。竞争性的市场是由法治化来确保的，法治化也是在市场化达到一定程度之后建立在经济发展规律基础之上的社会治理模式。法治化的本质是尊重、遵守规则，按照规则来办事，对违反、破坏规则者予以相应惩罚。在法治化条件下，每个人都可以预期自己行为的后果，根据预期来决定自己作为或者是不作为。

第三，更加分化的社会体系。在市场化条件下，国家与社会都更加功能分化，国家体系内部形成更复杂的职能分工，权力结构也随社会发展动态调整；社会力量的分化在市场经济发展的条件下具备了自主的能力，这些多样化的社会力量通过自身的组织化，与国家机构一起参与公共事务的治理，形成国家引导、社会参与的治理格局。这样既可以减轻国家的负担，淡化国家治理的强制性质，使国家力量更加聚焦于重大事项，又能充分激发社会活力，提高公共事务的效率。

第四，增长的消费社会。在资源积累阶段，国家治理更侧重于生产，而压抑消费社会生长;在扩大市场的阶段,消费社会的兴起则是不可避免的。以消费促生产,通过需求来调节供给,是符合经济规律的做法,也能充分满足人民日益增长的美好生活需要。

毫不奇怪的是,以上政策目标并无独特之处,乃是一般市场社会所必备。从中国国家建设进程来看,它的不同之处在于模式转型本身。通过国家力量来培育和实现的市场社会,将更加注重市场社会与国家的相互协调发展,而不是将市场社会当作国家的对立面。随着市场社会力量的逐渐成长,亟待解决的社会矛盾和社会问题当然会随之逐渐涌现,而单一依赖国家力量来进行治理显然超出体制负荷,此时不应形成市场社会对抗国家,而应反过来,借助成长起来的社会力量,来进行多元化的、更加立体化的社会治理。国家以直接或者间接的方式来培育、引导社会组织的发展,吸纳更多的社会力量参与国家治理,这样做不仅不会弱化国家治理能力,相反,这是在新的历史社会条件下强化国家治理能力的最佳途径。在此意义上,中国国家建设不存在也不会产生所谓"国家与社会的二元对立",而是国家与社会的共同成长。

从中国的历史实践来看,内敛型国家建设向开放型国家建设的转变,大致是以改革开放为转折的。一方面是通过各种体制改革和政策实施,鼓励商品经济的发展,开放市场竞争,扩大对外贸易规模,提高人民物质生活水平;另一方面则是更深层次的改革,那就是以"集权—放权"为主的、对权力运作体制的改革。这样一场改革是多方位、多层次的,既涉及国家和市场的关系,也涉及国家体制内部各权力主体关系的调整。改革开放不应单纯被视为经济体制改革,而是远为深刻的国家体制改革,其中涉及政治—行政、经济、社会等各方面的制度变革,只有置于国家建设的框架下才能深入理解。

应该认识到,开放型国家建设不是对内敛型国家建设的片面否定,而是在更高层次上的超越。由于不再重点强调内敛化特征,开放型国家建设进程中不可避免地发生一些乱象,比如经济建设中的"一窝蜂"现象、制假贩假、以劣充好,等等,这些乱象在某种程度上,恰恰是片面否定内敛型国家建设的结果。同样,从内敛到开放,也不应被理解为简单的国家权力收放过程。"一放就乱,一收就死",是改革开放之初经常遇到的国家治理难题。从国家一元化控制走向改革开放,首要的任务就是放权,一是向地方放权,二是向社会放权。向地方放权,鼓励了地方政府创新的积极性和主动性,地方政府一方面为国家整体发展作出了巨大贡献,另一方面则造成了地方分散主义,弱化了国家能力;[63] 向社会放权,则让原来许多属于国家大包大揽的职能,交由社会力量去处理,但也容易造成尾大不掉的现象,冲击国家权力自主性的同时,亦容易形成"分利集团"[64],滋生腐败。开放型国家建设不是主张放权,而是主张有序放权,这样才能收放自如。

开放型国家建设是国家治理现代化的一场深刻革命。与内敛型国家建设逻辑相对简单的单位化控制不同,开放型发展要求形成更加立体的国家治理体系。这个立体的国家治理体系的特征,主要体现在两个方面。第一,国家对社会的治理,形成了多层次、复合式的结构,形成了诸如央地关系治理、基层社会治理、社会阶层治理、政商关系治理等新的治理结构,这些新的治理结构,皆来源于体系分化的结果,各发展主体的自主性在强化,产生对等程度不一的治理要求。第二,国家与社会之间,形成了多维的联结。传统上国家的一元化控制,演化为"国家中的社会"与"社会中的国家"的相互缠结,社会力量通过各种方式向国家表达利益、创设议程,反过来国家也不断提供公共政策来塑造社会,多管齐下对社会进行治理,手段愈趋多样化。

第四节 国家治理现代化与国家能力建设

国家治理水平归根结底取决于国家能力建设本身。关于国家能力分类,已经有学者做了各种区分。总体而言,国家能力可以从两个方面来理解。第一个方面涉及国家自我建设的能力,包括国家的军事能力、组织建设能力等,我们可以称之为国家的内涵建设能力。第二个方面涉及国家政权治理社会的能力,包括资源开发能力、合法化能力等,可以称得上是国家的外延建设能力。为论述简便,本书根据这两个方面,将国家能力化约为国家的统制能力和国家的再分配能力,以此来理解国家能力建设与国家治理现代化之间的关系。

一、统制能力

前已述及,中国拥有长期国家治理传统,尽管传统中国并非实质性的治理型国家。与西欧中世纪相比,那些把持了主要社会资源的教会、领主、行会、贸易联盟,他们的权力基本不受约束,各种对人身的残酷伤害,生杀予夺,都是基于社会组织内部规则来进行,只有跨组织的来往,才有所谓契约也就是法律的用武之地。[65]治理是高度"封建化"的,总体上也是无序的。在传统帝制中国,国家权力始终是受各种因素制约,从来没有达到过任性妄为的程度。这些制约因素,既包括礼制、律法等制度因素,也包括道德伦理等精神因素,更重要的是来自官僚集团与君权的相互制约。那种基于"隐私"、由特殊利益所构成的社会权力形式,固然可以在私人领域里任意妄为,但在中国传统社会却很难有一席之地,因为在中国传统政治文化中,少有独立于"公共性"的正当"隐私"。"普天之下,莫非王土",即连君主也概莫能外受制于"公"。政治绝非君王一家一人之事;对于士大夫政治而言,"先天下之忧而忧"亦是基本准则。对于政治权力,不仅有延绵的礼制来规范,历代严刑峻法亦从未中断,"王子犯法,与庶民同罪"。这就在很大程度上避免了治理的"封建化"。

但是另一方面,以国家政权为主体的治理,有史以来就存在组织体制上的严重矛盾。这一矛盾可以概括为国家集权与分化治理的矛盾。新中国成立之后,国家建设仍然同样面临这一难题。学者对此从不同角度进行了分析,形成了"压力型体制""选择性执行""地方性国家""条块分割""预算软约束"等分析性概念,在这些研究基础上,周雪光从组织社会学角度提炼指出:"一统体制的核心是中央统辖权与地方治理权之间的关系;两者之间的紧张和不兼容集中体现为一统体制与有效治理之间的内在矛盾。"[66]平心而论,国家集权与分化治理的组织矛盾,并非中国所独有,只是在很多中国研究者心目中颇具代表性而已。一来中国的国家治理历史悠久,各种矛盾比较集中,暴露得也比较充分;二来中国的国土和人口规模大、社会结构复杂,是一个真正意义上的"超大规模国家",集权与分化的冲突当然十分典型。

在中央集权体制下的超大规模国家,国家治理一定不可能是一马平川、不打折扣的。除了考虑要因地制宜,保持地方治理的弹性之外,更重要的是权力本身依循科层化组织路径,在传递过程中会因时空因素而呈现非均质的分布和流变,这几乎

政
治
逻
辑

是难以避免的。在这种条件下，如何可以确保国家提供的公共品足够"好"呢？那当然是取决于国家权力自上而下达致一体化的统制能力。从组织学上看，为了将权力流变的负效果减至最低，科层制下的正—负激励机制是不可或缺的，而最有效的激励机制就是分权，通俗地说，一是给钱（财权），二是给权（事权）。类似的情况，哪怕联邦制的美国也存在，所以才有尼克松、里根时代两次"还权于州"，先是给钱，后是给权。

在中国，"给钱"的制度刚性远大于"给权"，而这正是治理型国家的有效性问题所在。自中华人民共和国成立以来到改革开放初期，中国面临的最大治理难题就是财力不足，包括中央政府和地方政府都是如此。在财力不足的条件下，"集中力量办大事"成为共识，财政激励的可能性微乎其微。这样一来，要确保政策执行的效率，达到有效的治理，必须创造出一种辅助性，或者说是补偿性的激励机制。众所周知，这种在中国社会中非常独特的激励机制，就是建立在精神层面的思想动员。相当长时间内国家治理的有效性，很大程度上仰赖于这种高度组织化的思想动员。从经验数据上，自中华人民共和国成立到改革开放初期，财政收入增长水平一直低于国内生产总值、识字率等客观治理指标的增长水平。换言之，中国是以低财政来支持高增长[67]，除了工资维持在长期低水平之外，一个很重要的原因是通过思想动员形成了中国式的"勤劳革命"。这在其他国家几乎难以想象。以高度组织化的思想动员为核心的政策执行机制，对于内敛型国家建设功不可没。[68]由于权力集中化和集约化程度都比较高，政策执行效率高，同时也形成了一个相对封闭的组织体系，创新能力较弱，一旦达到增长瓶颈，不能适时调整结构，就容易产生新的矛盾。

改革开放之后，"分灶吃饭"的财政体制改革在一定程度上解决了地方政府的财力不足难题，但是整体财政收入水平依然是吃紧的，因为中央财政收入弹性下降。[69]在激励机制上，对组织化思想动员的依赖程度降低，而更多依赖于分权，以为分权更能激发创造性。彼时财权、事权都给足，激励机制一次到位，最终形成"财政联邦主义"[70]，甚至部分地方一把手宁可留在地方，也不愿意晋升到上一层级担任职能部门领导，与"晋升锦标赛"[71]的解释可谓格格不入。后者其实是1994年分税制改革之后地方财政激励弱化、责任机制强化的其中一个产物。分税制的实行，改变了地方财政与中央财政的比例，一定程度上避免了中央财力弱化以至于中央权威被削弱的危险，让国家有效应对了体系分化的挑战。此消彼长，地方财政复又变得吃紧，驱使一些地方政府不得不去开辟"土地财政""负债经营"的解决之道[72]，带来了新的治理问题。

激励机制的形成，目的是为了缓解国家集权与分化治理的矛盾，但是客观上导致地方治理的吃重，弱化中央权威，事实上也同样影响国家治理的有效性。弱化激励机制的政策后果也未见更佳。如何提高国家权力的体系整合水平，确乎是一个两难问题。在这种条件下，当代中国国家治理的制度优势就表现出来了：执政党的集中化组织领导。由于存在一个全国性的、自上而下、高度组织化的政党系统，可以强化责任体系，成功纾解分化可能造成的治理失控。改革开放进程中，国家治理各种"双轨"过渡现象中的矛盾，最后都通过党的组织运作来克服。这是当代中国国家治理从总体上始终保持有效性的根本原因。当然不可否认，这也容易导致社会治理的矛盾被引入党内组织建设之中，影响党自身的发展和建设，但只要通过加强党的建设，这些问题都不难克服。总而言之，在统制能力建设上，光靠国家体制内部激励机制来实现国家治理的有效性并不足够，根本的解决之道，在于由党来领导、国家主导来推动社会建设，向社会有序、稳步放权，形成国家与社会共生共治的国家治理模式。

二、再分配能力

国家对社会的塑造和建设，是通过国家的再分配能力体现出来的。可以毫不夸张地指出，国家建设的成果最终都将落实到再分配能力建设上。迈克尔·曼直接指出再分配是现代国家最重要的功能之一，因为它最具集体的、公共的特征："将稀有的物质资源按照不同的生态环境、年龄团体、性别、宗教、阶级等来进行的权威的分配。"[73]阿尔蒙德和小鲍威尔指出再分配能力建设，正是所谓政治发展的最后阶段，也是最具决定性的阶段。他们指出，政治体系必须面对以下五种挑战：第一是渗透和统一问题的挑战，他们称之为"国家建设"，旨在建立一个新的国家权力组织;第二是确立忠诚与义务的民族建设的挑战,也就是如何将领土范围内的人口塑造为统一的民族,赋予其国民身份,将其纳入整个财税—权利体系中来,在国家与其人民之间建立一种基于忠诚的权利—义务关系;第三个挑战来自政治参与,现代国家将扩大普选权,给民众各种经济权利和政治权利;第四个挑战是众多发展中国家都要面对的经济建设,民众对国家的支持很大程度上取决于这方面的经济绩效;最后一个挑战,就是分配或福利问题的挑战,阿尔蒙德与鲍威尔指出,它是"国内社会中产生的、要求运用政治体系的权力来重新分配收入、财富、机会和荣誉的压力"[74]。很多发展中国家的政治发展之所以挫败,很有可能就是出现了鲁恂·派伊所指出的"分配危机"[75]。由此可见,国家再分配能力建设,绝不应仅仅局限于一般理解的诸如财政体制和运作等问题,而应指向国家与社会关系的重构和持续发展。

之前有些学者把国家再分配能力视为国家财政能力的一部分。在这些学者看来,国家再分配能力建设基本上等同于公共财政的建立。诚然,国家再分配能力在相当大的程度上要通过财政运作反映出来。从某意义上,现代国家就是产生于现代财税体制,国家财政能力的重要性,直接就来自现代国家权力本身所具有财政集中化特征。但若我们仅停留于此,就把国家再分配能力建设降格为财政支出结构调整优化的问题了。应该指出,财政支出结构的变化,不会自动带来公共服务供给能力的提高,更不能自动产生出分配正义和持续发展的效果,因为后者涉及国家治理体系一系列的根本性变革。国家再分配能力,从国家职能的角度来看,是国家重塑社会能力的根本体现,只有当国家具备再分配能力,并以再分配作为国家能力发展的主导方向,国家与社会才能进入良性互动的进程。因此,国家再分配能力建设涉及公共权力如何更加科学合理地运用,更加有效介入和促进社会发展的问题。同时,国家再分配能力建设虽然是外延性建设,但反过来也会促进国家能力的内涵建设,可以视为国家治理体系自我完善、自我变革的过程,国家正是在塑造社会的过程中,将自己发展为一个有机体,推动自身的制度化、规范化,提高权力运作的有效性和支持度。只有立足于这一认识,我们才能超越国家再分配能力建设的"财政"视域,提升它的理论意涵。

再分配能力是国家以制度权威方式治理社会、推动社会发展的能力。随着国家体制的发展,国家对社会的塑造机制越来越多样化,用迈克尔·曼的话来说,现代国家更注重对基础性权力的开发,而不是对专制性权力的掌控。与通过一场战争或者革命缔造一个国家相比,国家治理体系的完善,特别是从单一依赖暴力的合法垄断来向社会提取,转变为通过各种机制更加精致地塑造社会组织网络,当然要复杂和曲折得多。毫不夸张地说,国家再分配能力的强弱,足以成为衡量国家治理现代化水平的标志。国家治理现代化,就在于通过再分配能力建设,使国家与社会相互强化。

一方面,国家能力建设,不再以社会发展为代价,相反,应为社会进步提供强大制度动力,引导社会朝向更健康、更有序的发展。按照"诺思悖论",提取型国家始终面临扩大财政能力和激励市场之间的矛盾,即以社会为代价来提高国家能力。[76] 詹姆斯·斯科特更指出,国家有可能借助其强制力,推行野心勃勃的宏大现代化改造工程,破坏地方性合作网络。[77]国家治理的现代化,就是要突破这些悖论,通过国家能力建设来扩大社会合作的广度和深度。蒂利指出,从历史经验来看,国家的信用和介入,是社会合作网络扩大最根本的制度保证。当且仅当国家有足够能力去确保契约履行、建设邮政通信系统、设立信用体系,才有长期、远距离和大规模地投资和贸易的可能性。[78] 因此,一个强大而积极的现代国家,为现代化进程所不可或缺。

另一方面,社会发展也不再以国家为对立,相反将越来越依赖于国家治理的优化。国家治理现代化水平的提高,国家与社会之间的良性互动,能有效化解贫富分化、避免社会无序发展。国家通过法律、财税和政策手段,可以在一定程度上对社会资源进行再分配,提供公共福利和公共服务水平,使社会总体朝着健康方向发展。国家体系越健全,国家能力越提高,国家治理社会的精准程度和有效程度就越高。事实上社会的发展也不可能以国家为代价,那种要抛离国家作用的孤立社会发展,只是理论上的虚构和想象。总而言之,国家治理现代化进程,从根本上体现为国家能力的提高,尤其是国家再分配能力的不断提高。

无可否认,当代中国的国家再分配能力建设面临深刻挑战。改革开放前后,国家财政支出的重点一直都在于投资而非再分配,即通过资本投入来实现经济增长,这样的财政政策造成"一放就乱,一乱就收,一收就死"的循环。随着社会主义市场经济的发展,通过财政投入来刺激经济增长的边际效用不断递减,总体效益不高。另一方面,由于投资型财政的主导地位,导致社会保障体系和公共服务体系迟迟不能到位,使国家作为收入调节者的角色被弱化,事实上影响了国家再分配能力。"一部分人先富起来",在一定程度上不可避免地会拉大中国社会的贫富差距。相应地,各种社会分配不公的现象涌现出来。不出所料,在"三步走"战略的第一步基本完成的时候,社会贫富差距明显拉大,据国家统计数据分析,至2008年基尼系数达最高值0.491。经济升级、贫富悬殊、阶层固化这些矛盾同时出现。不断有学者引用拉美的经验,认为中国很快将面临"拉美化陷阱",预言"市民社会怼国家"的时代即将来临。据国外学者的不完全统计,市场化改革之后中国社会确实面临群体性事件的挑战。这表明转型期国家对社会的治理,在某些方面、某些领域存在一定程度的失效。平心而论,群体性事件的发生,并不必然是社会分配所造成,它的成因可以是多方面的。但是群体性事件往往可以作为国家再分配能力强弱的晴雨表,或者预示着国家再分配能力建设的紧迫性。进一步来说,倘若国家再分配能力建设长期滞后,在经济急剧增长时段,将严重限制国家重塑社会的可能性,使国家治理转型失去先机,不能不引起高度重视。不过值得注意的是,中国从2009年起基尼系数开始持续下降,并且不久就降回到20世纪90年代的水平。

党的十八大以来,中国共产党提出创新、协调、绿色、开放、共享的新发展理念,并最终落实到共享发展上。对此,习近平同志指出:"我们必须坚持发展为了人民、发展依靠人民、发展成果由人民共享,作出更有效的制度安排,使全体人民朝着共同富裕方向稳步前进。"[79]这就意味着,围绕全面建设小康社会的目标,国家建设的重点也转变为国家再分配能力建设。这当然是一个远为艰巨复杂的任务,因为它不仅仅关乎财政支出结构的优化,而是涉及国家如何重塑社会,如何与社会力量形成良性互动,以及整体社会治理如何实现法治化等一系列重大问题。在当代中国,国家培植社会力量的目的,不是损害国家权力的自主性和公共权威性,而是由社会分担相应的治理功能,形成结构上复合的(央地、跨域等)、内容上立体的(阶级、基层等)、手段上多中心的治理型国家。治理型国家强调治理的整体性而不是单纯的原子化社会契约,主张政治权力运作的协商性而不主张非合作性的竞争,其政策目标是达到充分的社会包容而不是社会排斥。这就从根本上超越了西方近代化以来的国家建设模式,找到中国自己的国家治理现代化之路。

据此,1949 年后中国国家建设的路径就可以得到理解了。这是一个从集中到分化的过程,而且是一种以集中为基础的分化。第一步就是通过各种努力,集中力量办大事,建设完整的国家政权体系和工业体系,为国家建设和社会发展创造基本条件。第二步就是通过改革开放,让国家向市场社会放权,培育社会力量,形成国家主导下的多方共治模式。放权意味着国家将一部分社会治理权力下放给社会,释放社会的自主性。当然,向社会放权也不是为了建立西欧历史上那种竞争治理权的格局,而是形成一种由国家主导、社会参与的国家治理模式。

从分权走向放权,是国家治理模式自我调适的结果。通过向社会放权,不仅能够激发社会创造力,形成社会力量对国家治理的支持;同时,由于市场社会这一参照体系的存在,也有利于国家体制内部各种资源的优化配置。某种意义上,放权可以在一定程度上纾解国家集权与分化治理的矛盾。当然,在放权的过程中应避免两种倾向:第一要避免国家权力原本的自主性受到侵害,使国家治理的"公共权威性"被弱化;第二是要确保治理型国家的深度建设不至于对新兴市场力量构成威胁。这就需要一个坚强的引领力量,那就是强而有力的党组织。正是党高度组织化的运作,确保了国家权力在市场化过程中,相对于新兴的市场力量,仍然保持高度的自主性。同样,党的坚强领导也是坚持社会主义市场经济发展方向的根本保证。

注释

1. Charles Tilly ed., *The Formation of National States in Western Europe*, Princeton University Press, 1975, p.4.

2. 许倬云:《从历史看管理》,广西师范大学出版社 2005 年版,第 2 页。

3. [美]汉密尔顿等:《联邦党人文集》,程逢如等译,商务印书馆 1980 年版,第 3 页。

4. 参见[英]安德鲁·海伍德:《政治学核心概念》,吴勇译,天津人民出版社 2008 年版,第 35—36 页。

5. [美]迈克尔·罗斯金:《政治科学》,林震等译,华夏出版社 2001 年版,第 6 页。

6. 王蒙:《中华传统文化博大精深"不可说"? 不妨抓住"道通为一"来解读》(2019 年 5 月 5 日),上观新闻:https://www.jfdaily.com/news/detail?id=148878,最后浏览日期:2020 年 6 月 20 日。

7. 王绍光:《政体与政道:中西政治分析的异同》,载胡鞍钢主编:《国情报告》(第十四卷·2011年(下)),党建读物出版社2012年版,第449页。

8. 参见[英]詹姆斯·布赖斯:《现代民治政体》,张慰慈等译,吉林人民出版社2001年版。

9. 参见[英]拉尔夫·达仁道夫:《现代社会冲突》,林荣远译,中国社会科学出版社2000年版。

10. 参见[德]柯武刚、史漫飞:《制度经济学——社会秩序与公共政策》,韩朝华译,商务印书馆2000年版。

11. 同上书。

12. 参见瞿同祖:《中国法律与中国社会》,中华书局1981年版。

13. [日]安世舟:《漂流的日本政治》,高克译,社会科学文献出版社2011年版,第4—5页。

14. 童建挺:《德国联邦制的演变(1949—2009)》,中央编译出版社2010年版,第2页。

15. [美]贾雷德·戴蒙德:《枪炮、病菌与钢铁:人类社会的命运》,谢延光译,上海世纪出版集团2006年版,第353页。

16. 参见阎照祥:《英国政治制度史》,人民出版社2012年版。

17. 马克思、恩格斯:《共产党宣言》,载《马克思恩格斯选集》第1卷,人民出版社1972年版,第253页。

18. 参见[英]拉尔夫·密里本德:《资本主义社会的国家》,沈汉等译,商务印书馆1997年版。

19. [法]基佐:《欧洲文明史》,程洪逵、沅芷译,商务印书馆1998年版,第177—178页。

20. 参见[美]伊曼纽尔·沃勒斯坦:《现代世界体系》,罗荣渠等译,高等教育出版社1998年版。

21. [英]巴里·布赞、理查德·利特尔:《世界历史中的国际体系》,刘德斌主译,高等教育出版社2004年版,第219页。

22. [美]约翰·刘易斯·加迪斯:《冷战》,翟强、张静译,社会科学文献出版社2013年版,第98页。

23. 马克思、恩格斯:《共产党宣言》,载《马克思恩格斯选集》第1卷,人民出版社1972年版,第255—256页。

24. [美]查尔斯·蒂利:《强制、资本和欧洲国家(公元990—1992年)》,魏洪钟译,上海世纪出版集团2007年版,第34—35页。

25. 马克思:《资本论》(第三卷),人民出版社2004年版,第997页。

26. [美]乔万尼·萨托利:《民主新论》,冯克利、阎克文译,上海人民出版社2009年版,第150页。

27. [英]弗朗西斯·马尔文等:《西方文明的统一》,屈伯文译,大象出版社2013年版,第70页。

28. 参见[美]西摩·马丁·李普塞特:《政治人:政治的社会基础》,张绍宗译,上海世纪出版集团2011年版。

29. [美]查尔斯·蒂利:《民主》,魏洪钟译,上海世纪出版集团2009年版,第14—22页。

30. 参见[美]禹贞恩编:《发展型国家》,曹海军译,吉林出版集团有限责任公司2008年版。

31. [美]阿图尔·科利:《国家引导的发展——全球边缘地区的政治权力与工业化》,朱天飚等译,吉林出版集团有限责任公司2007年版,第11—14页。

32. 《马克思恩格斯选集》第4卷,人民出版社1995年版,第170页。

33. 《马克思恩格斯选集》第3卷,人民出版社1995年版,第313页。

34. 同上书,第227页。

35. 《马克思恩格斯选集》第1卷,人民出版社1995年版,第277页。

36. [美]查尔斯·蒂利:《强制、资本和欧洲国家》,魏洪钟译,上海人民出版社2007年版。

37. [英]安东尼·吉登斯:《民族、国家与暴力》,胡宗泽译,生活·读书·新知三联书店1998年版;[德]诺贝特·埃利亚斯:《文明的进程》第二卷,袁志英译,生活·读书·新知三联书店1998年版。

38. Richard Lachmann, "Mismeasure of the State", working paper presented at the annual meeting of the American Sociological Association, 2004.

39. [美]理查德·邦尼主编:《经济系统与国家财政》,沈国华译,上海财经大学出版社2018年版,第286页。

40. [美]布莱恩·唐宁:《军事革命与政治变革》,赵信敏译,复旦大学出版社2015年版。

41. [美]西达·斯卡切波:《国家与社会革命》,何俊志等译,上海人民出版社2007年版。

42. 罗新:《黑毡上的北魏皇帝》,海豚出版社 2014 年版。

43. 李学勤主编:《中国古代文明与国家形成研究》,云南人民出版社 1997 年版,第 14 页。

44. [美]王国斌、让·罗森塔尔:《大分流之外》,周琳译,江苏人民出版社 2018 年版,第 204 页。

45. 冯柳堂:《中国历代民食政策史》,商务印书馆 1998 年版。

46. Charles Tilly, "Food Supply and Public Order in Modern Europe", in Charles Tilly, ed. *The Formation of National States in Western Europe*. Princeton, NJ: Princeton University Press, 1975, p.4.

47. [美]斯蒂芬·哈尔西:《追寻富强》,赵莹译,中信出版集团 2018 年版。

48. [美]孔飞力:《中华帝国晚期的叛乱及其敌人》,谢亮生等译,中国社会科学出版社 1990 年版。

49. Chalmers Johnson, *Peasant Nationalism and Communist Power*, California: Stanford University Press, 1962.

50.《马克思恩格斯选集》第 1 卷,人民出版社 1995 年版,第 676 页。

51. [法]米歇尔·福柯:《必须保卫社会》,钱翰译,上海人民出版社 1999 年版,第 26 页。

52. [美]乔尔·米格代尔:《社会中的国家》,李杨等译,江苏人民出版社 2013 年版。

53. [意]诺伯特·波比奥:《民主与独裁》,梁晓君译,吉林人民出版社 2011 年版。

54. 曼库尔·奥尔森:《国家兴衰探源》,吕应中等译,商务印书馆 1993 年版。

55. [美]弗朗西斯·福山:《国家构建》,黄胜强等译,中国社会科学出版社 2007 年版,"序"。

56. 转引自申剑敏、陈周旺:《现代国家的治理内涵辨析》,《上海行政学院学报》2016 年第 6 期。

57. 王邦佐:《居委会与社区治理》,上海人民出版社 2003 年版,第 2—3 页。

58. 参见斯坦利·罗肯:《国家形成与国家建设的若干向度》,载《复旦政治学评论》第 3 辑,上海辞书出版社 2005 年版,第 116 页。

59. [美]加布里埃尔·阿尔蒙德等:《比较政治学》,曹沛霖等译,东方出版社 2007 年版,第 24 页。

60. [美]亚历山大·格申克龙:《经济落后的历史透视》,张凤林译,商务印书馆 2009 年版。

61. 刘建军:《单位中国》,天津人民出版社 2000 年版,第 59、43 页。

62. [美]曼瑟·奥尔森:《权力与繁荣》,苏长和、嵇飞译,上海人民出版社 2005 年版。

63. 王绍光、胡鞍钢:《中国国家能力报告》,辽宁人民出版社 1993 年版;钱颖一:《现代经济学与中国经济改革》,中国人民大学出版社 2003 年版。

64. [美]曼库尔·奥尔森:《国家兴衰探源》,商务印书馆 1993 年版。

65. [美]迈克尔·泰格、玛德琳·利维:《法律与资本主义的兴起》,纪琨译,学林出版社 1996 年版。

66. 周雪光:《中国国家治理的制度逻辑》,生活·读书·新知三联书店 2017 年版,第 19 页。

67. 陈周旺、韩星梅:《共同富裕:改革开放中国家再分配能力建设的着力点》,《探索》2019 年第 3 期。

68. 陈周旺:《国家治理现代化之路:改革开放的政治学逻辑》,《学海》2019 年第 1 期。

69. 王绍光、胡鞍钢:《中国国家能力报告》,辽宁人民出版社 1993 年版。

70. 钱颖一:《中国特色的维护市场的经济联邦制》,载张军、周黎安主编:《为增长而竞争》,格致出版社 2008 年版。

71. 周黎安:《中国地方官员的晋升锦标赛模式研究》,《经济研究》2007 年第 7 期。

72. 黄玉:《乡村中国变迁中的地方政府与市场经济》,中山大学出版社 2009 年版。

73. [美]迈克尔·曼:《国家自治权:其始源、机制与结果》,康莉、龙冰译,载汪民安等主编:《现代性基本读本》,河南大学出版社 2005 年版,第 596 页。

74. [美]加布里埃尔·阿尔蒙德等:《比较政治学》,曹沛霖等译,上海译文出版社 1987 年版,第 26 页。

75. [美]鲁恂·派伊:《政治发展面面观》,任晓、王元译,天津人民出版社 2009 年版,第 84 页。

76. [美]道格拉斯·诺思:《经济史中的结构与变迁》,陈郁、罗华平译,上海三联书店 1991 年版。

77. [美]詹姆斯·斯科特:《国家的视角》,王晓毅译,社会科学文献出版社 2011 年版。

78. [美]查尔斯·蒂利:《欧洲的抗争与民主》,陈周旺、李辉、熊易寒译,格致出版社 2008 年版,第 44 页。

79.《中国共产党第十八届中央委员会第五次全体会议公报》。

第八章　共同富裕的制度基础

实现共同富裕是社会主义的重要特征，也是社会主义的追求。从一部分人先富起来到共同富裕的跃升，体现了当代中国社会政治的使命与价值之所在。如果说政治是创造美好生活的基本形式，那么当代中国社会主义政治就是通过共同富裕创造美好生活的基本形式。但是，在单一的市场逻辑和资本逻辑中是无法实现共同富裕的。共同富裕是建立在社会主义制度基础之上的，其中公有制是实现共同富裕的制度基础。新时代脱贫攻坚战作为一场亘古未有的"国家战争"，其面对的"敌人"就是贫困。中国正是依靠公有制这一制度保障，才打赢了这场国家战争，以国家的名义向贫困开战，是当代中国社会主义政治最为耀眼的成果，它不仅超越了历史，而且也超越了西方。在时空两个维度上的双重突破，塑造了当代中国社会主义政治学超越性的特征。

第一节　不发达国家的社会主义发展理论

一、以公有制为基础创造新的社会形态

出于对资本主义社会的剥削性质和劳动异化的认识，产生于 19 世纪中叶的马克思主义追求社会发展的进化形态的进化论。《共产党宣言》指出："随着大工业的发展，资产阶级赖以生产和占有产品的基础本身也就从它的脚下被挖掉了。它首先生产的是它自身的掘墓人。资产阶级的灭亡和无产阶级的胜利是同样不可避免的。"[1]在无产阶级革命中产生的社会是一个消灭剥削、消灭私有制的新社会，消灭生产资料的资产阶级占有，建立生产资料社会公有制是革命的目标。

关于无产阶级革命，马克思已经开始注意到，革命从形式上说不可避免地要先

在一国之内发生。而"工人革命的第一步就是使无产阶级上升为统治阶级,争得民主。无产阶级将利用自己的政治统治,一步一步地夺取资产阶级的全部资本,把一切生产工具集中在国家即组织成为统治阶级的无产阶级手里,并且尽可能快地增加生产力的总量"。这种在一国范围内建成无产阶级专政,并且利用生产资料的国家公有制发展生产力的阶段,被马克思称为"共产主义的第一阶段"[2]。1875 年,马克思在《哥达纲领批判》中进一步提出,从资本主义向共产主义的过渡基本上可以分为三个阶段:一是从资本主义变为共产主义的"革命转变时期"和相应的"政治上的过渡时期";二是"在经过长久阵痛刚刚从资本主义社会产生出来的共产主义社会第一阶段";三是"共产主义社会高级阶段"[3]。

在政治层面,共产主义第一阶段要实行无产阶级专政。而在经济层面,马克思在《共产党宣言》中指出:"无产阶级取得政治统治,把一切生产工具集中在国家手中,尽可能快地增加生产力的总量。"这是"丰富和提高工人生活的一种手段"[4]。恩格斯在《反杜林论》中进一步提到,在社会主义制度下,"当社会成为全部生产资料的主人,可以在社会范围内有计划地利用这些生产资料的时候,社会就消灭了迄今为止的人自己的生产资料对人的奴役"[5]。

不过,《共产党宣言》仅仅是对历史作了一般总结,它并没有提出究竟怎样"以无产阶级国家来代替资产阶级国家"的问题。1871 年的巴黎公社运动使马克思初步考虑了无产阶级建立新的国家机器的历史任务,但他更多的是关注"国家一定会消失、国家消失的过渡形式将是'组织成统治阶级的无产阶级'"这一历史结果,"马克思并没有去发现这个未来的政治形式"。[6]列宁深刻地认识到这一点,他认为,社会主义运动的使命就是要充分考虑到一国范围内的社会主义这个现实条件,因此必须去探讨无产阶级专政的国家形式问题。《国家与革命》就集中讨论了此问题,列宁的这一经典著作,有两个基本贡献:第一,列宁确定无产阶级的政治运动具有相对独立性,无产阶级的政治革命并非必须等待生产力条件的发达。第二,他探讨了打碎旧的国家机器后,建立起的新型国家机器的主要形式,"公社就是无产阶级革命打碎资产阶级国家机器的第一次尝试和'终于发现的',可以而且应该用来代替已被打碎的国家机器的政治形式"[7]。

列宁主义和社会主义建设的苏联经验的全部意义就在于此。社会主义不能忽略国家问题,特别是在生产力相对不发达的共产主义的第一阶段,社会主义应该建立新型国家机器,并在公有制的基础上组织生产。这一新的国家在政治上的制度形式就是"苏维埃","工农苏维埃,这是新的国家类型,新的最高的民主类型,这是无产阶级专政的一种形式,是在不要资产阶级和反对资产阶级的情况下来管理国家的一种方式"[8]。十月革命的重大贡献就是以苏维埃为基本的制度形式建立起了一个新型的社会主义国家制度。

在经济上,这一新的国家也形成了相应的制度形式。列宁在 1918 年的《被剥削者劳动人民权利宣言》等文章中提出了基本的经济纲领:一是废除土地所有制,使工厂、矿山、铁路及其他生产资料和运输工具完全为工农国家所有;二是批准将一切银行收归工农国家所有;三是实行普遍的义务劳动制。[9]四是在工业、商业银行、农业等企业中对一切产品和原材料的生产、储藏和买卖事宜实行工人监督。五是实行严格的秩序和纪律以组织生产和进行生产竞赛。[10]

这实际上为单一公有制的社会主义制度奠定了基本的经济框架,列宁在马克思的基础上进一步完成了对"如何建设社会主义国家"的探讨。但是,列宁在讨论无产阶级国家的政治形式和组织生产等问题时,他的视野始终是西欧。尽管他也认为俄国的生产力发展水平还赶不上老牌的资本主义国家,并且认为俄国在经济上有自己的特点,但他并没有系统考虑先发国家与后发国家、发达国家与不发达国家的差异问题。列宁始终认为俄国革命是西欧无产阶级革命的一个部分,他说,"俄国资本主义在最近时期内达到的巨大进展,保证工人运动将会毫不停顿地扩大和深入",俄国革命的任务就是要加入西欧无产阶级革命的洪流中去。[11]

但是,不同国家的社会主义实践对社会主义运动提出了这一新的问题:在不发达的后发国家中,在生产社会化条件完全不具备的情况下,如何建设社会主义的基本经济制度? 这就是 20 世纪以后社会主义中国面临的重大问题。相较于俄国,中国是一个典型的资本主义后发国家,在无产阶级掌握了国家政权以后,国家还没有基本的工业化条件,既达不到现代化的基本要求,也达不到向社会主义过渡的生产社会化的基本条件。面对这一重大问题,刚刚建立无产阶级政权的中国共产党还没有能力解决。20 世纪 50 年代,中国按照苏联建设的经验开始建立单一公有制的经济形态,进行生产资料国有化和组织化生产的社会主义建设。不过,即便在 20 世纪 50 年代,中国共产党对中国现代化的不发达问题也已有初步认识。基于中国发展的现实,在列宁关于社会主义和共产主义两阶段划分的基础上,毛泽东在《读苏联〈政治经济学教科书〉的谈话》中曾提出:"社会主义这个阶段,又可能分为两个阶段,第一个阶段是不发达的社会主义,第二个阶段是比较发达的社会主义。"[12]

党的十一届三中全会以后,基于中国生产力水平和人民生活水平都相对较低的情况,邓小平正式提出了"贫穷不是社会主义,社会主义要消灭贫穷"的重大命题。1979 年 7 月,邓小平明确提出社会主义"首先要表现在经济发展的速度和效果方面。没有这一条,再吹牛也没有用",他说,"社会主义如果老是穷的,它就站不住"。[13]1984 年 6 月,邓小平在会见日本民间人士代表团时指出:"什么叫社会主义,什么叫马克思主义?我们过去对这个问题的认识不是完全清醒的。马克思主义最注重发展生产力……如果说我们建国以后有缺点,那就是对发展生产力有某种忽略。社会主义要消灭贫穷。贫穷不是社会主义,更不是共产主义。"[14]邓小平在 1987 年 4 月会见捷克斯洛伐克总理什特劳加尔时提出:"现在虽说我们也在搞社会主义,但事实上不够格。只有到了下世纪中叶,达到了中等发达国家的水平,才能说真的搞了社会主义。"[15]正是在这一思考基础上,党的十一届三中全会以后,中国共产党逐步提出了"社会主义初级阶段理论"。

马克思科学地指出了从资本主义向共产主义过渡的一般趋势、基本阶段,以及最终消灭剥削、消灭国家、消灭阶级、消灭剥削的发展目标。列宁将社会主义制度纳入国家范围,提出了如何在一国范围内建设无产阶级专政的政治形式和国家形式问题。而中国特色社会主义的伟大实践,重点解决的理论问题是,在无产阶级专政实现以后,在不发达的现代化条件下,无产阶级国家如何获得生产力的快速和持续发展的问题。

二、社会主义初级阶段理论

作为世界社会主义运动的一个组成部分,中国共产党领导的中国革命始终坚持以社会主义为革命的原则和目标。1949 年以后,新中国根据苏联国家建设的经验推进社会主义建设,采取的是社会主义工业化和社会主义改造同时并举的方针。

到 1956 年,新中国在全国范围内完成了对农业、手工业和资本主义工商业的三大改造,宣告完成了从新民主主义革命向社会主义建设时期的转变。三大改造的完成和其后的社会主义建设时期,一方面在经济发展层面奠定了我国社会主义工业化的初步基础;另一方面也在经济、政治、社会等方面建构了社会主义中国的基本制度。这一制度在经济形态层面,主要体现在四个方面:第一,实现了生产资料公有制,特别是实现了土地国有化和银行国有化;第二,国家完全控制市场,对重要生产和消费资料实行统购统销,通过城乡供应合作社实现城乡商品交流等;第三,实行计划生产,通过指令性计划和数字化指标调节生产和分配,形成了完全的计划经济;第四,"一大二公"的公社制度,在城市以国营和集体经济单位为主,在农村以人民公社为主,形成了社会层面的单位体制。

社会主义改造的完成,意味着中国"建立和发展了社会主义经济,基本上完成了对生产资料私有制的社会主义改造,基本上实现了生产资料公有制和按劳分配。剥削制度消灭了,剥削阶级作为阶级已经不再存在,他们中的绝大多数人已经改造成为自食其力的劳动者"[16]。从社会性质上说,三大改造完成以后,中国已经基本结束了革命转变时期,实现了向社会主义社会的转变。列宁指出,社会主义社会是要通过无产阶级掌握生产资料,利用无产阶级专政的国家形式,推动生产力的发展,从而为进一步向共产主义转变奠定物质基础。[17]但是,中国 1956 年完成了社会主义改造,形成了以全民公有制和计划经济为基础的社会主义经济体制,从 20 世纪 60 年代到 80 年代,这一制度却没有使中国摆脱生产力的不发达状态。到 1978 年,党的十一届三中全会开始正视国家在经济发展方面遇到的问题,指出"国民经济中还存在不少问题。一些重大的比例失调状况没有完全改变过来,生产、建设、流通、分配中的一些混乱现象没有完全消除,城乡人民生活中多年积累下来的一系列问题必须妥善解决"。

列宁指出：社会主义要创造出高于资本主义的劳动生产率，要通过发展生产力使劳动者过美好的生活。他说："只有社会主义才可能广泛推行和真正支配根据科学原则进行的产品的社会生产和分配，以便使所有劳动者过最美好的、最幸福的生活。只有社会主义才能实现这一点。"[18]

中国的社会主义实践正是要解决这一发展上的严峻问题。1979 年 3 月，邓小平在党的理论工作务虚会上的讲话中，进一步分析了我国经济发展的不发达状态。一是经济发展的总体水平很低，"虽然有了比较完整的工业体系，但中国仍然是世界上很贫穷的国家之一。我们在经济、技术、文化等方面远不如发达资本主义国家，科学技术总体上落后世界先进国家二三十年"。二是经济结构不平衡，生产资料积累多消费资料积累少，"人民生活水平低，吃饭、教育和就业都成了严重的问题"[19]。在苏联的援助下，中国已经基本建成了社会主义，但中国与苏联的不同在于，中国的"人口多、底子薄"，中国建成的是"不发达"的社会主义。因此，中国社会主义实践所面临的重大理论问题是：社会主义基本制度建成以后，如何快速地摆脱经济上的不发达的状态？

社会主义初级阶段的理论正是在这一背景下产生的。1981 年在《关于建国以来党的若干历史问题的决议》中，指出"在社会主义改造基本完成以后，我国所要解决的主要矛盾，是人民日益增长的物质文化需要同落后的社会生产之间的矛盾"。1987 年，党的第十二次全国代表大会提到了三个方面。第一，初步提出经济建设是中心，"人民要求拨乱反正，要求安定团结，要求集中力量进行社会主义现代化建设，要求社会主义物质文明和精神文明的提高"。第二，提出多种经济形式发展问题。"由于我国生产力发展水平总的来说还比较低，又很不平衡，在很长时期内需要多种经济形式的同时并存。"第三，提出重新找回市场，实行"计划经济为主、市场调节为辅"的经济体制。[20] 1992 年在党的十三大上正式提出了社会主义初级阶段理论。社会主义初级阶段基本理论包括以下几个方面。

第一，社会主义初级阶段的基本内涵。社会主义初级阶段"不是泛指任何国家进入社会主义都会经历的起始阶段，而是特指我国在生产力落后、商品经济不发达条件下建设社会主义必然要经历的特定阶段"。邓小平说："社会主义本身是共产主义的初级阶段,而我们中国又处在社会主义的初级阶段,就是不发达的阶段。"党的十三大报告指出:"第一,我国社会已经是社会主义社会。我们必须坚持而不能离开社会主义。第二,我国的社会主义社会还处在初级阶段。"[21]

第二,社会主义初级阶段的基本路线。党的十三大报告指出:"在社会主义初级阶段,我们党的建设有中国特色的社会主义的基本路线是:领导和团结全国各族人民,以经济建设为中心,坚持四项基本原则,坚持改革开放,自力更生,艰苦创业,为把我国建设成为富强、民主、文明的社会主义现代化国家而奋斗。"党的十七大修改后的章程将基本路线的最后一句修改为"为把我国建设成为富强民主文明和谐的社会主义现代化国家而奋斗"。党的十九大报告和章程将此句修改为"为把我国建设成为富强民主文明和谐美丽的社会主义现代化强国而奋斗"。

第三,社会主义初级阶段的根本任务。社会主义的根本任务是发展生产力。在 1980 年 4 月到 5 月的谈话中,强调"首先要发展生产力","经济长期处于停滞状态总不能叫社会主义,人民生活长期停止在很低的水平总不能叫社会主义"。[22] 1986 年邓小平又提到,我们要发展社会生产力是为了最终达到共同富裕,所以要防止两极分化,这就叫社会主义。[23] 1992 年,在著名的南方谈话中,邓小平明确提出:"社会主义的本质,是解放生产力,发展生产力,消灭剥削,消除两极分化,最终达到共同富裕。"[24]

第四,社会主义初级阶段的基本矛盾。在社会主义初级阶段理论中,"我们在现阶段所面临的主要矛盾,是人民日益增长的物质文化需要同落后的社会生产之间的矛盾。阶级斗争在一定范围内还会长期存在,但已经不是主要矛盾"。随着市场经济的发展,我国的社会主义建设已经进入到新时代,社会主义矛盾发生了变化。党的十九大报告提出"中国特色社会主义进入新时代,我国社会主要矛盾已经转化为人民日益增长的美好生活需要和不平衡不充分的发展之间的矛盾"。这标志着我国社会主义建设已经取得重大成就,开始进入到更加注重公平的社会主义初级阶段的第二阶段。

今天,尽管社会主义的基本矛盾发生了一定转变,但我们仍然处于社会主义初级阶段。党的十九大报告指出,中国特色社会主义进入新时代,"必须认识到,我国社会主要矛盾的变化,没有改变我们对我国社会主义所处历史阶段的判断,我国仍处于并将长期处于社会主义初级阶段的基本国情没有变,我国是世界最大发展中国家的国际地位没有变"[25]。因此,习近平总书记在庆祝改革开放40周年大会上发表重要讲话指出:"40年的实践充分证明,党的十一届三中全会以来我们党团结带领全国各族人民开辟的中国特色社会主义道路、理论、制度、文化是完全正确的,形成的党的基本理论、基本路线、基本方略是完全正确的。"[26]

如果说列宁的无产阶级专政理论的重点是"找回国家",那么我国的社会主义初级阶段的理论的重点就是"找回市场"。所谓社会主义初级阶段指的是后发国家在生产力落后、商品经济不发达条件下建设社会主义必然要经历的特定阶段。社会主义初级阶段有四层基本涵义:第一,它是在社会主义基本制度已经形成基础之上的社会主义建设,第二,它不断寻找社会主义发展生产的有效方式。第三,随着生产力的发展它将进一步过渡到更高阶段的社会主义;第四,社会主义初级阶段目前还需要经历一个相当长的历史过程。

邓小平曾说:"我们是允许存在差别的。像过去那样搞平均主义,也发展不了经济。但是,经济发展到一定程度,必须搞共同富裕。"[27]因此,社会主义初级阶段内部也蕴含着注重效率和注重公平两个不同的发展阶段。随着生产力的不断发展,中国已经逐步从社会主义初级阶段的第一阶段转向第二阶段。在党的十九大报告中,提出了新时代中国特色社会主义思想,提出在新时代"我国社会主要矛盾是人民日益增长的美好生活需要和不平衡不充分的发展之间的矛盾,必须坚持以人民为中心的发展思想,不断促进人的全面发展、全体人民共同富裕"。新时代中国特色社会主义理论是社会主义初级阶段理论发展的最新成果,可以说是社会主义初级阶段理论中第二阶段的指导理论。在这一阶段中,社会主义发展的核心目标是"共同富裕"。

三、共同富裕作为社会主义初级阶段的目标

社会主义初级阶段理论的重点是强调发展,强调"找回市场",从而发挥其在解放和发展生产力方面的作用。但在发展生产的同时,不可以忘记发展生产的最

终目的。马克思在《政治经济学批判(1857—1858 年手稿)》中指出：在未来的社会主义制度中，"社会生产力的发展将如此迅速，以致尽管生产将以所有的人富裕为目的"[28]。

社会主义初级阶段之所以是社会主义的，就是因为它始终强调"消灭剥削、消灭两极分化"的基本原则。因此，在提出改革开放和"找回市场"策略的同时，中国的社会主义初级阶段理论就内嵌着一个发展目标：共同富裕。1990 年 12 月，邓小平在同江泽民等中央负责同志谈话时指出："共同致富，我们从改革一开始就讲，将来总有一天要成为中心课题。社会主义不是少数人富起来、大多数人穷，不是那个样子。社会主义最大的优越性就是共同富裕，这是体现社会主义本质的一个东西。如果搞两极分化，情况就不同了，民族矛盾、区域间矛盾、阶级矛盾都会发展，相应地中央和地方的矛盾也会发展，就可能出乱子。"[29]

"共同富裕"的概念最早提出是在 1984 年 11 月 9 日。邓小平在会见来自意大利的外宾时指出："我们党已经决定国家和先进地区共同帮助落后地区。在社会主义制度下，可以让一部分地区先富裕起来，然后带动其他地区共同富裕。在这个过程中，可以避免出现两极分化（所谓两极分化就是出现新资产阶级），但这不是要搞平均主义。经济发展起来后，当一部分人很富的时候，国家有能力采取调节分配的措施。"[30]不过，"共同富裕"并不仅仅是一个目标性要求，而是具有多层次的内涵：第一，共同富裕体现着社会主义的本质规定，它为消灭剥削、消灭两极分化奠定了经济基础。邓小平提出，"社会主义特征是搞集体富裕，它不产生剥削阶级"[31]，因此，我们"坚持社会主义，不走资本主义的邪路。社会主义与资本主义不同的特点就是共同富裕，不搞两极分化"[32]。第二，共同富裕还是现实经济生活中的一个发展标准之一，在经济发展中，除了不断解放和发展生产力外，我们还需要不断用"共同富裕"的标准来调整分配政策，从而不断修正现实生活中出现的贫富差距问题。1981 年邓小平同志就指出："坚持社会主义制度，始终要注意避免两极分化。"[33]第三，共同富裕的原则和目标，对社会主义国家的发展提出了阶段性的要求。在经济发展的初期，发展的主要策略是注重效率，"先富带动后富"，在经济发展的成熟期，发展的主要策略是兼顾公平，"最终实现共同富裕"。邓小平认为："我们是允许存在差别的。像过去那样搞平均主义,也发展不了经济。但是,经济发展到一定程度,必须搞共同富裕。"[34]

正因为如此,邓小平还将"共同富裕"上升到社会主义原则的高度。共同富裕是"两大原则"的题中之义:一是指社会主义原则,"社会主义原则,第一是发展生产,第二是共同致富";二是指改革开放的原则,"在改革中,我们始终坚持两条根本原则,一是以社会主义公有制经济为主体,一是共同富裕"。共同富裕是社会主义的"最大优越性",即强调"社会主义最大的优越性就是共同富裕"。共同富裕还是社会主义的本质,就是"解放生产力,发展生产力,消灭剥削,消除两极分化,最终达到共同富裕"。

共同富裕的概念体现着中国特色社会主义发展的阶段性。在改革开放的早期,共同富裕的原则的提出,主要是为了鼓励一定分配差别、激活市场经济,从而解放和发展生产力。在1978年底《解放思想,实事求是,团结一致向前看》的讲话中,邓小平提出:"在经济政策上,我认为要允许一部分地区、一部分企业、一部分工人农民,由于辛勤努力成绩大而收入先多一些,生活先好起来。一部分人生活先好起来,就必然产生极大的示范力量,影响左邻右舍,带动其他地区、其他单位的人们向他们学习。这样,就会使整个国民经济不断地波浪式地向前发展,使全国各族人民都能比较快地富裕起来。"[35]但当经济发展到一定程度以后,就需要进一步考虑分配问题,"十二亿人口怎样实现富裕,富裕起来以后财富怎样分配,这都是大问题。题目已经出来了,解决这个问题比解决发展起来的问题还困难"[36]。当前中国已经进入了社会主义发展的新时代,社会的主要矛盾已经转变为人民日益增长的美好生活需要和不平衡不充分的发展之间的矛盾。因此习近平同志指出:"我们必须坚持发展为了人民、发展依靠人民、发展成果由人民共享,作出更有效的制度安排,使全体人民朝着共同富裕方向稳步前进。"[37]

四、经济制度中需要处理好的三对关系

中国的改革开放已走过40余年的历程,在这一过程中,中国全面推进改革开放的重点主要体现在三个方面:一是在所有制结构上,形成了以公有制为主体、多种所有制经济共同发展的基本制度;二是在经济运行机制上,形成了社会主义市场

经济体制;三是在分配方式上,形成了以按劳分配为主体,多种分配形式并存的分配制度。

在马克思所设想的社会主义社会,公有制、计划经济、按劳分配是"三位一体"的。[38]列宁、苏联对社会主义社会的探索也是以单一公有制、计划经济和按劳分配为主的基本经济形态。因此,当代中国的社会主义理论和实践对世界社会主义运动具有特别重要的意义。在理论上,社会主义初级阶段理论回答了在后发国家如何建设社会主义的问题;在实践上,中国已经基本完成了从单一公有制向多层次所有制结构、从计划经济向社会主义市场经济、从单一按劳分配向多种分配形式并存的转型。

所有制、分配制度和经济运行机制是一个系统,互相联系,相辅相成。1992年党的十四大提出了社会主义初级阶段在经济方面的基本经济制度、运行原则和分配方式。在1997年党的十五大就提出,社会主义初级阶段在经济方面可分解为社会主义初级阶段所有制结构、分配机制与运行机制三个组成部分。党的十九届四中全会进一步深化了这一认识,《中共中央关于坚持和完善中国特色社会主义制度、推进国家治理体系和治理能力现代化若干重大问题的决定》将所有制、分配制度和经济运行体制统一起来,共同纳入"社会主义基本经济制度",指出"公有制为主体、多种所有制经济共同发展,按劳分配为主体、多种分配方式并存,社会主义市场经济体制等社会主义基本经济制度,既体现了社会主义制度优越性,又同我国社会主义初级阶段社会生产力发展水平相适应,是党和人民的伟大创造"[39]。

如何认识和坚持社会主义基本经济制度,并继续推进社会主义初级阶段的建设和探索呢? 最重要的是需要不断处理好三个方面的关系:一是处理好公有制与非公有制经济的关系;二是处理好市场"无形之手"和政府"有形之手"的关系;三是处理好按劳分配与按生产要素分配的关系。

第二节 社会主义所有制结构

一、以公有制为主体的多层所有制结构

在任何一个国家的制度结构中,起决定性作用的是所有制。马克思主义认为,

所有制是区分不同的社会经济制度性质的根本标志,它贯穿在生产、交换、分配和消费诸环节中,决定具体经济关系的性质、地位和作用。因此,不同的社会形态拥有不同的所有制结构,随着生产力的不断发展,所有制也会发生相应的变化。马克思在《资本论》中写道:"从资本主义生产方式产生的资本主义占有方式,从而资本主义的私有制,是对个人的、以自己劳动为基础的私有制的第一个否定。但资本主义生产由于自然过程的必然性,造成了对自身的否定。这是否定的否定。"他认为,超越资本主义时代,建立一个新社会的基本目标就是"在资本主义时代的成就的基础上,也就是说,在协作和对土地及靠劳动本身生产的生产资料的共同占有的基础上,重新建立个人所有制"[40]。

社会主义经济的所有制形式是生产资料公有制。作为从资本主义向共产主义的过渡阶段,社会主义在政治上实行无产阶级专政的统治形式,在经济上以生产资料公有制代替生产资料的资本主义私有制。一方面,在资本主义经济形式和资本主义的世界体系尚未完全消亡之际,这一替代能够有效节制资本的过度扩张,抑制社会两极分化,从而为进一步向共产主义社会过渡提供基础;另一方面,生产资料公有制,保证了经济发展的社会主义方向,从而使社会主义区别于一切旧的社会形态,成为从资本主义时代基础上,对私有制"否定之否定"的新社会形态。

1956年以后,新生的中国在中国共产党的领导下完成了所有制的社会主义改造,建立了以公有制为基础的基本经济制度。第一,公有制的建立标志着中国从此进入了社会主义社会,实现了从半封建半殖民地社会向社会主义新社会形态的转变。第二,公有制将社会生产资料集中起来,充分发挥国家在经济发展中的推动作用,从而一举改变了旧中国生产力落后、贫富两极分化的发展状态,并为社会主义发展建立了基础的工业体系。第三,公有制为人民民主专政的政治形式奠定了经济基础,同时也为中国共产党的执政奠定了基础。

公有制是中国社会主义经济建设的基本经济制度。在具体实现形式上,公有制的典型表现是全民所有制和集体所有制。所谓全民所有制,指生产资料所有权归全体社会成员所有、社会产品的受益权也由全民共享的所有制形态。所谓集体所有制,指生产资料所有权归一部分社会成员共同所有、所生产的社会产品受益权也仅在集体范围内由成员共享的所有制。[41]全民所有制是代表着整个社会利益的公有制的"高级形式",集体所有制是一种特定群体的所有制,是公有制的一种"低级形式"。与全民所有制相比,集体所有制本质上是一种合作制,是一种具有过渡形态的公有制形式。马克思在《资本论》中指出,"工人自己的合作工厂,是在旧形式内对旧形式打开的第一个缺口……资本和劳动之间的对立在这种工厂内已经被扬弃",而且是"积极地扬弃的";合作工厂应当"被看做是由资本主义生产方式转化为联合的生产方式的过渡形式"[42]。

在现实经济生活中,全民所有制具体表现为国有企业,集体所有制具体表现为集体企业。在 1956 年至 1978 年的社会主义建设时期,我国实行的是单一的公有制经济形态。表现在三个方面:第一,通过"一化三改"的社会主义改造,将社会中的生产资料私有制全部改造为社会主义公有制或具有合作性质的集体所有制,公有制经济在社会中占有绝对优势;第二,通过中央计划经济体制组织社会化大生产,国家通过计划指标的等级式管理,层层下达指令性计划,集中社会资源投入公有制企业以推动国家经济发展;第三,社会资源和社会产品由国家统一分配,形成了具有较大规模的社会福利,并且相对平均的社会分配制度。在这一经济形态下,在城市中,国有企业和集体企业是主要的经济形式;在农村中,合作社、人民公社和相应的社队企业是主要的经济形式。因此,一方面,国营经济和集体经济作为公有制的主要经济活动主题,共同推动了我国国民经济的快速发展,并重塑了社会主义中国的社会结构和制度结构;另一方面,在此之后中国的改革开放和经济发展,都是在公有制的基础上发生,都是以国营经济和集体经济的改革为起点。

不过,在现实经济生活中,单一公有制在推进经济发展方面却遇到了比较大的挑战。在单一公有制和全面计划经济下,单一公有制的经济形式不仅没有促进生产力更好发展,反而因为超越甚至背离了生产力发展现状,导致国民经济发展和增长缓慢。[43]在马列主义的政治理论中,单一公有制的所有制结构的实现有三个基本条件:第一,无产阶级掌握国家政权,形成了无产阶级专政的政治形式;第二,生产社会化发展到相当程度,为公有制的实现提供了经济基础;第三,充分动员群众,通过完善的工人监督和生产竞赛推动生产力的发展。

对于脱胎于半封建半殖民地社会的中国来说,并不存在满足上述全部条件的基础,作为一个后发国家,中国还没有形成较发达的工业体系,生产社会化的水平也比较低,已经形成的国营和集体经济的生产组织形式单一,出现了经营僵化、缺乏发展动力等问题。有学者指出,单一公有制出现的问题,主要是由于公有制企业消除了企业的市场合约基础,从而同时就把市场矫正企业和企业家的错误的机制消除了,虽然这并不是说非合约基础的企业初始出错就一定很严重,而是由于企业出错没有办法及时被纠正,从而难免出现发展僵化的问题。[44]

在这一历史背景下,中国开始探索社会主义初级阶段的经济发展理论。其中,在所有制结构方面,主要内容是改变单一公有制的所有制形式。党的十一届六中全会通过的《关于建国以来党的若干历史问题的决议》中指出,经过生产资料的社会主义改造,所有制形式过于简单划一,把"一大二公三纯"作为判断所有制形式先进与否的标准,认为社会主义公有制的范围越大越好,公有化程度越高越好,结果是超越了我国生产力发展的水平,主要出现了生产动力不足等问题。[45]1982年党的十二大报告提出:"由于我国生产力发展水平总的说来还比较低,又很不平衡,在很长时期还需要各种经济形式同时并存。"到1997年党的十五大报告,正式提出"公有制为主体、多种所有制经济共同发展",作为我国社会主义初级阶段的一项基本经济制度。

中国的经济改革有很强的渐进性特征,这种渐进性主要体现在以单一公有制为起点形成的以公有制为主体、多种所有制经济共同发展的所有制结构。这一所有制结构具有三个方面的特点:第一,在这一所有制结构中,公有制经济和非公有制经济同时存在,在同一市场经济体系中共同竞争且共同发展;第二,正是公有制和非公有制经济的共同存在,进一步创造了新的相互竞争的微观主体,从而为市场经济体系的发展提供了激励和动力;第三,在多层次所有制结构中,公有制经济处于更加重要的主体地位,正是公有制的主体地位作用保证了中国市场经济发展的社会主义性质、保证了中国社会主义的方向和道路。

党的十四届三中全会决定认为:"就全国来说,公有制在国民经济中应占主体地位,有的地方、有的产业可以有差别。公有制的主体地位主要体现在国家和集体所有的资产在社会总资产中占优势,国有经济控制国民经济命脉及其对经济发展的主导作用等方面。"[46]这说明公有制的主体地位不是指数量和比重占优势,而是指对国民经济命脉和经济发展的控制力和影响力。

随着我国改革的不断深入,公有制经济在经济总量中的比重不断下降,国有企业和集体企业的数量已大幅缩减。新形势下对公有制主体地位的衡量有了新的标准,即国有经济在关系国民经济命脉的重要行业和相关领域占支配和主导地位,国有经济主要控制涉及国家安全的行业、自然垄断行业、提供重要公共产品和服务的行业及支柱产业、高新技术产业中的重要骨干企业。公有制经济的主体地位不再体现在量的优势上,而更多地体现在对经济发展的控制力上。

二、非公有制经济是社会主义市场经济的重要组成部分

推进国有企业和集体企业改革的过程,同时也是非公有制经济作为新的经济形式从原先单一公有制经济制度下不断发展起来的过程。非公有制经济发展的形式最早主要是个体经济。党的十一届三中全会在讨论农业问题时已经提出,社员自留地、家庭副业和集市贸易是社会主义经济的必要补充部分。此后,在1979年全国工商行政管理局长会议明确提出要恢复和发展个体经济的基础上,党的十一届六中全会提出,"国营经济和集体经济是我国基本的经济形式,一定范围的劳动者个体经济是公有制的必要补充"[47]。

随后,外资经济和私营经济逐步得到了强调和发展。1982年1月,党中央和国务院批转《沿海九省市、自治区对外经济贸易工作座谈会纪要》,该纪要提出:抓住当前有利时机,大胆利用外资,加强国际经济合作和技术交流。1983年,国务院发布《中华人民共和国中外合资经营企业法实施条例》,对利用外资作出了明确的政策规定。在私营经济发展方面,1987年,中央出台《关于把农村改革引向深入的决定》第一次明确提出允许私营经济的发展,并采取"允许存在、加强管理、兴利抑弊、逐步引导"的方针。党的十三大进一步肯定私营经济作用,它有利于促进生产,活跃市场,扩大就业,更好地满足人民多方面的生活需求,是公有制经济必要的和有益的补充。党的十四大进一步明确社会主义市场经济的所有制基础是

以公有制包括全民所有制和集体所有制经济为主体，个体经济、私营经济、外贸经济为补充，多种经济成分长期共同发展，不同经济成分还可以自愿实行多种形式的联合经营。

此后，非公有制经济获得了快速发展，并在国民经济体系中起着越来越重要的作用。在党的十五大上，非公有制经济从原先的有益补充发展为"重要组成部分"。党的十六大报告提出了"两个毫不动摇"的方针，即"毫不动摇地巩固和发展公有制经济，毫不动摇地鼓励、支持和引导非公有制经济发展"。党的十七大报告提出"两个平等"，对公有制经济和非公有制经济既要在法律上"平等"保护，也要保障两者在经济上的"平等"竞争。2013年党的十八届三中全会通过的《中共中央关于全面深化改革若干重大问题的决定》指出："公有制为主体、多种所有制经济共同发展的基本经济制度，是中国特色社会主义制度的重要支柱，也是社会主义市场经济体制的根基。"

2016年，习近平在同民建、工商联界委员联组会上的讲话中重申了对于非公有制经济的基本定位，他说："我在这里重申，非公有制经济在我国经济社会发展中的地位和作用没有变，我们毫不动摇鼓励、支持、引导非公有制经济发展的方针政策没有变，我们致力于为非公有制经济发展营造良好环境和提供更多机会的方针政策没有变。"[48]

非公有制经济在国民经济体系中的三个方面发挥了至关重要的作用。第一，在改革单一公有制经济形态的过程中，非公有制经济的出现和发展，推动了微观领域市场机制的形成。第二，非公有制经济的快速发展，从公有制经济的外部，进一步推动了国有经济和集体经济的改革。第三，与公有制经济相比，非公有制经济在组织形式和产业布局上往往更加灵活，为市场经济的发展提供了活力。经过40年的发展，非公有制经济在我国国民经济总体规模中的占比越来越大，根据中国民营企业发展研究报告数据，到2018年，民营企业对中国国内生产总值（GDP）贡献率达60%以上，提供80%的城镇就业岗位，吸纳70%以上的农村转移劳动力，新增就业90%在民营企业。全国工商联数据显示，2017年民营企业对中国税收贡献率超过50%。

三、公有制具有多种实现形式

公有制和非公有制的共同发展,进一步又带来公有制经济的变化。一方面,公有制经济在国民经济总量中所占比重有所收缩;另一方面,公有制和非公有制开始在共同的市场经济的制度框架内共同发挥作用。这就对公有制经济提出了改革自身组织形式、探索多种实现形式的要求。1997 年党的十五大报告中指出:"公有制实现形式可以而且应当多样化,一切反映社会化生产规律的经营方式和组织形式都可以大胆利用。要努力寻找能够极大促进生产力发展的公有制实现形式。"[49]

之所以探索公有制的多种实现形式,主要基于两个方面的要求。第一,发展生产力要求。我国仍处于社会主义初级阶段,必须大力发展市场经济,而传统的单一公有制经济,不论是在整体的所有制结构上,还是国营企业作为公有制的微观主体方面,既不能与市场经济相融,更不能适应社会主义市场经济的发展要求。这就要求在坚持公有制性质不变的前提下,改变公有制的实现形式,选择新的能适应社会主义市场经济和生产力发展要求的公有制实现形式。[50]第二,坚持主体地位要求。社会主义初级阶段仍然是社会主义的,社会主义性质不能变。一方面公有制在国民经济中的总体比重在下降,另一方面需要坚持公有制主体地位。这就要求不断探索新的公有制实现形式,以解决二者之间的矛盾。第三,公有制微观探索的要求。以公有制为主体、多种所有制结构并存的改革主要集中在所有制的宏观结构方面,随着改革的推进,需要在公有制企业的微观组织层面,总结探索新的适应时代要求的微观组织形式。

当然,探索公有制的多种实现形式,在经济发展的过程中已经有了一定的经济、组织和制度等方面的基础。一是企业投资方式的多样化,企业可以通过股权及债权等形式在资本市场上进行投资,通过证券形态及货币形态来实现自己。二是产权关系的多样化。随着市场经济的探索,企业的所有权、占用权、使用权、处置权、经营权之间开始有了不同的排列组合。三是企业体制的多样化。在企业的微观体制上,出现了业主制、合伙制、公司制、股份制等多种企业体制。[51]

因此,"公有制具有多种实现形式"的提出,对市场经济建立和公有制的改革创新具有新的理论意义。这意味着开始将作为所有制结构的公有制和公有制的实现形式区别开来。所谓所有制,是指生产资料归谁所有的一种经济制度,它所解决的核心问题是生产资料的归属问题,是生产资料占有、使用、处置并获得收益等一系列经济权利和经济利益关系的总和。而所谓公有制实现形式则是指经营生产资料并对产品进行分配的具体方式,它所要解决的核心问题是生产资料的营运效率及所有者对剩余产品索取的问题,是在一定所有制前提下的产权组织形式、资本经营方式、产品交换方式和收益分配方式。[52]

公有制多种实现形式的第一个表现是国有经济控制国民经济的命脉。随着所有制改革的推进,公有制的主体地位不再体现在公有制经济的数量上,而是体现在质量和控制力上。1995 年国有企业改革开始"抓大放小"。到 1997 年党的十五大正式提出:"国有经济起主导作用,主要体现在控制力上。要从战略上调整国有经济布局。对关系国民经济命脉的重要行业和关键领域,国有经济必须占支配地位。在其他领域,可以通过资产重组和结构调整,以加强重点,提高国有资产的整体质量。"[53]党的十八届三中全会后,国有企业的控制力进一步体现在两个方面:一是国家直接控制的国有企业主要分为商业类和公益类,商业类国有企业主要分布在重要竞争性领域和技术创新等领域;公益类国有企业以保障民生、服务社会、提供公共产品和服务为主要目标。二是国有企业还通过资本投资扩大自身影响力,更多投向关系国家安全、国民经济命脉的重要行业和关键领域。[54]

公有制多种实现形式的第二个表现是股份制改革。1986 年,国务院颁布的《关于深化企业改革增强企业活力的若干规定》,允许全民所有制企业进行股份制改造。党的十三大报告充分肯定了股份制,指出:"改革中出现的股份制形式,包括国家控股和部门、地区、企业间参股以及个人入股,是社会主义企业财产的一种组织方式。"在党的十四大进一步肯定股份制地位和作用的基础上,党的十五大强调:"股份制是现代企业的一种资本组织形式,有利于所有权和经营权分离,有利于提高企业和资本的运作效率,资本主义可以利用,社会主义也可以利用。"从目前的实践探索看,公有制企业股份制改造又具有多种形式。一是国有和集体控股的股份制企业,包括以公有资本为投资主体或以公有制资本控股的有限责任公司和股份有限公司。二是公众所有的股份制企业,即利用股份制这种形式向企业的干部职工筹集资金,出售财产,形成共有经济。单位的全部资产成为单位成员的共同财产,同时每个成员又是集体财产中某个特定份额的所有者。三是股份合作制企业,即在合作制基础上,实现劳动合作和资本合作有机结合。劳动合作采取职工共同劳动,共同占有和使用生产资料,利益共享,风险共担,实行民主管理,企业决策体现多数职工意愿。资本合作则采取股份的形式,职工既是劳动者,又是企业出资人。

公有制多种实现形式的第三个表现是混合所有制。党的十四届三中全会决定指出:随着不同所有制企业的产权流动和重组,"财产混合所有的经济单位越来越多,将会形成新的财产所有结构"。2013年党的十八届三中全会通过的《中共中央关于全面深化改革若干重大问题的决定》提出:"国有资本、集体资本、非公有资本等交叉持股、相互融合的混合所有制经济,是基本经济制度的重要实现形式,有利于国有资本放大功能、保值增值、提高竞争力,有利于各种所有制资本取长补短、相互促进、共同发展。"2015年,国务院《关于国有企业发展混合所有制经济的意见》发布后,国资委和发展改革委共同在电力、石油、天然气、铁路、民航、电信、军工等七个重点领域开展混合所有制经济改革试点。混合所有制开始在同一个微观企业组织内探索公有制和非公有制融合发展的企业形式,从而进一步扩大公有制的杠杆作用和影响作用。

公有制多种组织形式的第四个表现是调整国有资本的分布格局。党的十八届三中全会提出了"政府管资本"为主的国有资本管理体制。在新的管理体制下,国有资本和国有企业逐渐开始有了一个新的战略布局调整,运营和投资重点应从商业盈利性部门规模性有序退出,主要投向关系国家安全、国民经济命脉的重要行业和关键领域,着重提供公共服务、发展前瞻性产业、保护生态环境、支持科技进步、保障国家安全。[55]同时,国有及国有控股企业未来将由经营产品转向经营品牌和资本,由实体经济转向虚拟经济,投资主体由一元化转向多元化。

第三节　社会主义资源配置方式

一、市场在资源配置中起决定性作用

由于认识到计划经济和单一公有制经济体系的缺陷，1978 年以后，在探索社会主义道路的进程中，改革开放的主要方向是在原来单一公有制为特征的社会主义经济体系中逐步地"找回市场"。在资源相对短缺，且社会产品不够丰富的社会条件下，市场经济相比于计划经济具有三个重要优势。第一，市场机制有利于实现资源的有效配置。计划和市场都是资源配置的手段之一，在大规模经济体中，在交易信息并不完全的条件下，市场可以通过价格规律的作用相对更加有效地在全社会范围内配置资源。第二，市场可以激活经济增长的动力。长期的单一公有制，造成了社会主义建设时期僵化的国营经济体系，在此基础上适当引进竞争机制和市场机制，能够一定程度上激活经济增长的动力。第三，市场可以最大程度地调动社会成员的劳动积极性。计划经济下劳动积极性的发挥需要两个条件，包括较高程度的生产社会化和广泛的工人监督。在生产力水平较低的情况下，由于社会产品总量不足和分配的平均主义倾向，影响了劳动积极性的发挥。而市场经济的发展，一方面可以增加社会产品的总量，另一方面鼓励一定的分配差别，从而有利于调动社会成员的生产积极性。

党的十一届三中全会以后，中国社会主义建设的重要探索就是在单一公有制的基础上逐步找回市场机制。1979 年 3 月，陈云在《计划与市场问题》一文中指出，所谓市场调节，就是按价值规律调节，在经济生活的某些方面可以用"无政府""盲目"生产的办法来加以调节。随后在 1980 年他提出"计划调节和市场调节相结合"观点[56]。1981 年 6 月召开的党的十一届六中全会通过的《关于建国以来党的若干历史问题的决议》确认，"必须在公有制基础上实行计划经济，同时发挥市场调节的辅助作用"。在此基础上，党和国家开始逐步肯定市场经济的地位和作用。1982 年 9 月，党的十二大正式提出要贯彻"计划经济为主、市场调节为辅"的原则。1984 年党的十二届三中全会明确提出"有计划的商品经济"，突破了把计划经济同

商品经济对立起来的传统观念。

市场经济体制在 1992 年迎来重大发展。在南方谈话中，邓小平强调："计划多一点还是市场多一点，不是社会主义与资本主义的本质区别。计划经济不等于社会主义，资本主义也有计划；市场经济也不等于资本主义，社会主义也有市场。计划和市场都是手段。只要有利于解放和发展生产力，有利于最终达到共同富裕的东西，社会主义都应该采用。"[57] 随后，江泽民正式提出了"社会主义市场经济体制"，在对中央党校省部级干部进修班的学员的讲话中，他认为对高度集中的计划经济体制进行根本性的改革势在必行，否则就不可能实现我国的现代化。针对关于新的经济体制的几种提法，江泽民明确表示"比较倾向于使用'社会主义市场经济体制'这个提法"[58]。1992 年 10 月召开的党的十四大明确提出，我国经济体制改革的目标是建立社会主义市场经济体制，就是要使市场在社会主义国家宏观调控下对资源配置起基础性作用。

在这一过程中，党和国家对市场经济的认识是逐步深入的，党的十二大提出的"计划经济为主、市场调节为辅"要求发挥市场的"辅助性作用"。党的十二届三中全会提出"有计划的商品经济"和党的十三大提出的"要善于利用计划调节和市场调节这两种形式和手段"，实际上强调了市场的"工具性作用"。党的十四大要求建立社会主义市场经济体制，进一步明确了市场的"基础性作用"[59]。

在新的历史条件下，以习近平同志为核心的党中央把中国特色社会主义政治经济学对市场的认识又大大向前推进了一步，提出了"市场在资源配置中起决定性作用和更好发挥政府作用"的新论断，对市场的认识提升到"决定性作用"的地位。2013 年 11 月 12 日，党的十八届三中全会通过的《中共中央关于全面深化改革若干重大问题的决定》作出了全面深化改革的决策，提出经济体制改革是全面深化改革的重点，要紧紧围绕使市场在资源配置中起决定性作用来深化经济体制改革。关于《中共中央全面深化改革若干重大问题的决定》的说明中指出："市场经济本质上就是市场决定资源配置的经济。如果实行市场经济，但市场不能起决定资源配置的作用，那就背离了市场经济的本质，不是市场经济了。"[60]

所谓市场的"决定性"作用，应主要表现在四个方面：第一，市场决定经济活动的全过程。让市场在生产、分配、交换、消费等各个环节中处于支配地位,成为经济活动的主导因素。由市场决定生产什么、生产多少,决定产品和服务的初次分配。第二,市场决定价格形成。只有把价格的形成机制更多地交给市场,才能使价格信号更加灵敏准确,才能更好地发挥市场对资源配置的决定性作用。第三,市场决定经济运行模式。就是要按照市场规律、依靠市场机制实现经济的运行,要把资源配置的决定权交给市场,让市场主导经济的运行与发展。第四,市场成为经济发展的主要动力源。在计划经济和市场经济发展初期,政府是经济发展主要推动力。而在市场经济逐步成熟以后,市场就应该成为经济发展的主要动力。发挥市场的决定性作用,表明坚持市场成为经济发展的主要动力源。[61]

二、有效发挥国家的宏观调控职能

肯定市场经济的作用,就需要妥善处理好政府与市场的关系。在原来市场经济发挥"基础性"作用的定义中,政府与市场的关系是国家调节市场,市场调节资源配置。而在市场经济发挥"决定性"作用的定位中,政府与市场的关系是:市场在微观经济领域配置资源,宏观经济领域的资源配置应由政府决定或主导。政府是在没有干预市场调节资源配置的前提下,对其产生的宏观结果进行调控。而且这种调控既不是预先调控也不是时时调控,而是在反映宏观经济的失业率和通货膨胀率超过上限或下限时才进行的。[62]

由于市场经济发展过程中往往会出现"市场失灵"的问题,在任何承认市场经济的经济体中,都需要同时发挥"市场无形之手"和"政府有形之手"的共同作用。对于我国来说也是如此。第一,市场经济的自然发展必然会带来经济发展的不平衡和社会发展的分化问题,这就需要发挥政府作用进行引导和调节。第二,中国市场经济体系中仍然存在大量的公有制经济,公有制经济的性质及其与政府之间的固有联系,使得公有制经济的发展需要发挥国家宏观调控职能。第三,当前中国正处于新旧体制转换的长期进程中,同时也处于经济发展的新旧动能转换进程中,在体制和动能转换阶段,需要更好地发挥国家宏观调控的作用和功能。

宏观调控概念最早是在 20 世纪 80 年代提出的。1984 年,《中共中央关于经济体制改革的决定》提出，"越是搞活经济，越要重视宏观调节"。1987 年党的十三大报告提出："宏观调节与搞活企业、搞活市场三者是统一的，缺一不可。离开了宏观调节，市场会乱，企业也会乱。"[63] 1988 年党的十三届三中全会会议公报中正式使用了"宏观调控"这一概念，指出"治理经济环境，整顿经济秩序，必须同加强和改善新旧体制转换时期的宏观调控结合起来"[64]。

在社会主义市场经济体系中，宏观调控与市场作为资源配置的手段同时存在，是相互依存的一个整体。党的十四大报告指出："我们要建立的社会主义市场经济体制，就是要使市场在社会主义国家宏观调控下对资源配置起基础性作用。"[65] 党的十四届三中全会《中共中央关于建立社会主义市场经济体制若干问题的决定》指出："社会主义市场经济体制是同社会主义基本制度结合在一起的。"[66]

社会主义基本制度决定了中国的市场经济与西方市场经济体系有着较大不同。第一，要坚持发挥市场的决定性作用，因此国家宏观调控必须摒弃过度干预市场的理念，从尊重市场规律出发采取规范的宏观调控手段。第二，中国是多种所有制并存的市场经济，公有制经济和非公有制经济在市场体系中公平竞争共同发展，国家需要通过一定的宏观调控保证公有制经济和非公有制经济的平衡发展。第三，作为后发国家的现代化，我国在相当长时期内还需要实行国家引导的经济发展战略，国家需要通过宏观调控将资源引导到重要产业、重要领域和国家的战略布局上。第四，作为社会主义国家，国家还需要通过宏观调控引导经济发展支撑社会福利和人民生活，保证人民群众最大限度地共享改革发展的成果。

在这一背景下，国家的宏观调控总体上具有三个方面的特点：一是具有一元化的调控主体，宏观调控权力集中在中央，这是"保障经济总量平衡、经济结构优化和全国市场统一的需要"[67]。二是具有二元化的调控任务。宏观调控既要重视总量平衡，也要重视结构优化。党的十八届三中全会进一步强调宏观调控要"保持经济总量平衡，促进重大经济结构协调和生产力布局优化"。三是具有多元化的调控手段，包括经济手段、法律手段和行政手段等。[68]

在坚持市场的决定性作用的同时，国家该如何进行宏观调控呢？主要有三个方面。一是控总量。宏观调控是将经济作为一个整体而实施的总量政策，要通过财政和货币的总量变化来影响增长、物价、就业，从而间接影响微观主体企业、消费者行为。二是调周期。宏观调控只是在经济运行出现异常波动时才实施的政策，是调节经济周期峰谷的政策。既然实行市场经济，就要相信市场，市场具有经济稳定器的功能，小幅经济波动，政府不调控，市场会自行调节。三是促短期。宏观调控政策是调控短期经济运行的政策，是"不能总吃的速效药"，因此不能长期多次使用单一的宏观调控政策，也不能把土地、环境等长期的政策工具当作宏观调控的措施。[69]

值得注意的是，我国的宏观调控与西方经济学中的宏观经济政策不同。宏观调控所采用的调控手段范围更广，包括经济手段、法律手段和行政手段。宏观调控主要运用经济手段和法律手段，在一定条件下辅之以必要的行政手段和组织措施。在经济手段中，国家主要依赖于财政政策和货币政策。但除此以外，我国也通过一定的计划手段实施宏观调控。计划和市场都是资源配置的手段之一，计划手段与市场手段并不必然排斥，在市场经济体系中也可以使用一定的计划手段。不过，宏观调控中的计划与计划经济时期的计划有着本质区别。在市场经济条件下，国家所采用的计划手段已经由大而全的指令性计划转变为宏观的指导性计划。因此，指导性计划是我国国家宏观调控的重要手段之一。

三、国有企业仍然是政府资源配置的重要组成

关于国营企业的提法产生于 1952 年。1952 年政务院发布的《关于各级政府所经营的企业名称的规定》明确提出：凡中央五大行政区各部门投资经营的企业，包括大行政区委托省、市代管的企业，称为"国营企业"；凡省级以下地方政府投资经营的企业，称"地方国营企业"；政府与私人合资、政府参与经营管理的企业称"公私合营企业"。[70]一直到 1992 年党的十四大，全民所有的企业首次被称为"国有企业"，而非原来的"国营企业"。1993 年八届全国人大一次会议通过的宪法修正案中，将"国营经济"改称为"国有经济"。

改革开放以来，为了适应社会主义市场经济体系的发展，党和国家对国有企业进行了多次改革。早期的国有企业改革主要是放开搞活，激活国有企业的微观活

力。1979 年提出的"扩大企业自主权",1981 年开始提出并推广工业经济责任制,1983 年决定推进"利改税",1986 年开始实行承包制,1988 年试行租赁制和股份制。到 1992 年党的十四大召开时,随着建立社会主义市场经济体制的提出,国有企业也进入了整体性改革阶段。党的十四大明确提出要建立"产权清晰、权责明确、政企分开、管理科学"的现代企业制度。1995 年党的十四届五中全会提出"抓大放小",对国有企业实施战略性改组。2003 年,党的十六届三中全会提出"产权是所有制的核心和主要内容",首次明确提出要建立归属清晰、权责明确、保护严格、流转顺畅的现代产权制度。经过以上多次改革,基本上实现了国有企业和市场经济的融合发展。[71]

在这一过程中,国有企业在国民经济中发挥作用的形式发生了改变,体现在三个方面:第一,国有企业在国民经济中的总体比重一定程度上收缩了。在单一公有制条件下,国有企业和国有企业衍生出来的集体企业几乎占有国民经济的全部,到今天国有企业在国民经济中的比重单从数量上讲已经降到 50% 以下,从而为非公有制经济发展留出了广阔空间。第二,国有企业在市场中转变为平等参与竞争的微观主体。在社会主义市场经济中,公有制和非公有制经济平等参与市场竞争和交换,从而保证市场在资源配置中起决定性作用。第三,国有企业通过资本扩大自身影响力。市场经济发展到今天,公有制的主体地位已经不再通过数量而是通过质量来体现。通过股份制、混合所有制改革等多种形式,国有企业增强了自身的资本控制力和影响力。

但是,在资源配置方面,国有企业仍然是国家资源配置的重要组成部分。第一,我国的公有制为主体的所有制性质,决定了国有企业始终在国民经济中占有至关重要的地位;第二,由于国有企业控制战略性行业,吸纳了相当比例的就业人口,因此在国民经济发展和财富再分配中发挥着重要功能,所以仍然是资源配置的重要组成。由于这两方面的原因,国家往往通过对特定行业或特定国有企业提供倾斜性的支持政策,以发挥国有企业的资源调配功能。表现在几个方面:第一,国家通过向国有企业提供投资、贷款等方式,加强对国有企业的金融扶持;第二,国家通过项目方式,让国有企业参与重要的国民经济发展项目;第三,国家对公有制经济占比较大的部分重点发展行业或特殊行业给予专项扶持政策,以达到引导国民经济的目的。

国企改革40年后,政府管理国有企业的方式也发生了重要变化。一是建立了国有企业的分类管理体制。2015年中共中央、国务院在发布的《关于深化国有企业改革的指导意见》中明确把国有企业分为公益类和商业类两大类型,在分类推进改革、促进发展、实施监管、定责考核等方面实施不同政策。对商业类国有企业,要求加大公司制股份制改革力度。其中,处于充分竞争行业和领域的,原则上都要实行公司制股份制改革,推进整体上市;关系国家安全、国民经济命脉的,要保持国有资本控股地位,支持非国有资本参股;处于自然垄断行业的要以"政企分开、政资分开、特许经营、政府监管"为原则推进改革。对公益类国有企业而言,提出可以采取国有独资形式,具备条件的也可以推行投资主体多元化,还可以通过购买服务、特许经营、委托代理等方式,鼓励非国有企业参与经营。[72]二是实现了从管企业到管资本的转变。在早期的国有企业管理中,政府对国有企业既要管人也要管事,党的十六大明确提出了管资产的理念,要求要建立管资产和管人、管事相结合的国有资产管理体制。2019年党的十九届四中全会明确要求,形成以管资本为主的国有资产监管体制,随后国务院国资委下发了《关于以管资本为主加快国有资产监管职能转变的实施意见》,进一步推动管理国有企业的政府职能转变。

第四节　社会主义分配制度

一、以按劳分配为主体

马克思在《哥达纲领批判》中指出,共产主义社会的第一阶段是刚刚从资本主义脱胎出来的各方面还带着旧社会痕迹的共产主义。在这一阶段生产资料已经不是个人的财产,它们已归全社会所有。社会的每个成员完成一定份额的社会必要劳动后,按照自己贡献的劳动量,在扣除了用作社会基金的部分后,每个劳动者从社会领回的正好是他给予社会的。这种分配制度就是按劳分配。[73]列宁继承了马克思的这一观点,在《国家与革命》中,他指出,在社会主义社会中,国家作为政治形式仍然存在,但所有制结构已经转变为公有制,在这一前提下,应该实行"不劳动者不得食"和"对等量劳动给予等量产品"的按劳分配原则。列宁同时指出,在这一时期,由于劳动仍然是一种"同一标准"并应用到"不同的人"身上,因此这种权利仍然是"资产阶级法权"。因此,在社会主义社会中,"资产阶级权利"只是部分地取消,在已经实现的经济变革的限度内取消,在同生产资料的关系上取消,但是还没有完全取消。74

正是按照马克思和列宁思想的指导,俄国在完成社会主义革命后,在分配问题上主要实行按劳分配的原则。《苏联社会主义政治经济学教科书》(第4版)中明确指出:"利用按劳分配的经济规律是有计划领导经济的必要条件。这种规律的作用,使工作者从物质利益上关心执行劳动生产率提高的计划。它是发展社会主义生产的一种决定性动力。"75

作为社会主义国家,中国在分配领域主要采取的也是按劳分配。在社会主义改造之前,国家就肯定了"按劳付酬"作为工资原则之一,已经有了逐步向按劳分配制度发展的趋势。1950年,开始建立全国统一的工资制度,以"工资分"为工资计算单位,实行按劳动熟练程度划分工资标准的八级工资制,并在有条件的企业实行计件工资制。1955年国家机关和事业单位实行了工资制度改革,取消原来实行的供给制,实行货币工资制。不过,此时与劳动报酬并行的也有消费资料的分配和其他一些福利待遇。1956年,在第一个五年计划提前超额完成的背景下,国务院决定根据按劳取酬原则,全面改革国家机关和企事业单位的工资制度,包括取消工资分制度,实行职务等级工资制度,推广计件工资制,改革企业奖励工资制度等。1958年,《中共中央关于在农村建立人民公社问题的决议》指出,人民公社的分配制度是"按劳取酬",而不是"各取所需"。1975年的《中华人民共和国宪法》中明确规定:国家实行"不劳动者不得食""各尽所能,按劳分配"的社会主义原则。

总的来说,在社会主义建设时期,按劳分配作为与单一公有制相配套的唯一分配原则,开始在全国范围内的全民所有制和集体所有制企业推行。所谓按劳分配,主要包括三个要点:第一,劳动者完成生产后,先做各种扣除,包括用于扩大再生产和发展社会公益事业所做的各种扣除。第二,实行等量劳动交换的原则,多劳多得,少劳少得,不劳动者不得食。第三,一般来说,按劳分配的产品只限于消费资料。[76]不过,单一的计划经济和按劳分配往往会产生出一定的平均主义倾向,从而影响按劳分配原则的真正实现,个人消费资料的分配并未真正按照劳动贡献进行,最终形成了"干多干少一个样""干好干坏一个样"的状态,劳动者的劳动积极性因而受到抑制。[77]

改革开放以后,按劳分配重新得到强调和重视。1978 年 3 月,邓小平同国务院政策研究室负责人谈话时指出:"按劳分配就是按劳动的数量和质量进行分配。根据这个原则,评定职工工资级别时,主要是看他的劳动好坏、技术高低、贡献大小。政治态度也要看,但要讲清楚,政治态度好主要应该表现在为社会主义劳动得好,做出的贡献大。处理分配问题如果主要不是看劳动,而是看政治,那就不是按劳分配,而是按政分配了。总之,只能是按劳,不能是按政,也不能是按资格。"[78]从 1977 年到 1983 年先后召开五次全国按劳分配理论讨论会,主要围绕按劳分配如何解放和发展生产展开讨论。内容包括:一是从批判物质刺激到肯定物质利益;二是"资产阶级法权"不是资本主义因素,而是社会主义性质的;三是从追求平等到重视差别,等等。[79]

按劳分配并不能脱离社会基本经济制度而独立存在,马克思所设想的社会主义社会中,公有制、计划经济、按劳分配是"三位一体"[80]。因此,单一的按劳分配需要具备两个基本前提条件:一是生产资料为社会公共所有,劳动者个人除了拥有自己的劳动外,没有任何属于个人所有的财产,从而排除了按要素所有权获得报酬的可能性,只能通过向社会提供劳动来换取相应的生活资料;二是不存在商品经济和市场交换关系,计划是配置资源的唯一和行之有效的手段,每一个人的劳动无论其特殊用途是如何的不同,都从一开始就成为直接的社会劳动,而"不需要著名的价值插手其间"[81]。

改革开放以后,随着我国的经济制度从单一公有制向以公有制为主体、多种所有制形式共同发展转变,以及经济运行体制向社会主义市场经济体制转变,按劳分配的制度也必须相应作出调整。1987 年,党的十三大报告提出了"以按劳分配为主体、其他分配方式为补充"的分配制度,指出"非劳动收入只要是合法的,就应当允许"[82]。1993 年 11 月,党的十四届三中全会《关于建立社会主义市场经济体制若干问题的决定》提出,"完善按劳分配为主体、多种分配方式并存的分配制度,坚持效率优先、兼顾公平",要求劳动者的个人劳动报酬引入竞争机制,打破平均主义,实行多劳多得,合理拉开差距。[83] 1997 年,党的十五大报告中在分配领域正式提出"坚持按劳分配为主体,多种分配方式并存""把按劳分配和按生产要素分配结合起来"的分配制度。这一表述作为我国社会主义初级阶段的分配制度的内容,在之后历次党的代表大会上得到强调。

在单一公有制已经转变为多种所有制经济共同发展的经济形态下,"按劳分配"如何体现呢? 主要有几个方面:第一,在公有制性质的企业中,劳动者按劳取酬属于典型的按劳分配。当然,他们也可以获得奖金等其他形式的收入,这是对生产资料所有权的一种体现,但按劳分配收入应当是其收入的主体部分。第二,除公有制经济中还保留着按劳分配以外,个体劳动者和私营企业中的雇佣劳动者收入,以及经营管理者作为劳动者所获得的部分收入都属于按劳分配的范畴。

二、多种分配形式中的按生产要素分配

从"完善按劳分配为主体、多种分配方式并存的分配制度"以来,所谓"多种分配形式并存",其主要内容实际上指的就是按生产要素分配。按生产要素分配的提法,最早于 1988 年由学术界提出[84],经过多次学术争鸣后,于 1993 年党的十四届三中全会写入中央文件。《关于建立社会主义市场经济体制若干问题的决定》中首次提出"坚持效率优先、兼顾公平,各种生产要素按贡献参与分配"。党的十五大报告指出:"把按劳分配和按生产要素分配结合起来,坚持效率优先、兼顾公平,有利于优化资源配置,促进经济发展,保持社会稳定。"党的十六大、十七大和十八大报告都在坚持"完善按劳分配为主体、多种分配方式并存的分配制度"的同时,提出了"确立劳动、资本、技术和管理等生产要素按贡献参与分配的原则"。这不仅说明了生产要素的主要类型,而且明确了"按贡献分配"的基本原则。

之所以探索并强调按生产要素分配的分配方式,主要是由于改革开放以后,我国经济发展的宏观领域和微观领域都发生了变化。从宏观上说,第一,我国的所有

制结构已由单一的公有制经济转变为混合所有制经济,在这种情况下,脱离了现实经济条件而强制贯彻单一的按劳分配原则就会否定非公有制经济存在的正当性。第二,我国的经济运行机制已经由计划经济转变为市场经济,单一的按劳分配原则与社会主义市场经济原则是矛盾的。从微观上,也有几个方面的表现:第一,市场经济鼓励企业自主经营、自负盈亏、平等竞争,因此市场条件下已经缺乏在全社会范围内根据直接劳动进行按劳分配的所有制条件;第二,按生产要素分配肯定了根据生产资料差别而获得差别收入的合理性,从而能够打破平均主义"大锅饭",调动企业和个人投入和扩大再生产的积极性;第三,在市场经济条件下,已经出现了利息、股息、红利等新的分配形式,这些新的分配形式与按劳分配的原则不相适应。[85]

那么,生产要素包含哪些内容呢?党的十六大、十七大和十八大报告都将生产要素主要分为五种,包括劳动、资本、知识、技术、管理。五种要素在生产过程中按照贡献大小取得分配。其中,劳动也作为生产要素的维度之一。有学者认为,所谓按劳分配,既不是按劳动产品,也不是按劳动能力,更不是按劳动时间,而是按贡献分配;而生产要素分配的实质也是按贡献分配。因此,按劳分配和资本、知识、技术、管理等生产要素统一在按生产要素分配中。[86]

但这一观点事实上遇到两个方面的问题。第一,从理论上说,将劳动与其他生产要素并列在按生产要素分配中,那么该如何体现社会主义时期按劳分配的主体地位?"按劳分配为主体、多种分配形式并存"的提法是否可以直接改为按生产要素分配?第二,从实践上说,在公有制经济中有按劳取酬,个体、私营等非公有制经济中也有按劳取酬,二者是否都同样属于按劳分配的内容?

正是由于这两个方面的争论,党的十八届三中全会将劳动与资本、知识、技术、管理等其他生产要素分开,指出"着重保护劳动所得,努力实现劳动报酬增长和劳动生产率提高同步,提高劳动报酬在初次分配中的比重",同时要"健全资本、知识、技术、管理等由要素市场决定的报酬机制"[87]。2015 年,党的十八届五中全会在论述生产要素时,增加了土地作为生产要素之一,同时将"劳动力"也作为生产要素之一,这实际上指出在按生产要素分配中,特别是在非公有制经济中,劳动主要是作为劳动力要素,按照劳动力价值而非按劳动价值参与分配的。2017 年,在党的十

政治逻辑

九大报告中,对生产要素的表述更加全面,提出"健全劳动、资本、土地、知识、技术、管理、数据等生产要素由市场评价贡献、按贡献决定报酬的机制"[88]。

因此,按劳分配和按生产要素分配在社会主义初级阶段的分配制度中,是不同的两个方面。所谓按劳分配,既包括公有制经济中的按劳分配,又包括个体劳动者和私营企业中的雇佣劳动者的收入,还包括经营管理者作为劳动者所获得的部分收入。所谓按生产要素分配,主要表现为企业家收入(利润)、利息(含存款利息、股息和债息)和地租(包括国有土地出让金收入、企业土地使用权出租收入和农地转包金收入),等等,它们本质上都是各种非劳动要素所有者凭借着要素所有权所得到的非劳动收入。[89]

三、国家再分配与第三次分配

在分配制度中,无论是按劳分配,还是按生产要素分配,实际上都是在市场的"无形之手"范围内的分配,属于发挥市场决定性作用的范畴。而除此之外,在分配制度中,还可以充分发挥国家作用来调节社会分配,这就属于再分配的范畴了。党的十九届四中全会的《中共中央关于坚持和完善中国特色社会主义制度 推进国家治理体系和治理能力现代化若干重大问题的决定》规定:"健全以税收、社会保障、转移支付等为主要手段的再分配调节机制,强化税收调节,完善直接税制并逐步提高其比重。完善相关制度和政策合理调节城乡、区域、不同群体间分配关系。"

因此,社会主义的分配制度实际上包含三个方面的内容:一是按劳分配为主体;二是多种分配形式并存,主要是按生产要素分配;三是国家再分配。从理论上说,"按劳分配为主体、多种分配方式并存",基本上属于初次分配,即生产经营单位的直接分配。国家再分配属于二次分配。所谓初次分配,实质上是社会成员通过市场体系按照对投入产出的贡献而获得报酬和收入的分配形式;所谓再分配,实质上是国家发挥自身的调控能力和政策能力,对市场中存在的收入分配差距和分配不公进行一定程度的调节,以保障社会结构的均衡。初次分配的内容是市场分配,其重点是效率。再分配以国家作为分配主体,内容是政府分配,其重点是公平。总之,初次分配的不平衡需要通过国家的财政税收等手段加以调节,国家再分配是整个社会的分配调节器,是分配制度的一个部分、一个层次。[90]

任何一个社会的收入分配都需要综合运用市场初次分配和国家再分配,以实现效率和公平的统一。从基本方式上说,国家再分配一般包括三种基本形式:一是通过税收对收入分配的调控。税收是国家宏观调控的经济手段之一,同时也是国家调节收入分配的经济方式之一。国家一方面通过税收调节市场行为和收入差距,如通过税收减免政策推动部分行业发展,通过开征遗产税、赠予税、房产税等调节收入差距,等等;另一方面,国家还通过税收增加政府财政收入,并将财政收入进一步用于社会保障等事业,以实现对初次收入分配的调节。

二是补贴和财政转移支付制度。财政转移支付制度是1994年分税制改革之后我国开始实行的财政制度。它同时是国家再分配的基本方式之一,从广义上说,财政转移支付既包括政府对家庭的转移支付,如养老金、住房补贴等,又包括政府对国有企业提供的补贴,还包括政府间的财政资金的转移;从狭义上说,财政转移支付主要是国家为调节财政收入不平衡的地区差异而进行的政府间财政资金转移。值得指出的是,财政转移支付通常服务于中央宏观政策和国家再分配的目标,在农业、教育、卫生、文化、社会保障、扶贫等方面有比较明确的政策导向。

三是社会保障和社会福利制度。20世纪中叶以后,大多数国家都开始建立比较全面的社会保障和社会福利制度。主要通过社会福利、社会保险、社会救助、社会优抚等一系列制度,来保障全社会成员基本生存与生活需要,特别是保障公民在年老、疾病、伤残、失业、生育、死亡、遭遇灾害、面临生活困难时的特殊需要。改革开放以来,我国的社会保障制度日趋完善,已成为国民收入分配和再分配重要方式,基本形成了基本养老保险、基本医疗保险、合作医疗、失业保险、工伤保险、生育保险、住房公积金、企业年金等大范围广覆盖的社会保障体系。

值得重点注意的是,党的十九届四中全会还提出了"第三次分配"的概念和范畴。《中共中央关于坚持和完善中国特色社会主义制度 推进国家治理体系和治理能力现代化若干重大问题的决定》提出"重视发挥第三次分配的作用,发展慈善等社会公益事业"。第三次分配与初次分配、再次分配不同,是以友善道德为支撑的志愿性的捐助分配。第三次分配是既有分配理论的延伸。初次分配、再次分配、三次分配是一个主次有序的制度体系,在分配中协同发挥作用。在中国特色社会主义的新时代,"第三次分配"最突出的表现,就是党和国家不断推进和升级的"精准扶贫"战略。[91]

注释

1.《马克思恩格斯文集》第 2 卷,人民出版社 2009 年版,第 43 页。

2. 同上书,第 52 页。

3.《马克思恩格斯文集》第 3 卷,人民出版社 2009 年版,第 445 页。

4.《马克思恩格斯文集》第 2 卷,人民出版社 2009 年版,第 43 页。

5.《马克思恩格斯文集》第 9 卷,人民出版社 2009 年版,第 310 页。

6.《列宁选集》第 3 卷,人民出版社 2012 年版,第 136、159 页。

7. 同上书,第 160 页。

8.《列宁全集》第 35 卷,人民出版社 2017 年版,第 60—61 页。

9.《列宁全集》第 33 卷,人民出版社 2017 年版,第 227 页。

10. 同上书,第 24 页。

11.《列宁选集》第 1 卷,人民出版社 2012 年版,第 156 页。

12.《毛泽东文集》第八卷,人民出版社 1999 年版,第 109 页。

13.《邓小平文选》第二卷,人民出版社 1994 年版,第 191 页。

14.《邓小平文选》第三卷,人民出版社 1993 年版,第 63—64 页。

15. 同上书,第 225 页。

16.《关于建国以来党的若干历史问题的决议》,中国网,http://www.china.com.cn/chinese/archive/131144.htm。

17.《列宁选集》第 3 卷,人民出版社 2012 年版,第 202 页。

18. 卫兴华:《共同富裕是中国特色社会主义的根本原则》,《经济问题》2012 年第 12 期。

19.《邓小平在党的理论工作务虚会上讲话》,中国共产党新闻网,http://cpc.people.com.cn/n1/2018/0621/c69113-30070927.html。

20.《全面开创社会主义现代化建设的新局面——在中国共产党第十二次全国代表大会上的报告》,中国共产党历次代表大会数据库,http://cpc.people.com.cn/GB/64162/64168/64565/65448/4526430.html。

21.《沿着有中国特色的社会主义道路前进——在中国共产党第十三次全国代表大会上的报告》,中国共产党历次代表大会数据库,http://cpc.people.com.cn/GB/64162/64168/64566/65447/4526368.html。

22.《邓小平文选》第二卷,人民出版社 1994 年版,第 312 页。

23.《邓小平文选》第三卷,人民出版社 1993 年版,第 195 页。

24. 同上书,第 373 页。

25.《决胜全面建成小康社会　夺取新时代中国特色社会主义伟大胜利——在中国共产党第十九次全国代表大会上的报告》,共产党员网,http://www.12371.cn/2017/10/27/ARTI1509103656574313.shtml。

26. 习近平:《在庆祝改革开放 40 周年大会上的讲话》,新华网,http://www.xinhuanet.com/2018-12/18/c_1123872025.htm。

27.《邓小平年谱(1975—1997)》(下),中央文献出版社 2004 年版,第 1312 页。

28.《马克思恩格斯文集》第 8 卷,人民出版社 2009 年版,第 200 页。

29.《邓小平文选》第三卷,人民出版社 1993 年版,第 364 页。

30.《邓小平年谱(1975—1997)》(下),中央文献出版社 2004 年版,第 1014 页。

31.《邓小平文选》第二卷,人民出版社 1994 年版,第 236 页。

32.《邓小平文选》第三卷,人民出版社 1993 年版,第 123 页。

33.《邓小平年谱(1975—1997)》(下),中央文献出版社 2004 年版,第 790 页。

34. 同上书,第 1312 页。

35.《邓小平文选》第二卷,人民出版社 1994 年版,第 152 页。

36.《邓小平年谱(1975—1997)》(下),中央文献出版社 2004 年版,第 1357、1364 页。

37. 习近平:《在党的十八届五中全会第二次全体会议上的讲话(节选)》,《求是》2016 年第 1 期。

38. 李太淼:《坚持按劳分配为主体的合理性及其制度路径》,《中州学刊》2008 年第 3 期。

39.《中共中央关于坚持和完善中国特色社会主义制度 推进国家治理体系和治理能力现代化若干问题的决定》,中国人大网,http://www.npc.gov.cn/npc/c30834/201911/3d7459d8a67e49b3b6975172d3129b6f.shtml。

40.《马克思恩格斯文集》第 5 卷,人民出版社 2009 年版,第 874 页。

41. 杨春学:《论公有制理论的发展》,《中国工业经济》2017 年第 10 期。

42.《马克思恩格斯文集》第 7 卷,人民出版社 2009 年版,第 499 页。

43. 李艳秋:《中国特色社会主义所有制结构的演变及启示》,《中国特色社会主义研究》2014 年第 2 期。

44. 周其仁:《公有制企业的性质》,《经济研究》2000 年第 11 期。

45. 葛扬:《马克思所有制理论中国化的发展与创新》,《当代经济研究》2016 年第 10 期。

46.《中共中央关于建立社会主义市场经济体制若干问题的决定》,中国网,http://www.china.com.cn/chinese/archive/131747.htm。

47.《关于建国以来党的若干历史问题的决议》,中国网,http://www.china.com.cn/chinese/archive/131144.htm。

48.《习近平谈民营经济的地位作用》,中国非公企业党建网,http://www.fgdjw.gov.cn/xwzx/201909/t20190912_11001916.shtml。

49.《高举邓小平理论伟大旗帜,把建设有中国特色社会主义事业全面推向二十一世纪——在中国共产党第十五次全国代表大会上的报告》,中国共产党历次代表大会数据库,http://cpc.people.com.cn/GB/64162/64168/64568/65445/4526285.html。

50. 阳国亮:《公有制需要推行多种实现形式》,《广西社会科学》2004 年第 7 期。

51. 魏杰、侯孝国:《公有制的多种实现形式:理论依据与观念创新》,《学术月刊》1998 年第 4 期。

52. 阳国亮:《公有制需要推行多种有效实现形式》,《广西社会科学》2004 年第 7 期。

53.《高举邓小平理论伟大旗帜,把建设有中国特色社会主义事业全面推向二十一世纪——在中国共产党第十五次全国代表大会上的报告》,中国共产党历次代表大会数据库,http://cpc.people.com.cn/GB/64162/64168/64568/65445/4526285.html。

54. 文宗瑜:《国有企业 70 年改革发展历程与趋势展望》,《经济纵横》2019 年第 6 期;石涛:《中国国有企业改革 70 年的历史回眸与启示》,《湖湘论坛》2019 年第 5 期。

55. 韩康:《市场在资源配置中起决定性作用:执政党市场认识的新制高点》,《上海行政学院学报》2014 年第 3 期。

56.《中国共产党八十年珍贵档案》(下),中国档案出版社 2001 年版,第 1492 页。

57.《邓小平文选》第三卷,人民出版社 1993 年版,第 373 页。

58.《十三大以来重要文献选编》(下),北京人民出版社 1993 年版,第 2069—2073 页。

59. 史蕾:《从"辅助性作用"到"决定性作用":党对市场在资源配置中作用的认识演变》,《学习与实践》2014 年第 2 期。

60.《十八届三中全会〈决定〉、公报、说明(全文)》,东方网,http://news.eastday.com/eastday/13news/node2/n4/n6/u7ai173782_K4.html。

61. 王萍:《市场在资源配置中起决定性作用的逻辑内涵与实现条件》,《齐鲁学刊》2015 年第 4 期。

62. 洪银兴:《论市场在资源配置起决定性作用后的政府作用》,《经济研究》2014 年第 1 期。

63.《沿着有中国特色的社会主义道路前进——在中国共产党第十三次全国代表大会上的报告》,中国共产党历次代表大会数据库,http://cpc.people.com.cn/GB/64162/64168/64566/65447/4526368.html。

64.《第十三届中央委员会第三次全体会议公报》，中国共产党历次代表大会数据库，http://cpc.people.com.cn/GB/64162/64168/64566/65385/4441843.html。

65.《加快改革开放和现代化建设步伐 夺取有中国特色社会主义事业的更大胜利——在中国共产党第十四次全国代表大会上的报告》，中国共产党历次代表大会数据库，http://cpc.people.com.cn/GB/64162/64168/64567/65446/4526308.html。

66.《关于建立社会主义市场经济体制若干问题的决定》，人民网，http://www.people.com.cn/GB/shizheng/252/5089/5106/20010430/456592.html。

67.同上。

68.张勇:《宏观调控:中国社会主义经济学的重要概念》，《甘肃社会科学》2017年第6期。

69.杨伟民:《如何使市场在资源配置中起决定性作用》，《宏观经济管理》2014年第1期。

70.顾龙生:《中国共产党经济思想发展史》，山西经济出版社1996年版，第77页。

71.石涛:《中国国有企业改革70年的历史回眸与启示》，《湖湘论坛》2019年第5期。

72.戚聿东、肖旭:《新中国70年国有企业制度建设的历史进程、基本经验和未竟使命》，《经济与管理研究》2019年第10期。

73.《马克思恩格斯文集》第3卷，人民出版社2009年版，第434—435页。

74.同上书，第193—196页。

75.薛汉伟:《从按劳分配到生产要素按贡献分配》，《北京大学学报(哲学社会科学版)》2003年第4期。

76.杨卫:《中国特色社会主义分配制度体系的三个层次》，《上海经济研究》2020年第2期。

77.魏众、王琼:《按劳分配原则中国化的探索历程:经济思想史视角的分析》，《经济研究》2016年第11期。

78.同上。

79.阎瑞雪:《破而后立:1977—1978年分配问题上的思想转型》，《中国经济史研究》2018年第4期。

80.李太森:《坚持按劳分配为主体的合理性及其制度路径》，《中州学刊》2008年第3期。

81.许成安、王家新:《按劳分配:现实还是趋势》，《经济学评论》2007年第1期。

82.《沿着有中国特色的社会主义道路前进——在中国共产党第十三次全国代表大会上的报告》，中国共产党历次代表大会数据库，http://cpc.people.com.cn/GB/64162/64168/64566/65447/4526368.html。

83.《关于建立社会主义市场经济体制若干问题的决定》，人民网，http://www.people.com.cn/GB/shizheng/252/5089/5106/20010430/456592.html。

84.蔡继明:《改革开放以来我国分配理论创新和分配制度变革》，《深圳大学学报(人文社会科学版)》2018年第4期。

85.同上。

86.蔡继明:《按生产要素分配理论:争论与发展》，《山东大学学报(哲学社会科学版)》2009年第6期。

87.《中共中央关于全面深化改革若干重大问题的决定》，东方网，http://news.eastday.com/eastday/13news/node2/n4/n6/u7ai173782_K4.html。

88.《决胜全面建成小康社会 夺取新时代中国特色社会主义伟大胜利——在中国共产党第十九次全国代表大会上的报告》，共产党员网，http://www.12371.cn/2017/10/27/ARTI1509103656574313.shtml。

89.蔡继明:《改革开放以来我国分配理论创新和分配制度变革》。

90.杨灿明、胡洪曙、俞杰:《收入分配研究述评》，《中南财经政法大学学报》2008年第1期。

91.杨卫:《中国特色社会主义分配制度体系的三个层次》，《上海经济研究》2020年第2期。

第九章　国家与社会共生

　　如果说"党的领导、人民当家作主与依法治国的有机统一"是理解当代中国国家治理体系的理论基点,那么,"政府治理、社会调节与居民自治的良性互动"就是我们理解中国基层治理的制度起点。不同于西方国家中国家与社会二元对立的模式,当代中国的社会不是从国家的体外生长出来的一个"对立物",而是从"政社一体化"的国家当中分化出来的。在中国的政治传统中,国家与社会之间没有那么强的张力。实际上,中国的国家治理和基层治理从未脱离社群主义、家国一体主义以及联动主义所构成的文化基因。良性互动的政治作为中国基层治理的基本范式之一,其最大的理论价值在于对国家与社会二元框架的突破与超越。

第一节　国家与社会的共生基础

　　本书第二章已经从知识考古的角度对"civil society",即"公民社会"的内涵做了完整阐述,本章则是从国家与社会关系的角度进一步深化对这一问题的理解。[1]国家与社会的分野是西方经济制度和宗教背景下的理论发明。按照洛克的社会契约论,"在自然状态中,人人都拥有执行自然法的权力……公民政府是针对自然状态的种种不方便情况而设置的正当救济办法"[2]。既然国家是人民基于契约而建立的,那么,从逻辑上讲,市民社会就先于或外在于国家。这也正是本书在第二章第三节中所讲的,与自然社会相对应的"文明社会"是"civil society"的代表性内涵之一。在国家生成之前,社会有自己前政治(pre-political)的生命和统一性,社会有权力去确立或取消政治权力。

　　在历史学意义上,"civil society(公民社会)"可以追溯到中世纪晚期。civil 是西方历史进程中所发生的一种独特的现象。在 11 世纪左右,地区间贸易的发展,使意大利和法国南部的一些城堡的周围聚集了许多商人和手工业者,这些人占据了城堡的外围,被称为外堡(burgus),这些居民被称为 bourgeois,这些人结成的共同体被称为 civitatis,也就是 civil 的拉丁文词根。外堡是相对独立于当时的封建国家或领主的。

与公民社会中"文明社会"的内涵不同,黑格尔和马克思继承了公民社会从国家分离的传统,强调与国家相对应的公民社会的"私人性"。随着第三波民主化浪潮的兴起,这一传统再次被颠覆,公民社会成为建立在非正式社会团结基础上的真实的社会形态,也就是制约和监督国家权力的重要领域。正是在这一意义上,"公民社会"随历史演变而生发出的不同内涵逐渐孕育出了国家与社会对立的思想。近代以来的西方政治传统中,国家和社会是彼此独立乃至一定程度上对立的两极。

泰勒关于"civil society"的经典定义,代表了西方政治学对于国家与社会关系的主流观点:

> (1)就最低限度的含义来说,只要存在不受制于国家权力支配的自由社团,市民社会便存在了。(2)就较为严格的含义来说,只有当整个社会能够通过那些不受国家支配的社团来建构自身并协调其行为时,市民社会才存在。(3)作为对第二种含义的替代或补充,当这些社团能够相当有效地决定或影响国家政策之方向时,我们便可称之为市民社会。[3]

按照这种观点,国家与社会之间存在一种角力关系或竞争关系,公民社会能够有效地决定或影响国家,这是一种理想的状态。"不是东风压倒西风,就是西风压倒东风。"然而,当代中国的国家与社会关系超越了国家中心主义与社会中心主义的二元叙事。国家与社会不一定是此消彼长的关系,国家与社会也可以是一种和谐的共生关系。

一、打破国家与社会的二分叙事

如果说选举是解决政府的合法性问题,是个人对政府的授权仪式;那么,公民社会就是要解决政府的有效性问题,个人与国家要进行有效的互动,必须经由公民社会这样一个中间环节。托克维尔敏锐地指出："在民主国家,结社的学问是一门主要学问。其余一切学问的进展,都取决于这门学问的进展。在规制人类社会的一切法则中,有一条法则似乎是最正确和最明晰的。这便是:要是人类打算文明下去或走向文明,那就要使结社的艺术随着身份平等的扩大而正比地发展和完善。"[4]

结社的艺术或者说联合的艺术,就是公民社会赖以生存、发展的基础。市民社会的观念有三个主要要素:其一是由一套经济的、宗教的、知识的、政治的自主性机构组成的,有别于家庭、家族、地域或国家的一部分社会;其二,这一部分社会在它自身与国家之间存在一系列特定关系以及一套独特的机构或制度,得以保障国家与市民社会的分离并维持二者之间的有效联系;其三是一整套广泛传播的文明的抑或市民的风范(refined or civil manner)。[5]

西方政治学界对国家与社会关系的主流解释框架有两种:

一是多元主义。多元主义认为利益集团是公民社会与国家进行互动的主要载体。权力分散在多个自主的利益集团或个人的集合体中;各个利益集团都有自己的权力中心并且只关心某一方面的政策;公民通过参与利益集团影响政治;地方官员也有自己的独立地位;官员要向选民负责,所以选民也有权力,他们以投票来控制政治家;权力通过竞争得到平衡。

二是法团主义。"法团主义,作为一个利益代表系统,是一个特指的观念、模式或制度安排类型,它的作用,是将公民社会中的组织化利益联合到国家的决策结构中,""这个利益代表系统由一些组织化的功能单位构成,它们被组合进一个有明确责任(义务)的、数量限定的、非竞争性的、有层级秩序的,功能分化的结构安排之中。它得到国家的认可(如果不是由国家建立的话),并被授权给予本领域内的绝对代表地位。作为交换,它们的需求表达、领袖选择、组织支持等方面的行动受到国家的相对控制。"[6]

多元主义政治过程的重心是利益集团和代议机关的关系(主要是利益诉求);法团主义则是功能团体——行业组织化的利益代表与国家的关系(包括利益聚合、被委托推行政策的责任)。前者强调自发形式、多数量参与,大范围和竞争;后者强调控制、数量限制、分层处理、共容互赖。前者相信多元竞争有助于体制的平衡;后

政治逻辑

者认为有序互动才能防止失衡，达到理性调节。

从制约和监督国家的独立传统来看，"公民社会"这一概念的西方中心主义色彩一直为人们所诟病，国内外学术界也根据中国经验对之作了一定程度的修正，譬如海外中国学先后提出"社会中的国家"（state in society）[7]、"不成熟的公民社会"（nascent civil society）[8]、"准公民社会"（semi-civil society）[9]，以及"国家引导的公民社会"（state-led civil society）[10]，但基本上仍未超出国家与社会对立的框架，也即默认了"公民社会"的普适性。在西方政治学界的话语体系中，中国社会只不过是其中的一种特定形式或类型，加一个"不成熟""准""国家引导"的前缀即可。这种观点实际上是把具有西方中心主义的"公民社会"当作模板或参照系，如果其他国家与之存在差异，则被认为是"不成熟"或"不健全"的。

国内学者更多地是批判与反思，在建构方面乏善可陈。康晓光的"分类控制"代表了一种本土化努力，但他忽视了至关重要的一点：分类基础上的治理是一切现代政体的共性。

印度学者帕萨·查特吉（Partha Chatterjee）的"政治社会"（political society）[11]概念在一定程度上构成了对西方公民社会理论的挑战。在他看来，民主制，并非由人民组成的或为了人民而组成的政府。相反，它应该被看作被治理者的政治（the politics of the governed）。在大部分世界的现代政治的核心存在一个冲突：公民民族主义（civic nationalism）的普遍主义与文化认同（cultural identity）的特殊要求之间的冲突。公民社会理论假定了一个同质的社会（想象的共同体），而实际上社会是异质的。并不是任何一个群体都可以按照自由结社的原则组织起来，成为公民社会的组成部分，底层群体往往是作为被治理的人口群体而不是共同体而存在，他们是公民社会的化外之民。

我想先解释一下"市民社会"概念，它指的是所谓遵纪守法的好市民所构成的一个社会，他们遵守法律并且纳税，他们都是良好公民，他们在业余时间享受文化、良好的生活和教育，组织文化、政治社团，并且对政府具有一定影响力。这是一种现代政治的社会空间，但这只是一个理想状态，实际上是不可能的。如果真有这么好的社会，每个人都能享有平等权利，受到公正对待，那么这个世界只能是个美好的乌托邦想象。实际上在任何一个社会中,我们都可以发现这样一批人,他们其实不遵纪守法,他们也不是坏人,但如果他们完全遵守法律,他们甚至没办法生存下去。比如说穷人们,在亚洲的大部分国家当中,你都可以看到很多人,他们会在别人的或者政府的土地上,不经过允许修建自己的房子,开设自己的商店,在大街上摆摊卖东西。他们从来不纳税,乘公车也不付钱等等,这些都是经常发生的事。这些人在很多国家当中都占有非常大的比重。政府必须为这些人做些特殊的安排,如果完全按照法律将这些人投进监狱,显然是不可能的。怎么处理这些人还是个比较头疼的问题,和这些人进行协商谈判显然是个最好的处理办法。政府的工作人员或者警察会对这些人说,你们不可以住在这里,但是可以住在那边,你可以在这条小街上摆摊,但是不可以在那条大街上摆摊,甚至政府有时会提供必要的水电等设施。但是前提是他们这些人必须服从政府的特殊管理和安排。因为政府如果对他们不加以必要的救助和法外施恩的话,这些人可能会受到疾病的困扰乃至死亡,或者导致偷窃等犯罪行为的频繁发生。这些都表明这种社会空间显然不是一个理想的市民社会形态,它其实就是我所说的政治社会。对于印度政府来说,它同时兼有管理这两种社会的职能。[12]

查特吉的理论非常富有启发性,以共同体为基础,基于人民的普遍权利所形成的是公民社会;以人口群体为基础,基于治理行为所形成的是政治社会。但这一理论仍然存在一些令人困惑之处。

首先,政治社会是公民社会的对立物抑或替代品?如果政治社会是底层特有的,那么它仅仅是一个对立物,并没有否定公民社会。只是说在公民社会之外,还存在一个政治社会。如果上层精英也是按照政治社会的方式运作,那么它就是公民社会的替代品。

其次,他可能把公民社会乌托邦化了。公民社会中的各个利益集团或社会组织,难道就没有被工具性地利用以达成选举的目的吗?公民社会的组成人员都是体面的"好公民"吗?这样的公民社会似乎从来就是一个乌托邦构想,抑或说,查特吉对公民社会的界定过于苛刻。

为什么要打破西方学界对于国家与社会的二元叙事结构？是因为这种基于国家与社会二分的理论预设存在以下不足：

第一，忽视了国家内部与社会内部的多样性。事实上国家和社会都不是铁板一块。国家不是一个单一意志的整体，国家在中央与地方之间、条块之间、部门之间、地方之间等存在明显的利益和权力分割与冲突的取向。社会也是如此，宗族、村落、宗教、民族、社会团体构成了多元的行动者，这些不同的行动者及其网络使得我们不得不正视社会的复数性。

第二，忽视了国家与社会的交融与整合。在国家与社会二元对立的框架中，无论是以国家为中心还是以社会为中心，从西方发展与演变的历程来看，二者可能会同时失灵。实际上，从欧美国家的政治运作来看，国家与社会、公域与私域的界限已经日益模糊，并且不断朝交融与整合的方向演进。[13] 当国家与社会的边界越来越模糊，我们无法明确地判断国家与社会的边界究竟在何处，更不必谈二者的对立了。

第三，忽视了中国国家与社会的实际情况。国家与社会的二元对立是从西方历史发展中抽象出来的一种理想类型，实际上并不适用于中国。中国共产党不应该被简单视作一个"国家"或"政府"的统治管控组织，或被设想为一个与社会对立的组织，而应该被视为同时与国家和社会产生互动性质的组织，一方面它高度嵌入社会，另一方面，作为"执政党"，它与非政府的社会完全不同。[14] 因此，正如林尚立所指出的："在中国社会，国家与社会的关系不简单是两者之间关系，因为，作为领导中国社会发展的核心力量，中国共产党不仅是国家政治生活的领导核心，而且是中国社会的组织核心。所以，在中国，国家与社会关系的变化必然涉及党，该变化是在党、国家和社会三者关系的框架内展开的。"[15] 此外，迈克尔·曼曾区分专制权力（despotic power）与基础权力（infrastructural power）。[16] 国家的专制权力，指的是国家精英可以在不必与公民社会各集团进行例行化、制度化讨价还价的前提下自行行动的范围（range），即强加于社会的权力（power over society）。国家的基础权力，指的是国家事实上渗透公民社会，在其领土范围内有效贯彻其政治决策的能力，即通过社会获得的权力（power through society）。这一区分具有非常重要的理论意义,但这一视角在解释中国的国家与社会关系时仍然存在诸多局限性:无法解释中国国家与社会之间的共生关系何以成为可能。

对公民社会研究的批评,归结为一点,就是邓正来所言:"国家并不是一个同质性的实体,社会亦非简单相对于国家的一个同质性实体,因此,无论是'国家'抑或'社会',都是需要在具体分析场景中加以具体辨析的问题。"[17]不论是国家与社会的二分法,还是国家、市场与社会的三分法,都未能逃脱这一命运的诅咒。

二、国家与社会关系的建构传统

国家与社会关系是政治学的经典命题,也是我们理解当代中国社会主义的重要维度。尽管法国思想家福柯(Michel Foucault)否认这种二元划分,就像汪民安在《福柯文选》的编者前言《如何塑造主体》中所说的:"福柯的政治理论,绝对不会在国家和社会的二分法传统中出没。实际上,福柯认为政治理论长期以来高估了国家的功能。国家,尤其是现代国家,实际上是并不那么重要的一种神秘抽象。在他这里,只有充斥着各种权力配置的具体细微的社会机制——他的历史视野中,几乎没有统治性的国家和政府,只有无穷无尽的规训和治理;几乎没有中心化的自上而下的权力的巨大压迫,只有遍布在社会中的无所不在的权力矫正;几乎没有两个阶级你死我活抗争的宏大叙事,只有四处涌现的权力及其如影随形的抵抗。"[18]福柯的悲剧气质与批判利器把权力无限放大了,遮蔽了国家体系中的人性之美和善治努力。他对国家利维坦的肢解,模糊了国家与社会的界线。所以,为了在新时代中借助政治缔造美好生活,我们必须要在逻辑上对国家与社会的先后及其差异作出明确的界定。

在中国,无论是传统的乡土社会,还是后来的单位社会,以及改革开放后出现的以社区为基本单元的新型社会空间,都是与国家相伴共生的。这既是中国的文化基因和制度基因决定的,也是中国社会主义性质所决定的。所以,我们才会看到,关涉千家万户的老旧小区改造会成为最高决策层中央政治局会议的议题。国家与社会关系良性互动的背后不是谁决定谁的问题,也不是像波兰尼所说的将社会抛置荒野,更不是父爱主义的施舍与馈赠。良性互动是对各方主体性的充分尊重。这是不断变化、不断创新、不断突破的"社会有机体"思想在基层社会治理中的重要体现。从一般性来看，国家与社会关系的建构有如下三种传统。

（一）国家与社会关系的制度建构

从古至今，无论古代政治还是现代政治系统，国家与社会之间历来都存有客观存在的种种正式和非正式的制度联系，从国家到社会的制度安排无疑可以影响到个人，而从社会到国家同样存在制度性建构的关系，形成复杂繁密的制度网络。如源自古希腊、古罗马的选举制度，源自英国的现代文官制度，甚至法国波旁王朝末期卖官制度亦处处呈现国家与社会间的复杂互动。在西方社会之中，还存有基督教、天主教等宗教体系的教区制度、主教制度，治安官和（英美等）陪审团制度为民众与国家之间建立了相应的联系，社会与国家间在制度意义上得以勾连。

中国自汉代之后废除世卿世禄制，除了王朝自上而下的"中央—郡县"制度，自下而上同样存在察举制、九品中正制、科举制等一系列制度性安排保障国家与社会之间的人员交流，存在驿报、奏章等体系维持信息的上传下达；民间在保甲、里甲等正式体系之外，亦有宗庙系统、会社、乡绅等关系维持士绅社会[19]抑或"礼法"社会的运行。历史记录呈现了古今中外国家与社会之间真实运行中的制度建构，关注了不同阶级和阶层的利益表达。

（二）国家与社会关系的哲学建构

与具有"实体性"表现的制度建构不同，哲学建构是指社会公认的从逻辑上、模型上高度抽象出国家与社会两大研究主体，从本体论和认识论的角度对两大主体进行研究，从逻辑合理意义上探讨主体间关系的含义。洛克、孟德斯鸠、黑格尔和马克思、恩格斯等西方政治思想家是哲学建构的典型代表，其争论的国家与社会关系的焦点之一，从逻辑意义上讲，即是"社会先于国家"还是"国家高于社会"。

正如前文所述，黑格尔第一次从政治学意义上将政治国家与市民社会进行区分，并分别归并为普遍性和特殊性的领域。在黑格尔的思想中，国家与市民社会是分离的实体，义务与权力相结合作为最重要的观点之一，是国家力量内在之所在。[20]在《法哲学原理》一书中，黑格尔认为"国家是自觉的伦理的实体"，或者说"国家是具体自由的现实性"。他从客观唯心主义出发，将伦理看成一个精神性的、活生生的有机世界,认为它有其自发生长的过程,并将其矛盾发展过程分为三个阶段:"第一,直接的或自然的伦理精神——家庭。这种实体性向前推移,丧失了它的统一,进行分解……第二,市民社会,这是各个成员作为独立的单个人的联合,因而也就是在形式普遍性中的联合,这种联合是通过成员的需要,通过保障人身和财产的法律制度,和通过维护他们特殊利益和公共利益的外部秩序而建立起来的……第三,在实体性的普遍物中,在致力于这种普遍物的公共生活所具有的目的和现实中,即在国家制度中,返回于自身,并在其中统一起来。"[21]从某种意义上讲,这一阶段的研究是在逻辑上将"国家"从"社会"中"脱嵌"的过程。贺麟曾批判黑格尔思想中的国家是"伦理理念的现实,是绝对自在自为的理性东西,所以个人只有成为国家成员才具有客观性、真理性和伦理性"[22],他认为这种唯心主义的观点实际就是说,如果没有国家,个人就丧失了自由和作为市民的种种权利。黑格尔将孟德斯鸠的三权分立的思想改造加工为单一王权、行政权和立法权相结合的普遍制度,试图论证当时德国的君主立宪制合乎上帝旨意。[23]这种唯心主义的观点因为其实质就是国家决定社会,受到了随后马克思、恩格斯等人严厉的批判。

马克思和恩格斯接受了国家与社会的二元论,但与黑格尔唯心主义的"国家决定市民社会"的观点完全相反,马克思和恩格斯秉持着市民社会决定国家、社会力量决定权利的观点,建构了基于经济生产方式和交换方式而产生的市民社会及其所决定的政治国家和时代精神,最经典的论述就是"经济基础决定上层建筑,上层建筑反作用于经济基础"[24]。实际上,黑格尔、马克思等人建构的"国家与市民社会"理论架构,依然属于政治哲学领域的范畴,由此称之为国家与社会关系的"哲学建构"。哲学建构中国家与社会的应然关系从逻辑意义上论证了国家和社会间"谁决定谁"关系的实质,但"批判的武器"不能代替"武器的批判",正确的理论只有通过客观存在的政治制度建构才能投射到和影响真实世界。

（三）国家与社会关系的话语建构

哲学建构通过制度"由内而外"投射到真实世界,话语建构则"由外向内"影响国家与社会间关系。作为法兰克福学派第二代学者的代表人物之一,哈贝马斯构建了"交往行动理论"。[25]他提出系统与生活世界的社会共同体二维架构,而生活世

政治逻辑

界却被国家或者资本殖民化了,金钱成为调整人们经济系统行为的媒介,单一的工具理性统治了一切。他借助"劳动"和"相互作用"来取代马克思的生产力和生产关系范畴,引入交往行为,从而完成对马克思历史唯物主义的重构。哈贝马斯认为交往行为实际上是以达到相互理解为目的的言语行为,因此他把语言当作一切社会行为中最根本的东西,赋予一种本体论的地位。通过批判连马克思本人也反对的教条化的"唯生产力论"和"经济决定论",哈贝马斯提出了自己关于社会进化的解释,即将社会进化过程作为理性化过程,这种过程包含着两个向度:一是作为"目的—理性行为"的"生产活动"或"劳动"的理性化过程,二是作为"交往行为"的"道德—实践活动"的理性化过程;前者意味着生产力的提高,是社会进化不可缺少的动力,后者则意味着人们的道德意识和实践能力的提高,二者均为社会进化不可缺少的动力。[26]实际上,生产力的提高取决于科技知识的增长,而交往水平的提高则依赖于道德实践知识的增长,因此,社会的进化只能归因于道德实践知识的增长。从这个意义上来看,道德实践比生产力的进步更为重要,在学习过程中发挥着"起搏器的功能",因此哈贝马斯提出以交往合理性取代单一的工具合理性。

哈贝马斯理解的生活世界既是主体之间进行交往活动的背景,又是作为交往行为者相互理解的"信念的储蓄库",它作为每一个交往活动的参与者必须置身于此的境域,提供了前人积累下来的知识和意义的资源,是预设的无争议的背景性信念。正是在这种可信赖的、熟悉的背景中,人们之间的相互理解才是可能的,正是这种相互理解和学习过程在维系着社会行为或交往行为,公共知识分子起到了议题建构的作用,构建出国家与社会关系。由此,哈贝马斯的理论实际上在建议形成民众得以共同认知的舆论场域,民众在其中进行基于本身利益的"话语—议题—交往建构"。

通过上述三种建构方式,我们可以发现,从经典理论建构出的、从社会中生长出来的现代国家,从制度建构中导出国家与社会关系得以运行的制度空间,形成了一整套的传导机制,使得信息、资源得以上传下达;从哲学建构导出逻辑和意识形态空间,继而从逻辑意义上探讨真实制度背后的理论预设蓝图;国家与社会间存在着一个由话语建构而来的"舆论空间",形成国家与社会之间行为的舆论约束,从外向内影响国家与社会关系的延展,由此形成了相互影响但却独立运行的三种联系。

图 9.1　国家与社会关系的制度、哲学和话语建构

当然,以上三种关系建构的描述,并不足以完全呈现国家与社会间关系的全局。政治经济学构建出"经济空间",将提供国家与社会均赖以生存的物质资料的经济体系纳入考量,它代表了一种国家与社会关系的经济建构模式。人们正是通过国家与社会间关系的制度建构、哲学建构、话语建构和经济建构这些相互平行、独立运行却又互相联系的社会制度互动,才初步理解国家与社会是如何互动的。

国家与社会关系建构的三种传统可以让我们理解国家如何影响社会,但并不能解决隐含的问题——国家如何影响到个人、个人如何影响到国家。以上三种建构明晰了从国家出发所要解决问题的不同路径,为解决社会冲突提供了政治、意识形态和舆论的不同渠道,但这些渠道通常不能直接解决基层中出现的问题,原因在哪里呢? 因为所有的建构,均缺少了对"人"的理解,缺乏从社会一端开始的理解。我们认为国家与社会关系实际上构建了一个"机制+因素"的闭环模型:所谓"机制"(mechanism),原意是指机械的构造与工作原理,社会科学中定义颇多,其中克莱威尔(Craver)的定义较令人满意:"(机制是)引起某种经常性变化的实体及其活动。"[27]"实体"和"活动"可以理解为机构和制度运行。对于国家与社会间的机制,可以从以下两方面来解读:一是国家和社会由哪些部分组成和为什么由这些部分组成;二是这些部分是怎样工作和为什么要这样工作。引入国家与社会关系这一客体,就会发现,国家与社会之间的关系,实际涉及的是三个部分:国家、社会及两者之间的关系。从本体论来讲,"关系"是一种机制(mechanism),是能够联结国家和社会之间的机制,使得国家与社会得以形成逻辑闭环、正常运转。当然,在国家内部也必然有其运行的机制,但在"国家—机制(联系)—社会"这一模型上,机制分别联通国家和社会,形成自上而下、自下而上两条并行通路。多重建构作为并行的机制,真实运行于国家与社会之间。理论上"自下而上"和"自上而下"的两条通路形成的控制闭环,在联结国家和社会的两端,均应各有一个连接点,以形成联通。

社会意见和需求最终要由一个客观存在的行为主体提出具体的意见,通过国家与社会间连接点和机制的整合、分析、传导,最终抵达决策部门形成切合客观整体实际的政策和法令,并通过同一机制最终反馈到客观存在的行为主体,完成政策运行的逻辑闭环。除经济关系以外,三种传统建构的基础都具有深刻的"体系论"的色彩,注重于社会、阶级、阶层等"实体"或者"黑箱"。"国家—社会—人"的机制在国家那里已经转化为客观存在的科层制政府系统,从政府的各种机构设置中可以找到实体意义上的国家。理论上讲,应该存在提供各种信息和要求的社会。但在现实中应该接收信息、提出要求并得以反馈的另一方主体,作为系统实体的社会却消失了,具体的行动者(agent)究竟是谁? 真实场景中作为国家代表的基层政府,究竟在和谁打交道,以实现国家与社会的双方交互与逻辑闭环,从而实现社会治理的目标?

三、公共生活政治

为理解"社会—人"之间的缺环,我们引入公共生活建构。正如习近平总书记所言:"加强和创新社会治理,关键在体制创新,核心是人,只有人与人和谐相处,社会才会安定有序。"[28]"人"生存于国家、社会间,除了是制度建构、哲学建构、话语建构乃至经济关系中的"人"之外,同样是存在于公共生活中的"人"。人与人之间、家庭与家庭之间所建立的公共生活是国家和社会真实运行结果的承载,考察国家与社会之间的公共生活空间、形成公共生活建构就有其真实的意义。所有的国家社会间关系均会投射入公共生活之中,所有民众的日常公共生活也会反过来影响制度、哲学、舆论和经济建构过程,形成互相建构。正是为了能够更全面地理解国家与社会间关系,我们将以往学派所忽视的公共生活纳入国家与社会关系的研究之中。

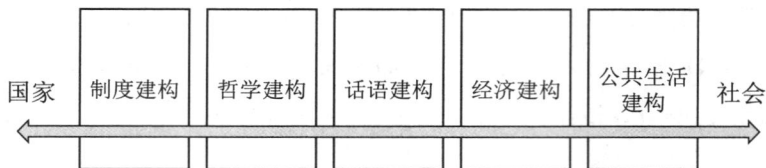

图 9.2　五种"国家—社会"建构形成的子空间

　　国家与社会关系制度建构、哲学建构、话语建构以及经济建构所具有的缺陷就是对真实的生活场景的遗忘，说到底就是对"人"的忽视，这直接促使我们必须实现国家与社会关系的公共生活转向。这也是理解"政治是实现人类美好生活的基本形式"这一命题的学理背景，即国家与社会关系的公共生活建构。现代国家转型之后所形成的国家与社会关系从理论到实践、再到认知逻辑范式的变化，体现了国家和社会间复杂的互动关系：现实中出现的从"统治"到"治理"的认知转换，不仅是国家与社会间互动的简单描述，更是国家、社会各司其职、相互协作互动的结果。在社会急剧转型期中的城市社会治理，通常就是国家和政府对社区的治理，国家与社会双方协作必然存在一个真实运行的连接机制，真实的公共生活便进入我们的研究视界。

政
治
逻
辑

　　基层政府在与谁打交道并代表谁进行社会治理？在城市而言是小区和社区的代表。当我们超越"体系论"的国家与社会关系，把消失了的社会重新导入的时候，就进入到了真实的生活世界。近代社会的工业化和城市化促使公民社会与国家分离，私人生活的出现也造就了公共生活，但当现代化走向完成的阶段时，公共生活也走向了衰落。[29]之所以探究生活世界，是因为生活中民众居住状态和行动者的行为是驱动国家与社会联系的机制运转的"因素"。这些因素一旦涌现出来，它所驱动的机制理随之发生联动变迁，公共生活政治的概念由此提出，国家与社会通过公共生活可以互相建构。与吉登斯建构的同"解放政治"相对的，关注于现代性、后匮乏型经济、生态政治、对话民主等的"生活政治"[30]不同的是，我们所讲的"公共生活政治"是建构在家庭"私域"与国家政治"公域"中间的一种机制、一种独立存在的治理制度空间，它无关单个家庭的财务和纠纷，也不同于国家宏观治理，而是承载着当居民"走出家庭大门，但还没有到达城市广场"这一段的公共生活。

从"体系"视角向公共生活政治"细胞"视角的转向,展示出历史演进的过程,是"国家政治"向"生活政治"的回归。普通民众关注"衣食住行娱",居住条件是牵动千家万户、亿万民生的核心。居住状态的变迁以及随之而来的居民参与,往往是最能推动社会、国家现代化转型的核心驱动因素,因为它关系到民众最核心的生存条件。恩格斯在《论住宅问题》中,很清晰地描述了普法战争后德国的国家工业化进程中,城市工人阶级面临住宅短缺的一系列困境,他写道:"一个老的文明国家像这样从工场手工业和小生产向大工业过渡,并且这个过渡还由于情况极其顺利而加速的时期,多半也就是'住房短缺'的时期。"[31]恩格斯所描述的是德国1872年左右的状况,但无疑,当时德国城市无产阶级生活环境的恶劣状况也是德国阶级矛盾和斗争的焦点之一,生活领域的问题随之演化成愈演愈烈的国家、社会、国际政治问题以及战争与和平问题。

自1978年以来中国城市化进程急速进行,需要对客观存在的"城市化中的国家与社会"进行理论上的把握。中国城市的人口密度、楼群密度以及其他制度约束条件决定了居民是生活在私人生活和公共生活的交集之中的。那么,我们就要问:中国城市的居民,要过一种怎样的公共生活?

当代城市小区是与熟人社会完全不同的陌生人社会,是基于付出的利益和"房权"而形成的非血缘关系的群集。与传统村落、单位居住区相比,社区联动较少、人口密度高;人际关系复杂,牵扯到的事务大多与民众具体利益相关,国家与社会的关系、国家与单位之间的关系,逐渐被国家与社群间关系、国家与社区的关系、国家与地方公共产品的供给关系所替代,"社会"实体的消失,其背后就是"细胞化"对"实体化"的替代。城市民众居住形态的变迁说明了这种变化,并引发了国家与社会、制度与生活中的社会、公共生活与私人生活等端点的转型。

社区精神的衰落、民众间交往的减少导致社会资本流失,出现了"独自打保龄球"的问题。[32]为理解这些现象,需要关注发生于社区空间中的公共生活。我们认为把视角转入公共生活世界的时候,依据民众个人与空间中不同行为主体间互动行为实质的把握,三种公共生活机制就会浮现在我们的面前,它们分别是个人与个人间的关系性公共生活、个人与建制性权力间的政治性公共生活和个人与社群共同体间的利益性公共生活。

所谓关系性公共生活,就是指民众间实现的、特定时刻聚集的共同仪式性公共生活,如西方的教堂每周所举办的弥撒,大家在特定时间聚集于教堂参与布道等;在古代中国乡村,定期举办的庙会、社戏等也可以从广义上被理解为关系性公共生活,民众之间不涉及利益,只建立普遍联系。在当代中国城市中,关系性公共生活更多的是依托各种趣缘性纽带形成的丰富多彩的群众团体得以展开的,例如广场舞、太极拳团队、合唱队等。但值得注意的是,诸如此类的社团组织充其量是活动型组织,而不是功能型组织。社区治理的一大奥秘就是将这些活动型组织转化为功能型组织。

所谓政治性公共生活,就是指与政治活动和政治组织密切相关的公共活动。很多国家的政治选举所折射出来的就是典型的政治性公共生活。西方的议员选举,中国人大代表的选举、居委会的选举、社区党组织举行的组织生活等,都是典型的政治性公共生活。

所谓利益性公共生活,就是直接涉及社区、小区公共利益的活动。在美国和欧洲社会,利益性公共生活是建立在国家与社会非常清晰的边界之上的。社区和国家对每个人的家庭利益与个人利益不干涉,但只要违背了社区公共规则和国家的法律,就会触动作为国家正式权力机构的警察和法庭,以保障社区共同体的公共利益。在中国,维修基金的动用、老旧公房安装电梯、公共水箱的清洗、公益性收入的公开、物业管理费的缴纳与使用情况的公开、维修基金的二次缴纳、物业公司财务状况的公开,等等,均与每个人的利益息息相关。这是"房权社会"治理所面临的难题。经过调研我们发现,缺乏关联物权或相邻物权这一基础的社区治理,是难以越过利益性公共生活这道坎的。

在大量调研的基础上,我们提出了如下的论断:第一,中国城市中的关系性公共生活规则、政治性生活规则和利益性公共生活规则是可以交叉合成的,这一交叉合成可以为社区善治提供一个复合性的善治基础,其中党建引领可以为这一复合性的基础提供一道中轴线;第二,依靠"以法入礼"缔造"长了牙齿"的居民公约,才能真正从源头上缔造利益性公共生活的基本规则和基本秩序,实现德治、法治与自治有机融合的社区治理格局;第三,中国城市的居民只有度过了利益性公共生活这道坎,社区协商民主才能真正得以建立。这三种公共生活就是作为"行动者"的居民应该享有的公共生活,公共生活行为的结果就是能够驱动国家与社会联系的机制。三种公共生活的浮现,就使得国家与社会间关系的建构因素有摆脱"社会""体系论""阶级""阶层"等一系列整全性的建构基础,形成政治驱动公共生活的社会制度运转,从而使得国家与社会互相主动构建的关系成为可能。

从国家与社会关系的公共生活建构角度出发,我们可以得出如下结论:社会冲突的持续,一是因为社区和小区中利益性公共生活的缺失,二是因为国家和社会制度的不健全、矛盾无法转移使得利益冲突各方持续对抗。为解决这样的困境,我们应该正视国家与社会间的共生关系,推动利益性公共生活正常运转的同时,也应随之构建出合适的配套制度,以实现社会良好运转。利益性公共生活良性运行的意义,并不仅是为了减少或消灭社会冲突事件的产生,更是为了避免社会冲突的长久持续,从而促进社会的平稳运转。

这样,新型的社会结构便呼唤着国家与社会关系在公共生活场域中的良性建构。"规则即是未来行动的指南"[33],每个人都希望过幸福的生活,而从幸福生活出发,就需要关注处于家门与广场之间的公共生活。我们发现国家与社会的关系、国家与人的关系,在基层生活场域,实际上是讲国家与行动者的互构关系。我们把社会还原为一个真实的社会,认为各个行动者之间的公共生活构建了国家与社会的关系基础,以人民为中心,需要关注每一个行动者,当每一个行动者健康幸福安宁的时候,在一个个行动者之上组成的、作为有机体的国家,就必然更加繁荣昌盛!

第二节　国家与社会的共生逻辑

共生型国家与社会关系的着力点在哪里? 我们应从何处入手推进中国国家与社会的共生关系? 实际上,在介于西方学界国家与社会二分的结构之中,在国家性与私人性之间,还存在着一种中间状态,即社群性。这种社群性既不同于中国传统的"乡土社会",也不同于西方国家的"陌生人社会"。伴随着单位制的松懈,流动社会和房权社会形成,社群性遭遇了极大的挑战,这就使得社区作为剩余政治空间走向了终结。社区所具有的政治内涵及其政治定位就成为我们审视后单位时代社会调控体系的轴线。一方面,中国政治贯通的无缝隙治理要求中国在基层形成底线政治,另一方面,社会主义的国家是人民主导的国家,这就使得维护人民利益、满足人民意志的共同体应运而生,"业民社会"得以构建。

一、社群性

费孝通先生笔下的"乡土社会"是一个典型的熟人社会。熟人社会往往是与固定的区域、流动性低的人口以及错综复杂的血缘姻亲纽带联系在一起的封闭社会。目前,中国有很多县城,尽管脱离了传统的农业社会,县城中有高楼大厦,有商业体系,但很多县城并不是真正的城市,它是现代版的"乡土社会",因为现代建筑的背后依然是乡土社会中各种社会关系的延续。我们用"现代村庄"来形容这些县城是再确切不过了。很多县城其实就是穿上现代外衣的现代村庄。但是,一旦走进一些大中城市,费老笔下的熟人社会马上就消失了,城市的空气天生使人冷漠,这是一个靠购买、雇佣等现代纽带联结起来的陌生人社会。陌生性越强,城市化程度就越高,这是一个颠扑不破的道理。反之亦然。城市从本质上来说就是一个靠货币符号联结起来的陌生人社会。

19世纪末,社会学的创立者们——埃米尔·涂尔干(Émile Durkheim)、格奥尔格·齐美尔(Georg Simmel)、斐迪南·滕尼斯(Ferdinand Tönnies)和马克斯·韦伯(Max Weber)都认为,个人主义、流动性和城市化的兴起创造了一个以匿名和分异为特征的现代陌生人社会。[34]按照詹姆斯·弗农(James Vernon)的看法,英国成为现代国家的过程就是从熟人社会向陌生人社会转化,以及通过非人格化的国家机器对陌生人社会进行重新统计、编码和治理的过程。所以,弗农认为,国家权力通过匿名的行政体系进行的抽象化需要一台全新的政府机器。探查欲强的国家依赖于收集和处理海量数据的技术性手段,其中还包括标准化制度、训练有素的人员和机器的复杂组合。[35]他甚至提出了这样的论断:如果民族国家的武力有一张人脸,那一定是一张陌生人的脸。[36]但是,我们如果想当然地假定西方社会培育和塑造现代性的过程就是把每一个人抛洒到空旷原野,成为孤零零的原子化个人的过程,那就太单纯了。事实上,陌生人社会中新的社群纽带恰恰为我们思考现代社会提供了一个崭新的视角。

陌生人社会中新型的社群纽带不是乡土社会中的亲属关系,而是基于特殊的业缘或趣缘等关系而形成的。英国从熟人社会向陌生人社会的转型,往往会成为后人解读现代社会治理的经典范例。因为新型的网络社会使得公共信任成为可能。一位西方人针对18世纪英国依托俱乐部、联谊会、学会、协会等载体形成的网络社会时,这样说道:"这种信任之能建立,得力于由酒馆、咖啡屋、客栈、联谊会、宗教共同体、共济会会所的长期成员构成的社交网络,也得力于一些与此类似的工商组织,商人和工匠在那里聚会,并交换信息和流言。在18世纪的英国,一个人要想做绅士,就必须善于社交,善于融入共同体。"[37]但是,这样的网络社会面临着两个致命的困境,这也是当今西方社会中社会资本不断流失、社区共同体趋向于死亡的根本原因。一是"公民社会"本身的致命困境,即"托克维尔悖论":这类俱乐部一方面将人们的个性融为一体,一方面又非常排他。结社精神与排他精神浑然一体,相互隔离的象征性边界又使社会处于可怕的分裂之中。二是随着"公民社会"的日益正规化、官僚化,富有人情味的社群资源就被现代性力量抽干了,社群纽带也就被现代性匕首斩断了。这就是罗伯特·帕特南(Robert Putnam)所说的社会资本的流失,一个冷漠的甚至是无助的"独自打保龄球"的社会就这样诞生了。

不管怎么说,西方社会的演变进程,至少说明了在陌生人社会中重建社群纽带的可能性是存在的,重建社群纽带的必要性也是不容忽视的。与英国依靠结社传统展示人之社群性不同的是,中国更多的是依靠以家为原点、以居住地为中心,向外铺展出去,构建新型的"社缘"纽带。一位西方学者曾这样说道:法国人从家庭和国家的角度想问题,英格兰人倾向于从个人和社会的角度想问题。[38]在这一点上,中国文化可能与法国文化有点相似。中国人也习惯于从家庭与国家的角度思考问题。而且,在家庭与国家之间形成了一种中介性的社群状态。这种社群状态能够获得家庭和国家双方的钟情与认可。对于个人与家庭而言,尤其是对于社会关系资源相对稀薄的群体来说,国家与家庭之间的社群就是拓展生活空间的最好场域;

对于国家而言,这是治理庞大陌生人社会的最有效的应对策略,也是展现"爱的政治"和"底线政治"的绝佳场域。

由此,我们就可以发现在私人性与国家性之间,存在着社群性这一中间形态。从家庭角色到社群成员再到国家公民,这是典型的人之属性逐渐由内向外扩展的过程。严复先生把斯宾塞(Herbert Spencer)的《社会学》翻译成《群学肄言》,从字面上来看,是完全符合中国文化精神的。荀子说:"人之生,不能无群,群而无分则争,争则乱,乱则穷矣。故无分者,人之大害也;有分者,天下之本利也。"[39]

中国人所理解的社会,不是西方社会学所说的外在于人的强制性的社会结构,而是与之生命相连的社群。人活在社会上,第一是合群,第二是能群,第三是善群,第四是乐群。[40]从政治学的角度来说,真正的公共生活是在参与社群的过程中体现出来的,也就是说在合群和能群的基础上实现善群和乐群。西方人所说的"选举"不过是周期性的政治仪式。这种仪式是不能天天举行的。但社群性的公共生活却是全天候的。因为一个人无法脱离他所处的居住空间和生活场景。这样,就在家人、国人的中间诞生出了第三种形态:群人。"群人"就是社群人或社区人。目前,社群人集中展示的场域已经从线下转移到了线上。进入互联网时代以后,让人始料不及的是古人所说的"物以类聚,人以群分"在网络空间得到了最集中、最完整、最彻底的呈现。

"人的社群性"是对社区人之本质的规定。马克思在《关于费尔巴哈的提纲》一文中提出:"人的本质并不是单个人所固有的抽象物。在其现实性上,它是一切社会关系的总和。"实际上,现代人的行动空间和身份认同兼具私人性(家庭和市场)、社群性(局部公共性,体现为社区和各种交往组织)和公共性(国家公民)三种状态,"社区人"则是对人的社群性的最直观的表达。基于人的社群性而形成的基层治理在任何国家和社会都有着漫长的历史和传统。依托居住空间而形成的基层共同体是展示人作为社区人的重要场所。居民自治、社区善治的目标之一就是在现代社会恢复社区人的面貌与特征。

现代社会往往被视为由单向度的人组成的陌生人社会,社会成员多数愿意沉浸在一种自由且孤独的状态,因此在现代化的大城市里除了以兴趣为基础的专业社团之外，都市居民基本上都缺乏公共生活，西方国家城市发展的现状似乎昭示着一种更加悲观的前景，这就使本来就有限的公共生活与社会交际也呈现出衰落的趋势。中国的城市规划、商业化的居民区开发以及职业化社会的形成，也导致了基层社会的社会资本的流失和社会关系的断裂，社区善治就是在遵循人的社群性原理的前提下，通过恢复和重建人的社会关系，构建人之社会交往的渠道和空间。人的社群性是对现代性逻辑所塑造出来的"单向度人"的反叛。社群生活不是在统治逻辑和商业逻辑中展开的。社群生活讲求互助、群助，它是一种以爱、互助、群助为基础的交往和秩序。

二、底线政治

中国的国家治理有两条主线：一是中央与地方关系，二是国家与民众关系。[41]中央管辖与地方治理权之间的紧张关系体现在一统体制与有效治理之间，特别是中央政府与各级地方政府的资源调配、人事安排、事务决策和考核监督上，而国家与民众的关系体现在国家与各级政府在各个领域的决策和执行、公共产品的提供等与不同社会主体、社会组织之间的关系上。[42]事实上，中国改革开放四十多年的发展，带来了社会的成长和变动，也对中国的国家治理能力提出了更高的要求。一方面，社会作为一种积极的力量介入基层治理和生活政治场景的重新塑造之中。另一方面，社会的剧烈变动使中国的国家治理承受前所未有的压力和挑战。在国家的成长、转型与发展的不同阶段，每个国家都有支撑整个国家治理体系的底线政治。例如任何国家都有针对特殊群体的社会救助制度，这就是典型的底线政治。习近平总书记曾指出："平安是老百姓解决温饱后的第一需求，是极重要的民生，也是最基本的发展环境；人民安居乐业，国家才能安定有序。"[43]底线政治不仅指向政治安全、国家安全和政权安全，也指向所有人的生命安全。

复杂社会、房权社会、风险社会、网络社会、流动社会乃至与全球社会重叠的社会空间（即中国社会已经内嵌于全球社会之中，成为全球社会的重要组成部分）的出现，是中国历史上从未出现的巨大变局。其中，风险社会、网络社会、流动社会乃至与全球社会重叠部分的出现，对于我们理解作为"通货"的公共危机尤为重要。

在风险社会中,公共危机面前人人"平等"。这是我们理解当今社会公共危机的第一原理。在人类社会的发展历程中,任何时候都会存在着风险。但是,如果那时的风险没有突破空间的边界并对所有人的生存生活乃至生命构成威胁,那我们就不能将其称为"公共危机"。14世纪席卷整个欧洲的"黑死病"、17世纪在英国任意肆虐的鼠疫就是典型的公共危机。因为在这样的危机前面,所有人都难逃厄运。但是,真正的风险社会的降临,不是针对这些间歇性的重大灾害而言的,而是从古典的工业社会的轮廓中脱颖而出、正在形成的一种崭新的形式——工业的"风险社会"。风险社会是我们理解当今所有公共危机的理论原点。

对风险社会做出开创性研究的是德国学者乌尔里希·贝克(Ulrich Beck)。贝克深刻地指出:风险社会是指这样一个时代,社会进步的阴暗面越来越支配社会和政治,人类面临着威胁其生存的由社会所制造的风险,如工业的自我危害及工业对自然的毁灭性的破坏。所谓风险社会,即是指由于某些局部或是突发事件可能导致或引发的社会灾难。现代社会就是日益复杂化的"风险社会"。

在风险社会面前,依靠封闭的治理单元去划定疆界和分割空间的时代已经结束了。显然,当我们面对可能波及每一个人的公共安全议题、公共卫生议题、生态文明议题的时候,依靠地域分割、阶层和族群分割、居住空间分割的"保护性"治理,已经无法应对。很多公共议题具有了超地域、超阶层、超族群的特征,它与每个人的生活休戚相关。也就是说,很多公共议题已经成了穿透制度壁垒、财富壁垒、族群壁垒、地域壁垒和国家壁垒的"通货"。就像贝克在《风险社会》一书中所说的:"在古典工业社会中,财富生产的'逻辑'统治着风险生产的'逻辑',而在风险社会中,这种关系就颠倒了过来。在对现代化进程的反思之中,生产力丧失了其清白无辜。从技术—经济'进步'的力量中增加的财富,日益为风险生产的阴影所笼罩。在早期阶段,这些还能被合法化为'潜在的副作用'。当它们日益全球化,并成为公众批判和科学审查的主题时,可以说,它们就从默默无闻的小角落中走了出来,在社会和政治辩论中获得核心的重要性。风险生产和分配的'逻辑'比照着财富分配的'逻辑'(它至今决定着社会—理论的思考)而发展起来。占据中心舞台的是现代化的风险和后果,它们表现为对于植物、动物和人类生命的不可抗拒的威胁。不像

19 世纪和 20 世纪上半期与工厂相联系的或职业性的危险,它们不再局限于特定的区域或团体,而是呈现出一种全球化的趋势,这种全球化跨越了生产与再生产,跨越了国家界线。在这种意义上,危险成为超国界的存在,成为带有一种新型的社会和政治动力的非阶级化的全球性危险。"[44]

在网络社会中,公共危机无藏身之地。伴随着风险社会降临的同时,依靠互联网支撑起来的网络社会也开始出现了。网络社会所具有的透明性、交互性决定了任何一种公共危机都注定成为一种公共事件。每一个人在网络社会中拥有随心所欲甚至是无政府状态的评判权是我们必须要面对的一个客观事实。各种各样的信息甚至是虚假的信息充斥其中,也是我们不得不面对的一种冷酷情境。所以,网络社会就对公共危机的信息发布机制提出了史无前例的挑战。没有权威、可信的信息发布机制,因公共危机而滋生的恐慌、不满与愤懑就会借助具有无限扩展性的网络空间恣意传播。与此同时,国家与政府借助网络空间迅速收集各种信息,为公民参与提供便捷甚至是"直通车"式的渠道,就显得极为重要。因为只有依靠网络空间,才能使公众参与穿透科层壁垒,在最高决策层和普通民众之间架起一座畅通无阻的桥梁。

在流动社会中,公共危机是一种毁灭性的扩散力量。我们现在面对的是一个高度流动的社会。这里的流动社会指的不是信息的流动和物品的流动,而是身体的流动。便捷的交通为人的流动提供了前所未有的便利。费孝通先生在《乡土中国》一书中所描述的封闭、静止,依靠习惯来主宰的乡土社会在中国已经消失了。在流动社会中,任何一个携带病毒的个体都是危机扩散的原体,所以这就为克服公共危机带来了史无前例的困难。

人们常说,人生而平等。其实,从终极意义上来说,则是死亡面前人人平等,衰老面前人人平等,"普害性"公共危机面前人人平等。人人死而平等(尽管死亡对每个人的威胁程度不同),人人老而平等(尽管衰老的速度不同)。风险社会缔造的"普害性"公共危机创造了一个残酷的平等起点,每一个人都无法逃脱超阶级的普害性危机的威胁。"普害性"与"普惠性"正好是对立的两极。在"普害性"的风险和危机面前,文明社会所缔造的各种边界都有可能被摧毁。剩下的就是所有人对求生的渴望。网络社会塑造了一个超越隐私、超越垄断的信息空间，一种近乎完全透明的社会随之出现。网络社会在一定程度上也就是透明社会。在这个透明社会中，隐私权似乎已经成为彻底过时的观念。而流动社会的存在，又使任何一种公共危机可以在物理空间中拥有无限扩散的不确定性。潜藏着"普害性"公共危机的风险社会、近乎透明的网络社会以及危机与原体无限扩散的流动社会三者相互交织在一起，成为当今中国国家治理所面对的特殊的情境特征。集风险性与流动性于一身的后工业社会，在为国家治理提供先进智能技术的同时，也为国家治理现代化提出了致命的挑战，注入了崭新的责任与使命。

那么，如何在风险社会、网络社会和流动社会的挑战中保持国家的秩序与活力的统一呢？我们发现，在中国快速发展的进程中，正是依靠街道体制实现了政府治理与社会变动的无缝对接和快速对接。从一定意义上来说，正是街道体制支撑起了中国大型城市社会治理体系这座大厦。如果说社区是城市治理体系的"细胞"，那么街道就是城市治理体系的"基石"。一般来说，城市规模越大，城市人口越多，它们对街道体制的依赖度就越高。

街道体制诞生于 20 世纪 50 年代。街道体制出现的重要动机在于城市空间的扩大。从其源头来说，街道体制乃是空间治理逻辑的产物，即中国城市区级政府无法涵盖更为广阔的治理空间，因此作为区级政府派出机构的街道办事处也就应运而生了。街道体制有效地缓解了区级政府承载的空间治理的压力，从而实现了与社会的无缝对接。所谓"纵向到底、横向到边"说的就是一种无缝隙的空间治理形态的出现。但是，仅仅把街道体制置于空间治理的逻辑中来理解，还是有失偏颇的。在风险社会、网络社会与流动社会形成的诸多挑战中，大型城市中的街道体制承担的职能越来越庞杂。基层社会治理的所有问题几乎都要汇聚到街道体制之中。如果说中国农村治理体系中县级政府是一线指挥部，那么城市治理体系中的街道就是基层社会治理的龙头与枢纽。

从中国城市治理的过程来看，街道不是简单的作为区级政府的派出机构而存在的，其背后的逻辑是街道体制在社会治理过程中的重新定位。尤其是随着资源下沉、权力下沉、职能下沉等一系列"街道再造"行动，街道体制作为一个横向到边

政治逻辑

的底盘托起了中国城市治理这座大厦。所以，街道体制承载的使命是日渐复杂的社会结构的全面对接，它要依靠横向扩展，通过多种多样的治理平台将各种各样的新型社会要素和新型社会主体吸纳到社会治理体系中来。街道体制的优势凝聚在应对中国城市社会治理问题的"政治速度"上，具体表现为干部培养的政治速度、公共议题化解与公共危机处理的政治速度、确立责任主体的政治速度。正是这三重政治速度，使得中国城市治理中的"属地"与"兜底"两大原则得以落地生根。"属地"体现在中央政府和地方政府的运作、考核与督查以属地化管理的辖区为基本空间管理单位，"兜底"则是在属地化管理基础之上的责任落实。从极端意义上来说，属地化治理确保了治理主体的明确性，兜底型治理确保了治理责任的明确性。

可以说，"属地"与"兜底"是我们理解中国城市治理最重要，也是其他国家完全没有的两大特色。一方面，中国的街道体制通过"属地"与"兜底"承担了政府在城市基层治理中的责任，推动"无缝政治"的实现；另一方面，"属地"与"兜底"的街道体制为中国国家治理体系构建了应对风险社会的一道屏障，为城市铸造了"政权安全阀"和"社会安全阀"，这也正是底线政治的意义所在。

三、共同体政治

社会主义作为当代中国政治的道路属性，决定了当代中国的国家治理与社会治理中，必然存在着生活共同体、治理共同体和命运共同体等为代表的共同体政治形态。

把居住空间视为"生活共同体"的传统由来已久。在传统的乡土社会中，村落是作为典型的生活共同体而与每一个人发生密切关联的。费孝通先生所说的"差序格局"只是说明了人与家族共同体关联程度的强弱以及生活共同体内部不同家族之间的界限而已。因为中国很多的村落并不是理想的、基于差序格局组合起来的"单姓村"，而是由不同家族组合起来的"复姓村"。所以，以村落为单位的生活共同体就必然孕育出独具一格的家族政治、村落政治等特殊的"低政治"形态。从人—地关系的角度来说，狭小的居住空间、对有限自然资源的依赖以及高密度的内部交往，决定了以村落为单位的生活共同体是客观存在的。传统的生活共同体就是我们今天依然非常留恋的"熟人共同体""情感共同体"等。我们小时候在农村生活，可以尽情外出玩耍，饥饿时可以到任何一家讨一口饭吃，可以随意进入一家寻找同伴。家庭之间基本上是没有任何防御边界的。这就是熟人共同体所缔造的随意性的生活节奏和毫不设防的生活样态。尽管生活的成本是极其低廉的，生活的物质保障是极其匮乏的。但人地天然合一、人群高密度共处与交往的生活状态是对低物质水平生活的有益补偿。直到今天，我们依然能够感受到这种补偿对于陌生、冰冷、机械的现代社会结构是多么奢侈、温馨和宝贵。

新中国成立之后，尤其是在第一个五年计划结束之后，中国城市社会进入了我们所熟知的单位制时代。在单位制时代，尽管居住空间就是国家空间，居住场所就是单位场所，但这丝毫没有扼杀生活共同体的形成。无论是作为单位内部空间的"宿舍体制"，还是作为单位附属空间的"家属院体制"，都释放出浓郁的生活共同体的气息。受制于就业制度、住房分配制度、物资供应制度以及财政制度的约束，对于绝大部分人而言，单位在作为工作空间、生产空间、交往空间的同时，实际上也是最为重要的生活空间。我们今天已经比较陌生的"以单位为家"的口号，在当时是有两重含义的，一是把自己贡献给单位的牺牲精神，二是单位本身就是扩大的家庭的再现。从某种程度上来说，单位就是现代版本的乡土社会中的"生活共同体"。

市场化进程中的住房货币化改革以及商品房制度的兴起，斩断了以单位为载体的生活共同体传统。与之并行的则是以居住空间为载体的社区的复兴。显然，以居住空间为载体的社区的复兴是与商品房制度的推行联系在一起的。正是个人产权住房导致了人们对居住空间的重新理解。在此之前的居住空间，乃是单位工作空间的延伸与补充。作为单位附属空间的居住地，是与正式体制联系在一起的。房权社会的兴起，改变了这一点。中国四十多年改革开放最为重要的结果之一就是房权社会的兴起。私有产权住房作为最为重要的中介和节点将人、居住空间、城市规划、公共产品配置以及国家宏观政策串联在一起。从此以后，人们对居住空间的理解发生了变化，由原来的单位延伸空间转向了"社区"理念。由此，附着在单位体制身上的生活共同体也就逐渐在住房商品化制度的推行过程中被"社区"替换了。这个替换的过程，就是中国新型生活共同体的成长过程，尽管在不同城市、不同区域这一共同体的内聚力、关联度有很大的差异。但这并未影响新型社会治理体系的构建和新型生活方式的塑造。从"单位人"向"社会人"的转型，也就顺理成章地成为所有城市构建新型社会治理体系的理论基点和现实关照。社区建设中的服务供给、"15分钟生活圈"的营造以及社区内部各种关系资源、互助资源、公益资源的开发，均服从了生活共同体的逻辑要求。中国城市社区公共产品的供给程度在社会转型中没有陷入短缺、贫乏的状态，正是与中国城市制定了从"单位人"向"社会人"转型相匹配的公共政策密切相关。因为"城市让生活更美好"首先是以"城市让社区生活更便捷""城市让社区资源更富足"为首要前提的。与"单位人"向"社会人"这一转型相适应的公共政策，是解释中国城市在剧烈社会转型中依然保持稳定、安康、繁荣与和谐的最为重要的变量。

诚然，生活共同体仅仅是对社区公共产品配置状态、人际交往状态的直观写照。生活共同体只是揭示了社区中的交往密度、情感密度与关系密度，还没有触及支撑社区公共生活的治理机制。社区并不是单纯的生活空间，也是包含着利益冲突、群体冲突以及权利冲突的微政治空间，更是国家治理体系的基本单元。在西方很多国家，社区实际上就是与选区合二为一的。对社区内部各种关系资源、情感资源的开发，实际上就是在培育政治资本，否则无法冻结人们的政治冷漠，更无从激发人们的政治参与。中国的国家治理也是把社区作为"基石"来看待的。而且中国的政治制度和政治传统决定了自上而下的所有决策最终必然要落实到最为基层的社区领域。

从以上两个角度来看，仅仅作为生活共同体的社区是无法承担起化解内部冲突、支撑执政体系基石的双重使命的。因此，在生活共同体的基础上，探索构建治理共同体的路径，就成为单位制松懈之后几乎所有中国城市创新社会治理体系的重要使命。治理共同体是在两个层面展开的，一是内部治理机制的重塑。"社区政治"作为崭新的政治领域，是与利益冲突、权利冲突联系在一起的。从冲突和矛盾的角度来看，如果说生活共同体关注的是邻里冲突，那么治理共同体关注的是涉及较多部门、关系到更大群体、地域空间较大范围内的利益冲突、权利冲突等。大家所熟知的居委会、业委会和物业公司三驾马车的关系，就是涉及治理结构的重塑这一重要问题。从这个角度来说,没有治理主体的参与、没有治理议题的产生、没有治理议题的协商、没有治理过程的展开、没有治理效能的提升,生活共同体也无法存续下去,社区就失去了可持续发展的长效动力。二是社区在国家治理体系中的定位。中国不是在多党竞争这一制度结构下对社区的政治分割与政治圈地。中国奉行的是政党主导下的社区治理结构的重塑。在基层社会治理领域,只有党组织拥有穿透组织边界、超越群体利益,在更大范围内整合资源的政治优势和组织优势。所以,依靠区域化党建为载体的基层社会治理就成为社区治理共同体的政治生命线。正是依靠政党的领导地位,中国社区治理共同体就架起了与整个国家治理体系相贯通的桥梁和纽带。

一般来说,以生活共同体和治理共同体为支撑的社区,就已经达到服务和治理的极限了。但是,应对新冠肺炎疫情的过程,为社区注入了新的理解,拓展了社区的责任内涵与任务内涵。这就是作为"命运共同体"的社区形态的出现。命运共同体不同于生活共同体中的互助互帮与互惠,也不同于治理共同体中权利导向的公众参与,而是在消解和模糊权利界限、利益界限基础上的"集体生命"的再生。这是超越利益关联、权利关联、人格关联之上的"血肉关联"与"生命关联"。

我们知道,无论是在传统的乡土社会,还是现代的城市社会,都包含着"各扫门前雪""老死不相往来"的弊端。尤其是在商品房制度推行之后,传统的熟人共同体遭到毁灭性的打击,私人产权住房缔造的权利边界,成为阻滞交往的铜墙铁壁,成为难以跨域的万里长城。社区内部的关系资源、信任资源、网络资源和交往资源,处于不断丢失和被蚕食的状态之中。但是,一场突如其来的"普害性"灾难,让人们不得不进入"权利让渡"的轨道上来,跨越权利边界,共同维护社区健康、集体利益与公共安全的曙光开始普照社区。一种新型的社区观念开始形成,这就是把社区视为"命运共同体"。在新冠肺炎疫情期间,拒人千里之外的家门打开了,事不关己、高高挂起的行为消失了,隐藏在社区中的群租人口浮现出来了,维护社区安全和健康的公益行为涌现出来了。尤其是以前难以达成共识、难以实质推行的各种制度、规则和公约,在"命运共同体"这一理念的驱使下,实现了效用最大化的践行和推广。

政治逻辑

四、业民社会

经过改革开放的四十多年，中国的社会建设非但没有掉入"公民社会"的陷阱，反而塑造出了一种有别于西方"公民社会"的另外一种形态，我们将它称为"业民社会"。那么，如何理解中国的"业民社会"？我们觉得应该在中国的有机政治、人口政治、家国政治和生活政治的视野中来理解。与这四重政治形态相适应，中国人对生命赋予了独特的内涵。即生命的真谛不是关注外在的抽象命题，如自由、人格、权利、界限等排他性、区隔性的命题（尽管有很多人表达出对这些命题的迷恋，但其生活依然是按照中国文化的法则展开的），而是关注人的生命价值在人生历程中的展开，在社会空间、政治空间以及其他交往空间中的延伸。即如何通过自身的努力构建个体行动与家庭、社会、国家的关联。换言之，抽象政治学将人替换为概念或意识形态的奴隶，生命政治学将人视为有血有肉、在社会关联中确定自身定位的活生生的人。这就是我们理解业民社会的基础。中国人崇尚的家国情怀，就是业民社会赖以确立的价值根基。以往的政治学研究过于看重从人身上抽离出的如权利、自由、言论、民主等概念，以及由此建构的所谓民主化理论或者公民社会理论。结果，忽视人、家庭、社会、国家与世界的关系，尤其是忽视人从幼儿到老年这一生命过程的不同人生目标与追求，从而将我们这个社会压缩为一个脱离情感、脱离家庭、脱离共同体的公民社会、权利社会、职业社会。这是马克思所说的资本主义政治解放的成就，也是它自身难以克服的桎梏和危机。

那么如何解释"业"？我们可以在梁漱溟先生所说的"士农工商、职业分途"中得到一定的启示。[45]这一表述不仅包括不同于西方"公民社会"的影子，还蕴涵不同于神权政治中的"上帝子民社会"的映像。中国人理解的"业"不是涂尔干所说的基于社会分工而形成的现代意义的"职业"，也不是上帝赋予的"圣业"，而是事业。以职业主义为基础的社会很有可能走向自身难以克服的失范[46]，以圣业为基础的社会必然走向集体癫狂。那么，什么叫事业呢？《易经·系辞》曰："举而措之天下之民，谓之事业。"可以说，中国人理解的"业"不单纯是获取收益的实用之业，而是与家庭、国家相关联的生命之业，包含着个体、家庭、社会多重维度的生活行动和事业行动。儒家学说崇尚的"修身齐家治国平天下"就是"业"价值的扩展线路和扩展范围。它可以是小业，也可以是大业。小业成于家，中业成于群，大业成于国。"业"也不是韦伯所吹嘘的"天职"（Calling）[47]，而是颇有主观能动性的因人而起的产物。"业"可以在佛教中找到其根由。达摩祖师在《悟性论》曰："人能造业，业不能造人；人若造业，业与人俱生；人若不造业，业与人俱灭。是知业由人造，人由业生。人若不造业，即业无由生人也。"其意是说，无论是善业还是恶业，造业靠于人之所为。"业"的精髓不是让人服膺于外在的权利，也不是皈依于外在的上帝，而是内在于人的生活和责任之中。

中国人置家业、干事业、创产业、购房业、求学业。中国的"业民"在不同的轨道上塑造着区别于西方"公民"的生活方式。如果说"公民社会"在"天赋人权"的轨道上日益演化为一种政治竞技的话，那么"业民社会"则是在"天道酬勤"的轨道上不断释放着每一个人的生命能量和丰富社会资源总量的积极行动。中国政治学者徐勇认为中国是"祖赋人权"，与西方"天赋人权"相对应。[48] 我们认为与西方"天赋人权"相对应的不是"祖赋人权"，而是"天道酬勤"。"天道酬勤"的"勤"与"天赋人权"的"权"如何不同？韩愈在《进学解》中提出"业精于勤荒于嬉；行成于思毁于随"。说明业系于勤。"勤"可以说是一个人为己"业"竭尽所能的努力。天赋人权的"权"是与生俱来的自然权（natural right），与人的后天的选择和努力毫无关系。"天赋人权"的"天"也有别于"天道酬勤"的"天"，虽然两者皆是意指超越性的存在，但却具有不同的含义。"天赋人权"的"天"是"赋"于人的，主持世界的绝对力量。这样的天可称之为"神"。"天道酬勤"的"天"是"酬"于人的，主宰世界的宏观伦理。这样的天可称之为"道"。

"天赋人权"是西方社会赖以立足的先验信条。这一信条既是与基督教决裂的产物，也是与基督教嫁接的结果。通过外在的理念世界和抽象法则来理解人间世界，是西方文明永恒的传统。这也是西方人以此来改造非西方世界的利器与资源。但是，"未知生焉知死"却是中国文明赖以立足的生命基础。中国人不是借助外部世界来理解生命，而是在生活之中理解生命。这直接导致了中国不是在"天赋人权"的轨道上而是在"天道酬勤"的轨道上演绎着生命的精彩，勾画生命的灿烂与价值。在中国文化中，"无业游民"（Lumpen）不仅在家庭生活中没有位置，也为社会

政治逻辑

所不屑。由此，中国人历来不想做无业游民，更不想凭借权利获取公共资源的恩惠。中国社会和中国文化对无业游民有天然的排斥。依靠抽象的天赋权利获取公共资源的恩惠不符合中国人的生命哲学。西方人将"天赋人权"嫁接到个体生活中，甚至将中国文化所排斥的无业游民视为"有资格的穷人"。[49]"资格"不过是对领取福利在修辞上的辩护和美化而已。

值得强调的是，当代中国塑造出来的"业民社会"摒弃了传统中国的"士农工商"的等级性。其实，与传统日本的"役"比较而言，可以洞悉中国的"业"本身所具有的开放性。在古代日本，"村"（むら）是"家"（いえ）的集体。什么是"家"？家是具备特定知识及技术的专业人员形成的私人群体。在古代日本，社会上的高层才能拥有特定的家务而代代世袭。日本的根深蒂固的家业文化起源于此。例如，万世一继的天皇家历来担任的是与上天沟通、祭祀的"家"。天皇家拥有的三种神器——八咫镜、八尺琼曲玉、草薙剑——就是执行家务的工具。从德川时代开始，普通老百姓也构成各有各的"家"。以"家"为单位分成"职"（しき），基于"职"形成了在"士农工商"下添加贱民的身份等级结构，每个"职"被国家赋予一定的"役"（やく）。可以说，"役"是以家为单位形成的各个"职"应该负责的社会义务（social duty）。在这样的背景下，难以谈起社会的流动性及开放性，各个社会阶层自然带有保守性及封闭性。各自尽忠职守、各负其责即是最大的美德，失职而给他人添麻烦便是最大的耻辱。[50]1868 年随着明治维新推行，日本政府决定废掉封建身份制度。令人意外的是，对此抵抗最强烈的竟然是平民阶层。他们怕没了自己的"役"就失去自己的名誉而被等同于更下层的贱民。在日本，到目前为止仍然流行世袭政治，而且，极低的投票率证明，相当多的民众根本没将政治视为自己的事情。实际上，不仅对政治如此，日本人从来最忌讳"好管闲事"，习惯"各得其所、各安其分"。可以说，这种习惯来自以"役"为代表的日本人的内化规则。当代日本的个人主义、隐蔽青年问题可能就是这种传统的产物。在"役"观念的拘束下，难以提高与他人、社会、政治的关联度。与此相反，中国的"业"包含着人生价值的实现、生命意义的彰显、社会关联的巩固和情感纽带的缔结。并且，当代中国在社会主义的轨道上赋予了业民的平等性。这在中国 50 年代的社会主义改造中已经初现端倪。妇女的解放、追求平等的工资制度等,都在塑造一种释放着平等精神的业民社会。在四十多年的改革开放历程中,业民社会沿着丰富多彩的演进路径,演绎着波澜壮阔的生命能量。每个人可以成为家业的奋斗者、事业的改革者、产业的创造者、房业的购买者、学业的追求者。这是中国业民社会最大魅力之所在。因为它使每一个人找到了发扬生命价值的渠道和空间。

第三节　国家与社会的共生机制

联动主义是解读中国社会治理的基本范式,也是理解国家与社会共生机制的重要视角。国家与社会的共生不同于西方国家对私人与公共的刚性划分,也不是强调政府的无限责任,而是讲究国家与社会关系的良性互动。实现国家与社会良性互动的关键是政党领导下的各方力量的联动。

一、联动主义与良性互动

新时代创造美好生活,实现国家与社会共生的空间在哪里呢? 随着单位体制的松懈和社区体系的成长,中国把创造美好生活的空间落实到社区之中。棚户区改造、老旧小区改造、15 分钟生活圈的构建等众多议题,都进入了中国最高决策层的会议议程之中。这在古今中外是绝无仅有的。把社区作为新时代创造美好生活最为重要的空间,不仅包含着中国共产党对社会结构转型的战略思考,也包含着深刻的理论内涵。它代表着构建国家与社会关系的新范式。从社会治理的基本原理这一角度来看,中国社会的基本细胞不是个人而是家庭和社区。社区这个细胞也就成为创造美好公共生活的最为重要的平台与空间。因为中国社会中的治理细胞与西方社会中的"治理细胞"是有着迥然不同的属性和定位的。与西方社会并行分立的、相互并不隶属的成千上万个自治单元不同的是,作为社会有机体之细胞的社区,是支撑整个国家治理体系和社会治理体系的基石。借用马克思的概念来说,互不隶属、并行林立的细胞构成的像是一个不坚实的"社会结晶体",支撑整个治理体系的细胞构成的是一个经常处于变化的"社会有机体"。如果说西方社会试图通过宗教和各种公益组织的力量去填补分立单元之间的空隙,那么中国则是依靠纵向的良性互动和横向的联结,不断推动国家治理和社会治理的整合效应和联动效应。

从一定意义上来说,中国既不是个人主义的,也不是集体主义的,而是联动主义或关联主义的。联动主义讲究的是个人与家庭、社区、单位、城市和国家的情感纽带、文化纽带与利益纽带。明末清初的大儒顾炎武先生曾经有著名的"亡国"与"亡天下"之辩。他说:"有亡国,有亡天下,亡国与亡天下奚辩?曰:易姓改号谓之亡国。仁义充塞,而至于率兽食人,人将相食,谓之亡天下。是故知保天下,然后知保其国。保国者,肉食者谋之;保天下者,匹夫之贱与有责焉耳矣。"[51] 所谓"天下兴亡、匹夫有责"就是揭示了普通人与天下国家的关联。古代统治者不管是与豪族共天下,还是与士人共天下,只能强化"保国"传统的延续。只有治理者与人民共天下的时候,才能催生出顾炎武所说的"保天下"。人民当家作主就是构建了每个人与国家的关联。所以,中国的基层治理不是在个人主义、权利主义的轨道上画出一道泾渭分明的界线,以此确立互不侵犯的分立领地,而是在各种关联纽带的构建中最大限度地开发各种关系资源。以个人主义为原点的治理和以联动主义为原点的治理,乃是中西基层治理的最大分野。

我们认为,联动主义是我们解读中国社会治理的基本理论范式。在经典的社会理论中,有两大范式是占据主导地位的。一是冲突论。这一范式把社会进步的动力归因于不同要素之间的斗争和冲突。二是功能论。这一范式把社会秩序理解为各个要素之间的功能互补。这一互补是外在于人的一种结构。它是任何个体所无法超越的一种"社会事实"(social fact)。无论是冲突论还是功能论,对于理解中国改革开放时期的社会治理,都是有其难以克服的缺陷的。中国社会治理塑造出了一种新的理论范式,那就是关联主义或联动主义的范式。这一范式既与中国绵延已久的整体主义哲学传统相吻合,又与现实的政治制度安排相契合。所谓联动主义范式,就是指整个社会难以被划分为泾渭分明的私人领域与公共领域、社会领域与国家领域、生产领域与生活领域。不同领域运行逻辑的不同不能遮蔽它们之间的内在关联。

联动主义的治理范式是与中国既定的制度安排联结在一起的。作为人民利益代表者的中国共产党,是城市基层治理的灵魂。以人民民主制度为根基的治理体系,追求的是一种普惠所有人的整体利益。超越私有制的土地制度、经济制度、集体财产制度等,则为家国一体、政社联动、家社联动、政企联动、三社联动提供了最为坚实的资源保障和经济保障。中国基层治理不会在市场化和权利化的轨道上迈向它的反面。市场逻辑和权利逻辑乃是内嵌于党建引领、政社互动、政企互动的逻辑之中的。这是家国一体这组文化基因在治理体系中的集中体现。

任何治理方式都受制于土地制度、产权制度、规划制度的约束。与之相适应,中国城市基层社会治理方式不可能建立在私人与公共二元刚性区分的基础之上,同时,也不可能确立在政府无限责任的基础之上。这就促使中国城市基层社会治理必然要走第三条道路,这就是良性互动和良性循环的模式。良性互动主要是针对国家与社会关系而言的。良性互动的实现取决于以下两条原则:一是要有多方的互动和协调,二是互动的过程应该是良性的、建设性的,互动机制和互动成果应具有累积性。所以,我们认为良性互动揭示了中国特色的治理原则。恶性对抗与良性切割都不适合中国的国情。凡是缺乏良性互动的基层社会治理,必然会产生如下两种结果:要么把政府拖入看不到尽头的公共产品的单向供给轨道之中,要么把社区推向持续衰败、自救能力日趋衰竭的漩涡之中。所谓良性循环就是指社区范围内的各要素组合在一起形成一个具有较强再生能力的生态系统和能量循环系统。由此可见,唯有依靠政府治理、居民自治、社会协同三者之间的良性互动与良性循环,中国基层社会的善治局面才能被开辟出来,基层社会秩序的生产与再生产机制才能被巩固下去,社区可持续发展的格局才能不断延续下去。

协调多方主体,实现社会良性互动的关键是政党领导下的各方力量的联动。联动的基本要素有两个:一是关联或联系机制的塑造,二是行动者的涌现。只有关联或联系,而没有行动,共建共治共享的社会治理格局也是无从建立起来的,从这个意义上来说,迈向社会善治就是一个重塑积极行动者的过程。那么,支撑中国社会治理和社区治理的积极行动者在哪里呢?

政党是维系中国社会治理和社区治理的最为重要的行动者。西方摆脱中世纪的桎梏在于一个非人格化的国家力量的崛起。现代国家被注入了诸如主权、自由、个人主义、法治、科层制等这些概念之后，便拥有了一种超越人格之上的抽象力量。作为能量聚集器的现代国家的诞生是西方世界崛起的最为重要的秘密。对于中国来说，我们并没有沿着这样的轨道复制西方的线路。中国现代国家的崛起乃是沿着组织化的轨道对既定空间的各种资源进行了重新的梳理与整合。这一组织化的轨道包含着理性与情感、价值与制度、人格与规范等多重要素。从这个角度来说，当西方国家理论面对中国这个特殊的组织化的政治体系时，有种力不从心的感觉。将看似相互矛盾的要素与逻辑融为一体塑造出来的组织化政治体系，贯通到中国社会机体内部，将上下、左右连为一体。这既是一种组织资本，又是一种组织能量。从一定意义上来说，中国社会治理的成败就取决于政党这一组织能量的发挥程度。所以，联动式治理的灵魂在于政党。政党所具有的政治优势、价值优势、组织优势、制度优势和能力优势是联动式治理得以展开和推行的终极前提。

二、政党引领

当代中国的国家与西方国家相比，有什么特殊性？最大的特殊性就在于中国的执政党不是外在于国家的，中国共产党构成了国家的内核和灵魂，二者不是一种机械的互动关系，而是一种有机的互动关系。

中国共产党不是一般意义上的执政党，它同时也是中国社会的领导党，是社会主义事业的领导核心。中国共产党是一个使命型政党，与一般的选举型政党相比，中国共产党有更强的政治定力。

西方学者把社会主义国家的政党体制称为政党国家（party-state）。萨托利认为政党国家背后是一种整体论（把政党理解为整体）的政党观，不同于部分论（把政党理解为部分）的政党多元主义体制。在他看来，后者才是政党与国家关系的正途，前者实际上是现代国家的变异形态。在政党国家体制下，缺乏竞争性的多党，党内的派系分化和党外新政党的建立都是被严格禁止的，除党之外的社会政治组织缺乏自主性。在这个体系中，政党与国家融为一体，国家的公共管理是党务的副产品或具体化。多元体系中的政党是表达的工具，而一元体系中的政党是选拔统治精英的工具。不难发现，依据萨托利的理论，政党国家是一种较为负面的体制。

萨托利只看到了一元与多元的差别，却没有看到更为本质的差异，以中国共产党为代表的社会主义政党是使命型政党。萨托利的理论过度重视选举，只关注选举带来的合法性与授权，却忽略了比选举更为根本的治理，选举不是政治的目的，选举是为了实现有效的、优良的治理。

中国共产党具有执政党和世界观式政党的双重属性，作为执政党必须充分尊重民意、反映民意；作为世界观式的政党，中国共产党不是被动地反映民意，而是有意识地塑造人们的价值观，关注民心与人民的精神信仰。中国治国理政的本根，就是中国共产党领导和社会主义制度。中华人民共和国成立以来，中国共产党始终引领中国社会的发展，带领中国人民探索社会主义道路。在政党、国家与社会的关系中，政党处于核心地位和引领地位；通过党管干部的体制，对精英进行吸纳与管理；通过群众路线和政治参与的渠道，使政党更好地代表人民的意志；通过人民代表大会制度，将人民的意志和政党的意志转变为国家的意志。

中国共产党在组织层面上实际上有三个层次：

一是政党在社会中（party-in-society）。中国共产党深深嵌入中国社会，例如"支部建在连上""支部建在小区"，还有"两新组织"党建和针对都市白领阶层的楼宇党建。从党建的视角来看，楼宇是"竖起来的社区"，是"两新"组织、创新创业人才和资金资源的集聚地，是经济增长和转型发展的主阵地。

二是政党在国家中（party-in-state）。中国共产党不是外在于国家，而是内置于国家政权体系之中，通过党委、党组、党工委实现对国家的有效领导。晚清以来，地方实力派逐渐坐大，与中央离心离德，以至于规模甚小的武昌起义，就让地方督抚纷纷宣布独立。民国时期，北洋政府的四分五裂局面自不待言，即便是形式上统一中国的国民党，有效的统治区域也非常有限，对地方军阀的控制类似于古代王朝的羁縻制度，往往政令不畅，阳奉阴违。国民党的党权、政权与军权之间一直存在着紧张关系，是枪指挥党而不是党指挥枪。中国共产党建立新中国之后，重新建立了中央集权的国家，但这个中央集权体制又不同于传统帝制或西方意义上的中央集权，最大的差异就是党组织嵌入并领导了政权体系：上级党委领导下级党委，上级政府领导下级政府，同级党委领导同级政府。在这样的体制下，中国共产党不仅

政治逻辑

是执政党,也是领导党,其组织不是外在于国家、市场和社会的"外部力量",而是渗透在国家、市场与社会之中的。

三是政党在国家与社会之间(party between state and society)。中国的执政党介于国家与社会之间,是国家与社会互动的一个重要桥梁——利益整合、社会动员、引领国家。一方面,政党会通过自己发达的基层组织广泛搜集社情民意,为党和国家的决策提供参考,并对社会进行广泛的动员,完成国家的各种任务和目标;另一方面,政党也会对国家机器进行领导和引导,使国家具有更强的人民性,真正做到"权为民所用、情为民所系、利为民所谋"。

那么,在国家与社会的共生关系中,政党是如何实现引领的新使命呢?习近平总书记曾指出:"党的工作最坚实的力量支撑在基层,经济社会发展和民生最突出的矛盾和问题也在基层,必须把抓基层打基础作为长远之计和固本之策,丝毫不能放松。要重点加强基层党组织建设,全面提高基层党组织凝聚力和战斗力。"[52]那么,在基层治理体系中,党建引领如何推动国家治理体系和治理能力现代化呢?

第一,议题引领。我们发现,在城市基层领域和社区治理中,是存在着各种各样的议题的。但是,哪种议题是具有公共性的呢?如何区别私人议题、群体议题和公共议题呢?哪种议题能够进入协商共治的轨道呢?所有这些问题的解决得益于党组织的议题引领能力。只有党组织作为超越者、公正者、整合者、联结者存在于基层治理和社区治理过程之中的时候,才能真正将公共性的议题摆在各种群体面前,并为议题驱动型的民政协商奠定一个理性的起点。

第二,平台引领。街道层面构建的社区代表大会、区域化大党建和党建或党群服务中心,是实现党建引领基层治理的三大平台。目前,社区代表大会的治理能量还没有完全发挥出来,党建或党群服务中心的功能如何释放也需要继续探索。区域化大党建(其运作形式是党建联席会议)乃是政党通过平台引领社区各种力量的最为重要的平台。平台引领的功能是依靠社区党组织的政治优势实现了最大限度的资源整合。这对于社区治理的优化和完善具有极为重要的意义。

第三,主体引领。在城市社区中,党建引领基层治理的主体力量就是"两代表一委员"以及所有在职和退休的党员。在未来的发展中,只要以上几种角色的治理能量能够在社区中得以充分发挥，中国的社区治理就拥有了坚实的基础和正确的方向。

第四，机制引领。党建引领基层治理的重要渠道就是机制引领。其中，如何发挥社区党组织在社区协商民主中的主导作用是至关重要的。中国能否探索出具有中国特色的社区协商民主，是决定中国社会建设和社区治理能否成功的重要因素。越来越多的迹象表明，协商民主不仅是中国共产党的生命线，也是中国国家治理的生命线，更是中国社会治理和社区治理的生命线。

第五，行动引领。客观而论，在党建引领方面我们应当改变"重平台、轻行动""强整合、弱引领"的局面，使党建引领的基层自治转移到行动引领的轨道上来，实现从"平台引领"向"行动引领"的转变。中国基层治理的政治逻辑是党建引领。党建引领不仅仅是简单的空间覆盖，更是行动空间的开辟。"党建"不是简单的"建党"。也就是说，党建不是简单的组织空间的覆盖。基层党建应该着眼于行动空间的开辟、党员行动者的唤醒和积极行动效应的扩展。从这个角度来说，党建引领在中国城市基层治理的能量还有很多的拓展空间。组织能量的释放远远没有达到其极限状态。党建引领必须实现从覆盖空间向行动空间的拓展，必须实现从平台建设向塑造积极行动者的转变。从这个角度来说，中国城市基层治理的优化取决于党建引领这一政治逻辑的实现程度和实践力度。

三、多元协同

在一些西方学者看来，中国政治似乎只有"一"而没有"多"。这显然是一种误读或曲解。改革开放四十多年带来的一个最重要的社会变迁就是社会多元化，包括社会组织的发展，价值与利益的多元化。这一多元化的过程与全球化和分权改革密切相关。全球化使得中国的各类社会组织如雨后春笋般地发展起来，分权化改革则使得政府不再大包大揽，全能政府向有限政府、有效政府转变。社会问题的复杂性，社会需求的多样性也需要社会的自我组织与自我管理，社会治理与社会创新被提上议事日程。

厘清国家、市场和社会的关系是推进国家治理体系与治理能力现代化必须解决的基本问题。我们认为,有必要从实体和逻辑两个层面区分国家、市场与社会的多元协同关系。国家、市场、社会不仅仅是三种组织形态,也分别代表了三种行动逻辑和规则。

第一,国家、市场与社会在实体层面上具有复数性。首先,作为行动者的国家在实际的运作中是多重的,这表现在中央与地方、上下级政府的分化、条块(部门与政府)的分化及政府内部的派系分化。其次,市场内部呈现出异质性的特点,这不仅体现为地区差距所导致的市场分化(沿海发达地区与内地欠发达地区市场化程度的差异),地方保护主义所导致的市场分割,也体现在垄断主导的市场与自由市场。最后,社会的复数性体现在阶级和阶层的分化,以及由信仰、民族、宗族、职业、地域等因素带来的群体分化。

第二,国家、市场与社会的同一性主要体现在行动逻辑上的一致性。也就是说,在国家、市场与社会这三个领域中,各有一个相对自主的逻辑或规则发挥着支配作用。国家、市场与社会内部虽然存在种种异质性,但这个逻辑在内部是通行的。国家的或政治的主导逻辑是基于权力的支配,市场遵循以货币为中介的利益最大化逻辑,社会则趋向于维系共同体的整合(能动的社会),并使其免于国家和市场的侵害(自我保护的社会)。

第三,国家、市场与社会的相互渗透主要体现在行动逻辑上的相互渗透。首先,国家逻辑的外溢体现在两个方面:一是国家的或政治的逻辑渗入市场,出现了国有企业的某些非理性经济行为、"红帽子"企业、国有企业的行政级别和地方保护主义;另一方面,国家的或政治的逻辑渗入社会,涌现出官办民间组织、民间组织挂靠官方机构的现象。其次,市场逻辑在国家和社会层面也分别实现了外溢。市场的逻辑渗入国家后,出现了地方国家统合主义、企业家政府和政府寻租行为等。市场的逻辑渗入社会则呈现出社会企业和社会关系工具化的特点。最后,当社会的逻辑渗入国家之时,出现了国家的阶级性、收入再分配和政府购买服务的行为,而渗入市场时出现了经济活动嵌入社会关系网络(关系合同)、企业社会责任、企业办社会和慈善事业等现象。

需要说明的是,逻辑的相互渗透可以产生良性的后果,也可能产生恶性的后果。譬如市场逻辑渗入国家,可能会形成注重内部效率、降低社会成本的企业家政府,也可能会形成过度卷入经营活动以至于"地方政府即厂商"的地方国家统合主义。社会逻辑渗入市场,可能促使企业更加注重社会责任,也可能使企业背负"单位办社会"的沉重负担。

第四,国家、市场与社会的互动可以发生在实体与实体之间、逻辑与逻辑之间、实体与逻辑之间,也可能以逻辑为中介。譬如政府购买民间组织的服务,就发生在国家与社会这两个实体之间,同时以市场逻辑(市场机制)为中介。

表 9.1　国家、市场与社会共生的逻辑与实体

	实　体		逻　辑
	复数性	同一性	相互渗透
国家	1. 中央与地方、上下级政府的分化 2. 条块(部门与政府)的分化 3. 派系的分化	基于权力的支配	1. 渗入市场:国有企业的某些非理性经济行为、"红帽子"企业、国有企业的行政级别、地方保护主义 2. 渗入社会:官办民间组织、民间组织挂靠官方机构
市场	1. 地区差距所导致的市场分化(发达地区与欠发达地区市场化程度的差异) 2. 地方保护主义所导致的市场分割 3. 垄断或计划主导的市场与自由市场	以货币为中介的利益最大化	1. 渗入国家:地方国家统合主义、企业家政府、政府寻租行为 2. 渗入社会:社会企业和社会关系工具化
社会	1. 阶级/阶层的分化 2. 由信仰、民族、宗族、职业、地域等因素带来的群体分化	维系共同体的整合,并使其免于国家和市场的侵害	1. 渗入国家:国家的阶级性、收入再分配、政府购买服务 2. 渗入市场:慈善事业、基于身份差异的劳动力价格、经济活动嵌入社会关系网络(关系合同)、企业社会责任

那么,如何在国家、市场与社会的同一性、复数性和相互渗透的逻辑中理解中国城市基层治理的发展呢?在单位时代,生活空间要么是单位体制的附属品,要么是作为剩余政治空间附着在基层治理体制之中。作为服务单元、治理单元的社区并没有凸显出来。社区作为剩余政治空间的结束是伴随着单位制的松懈、流动社

政治逻辑

会的形成以及房权社会的出现得以展开的。当把传统体制无法覆盖的社区空间纳入治理体系的重构轨道上来的时候，一种新型的基层政治形态也就随之出现了。这就是无缝政治（seamless politics）。后单位时代的基层社会治理，遵循的是无缝政治的原理。所谓无缝政治就是不允许有例外性的政治空间存在。与资本主义国家划分政治与非政治、国家与社会、公共与私人这样的互不相容的领域不同，中国把政治贯通到它所能达到的极限疆界。我们把这种形态称为"无缝政治"。

古代中国的无缝政治受制于国家能力难以完全实现，计划经济时代借助单位体制实现了个体生活与国家权力的全方位对接，那么，在社区中国时代，就是依靠社区生活的组织化重新编织涵盖所有空间和所有主体的政治网络。这就是无缝政治的真谛和奥妙。当无缝政治的理念主导着后单位时代社会治理体系重构的时候，社区作为剩余政治空间的时代也就结束了。

在"后单位制"时代，中国城市基层治理主体经历了一个逐步扩展的过程。从总体上来看，主要经历了"政府一元主导"到"政府与居民二元互动"再到"多元协同"三个发展阶段。在政府一元主导形态中，主要侧重于控制体系的建立，社区尽管在法律意义上是基层治理单元，事实上乃是作为上级政府的下级部门和政府在社区中的"一只脚"而存在的。如果落实到社区这一层级，我们就会发现，一元主导形态往往是与控制联系在一起的。在这一控制格局中，社区作为上级政府在基层社会的代表，是以完成上级政府分配的任务作为目的的。社区管理成员往往是承担着无数职能的劳动者和代理者。俗话说，上面千条线，下面一根针，说的就是这个道理。社区就是整个城市治理结构中的一个漏斗，所有问题都要通过这个漏斗沉淀到社区之中，这就是社区所具有的漏斗效应（funneling effect）。条条体制几乎把所有的事情都下沉到居委会，社区成为正式管理体制最低层的唯一支点。在政府与居民的二元互动形态中，社区居民参与社区治理的积极性不断提高，居民通过建言献策、投诉监督、参与选举、自主活动、自我管理等形式参与社区治理，社区和居委会则主要扮演信息中转站、政策解释者、活动策划者、平台搭建者、任务转化者等角色。

但在社区内部，社区是一个高度扁平化的治理空间。它对等级性具有天然的排斥性,无论是在各类自治组织中,还是在社区居民参与基层治理的各种机制中,都更强调民主、协商与共识。同时,各类正式或非正式的治理主体彼此之间都没有隶属关系,因此,社区治理更强调多元主体之间的平等互动和协同共治。党的十九届四中全会提出:"必须加强和创新社会治理,完善党委领导、政府负责、民主协商、社会协同、公众参与、法治保障、科技支撑的社会治理体系,建设人人有责、人人尽责、人人享有的社会治理共同体,确保人民安居乐业、社会安定有序,建设更高水平的平安中国。"[53]实际上,无缝政治的本意也是在政党、国家、政府与社区的联动中缔造一种良性互动、多元协同的格局,在底线政治的视野中,培育健康有序的治理单位和治理细胞,可以最大限度地释放中国生活政治的人文魅力。

因此,在当前的城市基层治理中,尽管政府依然发挥主导性作用,但社区治理的主体不再仅仅有政府、社区党组织、居委会等组织,还有其他治理主体,例如企业、非政府组织、私人机构等,它们通过相互的协商与合作,依靠人民内心的接纳和认同联合起来,采取共同行动,实现对社区的良好治理。未来基层治理的基本形态是在党组织领导下的多元协同格局,实现行政资源、社会资源和市场资源的有机整合,达成一种多方协同的治理模式。这便是国家与社会共生在社区中的体现。

注释

1. 对"公民社会"的理解请参见本书第二章第三节。

2. [英]洛克:《政府论(下篇)》,叶启芳、瞿菊农译,商务印书馆 1996 年版,第 10 页。

3. 邓正来、[英]J.C.亚历山大编:《国家与市民社会:一种社会理论的研究路径》,中央编译出版社 1998 年版,第 6—7 页。

4. [法]托克维尔:《论美国的民主(下卷)》,董果良译,商务印书馆 1991 年版,第 640 页。

5. Edward Shils, "The Virtue of Civil Society," *Government and Opposition*, Vol. 26, No. 1, 1991, pp. 3—20;[美]爱德华·希尔斯:《市民社会的美德》,李强译,载邓正来等编:《国家与市民社会:一种社会理论的研究路径》,中央编译出版社 1998 年版,第 33 页。

6. Philippe C. Schmitter, "Still the Century of Corporatism?" In Philippe C. Schmitter and Gerhard Lehmbruch, eds., *Trends toward Corporatist Intermediation*, Beverly Hills: Sage Publications, 1979, pp. 7—52. 转引自张静:《法团主义》,中国社会科学出版社 1998 年版,第 23—34 页。

7. Joel S. Migdal, *State in Society: Studying How States and Societies Transform and Constitute One Another*, NY: Cambridge University Press, 2001.

8. Gordon White, "Prospects for Civil Society in China: A Case Study of Xiaoshan City", *The Australian Journal of Chinese Affairs*, No. 29, 1993, pp. 63—87; Gordon White, Jude Howell and Shang Xiaoyuan, *In Search of Civil Society: Market Reform and Social Change in Contemporary China*, Oxford: Clarendon Press, 1996.

9. Baogang He, *The Democratic Implications of Civil Society in China*, New York, NY: Palgrave Macmillan, 1997.

10. B. Michael Frolic, "State-Led Civil Society", In Timothy Brook and B. Michael Frolic, eds., *Civil Society in China*, 1997, New York, NY, London: M.E. Sharpe.

11. [印]帕萨·查特杰:《被治理者的政治:思索大部分世界的大众政治》,田立年译,陈光兴校,广西师范大学出版社 2007 年版。

12. 参见[印]帕萨·查特杰:《被治理者的政治:思索大部分世界的大众政治》;[印]帕沙·查特吉:《政治社会的世系:后殖民民主研究》,王行坤、王原译,西北大学出版社 2017 年版;杨振:《用自己的方式看待西方价值——帕沙·查特吉教授访谈录》,《文汇报》,2007 年 7 月 1 日第 8 版。

13. 王建生:《西方国家与社会关系理论流变》,《河南大学学报(社会科学版)》2010 年第 6 期,第 69—75 页。

14. 黄宗智:《国家—市场—社会:中西国力现代化路径的不同》,《探索与争鸣》2019 年第 11 期,第 42—56 页。

15. 林尚立:《社区自治中的政党:对党、国家与社会关系的微观考察——以上海社区发展为考察对象》,载上海市社会科学界联合会等:《组织与体制:上海社区发展理论研讨会会议资料汇编》,2002 年版,第 45 页。

16. Michael Mann, *The Sources of Social Power Volume Ⅱ:The Rise of Classes and Nation-States, 1760—1914*, New York: Cambridge University Press, 1993.

17. 邓正来:《研究与反思:中国社会科学自主性的思考》,辽宁大学出版社 1998 年版,第 157 页。

18. 参见[法]米歇尔·福柯著、汪民安编:《什么是批判:福柯文选Ⅱ》,北京大学出版社 2016 年版,"编者前言",第Ⅷ页。

19. 参见费孝通:《中国士绅》,生活·读书·新知三联书店 2009 年版,第 25—37 页。

20. 参见[德]黑格尔:《法哲学原理》,范扬、张企泰译,商务印书馆 1979 年版。

21. 同上书,第 173—174 页。

22. 贺麟、王玖光:《译者导言:关于黑格尔的〈精神现象学〉》,载[德]黑格尔:《精神现象学》(上卷),贺麟、王玖光译,商务印书馆 2017 年版,第 1—49 页。

23. 参见[德]黑格尔:《法哲学原理》,第 20 页。

24. 参见高放、高哲、张书杰等:《马克思恩格斯要论精选》(增订本),中央编译出版社 2017 年版,第 231—232 页。

25. [德]哈贝马斯:《交往与社会进化》,张博树译,重庆出版社 1989 年版;[德]哈贝马斯:《交往行动理论》(第一卷、第二卷),洪佩郁、蔺菁译,重庆出版社 1994 年版。

26. 郑召利:《哈贝马斯和马克思交往范畴的意义域及其相互关联》,《教学与研究》2000 年第 5 期,第 44—49 页。

27. 左才:《政治学研究方法的权衡与发展》,复旦大学出版社 2017 年版,第 25 页。

28. 中共中央文献研究室编:《习近平关于社会主义社会建设论述摘编》,中央文献出版社 2017 年版,第 127 页。

29. 张康之、张乾友:《从共同生活到公共生活》,《探索》2007 年第 4 期,第 70—75、79 页。

30. 郭忠华:《现代性·解放政治·生活政治——吉登斯的思想地形图》,《中山大学学报(社会科学版)》2005 年第 6 期,第 91—95、139 页。

31. 恩格斯:《论住宅问题》,人民出版社 2019 年版,"1887 年第二版序言",第 3 页。

32. [美]罗伯特·帕特南:《独自打保龄:美国社区的衰落与复兴》,刘波等译,北京大学出版社 2011 年版。

33. 参见[美]杰克·奈特:《制度与社会冲突》,周伟林译,上海人民出版社 2009 年版,第 68 页。

34. [英]詹姆斯·弗农:《远方的陌生人:英国是如何成为现代国家的》,张祝馨译,商务印书馆 2017 年版,第 36 页。

35. 同上书,第 89 页。

36. 同上书,第 96 页。

37. [英]艾伦·麦克法兰主讲:《现代世界的诞生》,刘北成评议,管可秾译,上海人民出版社 2013 年版,第 177 页。

38. 同上书,第 160 页。

39. 《荀子》,方勇、李波译注,中华书局 2015 年版,第 142 页。

40. 景天魁:《论群学复兴——从严复"心结"说起》,《社会学研究》2018 年第 5 期。

41. 周雪光:《权威体制与有效治理:当代中国国家治理的制度逻辑》,《开放时代》2011 年第 10 期,第 67—85 页。

42. 周雪光:《中国国家治理及其模式:一个整体性视角》,《学术月刊》2014 年第 10 期,第 5—11 页。

43. 《习近平谈治国理政》,外文出版社 2014 年版,第 6 页。

44. [德]乌尔里希·贝克:《风险社会》,何博闻译,译林出版社 2004 年版,第 6—7 页。

45. 参见梁漱溟:《中国文化要义》,上海人民出版社 2018 年版,第 8 章。

46. 参见[法]埃米尔·涂尔干:《社会分工论》,渠敬东译,生活·读书·新知三联书店 2000 年版。

47. 参见[德]马克斯·韦伯:《路德的"天职"观——研究的任务》,载《新教伦理与资本主义精神》,阎克文译,上海人民出版社 2018 年版。

48. 徐勇:《祖赋人权:源于血缘理性的本体建构原则》,《中国社会科学》2018 年第 1 期。

49. [美]玛格丽特·鲍尔:《特朗普、共和党和威斯特摩兰县》,《世界社会主义研究》2019 年第 4 期。

50. 关于日本的羞耻文化,参见[美]鲁思·本尼迪克特:《菊与刀》,叶宁译,江苏人民出版社 2019 年版,第 5 章。

51. 顾炎武:《日知录集释》,岳麓书社 1994 年版,第 471 页。

52. 中共中央文献研究室编:《习近平关于社会主义社会建设论述摘编》,中央文献出版社 2017 年版,第 131 页。

53. 《中国共产党第十九届中央委员会第四次全体会议公报》,人民出版社 2019 年版,第 13—14 页。

政治逻辑

第十章　意识形态领导权

　　社会主义意识形态与政党相结合,就呈现为"党的主义";社会主义意识形态与国家相结合,就呈现为一种以国家力量形式出现的、从精神力量到物质力量的批判武器;社会主义国家意识形态与社会相结合,就呈现为各族人民团结奋斗和国家发展的共同思想基础。马克思主义在现代中国社会意识结构中的指导地位源自其科学性、完整性、开放性和系统性,完成于其获得个体、占领社会、武装政党、获得国家、指导发展的"立义达义"的理论逻辑;马克思主义与社会主义国家形式相结合所产生的社会主义国家意识形态,是实现中国现代国家建设中历史国家、现代国家和社会主义国家三重属性有机统一的内在要求,社会主义国家意识形态所展现的两个批判向度——基于现代立场展开对传统中国的批判和基于社会主义立场展开对资本主义的批判,是中国共产党领导下的社会主义国家得以确立和巩固的前提,因而是"立党立国"的思想前提;社会主义国家意识形态从国家走向社会,即社会主义国家意识形态与社会实践和社会主体的结合,是实现其凝聚发展共识、促进国家发展的核心政治功能的前提,只有在这个意义上,社会主义国家意识形态才能说是"民族复兴的思想基础"。只有巩固了马克思主义在意识形态领域的指导地位(立义达义),巩固了马克思主义意识形态的国家形式即社会主义国家意识形态(立党立国),并充分发挥社会主义国家意识形态的政治功能(兴党兴国),才能确立并巩固中国共产党和社会主义国家的意识形态领导权。

第一节　意识形态与意识形态领导权

　　习近平同志在 2013 年全国宣传思想工作会议上强调:"经济建设是党的中心

工作,意识形态工作是党的一项极端重要的工作,""我们必须把意识形态工作的领导权、管理权、话语权牢牢掌握在手中,任何时候都不能旁落。"[1]党的十九大报告指出:"要不断增强意识形态领域的主导权和话语权,""建设具有强大凝聚力和引领力的社会主义意识形态,使全体人民在理想信念、价值理念、道德观念上紧紧团结在一起。"[2]意识形态是社会主义国家政治生活中的重要政治现象,意识形态工作是党和国家政治生活中的重要政治议题,意识形态领导权建构的原则和规律是中国社会主义政治学基本原理的重要内容。意识形态领导权需要从其政治功能中去理解,而意识形态的政治功能又从其内容结构中产生,因此要理解意识形态领导权,就必须从理解意识形态的内涵及其内容结构和政治功能开始。

一、意识形态[3]

意识形态(ideology)一词最初是由法国哲学家德斯蒂·德·特拉西于1796年提出的。两个多世纪以来,意识形态作为一个概念,其含义不断随时间、历史情境变化以及运用这一概念的思想家的主观建构而流转,以至于"这个概念在今天是如此含糊,有那么多不同的用法和细微差别的含义",甚至带有一种负面的批评意义。[4]不过,在这里我们主要是从一般意义上来使用意识形态这个概念[5],用以指陈"具有符号意义的信仰和观点的表达形式","它以表现、解释和评价现实世界的方法来形成、动员、指导、组织和证明一定的行为模式或方式,并否定其他一些行为模式或方式"。[6]从内容结构上来说,一定社会的意识形态必然包括三个相互联结和相互支撑的部分:一是意识形态的认知—解释部分;二是意识形态的价值—信仰部分;三是意识形态的实践—行动部分。意识形态中的认知—解释体系是指某种特定的意识形态对于现实世界和现实社会的基本认识、基本判断和基本观点,在内容上可以表现为该意识形态的世界观、方法论以及建筑于此世界观与方法论的观念体系和理论体系。意识形态中的价值—信仰体系用于表明:什么是美好的、崇高的,值得追求和值得鼓励的,相反什么是丑恶的、低下的,不道德、不可取和应当摒弃与戒绝的,在内容上表现为某一社会之共同理想、共同价值观及具有一定普遍意义的道德体系。需要说明的是,意识形态的实践—行动体系之存在并不表明意识形态的内涵与外延应当扩展至社会领域的具体实践活动之中,毋宁说,它指陈的是意识形态动员、指导社会行动与社会实践之能力与可能。换句话说,意识形态的实践—行动体系仍然居于与社会存在相对应的社会意识之层面,但在内容上表现为具有一定群众基础的、被广泛宣传和广为知悉的关于经济、社会、政治、文化即社会存在与社会发展诸领域的规划、战略、路线、方针与政策体系。由此可见,一种意识形态在国家和社会中的存在与作用依赖于意识形态本身的自洽性,而这种自洽性源自作为其有机成分的认知—解释的科学性与真理性、价值—信仰体系的自明性与优越性、实践—行动体系的合理性与有效性。

意识形态的基本功能表现在如下方面:第一,它与某一政治体系或者权力结构形式具有天然的关联,因此意识形态有助于或者谋求、或者修正甚至推翻、或者支持和维系某一特定的权力关系体系。在具有政治目的的某一阶级、阶层或者社会群体取得政权、据有统治地位之前,其意识形态可能旨在修正或者颠覆现有权力关系体系,而谋求建立一种新的权力关系体系。而作为执掌政治权力、承担治理国家与社会责任的统治阶级的意识形态,则旨在支持和维系赋予其统治和执政地位的现存的权力关系体系。第二,通过意识形态整合达到社会有机整合的目的。如果说一个国家或者社会中不同的阶级、阶层和人群具有不同的思想或者文化,那么国家意识形态就必须成功而有效地在某种程度上达到对上述思想与文化的整合,并创造出超越性、包容性的共识系统。从这个意义上来说,意识形态的整合是社会有机团结与有机整合的前提与基础。第三,动员社会行动,指导社会实践。“从社会—科学的观点来看,意识形态是一套有或多或少内在一致性的思想观念,……它提供了有组织政治行动的基础,”“在‘基础’的层次上,意识形态类似政治哲学;在‘操作’层次上,它们表现为一般的政治运动。”[7]因此,通过得到传播与认可的思想与意识动员、指导一定的社会行动及社会实践,就成为意识形态的一项重要功能。

二、意识形态领导权

现实世界的权力关系必然产生意识形态,因此马克思、恩格斯指出:“一个阶级是社会上占统治地位的物质力量,同时也是社会上占统治地位的精神力量。”[8]同样,占统治地位的意识形态建构也必然反映生产和再生产现实的统治关系,亦即现实的政治权力关系。正是从这个意义上说,政治性是意识形态的本质属性,意识形态领导权本质上是一种政治权力。所谓意识形态领导权,就是特定政治主体主导、管理意识形态建构过程的政治权力,就是特定政治主体(比如政党、国家)通过有效的意识形态建构产生占统治地位或优势地位的意识形态的政治权力,也就是特定政治主体通过占统治地位或者优势地位的意识形态获得、保持和展示其话语权的政治权力。[9]因此,意识形态领导权、主导权、管理权、话语权是有机统一的,是由意识形态领导权衍生的意义相近和连贯的概念集群。

意识形态领导权是对特定政治共同体中政治结构与政治权力关系的集中反映,意识形态领导权的建构旨在获得、维持和强化某种政治权力和权力关系。意识形态领导权是有效的意识形态建构的客观后果,也必须在有效的意识形态建构中方可实现。故而,意识形态领导权作为一个理论问题,一方面必须置于意识形态建构的完整逻辑中去理解,另一方面必须紧扣意识形态的权力本质去理解。前者要求从特定意识形态形式在意识形态领域获得优势地位的思想历程出发,澄清特定意识形态获得优势地位的奥秘;后者要求将这种对于特定意识形态获得优势地位的政治逻辑的呈现与特定的政治结构、权力关系及其变化,亦即与具体的国家建设和国家发展有机结合起来。这就要求我们既不把意识形态仅仅看作权力关系的机械对应物,也不把意识形态看作超脱于现实权力关系和政治结构的单纯精神形式。

在中国社会主义国家意识形态建构语境下提出的"意识形态领导权"概念及其内涵,是对当代中国政党、国家与社会关系及其变化的集中反映。党"对意识形态工作的全面领导"权、党和社会主义国家对意识形态工作的全面管理权、基于社会成长与多元分化基础上的社会对意识形态建构的自主参与权,共同塑造了当代中国社会主义国家意识形态领导权的基本原理和基本格局。在中国特色社会主义新时代,习近平同志关于意识形态领导权的思想,是对马克思主义"意识形态统治权"思想的创造性发展,是对从毛泽东同志到胡锦涛同志的历届中国共产党中央领导集体有关"意识形态建设"思想的继承发展,是习近平新时代中国特色社会主义思想的重要组成部分,是指导新时代社会主义国家意识形态建构的行动指南。"马克思主义是我们立党立国的根本指导思想,是全国各族人民团结奋斗的共同理论基础"[10],当代中国社会主义意识形态领导权的建构,就是要巩固和发展社会主义中国立党立国的思想根基,巩固和发展中华民族团结奋斗的共同理论基础,概言之,就是要在立义达义(确立马克思主义指导地位)、立党立国(锻造社会主义国家理论武器)、兴党兴国(构筑民族复兴思想基础)中实现社会主义国家意识形态的有效建构,并促成其对中国政治发展的政治功能之有效实现。

第二节　马克思主义的指导地位

马克思主义是以马克思、恩格斯等马克思主义经典作家的经典著作为文本载体和主要表现形式的,以马克思主义哲学、政治经济学和科学社会主义为主要内容结构的开放的、发展的科学理论体系。1954 年,毛泽东在中华人民共和国第一届全国人民代表大会第一次会议致开幕词时指出:"领导我们事业的核心力量是中国共产党。指导我们思想的理论基础是马克思列宁主义。我们有充分的信心,……将我国建设成为一个伟大的社会主义共和国。"[11]因此,马克思主义首先是但不仅是中国共产党的指导思想,而且是社会主义共和国的指导思想,"巩固马克思主义在意识形态领域的指导地位,巩固全党全国人民团结奋斗的共同思想基础,是意识形态工作的根本任务"[12]。

一、作为意识形态形式的马克思主义

虽然马克思、恩格斯本人主要通过否定意义上的意识形态批判来建立其意识形态理论[13],亦即通过对资本主义或者资产阶级意识形态的伦理价值批判和政治经济学批判来揭示意识形态的"阶级性"与"虚假性",但是马克思主义本身却构成一种肯定意义上的科学、完整、开放、系统的意识形态形式。正是借助于对资本主义社会意识形态的科学批判,借助于对资本主义意识形态"虚假性"和"阶级性"的呈现,马克思主义自身发展成为一种兼而具有批判性、建构性和超越性[14]的新的意识形态形式。

这种新的意识形态形式,首先是科学的。从人类文明进入阶级社会以来,直到包括资本主义社会在内的现代社会中出现过的林林总总的意识形态形式,在马克思主义的科学理论观照之下,莫不呈现出其虚假性的一面,亦即将特殊利益论证为普遍利益的一面,以及阶级性的一面,亦即作为意识形态本质特征的一面。但是,作为对这些意识形态、主要是资本主义意识形态的批判和超越而建构起来的马克思主义,以一般意义上的意识形态概念来看,却鲜明地体现了一种前所未有的科学品格。一方面,马克思主义作为一种科学的理论体系,以一种科学、包容的态度吸纳了人类文明的一切优秀成果,特别是直接批判性地继承了德国古典哲学、英国古典政治经济学和欧洲空想社会主义等代表当时最高理论科学水平的知识成果,这使得马克思主义具有超越一时一地的局部经验和特殊文明的理论品格。另一方面,更为重要的是,马克思主义基于对资产阶级和资本主义社会的批判,明确表达了其立基于无产阶级——人类阶级社会中具有最彻底革命性和先进性的阶级——的政治立场,这使得马克思主义从不讳言也毋庸讳言其阶级立场,从而在根本上破除了意识形态"虚假性"的一面。从意识形态的视域来看,马克思主义的科学性意味着其批判力的科学性,换言之,马克思主义将对以资本主义为表征的现代社会政治经济过程的认知、解释与批判建立在科学分析基础之上;意味着马克思主义有关无产阶级革命理论、行动策略具有合理性与正确性;意味着马克思主义关于人类社会形态演变的动力机制、发展方向具有确定性,其超越资本主义社会、迈向共产主义社会的无产阶级革命使命与人类社会发展理想信仰具有确定不易的合法性和真理性。

马克思主义意识形态具有完整性。这并不意味着马克思主义不需要发展,而是说马克思主义的理论结构和层次结构具有意识形态意义上的相对完整性,以及其建构意识形态的方法论具有稳定性。马克思主义涵盖了从哲学、政治经济学到科学社会主义的完整逻辑结构,因而也涵盖了从认知—解释、价值—信仰到实践—行动的完整意识形态结构。直到今天,在当代中国特色社会主义思想与理论体系的建构中,我们仍然受惠于马克思主义意识形态的完整性:从辩证唯物主义、历史唯物主义的思维方法到对人类社会发展规律、社会主义社会基本规律和共产党执政规律的把握，从对商品、劳动、资本、市场等现代社会现象的分析到对资本主义社会和资本主义国家的认知、解释与评价，从无产阶级革命道路到"社会共和国"的建设与治理，马克思主义奠定了国际共产主义运动和特定国家社会主义革命与建设的所有重要理论基础。[15]

马克思主义科学性、完整性的根本力量来自其思想体系和理论体系的开放性。马克思主义的成立本身就是开放的产物：既对实践开放，也对理论开放。因而马克思主义打通了与人类社会一切知识文明成果之间的隔离，打通了理论与实践之间的隔离。马克思主义对人类科学文明成果的批判吸收和广泛吸纳，对人类历史与实践经验的现实观照与理论升华，是马克思主义本身得以成立的最重要原因。由于打通了这两个隔离，随着人类知识进步与实践发展，马克思主义作为科学理论就不能不继续保持其开放和发展的思想性格和理论品格，这也是马克思主义中国化、时代化、大众化以及中国特色社会主义思想与理论不断发展的重要原因。对于马克思主义来说，开放永无止境，发展亦永无止境。

系统性表明了马克思主义意识形态的存在形态。意识形态最终要获得社会主体的广泛认同或认可才能成立，因此意识形态在社会结构和政治结构中的现实分布才是其真正的实现方式和存在方式。包括马克思主义意识形态在内的任何一种意识形态，存在于个体的思想、观念、情感与信仰之中，存在于阶级、阶层、社会集团与政党的集体意识之中，亦存在于作为一个整体的社会主义国家机器（的制度与实践）之中，进而存在于个体、阶级、政党与国家的相互关系之中。只有个体信仰、阶级意识、政党党义和国家实践相互支撑、相互配合，马克思主义作为一种意识形态才能稳固地存在和发展。从这个意义上讲，马克思主义意识形态既存在于大众生活世界之中，存在于文学作品、诗歌、艺术、哲学之中，亦存在于社会主义国家的宪法、法律[16]与制度实践——亦即国家政治生活之中。

二、中国化马克思主义

马克思主义从其诞生开始就充分展示了其理论的实践品格。坚持理论与实践的结合是马克思主义区别于其所批判的各种意识形态形式，进而超越这些意识形态形式的"虚假性"而成为一种科学的、革命的、彻底的意识形态形式的根本原因。虽然马克思主义因为其宏阔的社会历史视野、辩证唯物主义和历史唯物主义的哲学思维、对以资本主义社会为表征的"现代社会"的科学批判，以及对人类社会命运与未来的深沉关怀而呈现为一种超越于一时一地或者特定国家的普遍适用的真理形式，但是马克思主义的实践品格却决定了这种真理形式必须与具体的、特殊的实践行动相结合，必须与特定国家的社会主义革命与建设相结合才能发挥其理论的威力。对于中国革命、建设和改革来说，这就提出了马克思主义中国化的理论命题，并由此提出了马克思主义时代化、大众化的理论命题。

在马克思主义指导下，在国际共产主义运动历史中，列宁在领导俄国革命过程中实现了马克思主义与俄国革命具体实践的结合，率先在一国范围内完成了社会主义革命，成功建立了世界上第一个社会主义国家。列宁关于帝国主义、关于无产阶级政党建设、关于社会主义意识形态等理论建构，创造性地、多方面地发展了马克思主义。从这个意义上说，所谓马克思主义国家化，乃是指马克思主义基本原理与特定国家的现代国家建设主题、条件、任务、目标，以及包括革命与建设在内的现代国家建设行动与实践的有机结合，因而既是一种思想与理论为了实践目的的应用与创造，也是一种行动与实践具有理论价值的推进与升华，[17]概言之，是一种理论与实践的交融，因而既产生理论成果，也产生实践效应。

马克思主义之传入中国，正值中国从传统国家向现代国家转变、中国现代国家建设屡遭挫败之时，亟需一个科学的理论体系就国家的前途命运和人民的奋斗实践来给予科学的指导。由于马克思主义的科学性、完整性、开放性、系统性的意识形态品格，这个科学的理论体系在继苏维埃俄国之后的又一个国家——中国得到了应用。"十月革命一声炮响，给我们送来了马克思列宁主义。十月革命帮助了全世界的也帮助了中国的先进分子，用无产阶级的宇宙观作为观察国家命运的工具，重新考虑自己的问题，""中国人找到了马克思列宁主义这个放之四海而皆准的普遍真理，中国的面目就起了变化了。"[18]因而，马克思主义中国化就是指马克思主义普遍真理与中国现代国家发展与国家建设主题的有机结合，而中国现代国家建设主题又因为时代的不同而有所变化，这就在马克思主义中国化过程中产生了马克思主义时代化问题。同时,马克思主义中国化、时代化的实质在于马克思主义与社会主体之行动与实践的有机结合,因而衍生出马克思主义大众化问题,这就是马克思主义"三化"的基本逻辑。

正是在马克思主义中国化、时代化、大众化的历史进程中,中国共产党以巨大的理论勇气指导伟大的社会实践,创造性地继承和发展了马克思主义,在不同的时代、不同的国家建设实践中先后创造了毛泽东思想、邓小平理论、"三个代表"重要思想、科学发展观和习近平新时代中国特色社会主义思想。作为马克思主义与中国实践相结合的光辉典范,这些创造性的思想成果继承并拓展了马克思主义意识形态的科学性、完整性、开放性和系统性,因而在新的历史条件下极大地推进了(中国)马克思主义意识形态建设,并通过其与中国现代国家建设主题、领域和实践的结合极大地推进了中国社会主义革命、建设、改革、发展和治理的历史运动与社会进程。

党的十九大通过的《中国共产党章程》明确指出,"毛泽东思想是马克思列宁主义在中国的运用和发展,是被实践证明了的关于中国革命和建设的正确的理论原则和经验总结",在毛泽东思想的指引下,现代中国完成了革命、建国、建制(确立社会主义制度)的国家建设主题。党的十一届三中全会以来,邓小平理论的创立紧紧围绕"什么是社会主义,怎样建设社会主义"的理论和实践问题展开,在邓小平理论的指导下,通过创造性地阐释社会主义本质等重大"理论—实践"问题,中国共产党和中国社会成功实现了工作重心转移,"逐步形成了建设中国特色社会主义的路线、方针、政策",从这个意义上说,"邓小平理论"是"当代中国的马克思主义"。党的十三届四中全会以来,以江泽民同志为主要代表的中国共产党人所创立的"三个代表"重要思想,既是对"什么是社会主义、怎样建设社会主义"的继续探索,也是对"建设什么样的党、怎样建设党"时代问题的科学回答。因此,"三个代表"重要思想既是对中国特色社会主义理论的继承发展,又是对社会主义国家执政党建设的理论回应。换言之,通过回应"建设什么样的党、怎样建设党","三个代表"重要思想将对"什么是社会主义、怎样建设社会主义"的理论创新推向深入。党的十六大以来,以胡锦涛同志为主要代表的中国共产党人所创立的"科学发展观",

一脉相承地继承了马克思主义的科学品格,创造性地继承和发展了"马克思主义关于发展的世界观和方法论"。在"以人为本、全面协调可持续发展的科学发展观"的指引下,现代中国高度重视社会主义建设的"社会之维""生态之维",完善和优化了中国特色社会主义事业总体布局,"成功在新的历史起点上坚持和发展了中国特色社会主义"[19]。

党的十八大以来,以习近平同志为主要代表的中国共产党人,通过科学分析中国特色社会主义建设的时代条件和历史方位的变化,"从理论和实践结合上系统回答了新时代坚持和发展什么样的中国特色社会主义、怎样坚持和发展中国特色社会主义这个重大时代课题"[20],创立了习近平新时代中国特色社会主义思想。在习近平新时代中国特色社会主义思想指引下,现代中国国家建设形成了"五位一体"中国特色社会主义事业总体布局、"四个全面"战略布局,提出了"国家治理体系和治理能力现代化"改革开放总目标,明确提出坚持"四个自信",明确提出"基本实现社会主义现代化"和"建成富强民主文明和谐美丽的社会主义现代化强国"的民族复兴战略目标。从这个意义上讲,习近平新时代中国特色社会主义思想"是马克思主义中国化最新成果","是中国特色社会主义理论体系的重要组成部分,是全党全国人民为实现中华民族伟大复兴而奋斗的行动指南"[21]。

三、马克思主义在意识形态领域的指导地位

当今世界,随着全球化和网络、信息技术的深度发展,各国之间、各民族之间、各文明之间的交互影响日益增长,没有一个国家可以在与世隔绝的真空状态下存在和发展,也没有一个国家和社会的观念、精神、理论、思想可以不受其他国家和社会的影响而孤立存在。对于一国内部来说,各阶层之间、各群体之间、各组织之间、各地域之间的交互影响亦日益频繁,传统社会那种相对静态的社会结构已为日益活跃的社会流动格局所取代,这种社会流动,既包括物质的交换、阶层的流动,也包括观念与精神的交通。概言之,从传统社会向现代社会、从传统国家向现代国家的转变,深刻改变了一个国家的国际环境和国内政治格局,亦持续改变着意识形态的存在方式和作用方式。

中国现代国家建设通过从君主立宪制改良运动、资产阶级民主革命运动、新民主主义革命和社会主义革命的接续发展，实现了中国政治结构、制度与观念从传统到现代的历史转变。随着中国现代政治结构、制度和观念的确立，现代中国选择了马克思主义指导之下的社会主义国家形态，这种崭新的现代国家形态从理论前提和制度空间上将人民从专制集权下解放出来、将中国社会从传统国家中解放出来，人民获得了政治权利、社会获得了成长空间。这种权利和空间，在现代中国的现代化进程特别是现代中国的经济发展中获得物质条件的支撑，并转化为社会主体追求经济、社会和政治权利的社会行动。改革开放四十多年来，个体成长、社会发育以及与此相关的社会多元分化深刻影响着当代中国政治格局，深刻改变着社会、国家与政党之间的互动逻辑，因而深刻改变着当代中国意识形态领导权的建构逻辑。[22]概言之，基于与今日中国社会之多元化相应的社会思潮、社会意识、思想与观念的多元化，马克思主义作为一种意识形态形式，事实上不能不在与其他意识形态形式的多元共存中竞夺其主流地位。尽管马克思主义相对于其他一切意识形态形式具有科学、完整、开放、系统的天然优势，但亦必须通过具体的意识形态建构行动方能达成其在意识形态领域的指导地位。

全面坚持马克思主义指导地位是社会主义意识形态的本质特征，这种"全面坚持"以对马克思主义在意识形态领域指导地位的完整理解为前提。正是在上述意义上，马克思主义在意识形态领域的指导地位，同时也是（为了达成这一指导地位的）马克思主义意识形态的建构行动涵盖如下层次：（1）占领个体。马克思主义的指导地位最终必须体现为社会个体的承认、认同与拥护，这绝不是说中国社会中每个个体都要成为马克思主义者，而是说在个体成长背景下日益具有自主性的社会个体必须在其生活、情感与理性中亦即在个体的认知与行动中，达成与马克思主义意识形态的某种一致性。（2）占领社会。能否在与其他社会意识的共存与竞争中获得比较优势，是马克思主义获得其在意识形态领域指导地位的关键。社会的基本要素在于组织和共同体，即通过一定的方式和技术组织起来的，拥有共同空间和共同意识的社会共同体，这种共同体包括阶级、阶层、经济组织、社会组织、利益集团、文艺团体、民族、网络社会等。有效识别这些社会共同体的社会意识形式，并做好马克思主义意识形态与这些社会意识形式之间的沟通、吸纳、辨析,甚至拒斥、反对,是马克思主义意识形态占领社会的关键。(3)武装政党,最为重要的是用马克思主义武装中国共产党。[23]中国共产党作为马克思主义政党的本质属性决定了马克思主义应当成为中国共产党的理想信念、指导思想和行动原则。由于中国共产党在当代中国的领导地位和执政地位,用马克思主义武装全党就成为其在意识形态领域获得指导地位的前提和关键。与在一般个体层次和社会领域的意识形态建构有所不同的是,中国共产党的组织性、纪律性决定了党内意识形态建设虽然也应当在方式、载体和机制上不断创新,但总体上应当保留更为严格、更高水平和更为制度化的马克思主义教育、灌输方式。对于在当代中国政治生活中与中国共产党长期共存的民主党派,也应当在马克思主义和中国化马克思主义的基础上促成团结合作,形成思想上和政治上的统一战线。(4)获得国家。马克思主义的指导地位是否稳固,最为集中的体现和最为坚强的保证在于马克思主义是否获得整个国家。当代中国是社会主义国家,马克思主义是社会主义意识形态的前提、基石、底色、主干和灵魂,没有马克思主义就没有社会主义意识形态,不坚持马克思主义的意识形态就不是社会主义意识形态,不坚持马克思主义的国家就称不上社会主义国家。从马克思主义所标示的无产阶级革命的基本逻辑来看,马克思主义必须获得政党(作为无产阶级政党的共产党)、获得阶级(整个无产阶级或者劳动阶级的联盟)、获得社会(即意识形态在社会领域的领导权),最终获得国家。马克思主义获得国家,意味着马克思主义不仅仅是一个政党、一个阶级的意识形态,而必须达到整个国家、整个社会的物理边界和精神边界,统摄整个国家与社会的物理空间和精神空间;意味着马克思主义意识形态与社会主义国家政治制度、政治过程和政治生活的相互契合与相互支持;意味着社会主义国家的国家元素和象征符号——譬如宪法、国歌、国徽、国旗、国家荣誉、纪念日、国家剧院、博物馆、国家精神、历史记忆等与马克思主义意识形态之间的内在一致性。

马克思主义在当代中国的指导地位,建基于(中国化)马克思主义在当代中国意识形态领域的指导地位,而延伸于马克思主义对当代中国整个国家建设实践的指导地位。因此,当我们谈及马克思主义的指导地位时,最后必须提及的是:

（5）马克思主义对现代中国囊括社会主义革命、建设、改革实践在内的整个社会历史发展进程的指导地位。在当下中国，这种指导地位集中表现于中国推进"五位一体"建设的社会主义事业总体布局、"四个全面"战略布局，以及谋求中华民族伟大复兴伟业的新"两步走"战略规划与马克思主义思维方法、基本原理和重大原则之间的共鸣，概言之，马克思主义对当代中国的指导地位，存在于由中国社会每一个个体、群体、阶层、政党，乃至整个国家基于社会主义立场、面向社会主义未来的社会行动所汇聚而成的囊括经济、政治、文化、社会、生态和党的建设在内的社会实践之中，这才是对马克思主义指导地位完整逻辑的完整理解。

第三节　社会主义国家的理论武器

从其政治功能的意义上说，意识形态从来都不仅仅是"随意的冥思苦想"，即便是具有"虚假性"的剥削阶级意识形态。在人类文明进入有阶级存在并由阶级所定义的政治社会之后，意识形态就成为政治结构和政治过程中不可或缺的环节和维度，在政治社会中发挥着举足轻重的政治功能。马克思主义意识形态更是因为其科学性、实践性而超越了理论与实践的疏离，打通了阶级性与真理性的界限，从而成为一种具有强大精神力量和物质力量的意识形态形式。正如马克思在《〈黑格尔法哲学批判〉导言》中所指出的那样，"批判的武器当然不能代替武器的批判，物质力量只能用物质力量来摧毁，但是理论一经群众掌握，也会变成物质力量"[24]，当作为科学意识形态的马克思主义为无产阶级所掌握，就迸发出阶级斗争和阶级解放的力量；当其为作为工人阶级先锋队的共产党所掌握，无产阶级的解放运动就有了领导核心；当其为社会主义国家所整体掌握，社会主义革命、建设与改革就展现出国家力量。

一、马克思主义意识形态的国家形式

在马克思的意识形态理论中，意识形态是一种伴随着人类文明进入阶级社会，因而伴随着国家发生与演进历史的长久的精神现象，是人类政治社会中和现实国

家政治结构中一种必然存在、不可或缺的环节和维度。意识形态与国家的结合,既是人类政治历史中一种现实存在的现象,也是马克思主义政治学理论逻辑的必然后果。

马克思、恩格斯在《〈政治经济学批判〉序言》中从存在论的意义上明确指出了意识形态在社会政治结构中的地位:"人们在自己生活的社会生产中发生一定的、必然的、不以他们的意志为转移的关系,即同他们的物质生产力的一定发展阶段相适合的生产关系。这些生产关系的总和构成社会的经济结构,即有法律的和政治的上层建筑竖立其上并有一定的社会意识形式与之相适应的现实基础。……随着经济基础的变更,全部庞大的上层建筑也或慢或快地发生变革。在考察这些变革时,必须时刻把下面两者区别开来:一种是生产的经济条件方面所发生的物质的、可以用自然科学的精确性指明的变革,一种是人们借以意识到这个冲突并力求把它克服的那些法律的、政治的、宗教的、艺术的或哲学的,简言之,意识形态的形式。"[25]

在生产力与生产关系、经济基础与上层建筑、社会存在与社会意识的相互作用中,人类政治文明进入国家时代;也正是在生产力与生产关系、经济基础与上层建筑、社会存在与社会意识的相互作用中,社会类型和国家形态不断演进。在国家时代的政治生活中,国家与意识形态呈现出一种相互需求的关系格局,这种相互需求的关系根源于国家本质,源起于国家产生之时。马克思和恩格斯在《德意志意识形态》中指出:"随着分工的发展也产生了单个人的利益或单个家庭的利益与所有互相交往的个人的共同利益之间的矛盾;而且这种共同的利益不是仅仅作为一种'普遍的东西'存在于观念之中,而首先是作为彼此有了分工的个人之间的相互依存关系存在于现实之中,""正是由于私人利益和共同利益之间的这种矛盾,共同利益才采取国家这种与实际的单个利益和全体利益相脱离的独立形式,同时采取虚幻的共同体的形式。"[26]马克思在《哥达纲领批判》中指出:"'现代国家'是一种虚构。"[27]恩格斯在《家庭、私有制与国家的起源》中指出:"确切地说,国家是社会在一定发展阶段上的产物,国家是承认:这个社会陷入了不可解决的自我矛盾,分裂为不可调和的对立面而又无力摆脱这些对立面。而为了使这些对立面,这些经济利益互相冲突的阶级,不致在无谓的斗争中把自己和社会消灭,就需要一种凌驾于社会之上的力量,这些力量应当缓和冲突,把冲突保持在'秩序'的范围以内:这种从社会中产生但又自居于社会之上并且日益同社会相异化的力量,就是国家。"[28]

人类政治文明一进入阶级社会,基于社会存在而必然发生的意识形态和基于社会关系而必然出现的国家形式就会发生必然的联系:作为一种"虚幻的共同体形式"的一切国家形式,当然也包括作为"一种虚构"的"现代国家",必须借助于一种想象的、"虚假的"意识形态建构完成国家的想象与"虚构"。同时,统治阶级的意识形态形式也必须借助于国家权力和国家机器的支持而获得或保有其主流意识形态地位,因而形成和表达为国家意识形态形式。这是意识形态与政治国家相互需求的基本政治逻辑。

在马克思主义政治学视野中,国家发生的根本原因在于"分工"和"私有制",国家的"虚幻性"根源亦在于"分工"和"私有制"的存在。因此,只有"分工"和"私有制"消亡,人类社会才能从"虚幻共同体"形式下解放出来,以"真实的共同体"即共产主义社会取而代之。但是,从"虚幻共同体"到"真实共同体"的演进是一个漫长的历史过程,"鉴于此,马克思极其严肃地谈论到了过渡时期的国家:从资本主义社会过渡到共产主义社会,必须经历一个政治上的过渡时期,这个时期的国家只能是无产阶级的革命专政"[29]。与人类社会历史上最后一种国家形态相匹配的、伴随着从"虚幻共同体"向"真实共同体"之国家演化的意识形态演化过程,就是从"虚假的"资产阶级意识形态及作为其国家形式的资本主义国家意识形态向作为科学理论体系的马克思主义意识形态及作为其国家形式的社会主义国家意识形态的演进。

在无产阶级通过革命获得国家政权之后,马克思主义与国家的结合,就产生了既与阶级意识形态相联系、又与阶级意识形态有所区别的现实的社会主义国家意识形态。[30]从根本上说,马克思主义以其对现代社会(资本主义社会)的科学的、革命的、彻底的不朽批判确立了其作为无产阶级革命意识形态的不朽地位,激励和指导了当时及后世浩浩荡荡的国际共产主义运动;然而倡导"全世界无产者,联合起来"的国际共产主义运动结出的硕果,却主要是以社会主义国家的形式表达的。无论是作为世界上第一个社会主义国家的苏俄,还是作为亚洲第一个社会主义国家的中国,都不是在本国资本主义充分发展的前提下实现革命建国的。因此对于通过革命建国的具体的社会主义国家来说,就面临一个将马克思主义建构为国家意识形态的现实问题,这一问题的另一面,也就是作为现代国家建设的社会主义国家建设问题。

二、中国现代国家三重属性对意识形态建构的内在要求

中国社会主义国家意识形态是以马克思主义和中国化马克思主义为指导的关于中国社会主义革命、社会主义国家建设、改革与治理的科学、完整、开放、系统的国家意识形态形式。中国社会主义国家意识形态建构是中国现代国家建设的内在需求,是中国社会主义国家形态在意识形态领域的投射和反映,是指导、规范中国社会主义国家建设的理论武器。

中国现代国家建设必须从其现实性出发,亦即从作为具体的而不是抽象的国家内在规定性出发,否则,中国现代国家建设将因缺乏其现实基础的支撑而无从体现超越"虚幻共同体"、迈向"真实共同体"的社会主义国家本质特征。同样,作为中国现代国家建设之内在需求的中国现代国家意识形态建构亦必须从其现实性出发,亦即从具体的而不是抽象的个人出发,这种个人的具体性就包括个人的国家属性。否则,中国现代国家意识形态就无从超越"虚假"或者"颠倒"的各种"旧的意识形态形式"而呈现出其科学性。须知社会主义是建筑于具体的现实的国家形式之上的,而社会主义国家意识形态亦是建筑于存在于这种特定的、具体的、现实的国家中的个人,亦即生活于特定地理空间、历史空间和政治空间,拥有特定的情感取向、价值取向和心理取向的具体的个人之上的。从这个意义上说,中国社会主义国家建设与中国社会主义国家意识形态的建构必须遵循中国现代国家建设的内在规定性,这种内在规定性最集中的表现,就是现代中国作为历史国家、现代国家和社会主义国家的三重属性。

在现代国家建设的意义上,中国作为"历史国家"的规定性是指,现代中国承继历史中国而来。作为现代中国国家建设的逻辑起点,现代中国不仅继承了基于历

政治逻辑

史发展的国情、国力、民众、领土、民族等现实的、物理的历史基础,并且继承了基于历史记忆的政治传统、政治心理、风土人情、民族性格、政治精神等观念的、文化的历史基础。正如马克思所指出的,"人们自己创造自己的历史,但是他们并不是随心所欲地创造,并不是在他们自己选定的条件下创造,而是在直接碰到的、既定的、从过去承继下来的条件下创造的"[31],"每一代都立足于前一代所奠定的基础上,继续发展前一代的工业和交往,并随着需要的改变而改变它的社会制度"[32]。作为关系到自近代以来每一个中国人、每一个阶级、政党和社会力量的伟大的社会实践运动,现代中国国家建设同样不能凭空创造一个成熟的现代国家,而必须在其客观的历史基础——无论是呈现为历史中国所赋予的历史资源,还是历史中国所造成的历史制约——上完成国家转型。中国拥有数千年的政治文明,经历过两千余年的帝制时代,在与世界上其他国家(现代化)的比较意义上,这种独特的、厚重的历史基础,决定着现代中国在国家建设的议题、资源、困难、路径、过程等诸多方面呈现出一般性与特殊性交融的面貌。

中国作为"现代国家"的内在规定性是指现代中国国家建设必须完成从传统国家形态向现代国家形式的转型,这种转型的历史进程必须体现在政治价值、政治精神、政治制度方面区别于传统国家的现代国家基本价值和基本精神。马克思正是在这种意义上肯定资本主义国家作为现代国家形式相对于奴隶制国家和封建制国家的历史进步意义的;毛泽东、邓小平等老一辈无产阶级革命家也正是在这一意义上发展出在中国社会主义国家建设中利用资本主义发展社会主义、学习资本主义国家"一切对我们有益的知识和文化"的思想。1945 年,毛泽东在《论联合政府》中指出,"有些人不了解共产党人为什么不但不怕资本主义,反而在一定的条件下提倡它的发展。我们的回答是这样简单:拿资本主义的某种发展去代替外国帝国主义和本国封建主义的压迫,不但是一个进步,而且是一个不可避免的过程",现在的中国"不是多了一个本国的资本主义,相反地,我们的资本主义是太少了"[33]。1949 年,毛泽东在《论人民民主专政》中指出:"我们现在的方针是节制资本主义,而不是消灭资本主义。"[34] 1956 年,毛泽东在《论十大关系》中谈及中国与外国的关系时指出:"我们的方针是,一切民族、一切国家的长处都要学,政治、经济、科学、技术、文学、艺术的一切真正好的东西都要学，""外国资产阶级的一切腐败制度和思想作风，我们要坚决抵制和批判。但是，这并不妨碍我们去学习资本主义国家的先进的科学技术和企业管理方法中合乎科学的方面。"[35]毛泽东甚至提出"我怀疑俄国新经济政策结束得早了"，"可以消灭了资本主义，又搞资本主义"[36]的构想。在继承毛泽东上述思想的基础上，邓小平在领导中国改革开放过程中将对社会主义国家与资本主义国家间关系的认识发展到新高度，邓小平指出："如果在一个很长的历史时期，社会主义国家生产力发展的速度比资本主义国家慢，还谈什么优越性？"[37]"改革开放迈不开步子，不敢闯，说来说去就是怕资本主义的东西多了，走了资本主义道路"[38]，因此"要弄清什么是资本主义"，"有些东西并不能说成是资本主义的"[39]，"计划经济不等于社会主义，资本主义也有计划；市场经济不等于资本主义，社会主义也有市场"。由此邓小平强调在坚持独立自主、自力更生前提下，"社会主义要赢得与资本主义相比较的优势，就必须大胆吸收和借鉴人类社会创造的一切文明成果，吸收和借鉴当今世界各国包括资本主义发达国家的一切反映现代化生产规律的先进经营方式、管理方法"[40]。

"历史中国"与"现代中国"的规定性结合起来，就意味着中国必须在"历史中国"的具体的、现实的基础上建构一个面向现代化、面向世界、面向未来的真正意义上的现代国家。面向现代化意味着中国必须通过现代化建设改变和转换其最初较为落后的政治、经济、文化、社会、生态发展水平，将现代中国建筑在较为发达的政治、经济、文化、社会和生态基础之上。面向世界意味着向同时代的世界各国、向世界各大文明即人类社会所创造的一切文明秉持开放态度。面向未来则意味着中国现代国家建设有着明确的政治理论取向、政治价值偏好、制度取向、道路取向和文化取向，亦即意味着中国现代国家建设有着明确的政治框架和发展方向，这种政治框架和发展方向就是"社会主义"。从国家形态来说，未来中国将建设高度富强民主文明和谐美丽的社会主义现代化强国，并在社会主义现代化国家形态下为共产主义在中国的实现而接续奋斗，当下中国将建设社会主义初级阶段的、发展中的、具有中国特色的社会主义现代化国家。

换言之，历史国家、现代国家、社会主义国家的三重规定性有机统一于中国社会主义国家建设。在这种有机统一中,社会主义国家是实现历史国家与现代国家内在规定性之统一的关键要素,而历史国家与现代国家规定性则是中国社会主义国家建设的基本约束条件。这种有机统一关系客观上要求在中国现代国家建设中以社会主义国家规定性统摄历史国家、现代国家规定性,而实现这种统摄的前提和关键则在于实现社会主义国家意识形态对建立于"历史中国"基础上的中国传统文化以及与"现代国家"相关的形形色色的现代政治意识形态的吸收、批判、转化、拒斥,亦即社会主义国家意识形态对中国文化传统和一切体现政治现代性的文化形式的有效统摄。这就是我们通常所讲的中国意识形态建构中的"三角关系"——中国传统文化、西方文化与社会主义之间的关系,只有在这个"三角关系"中,坚持马克思主义指导地位、巩固社会主义主流意识形态地位的命题才有意义。因此,在中国社会主义国家意识形态建构中,实现中国传统文化对社会主义的亲缘性和社会主义对中国传统文化的超越性[41],兼顾中国社会主义对世界各国特别是西方发达资本主义国家文化的开放性与批判性,是实现中国社会主义意识形态从阶级形式到国家形式之发展的关键。

三、社会主义国家意识形态作为理论武器的两大批判

2018 年,习近平在纪念马克思诞辰 200 周年大会上的重要讲话中指出:"马克思主义始终是我们党和国家的指导思想,是我们认识世界、把握规律、追求真理、改造世界的强大思想武器。"马克思在《关于费尔巴哈的提纲》中指出:"人的思维是否具有客观的真理性,这不是一个理论的问题,而是一个实践的问题。人应该在实践中证明自己思维的真理性,即自己思维的现实性和力量,""哲学家们只是用不同的方式解释世界,而问题在于改变世界。"[42]当马克思主义从无产阶级和无产阶级政党的意识形态拓展为一个国家的意识形态,落实为社会主义国家的意识形态,掌握了整个国家的马克思主义就成为社会主义国家的强大理论武器,就迸发出解释世界和改造世界的巨大威力。

社会主义国家意识形态作为一种理论武器如何用? 向谁用? 在马克思主义视域里,武器是用来作斗争的,理论武器当然首先要用来做精神领域的斗争,也就是

在解释世界的领域里作斗争。对于现代中国来说,马克思主义普遍原理与中国具体实践相结合的过程亦即马克思主义中国化过程,所产生的理论成果的演进过程,在本质上就是马克思主义解释中国的理论进程[43],也就是中国社会主义国家意识形态的生成过程。在中国现代国家建设的历史进程中,意识形态领域的斗争将长期存在,社会主义与其他各种意识形态争夺解释中国的话语权的斗争将长期存在,种种非马克思主义的意识形态形式对社会主义意识形态的挑战将长期存在,辩证地看,这也构成中国社会主义国家意识形态建设的契机。

精神领域的斗争是为物质领域的斗争做准备,解释世界的目的在于改造世界,解释中国的目的在于改造中国,即将传统中国改造为一个现代化的社会主义国家,这是社会主义国家意识形态作为理论武器更为神圣的使命。马克思指出:"理论只要说服人,就能掌握群众;而理论只要彻底,就能说服人。所谓彻底,就是抓住事物的根本。但是,人的根本就是人本身。"[44]因此,中国社会主义国家意识形态"变成物质力量"的前提在于掌握群众与被群众掌握的有机结合。在社会意识反作用于社会存在的过程中,作为一种现代意识形态,中国社会主义国家意识形态需要正确处理传统—现代关系;作为一种社会主义意识形态,中国社会主义国家意识形态需要正确处理资本主义—社会主义关系。于是,中国社会主义国家意识形态在从精神力量变成物质力量的过程中始终显示着两种批判向度——基于现代立场展开对传统中国的批判(或者说对中国传统性的批判)和基于社会主义立场展开对资本主义的批判。这两种批判针对两种现实过程——中国的现代化运动以及中国作为社会主义国家与资本主义国家的竞存,达到两个相互统一的现实目标——以社会主义方式推进中国的现代化以及展示社会主义相对于资本主义的优越性,统一于一个现实运动——现代中国社会主义实践。

中国的现代化实质上是传统中国与现代中国的对话,不了解传统中国或者说历史中国,就不能理解基于传统中国或历史中国的(中国现代化的)内在需求和现实条件,就不能设计出科学、合理的现代化的中国方案、中国道路与中国制度。中国社会主义国家意识形态本质上就是这样一种有关中国方案、中国道路和中国制度的设计体系,其将历史中国整体纳入社会主义意识形态的科学性与合理性决定

政治逻辑

了中国社会主义国家意识形态的科学性与合理性，换言之，社会主义意识形态能否以及在多大程度上提供关于历史中国—现代中国的合理的、科学的认知、解释、评价体系以及行动策略，决定了中国社会主义国家意识形态是否能从精神力量转变为物质力量，从批判的武器转化为武器的批判。中国社会主义国家意识形态的建构，实际上就是对这种批判武器的锻造，从这个意义上说，这种批判武器不是僵化不变的，而是必须时时拂拭、不断擦亮的。在这种批判维度——即基于现代立场对传统中国的批判维度中，发展问题——其核心是解放生产力、发展生产力——成为现代中国区别于传统中国的第一个重要特征，改革成为在社会主义框架下解决发展问题的基本方式[45]，因此，改革对于社会主义中国来说"没有止境"，"永远在路上"。这个批判向度也决定了，现代中国的社会主义追求如果不与历史中国提供的历史基础和现实条件以正确的方式结合在一起，非唯中国现代化不能有所成就，中国的社会主义亦必遭受挫折，这是由中国共产党百年奋斗史、中华人民共和国70多年国家建设史和四十余年改革开放史所充分证明了的。

欲基于中国的历史基础实现社会主义方向的发展，就必须在意识形态上澄清一个重大的理论和实践问题：什么是社会主义指导下的发展以及为什么是社会主义而不是资本主义式的发展，亦即社会主义—资本主义关系问题。这就涉及中国社会主义国家意识形态的另一个批判向度——基于社会主义立场对资本主义的批判。自从社会主义国家撕破资本主义国际体系而诞生以来，在社会主义国家意识形态层面对资本主义的批判，就伴随着资本主义国家体系对社会主义国家的事实上的长期存在的施压与斗争而持续展开，尽管这种批判的形式和方式随时代而有所不同。必须加以澄清的是，随着全球化运动的深度发展，包括社会主义国家和资本主义国家在内的各国之间、各民族之间由于不断增长和加深的全球性问题、共同性挑战的存在而日益形成一个事实上的"人类命运共同体"[46]，在这个命运共同体之内，国家之间的携手合作、相互依赖成为人类直面全球问题和共同挑战的前提。因此，国家之间，包括社会主义国家和资本主义国家之间求同存异、各文明之间美美与共，成为社会主义中国现实、理性的国家外交战略的基本价值和基本原则。因此，社会主义国家意识形态对资本主义的批判，并不意味着在国际关系和外交政策中与资本主义国家的全面对抗。毋宁说,这种囊括从精神力量到物质力量的批判,从根本上表现为一种根植于其作为科学理论之彻底性的、从精神力量到物质力量的自我呈现和相互映照,表现为社会主义国家通过意识形态斗争而获得其作为现代国家之完整性与确定性的历史过程,并在现实性上往往表现为对资本主义国家所施于社会主义国家之压力与斗争之理论回应。在马克思主义政治学的范畴中,批判并不简单等同于单纯的、单向度的否定,正如马克思主义对资本主义之批判当然地包括对资本主义国家之历史贡献的肯定一样。

第四节　民族复兴的思想基础

作为以马克思主义为指导的国家意识形态,社会主义国家意识形态在本质上是关于中国社会主义发展的科学理论体系,因此社会主义国家意识形态的核心政治功能在于通过凝聚中国社会的发展共识促进现代中国发展。而"意识形态凝聚发展共识"核心政治功能的实现,以国家意识形态与社会的结合为前提,这种结合包括两个主要方面:一是科学理论与社会实践的结合,客观上要求(有关中国发展的)社会主义国家意识形态话语必须完整反映现代中国发展的完整逻辑;二是意识形态与社会主体(生活)的结合,客观上要求在国家意识形态的建构和传播中打通与社会主体之社会生活的界限,在塑造社会大众对国家意识形态之政治认同的过程中承认社会主体和社会价值之于国家意识形态建构的参与权和表达权。

民族复兴是近代以来中华民族最伟大的梦想,是政党建设、国家建设与社会发展的共同取向,是"党的主义"、国家意识形态与社会价值相结合而生成的历时性课题。正是在这个意义上,以"国家富强、民族振兴、人民幸福"为基本内涵的中华民族伟大复兴的中国梦,"是国家的梦、民族的梦,也是每一个中国人的梦"[47],"中国梦是人民的梦,必须同中国人民对美好生活的向往结合起来才能取得成功"[48]。民族复兴在本质上是"以人民为中心"的中国现代国家建设与社会主义现代化问题,即"以人为本、以民为本"的发展问题,发展问题离不开旨在凝聚发展共识的社会主义国家意识形态的介入和参与。中华人民共和国成立七十多年来,意识形态与国家发展之间的互动既生成了社会主义国家发展的完整逻辑,也生成了社会主义国家意识形态中解放、发展、治理和价值回归的话语体系。在当下中国,只有完整体现中国社会主义国家发展完整逻辑的社会主义国家意识形态,才能最大限度地凝聚当代中国发展共识,才能最大限度地契合中国社会主体的生活与实践,才能最大限度地获得政治认同,才能最充分地发挥其整合社会、促进发展的政治功能,才能在"立义达义""立党立国"的基础上实现"兴党兴国"。

一、民族复兴的本质是国家发展问题

习近平总书记指出:"实现中华民族伟大复兴,就是中华民族近代以来最伟大的梦想。"[49] 在中国社会主义国家意识形态基本架构中,中华民族伟大复兴与中国崛起和社会主义在中国的发展是有机统一的。中华民族复兴观念的形成有一个历史发展过程,从根本上说,民族复兴的政治话语是近代中国民族沉沦、国家衰败的应激性产物。有学者研究指出,在民族复兴观念形成的历史进程中,19世纪末,孙中山提出"振兴中华"口号,这是"中华民族复兴"之观念的最初表达;20世纪初,梁启超提出"中华民族"一词,这对"中华民族复兴"之观念的形成起了重要的推动作用[50];"五四运动"前后,李大钊提出"中华民族之复活"思想,这是"中华民族复兴"之观念基本形成的重要标志;到了九一八事变后,"中华民族复兴"之观念最终形成并成为具有广泛影响力的社会思潮。[51] 然而,科学地回答中华民族能否复兴以及如何复兴的理论之问和实践之问,却是民族复兴话语实现意识形态建构的关键。通过将中华民族伟大复兴与中国国家建设的社会主义前途结合起来,毛泽东有效实现了民族复兴话语的社会主义转向,亦即民族复兴话语的社会主义意识形态建构。毛泽东指出,中华民族的优秀品质、中国的地大物博和社会主义制度的优越性是实现中华民族伟大复兴的三个有利条件。[52] 通过将中国革命和中华民族复兴划分为两个前后相续的阶段或者"篇章"——即通过新民主主义革命实现民族解放和国家独立,通过社会主义革命和建设实现民族振兴和国家富强——毛泽东对中华民族复兴进行了科学的战略规划,这一战略规划为包括邓小平理论、"三个代表"重要思想、科学发展观和习近平新时代中国特色社会主义思想在内的中国特色社会主义

理论所继承发展,影响至今。

自近代以来,中华民族振兴的历史进程与中国自传统国家向现代国家转变的国家形态变迁过程是合而为一的,民族振兴的历史进程与"中华民族"从观念到实践的建构过程也是合而为一的。传统中国思想世界并没有现代意义上的民族观念,但这并不是说传统中国没有影响近代中国以来民族建构的思想、文化资源,当然这种影响可能并存着正面和负面的意义。在传统中国"种族之辨""文化民族"观念基础上铸炼现代意义上的"中华民族",恰与在传统中国"文化国家""天下国家"国家形态上锻造出现代意义上的"政治国家"发展方向具有内在一致性,二者的结合就是与传统国家形式相对照的、具有普遍性的现代国家形式——民族国家。从这个意义上说,民族与国家的相互塑造和相互改变是近代以来中国国家建设的内在需求。这决定了中国作为现代国家,必须以其全新的民族形式——中华民族作为根基;中华民族作为现代意义上的国族,必须以中国现代国家作为政治空间,因而中华民族的复兴必须采取其国家形式,即以中国现代国家形式的获得为前提,并以现代中国的国家现代化为表现形式。这种现代国家形式最终体现为社会主义国家,这种国家的现代化运动最终体现为社会主义现代化运动。正是在这个意义上,"实现社会主义现代化与实现中华民族伟大复兴是一个问题的两个方面"[53]。

因此,民族的现代形式——中华民族,与国家的现代形式——社会主义国家的有机结合,是中华民族复兴与社会主义国家现代化的关键。这种结合内在地要求社会主义国家的现代化发展必须是囊括中华民族之整体的现代化,内在地要求这种囊括中华民族整体的现代化必须以在本质上作为现代国家的社会主义国家形式加以整体推进。因为只有社会主义国家才能在从传统国家向现代国家的转型中实现人民和劳动阶级广泛的、彻底的政治解放,并依靠这种广泛的、彻底的政治解放所创造的"社会条件"和制度优越性"使生产力大大地获得解放"[54]。毛泽东正是在这个意义上论及这种既不同于中国传统政治形态所呈现的专制国家,亦不同于现代国家的资本主义形式的社会主义国家优越性的,"只要我们依靠人民,坚决地相信人民群众的创造力是无穷无尽的,因而信任人民,和人民打成一片,那就任何困难也能克服,任何敌人也不能压倒我们,而只会被我们所压倒"[55],

"社会主义和资本主义比较,有许多优越性,我们国家经济的发展,会比资本主义国家快得多"[56]。

概言之,民族复兴的话语体系是中国社会主义国家意识形态的有机组成部分,由于中华民族复兴、中国现代国家建设、中国社会主义现代化之间的内在联系,社会主义国家意识形态既是对中国现代国家建设逻辑、社会主义现代化逻辑的揭示与反映,同时也是对中华民族复兴政治逻辑的揭示与反映。这就从根本上决定了中国社会主义国家意识形态在现代中国国家建设、社会主义现代化建设与中华民族复兴进程中不可缺失的政治功能。

二、意识形态建构与国家发展的互动逻辑

正如前文所指出的,作为一种伴随着国家发生与演进的长期存在的政治现象,意识形态是现实国家政治结构与政治过程中一种不可或缺的环节和维度。那么,意识形态现实政治功能的发挥,就不能不因为国家形态的转变和国家建设政治逻辑的变化而有所调整。因此,理解中国从传统国家向现代国家的国家转型以及中国现代国家建设中政治形态的转变,就成为理解中国社会主义国家意识形态政治功能的前提。前者意味着中国国家形态(类型)的古今之变,后者意味着在社会主义国家建设的历史中,在统一的、连续的社会主义国家形态下不同历史阶段具体国家形态(政治形态)[57]和政治逻辑的转变。

艾森斯塔德将中华帝国作为"文化性"取向社会的典型代表,指出传统"中国的执政精英的政策,一般就是以创置—聚敛性和调节性政策为特点的,促进型政策却非常之少","这些社会对特定目标与价值的强调,会造成其对某些特殊类型的事变的敏感,并且造成应付这些事变的特殊困难"[58]。正是这种取向决定了在中国传统国家中意识形态作用的方向在于维持而非发展,即中国传统国家不以发展为存在前提,国家政策和意识形态建构的主要功能不在于促进发展而在于维护统治秩序和恒定的政治价值,中华帝国因而事实上呈现为一种典型的"传统治理型国家"形态。[59]发展是现代国家与古典国家最为根本的区别,在马克思主义政治学的理论视野中,发展是包括资本主义国家和超越资本主义国家形式的社会主义国家在内的

一切现代国家的本质特征。从现实性上讲，对处于竞合性国际体系的现代国家来说，发展亦已成为国家存亡兴废的基础，成为国家的"第一要务"。中华民族复兴的本质是现代国家建设（以获得现代国家形式）以及在现代国家建设主导下的国家发展（现代化）。因此，对于现代国家来说，促进有效发展就成为国家正当性与合法性的重要来源以及社会主义国家相对于资本主义国家的优越性的集中体现，这就从根本上改变了国家意识形态作用的基本方向，"凝聚发展共识"成为中国社会主义国家意识形态的核心政治功能。

但是，意识形态通过"凝聚发展共识"促进国家发展的政治功能的实现，依赖于社会主义国家意识形态对中国现代国家建设与社会主义现代化运动逻辑与规律的呈现与揭示，同时，这种呈现与揭示必须是科学的、全面的和彻底的，换言之，中国社会主义国家意识形态政治功能的发挥依赖于其本身把握中国现代国家建设和社会主义现代化逻辑与规律的科学性、完整性、开放性与系统性，依赖于其本身达成上述科学性、完整性、开放性和系统性的建构能力和调整能力。自中华人民共和国成立以来，在中国社会主义国家建设和社会主义现代化历史进程中，意识形态与社会实践之间的互动将现代中国的发展[60]界分为既相互区别又相互联系的若干历史阶段，并生成为若干既相互区别又相互勾连的政治逻辑。

在现代中国以社会主义运动为框架和方案的现代国家建设历程中，中国现代国家建设和国家发展经历了"向解放寻求现代""向发展寻求解放""向治理寻求发展"的不同阶段。在这些不同阶段，由于国家建设主题以及经济—社会、历史—文化和地缘政治约束条件的不同，政治原则、政治价值、社会组织方式、经济发展战略在各阶段之间的不同，政治形态、国家形态和意识形态因之有不同的表现。因此，解放型国家与解放型意识形态、发展型国家与发展型意识形态、新治理型国家与新治理型意识形态，既有基于历史的连续性的一面，更有相互区别的一面。不同历史条件下社会主义国家意识形态及其与国家建设实践之间的互动格局是区分这些阶段的重要依据，这些不同的历史阶段共同构成了现代中国国家建设相对完整的政治逻辑。[61]

革命是解放型政治中最为重要的历史事件，对以颠覆旧有国家政权和传统专

政治逻辑

制政治形式的革命运动以及革命建国的国家形态——解放型国家来说,权力集中的政治设计和一元化领导方式、整齐划一的经济基础、纯洁稳固的意识形态建构(解放型意识形态)以及强大的军事支撑,这些要素的共同目标在于构筑一种强大的组织起来的政治力量或者国家力量,以完成政治解放、经济解放和社会解放,实现人的解放。对于发展型国家来说,改革是发展型政治中最为重要的历史事件。政权统一形态下的适度分权、多元化的经济基础、现实主义的创新型意识形态(发展型意识形态),以及与经济、社会改革进程相匹配的军事变革,其目标在于协调改革、发展与稳定关系以实现发展这个国家目标中的第一要务。对于发展型国家来说,最为重要的是如何创造和获得经济发展的动力;作为其表征,发展型国家对市场原则和物质利益的承认、特定时期对若干"双轨制"政策的运用、对于"先富""后富"关系的理性讨论,等等,都体现了其对解放型国家的某种突破。改革开放以来发展型国家所创造的发展本身,日益改写着发展型国家的经济、社会基础,并孕育着中国社会对新的国家目标的内在需求。当旧有的发展方式难以为继,各种问题日益显现,历史就进入一个"向治理寻求发展"和"向民主寻求治理"的新时代。这个时期,从国家建设的主题来说,以构建一种"基于发展的新治理型国家"[62]为主线,寻求国家的"长治久安"之道而非国家发展的短期效应,现代中国国家建设与社会主义现代化发展进入一个以"国家治理体系和治理能力现代化"为现实目标的新阶段。此一阶段亦对社会主义国家意识形态建构提出新的时代要求,"治理型意识形态"的建构成为国家治理现代化的内生要求。[63]

在 70 多年来中国社会主义国家意识形态与中国发展实践之间的互动关系中,意识形态建构往往成为国家建设与现代化发展的先导,意识形态调整往往成为国家建设与现代化发展战略调整的先导。毋庸讳言,在社会主义中国建设史上,中国社会主义国家意识形态建设出现过失误和挫折,这种失误和挫折是造成中国社会主义现代化建设的困难与挫折的重要原因。但是,正如习近平同志所指出的改革开放前后两个阶段不应也不能互相否定一样,我们应当从中国社会主义国家意识形态与中国现代化建设 70 余年互动中总结经验和教训,以启示当下和未来的意识形态建设,此中最重要的启示有三:

其一，意识形态传播—整合方式应随社会形态的变化适时调整。社会主义意识形态在社会中的传播方式同时也是社会主义国家意识形态的建构方式，因而也是社会主义国家意识形态整合社会意识进而整合中国社会的整合方式。这种意识形态的传播—整合方式，必须随着作为中国现代国家建设和社会主义现代化运动之后果的社会成长和社会结构、社会组织方式的变化而适时调整。基于改革开放前中国社会结构的同质化、社会组织方式的单位化，以及中国共产党在国家政治结构和社会结构中的独特地位，社会主义国家意识形态的传播—整合方式事实上采取了灌输的方式，这种意识形态传播—整合方式在一定历史条件下有其必然性、合理性和进步性，但同时也有其缺陷和弊端。随着改革开放的发生及其深入，市场经济的成长与中国社会的发育深刻改变了当代中国的政治结构和社会结构，特别是由于网络信息技术发展对中国社会组织方式和思想传播方式的巨大冲击，旧有的强制灌输型意识形态传播—整合方式的缺陷和弊端被不断放大，于是一种新的意识形态传播—整合方式，即意识形态的创造发展型整合方式就诞生了。这两种意识形态整合方式的根本区别在于：前者借助于组织（包括党组织、单位组织和社会组织）的力量传播、灌输和维护具有纯洁性、坚固性的意识形态体系；后者则承认社会（个体、群体、组织、网络）在意识形态创造、发展、传播中的参与权和自主权，承认意识形态本身的弹性空间和发展空间，承认意识形态在社会中建构自身并整合社会。[64]

其二，"以人为本"是当代中国社会主义国家意识形态凝聚发展共识的核心原则。与意识形态传播—整合方式的调整相关的是，"以人为本"发展观的提出标志着中国社会主义国家意识形态建构的重要转向。作为一种政治价值和政治理念，"以人为本"不仅接续了毛泽东"人民"观和"为人民服务"思想，邓小平对社会主义本质（共同富裕）的科学界定，江泽民提出"三个代表"重要思想强调代表最广大人民根本利益，胡锦涛提出以人为本、全面协调可持续发展和习近平"以人民为中心"思想，在中国社会主义意识形态谱系中一脉相承。同时，"以人为本"更是将中华优秀传统文化、包括西方在内的现代政治文明理念和马克思主义全面发展思想统一起来[65]，成为凝聚当代中国社会发展之共识的最大公约数。作为一种发展观和思维方法，"以人为本"承认社会主体在社会主义国家意识形态建构中的话语权和参与权，承认社会主体在社会主义国家意识形态传播和接受中的自主权和反思权，这就意味着社会对作为意识形态之核心内容的价值体系的自觉认同成为社会主义国家意识形态建构的关键环节。[66]概言之，"以人为本"意味着，意识形态不仅要实现其与政党的结合而成为一种"党的主义"，不仅要实现与国家的结合而成为一种国家意识形态，而且要实现与社会的结合即成为内化为社会成员和社会主体之价值观的精神形态，才能真正承担起"凝聚各族人民发展共识"、促成社会主义国家发展的政治功能。

其三，社会主义国家意识形态必须全面揭示和呈现中国发展的完整逻辑。社会主义国家意识形态对中国现代国家建设和社会主义现代化发展完整政治逻辑的揭示、呈现和凝练，是意识形态凝聚发展共识的前提。现代中国发展的完整逻辑，存在于中国社会主义革命、建设、改革、治理的历史运动之中，存在于上述"向解放寻求现代""向发展寻求解放""向治理寻求发展""向民主寻求治理"的逻辑链条之中，存在于中国现代国家建设对中国传统国家的超越与回归的双重面相之中，存在于中国社会主义国家发展对资本主义国家形态的学习、批判、超越之中。割裂现代中国发展的完整逻辑，就是割裂中国社会主义国家意识形态的完整性、损害其科学性、闭塞其开放性、消解其系统性，就必然带来社会主义国家意识形态的偏执发展，并必然造成中国现代国家建设和社会主义现代化发展的巨大灾难。换言之，中国社会主义国家意识形态的建构，必须兼顾其解放逻辑、发展逻辑、治理逻辑和民主逻辑，充分发展社会主义国家形态下政治解放与社会解放理论，社会主义现代化理论、社会主义国家治理理论和社会主义民主发展理论，并将其安置于一个统一的、连续的、相互支撑并各得其所的理论体系、价值体系和观念体系之中[67]，不使一种逻辑独大、亦不使一种逻辑偏废。

三、国家治理现代化中的意识形态建构—调适能力

"经过长期努力，中国特色社会主义进入了新时代，这是我国发展新的历史方位。"[68]2016年11月，习近平在纪念孙中山先生诞辰150周年大会上的讲话中指

出，今天，"我们比历史上任何时期都更接近中华民族伟大复兴的目标，比历史上任何时期都更有信心、有能力实现这个目标"。"中国发展新的历史方位"，亦即中华民族伟大复兴、中国现代国家建设和社会主义现代化发展的"新的历史方位"，向执政党、向国家、向中华民族和中国人民提出了新的历史任务和时代主题，向政党能力与国家能力提出了完成这些历史任务和时代主题的新要求。从前文所述中国发展的政治逻辑来看，这些新的历史任务与时代主题聚焦为一个事关全局的历史性课题——推进国家治理体系与治理能力的现代化，简言之即推进国家治理现代化。正是在这个意义上，党的十八届三中全会将"完善和发展中国特色社会主义制度，推进国家治理体系和治理能力现代化"确立为全面深化改革的总目标。

我们不能将国家治理现代化命题从国家发展的历史进程和完整逻辑中割裂出来，相反，只有将国家治理现代化放到社会主义革命、建设和改革的整体历程中，放到中国从传统国家向现代国家转型的整体历程中，放到"向解放寻求现代""向发展寻求解放""向治理寻求发展""向民主寻求治理"的中国发展完整逻辑中，放到中国社会主义国家意识形态与现实社会运动和社会实践的互动历程中去理解，才能理解国家治理现代化的完整含义，才能理解当代中国社会主义国家意识形态的建构和调适与国家治理现代化之间的内在关联。在中国国家发展的历史进程和完整逻辑中，国家治理现代化呈现为发展基础上的治理现代化，亦即以发展了的国家和社会以及发展了的国家—社会关系为基础的治理现代化，呈现为以发展为目的的治理现代化，呈现为体现、回归和指向现代政治价值的治理现代化。概言之，治理基于发展、为了发展、回归价值，这就决定了当代中国的国家治理现代化不是对发展逻辑的否定而是发展逻辑的一部分，国家治理现代化进程所依托和创造的治理话语亦不是试图取代民主、自由、公平、正义的价值话语的实用主义和技术主义的治理话语，而是体现、回归和创造以社会主义政治价值和政治道德为统摄的现代价值体系的治理话语。[69]这在根本上决定了当代中国意识形态建构与国家治理现代化的本质联系：正如在现代中国发展的整个历史进程中社会主义国家意识形态从未缺位一样，在作为现代中国发展的完整政治逻辑之一部分的国家治理现代化进程中，凝聚发展共识的社会主义国家意识形态也不能缺位。

国家治理体系和治理能力现代化，客观上要求在意识形态建构和调适中全面推进中国社会主义国家意识形态体系和意识形态能力现代化，这就需要在意识形态与社会实践的互动中充分发展社会主义国家意识形态的建构能力与调适能力。陈明明教授认为，新中国成立以来主流意识形态的演变经历了三个时期：以阶级斗争为中心的时期，表现为超越性革命式的政治动员和秩序重建；以经济建设为中心的时期，表现为以市场与效率为目标的改革开放；以社会建设为中心的时期，表现为多元化背景下的分配正义和协商共识。改革开放以来，中国主流意识形态在继承现代化话语的基础上先后将市场化、民主化、法治化、民生幸福纳入国家政治发展逻辑和主流意识形态体系，充分体现了社会主义国家意识形态的调适性发展逻辑。[70]这种意识形态的建构与调适能力是实现中国共产党和社会主义国家在变革社会中的文化—意识形态领导权的根本保证。

在当今时代，随着全球化深度发展和网络信息技术的发达，随着中外多元意识形态之间的碰撞与冲击，要建构中国共产党和社会主义国家的文化—意识形态领导权，比中国社会主义国家建设历史上任何时期都更为复杂、更为紧迫。马克思主义政治学原理启示我们，基于意识形态的阶级性本质，意识形态领域的斗争将长期存在，这种斗争不仅表现在国家之内，表现为"党与非党""社会主义与非社会主义""主流意识形态与非主流意识形式"之间的斗争，而且表现在国家之间，表现为社会主义国家与资本主义国家的现实的竞争与合作关系。中国共产党和社会主义国家的文化—意识形态领导权必须在长期的意识形态斗争中，通过持续的、有效的意识形态建构与调适来获得。在当代中国，这种意识形态建构和调适工作必须适应和反映改革开放以来政党与国家、国家与社会、政治与经济、政府与公民、网络社会与现实社会关系的变化，努力推进顺应国家治理现代化方向的意识形态体系和意识形态能力现代化。正是在这个意义上，社会主义国家意识形态建构能力不仅已经成为在当代中国政治结构和政治过程中居于领导地位和执政地位的中国共产党领导能力与执政能力的重要组成部分，即政党能力的重要组成部分，而且越来越成为国家治理现代化背景下中国社会主义国家政治能力的重要组成部分，即国家能力的重要组成部分。概言之，意识形态建构能力越来越成为事关当代中国民族复兴、现代国家建设与社会主义现代化运动全局的核心政党—国家能力之一，为了培育和建构这种核心政党—国家能力并将其纳入当代中国国家治理体系和治理能力整体结构之中，在当代中国社会主义国家意识形态建构中必须处理好以下几对关系：

第一，可信与可爱，即理论与价值之间的关系。社会主义国家意识形态必须是可信的，即其理论根基是科学的；社会主义国家意识形态必须是可爱的，即其核心价值体系是可欲的。[71] 现代中国的发展与治理是有特定的理论根基的，这个理论根基就是马克思主义及其中国化的一系列理论成果，现代中国的发展与治理正是在中国化、时代化、大众化的马克思主义指导下进行的。中国的发展需要理论指导，中国的发展需要理论创造；中国发展越是进入关键历史阶段，越是需要关键性的理论创造。现代中国国家治理是依托于特定的政治价值的；越是成熟的国家治理形态，其制度体系与政治过程就越是有成熟、稳定的政治价值体系以作支撑。[72] 指导中国发展的理论创造必须是"可信的"，支撑国家治理的政治价值必须是"可爱的"。当前中国全面深化改革中一系列深层次问题的解决，已经触及中国发展与治理的深层次理论和政治价值问题，如何将新时代的理论创造在"可信"的基础上转化为"可爱"，将新时代的政治价值在"可爱"的基础上升华为"可信"，这将是新时代中国社会主义建设与社会主义国家意识形态建构中最为关键的环节和最为独特的景观之一。

第二，发展与稳定，即变与常的关系。促进发展的政治功能是现代国家意识形态区别于传统国家意识形态的本质特征，而对"生产力的解放和发展"以及"人的自由全面发展"的强调又将社会主义意识形态与其他意识形态从根本上区分开来。但是任何意识形态的国家形式——亦即作为国家意识形态的意识形态形式，同时也都具有维系占统治地位的政治形式的政治功能，亦即维持国家稳定和国家治理的政治功能。这两种政治功能对中国社会主义国家意识形态提出了两种内在要求——如何通过意识形态本身的创新和发展来促进国家发展，同时通过意识形态体系的相对稳定性维持国家稳定与秩序，即发展和稳定的双重要求。对现代中国而言，发展是一种"变"的历史力量，治理是一种"常"的历史力量，这两种历史力量之间的协调需要意识形态的参与和介入。在1949年以来中国国家建设历程中,发展与治理并不是自然而然地相融相合。事实上,在现代中国历史上的某些时段,发展与治理是相互脱节的。但是进入21世纪以来,特别是自党的十八大以来,当代中国已经进入一个"向治理寻求发展"的新历史时期[73],在这一历史时期,发展与治理呈现为这样一种格局:国家治理以发展为基础,国家发展以治理为(持久)动力。国家治理与发展之间的这种互动格局,对当前中国社会主义国家意识形态的稳定与创新、建构与调适提出了新的时代任务。

第三,党的主义与国家意识形态的关系。对于社会主义国家来说,"党的主义"是社会主义国家意识形态的根基,是马克思主义在意识形态领域领导地位的集中体现,是社会主义国家意识形态中最具科学性、完整性、理论性的部分,也是最具有能动性和建构性的部分:党的理论创新是社会主义国家意识形态调适和创新的先导,党的理想信念是社会主义国家意识形态感召力、凝聚力和吸引力的关键。因此,党的主义能否武装全党,是社会主义国家意识形态能否引领整个中国社会的前提。但是,正如阶级意识形态并不直接等同于国家意识形态一样,党的主义也并不直接等同于社会主义国家意识形态。作为无产阶级先锋队和中华民族先锋队的中国共产党,必须将"党的主义"拓展和转化为国家意识形态,拓展和转化为适用于劳动人民全体和中华民族全体的普遍的意识形式。为此,就必须实现"党的主义"与群众的结合、"党的主义"与社会主义国家要素——国家制度、国家法律、国家象征的贯通。这种结合与贯通的过程,就是社会主义国家意识形态从阶级意识和"党的主义"拓展为"社会主义意识形态国家机器"的过程,就是作为领导党和执政党的中国共产党的意识形态能力(作为政党能力)释放、拓展和转化为社会主义国家意识形态能力(作为国家能力)的过程。

第四,意识形态与社会文化的关系,即社会主义国家意识形态的政治建构与文化支撑的关系。意识形态与一般社会文化既有千丝万缕的联系,又有关键性的区别。如果意识形态的范围和内容向一般社会文化无限扩展[74],这将损害意识形态的政治性、指向性和行动性,意识形态将不成其为一种改造世界的理论武器;如果意识形态自我隔离于一般社会文化,这将损害意识形态的包容性、解释性、适应性,意识形态将成为一种无所适用的理论武器,这两种情况都将导致削弱意识形态政治功能的后果。意识形态与社会文化的这种关系决定了在社会主义国家意识形态的建构中必须兼顾其政治建构与文化支撑的双重面相。基于意识形态的政治本质,任何意识形态都有其政治建构的一面,然而意识形态的政治建构是否有效,即其政治功能是否得到有效发挥,却在极大程度上取决于意识形态政治建构是否能得到一般社会文化的涵养和支撑。这里所说的一般社会文化,简单地说,就是一种由一定社会形态中的"现实的、具体的人"自身编织而成因而拥有广泛社会基础和信仰基础的意义网络,即一种社会生活方式。因此,打通意识形态与大众日常生活世界的隔离[75],将意识形态的政治建构安置于社会生活、社会网络、社会风俗、社会精神及其变迁之上[76],是实现意识形态政治功能的重要前提。

政治有其物理世界,政治亦有其精神世界。虽然"社会存在决定社会意识",但是政治物理世界亦可以从其精神世界中得到理解。意识形态就是政治世界中一种长存的可以透视政治物理世界的精神现象。本章试图呈现在社会主义中国这样一种特定形态的国家之中意识形态建构的基本原理,这种原理显然从属于旨在探究中国社会主义国家政治发展总体规律的社会主义政治学原理。改革开放40余年来,中国社会主义国家政治发展的总体规律存在于社会主义国家框架内政治、经济、文化、社会等各系统的互动之中,存在于"以有效政治创造有效发展"的一般关系之中。[77]中华人民共和国成立70余年来,中国社会主义国家政治发展的总体规律存在于社会主义革命、建设、改革的次第演进,以及解放、发展、治理的逻辑演进之中。由此上溯自近代中国以来,中国现代国家建设的总体规律存在于历史国家基础、现代国家取向和社会主义国家前途的交织之中。自近代中国以来,伴随着中国政治变迁,意识形态形式林林总总、意识形态建构此起彼伏,伴随着中国现代国家建设方向最终转向社会主义国家形态,意识形态建构也最终折向社会主义意识形态一途。七十多年来,社会主义国家建设所取得的成就,社会主义国家意识形态与有荣焉;社会主义国家建设的挫折,社会主义国家意识形态与有责焉。在社会主义国家意识形态建构与社会主义国家发展的相互依存之间,存在着中国社会主义国家意识形态建构的基本规律。正如我们业已指出的,坚持马克思主义在意识形态领域的指导地位就是要坚持（中国化）马克思主义的科学性、完整性、开放性、系统性的有机统一，就是要坚持马克思主义指导地位从个体、社会、政党、国家到国家发展的完整内涵；马克思主义必须实现其从阶级意识和"党的主义"向国家形式即社会主义国家意识形态的发展，作为意识形态国家形式的社会主义意识形态建构必须着眼于回应和实现中国现代国家三重属性，必须在双重批判的向度上促进社会主义中国的国家巩固和国家建设；社会主义国家意识形态必须完整反映中华民族伟大复兴、中国现代国家建设和社会主义现代化发展的完整逻辑，必须粘合而不是割裂其解放、发展、治理、民主的逻辑、话语和策略。

个体与社会成长是改革开放以来中国政治发展领域最具深远意义的变化，"以人为本"发展观是当代中国社会主义国家建设中最具深远意义的转向，国家治理现代化是当前中国社会主义国家发展逻辑中最具关键性的历史主题。以马克思主义为指导的中国社会主义国家意识形态如何真正占领个体与社会，如何实现与大众生活世界的贯通，意识形态建构能力如何成为社会主义现代化国家治理体系和治理能力的有机组成部分，这些问题对于解决意识形态有效性至关重要。当前，在国家治理现代化深入推进的过程中，伴随着民族复兴事业对政治理念、政治精神、政治价值等政治精神世界重要性的彰显，社会主义国家意识形态建构到了一个关键时期，建构一种马克思主义指导下的、有机涵容解放、发展、治理以及价值回归的社会主义国家意识形态，已经成为社会主义国家政治中关系全局的议题。

注释

1. 中共中央宣传部：《习近平总书记系列重要讲话读本》，学习出版社、人民出版社 2014 年版，第 105 页。

2. 习近平：《决胜全面建成小康社会 夺取新时代中国特色社会主义伟大胜利——在中国共产党第十九次全国代表大会上的报告》，人民出版社 2017 年版，第 41 页。

3. 下文对意识形态概念、内容结构和基本功能的界定和论述，参见林尚立等：《政治建设与国家发展》，中国大百科全书出版社 2008 年版，第 242—244 页。

4. ［英］约翰·B.汤普森：《意识形态与现代文化》，高铦等译，译林出版社 2005 年版，第 5 页。

5. 可参见卡尔·曼海姆对意识形态作为特定概念和总体概念的分辨。［德］卡尔·曼海姆：《意识形态与乌托邦》，姚仁权译，九州出版社 2007 年版，第 113—121 页。

6. ［英］戴维·米勒、［英］韦农·波格丹诺编，邓正来主编：《布莱克维尔政治学百科全书》，中国政法大学出版社 2002 年版，第 368 页。

7. ［英］安德鲁·海伍德：《政治学》，张立鹏译，欧阳景根校，中国人民大学出版社 2006 年版，第 51 页。

8.《马克思恩格斯文集》第 1 卷，人民出版社 2009 年版，第 550 页。

9. 有学者基于理论谱系、词源学考证提出"意识形态领导权"定义，即特定意识形态……自觉而非强制地获得的在意识形态领域主导、带领和指导大众，从而控制、引导和规范社会的一种权力，该定义特别强调意识形态领导权的核心要义是自觉认同。参见于华：《中国共产党意识形态领导权研究》，人民出版社2017年版，第16—17页。

10.《江泽民文选》第三卷，人民出版社2006年版，第282页。

11.《毛泽东文集》第六卷，人民出版社1999年版，第350页。

12. 中共中央宣传部：《习近平新时代中国特色社会主义思想三十讲》，学习出版社2018年版，第213页。

13. 有学者认为，马克思、恩格斯主要在三个层面和意义上使用"意识形态"概念：一是指唯心史观的意识形态，即否定意义上使用的意识形态；二是指特定阶级为各自目的和利益要求而提出的意识形态；三是指作为历史唯物主义基本范畴和社会结构基本要素的观念或思想上层建筑。参见王永贵等：《经济全球化与我国社会主流意识形态建设研究》，人民出版社2010年版，第15—16页。

14. 唐晓燕认为，自《德意志意识形态》开始，马克思确立了其意识形态理论的三重逻辑，即批判逻辑、建构逻辑和超越逻辑。参见唐晓燕：《马克思意识形态理论逻辑进程》，社会科学文献出版社2018年版，第133页。

15. 陈锡喜教授指出，马克思主义给我们提供的是关于历史的基础、社会的结构、发展的动力，以及人的活动在其中受到的制约和作用的"具有普遍意义的世界观"。参见陈锡喜：《意识形态：当代中国的理论与实践》，中国人民大学出版社2018年版，第56页。

16. 2015年公布实施的《中华人民共和国国家安全法》规定："国家……培育和践行社会主义核心价值观，防范和抵制不良文化的影响，掌握意识形态领域主导权。"2018年，中共中央印发的《社会主义核心价值观融入法治建设立法修法规划》强调，要着力把社会主义核心价值观融入法律法规的立、改、废、释全过程。

17. 正是在这个意义上，马克思主义中国化在外延上既包括"马克思主义在中国的具体化"，也包括"把中国的实践经验马克思主义化"。参见陈锡喜：《意识形态：当代中国的理论与实践》，第55页。

18. 毛泽东：《论人民民主专政》，载《毛泽东选集》第四卷，人民出版社1991年版，第1471页。

19. 胡锦涛：《坚定不移沿着中国特色社会主义前进　为全面建成小康社会而奋斗——在中国共产党第十八次代表大会上的报告》，人民出版社2012年版，第11页。

20. 这是《中国共产党章程》的权威表述，如果从中国社会主义国家的政治发展逻辑来看，新时代中国特色社会主义思想试图解答的是"建设什么样的社会主义现代化国家，如何治理社会主义现代化国家"这一历史性课题。

21.《中国共产党章程》，人民出版社2017年版，第5—6页。

22. 这种意识形态建构逻辑，既不同于中国传统帝制时代的意识形态塑造，也有所区别于改革开放之前的意识形态建构方式。比如，以意识形态建构对公民的教育与塑造为例，从新中国成立至今，"党和国家对民众的宣传与教育逐渐从以党为中心转变为以国家为中心"，"不再简单地从培育社会主义接班人角度塑造公民，而是从作为国家公民应有的认同、信仰和价值出发来塑造公民"。参见林尚立：《当代中国政治：基础与发展》，中国大百科全书出版社2017年版，第284—285页。

23. 习近平指出："马克思主义是我们共产党人理想信念的灵魂"，"背离或放弃马克思主义，我们党就会失去灵魂。""没有马克思主义信仰、共产主义理想，就没有中国共产党，就没有中国特色社会主义"，"马克思主义政党一旦放弃马克思主义信仰、社会主义和共产主义信仰，就会土崩瓦解。"参见《习近平谈治国理政》第二卷，外文出版社2017年版，第66、326页。

24.〔德〕马克思：《〈黑格尔法哲学批判〉导言》，载《马克思恩格斯文集》第1卷，人民出版社2009年版，第11页。

25.〔德〕马克思、恩格斯：《〈政治经济学批判〉序言》，载《马克思恩格斯文集》第2卷，人民出版社2009年版，第591—592页。

26.〔德〕马克思、恩格斯：《德意志意识形态》，载《马克思恩格斯文集》第1卷，人民出版社2009年版，第536页。

27.〔德〕马克思：《哥达纲领批判》，载《马克思恩格斯选集》第3卷，人民出版社1995年版，第313页。

28.〔德〕恩格斯：《家庭、私有制与国家的起源》，载《马克思恩格斯文集》第2卷，人民出版社2009年版，第 189 页。

29. 郁建兴:《论全球化时代的马克思主义国家理论》,《中国社会科学》2007 年第 2 期。

30. 毛泽东在《论人民民主专政》一文中指出:"总结我们的经验,集中到一点,就是工人阶级(经过共产党)领导的以工农联盟为基础的人民民主专政。……这就是我们的公式,这就是我们的主要经验,这就是我们的主要纲领。"参见《毛泽东选集》第四卷,人民出版社 1991 年版,第 1480 页。江泽民《在庆祝中国共产党成立八十周年大会上的讲话》中明确指出:"我们党要始终成为中国工人阶级的先锋队,同时成为中国人民和中华民族的先锋队。"参见《江泽民文选》第三卷,人民出版社 2006 年版,第 292 页。这是在马克思主义中国化过程中对马克思主义关于无产阶级专政思想和无产阶级政党建设思想的重要发展,也是马克思主义在与国家相结合的过程中从阶级意识形态向国家意识形态发展的重要体现。

31.《马克思恩格斯文集》第 2 卷,人民出版社 2009 年版,第 470—471 页。

32.《马克思恩格斯文集》第 1 卷,人民出版社 2009 年版,第 528 页。

33.《毛泽东选集》第三卷,人民出版社 1991 年版,第 1060 页。

34.《毛泽东选集》第四卷,人民出版社 1991 年版,第 1479 页。

35.《毛泽东著作选读》,人民出版社 1986 年版,第 740、743 页。

36.《毛泽东文集》第七卷,人民出版社 1999 年版,第 170 页。

37.《邓小平文选》第二卷,人民出版社 1994 年版,第 128 页。

38.《邓小平文选》第三卷,人民出版社 1993 年版,第 372 页。

39.《邓小平文选》第二卷,人民出版社 1994 年版,第 351 页。

40.《邓小平文选》第三卷,人民出版社 1993 年版,第 373 页。

41. "在今天的中国,不能想象能够在贫瘠的文化土壤上建构具有强大吸引力和凝聚力的社会主义意识形态,不能想象能够在文化与意识形态相悬绝的条件下建构具有包容性和整合力的社会主义意识形态,也不能想象在上述两种情形下建筑起来的意识形态能够有效支撑当代中国政治发展以及经济、社会发展",这就提出了中国传统文化创造性转化、创新性发展的时代任务。参见林尚立等:《政治建设与国家发展》,中国大百科全书出版社 2008 年版,第 271 页。

42.《马克思恩格斯选集》第 1 卷,人民出版社 1995 年版,第 54—57 页。

43. 从对中国革命道路的创造性阐释、对中国社会主义国家阶级基础的界定,到社会主义初级阶段概念的提出和中国特色社会主义理论的创造,马克思主义中国化的实质就是有效解释中国,马克思主义改造中国的前提就是有效把握中国。

44.《马克思恩格斯文集》第 1 卷,人民出版社 2009 年版,第 11 页。

45. 邓小平明确指出,"改革也是解放生产力","过去,只讲在社会主义条件下发展生产力,没有讲还要通过改革解放生产力,不完全。应该把解放生产力和发展生产力两个讲全了"。参见邓小平:《在武昌、深圳、珠海、上海等地的谈话要点》,载《邓小平文选》第三卷,人民出版社 1993 年版,第 370 页。

46. 2017 年习近平在联合国日内瓦总部的演讲中指出:"人类正处在大发展大变革大调整时期……各国相互联系、相互依存,全球命运与共、休戚相关。"参见《习近平谈治国理政》第二卷,外文出版社 2017 年版,第 538 页。

47. 中共中央宣传部编:《习近平总书记系列重要讲话读本(2016 年版)》,学习出版社 2016 年版,第 8—9 页。

48.《习近平谈治国理政》第二卷,外文出版社 2017 年版,第 30 页。

49.《习近平谈治国理政》,外文出版社 2014 年版,第 425 页;中共中央宣传部编:《习近平总书记系列重要讲话读本(2016 年版)》,学习出版社 2016 年版,第 5 页。

50. "中华民族"观念出自伟大的思想建构和意识形态创造,这是精神之于物质、意识形态之于社会实践的反作用的明显例证之一。

51. 郑大华、张弛:《近代"中华民族复兴"之观念形成的历史考察》,《教学与研究》2014 年第 4 期。

52. 郑大华:《论毛泽东的中华民族复兴思想》,《当代中国史研究》2013 年第 5 期。毛泽东的具体论述参见毛泽东:《论反对日本帝国主义的策略》,《毛泽东选集》第一卷,人民出版社 1991 年版,第 161 页;《中国革命与中国共产党》,《毛泽东选集》第二卷,人民出版社 1991 年版,第 621—623 页;《社会主义革命的目的是解放生产力》,《毛泽东文集》第七卷,人民出版社1999年版,第1页;《在扩大的中央工作会议上的讲话》,《毛泽东文集》第八卷,人民出版社1999年版,第302页。

53. 本书编写组:《十八大报告辅导读本》,人民出版社2012年版,第67页。

54.《毛泽东文集》第七卷,人民出版社1999年版,第1页。

55.《毛泽东选集》第三卷,人民出版社1991年版,第1096页。

56.《毛泽东文集》第八卷,人民出版社1999年版,第302页。

57. 这种具体国家形态因为同属于社会主义国家形态的范畴,所以更准确的说法应该是政治形态;但是因为学界对中国社会主义国家建设历程中不同历史阶段国家发展的现实形式的概括——如"发展型国家"与超越"发展型国家"等——习惯上使用国家形态的概念,为讨论之方便,姑且沿袭之。

58. [以色列]S.N.艾森斯塔德:《帝国的政治体系》,阎步克译,贵州人民出版社1992年版,第235、230—231、241—242页。

59. 古代中国在国家形态上体现为一种传统治理型国家,传统治理型国家的基本特征包括:第一,在政治系统的目标追求上,不以经济发展为主要目标,而以"长治久安"的政治秩序之维持为首要目标;第二,经济结构—社会结构—政治结构之间相互支撑、高度耦合,特别是在作为政治统治之社会基础的社会结构方面,政治系统致力于维持社会结构的平衡与秩序,并保持社会阶层之间以及社会精英向政治体系的流动性,同时在政治统治中预留了某种程度上的社会自治空间;第三,存在一个作为社会共识并在相当大程度上为国家、社会及个体所共享的意识形态,并且这种意识形态具有价值恒定特征;第四,在合法性认同方面,为政之道高度重视民心、民情和社会主要阶层的情感取向,其施政之方以获取社会主要阶层的情感支持为优势性考量;第五,在国家治理结构与体系中,存在一个枢纽性的政治组织,或者政治力量,或者政治角色,作为政治权力和政治权威的来源;第六,在政治思维上,权变、互动、辩证、中庸思维在政治设计和政策运用中占有重要地位;第七,在支撑传统政治形态的政治制度中,存在着存之久远的若干支柱性制度,比如科举制度、监察制度,等等。参见张树平:《从政党能力到国家能力:转型中国国家能力的一种建构路径》,《复旦政治学评论》2018年第1期。

60. 现代中国的发展问题当然首先是经济发展问题,即马克思主义政治经济学语境下"解放生产力和发展生产力"的问题。但经济发展问题不能单单从经济学视野去看,更重要的是从政治学视野去把握发展问题,因为经济发展必然牵涉政治问题即包括国家和意识形态在内的政治上层建筑问题。当我们谈及"民族复兴本质上是中国现代国家建设与社会主义现代化问题,即发展问题"之时,我们所说的"发展",就是在这样一种包括但绝不仅限于经济发展的意义上讲的,即是在国家整体发展的意义上讲的;这种国家发展的整体性,又是在从传统中国向现代国家转型的全部历史中呈现出来的。

61. 张树平:《当代中国政治:逻辑在历史中展开》,《社会科学报》2017年4月13日。

62. 相对于传统治理型国家而言,新治理型国家表现出两种历史面向,即超越与回归。在强调现代中国对传统中国国家形态的超越的同时,我们也需要关注一种基于历史联系的回归面向。参见上海社会科学院政治与公共管理研究所编:《中国政治发展进程2016年》,时事出版社2016年版,第50—51页。

63. 张敏:《转型中国治理型意识形态的构建》,《江汉论坛》2017年第2期。

64. 林尚立等:《政治建设与国家发展》,第250—254页。

65. 同上书,第260页。

66. 这就将社会主义核心价值体系和社会主义核心价值观的培育和践行提到了当前中国社会主义国家意识形态建构的核心地位。核心价值观是核心价值体系的凝练表达,是内化于社会个体的价值体系。社会主义核心价值体系和社会主义核心价值观本质上是包括国家、社会、个人在内的中国全面发展的价值体系与价值观,是社会主义国家意识形态与社会主体以及社会文化相结合的产物,是社会主义国家意识形态"社会转向"的产物,因而是决定社会主义国家意识形态凝聚力、引领力的关键要素。

67. 这就要求在当代中国社会主义国家意识形态建构中,基于政党、国家与社会的互动,基于国家意识形态与一般社会文化的互动,基于当代中国社会主体的生活基础和价值需求,系统整合解放型意识形态、发展型意识形态、治理型意识形态、价值回归型意识形态,防止社会主义国家意识形态的偏枯和断裂。

68. 习近平:《决胜全面建成小康社会 夺取新时代中国特色社会主义伟大胜利》,人民出版社2017年版,第10页。

政治逻辑

69. 随着价值体系日益成为当代中国社会主义国家意识形态建构的中心议题,社会主义核心价值体系建构将"使国家意识形态和文化建设重新回到中国社会的现实、历史和传统之中,重新唤起中国文化传统的现代价值,并在核心价值基础上实现意识形态建设与国家文化建设的有机统一"。参见林尚立:《当代中国政治:基础与发展》,第 274 页。

70. 陈明明教授认为,由于主流意识形态本质上是对"党治国家"统治合法性理由的系统性论证,因此可以借助于党治国家统治绩效的关系函数的模式变迁来分析主流意识形态的变迁机理:从主流意识形态演变的过程来看,党治国家统治绩效的关系函数经历过三种模式:一是传统计划时期的 F(现代化)模式,即革命—改造模式,二是改革开放时期的 F(现代化,市场化,民主化)模式,可称之为改革—发展模式;三是构建和谐社会时期的 F(现代化,市场,民主,法治,民生)模式,也被称为和谐—执政模式。参见陈明明:《从超越性革命到调适性发展:主流意识形态的演变》,《天津社会科学》2011 年第 6 期。

71. 与中国传统国家形态相匹配的中国传统文化和政治价值体系,在近代以来从传统国家向现代国家转型的历史进程中,经历过既可爱又可信—可爱而不可信—既不可信又不可爱的意识形态衰朽过程。社会主义国家意识形态的建构,必须重新恢复意识形态可信与可爱的有机统一。

72. 中华民族伟大复兴必然伴随着制度定型和文化复兴,邓小平在 1992 年提出:"恐怕再有三十年的时间,我们才会在各方面形成一套更加成熟、更加定型的制度。"国家治理现代化"本质上是国家在实现有效发展的基础上迈向成熟与定型的建设和发展",而"人民认同制度,接受相应的政治形态,是制度得以巩固,政治形态得以完善和定型化的关键基础"。参见林尚立:《治国安邦:当代中国政治形态定型》,载陈明明主编:《政治发展新战略:回归与超越》(《复旦政治学评论》第二十辑),复旦大学出版社 2018 年版,第 16、17、22 页。

73. 张树平:《当代中国政治:逻辑在历史中展开》。

74. 当意识形态概念"扩展到日常生活中的每个细节中去时,也正是它在整体上失去自己的独立地位之际",英美的马克思主义者们通过"文化"这个无所不包的概念极大地扩展了意识形态概念,同时他们也在"文化"这一酸性溶液中极大地稀释了意识形态概念的政治内涵。参见汪行福、俞吾金等:《意识形态星丛:西方马克思主义的意识形态理论及其最新发展趋势》,人民出版社 2017 年版,第 528 页。应当注意,意识形态的概念扩展有两面效应,意识形态的实践拓展同样具有双面效应。

75. "改革开放前中国社会主义建设中的挫折,与政治场域中生活—政治关系的失调有重要关系,""在当代中国政治过程中,人民生活与政治之间的互动正处于一个前所未有的开放空间和活跃状态之中。"国家治理现代化的推进客观上要求打通政治与生活之间的隔离,而意识形态与生活世界的有效沟通则是打通生活与政治的必不可缺的前提与中介。参见张树平:《改变生活的政治与改变政治的生活:一种历史政治学分析》,《学术月刊》2019 年第 9 期。

76. 这种社会网络包括基于互联网技术的虚拟社会,"互联网是意识形态工作的主战场、最前沿。意识形态是做人的工作的,人在哪里,意识形态工作的重点就应该在哪里"。参见中共中央宣传部编:《习近平新时代中国特色社会主义思想三十讲》,学习出版社 2018 年版,第 220 页。

77. 林尚立等:《政治建设与国家发展》,第 22—27 页。

第十一章　党对军队的绝对领导

古今中外，军队或军事力量都是决定政治走向的重要变量。从历史的角度来看，中国共产党、中华人民共和国与中国人民解放军三者的发展轨迹是高度重合的。这一特殊的发展轨迹使得当代中国的军队拥有了一种独特的性质。可以说，当代中国的军队既是党的军队，同时也是人民的军队与国家的军队。而这种独特的性质与帝制时期中国"文人至上"传统和西方自由主义"文武关系"（civil-military relations）理论都是完全不同的。这种"三位一体"的基础在于政治建军原则，而这种性质也进一步塑造了国防与军队建设的方向，更是规定了新时代强军战略的方向。

第一节　党、人民、国家的军队

一、党的军队

"党的军队"是当代中国军队的实质特征。之所以如此，我们可从以下三个角度来理解。首先，从时序上讲，中国共产党成立在前，组建党的革命武装在后；其次，从逻辑上讲，"枪杆子里面出政权"，革命武装应领导新民主主义革命之要求而建立，并随着党的阶段性任务的调整而发展，军队是中国共产党历史使命的延伸；第三，从运作方式上讲，中国共产党以"党指挥枪"为原则，贯彻政治建军，并建立起了一套对军队实施绝对领导的工作制度。

（一）党的军队与"枪杆子里面出政权"

对于新生的中国共产党来说，革命军队的问题在最初并没有得到领导层的充分重视。而在国民党背叛革命、妄图消灭中国共产党之后，毛泽东开始呼吁并

领导中国共产党着手建立起属于自己的武装。在 1927 年的"八七会议"上,毛泽东指出:

> 军事方面,从前我们骂孙中山专做军事运动,我们则恰恰相反,不做军事运动,专做民众运动。蒋介石、唐生智都是拿枪杆子起的,我们独不管。现在虽已注意,但仍无坚决的概念……新政治局的常委要更加坚强起来注意此问题……以后要非常注意军事,须知政权是由枪杆子中取得的。[1]

至此,"枪杆子里面出政权"的论断被提出。经历了国民大革命失败以后,中国共产党更加清醒地认识到想要成功领导革命,就必须要有坚强的革命武装,而后者是前者的逻辑延伸和现实保障。对此,林尚立曾指出:"从党领导的革命生成过程来说,党产生在先,党创建自己的军队;但从党在革命中的立足和成长来说,则是军队保障党的生存与发展。没有军队,离开了武装斗争,党就失去了领导革命的任何可能。"[2]

在军阀割据的历史背景下,军队无法归属于可靠的国家政权或一个有力的中央,因此中国共产党作为一个主动承担历史使命的政党,必须要拥有自己的军队,这不是某种既有规范理论指导的结果,而是由革命条件下中国的国情所决定。毛泽东曾比较中外历史现实,作出如下论断:"外国的资产阶级政党不需要各自直接管领一部分军队。中国则不同,由于封建的分割,地主或资产阶级的集团或政党,谁有枪谁就有势,谁枪多谁势大。处在这样环境中的无产阶级政党,应该看清问题的中心。"[3]

（二）党的军队与"党指挥枪"

"党的军队"另一内涵,就是强调党对军队的绝对领导。一般认为,对军队与政治间关系进行学理性研究是由亨廷顿(Samuel P. Huntington)开创的。他设定了西方关于军政间关系的"职业军人的假定",并据此得出两个重要范型:政治化(politicization)与职业主义(professionalism)。前者指的是一种卷入政治的军队;而后者则与之相反,它与军队脱离政治的"中立性"相联系[4],讲求的是军队的"非党化、不介入政治事务以及只听命于合法选举产生的政府首脑与国家元首"[5]。不过,尽管亨廷顿创造性地将军政关系的历史发展归纳成了理论,但是这种理论所依靠的事实经验很大程度上源自西方,与中国近现代的革命实践存在巨大差异,因此不能照搬该理论来解释乃至规范其他国家的军政关系。

在中国的情境中,我们不难发现"坚持党对军队的绝对领导"这一原则,并不是来源于某种理论的规范,而是发端于革命实践当中。这种原则之所以不仅在革命时期发挥作用,而且在新中国成立以后仍然得到坚持,"一方面与军队本身在革命战争历史形成的性质、传统与组织方式有直接关系,另一方面则与党所承载的重大历史使命和发展任务有直接关系"[6]。因此,中国共产党所建立的武装就是"党的军队"。这不仅是历史的要求,也是逻辑的必然。

二、人民的军队与国家的军队

中国共产党组建了人民军队,坚持对军队的绝对领导,但这并不意味着军队仅具备党的军队这一种特质。相反,当代中国的军队不仅有政党性,而且还具备人民性和国家性。

(一)军队服务于人民与国家

前文提及"党的军队"体现了军队是中国共产党完成历史使命的延伸和保障,因此军队同样要服务于党的宗旨和使命。全心全意为人民服务是中国共产党的根本宗旨,当然也是党领导的军队所应奉行的宗旨。毛泽东曾说:"紧紧地和中国人民站在一起,全心全意地为中国人民服务,就是这个军队的唯一的宗旨。"[7]由是观之,从宗旨和目的上说,"人民的军队"也是"党的军队"这一性质的延伸,二者是统一的。

同理,党组建并领导人民军队,在革命时期的目的与任务是领导新民主主义革命,建立社会主义新中国;人民军队是新中国的保卫者和建设者,服务于国家利益,因此同样是"国家的军队"。这一点在中国的宪制中也有所体现。在宪法的序言中,"中国共产党领导""武装斗争""建立了中华人民共和国""中国人民掌握了国家的权力"与"成为国家的主人"等内容的并列清楚说明了这样的一个逻辑:即中国共产党作为领导核心,以武装斗争为主要斗争形式,以建立新中国为主要任务,而建立新中国的根本目的则是解放中国人民。

此外,我们还需要对国家政权的属性进行说明。新中国并不是剥削阶级统治的国家,而是中国人民掌握权力的国家。这与国家的阶级属性密切相关。在无产阶级登上人类历史舞台之后,马克思、恩格斯与列宁等人创立了组织无产阶级革命军队用暴力推翻旧的社会制度的革命理论。根据这个理论建立起来的军队,区别于以往的任何武装,因为它是由无产阶级政党领导的,以马克思主义理论作为指导的,为无产阶级和人类彻底解放而战斗的人民军队。毛泽东曾基于此种观点对军队与国家之间的关系进行了概括:

> "军队是国家的",非常之正确,世界上没有一个军队不是属于国家的。但是什么是国家呢? 大地主、大银行家、大买办的封建法西斯独裁的国家,还是人民大众的新民主主义的国家? 中国只应该建立新民主主义的国家,并在这个基础之上建立新民主主义的联合政府;中国的一切军队都应该属于这个国家的这个政府,借以保障人民的自由,有效地反对外国侵略者。[8]

因此,党领导的军队是党的军队,因而也是人民的军队;而当建立了人民政权之后,这支军队也必然是人民民主专政国家的军队。

(二) 军队的"群众路线"

中国共产党领导的军队之所以是人民的军队,是因为军队与党同步坚持了"一切为了群众,一切依靠群众,从群众中来,到群众中去"的群众路线,追求军民"鱼水情""一家亲"的和谐一体、水乳交融的境界。

从群众中来、一切依靠群众,意味着人民军队的力量来源于人民。在战争年代,党领导的军队为加强武装力量,通过动员号召群众,实现了大规模扩军,其依靠人民群众取得的成效有目共睹。人民军队在长期的革命战争中,创造了与人民战争相适应、为人民战争所必需的完备的战略战术,使得人民军队在武器装备处在劣势的条件下,能够充分发挥广大军民的主观能动作用,以己之长、击敌之短,灵活机动地打击和消灭敌人,夺取革命战争的胜利。

在和平年代,特别是在改革开放新时期,军队发展同样需要依靠人民,这种"鱼水关系"继续存在并得到发展。随着改革开放的逐渐推进和国际形势的变化,军事技术进步、军队现代化成为人民军队发展的新要求。然而,一支现代化的军队不仅需要高精尖的武器装备，而且还需要研制以及操作这些装备的人。为了满足人才需求，军方开辟了多重征兵、征才的渠道。除了军队院校培养的人才以外，军队开始通过一些固定渠道从民间征召人才，如"国防生"计划与大学毕业生（特招）入伍两种主要模式。总的来看，自20世纪90年代中后期开始，解放军逐步形成了依赖民间教育和研究机构培养并输送人才的模式，推动了人力资源流向军队。这正是得益于民间教育机构的蓬勃发展以及由此产生的高质量人力资源的积累。换句话说，在新的发展要求之下，人民群众依然是人民军队的力量之源。

到群众中去，一切为了群众，意味着人民军队不仅可以参与作战、消灭敌人，还可以帮助群众，发挥"建设性作用"。从诞生之日起，人民军队就承载着民族独立、人民解放和国家富强的历史重任，这是其区别于一切旧军队的显著标志。古田会议明确规定"红军是一个执行革命的政治任务的武装集团"，"决不是单纯地打仗的，它除了打仗消灭敌人军事力量之外，还要负担宣传群众、组织群众、武装群众、帮助群众建立革命政权以至于建立共产党的组织等项重大的任务"。毛泽东曾明确红军既是"战斗队"，又是"工作队"和"生产队"。从战争、政治、经济等方面把人民军队的职能使命同党的根本任务和人民群众的根本利益直接联系起来，将我军的历史使命升华到新的高度。[9]在建立了全国政权之后，它既是保卫社会主义祖国的钢铁长城，又是建设社会主义物质文明和精神文明的重要力量。对此，学者伍德沃德（Dennis Woodward）认为："作为一支人民的军队，它（解放军）的军事和非军事任务是互相交织并互相联系的。花时间帮助生产的活动并不是一种对'发动战争'这一主要任务的反对与损害。因为任何旨在加强军队与大众之间关系的任务都会直接有利于其作为一支战斗力量的效度（efficiency）。"[10]

（三）"三位一体"的制度保障

在实践当中，党的军队、人民的军队和国家的军队三者的有机统一也需要通过法律制度的安排来保障。

新中国成立之初，《中国人民政治协商会议共同纲领》就确立了国家制度建设中关于军事制度的安排，其中第二十条规定："中华人民共和国建立统一的军队，即人民解放军和人民公安部队，受中央人民政府人民革命军事委员会统率。"同时，

《中华人民共和国中央政府组织法》规定，人民革命军事委员会为国家军事的最高统辖机关，统一管辖并指挥全国人民解放军和其他人民武装力量。这样一来，军队在制度上、法理上被纳入了新成立的国家政权的制度体系之中，正式成为了"社会主义国家的军队"。现行的 1982 年宪法则规定：中华人民共和国中央军事委员会领导全国武装力量；中央军事委员会实行主席负责制；中央军事委员会主席由全国人民代表大会选举产生，委员会成员经主席提名后由全国人大审议决定；中央军事委员会每届任期同全国人民代表大会每届任期相同；中央军事委员会主席对全国人民代表大会和全国人民代表大会常务委员会负责；全国人大有权罢免中央军事委员会主席和中央军事委员会其他组成人员。

实际上，中华人民共和国中央军事委员会与中国共产党中央军事委员会是一体的，职能和组成人员完全相同，是"一个机构、两块牌子"的关系。林尚立指出："这种统一性也从另一个角度说明，在执政的条件下，党对军队的绝对领导，不仅要建筑在党的领导体制之上，而且也必须建筑在国家政权体制之上。"[11] 中国共产党作为执政党，坚持人民代表大会制度，并通过人民代表大会制度对国家事务实行领导，积极支持人民当家作主；而军队制度又被纳入全国人民代表大会制度这个中国的根本政治制度之中，这坚持了党和军队必须在宪法和法律下活动的原则，在制度上体现了"党的军队、人民的军队、国家的军队的有机统一"。

最后需要指出的是，"三位一体"的有机统一并不是机械地组合，统一于"党的军队"或"坚持党对军队的绝对领导"原则，这意味着人民军队不仅在过去、在现在，而且在未来依然要坚持党的领导。虽然中国共产党取得了革命的胜利、建立了新中国，党的军队具有了人民性和国家性，可是这种属性只有在党的领导下才能发展与完善。而对军队的绝对领导，同样是党领导和执政能力的重要基础。正如习近平主席在庆祝中国人民解放军建军 90 周年大会上所指出的：

> 有了中国共产党，有了中国共产党的坚强领导，人民军队前进就有方向、有力量。前进道路上，人民军队必须牢牢坚持党对军队的绝对领导，把这一条当作人民军队永远不能变的军魂、永远不能丢的命根子，任何时候任何情况下都以党的旗帜为旗帜、以党的方向为方向、以党的意志为意志。推进强军事

业,必须毫不动摇坚持党对军队的绝对领导,确保人民军队永远跟党走。党的领导,是人民军队始终保持强大的凝聚力、向心力、创造力、战斗力的根本保证。党对军队的绝对领导是中国特色社会主义的本质特征,是党和国家的重要政治优势,是人民军队的建军之本、强军之魂。

第二节　政治建军

由于当代中国的军队实现了党的军队、国家的军队与人民的军队有机统一;因此,它与西方语境下所谓纯粹"职业化"的军队是完全不同的。本质上而言,两者之间的差异在于建军原则。可以说,中国共产党一直以来都秉持着"政治建军"的原则,在强调军事现代化与战斗力标准的同时也强调军队的政治性。正如习近平主席多次强调的那样,政治建军是解放军的立军之本。

一、何为"政治建军"

政治建军发轫于军队首要是"党的军队"的特质,其核心要义是党对军队的绝对领导,亦即"党指挥枪"。基于此要义,政治建军进一步具体表现为党与军队在组织上的互嵌关系,以及党在军队所进行的政治工作。从实质上来说,军队政治工作是党领导和掌握军队的工作,也是"党指挥枪"原则的实体化与根本保障。

从历史的角度来看,政治建军原则是与中国党—军关系的发展紧密相连的。首先,中国共产党的建军史与其自身的历史是和合共生的。解放军及其前身红军是由中国共产党创立的革命武装力量,这一力量是革命时期中国共产党夺取政权的主要抓手。其次,中国共产党在建军初始便依据"支部建在连上"以及之后更为明确的"党指挥枪"原则将自身嵌入了军队之中。从这个意义上来说,党组织成为了军队与其他组织(如行政、司法等机关)互动的桥梁。军队与其他机构的互动关系由此化约为了"党内组织关系"。更为重要的是,即便是在政治形势剧烈变动的时期,这种党军关系也基本上没有发生过大的变化,从而呈现出比较稳定的形态。

因此,即便在强调经济建设的新时期,政治建军原则也并不过时[12],因为它与中国的党军、军政关系是互为表里的,而政治建军原则也在很大程度上决定了中国军队"三位一体"的性质。

二、政治建军的组织基础

军队党组织、政治主官与政治工作机关构成了政治建军的组织基础。1927年9月29日,中国共产党在江西省永新县三湾村对工农革命军的组织体制进行了改编。此后,中国共产党才真正拥有了"自己的"武装力量,也就是真正的"党的军队"。

(一)军队中的党组织

究其根本,在这次史称"三湾改编"的过程中,中国共产党在军队的最基层单位连队中建立了党组织,在党史上首次完成了党对军队的直接渗透[13],也由此标志着共产党与军队的关系除了"以党建军"之外,又多了一层"以党领军"的意涵。在谈到"支部建在连上"的理由时,毛泽东认为:"红军所以艰难奋战而不溃散,'支部建在连上'是一个重要原因。两年前,我们在国民党军中的组织,完全没有抓住士兵,即在叶挺部也还是每团只有一个支部,故经不起严重的考验。"[14]

在毛泽东看来,将党组织沉入部队的最底层是保证军队的组织纪律性以及保证其完成党所赋予的革命任务的前提。而在1929年召开的中国共产党红军第四军第九次代表大会(即"古田会议")中,上述的实践和原则又再次得到了确认和深化。会议产生的《中国共产党红军第四军第九次代表大会决议案》中的第一部分即批判了"单纯军事观点"的错误思想,并提出了加强"政治训练"的要求。

在毛泽东及一些其他中国共产党领导人眼中,红军不仅仅是一支打仗的军队,它同时还担负着诸多其他的政治任务。《决议案》指出:"红军之打仗不是为打仗而打仗,乃是为了宣传群众,组织群众,武装群众,帮助群众建设政权才去打仗的。"[15]换言之,红军在某种意义上需要引入另一种力量来节制"为打仗而打仗"的"单纯军事观点"。而部队的党组织便发挥着这样的力量。因此,《决议案》还提到了加强部队党组织建设的内容,明确了"每连建设一个支部,每班建设一个小组"为红军中党的组织的"重要原则之一"[16]。

自此,在军队基层设立党组织的经验便被中国共产党所领导的各武装力量广泛实践。在革命战争时期,中国共产党军队中的党组织系统不仅仅在政治工作中担负着核心角色,而且还是军事决策的核心。

在新中国成立之后,"支部建在连上"的组织原则不仅得到了延续和维持,而且成为了"中共党史所确认的军队基层党组织建设的基本范式"[17]。即便是"文革"时期当所有地方党组织瘫痪甚至取消的情况下,部队的党组织也并未受到很大的冲击,而且在很大程度上部队党组织还担负了大规模政治运动后政治秩序恢复和党政组织重建的任务。[18]迄今为止,军中的一切上传下达任务依旧是通过党组织进行的。[19]

(二)政治主官的设置

与其他非军事单位的党组织一样,部队党组织中也有一位起主导作用的领导人,即所谓政治主官(political commissar)。这一职位的称谓因部队层级的不同而异。

从历史上来看,政治主官制度最早源自俄国与之后的苏联。在引入中国之初,该制度被称作"党代表"制度,并被应用于黄埔建军。"党代表"制度的目的在于对军队进行"主义教育",以将其改造为有理想、有目标且纪律严明的"党军"或"主义军"。而自南昌起义开始,中国共产党所领导的武装力量直接沿用了国民革命军的党代表及政治部设置等制度。[20]1929 年,根据中央的"九月来信"精神,红军中的"党代表"逐步更名为"政治委员""政治教导员(协理员)"或"政治指导员"。与俄国革命之初军中所设置的"政委"相比,"黄埔建军"和中国共产党建军时在军中所设的政治主官并不具备浓厚的"监控"色彩。它主要是要将军人的忠诚指向从旧时期的对直接上司或将领转向对党以及党的政治理想上。换言之,就是用"政治忠诚"(political loyalty)替代军人的"个人忠诚"(personal loyalty)。[21]因此,政治主官的职能也主要集中于政治训练方面。[22]对此,毛泽东曾有过一个简要的论述:"党代表制度,经验证明不能废除。特别是在连一级,因党的支部建设在连上,党代表更为重要。他要督促士兵委员会进行政治训练,指导民运工作,同时要担任党的支部书记。事实证明,哪一个连的党代表较好,哪一个连就较健全,而连长在政治上却不

政治逻辑

易有这样大的作用。"[23]

在早期红军所制定的规范中,政治主官与军事主官之间的权力关系并不平衡,政治主官的权力有时甚至会超越军事主官。在1930年制定的《中国工农红军政治工作暂行条例(草案)》关于政治主官与军事主官关系的条文中,有这样一条规定:"政治委员在政治方面有单独发行命令之权,并在与同级军事指挥员发生争执时,有停止军事指挥员命令之权。"不过,随着共产党自身的发展以及军事斗争需要的演进,这种情况在之后发生了改变。如今,军中的政治主官和军事主官的权力与地位基本上是平等的。

政治主官这个创始于红军时代的职位在新中国成立之后同样得到了保留并且没有发生过重大变动。相较之下,政治主官制实践的先驱苏联早在第二次世界大战时期便降低了政治主官的地位和权力。尽管当时苏军仍然保留政治军官的职位,但是其指挥体制已经改为了以军事主官为核心的"一长制";类似地,最早将政治主官制引入中国的国民党军队也在1927年之后逐步将"政工干部"降级,并置于军事主官的领导之下。[24]

时至今日,中国人民解放军中的政治主官可以说是处于中国共产党与军队之间的轴心地位,是党与军队之间的"桥梁"。一方面,政治主官担任本级部队党组织的书记并主持日常工作,在部队中执行上级党组织的命令和本级党组织的决议;另一方面,他与同级的军事主官均位列"部队首长"并以此构成"双首长制"[25]。

根据实践,中国共产党军队的"双首长制"具有以下三个主要特征:第一,政治与军事主官在地位上平等;第二,在日常工作中,政治与军事主官两人须分头负责政治和军事领域的工作并共同担负领导责任;第三,军事主官的命令均须经政治主官的附署方得以生效。此外,当两人之间发生意见上的分歧之时,则需提请上级或本级党组织的全体会议裁决。由此可见,在"双首长制"下,军政主官之间不存在谁领导谁的问题,因此保证了"政治"在军队之中也获得了与"军事"同等的地位。

有部分西方学者质疑政治主官的角色,认为这一职位的设立会造成对军事指挥的干涉,进而影响军事行动的效率。然而,这一质疑却遭到了解放军尤其是解放军高级将领的反对。在他们看来,政治主官不仅不会"添乱",而且还会增加军事行动效率。而从现实来看，即便在战争之中，政治主官也大多能够"坚守本职"并与军事主官做到良好的分工协作关系，并不会影响到军事斗争的效率和结果。[26]因此也有学者将这种关系形象地比作"左右手关系"[27]。

（三）军队的政治机关

作为部队党组织工作的主持者，政治主官是通过政治机关来处理日常政治工作的。在军队政治事务领域中，如果说党组织的功能是决策，那么政治机关的功能便是执行。在中国共产党建军之初，除了在军队中设立党组织与党代表之外，还同时设立了名为"政治部"的政治机关。此政治机关的定位是"党的工作机关"，在组织上要"对党代表负责"。古田会议决议甚至还规定"凡没有建设政权机关的地方，红军政治部即代替当地政权机关"，可见中国共产党对政治机关的重视。在随后制定的通行于全军的《中国工农红军政治工作暂行条例（草案）》中，政治机关的设置标准被明确写入。该《纲领》规定，部队"团及独立营设立政治处，师以上各级设立政治部"。而这个设置标准一直沿用到了今天。

和国民党军队让政治（战）军官兼任政治部主任的体制不同，中国共产党军队的政治机关一直都有独立设置的主管职位——政治部（处）主任。根据现行的《中国人民解放军政治工作条例》，政治部（处）主任要"在上级政治机关、同级部队党的委员会和政治委员的领导下，主持本政治机关的工作，组织实施对所属部队政治工作的领导"，并且"根据军队政治工作的基本任务和主要内容，上级的决议、指示、计划，同级部队党的委员会的决议和首长的指示……组织领导部属履行职责，完成任务"。政治机关的内设机构则是根据其所担负的职能来设置的。一般来说，政治机关都会设有宣传、保卫、干部、组织、文化以及群工等机构。更为重要的是，政治机关一般都还下辖军事法院和检察院，负责军中的司法工作。

另外需要说明的是，"党对军队的绝对领导"和"党指挥枪"原则还体现在军队与地方党委的关系上。驻地方部队除了要接受本级部队党组织的领导之外，还需要接受驻扎地的地方党组织的领导。通常来说地方党组织的书记一般会兼任该地军事单位（如省军区、警备区和军分区、武装部）的"党委第一书记"，而军事单位的政治或军事主官常常兼任所在地方党委常委。

三、政治建军与政治工作的任务

在军队中,党组织与政治主官主要负责决策,而政治机关则主要负责执行,而这整个决策—执行的过程便构成了军队的政治工作过程。根据官方的定义,政治工作就是"党在军队中的思想工作与组织工作"[28]。而从共产党的整个军事史来看,政治工作的主要目的在于保证军人在政治思想与政治行为方面符合党中央的期待,并以此来协助党完成其政治任务或实现其政治目标。换言之,军队政治工作可以视作军人的"政治社会化"[29]过程:正是这一由党组织、政治主官与政治机关共同参与的过程可以将入伍之前的"平民"塑造成符合"军队政治文化"的军人。而作为军队政治社会化的政治工作包含了三种主要的"规制过程"。

(一)思想教育

"思想教育"意在军中传播党认可与提倡的"军队政治文化",并通过各种"学习"过程得到军人的认同与内化,因此它属于内部的规制,或者说是一种"教化"的过程。从内容上来看,一般党会将其对军队与军人的期望构建为"军队的性质与宗旨""优良传统""军魂"或者"军人核心价值观"等话语,而这些叙事或话语一般都与党中央某一时期其他领域的主流价值相契合。比如在革命战争时期,军人需要"拼搏杀敌""英勇善战";而在和平时期,军人的"服务意识"以及"爱国意识"则成为强调的重点。但是不论"军队政治文化"的内容为何,军人都必须无条件地进行学习。从实施方式与手段上来看,由于军队更为强调思想上的统一,因此"思想政治教育"活动也尤为密集。在工农红军以及之后的人民解放军中,"思想政治教育"一般通过不定期政治运动以及常规政治学习活动来进行。而前者与后者的实施都仰赖于军中"科层化的政治社会化机构"[30],亦即政治机关。在每一次党中央提出新的"表述"或"理念"后,解放军几乎都是较快做出反应的,这也可以证明党组织(包括政治主官)和政治机关之间具有高度的一致性和配合度。

军队政治运动一般都是中共中央在全党实施的大范围政治运动的一部分,因此,政治机关在这方面的自主性不强,其需要根据部队党组织以及政治主官的决策来进行。而在部队日常的政治学习中,政治机关则有一定的自主性。在《政工条例》关于政治机关的职责中就有"进行政治教育和经常性思想工作"的条款。而在具体的形式方面,根据《中国人民解放军思想政治教育大纲》规定,部队日常的政治学习或者思想政治教育"通常采取理论学习、重大主题教育、经常性思想教育等形式进行"。《大纲》还明确规定了部队思想政治教育的时间。其中,新兵入伍训练阶段的四成时间都需要接受政治教育。而军官则每年都需要参加一定天数的"轮训"以及"党委中心组学习"。而除了传统的政治教育这一类的单向灌输手段之外,基于各种传播媒介的"渗透式"教育也是"思想政治教育"的重要组成部分。这其中就包括了树立及学习模范人物活动、各类文体活动(歌舞表演、展览以及体育竞赛等),以及通过军内外的大众传播媒体(部队的报纸杂志、电影、广播电视节目以及书籍等)和日益兴起的互联网络进行信息传播,甚至还包括了一些心理辅导活动。

(二)行为塑造

与思想政治教育不同,行为塑造的关注点主要在行为,其目的在于促使军人行为符合"军队政治文化",并且纠正那些越轨的行为。因此它属于一种外部规制的范畴,这其中便包括了各类的奖惩机制。在奖励方面,与其他"平民"(civilian)机构相比,军队除了物质激励之外还有其自己独特的奖励机制——比如功勋制度。一般来说,除了战功之外,在和平时期只要在行为上与党的期待相契合方面特别突出便可以被认定为"立功",并且可以由此获得军功章甚至是勋章。这些与特定行为相联系的符号性的奖惩机制"可被视为政治社会化的间接渠道",因而"对主导性政治文化的形成扩散有明显的促进作用"。[31]

而在惩罚方面,军队内部所依赖的机制是以部队党的纪律检查机构为主的政治手段和基于军队监察以及司法机构的法律手段。部队党的纪律检查机构附属于同级部队党委,它主要对于部队中的党员行为进行约束。由于中国军队中的军官基本上都是共产党员,因此可以说党的纪律检查机构几乎对每一位军官的政治行为都负有纠偏的责任。而对于部队中的非党员军人以及政治领域以外越轨行为的纠正与惩罚则需要依赖军队的行政监察以及司法机构。按照现行的规定,军队的行政监察任务同时由部队中党的纪律检查机构或者组织部门承担[32],而司法职能则分别由各级的军事法院以及军事检察院承担。上述机构根据党内规定或者国家及军内的法律法规对军人的越轨行为进行纠正与惩罚。

政治逻辑

最后，需要指出的是，不论奖励还是惩罚的决定都需要由部队党组织作出。此外，在组织机构中，除了部队纪律检查机构附属于同级部队党委之外，部队的司法机关是附属于部队政治机关之下的。因此，"以党领军"在军队的"行为塑造"的过程中也得到了完全的体现。

（三）人事控制

人事控制意在保证军中的干部和军官在思想上认同且在行为上符合"军队政治文化"，并且将不符合的人剔除"出局"。因此，"人事控制"同样属于一种外部的规制。作为"党管干部"原则在军队中的体现，培养和选拔军官或军队干部的权力掌握在部队党组织、政治主官以及政治机关的手里。由于军队结构是一种非常严格的科层制，因此能够决定"谁在什么位置上"的人事权力非常重要。在传统军队的"一长制"的模式下，人事决定权无疑归于军事主官。而在"双首长制"下，军事主官的这一决定权很大程度上转交给了政治主官及其领导下的政治机关。

党的军队甫一建立便将政治建军确立为第一原则。围绕这一原则，中国共产党通过建立军队党组织、设立双首长负责制和政工机关，对军队与军人实施了思想教育、行为塑造与人事控制三项机制，从而实现政治建军。在中国走入新历史时期的当下，坚定贯彻政治建军原则也是军队践行新的历史使命的关键。在古田会议召开 85 年后的 2014 年，习近平来到古田，主持召开了全军政治工作会议。这无疑具有鲜明的象征意义——政治建军是立军之本，且这一原则仍将被坚定地传承下去。

第三节　强军战略

一、从"革命化"到"现代化"

在 20 世纪 50 年代末至 70 年代末，政治建军原则很大程度上被曲解了。当时的一些军队主要领导人将政治建军原则和其他强军战略割裂开来，并将前者凌驾于后者之上，甚至取代后者。改革开放以来，"和平"与"发展"成为时代的潮流。中国共产党审时度势顺应历史的发展，精简了军队规模。特别是在 1985—1987 年，中国人民解放军员额减少100万,被称为"百万大裁军"。与此同时,军费的开支大幅削减,为经济发展"让路",军队的武器装备发展也有所停滞。为了弥补军费的不足,军队开始涉足经商等领域,军队的高度政治性与凝聚力一度受到挑战。

20世纪90年代以来,中国特色军事变革取得重大进展。1998年,中央军委宣布撤销了军队经商的决策,并且决定逐年增加军费以实现"补偿式发展"。由此,中国军队特别是在战术训练、武器研发、军队凝聚力与战斗力等方面取得了一些成果。

与此同时,中国共产党正确判断"世界正经历百年未有之大变局"[33],世界多极化、经济全球化、社会信息化、文化多样化深入发展,和平、发展、合作、共赢的时代潮流不可逆转,但国际安全面临的不稳定性不确定性更加突出,中国安全环境的外部压力也在逐渐加大。

此外,中国军队机械化建设任务尚未完成,信息化水平亟待提高,军事安全面临技术突袭和技术代差被拉大的风险,军队现代化水平与国家安全需求相去甚远,与世界先进军事水平相比差距还很大,《中央军委关于深化国防和军队改革的意见》指出要"建设同我国国际地位相称、同国家安全和发展利益相适应的巩固国防和强大军队"。

在上述背景之下,军队改革与强军战略的提出无疑面向的是提高军队的政治性与战斗力,从而应对新的内外压力与挑战。

二、强军战略总体目标

中国新时代军事战略方针,依然坚持"防御、自卫、后发制人"原则,实行积极防御,坚持"人不犯我、我不犯人,人若犯我、我必犯人",强调遏制战争与打赢战争相统一,强调战略上防御与战役战斗上进攻相统一。

由于中国始终奉行在任何时候和任何情况下都不首先使用核武器、无条件不对无核国家和无核地区使用或威胁使用核武器的核政策,主张最终全面禁止和彻底销毁核武器,不会与任何国家进行核军备竞赛,始终把自身核力量维持在国家安全需要的最低水平。这一承诺既显示了中国在国际社会中的政治姿态,但同时也对自身打常规战争的能力提出了更高的要求。

需要明确的是,所谓"强军",一方面是"政治强、精神强",另一方面是"管理体制强、武器装备强"。军改的目的,在一定程度上就是提升中国打常规战争、有限战争的能力;着力解决国防和军队建设的体制性障碍、结构性矛盾和政策性问题;聚焦能打仗、打胜仗,推动机械化信息化融合发展,加快军事智能化发展,为巩固中国共产党领导和社会主义制度提供战略支撑,为捍卫国家主权、统一、领土完整提供战略支撑,为维护国家海外利益提供战略支撑。

具体而言,党的十八大后的国防与军队改革是在加强党对军队绝对领导的前提下,在 2020 年之前需要完成三大目标。一是在 2020 年前要在领导管理体制、联合作战指挥体制改革上取得突破性进展;二是在优化规模结构、完善政策制度、推动军民融合发展等方面改革上取得重要成果;三是努力构建能够打赢信息化战争、有效履行使命任务的中国特色现代军事力量体系,完善中国特色社会主义军事制度。[34]

三、强军战略背景下的改革措施

党的十八大后的国防与军队改革着力点在于军队的体制与机制,其关键点在于重塑军队政治生态,加强党对军队的绝对领导,重新强化"政治建军"原则;同时在此基础上,构建现代化的军事管理体制。

(一)重塑军队政治生态

上文提到,1929 年《中国共产党红军第四军第九次大会决议案》(又称《古田会议决议》)提出政治建军的路线,明确了党对军队的绝对领导,强调了党的思想、队伍、作风纯洁对建立一支无产阶级领导的新型人民军队的重要性。2014 年习近平主席在古田召开的全军政治工作会议上则重申了党对军队的绝对领导这一理念,明确军队就是党的军队。

重塑政治建军,就是要让军队抛弃一些旧的习气、旧的传统,轻装上阵。首先是整顿政治生态。党的十八大以来,中国共产党查处多起严重违纪违法案件;开展重大工程建设、装备物资采购等行业领域专项整治;建立基层风气监察联系点制度,查纠官兵身边"微腐败"和不正之风。更重要的是,继续深化政治巡视,完成对军委机关部门、大单位巡视和回访巡视全覆盖。着力推进审计全覆盖,加大重点领域、重大项目、重要资金审计力度,严格领导干部经济责任审计,积极推行经费绩效审计、全程跟踪审计、军地联合审计。2012 年以来,共审计 3.9 万个(次)单位(部门)、1.3 万名团以上领导干部。[35] 截至 2019 年 7 月,中国共产党认定在军队中的反腐败斗争取得压倒性胜利,风清气正的良好政治生态基本形成。

其次是重塑军队精神信仰。其中标志性意义最大的就是更改集团军番号,中国共产党历史上的军队番号从 1—70 排列,许多集团军番号都有着光辉的历史,有着极强的政治象征意义。在军改之前有七大军区共保留 18 个集团军。而本次军改全新开始,在历史上 70 个军的番号之后,从第 71 开始排列,且所有番号均相连,按照东南西北中五大战区来排序,共 13 个集团军。

更改番号在整个中国人民解放军军史上是首次,这一方面要求军队放下历史骄傲、历史包袱的同时,也意味着军队有了新的政治信仰方向,有了精神支柱。在这个意义上,军队的番号改革与中国共产党全党核心的确立之间的关联是分不开的。

中国共产党始终坚持把思想政治建设摆在军队各项建设首位,要求每一位战士都牢固确立习近平强军思想的指导地位,坚决维护习近平总书记党中央的核心、全党的核心地位,坚决维护党中央权威和集中统一领导,贯彻中央军委主席负责制,增强政治意识、大局意识、核心意识、看齐意识。2014 年 12 月印发《关于新形势下军队政治工作若干问题的决定》,推进政治整训,军队重整行装再出发。2018 年 8 月召开中央军委党的建设会议,全面加强新时代军队党的领导和党的建设工作。对军人提出了"有灵魂、有本事、有血性、有品德"的要求,对军队提出了"铁一般信仰、铁一般信念、铁一般纪律、铁一般担当"的目标,并着重"革命"意义的意识形态表述,即"革命军人""革命军队"。

(二)重整管理体制

自古田会议以来,党对人民军队的绝对领导成为中国军队建设的核心原则。《中央军委关于深化国防和军队改革的意见》中强调,军队改革需要着眼于加强军

政治逻辑

委集中统一领导,特别是"军委主席负责制"。只有做到了"军委主席负责制",以上率下,全军坚决听从习主席号令指挥,才能发挥最大的向心力与凝聚力。

强化军委机关的战略谋划、战略指挥、战略管理职能,优化军委机关职能配置和机构设置,完善军种和新型作战力量领导管理体制,形成决策权、执行权、监督权既相互制约又相互协调的运行体系。

在职能定位层面上,按照突出核心职能、整合相近职能、加强监督职能、充实协调职能的思路,调整改革军委机关设置,由总部制调整为多部门制。军委机关下放代行的军种建设职能,剥离具体管理职能,调整归并同类相近职能,减少领导层级,精简编制员额和直属单位。优化军委机关职能配置和机构设置,调整组建新的军委机关部门,由过去的总参谋部、总政治部、总后勤部、总装备部四总部调整为军委机关 15 个职能部门,作为军委集中领导的参谋机关、执行机关、服务机关。

在健全军种领导管理体制上,优化军种机关职能配置和机构设置,发挥军种在建设管理和保障中的重要作用。调整改革后勤保障领导管理体制,以现行联勤保障体制为基础,调整优化保障力量配置和领导指挥关系,构建与联合作战指挥体制相适应,充分结合、通专两线的后勤保障体制。改革装备发展领导管理体制,构建由军委装备部门集中统管、军种具体建管、战区联合运用的体制架构,装备发展建设实行军委装备部门—军种装备部门体制,装备管理保障实行军委装备部门—军种装备部门—部队保障部门体制。加强国防动员系统的统一领导。[36]健全联合作战指挥体制,重点在打赢现代信息化战争;组建战区联合作战指挥机构;构建完善精干高效的战略战役指挥体系,重新调整、划设战区。这要求相关部门按照联合作战、联合指挥的要求,建立并完善与联合作战指挥体制相适应的训练体制。指挥、建设、管理、监督等路径更加清晰,决策、规划、执行、评估等职能配置更加合理。

在完善军兵种领导管理体制上,整合原四总部的陆军建设职能,成立陆军领导机构;整合各军种和军委机关的战略支援力量,成立战略支援部队;第二炮兵更名为火箭军;整合主要承担通用保障任务的战略战役力量,成立联勤保障部队,构建起"中央军委—军种—部队"的领导管理体系。

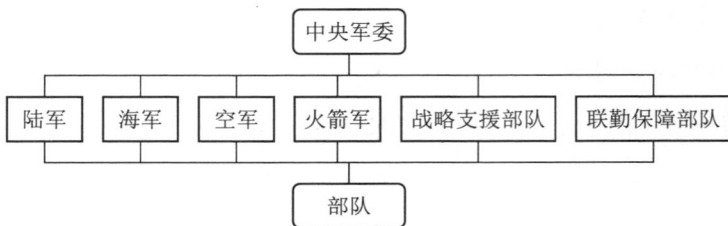

图 11.1 军队领导管理体系架构图

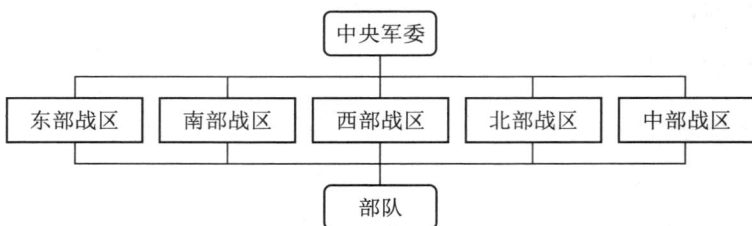

图 11.2 军队作战指挥体系架构图

领导指挥体制改革是适应现代军队专业化分工和信息时代能打仗、打胜仗的要求,提高军队作战效能和建设效益的重大举措。[37] 按照"军委管总、战区主战、军种主建"原则,强化军委集中统一领导和战略指挥、战略管理功能,打破长期实行的总部体制、大军区体制、大陆军体制,构建新的军队领导管理和作战指挥体制。

另外,此次军事改革不仅局限于领导制度改革,还将人力资源政策与后勤资源政策一并纳入在内。《中央军委关于深化国防和军队改革的意见》强调,军队职能任务需求与国家政策制度创新需要相适应,需要构建体现军事职业特点、增加军人荣誉自豪感的政策制度。军队人员分类将逐步遵循军衔主导的等级制度,国务院专门成立退伍军人事务部进行对接,退役军人安置与管理政策得到进一步完善。[38]

在法治方面,中国共产党依旧倡导全面贯彻依法治军、从严治军的方针,进一步构建新时代军事法制体系,实现从行政命令向依法行政的根本性转变,健全相关军事制度,坚持党中央、中央军委和习主席的统一领导,强化各级责任担当、严格执行各项纪律规定,全面提高国防和军队建设法制化水平。新军委纪委、政法委的组建分别负责向军委机关部门和机关派驻纪检组以及按区域设置军事法院、军事检察院,经过调整组建的军委审计署则全部实行派驻审计,通过构建严密的权力运行制约和监督体系,重点解决军队纪检、巡视、审计、司法监督独立性和权威性不够的问题[39],为依法治军、从严治军奠定了制度以及结构的双重基础。

(三)改革的系统性

新的国防与军队改革的特色在于系统性。中央制定了军队发展战略和重要领域、军兵种、武警部队发展战略,形成战略规划和计划体系,通过并颁布实施了《军队建设发展"十三五"规划纲要》,一定程度上实现了"顶层设计"。而军警分工和军民融合是这一顶层设计的重要表现。

军警分工。中国共产党厘清了武警在国家的地位,正式将其纳入军队进行管理,使联合作战指挥体制、军队规模结构和作战力量体系、院校、武警部队改革以及军民融合改革将以逐步推进的形式得到实现。在《中央军委关于深化国防和军队改革的意见》中,关于武装警察部队改革的重点在于指挥管理体制和力量架构。中央军委需要加强对武装力量的集中统一领导,调整武警部队指挥管理体制。2018年1月1日,中国人民武装警察部队已经实现了由党中央、中央军委的集中统一领导,实行中央军委—武警部队—部队领导指挥体制。2018年发布的《深化党和国家机构改革方案》宣布,按照军是军、警是警、民是民原则,将列武警部队序列、国务院部门领导管理的现役力量全部退出武警,且公安边防部队、公安消防部队、公安警卫部队不再隶属武警部队;海警队伍按照先移交、后整编的方式,将国家海洋局(中国海警局)领导管理的海警队伍及相关职能全部划归武警部队。[40]

军民融合。党的十八大以来,为打破军民分离的二元结构,国家相继出台了一系列政策制度,涉及武器装备科研生产、人才培养、军队社会化保障与国防动员等多个领域。[41]国家强调,要推动军民融合发展,就要着眼形成全要素、多领域、高效益的军民融合深度发展格局,构建统一领导、军地协调、顺畅高效的组织管理体系、国家主导、需求牵引、市场运作相统一的工作运行体系,系统完备、衔接配套、有效激励的政策制度体系。[42]2016年3月25日,《关于经济建设和国防建设融合发展的意见》在中共中央政治局会议上获得通过,标志着促进军民融合已发展上升成为国家战略。军民融合领导机构建设已融入"十三五"规划,通过将军民融合理念贯穿经济与国防建设,用改革、创新的思路突破障碍与矛盾,中国特色社会主义制度优势在党的领导下得到了充分发挥。

党的十八大以来的强军战略在意识形态上重塑了军队的精神面貌,明确了党军关系,肃清腐败分子流毒,净化了军队政治生态,并通过对领袖伟大人格的塑造提升了军队的向心力与凝聚力,为"政治建军"这一基础提供了重要保障。其次,重新划分军事管理体制,使管理更加适应现代化战争需要,减少耗散与管理成本,有效提升了军队有限战争、常规战争的能力。

注释

1. 毛泽东:《枪杆子是由政权中取得的》,载中国人民解放军军事科学院:《毛泽东军事文选(内部本)》,中国人民解放军战士出版社 1981 年版,第 3 页。

2. 林尚立:《当代中国政治:基础与发展》,中国大百科全书出版社 2016 年版,第 178 页。

3. 毛泽东:《战争和战略问题》,载《毛泽东选集》第二卷,人民出版社 1991 年版,第 545—546 页。

4. Samuel P. Huntington, *The Soldier and the State：The Theory and Politics of Civil-Military Relations*, Cambridge：Belknap Press of Harvard University Press, 1957.

5. 陈明明:《所有的子弹都有归宿:发展中国家军人政治研究》,天津人民出版社 2003 年版,第 19 页。

6. 林尚立:《当代中国政治:基础与发展》,第 184 页。

7. 毛泽东:《论联合政府》,载《毛泽东选集》第三卷,人民出版社 1991 年版,第 1039 页。

8.《毛泽东选集》第三卷,人民出版社 1991 年版,第 1037 页。

9. 周文等:《在新的历史起点重温古田会议》,《中国国防报》2014 年 10 月 29 日。

10. Dennis Woodward, "Political Power and Gun-barriers, the role of the PLA", in Bill Brugger(ed.), *China：The Impact of the Cultural Revolution*, London：Croom Helm, 1978.

11. 林尚立:《当代中国政治:基础与发展》,中国大百科全书出版社 2016 年版,第 189 页。

12.《习近平谈"政治建军"有啥深意?》,人民网, http://politics. people. com. cn/n/2015/0203/c1001-26501409.html.

13. 除了毛泽东领导的"三湾改编"之外,朱德所领导的"赣南三整"也具有与前者相似的内容。但是在时间上后者比前者要晚一两个月。

14. 毛泽东:《井冈山的斗争》,载《毛泽东选集》第一卷,人民出版社 1991 年版,第 65—66 页。

15.《中国共产党红军第四军第九次代表大会决议案》,中国军网,http://www.81. cn/2014gthy/2014-08/29/content_6117386.htm, 2019 年 8 月 20 日访问。

16. 同上。

17. 徐勇:《20 世纪中国"政党领军"模式的创立发展》,《历史教学》2005 年第 7 期。

18. Ralph Powell, "The Party, the Government and the Gun", *Asian Survey* 10(6), 1970, pp.441—471.

19. Dennis J. Blasko, *The Chinese Army Today：Tradition and Transformation for the 21st Century*. London：Routledge, 2006, p.29.

20. 徐勇:《20 世纪中国"政党领军"模式的创立发展》,《历史教学》2005 年第 7 期。

21. Andrew Scobell, *China's Use of Military Force：Beyond the Great Wall and the Long March*, Cambridge：Cambridge University Press, 2003, p.56.

22. John Gittings, *The Role of the Chinese Army*, Oxford：Oxford University Press, 1967, p.101.

23. 毛泽东:《井冈山的斗争》,载《毛泽东选集》第一卷,人民出版社 1991 年版,第 65—66 页。

24. 洪陆训:《武装力量与社会》,麦田出版社 1999 年版,第 440—441 页。

25. 即"党委统一集体领导下的首长分工负责制"。

26. Larry M. Wortzel, "Concentrating Forces and Audacious Action: PLA Lessons from the Sino-Indian War", in Laurie Burkitt, Andrew Scobell and Larry M. Wortzel eds., *The Lessons of History: The Chinese People's Liberation Army at 75*, Darby: DIANE Publishing, 2003, pp.327—352.

27. Shiping Zheng, *Party vs. State in post-1949 China*, New York: Cambridge University Press, 1997, p.117.

28. 国防大学党史党建政工教研室:《中国人民解放军政治工作史》,国防大学出版社 1989 年版,第 2 页。

29. "军人的政治社会化"仅仅关注的是军人的政治态度与行为等方面,并不关注军事技能的习得。有学者认为,后者与前者一同构成了"军人社会化"的过程。参见余一鸣:《军队社会化的理论与实际》,《复兴岗学报》(中国台湾)2003 年第 77 期。

30. 维军:《当代中国军队的政治社会化》,《当代中国研究》2002 年第 4 期。

31. 同上。

32.《中国人民解放军监察部负责人就军队行政监察工作答记者问》,《解放军报》2003 年 11 月 27 日,第 3 版。

33. 习近平:《顺应时代潮流实现共同发展》,2018 年 7 月 25 日,新华网,http://www.xinhuanet.com/politics/leaders/2018-07/26/c_1123177182.htm?baike。

34. 新华社:《中央军委关于深化国防和军队改革的意见》,2016 年 1 月 1 日,http://www.xinhuanet.com/mil/2016-01/01/c_128588503.htm。

35. 中华人民共和国国务院新闻办公室:《新时代的中国国防白皮书》,2019 年 7 月,http://www.gov.cn/zhengce/2019-07/24/content_5414325.htm。

36. 倪子牮:《中央军委关于深化国防和军队改革的意见(全文)》,新华网,2016 年 1 月 1 日,http://news.sina.com.cn/c/nd/2016-01-01/doc-ifxneept3517995.shtml。

37. 中华人民共和国国务院新闻办公室:《新时代的中国国防白皮书》,2019 年 7 月,http://www.gov.cn/zhengce/2019-07/24/content_5414325.htm。

38. 倪子牮:《中央军委关于深化国防和军队改革的意见(全文)》,新华网,2016 年 1 月 1 日,http://news.sina.com.cn/c/nd/2016-01-01/doc-ifxneept3517995.shtml。

39. 姜紫微:《"中国范儿"军改路线详解》,中国军网,2015 年 11 月 27 日,http://www.mod.gov.cn/pic/2015-11/27/content_4630854.htm。

40. 杨一楠:《重磅!深化跨军地改革方案公布》,新华社,2018 年 3 月 22 日,http://www.mod.gov.cn/topnews/2018-03/22/content_4807577.htm。

41. 游光荣、闫宏、赵旭:《军民融合发展政策制度体系建设:现状、问题及对策》,中国科技论坛,2017 年 1 月,第 151 页。

42. 倪子牮:《中央军委关于深化国防和军队改革的意见(全文)》,新华网,2016 年 1 月 1 日,http://news.sina.com.cn/c/nd/2016-01-01/doc-ifxneept3517995.shtml。

第十二章　协商团结的政治

推动人与社会的全面发展,创造人民群众的美好生活,是社会主义民主政治的内在使命。党的领导、人民当家作主与依法治国三者有机统一,是社会主义民主政治发展的根本原则和基本战略。中国共产党在领导人民实现当家作主的政治实践中,积极地将每个人的自由发展与全社会和谐团结紧密结合起来,将党的领导与广泛全面深入协商结合起来,形成了领导、协商、团结三者联动发展的独特政治形态,区别于西方竞争、选举、分化的政治形态,这种政治形态可被称为协商团结的政治,其根源则在于人民民主。

第一节　政治建设

一、群众管理国家

马克思认为,人类历史就是一部人不断走向自由的历史,历史的每一个进步都来自人类在追求自由过程中所取得的成就。因而"任何一种解放都是把人的世界和人的关系还给人自己"[1]。从人类追求自由和自我解放的视角出发,马克思和恩格斯承认"资产阶级在历史上曾经起过非常革命的作用"[2],那就是推翻了君主制,建立了民主制。"民主制是君主制的真理,君主制却不是民主制的真理。"[3]民主制与君主制的一个重大差别就是人不再从属于国家制度,而是国家制度从属于人,确定了人的主体性,"在君主制中是国家制度的人民;在民主制中则是人民的国家的制度"[4]。"黑格尔从国家出发,把人变成主体化的国家。民主制从人出发,把国家变成客体化的人。"[5]因而"不是人为法律而存在,而是法律为人而存在"[6]。人的主体性的确立使人从封建桎梏中解脱出来,在推动人的解放、实现人的全面自由的征程中迈出了一大步。"它第一个证明了,人的活动能够取得什么样的成就。"[7]

　　但是资产阶级民主制所推动的人的解放具有鲜明的局限性,它只实现了人的政治解放,"政治解放一方面把人变成市民社会的成员,变成利己的、独立的个人,另一方面把人变成公民,变成法人"[8]。政治解放推动了国家与社会分立,公民与国家分立,但并没有实现人的经济解放,从而没有真正实现人的自由而全面的发展。马克思认为:"只有当现实的个人同时也是抽象的公民,并且作为个人,在自己的经验生活、自己的个人劳动、自己的个人关系中间,成为类存在物的时候,只有当人认识到自己的'原有力量'并把这种力量组织成为社会力量因而不再把社会力量当作政治力量跟自己分开的时候,只有到了那个时候,人类解放才能完成。"[9]只有在经验生活中把政治力量与社会力量有机统一起来,把人的政治解放与经济解放有机统一起来,才能真正实现人类的全面解放。

　　资产阶级通过资产阶级革命所掀起的政治解放运动把无产阶级从封建枷锁中解放出来,"斩断了把人们束缚于天然尊长的形形色色的封建羁绊"[10]之后,又通过把无产阶级赶往工厂做工的方式使无产阶级接受资产阶级的经济剥削,并在此基础上建立资本主义的生产方式和资产阶级的政治统治。所以马克思指出:"资产阶级社会的真正代表是资产阶级。于是资产阶级就开始了自己的统治。"[11]"与此同步,国家政权在性质上也越来越变成了资本借以压迫劳动的全国政权,变成了为进行社会奴役而组织起来的社会力量,变成了阶级专政的机器。"[12]因而资产阶级在自身统治基础上所建立的"现代的国家政权只不过是管理整个资产阶级的共同事物的委员会罢了"[13]。

　　资产阶级民主是以自由、平等、解放之名而行资产阶级统治之实,表面上资产阶级民主是代表全体人民大众的民主,但被表面现象掩盖的实质则是资产阶级统治。恩格斯指出:"永恒的正义在资产阶级的司法中得到实现;平等归结为法律面前的资产阶级的平等;被宣布为最主要的人权之一的是资产阶级的所有权。"[14]因而资产阶级民主是一种虚伪的民主。列宁指出:"资产阶级的民主只限于宣布形式上的全体公民一律平等的权利,例如集会、结社、出版的权利。至多也就是一些最民主的资产阶级共和国取消过这几方面的立法限制。然而,在实际上当局的实践,以及劳动人民所受的经济奴役(这是主要的),总是使劳动人民在资产阶级民主制度下不可能稍微广泛地享受到权利和自由。"[15]资产阶级民主"在资本主义制度下不能不是狭隘的、残缺不全的、虚伪的、骗人的民主,对富人是天堂、对穷人是陷阱和骗局"[16]。

在人的解放的征程中,资产阶级民主制不是一种真正彻底的民主制,要真正实现人的自由和解放,就需要消除资产阶级民主的虚伪性,推翻资产阶级民主制,建立无产阶级民主制。列宁直截了当地指出:"无产阶级民主比任何资产阶级民主要民主百万倍。"[17]能够完成这一历史任务的只能是无产阶级。"资产阶级不仅锻造了置自身于死地的武器;它还产生了将要运用这种武器的人——现代的工人,即无产者。"[18]无产阶级伴随着资产阶级和资本的发展而发展,无产阶级作为资产阶级的掘墓人而存在。

马克思在批判资产阶级民主的虚伪性、资本主义社会国家与社会对立之时,提出了"社会共和国"口号来作为资本主义民主的替代物。社会共和国打破了资产阶级民主制之下的国家与社会分立,把国家融入社会之中,真正实现社会对国家的统治。"这种共和国应该剥夺资本家和地主阶级手中的国家机器,而代之以公社,公社公开宣布'社会解放'是共和国的伟大目标,从而以公社的组织来保证这种社会改造。"[19]"公社体制会把靠社会供养而又阻碍社会自由发展的国家这个寄生赘瘤迄今所夺去的一切力量,归还给社会机体。"[20]公社要求铲除资产阶级的经济基础,"公社的真正秘密就在于:它实质上是工人阶级的政府,是生产者阶级同占有者阶级斗争的产物,是终于发现的可以使劳动在经济上获得解放的政治形式"[21]。"公社是想要消灭那种将多数人的劳动变为少数人的财富的阶级所有制。它是想要剥夺剥夺者。"[22]变资产阶级统治为无产阶级统治,把资产阶级以全体人民名义建立的秩序颠倒过来,把资产阶级在推翻封建统治过程中颠倒的秩序重新颠倒过来。

公社既解放劳动,又改造社会,最终实现工人阶级乃至全人类自身的解放。公社"所采取的各项具体措施,只能显示出走向属于人民、由人民掌权的政府的趋势"[23]。公社的立法、行政和司法机关的工作人员不再是高踞于人民之上的中央政府的工具,而是公社的勤务员。"社会公职不会再是中央政府赏赐给它的爪牙的私有财产"[24]，不能像旧政府机器一样凌驾于社会之上，而是变成对公民负责、随时可以罢免、工资不能高于工人工资的人民勤务员。总之，"政府的压迫力量和统治社会的权威就随着它的纯粹压迫性机构的废除而被摧毁，而政府应执行的合理职能，则不是由凌驾于社会之上的机构，而是由社会本身的承担责任的勤务员本身来执行"[25]。

马克思在"社会共和国"口号中表达了人民掌握政权、群众管理国家的政治理念。由于巴黎公社迅速失败，马克思推崇的这一政治理念没有转化为社会现实。列宁在马克思政治理念基础上提出了苏维埃民主这一崭新的无产阶级民主类型，并通过十月革命把苏维埃民主由理念转变为了现实。列宁指出："工农苏维埃，这是新的国家类型，新的最高的民主类型，这是无产阶级专政的一种形式，是在不要资产阶级和反对资产阶级的情况下来管理国家的一种方式，在这里，民主第一次为群众为劳动者服务，不再是富人的民主。"[26]"在资产阶级民主制度下，资本家千方百计地（'纯粹的'民主愈发达，方法就愈巧妙，愈有效）排斥群众，使他们不能参加管理，不能享受集会自由、出版自由等等。苏维埃政权是世界上第一个（严格说来是第二个，因为巴黎公社已开始这样做过）吸引群众即被剥削群众参加管理的政权。"[27]

苏维埃民主及其建立的苏维埃政权是群众管理国家的政权，劳动者自身占领国家机关，由"广大的无产者和半无产者群众去掌握管理国家的艺术，去掌握全部国家政权"[28]。苏维埃政权使"大多数人即劳动者实际参加国家的管理，而不是像在最民主的资产阶级民主共和国里那样，实际管理国家的主要是资产阶级的代表"[29]。在苏维埃政权之中，不再是资产阶级管理国家，而是群众自下而上地用自身一切可能的办法来建设和管理国家。群众管理国家把人民群众由被统治者变为统治者，由被压迫者变为国家和社会的主人。这是一种崭新的政治形态。

二、群众的向导

在苏维埃之前的社会类型中，群众作为被压迫者，没有管理国家的权力。在苏维埃社会中，群众首次拥有了管理国家的权力，但群众是否拥有管理国家的能力呢？资产阶级及其之前的西方社会历史文化传统长期以来把群众视为"群氓"或"乌合之众"，认为群众总是受着无意识因素的支配，容易冲动、易变、急躁、轻信和接受暗示，理性推理能力弱，容易被操控[30]，具有自身鲜明的局限性，缺乏管理国家的能力。如何平衡权力与能力、真正实现群众管理国家呢？十月革命之前，列宁主要从马克思主义理论上指出要实行群众管理国家。十月革命之后，当"群众管理国家"需要从理论转变为实践之时，列宁面临着如何在实践上让"群众管理国家"的现实问题。

首先，列宁坦率地承认群众在管理国家能力方面存在不足，他说："我们不是空想家。我们知道，不是随便哪一个粗工和厨娘都能马上参加国家管理的。在这一点上，我们同立宪民主党人，同布列什柯夫斯卡娅，同策列铁里是意见一致的。"[31]"直到今天我们还没有达到使劳动群众能够参加管理的地步，因为除了法律，还要有文化水平，而你是不能使它服从任何法律的。"[32]在当时的俄国，群众文化水平普遍低下，而且不可能短期内迅速提高，因而作为个体的群众在管理国家上毫无疑问存在困难。这是列宁面临的现实问题，也是资产阶级长期诟病群众能力之所在。

但是列宁并没有像资产阶级那样因为群众文化水平低就不让群众管理国家，他认为，不让群众直接参与国家管理工作，就"谈不上社会主义"[33]，因而一定要打破只有精英才能管理国家的传统观念，他旗帜鲜明地指出："无论如何要打破这样一种荒谬的、怪诞的、卑劣的陈腐偏见，似乎只有所谓'上层阶级'，只有富人或者受过富有阶级教育的人，才能管理国家，才能领导社会主义社会的组织建设。"[34]列宁把目光转向了工人和士兵，"我们要求由觉悟的工人和士兵来领导学习管理国家的工作，并且要求立刻开始这样做，即立刻开始吸引一切劳动者、一切贫民来学习这一工作"[35]。只有当全体劳动者都参加管理工作，才能真正把官吏变成我们委托的简单执行者，变成随时能够撤换、工资不高于工人平均工资的人民勤务员，才能把反官僚主义的斗争进行到底，一句话，才能建设社会主义。

具体来说，列宁认为，群众缺乏管理国家本领的问题要在实践中解决，要在管理国家的实践中培养才能，发现人才，锻炼能力，"必须在斗争中学到本领"[36]，在管理中学会管理。列宁坚信，当劳动人民千百年来首次由为别人劳动转变为为自己劳动的时候,劳动者当家作主所激发出来的主人翁意识必然会使群众当中涌现出大量有管理才能的人才。列宁指出:"凡是识字的、有识别人的本领的、有实际经验的普通工人和农民都能够胜任组织家的工作。资产阶级知识分子用傲慢蔑视态度谈论的'老百姓'中,有很多这样的人。这样的有才能的人在工人阶级和农民中间是无穷无尽、源源不绝的。"[37]"他们现在才刚刚开始认识自己,觉醒过来,投入生气勃勃的、创造性的、伟大的工作,独立地着手建设社会主义社会。现在最主要的任务之一,也许就是最主要的任务,是尽量广泛地发扬工人以及一切被剥削劳动者在创造性的组织工作中所表现的这种独创精神。"[38]只要善于发现,群众中就会有能够管理国家的人才。

但是,从理论上和信仰上坚信群众能够管理好国家与群众在现实中确实能够管理好国家毕竟不是一回事,"群众管理国家"毕竟还需要建立在一定的现实条件之上。列宁经过深思熟虑后指出:"要使大多数真正能够决定国家大事,必须具备一定的现实条件。这就是:必须巩固地建立一种有可能按照大多数的意志决定问题并保证把这种可能性变成现实的国家制度、国家政权。这是一方面。另一方面,必须使这个大多数在阶级成分上,在其内部(和外部)各阶级的对比关系上,能够协力地有效地驾驭国家这辆马车。任何一个马克思主义者都清楚,在关于人民大多数以及按照这个大多数的意志处理国家事务的问题上,这两个现实条件起着决定性的作用。"[39]群众管理国家首先要有一套能够保障大多数人意志的政治制度,这套政治制度必须能够集中人民意志,把人民意志整体性地反映出来,体现为制度性的整体性,而不是割裂人民意志,或者使各部分人民意志在政治制度中相互竞争或相互消耗。这种政治制度即苏维埃政治制度。其次,必须要有能够驾驭这种政治制度的阶级结构,国家政权必须掌握在代表大多数人意志的阶级手中。

从政治制度的整体性和阶级结构的多数性出发,群众管理国家从理论转化为实践包括两个维度。一是群众管理国家是集体管理而不是个人管理国家。列宁指出:"马克思主义者必须注重客观事实,注重群众和阶级,而不是注重个别人物等等。"[40]群众要整合为一个整体的人来管理国家,而不是作为单个的个体来管理国家。单个的个体在管理国家上具有自身的局限性,但是单个的个体整合为整体的时候就能够克服个体的局限性。这个整体的人实际上就是阶级的代表。在无产阶级占社会大多数的情况下，群众管理国家实际上就表现为无产阶级管理国家。当无产阶级主要由工人阶级组成的时候，群众管理国家主要就是工人阶级管理国家。马克思和恩格斯主要是从工人阶级的角度来认识无产阶级革命和无产阶级管理国家的。他们说："工人革命的第一步就是使无产阶级上升为统治阶级，争得民主。"[41]

二是群众管理国家要有一个向导，由向导来引导群众管理国家。在无产阶级作为社会多数阶级的情况下，向导就是无产阶级的先锋队，当无产阶级主要由工人阶级组成的时候，先锋队实际上就是工人阶级的先锋队，由工人阶级先锋队作为向导领导无产阶级前进，工人阶级的先锋队实际上就是共产党。因此，列宁指出："只有工人阶级的先进部分，只有工人阶级的先锋队，才能领导自己的国家。"[42]"只有工人阶级的政党，即共产党，才能团结、教育和组织无产阶级和全体劳动群众的先锋队，而只有这个先锋队才能抵制这些群众中不可避免的小资产阶级动摇性，抵制无产阶级中不可避免的种种行业狭隘性或行业偏见的传统和恶习的复发，并领导全体无产阶级的一切联合行动，也就是说在政治上领导无产阶级，并且通过无产阶级领导全体劳动群众。"[43]群众管理国家要通过无产阶级政党的领导来实现。

只有无产阶级政党，才能弥补群众管理国家的本领短缺，才能消除群众的"惶惑不安，糊里糊涂"[44]，才能不受资产阶级政客的欺骗。因而列宁指出："只有群众才能创造真正的政治，可是，无党性的、不跟着坚强的党走的群众是没有觉悟的，没有自制力的乌合之众，他们会变成那些总是'及时'从统治阶级中冒出来利用适当时机的狡猾政客的玩物。"[45]

根据列宁所指出的群众管理国家的现实条件，共产党在领导群众管理国家的过程中，其职责主要包括两个方面。一是把分散的群众整合成整体的群众，形成人民的公意，代表无产阶级的整体利益。马克思和恩格斯正是在这个意义上理解共产党的职责的，他们在《共产党宣言》中指出："共产党人同其他无产阶级政党不同的地方只是：一方面，在无产者不同的民族的斗争中，共产党人强调和坚持整个无产阶级共同的不分民族的利益；另一方面，在无产阶级和资产阶级的斗争所经历的各个发展阶段上，共产党人始终代表整个运动的利益。"[46]共产党"没有任何同整个无产阶级的利益不同的利益"[47]。共产党领导无产阶级，代表无产阶级的整体利益。除此之外，共产党没有自身的特殊利益。

二是作为无产阶级整体利益和无产阶级革命进程的代表，带领群众前进，引导群众管理国家，充当群众的向导。马克思和恩格斯在《共产党宣言》中指出："在实践方面，共产党人是各国工人政党中最坚决的、始终起推动作用的部分；在理论方面，他们胜过其余无产阶级群众的地方在于他们了解无产阶级运动的条件、进程和一般结果。"[48]"共产党人为工人阶级的最近的目的和利益而斗争，但是他们在当前的运动中同时代表运动的未来。"[49]群众需要共产党的领导来克服自身管理国家中存在的种种不足，共产党的产生与存在就是为了引导群众管理国家服务，因而是群众的向导。

依据上述马克思主义基本原理，我们就能够理解，"共产党执政就是领导和支持人民掌握管理国家的权力，实行民主选举、民主决策、民主管理和民主监督，保证人民依法享有广泛的权利和自由，尊重和保障人权"[50]。我们也就能够理解"党性与人民性有机统一"这一中国政治生活中的政治判断。党性源于人民性。不引导人民当家作主，就不需要共产党。共产党不引导人民当家作主，就没有尽到自身应有的职责。

三、协商与中国政党政治职责

共产党的职责就是引导人民实现当家作主。在这里，引导与领导实际上是一回事。引导也就是领导，领导也就是引导。那么，如何实现共产党对群众的引导功能呢？如何引导群众前进呢？从逻辑上看，共产党作为无产阶级的先锋队，代表无产阶级的整体利益，要实现引导人民群众前进、进行当家作主的功能，有效地履行自身的职责，就需要处理好共产党、无产阶级与群众之间的关系问题，也就是要处理好政党、阶级与群众之间的关系问题。

首先，共产党作为无产阶级的先锋队，不能离开群众而成为"孤军"。成为"孤军"之后，就不能有效地完成引导群众的职责。换句话说，共产党的职责是引导人民当家作主，不能变成先锋队当家作主或者只见先锋队、不见先锋队后面的人民群众。列宁指出："无产阶级政党的义不容辞的责任就是和群众在一起。"[51]共产党"最可怕的危险之一，就是脱离群众，就是先锋队往前跑得太远，没有'保持排面整齐'，没有同全体劳动大军即同大多数工农群众保持牢固的联系"[52]。所以一方面群众管理国家需要有先锋队，另一方面先锋队不能离开人民群众而独自当家作主。共产党要完成自身的职责，就要尊重群众主体地位，密切联系群众，在人民之中，而不在人民之外，更不在人民之上。中国共产党把马克思主义经典作家的上述观点概括为群众路线。因而共产党要有效履行自身职责，就要坚持群众路线。群众路线是共产党履行自身职责的内在要求与实践方式，与共产党执政具有内生相关性。离开群众路线，共产党就不能完成自身应尽的职责，也不成其为共产党。

其次，在党与党外力量的关系上，中国共产党要完成自身职责，需要强化两个方面：一是强化党的先进性，二是强化党的领导的核心性。党要成为领导核心，就需要统一战线与其配合，就需要通过协商与党外各政党、阶级阶层和集团建立政治联盟，中国共产党在这个政治联盟中居于核心地位，把党外力量团结在中国共产党周围，从而在整个社会建立一个以中国共产党为核心的政治同心圆结构。政治同心圆结构使共产党的领导具体化，由政治理念转变为政治实践。中国共产党把统一战线作为领导社会革命取得胜利的重要法宝之一。毛泽东明确指出："我们的同志必须懂得一条真理：共产党员和党外人员相比较，无论何时都是占少数。假定一百个人中有一个共产党员，全中国四亿五千万人中就有四百五十万共产党员。即使达到这样大的数目，共产党员也还是只占百分之一，百分之九十九都是非党员。我们有什么理由不和非党人员合作呢？对于一切愿意同我们合作以及可能同我们合作的人，我们只有同他们合作的义务，绝无排斥他们的权利。"[53]"必须懂得，共产党员不过是全民族中的一小部分，党外存在着广大的先进分子和积极分子，我们必须和他们协同工作。"[54]在总结统一战线与中国共产党发展壮大的内在关系时，毛泽东指出："当我们党的政治路线是正确地处理同资产阶级建立统一战线或被迫着分裂统一战线的问题时，我们党的发展、巩固和布尔什维克化就前进一步；而如果是不正确地处理同资产阶级的关系时，我们党的发展、巩固和布尔什维克化就会

政治逻辑

要后退一步。"55 总之,在中国的政治形态中,协商伴随着中国共产党领导地位实现和政治职责履行。中国共产党要有效地履行自身职责、领导人民当家作主,就需要依托统一战线来实现协商团结。

第二节　政治合力

一、整体性社会与整体性政党

在马克思和恩格斯的视域中,资本主义社会最大的问题是表面上是多数人统治,实质上则依然是少数人统治,资产阶级作为少数人假装代表多数人实施统治。关于这一点,恩格斯讲得非常透彻,他说:"以往的一切革命,结果都是某一阶级的统治被另一阶级的统治所排挤;但是,以往的一切统治阶级,对被统治的人民群众而言,都只是区区少数。这样,一个统治的少数被推翻了,另一个少数又取代它执掌政权并依照自己的利益改造国家制度。每次上台的都是一个由于经济发展状况而有能力并且负有使命进行统治的少数集团,正因为如此,并且也只是因为如此,所以在变革发生时,被统治的多数或者站在这个少数集团方面参加变革,或者安然听之任之。但是,如果撇开每一次的具体内容不谈,那么这一切革命的共同形式就在于:他们都是少数人的革命。多数人即使参加了,他们也只是自觉地或不自觉地为少数人效劳;然而,正是由于这种情形,或者甚至只是由于多数人采取消极的不反抗的态度,就造成了一种假象,好像这个少数是代表全体人民的。"56因而资本主义民主作为一种少数人统治的民主形式,是虚伪的、不彻底的。列宁明确指出:"资本主义社会里的民主是一种残缺不全的、贫乏的和虚伪的民主,是只供富人、只供少数人享受的民主。"57资本主义社会的平等也是如此,也是一种虚假的平等。

只有到了社会主义社会及其高级阶段共产主义社会,人类社会才第一次实现由少数人统治转变为多数人统治。列宁指出,苏维埃政权第一次成为穷人的、人民的而不是富人的民主制度。58"在这里,民主第一次为群众为劳动者服务,不再是富人的民主,而在一切资产阶级的、甚至是最民主的共和国里,民主始终是富人的民主。人民群众现在第一次为亿万人解决实现无产者和半无产者专政的任务,而不解决这一任务，也就谈不上社会主义。"[59]

苏维埃国家政权实施多数人的统治，让处于多数的群众参加国家管理。无产阶级作为代表多数人利益的阶级，领导人民群众掌握国家政权。"如果国家政权掌握在同大多数的利益一致的阶级手中，那么就能够真正按照大多数的意志来管理国家。"[60]无产阶级代表人民利益掌握国家政权所建构起来的社会实质上就是代表绝大多数人利益的整体性社会。基于社会整体性，人民的根本利益是一致的，因为绝大多数人属于同一个阶级，而且处于绝对多数地位。卢梭把它概括为人民意志的整体性和人民主权的不可分割性。[61]

共产党在领导无产阶级走向社会主义和共产主义的过程中实现自身的领导权，共产党的职责就在于领导人民掌握国家政权。共产党在领导人民实现当家作主的过程中代表整个无产阶级的利益，当无产阶级掌握国家政权，资产阶级作为阶级已经被消灭的时候，共产党实际上已经代表全体人民的利益，成为代表全体人民利益的整体性政党，而不像资产阶级一样只代表部分人的利益。因而中国共产党属于代表全体人民利益的整体性政党。

从词源上看，政党的根本含义是"部分"，即把一部分人与另一部分人"分开"，并代表他们进行"参与"和"分享"。[62]从政党的一般意义上看，政党是代表部分人参政议政乃至掌握国家政权的政治组织。但是政党一旦与国家建设联系起来之后，就要跃出"部分"，代表"整体"。林尚立教授指出："从现代国家建设的角度来看，不论政党制度是在什么情况、以什么样的形式确立，其内在的倾向都是共同的，就是最大限度地创造国家整合，减少党派的无序纷争所可能带来的社会分散和国家分离。"[63]政党掌握国家政权之后，更加要求由"部分"而代表"整体"。

共产党作为整体性政党，本身就具有强大的整体性，能够以整体性政党推进现代国家建设。西方政党作为"部分"，如何实现由"部分"而代表"整体"呢？这是西方学者在研究西方政党与现代国家关系时需要回答的重要问题。西方著名政党研究专家萨托利从整体性视角出发，提出了"作为整体的政党"概念，指出西方政党虽然是"部分"，但却是"整体的部分"，从而把"部分"与"整体"联系起来。他说："但是如果我们去关注作为政党的部分，其隐含的意思就是我们考虑的是一个多元的整体。"[64]"如果无视部分和政党之间的联系是错误的,另一方面,如果认为政党是和整体无关的部分也是非常错误的。如果政党是一个不能为整体而执政(也就是考虑到普遍的利益)的部分,那么它就和宗派无异。尽管政党仅仅代表一部分,这个部分对整体则必须采取非偏私的立场。"[65]萨托利竭力把西方政党由"部分"往"整体"方向靠拢,以此回应现代国家建设对政党整体性的要求,为西方政党辩护。

从"部分"与"整体"的关系来看,共产党虽然也只是无产阶级的一"部分",是无产阶级的先锋队,但如前面所述,其与无产阶级和全体人民融为一体,成为了代表全体人民利益的整体性政党。而西方政党虽然竭力往"整体"靠拢,但毕竟与"整体"还是两张皮。中国政党是"部分"融入"整体"之中,西方政党是"部分"嵌入"整体"之中。前者由"融入"而形成了整体性政党,后者则容易由"脱嵌"而导致与"整体"分裂。

21 世纪以来,西方政党作为"部分"与"整体"脱嵌的趋势越来越明显,甚至出现了"部分"压倒"整体"的现象,表现为政党不顾国家利益而进行恶性竞争,导致国家受损,国家建设遇挫。以美国两党政治为例,赵忆宁在美国访谈两党精英时发现,由于两党之间的争斗太频繁、太过分,已经导致政党无法为美国国家利益服务。[66]"除非我们能够处理好两党之间的对立和美国内部的分裂,否则无法从根本上建立一个更为强大的美国。"[67]与美国政党的"精英政治""金钱政治""否决政治"和"短视政治"[68]相比,中国共产党的社会整体性、政党整体性、国家一致性的优势特别突出。

二、整体性政治结构与政党合作

中国共产党作为整体性政党,由代表占人口绝大多数的无产阶级利益的政党进而成为代表全体人民利益的政党。即便如此,人民内部在根本利益一致性的基础上,在具体利益、群体利益、阶层利益、思想观念方面还是存在差异,民主党派还可以代表人民内部部分群体或社会阶层的利益,在人民内部统一战线范畴内发挥自身的作用。尤其是改革开放推动社会多元化发展之后,更是需要通过统一战线之中的民主党派等社会政治力量把多元社会整合起来,以多党合作推动社会整合,以社会整合保障社会的多元一体,保证国家的整体性,推动现代国家建设,同时更好地发挥民主党派的"部分"功能。

其次,民主党派可以通过党派和人民政协等渠道,就中国共产党的施政纲领、政策、国家法令等的制定执行情况进行协商讨论,对国家机关工作情况提出意见建议,对干部违法乱纪现象进行检举揭发,并经常反映群众意见、要求和建议,这些对于促进中国共产党实施正确的领导、加强和改进工作都有帮助。尤其在中国这种超大型国家与超大型社会中,中国共产党长期执政确实需要民主党派充分发挥自身的独特功能。民主党派可以在功能界别代表、科学民主决策和政策制定执行中发挥自身的应有作用。从而以"部分"更好地补充"整体",为"整体"服务,使得"整体"是包含着部分的多元整体,而不是西方政党的以"部分"否定"整体"。

从理论上看,中国共产党作为整体性政党,能够在各个方面与民主党派互为补充,实现"整体"与"部分"相结合,推动"整体"的有机化。但是作为"部分"的民主党派与作为"整体"的中国共产党相比,毕竟在组织规模、思想先进性、是否执掌政权、社会基础、社会政治力量等方面都无法与中国共产党相提并论。因而容易出现"整体"压倒"部分"现象,容易导致民主党派不能充分发挥自身的思想、组织、制度等方面功能。

因此,自中华人民共和国成立之日起,中国共产党就注重在"整体"与"部分"之间实现有机平衡,尤其是社会主义改造完成,中国共产党成为整体性政党之后,更加注重通过发挥民主党派的作用来实现其作为"部分"的平衡功能。1956 年,社会主义改造完成之后,毛泽东就提出了"长期共存、互相监督"思想,他说:"究竟是一个党好,还是几个党好? 现在看来,恐怕是几个党好。不但过去如此,而且将来也可以如此,就是长期共存,互相监督。"[69] 1957 年,毛泽东在《关于正确处理人民内部矛盾的问题》讲话中重提"长期共存、互相监督"思想,"为什么要让民主党派监督共产党呢? 这是因为一个党同一个人一样,耳边很需要听到不同的声音"[70]。周恩来也指出:"资本主义国家的制度我们不能学,那是剥削阶级专政的制度,但是,西方议会的某些形式和方法还是可以学的,这能够使我们从不同方面来发现问题。换句话说,就是允许唱'对台戏',当然,这是社会主义的'戏'。"[71]社会主义的"对台戏"要强于西方政党制度的"拆台戏"。

改革开放之后,中国共产党把"长期共存、互相监督"发展为"长期共存、互相监督、肝胆相照、荣辱与共"十六字方针,指出民主党派是参政党,制定了一系列文件来保障民主党派充分发挥自身的功能,保障新型政党制度的内在有机平衡。如《中共中央关于坚持和完善中国共产党领导的多党合作和政治协商制度的意见》(1989)、《中共中央关于进一步加强中国共产党领导的多党合作和政治协商制度建设的意见》(2005)、《中共中央关于加强人民政协工作的意见》(2006)、《中共中央关于加强党外代表人士队伍建设的意见》(2012)等。上述文件通过"软法"形式保障民主党派参政议政、民主监督和参加中国共产党领导的政治协商功能的发挥,防范中国政党制度中"整体"压倒"部分"现象的出现。

党的十八大以来,当西方政党出现"部分"压倒"整体"而导致社会分裂的时候,中国共产党则召开首次中央统战工作会议,制定《中国共产党统一战线工作条例》(试行),推进社会主义协商民主,大力加强统一战线。同时制定了《中共中央关于加强社会主义协商民主建设的意见》(2015)、《关于加强政党协商的实施意见》(2015)、《关于加强人民政协协商民主建设的实施意见》(2016)和《关于加强和改进人民政协民主监督工作的意见》(2016)等一系列文件,保障中国共产党与民主党派的协商监督。推进"部分"与"整体"的有机结合,既充分发挥中国共产党的整体性优势,又充分发挥民主党派的补充完善功能,促使新型政党制度更为平衡稳健,展现出新气象。

三、合力政治:中国政治的举国体制

中国共产党作为整体性政党,在执政过程中代表全体人民,建构整体性社会。整体性社会意味着人民根本利益的一致性,正是基于人民根本利益的一致性,人们在事关国家根本利益的问题上能够保持高度的一致性,形成各方献计献策、共襄盛举、天下归心的局面,这样的政治形态我们称之为合力政治,即中国共产党之外的各党派团体和社会各界力量代表能够在根本利益一致的基础上,与中国共产党形成政治合力。

首先,中国共产党作为长期执政的政党,习惯于从执政党视角看待社会政治现象,各党派团体和社会各界力量能够从参政党、社会或第三者视角看待社会政治现象,从而就中国共产党执政过程中疏漏之处或未注意的现象进行提醒,帮助中国共产党克服执政"盲点",查漏补缺,从而更好地推进国家和社会发展。关于这一点,邓小平说得很清楚:"共产党总是从一个角度看问题,民主党派就可以从另一个角度看问题,出主意。这样,反映的问题更多,处理问题会更全面,对下决心会更有利,制定的方针政策会比较恰当,即使发生了问题也比较容易纠正。"[72]从多党合作历史上看,民主党派等党外社会政治力量提出了大量前瞻性意见建议,为中国共产党科学执政、民主执政、依法执政作出了重要贡献。

其次,中国共产党要实现长期执政的目标,就需要有稳定的监督机制,要求自身得到监督,实现党与党外、党与社会之间的有机平衡。除了中国共产党的自我监督这一主要监督渠道之外,人大、政府接受党的领导,但并不具有对执政党进行监督的功能。在中国政治体制中,对党的执政进行监督的重要平台是统一战线和人民政协,各党派团体、各族各界人士通过统一战线和人民政协这一政治平台开展政治协商、民主监督和参政议政活动,对中国共产党进行监督。人民政协政治协商和参政议政职能都包含有监督职能,民主监督更是直接对执政党进行监督。所以统一战线和人民政协一方面自觉接受中国共产党的领导,另一方面发挥协商、监督作用,以支持中国共产党长期执政,科学执政。

统一战线中的政治协商、民主监督和参政议政都不是西方那种"你死我活"的竞争式监督,而是"查漏补缺"的合作式监督或协商式监督,监督是为了中国共产党更好地执政。换句话说,在整体性社会与合力政治之下,中国共产党提出一项重大议题之后,民主党派和党外力量就会围绕这一重大议题开展调查研究,提出意见建议,完善中国共产党的提议,从而形成一种党内外各种社会政治力量共同关注、完善这一重大议题的局面。如在浦东开发开放、三峡建设、自贸试验区建设等重大议题上,党外人士都充分发挥了上述功能,从而形成了在政治上集中力量办大事的局面,这种状况也可以被称为政治上的举国体制。

原民盟中央主席费孝通指出:"一党领导,多党合作有一个基本的意思,就是我常说的闻一多同志的名字，就是'一'与'多'的关系。我这么想，我们这个国家在整个世界格局中是比较弱的，处于落后地位，知识比较少，工业不发达，必须要比人家快的速度发展起来才能赶上人家，否则要出大问题。这就需要一批人带头。孙中山讲以先觉觉后觉，那么，谁来领导，谁是先进的。在这个世纪就是工人阶级先进。它的先进分子组成共产党。党来指出方向，他们要走在前面，要纯，要有纪律，要有高度威信，所以共产党是'一'。党是先锋队，党的主要任务是起领导作用。光有'一'是不行的，有'一'就有'多'，有纯就有杂。这个'多'是在'一'领导下的。社会上有许多不同利益，民主党派要代表不同利益。通过民主党派把各种意见、看法都反映到领导上去。民主党派应当和共产党不同，应当承认党外有党。这些党是在共产党领导下的，是支持共产党的。共产党是领导，但不能脱离群众。要把群众都发动起来，领导起来，向一个方向出力量。所以民主党派要'多'，不怕不纯。"[73]

再次，政治上举国体制的社会基础在于人民根本利益的一致性，及由此形成的整体性社会，在这样的社会之中，以中国共产党为中心，各方社会政治力量同心同德、同心同向、同心同行。在这样的政治结构中，一方面没有在野党和反对党，只有执政党和参政党，另一方面党内也不允许存在派别活动，不允许存在政治派系。列宁指出："任何派别活动都是有害的，都是不能容许的，因为即令个别集团的代表人物满心想要保持党的统一，派别活动事实上也必然会削弱齐心协力的工作，使混进执政党内来的敌人不断加紧活动来加深党的分裂，并利用这种分裂来达到反革命的目的。"[74]如果党内出现派系，就会导致党内分裂，从而影响社会的整体性，不能形成合力，产生不同的前进方向，最终导致国家发展失去方向。所以党的团结统一是产生政治合力、建构举国体制的基础，而党的团结统一如果离开统一战线及其整体性社会，也就失去了基础。

第三节　统一战线

一、统一战线的政治学

中国由传统帝国向现代国家转型之后，传统的管理国家与社会的一整套官僚制度崩溃,科举制作为把国家与社会联系起来的机制也被抛弃。整个国家与社会陷入了一盘散沙的状态。但是中国自1911年辛亥革命之后,在社会重构的过程中并没有再走西方国家与社会二元分立、社会制约国家的道路,而是走上了以政党为中心来整合国家与社会的道路,政党代替了科举制的选贤任能、意识形态教育、维持制度运转等功能,形成了以政党为中心的政治力量建构。西方是政党镶嵌在国家之中,中国是以政党为中心来重建国家。

中国共产党就是这种承担了重建国家使命的中心性政党,中国共产党重建国家、发挥中心性功能的一个重要武器就是统一战线。在中国的政治体系中,中国共产党是以民主集中制原则组织起来的先锋队组织,是工人阶级的先锋队,也是中华民族的先锋队,在先锋队组织之外存在着社会的各个阶级阶层和社会群体,它们都存在于党外,是党外的社会力量。党外社会力量与党具有较为明显的区别,党与党外力量相比具有自身的先进性,但是党要领导革命取得胜利,并不能排斥党外力量,而是要与他们建立统一战线。毛泽东同志早在1939年就告诫全党说:"中国无产阶级应该懂得:他们自己虽然是一个最有觉悟性和最有组织性的阶级,但是如果单凭自己一个阶级的力量,是不能胜利的。而要胜利,他们就必须在各种不同的情形下团结一切可能的革命的阶级和阶层,组织革命的统一战线。"[75] 在这里,毛泽东清楚表明了中国共产党在中国社会领导革命和建设必须始终坚持的一条基本规律:在中国这样的社会,一个政党、一个阶级,如果不联合社会各方积极力量,就不能达到革命和建设的目的。中国共产党正是在坚持这样的基本规律中从胜利走向胜利的。统一战线是中国共产党领导中国人民取得革命胜利的法宝,同时,统一战线也是中国政治力量建构的一种重要方式。通过统一战线,中国共产党把社会各政党、各阶级阶层、各社会群体等社会力量凝聚到党的周围,实现以中国共产党为核心的政治力量建构。然后再把建构起来的社会这种政治力量通过执政过程融入国家,就构成了中国以聚合性或集中性为特征的政治力量建构方式,以这种方式建构起来的政治力量能够迅速被动员起来,完成共同的政治任务,我们也把这种政治合力称为政治上"集中力量办大事"的举国体制,这是中国政治体制的一个重要特征。即中国共产党通过以政党为中心,迅速把党内和党外力量凝聚起来,而其中所使用的一个重要机制就是统一战线,统一战线是中国政治力量凝聚的一种重要方式。

中国共产党通过统一战线把各方社会政治力量凝聚到自身周围,凝聚起来的社会政治力量通过自下而上和自上而下双重渠道而实现政治沟通和力量均衡。一方面,各党派团体与各族各界联系自身所代表的阶级阶层与社会群体,把他们的意见建议通过统一战线反映给中国共产党,要求中国共产党倾听他们的呼声和诉求,采纳他们的意见建议,同时对中国共产党进行监督,因为这种监督是代表自身所在阶级阶层与社会群体的,所以被称为民主监督,并通过这种方式来实现人民主权和人民当家作主,即人民民主。一方面,中国共产党接受这种监督,并且把这种监督作为自我监督、自我革新、自我净化和自我完善的一种重要方式。另一方面,中国共产党则通过统一战线与各党派团体、各族各界进行政治协商,吸纳人民意见建议,并把党的政策主张通过这个平台发布到社会中去,让社会各方认同并自觉遵循党的政策主张,从而在统一战线中实现党的领导与人民当家作主有机统一。在这样的协商过程中,实现了中国共产党与社会各界、党内与党外之间的有效沟通与力量平衡,只要保持了这种沟通和平衡,中国的人民民主就是一种实实在在的民主形式,而中国共产党也不是西方所谓"一党专制",这样的协商过程包含自上而下和自下而上两个方面,一方面要求中国共产党高度重视统一战线,具有高度的协商性与民主性,自觉接受统一战线的民主监督,另一方面要求统一战线所凝聚起来的社会力量能够"囊括"社会各方面,真正具有社会代表性,能够代表社会力量。这种双向性缺一不可。

在这种双向结构中,也可能由于沟通不畅而导致自上而下和自下而上两个渠道的堵塞。一方面,由于中国共产党是长期执政的执政党与领导党,掌握国家资源和政治资源,容易形成忽视统一战线、忽视党外力量、忽视社会各界声音的状况,即出现"脱离群众的危险"。另一方面,社会各党派、各族各界的呼声如果通过统一战线的表达渠道不畅,难以上达,就很容易打破中国共产党与社会各界、党内与党外之间的平衡,从而使统一战线难以真正凝聚起社会力量。所以统一战线凝聚社会力量需要中国共产党有清醒的意识自觉,意识到需要通过统一战线来凝聚力量,来实现自我监督、自我革新、自我净化和自我完善,防止出现"脱离群众的危险",最终实现长期执政的目标。从这个意义上看,统一战线是中国共产党的政治学。

二、统一战线与国体、政体

中国的国体是人民民主专政,在人民内部实行民主,对敌人实施专政,专政主要起两个作用,一是"压迫国家内部的反动阶级、反动派和反抗社会主义革命的剥削者,压迫那些对于社会主义建设的破坏者,就是为了解决国内敌我之间的矛盾"[76]。二是"防御国家外部敌人的颠覆活动和可能的侵略"[77]。专政主要适用于敌人,"专政的制度不适用于人民内部。人民自己不能向自己专政,不能由一部分人民去压迫另一部分人民"[78]。在人民内部则实施民主,由工人阶级领导,以工农联盟为基础,推动人民管理国家,掌握国家政权。由于专政的对象属于极少数,人民民主专政内涵的人民整体性、民主性和根本利益一致性要求统一战线与其相适应,统一战线内涵的整体性及其合作协商与人民民主专政的整体性具有高度契合性。

中国的政体是人民代表大会制度,体现了议行合一的政权组织原则,其源泉也在于人民的整体性及由此形成的人民主权的不可分割性。卢梭认为:"由于主权是不可转让的,同理,主权也是不可分割的。"[79]"因此看来人们所能有的最好的体制,似乎莫过于能把行政权与立法权结合在一起的体制了。"[80]马克思继承了卢梭人民主权不可分割的思想,他在论述巴黎公社时指出:"公社是一个实干的而不是议会式的机构,它既是行政机关,同时也是立法机关。"[81]列宁在领导建立苏维埃国家政权的过程中,把议行合一的政权组织原则由理论转变成为了实践,建立了苏维埃国家制度。毛泽东在新中国成立前,从上述马克思主义基本原理出发,提出了议行合一的人民代表大会制政体原则,他说:"中国现在可以采取全国人民代表大会、省人民代表大会、县人民代表大会、区人民代表大会直到乡人民代表大会的系统,并由各级代表大会选举政府。"[82]

统一战线与议行合一的人民代表大会制度高度契合。统一战线中的政党领导与人民代表大会中的政党领导相契合,党通过领导人民代表大会而把党的意志上

政治逻辑

升为国家意志，党通过领导民主党派而实现政治团结，两个方面都有利于人民的整体性和国家建设，也有助于强化而不是弱化党的领导。统一战线中的政党合作协商则从内部支撑起了议行合一，进一步塑造人民的整体性和统一的国家意志。如果在人民代表大会中搞政党竞争，就会破坏议行合一，导致两权分立或三权分立，进一步破坏人民主权的不可分割性和人民意志的整体性。所以议行分立的政权组织原则需要竞争性政党制度与其配套，而议行合一的政权组织原则需要非竞争性政党制度与其配套。[83]统一战线能够强化人民代表大会制度的整体性，同时通过合作协商确保"部分"充分发挥自身的政治功能。

毛泽东有时又把中国的政体称为民主集中制。他在《新民主主义论》中指出："国体——各革命阶级联合专政。政体——民主集中制。"[84]在我国政治生活中，民主集中制实际上包含三个维度：第一个维度是政体维度的民主集中制，即人民代表大会民主决策，政府集中执行，基于人民意志的整体性，人民代表大会只能是一元结构而不能二元结构。1945年，毛泽东在《论联合政府》中就是从这种意义上来理解民主集中制的，他说："新民主主义的政权组织，应该采取民主集中制，由各级人民代表大会决定大政方针，选举政府。它是民主的，又是集中的，就是说，在民主基础上的集中，在集中指导下的民主。只有这个制度，才既能表现广泛的民主，使各级人民代表大会有高度的权力；又能集中处理国事，使各级政府能集中地处理被各级人民代表大会所委托的一切事务，并保障人民的一切必要的民主活动。"[85]

第二个维度是政党维度的民主集中制，即在党内决策之前充分发扬民主，集思广益，党内决策之后则要坚决执行，即使保留个人意见也要执行组织决定，保证党的集中统一。"在民主的基础上实行高度的集中，加强组织性纪律性，保证全党行动的一致，保证党的决定得到迅速有效的贯彻执行。"[86]中国共产党又把这个维度的民主集中制概括为"民主讨论、个别酝酿、会议决定、统一执行"。第三个维度是行政维度的民主集中制，即中国共产党在行使行政权力的过程中，既要坚持集体领导，又要坚持个人分工负责，实行集体领导与个人分工负责相结合。

统一战线与民主集中制的前两个维度相契合。在第一个维度，统一战线的整体性有利于促进人民代表大会的整体性，从而有利于维护政体维度的民主集中制。

在第二个维度,中国共产党在重大决策之前听取党外人士的意见建议,能够为中国共产党科学决策和民主决策服务,从而有利于维护政党维度的民主集中制。从这个意义上看,政治协商是实现民主集中制的方式之一。

三、统一战线孕育协商民主

统一战线的基本原则就是团结一切可以团结的力量,建立广泛的政治联盟。林尚立教授指出:"统一战线中的团结联合,不是基于权力威势,而是基于共同的认同、相互的尊重和利益的互惠,因而,协商就自然成为其内在机制。可以说,没有协商的基础,就没有统一战线;没有协调的机制,统一战线就无法维系和发展。"[87]统一战线中各主体之间的平等性意味着需要用协商来处理其中的双边或多边关系,因而统一战线蕴含着协商,协商是统一战线的题中应有之义。随着统一战线的发展和协商的全面展开,统一战线需要有一定的组织形式,协商需要有一定的制度规范,统一战线在确定组织形式、建立制度规范的过程中就孕育了协商民主这一民主形态。

在中国共产党的历史上,统一战线在发育协商民主过程中,建构了以下几种组织形式,这些组织形式推动了协商民主的发育。第一种形式是社会革命时期的"三三制"。毛泽东指出:"根据抗日民族统一战线政权的原则,在人员分配上,应规定为共产党员占三分之一,非党的左派进步分子占三分之一,不左不右的中间派占三分之一。必须使党外进步分子占三分之一,因为他们联系着广大的小资产阶级群众。我们这样做,对于争取小资产阶级将有很大的影响。给中间派以三分之一的位置,目的在于争取中等资产阶级和开明绅士。这些阶层的争取,是孤立顽固派的一个重要步骤。目前我们决不能不顾到这些阶层的力量,我们必须谨慎地对待他们。"[88]中国共产党通过三三制与其他党派和地主阶级代表协商合作,把他们吸纳到政治体制和政治生活中来,使地主资产阶级认同了中国共产党的领导和解放区的政治体制,与他们建立了紧密的统一战线。"三三制"是统一战线孕育协商民主过程中的第一种组织形态。

政治逻辑

第二种形式是协商建国。中华人民共和国不是由全国人民代表通过全国人民代表大会选举产生,即选举建国,而是由中国人民政治协商会议第一次全体会议代行全国人大职权而选举产生,即协商建国。1949年元旦,毛泽东在为新华社写的新年献词中明确指出:"一九四九年将要召集没有反动分子参加的以完成人民革命任务为目标的政治协商会议,宣告中华人民共和国的成立,并组成共和国的中央政府。这个政府将是一个在中国共产党领导之下的、有各民主党派各人民团体的适当的代表人物参加的民主联合政府。"[89]1949年9月21日,中国人民政治协商会议第一次全体会议正式开幕,会议通过了《中国人民政治协商会议共同纲领》《中国人民政治协商会议组织法》和《中华人民共和国中央人民政府组织法》三大纲领性文献以及关于国旗、国歌、国都和纪年的四个决议案,产生了中华人民共和国中央人民政府。毛泽东在开幕词中也指出:"现在的中国人民政治协商会议是在完全新的基础之上召开的,它具有代表全国人民的性质,它获得全国人民的信任和拥护。"[90]共有88位代表作了大会发言,与会代表认为会议"包括全国各阶层人民的呼声,成为全国人民的共同意志"[91]。"在中央人民政府的6个副主席中,有共产党3人,民主党派、无党派3人;56个委员中,有共产党27人,民主党派、无党派29人。"[92]民主党派和无党派人士在新政权中稳稳占据了半壁江山。新政协全国委员会第一次会议"选举毛泽东为第一届全国委员会主席,周恩来、李济深、沈钧儒、郭沫若、陈叔通为副主席",[93]李维汉为秘书长;选举毛泽东等28人为常务委员。6个副主席中,党外人士占5个,28个常务委员中,党外人士占17人,民主党派和无党派人士在人民政协全国委员会中占大多数。"这次政协会议,大家都满意。"[94]协商建国使统一战线融入国家建设,推动了国家政权内部的协商,使协商融入国家政权的各个方面,把协商民主发育往前推进了一大步。

第三种形式是人民政协制度的成立。中国人民政治协商会议第一次全体会议之后,人民政协制度正式成立,"中国人民政治协商会议的成立,就标志着人民民主统一战线在组织上的最后形成"[95]。人民政协作为统一战线的组织形式之后,使得协商民主的发育有了自身的制度平台。人民政协把政治协商作为自身的首要职能,中国共产党通过人民政协与各党派团体、各界社会力量进行协商合作,从而推动协商民主的发育。

第四种形式是社会主义协商民主。1987年,党的十三大报告首次提出建立社会协商对话制度,并明确指出:"必须使社会协商对话形成制度,及时地、畅通地、准确地做到下情上达,上情下达,彼此沟通,互相理解。""当前首先要制定关于社会协商对话制度的若干规定,明确哪些问题必须由哪些单位、哪些团体通过协商对话解决。对全国性的、地方性的、基本单位内部的重大问题的协商对话,应分别在国家、地方和基层三个不同的层次上展开。"[96]中国共产党要通过社会协商对话制度在党、国家与社会之间建立纵横交错的协商对话体系,使协商对话由党和国家深入社会之中,建构一种全方位、立体化的协商形态。党的十三大报告所提出的社会协商对话制度推动了协商民主的发育。

党的十八大报告首次提出社会主义协商民主制度,指出:"社会主义协商民主是我国人民民主的重要形式。要完善协商民主制度和工作机制,推进协商民主广泛、多层、制度化发展。"[97]2015年,中共中央下发《关于加强社会主义协商民主建设的意见》,首次提出社会主义协商民主的七种协商形式,指出要"继续重点加强政党协商、政府协商、政协协商,积极开展人大协商、人民团体协商、基层协商,逐步探索社会组织协商"[98],要"构建程序合力、环节完整的协商民主体系,推进协商民主广泛多层制度化发展"[99]。正式形成了包括七种协商形态,涵盖党、国家与社会各个层次、各个方面的社会主义协商民主体系,标志着中国社会主义协商民主建设的宏伟蓝图正式形成。统一战线在中国共产党近百年的发展历程中,最终发育成为完整的社会主义协商民主体系的基本框架。

中国共产党的职责就是引导群众管理国家,实现人民当家作主。中国共产党完成自身职责就要加强领导能力。加强领导能力的一个重要方面就是要坚持和加强统一战线,与党外人士合作协商,因而统一战线及其合作协商是中国共产党完成自身职责、强化领导能力的重要方面,伴随着中国共产党领导与执政的全过程。社会主义社会建立在人民根本利益一致的整体性社会基础之上,中国共产党领导整体性社会,形成了整体性政党。整体性社会和整体性政党推动各方社会政治力量围绕中国共产党提出的重大政治议题而建言献策,帮助中国共产党完善决策、优化决策,推动中国共产党科学执政、民主执政,从而形成了一种天下归心、共襄盛举的合力政治,形成了中国政治中的"举国体制"。统一战线在建构、维持和优化这种"举国体制"的过程中发挥了重要作用,统一战线既与中国国体、政体相契合,又推动了社会主义协商民主的发育。

注释

1.《马克思恩格斯全集》第1卷,人民出版社1956年版,第443页。

2.《马克思恩格斯选集》第1卷,人民出版社2012年版,第402页。

3.《马克思恩格斯全集》第1卷,人民出版社1956年版,第280页。

4. 同上书,第281页。

5. 同上。

6. 同上。

7.《马克思恩格斯选集》第1卷,人民出版社2012年版,第403页。

8.《马克思恩格斯全集》第1卷,人民出版社1956年版,第443页。

9. 同上。

10.《马克思恩格斯选集》第1卷,人民出版社2012年版,第403页。

11.《马克思恩格斯全集》第2卷,人民出版社1956年版,第157页。

12.《马克思恩格斯选集》第3卷,人民出版社2012年版,第96页。

13.《马克思恩格斯选集》第1卷,人民出版社2012年版,第402页。

14.《马克思恩格斯选集》第3卷,人民出版社2012年版,第776页。

15.《列宁全集》第36卷,人民出版社1986年版,第169页。

16.《列宁专题文集·论资本主义》,人民出版社2009年版,第238页。

17. 同上书,第243页。

18.《马克思恩格斯选集》第1卷,人民出版社2012年版,第406页。

19.《马克思恩格斯选集》第3卷,人民出版社2012年版,第150页。

20. 同上书,第101页。

21. 同上书,第102页。

22. 同上。

23. 同上书,第107页。

24. 同上书,第167页。

25. 同上书,第168页。

26.《列宁全集》第35卷,人民出版社1985年版,第61页。

27.《列宁专题文集·论资本主义》,人民出版社2009年版,第242页。

28.《列宁全集》第29卷,人民出版社1985年版,第287页。

29.《列宁全集》第36卷,人民出版社1986年版,第83页。

30. [法]古斯塔夫·勒庞:《乌合之众:大众心理研究》,冯克利译,中央编译出版社2000年版,第15—53页。

31.《列宁选集》第3卷,人民出版社2012年版,第305页。

32.《列宁全集》第36卷,人民出版社1986年版,第154页。

33.《列宁全集》第35卷,人民出版社1985年版,第61页。

34.《列宁选集》第3卷,人民出版社2012年版,第378页。

35. 同上书,第305页。

36. 同上书,第 374 页。

37. 同上书,第 378 页。

38. 同上书,第 377—378 页。

39. 《列宁全集》第 32 卷,人民出版社 1985 年版,第 22 页。

40. 《列宁选集》第 3 卷,人民出版社 2012 年版,第 42 页。

41. 《马克思恩格斯选集》第 1 卷,人民出版社 1995 年版,第 293 页。

42. 《列宁专题文集·论无产阶级政党》,人民出版社 2009 年版,第 235 页。

43. 同上书,第 299 页。

44. 《列宁选集》第 3 卷,人民出版社 2012 年版,第 67 页。

45. 《列宁全集》第 24 卷,人民出版社 1990 年版,第 69 页。

46. 《马克思恩格斯选集》第 1 卷,人民出版社 2012 年版,第 413 页。

47. 同上。

48. 同上。

49. 同上书,第 434 页。

50. 《江泽民文选》第 2 卷,人民出版社 2006 年版,第 29 页。

51. 《列宁全集》第 32 卷,人民出版社 1985 年版,第 28 页。

52. 《列宁专题文集·论社会主义》,人民出版社 2009 年版,第 304 页。

53. 《毛泽东选集》第三卷,人民出版社 1991 年版,第 826 页。

54. 《毛泽东选集》第二卷,人民出版社 1991 年版,第 522 页。

55. 同上书,第 605 页。

56. 《马克思恩格斯选集》第 4 卷,人民出版社 2012 年版,第 382—383 页。

57. 《列宁专题文集·论社会主义》,人民出版社 2009 年版,第 30 页。

58. 同上书,第 29 页。

59. 《列宁全集》第 35 卷,人民出版社 1985 年版,第 61 页。

60. 《列宁全集》第 32 卷,人民出版社 1985 年版,第 22 页。

61. [法]卢梭:《社会契约论》,何兆武译,商务印书馆 2003 年版,第 31—35 页。

62. [美]G.萨托利:《政党与政党体制》,王明进译,商务印书馆 2006 年版,第 13 页。

63. 林尚立等:《新中国政党制度研究》,上海人民出版社 2009 年版,第 7 页。

64. [美]G.萨托利:《政党与政党体制》,第 54 页。

65. 同上。

66. 赵忆宁:《探访美国政党政治:美国两党精英访谈》,中国人民大学出版社 2014 年版,第 8 页。

67. 同上。

68. 何旗:《论中国新型政党制度的优势与自信——基于美国政党政治的比较分析》,《科学社会主义》2019 年第 1 期,第 154 页。

69. 政协全国委员会办公厅、中央文献研究室编:《人民政协重要文献选编》(上),中央文献出版社 2009 年版,第 268 页。

70. 同上书,第 295 页。

71. 《周恩来选集》(下卷),人民出版社 1984 年版,第 208 页。

72. 《邓小平文选》第一卷,人民出版社 1994 年版,第 273 页。

73. 《费孝通与多党合作》,中国社会科学出版社 2010 年版,第 34 页。

74. 《列宁专题文集·论无产阶级专政》,人民出版社 2009 年版,第 295 页。

75. 《毛泽东选集》第二卷,人民出版社 1991 年版,第 645 页。

76. 《毛泽东著作选读》下册,人民出版社 1986 年版,第 759 页。

77. 同上。

78. 同上书,第 759—760 页。

79. [法]卢梭:《社会契约论》,第 33 页。

80. 同上书,第 83 页。

81.《马克思恩格斯选集》第 3 卷,人民出版社 2012 年版,第 98 页。

82.《毛泽东选集》第二卷,人民出版社 1991 年版,第 677 页。

83. 肖存良:《政党制度与中国协商民主研究——基于政权组织形式的视角》,《南京社会科学》2013 年第 2 期,第 79 页。

84.《毛泽东选集》第二卷,人民出版社 1991 年版,第 677 页。

85.《毛泽东选集》第三卷,人民出版社 1991 年版,第 1057 页。

86. 中央纪委编:《列宁、毛泽东和邓小平论民主集中制》,中国方正出版社 1994 年版,第 314 页。

87. 林尚立、赵宇峰:《中国协商民主的逻辑》(修订版),上海人民出版社 2016 年版,第 15 页。

88.《毛泽东选集》第三卷,人民出版社 1991 年版,第 742 页。

89.《毛泽东选集》第四卷,人民出版社 1991 年版,第 1379 页。

90. 中国人民政治协商会议全国委员会文史资料研究委员会:《五星红旗从这里升起:中国人民政治协商会议诞生记事暨资料选编》,文史资料出版社 1984 年版,第 306 页。

91. 同上书,第 371 页。

92.《当代中国丛书》编委会编:《当代中国人民政协》,当代中国出版社 1993 年版,第 48 页。

93. 同上书,第 65—66 页。

94.《邓小平文集》(一九四九——一九七四)上卷,人民出版社 2014 年版,第 5 页。

95. 同上书,第 63 页。

96. 林尚立、赵宇峰:《中国协商民主的逻辑》(修订版),第 76—77 页。

97. 中共中央文献研究室编:《十八大以来重要文献选编》(上),中央文献出版社 2014 年版,第 21 页。

98. 中共中央文献研究室编:《十八大以来重要文献选编》(中),中央文献出版社 2014 年版,第 293 页。

99. 同上书,第 292 页。

第十三章　自我革命的政治

大型政论专题片《将改革进行到底》第九集名为《党的自我革新》，在片子开头有这样一段解说词："执政考验、改革开放考验、市场经济考验、外部环境考验和精神懈怠的危险、能力不足的危险、脱离群众的危险、消极腐败的危险，摆在了中国共产党面前。站在新的历史起点上，面对国内国际格局深刻变动，中国社会深刻变革，社会思想深刻变化，前进道路上不确定、不稳定、不安全因素增多，难以预见的风险矛盾频发和重重叠加，中国共产党如何带领 13 亿人民走出历史发展的周期律？一个长期执政的大党如何保持生命力？这是一道世界性的考题。这道考题，中国共产党也绕不过去。"[1]

这段解说词可以说比任何理论性的论述都更好地指明了本章的写作意图，在解释中国社会主义的政治学逻辑时，对这一问题的回答是绕不过去的。中国共产党不同于西方竞争性选举体制下的政党，作为长期执政的政党，如何保持自己的生命力？如果党内出现腐化堕落的现象和危险，又如何及时遏制消极腐败和清除腐败分子？答案就是中国共产党所构建的自我革命体系。习近平总书记强调："党的初心和使命是党的性质宗旨、理想信念、奋斗目标的集中体现，越是长期执政，越不能丢掉马克思主义政党的本色，越不能忘记党的初心使命，越不能丧失自我革命精神。"[2]可以说，自我革命的能力是保证党内政治生活正常化的根本能力，是中国共产党执政的重要政治品格。

要保证自我革命的政治品格，就要实现"四个自我"——自我净化、自我完善、自我革新、自我提高。而这"四个自我"，从政治学的角度来说，主要由三大政治实践所支撑：一是党和国家权力监督体系，二是党领导下的反腐败斗争实践，三是以党内法规和国家法律为支撑的制度建设。

政治逻辑

第一节　党政合一与党政分工：权力监督的政治逻辑

一、党政体制与早期权力监督建设

腐败一般被定义为利用公共权力谋取私利，所以反腐败的核心就是对公权力加以监督，只有对权力监督才能抑制腐败，在中国也不例外。中国共产党作为长期执政的政党，历来非常重视对公权力的监督。但是中国的权力监督与其他国家不同，有着自身的政治逻辑，这个逻辑中最核心的一点就是以中国共产党为中心开展权力监督的制度体系建设。这是中国按照自己的政治逻辑开展的权力监督体系建设，没有照搬照抄任何其他国家的做法，因此王沪宁曾经在《反腐败：中国的实验》里明确说道："我之所以将中国的反腐败斗争称为实验，是因为我相信这场实验的经验教训对中国未来的发展，对社会主义国家的政治乃至一般意义上的政治共同体的发展均是有极大的意义的。反腐败的课题是世界各国共同的难题，中国的这场实验，对人类解决这一难题定会有所贡献。"[3]

中国反腐败斗争中对权力监督的体系建构，其背后的政治逻辑是中国的党政体制。所谓党政体制是"中国共产党领导人民建立了中华人民共和国，确立了中国的基本政治制度，并在这一过程中，将自身嵌入政权结构之中"[4]。党政体制可以说是中国政治最核心的结构性特征，它决定了中国政治中许多方面的发展方向，尤其集中体现在反腐败和权力监督制度的建设过程中。简单来说，这一过程的基本脉络是权力监督首先始于党内监督，经过一段时间的党政分开，然后又走向党政合一，最后发展到今天的党政分工模式。

因此，权力监督一直伴随着中国共产党建立和发展的整个历史进程，并且可以说首先发轫于党内监督。史料表明，1926 年 8 月 4 日中共中央扩大会议公布的《坚决清洗贪污腐化分子的通告》，是我党最早的反腐败历史文件。[5]同时，1927 年在中共五大上决定成立的"监察委员会"是党内监督机构最早的名称，并且以修改章程的形式将"监察委员会"的目标、性质和职能确定下来。"这在党的历史上是第一次，标志着我们党设立专门党内纪检监察机构的重要开端。"[6]

根据中共五大的章程,为了保证监察委员会的独立性和监督职能,章程规定:监察委员会由党代表大会选举产生,监察委员不得以中央委员或者省委员兼任,监察委员可以参加中央及省的委员会议,但是只有发言权没有表决权。另外,中央及省委员会不得取消监察委员会的决议,但是监察委员会的决议需要得到中央及省委员会的同意才能生效和执行。同时,如果监察委员会和党委会意见不同时,移交至监察委员会和党委会的联席会议,如果联席会议还不能解决,再移交到全国代表大会或高级监察委员会解决。[7]

1928 年 7 月,中共六大对章程做了重大修改,其中将五大章程中"监察委员会"一章四条内容全部删除。新设立一个规格很低、职能仅限于监督财政会计及各机关工作的"审查委员会"。"审查委员会"一章的全部内容是:"为监督各级党部之财政会计及各机关工作起见,党的全国大会,省县市代表大会,选举中央或省县市审查委员会。"[8]之后,在革命根据地政权内,首先在党内形成了一个纪律检查组织——"中共中央特别工作委员会"。1931 年 11 月又成立了工农检察部,其有一套自上而下的与各级政府相配套的组织体系:中央政府设工农检察人民委员部,省、县、区三级设工农检察部,城市设工农检察科。[9]工农检察委员会是一个相对独立的政府监督部门,这时候党内监督和政府监督是分开的。

史料记载:"中央工农检察委员会经过两个多月的紧张工作,对中央机关中的总务厅、财政部、贸易总局、土地部等 7 个厅、局、部,中央印刷厂、造币厂、中央合作社总社、钨矿公司等 7 个中央所属的企业,工农剧社、互济总会及斗争委员会等中央级的群众团体进行了检举、审查,被检举的人员有上述 17 个单位中从厅长到科员 43 人,共查出贪污款项计大洋 2 053.66 元,棉花 270 斤,金戒指 4 个。送法庭制裁的 29 人,开除工作 3 人,撤职 7 人,严重警告 2 人,警告 4 人。随着检举的深入,后来又处理了一些人员,总计这次中央政府各部就处理了 64 人。"[10]

二、纪律检查与行政监察

在中国共产党取得政权建立起新中国的前夕,毛泽东就已经开始担心干部队伍中将出现种种腐败问题,他用一个形象的比喻来形容各种诱导干部腐败的因素——"糖衣炮弹"。他在《中国共产党第七届中央委员会第二次会议上的报告》（1949年3月5日）中说道："可能有这样一些共产党人，他们是不曾被拿枪的敌人征服过的，他们在这些敌人面前不愧英雄的称号；但是经不起人们用糖衣裹着的炮弹的攻击，他们在糖衣炮弹面前要打败仗。我们必须预防这种情况。"[11]

中华人民共和国成立以后，党的纪律检查和政府的行政监察作为权力监督部门分别相应地建立起来。1949年11月，中共中央决定成立中央及各级党的纪律检查委员会，1949年11月9日，在中华人民共和国成立仅一个月后，中共中央发出《关于成立中央及各级党的纪律检查委员会的决定》，成立了中国共产党中央纪律检查委员会，当时的成员有11人，朱德为第一任书记，副书记包括王从吾和安子文，成员有：刘澜涛、谢觉哉、李葆华、刘景范、李涛、薛暮桥、梁华、冯乃超。《决定》还规定，各中央局、分局、省委、区党委、市委、地委、县委均设立纪律检查委员会，并须设置一定的工作机关，开展经常性的工作。对于县级以下基层党组织，1950年中央纪委作出规定，设立党委的要设纪律检查委员会或纪律检查委员，党的总支和支部要设纪律检查委员。[12]

1949年9月29日中国人民政治协商会议第一次全体会议通过的《中华人民共和国政治协商会议共同纲领》第19条规定："在县市以上的各级人民政府内，设人民监察机关，以监督各级国家机关和各种公务人员是否履行其职责，并纠举其中之违法失职的机关和人员。"随后成立了"中华人民共和国中央人民政府政务院人民监察委员会"，这是中华人民共和国中央人民政府政务院的一个部门，主任为谭平山，副主任为刘景范、潘震亚、钱瑛、王翰，另有包括上文提到的安子文在内的15名委员。

党政体制一直影响着新中国成立之后权力监督机构的设立，虽然在中央层面分别成立了党的纪律检查机关和政府的行政监察机关，但是地方层级的纪委和监委并没有完全分开，地方纪委和监委负责人都是由同一个人担任的。在新中国成立后反腐败制度的设计中，党的纪律检查和政府的行政监察二者一直纠缠不清，分分合合，安徽省的机构变迁过程就是一个典型的例证。在最初的纪委和监委成立之后，1952年皖南和皖北区党委合并，成立了中共安徽省委。同年的8月成立了安徽省人民监察委员会，10月成立了中国共产党安徽省委员会纪律检查委员会，

这两者显然是顺理成章地承接皖南和皖北区的机构模式,但是在人员安排上依然是部分重合的,具体如下:

安徽省纪律检查委员会书记:李世农(1952.10—1954.8)

副书记:宋孟邻(1952.10—1954.8)、魏建章(1953.12—1954.8)、陈洪(1953.12—1954.8)

安徽省人民监察委员会主任:李世农(1952.8—1955.3)

副主任:余亚农(1952.8—1954.3)、宋孟邻(1952.8—1955.3)、魏建章(1954.1—1955.3)、陈洪(1954.1—1955.3)[13]

1955 年 3 月对于中国纪检监察机构的改革是一个重要的时间,因为全国党代表会议决定成立中央和地方监察委员会,代替中央和地方各级党的纪律检查委员会。这其实是恢复使用了党的第一个监督机构的名称,即 1927 年中共五大章程中决定建立的党的"监察委员会"。相应地,在地方层面也展开了机构合并的改革:

1955 年 11 月,中共安徽省第三次代表会议选举产生中共安徽省监察委员会。中共安徽省监察委员会与安徽省监察厅分开办公。1957 年 10 月,中共安徽省监察委员会与安徽省监察厅合署办公。1959 年 1 月,中共安徽省监察委员会与安徽省监察厅正式合并,党和国家监察工作统一由中共安徽省监察委员会负责办理。[14]

"文化大革命"期间权力监督体系没有任何发展,反腐败的机构基本被取消了。接下来一次比较重要的变革是 1978 年对党的纪律检查机构的恢复。在 1978 年 12 月 16 日—24 日召开的中共十一届三中全会上,决定恢复成立中共中央纪律检查委员会,共有中央纪委委员 100 名。第一书记陈云,第二书记邓颖超,第三书记胡耀邦,常务书记黄克诚,第一副书记王鹤寿。但政府的行政监察部门没有同时建立,监察部的成立晚于纪律检查委员会八年时间,1986 年 12 月 2 日,第六届全国人民代表大会常务委员会决定成立中华人民共和国监察部,第一任部长为尉健行。在 1987 年 8 月国务院下发的《关于在县以上地方各级人民政府设立行政监察机关的通知》中规定,国家行政监察机关的监察对象是:国家行政机关及其工作人员,国家行政机关任命的国营企事业单位的领导干部。

三、党政合一与党政分工

可以说从 1986 年到 1993 年,这七年时间中的权力监督体系,党内纪律检查和政府的行政监察职能是分开的。但是到 1993 年,权力监督体系中的党政分开局面结束了,开始进入党政合一的阶段。中央纪委和监察部宣布合署办公,实行一套工作机构、两个机关名称的体制。合署后的中央纪委履行党的纪律检查和政府行政监察两项职能,对党中央全面负责;监察部按照宪法规定仍属于国务院的序列,接受国务院的领导。地方各级监察机关与党的纪委合署后,实行由所在政府和上级纪检监察机关双重领导的体制。

合署办公对中国反腐败的影响是非常深远的,它高度整合了政党和行政两个系统中的反腐败力量。有利于各级党委对纪检监察工作的统一领导,进一步强化了纪检和监察两种职能。在党政监督体制分离的格局下,对于腐败现象存在重复调查、重复核查、重复检查和重复设置办事机构的问题,办案过程中经常出现两个机构的合作困境,有时候对于一些案件互相推诿、无人负责,在程序上难以协调。另外,合署之后,各级纪委的人员力量都得到了充实,虽然机构精简掉了 20% 以上,但是人员增加了,这意味着每个部门的力量都提升了。同时,更为重要的是,工作范围、职能也得到了扩大,纪委不再只是对党员领导干部进行监督,而是扩展到所有的党政机关。

合署办公并不是要削弱监察职能,而是要同时强化两种职能,在中国的体制下,行政监察离开了党委的支持也是软弱无力的。因此,在合署办公之后,实际上又逐渐形成了权力监督的党政分工格局。行政系统实际上在反腐败斗争中一直在发挥重要作用。在监察系统中逐渐发展出了"执法监察"和"效能监察"两种手段,执法监察是对监察对象执行法律、法规、政策情况的监督检查,对违法行为进行纠举惩戒。着重解决有令不行、有禁不止的问题。效能监察又称勤政监察,是监察机关依法对国家行政机关和国家公务员的各种失职、渎职行为和事件进行监督、纠举和惩戒的一种职能活动。其主要任务是监督、检查政府和国家公务员行政管理工作的效率和效力,查处各种失职、渎职案件,从而保证政府各部门、各环节的协调一致,保障正常工作秩序,促进公务员的尽职、尽责,以及工作的高效率。

因此,在合署办公之后,权力监督体系中的纪律检查和行政监察形成了党政分工的格局。两种权力监督在监督手段、范围、对象和依据的规则都有所区别。比较重要的是,1997年2月印发了《中国共产党纪律处分条例(试行)》,作为党的纪律检查委员会执纪检查的依据。时隔三个月,在1997年5月,第八届全国人民代表大会常务委员会第二十五次会议通过了《中华人民共和国行政监察法》,作为行政监察的法律依据。可以说,这两个关键性的党内法规和国家法律是在同一个时期酝酿起草的,其背景就是形成了比较合理的党政合一与党政分工模式。

第二节　保驾护航与回归本位:反腐败斗争的政治逻辑

前面非常简略地梳理了中国共产党在权力监督体系构建方面的基本历史脉络,以及这背后所蕴含的政治逻辑,接下来我们来回顾一下反腐败斗争主要工作内容的演变,以及这背后所体现的政治逻辑是什么。上一部分为了比较完整地说明党政体制的历史渊源,把时间窗口拉回到了建党之初的历史年代。但我们全书的主要研究主题是中国特色社会主义建设阶段的政治逻辑,所以时间窗口主要是限定在改革开放之后至今。这一部分将主要探讨改革开放之后的权力监督和反腐败斗争,重点放在1993年纪检和监察合署办公之后。

在党的纪律检查委员会恢复成立之后,一开始的主要工作内容是"两案"审理。[15]据当事人回忆:"1978年12月24日,十一届三中全会公报发表,从25日开始,中央纪委就陆续收到群众来信。截至1979年1月11日,中央纪委收到写给陈云、邓颖超、胡耀邦、黄克诚等中央纪委领导同志和中央纪委的控诉信、申诉信或者建议信就有6 000多件,有些信甚至长达几百页,真是积案如山,积信如山。"[16]由于案件工作量太大,远远超出了中纪委当时的工作能力,因此只能从其他部门和机构抽调人员。据当时"两案"审理小组第二组副主任刘丽英回忆,当时中纪委除了最初设立的办公厅、研究室、纪律检查室、案件审理室、来信来访室几个办事机构,还设立了三个组:"一组负责审查林彪集团罪行,由中央纪委副书记刘顺元负责。二组负责审查江青集团罪行,由中央纪委副书记张启龙负责。三组负责审查康生、谢富治的罪行,由中央纪委副书记章蕴负责。"[17]

但随着改革开放的步伐逐渐加大,大量的经济犯罪案件开始涌现出来,贪污、挪用、投机倒把的案件层出不穷,党的纪律检查委员会的工作重心开始由办理"两案"逐渐转向打击经济犯罪。1982年1月,中央书记处召开会议,研究贯彻中央常委关于要打击严重走私贩私、贪污受贿等违法犯罪行为的批示精神问题,决定立即召开中央和国家机关各部委以及军队系统负责人会议,派中央负责同志前往广东、福建、浙江、云南等沿海沿边省份,并就此向全国各地发出紧急通知。4月13日,中共中央、国务院发布《关于打击经济领域中严重犯罪活动的决定》,明确提出,"党的各级纪律检查委员会应当成为党委领导这场斗争的坚强有力的办事机构"[18]。

中国共产党领导的反腐败斗争,从来不单纯地就反腐败而反腐败,而是服务于中国共产党和国家建设的总目标,总目标的变化就决定了中国反腐败工作重心的变化。1992年之后,中国反腐败斗争的工作重心经历了一次比较重要的转变,那就是从以经济建设为中心转向以政治建设为中心,更形象一点来说,就是从为经济发展和改革开放"保驾护航",转向回归从严治党和政治建设工作的本位。

一、保驾护航:以经济建设为中心

1993年10月,在纪检监察合署办公的制度改革基本完成之后,中共中央和国务院发布了《中共中央、国务院关于反腐败斗争近期抓好几项工作的决定》(中发〔1993〕9号),这个文件非常重要,这可以说是在新的格局下第一次从中央层面对反腐败斗争工作的部署。在这个文件中对于反腐败斗争的描述是:"反腐败斗争是加强党的建设和政权建设,密切党和政府与人民群众的联系,保持社会稳定,保证改革开放和经济建设顺利进行的一项重要工作。"[19]这个文件明确提出,反腐败斗争的目标之一是为了保证改革开放和经济建设的顺利进行,为了达到这个目标,反腐败斗争在这个时期的主要工作内容是三个方面:第一项工作是党政机关领导干部要带头廉洁自律。包括:不准经商办企业;不准在各类经济实体中兼职;不准买卖股票;不准在公务活动中接受礼金和各种有价证券;不准用公款获取各种形式的俱乐部会员资格,也不准用公款参与高消费的娱乐活动。这就是后来非常著名的"五不准"。第二项工作是查办一批大案要案；第三项工作是狠刹几股群众反映强烈的不正之风。这三项工作可以说主导了整个党的十四大之后中国反腐败和权力监督的工作重心，党的十五大之前中国反腐败的主要内容就是围绕这三项工作展开的。

看起来似乎这三项工作与改革开放和经济建设关系不大，但实际上里面几乎每一项规定都是为经济建设服务的。在第一项工作内容中，"五不准"前三个不准都是在约束领导干部用公权力从经济活动中谋取利益，比如"（1）不准经商办企业；不准从事有偿的中介活动；不准利用职权为配偶、子女和其他亲友经商办企业提供任何优惠条件。（2）不准在各类经济实体中兼职（包括名誉职务）；个别经批准兼职的，不得领取任何报酬；不准到下属单位和其他企业事业单位报销应由个人支付的各种费用。（3）不准买卖股票"[20]。在第二项工作中，重点查办的案件是司法部门、行政执法部门和经济管理部门及其工作人员的违法违纪案件，又是与经济建设相关的。在第三项工作中，重点治理的是利用职权巧立名目乱收费、乱罚款问题，同时各级党政机关一律不准经商办企业，各种执法部门的经费由各级财政拨款。

时任纪委书记尉健行在"中纪委第二次全体会议上的报告"中明确提出："中央纪委、监察部以及各级纪检监察机关紧紧围绕经济建设这个中心，努力发挥职能作用，积极推动党风廉政建设和反腐败斗争的深入开展。"[21]报告中还进一步指出，在反腐败的具体工作中，要"把反腐败同经济建设统一起来抓……找准主攻方向，着重抓那些打着发展市场经济和改革旗号搞以权谋私、权钱交易的主要问题"[22]。这些说法的含义非常明确了，反腐败要为改革开放和经济建设保驾护航，为经济建设扫除障碍。

1993年的"五不准"后来被制度化为"领导干部廉洁自律'五条规定'"，成为领导干部廉洁自律的一个重要起点。1994年，中纪委又提出了"新五条规定"，涉及购买小汽车、购买住房、公务活动、婚丧嫁娶和拖欠公款五项内容。党的十四届四中全会又提出对国有企业领导干部也要有廉洁自律的要求，因此1995年又制定和实施了《国有企业领导干部廉洁自律"四条规定"》，包括："不准把经营、管理活动中收取的折扣、中介费、礼金据为己有。不准违反规定领取兼职职务的工资、奖金。不准个人私自经商办企业。不准利用职权为家属及亲友经商办企业提供各种便利

政治逻辑

条件。不准违反规定多占住房。不准用公款购买、建造超标准住宅。不准在企业非政策性亏损、拖欠职工工资期间购买小汽车。不准购买进口豪华小汽车。"[23] 不论是"老五条"还是"新五条",实际上是一种专项治理,即对每一个具体事情一项一项进行治理,后来针对小汽车、住房、公款吃喝、婚丧嫁娶等事情,都作了更多详细规定。

但是专项治理是不够的,专项治理采取的办法基本上就是"清理":"清理是指在一段时间内,集中有限的组织资源对社会反映强烈的某种现象进行一段时期的集中治理。"[24] 清理虽然有点运动式治理和局部治理的特征,但是这种方式也有自己的优势,一是治理目标明确,效果非常显著;二是可以为整体性治理和制度化治理提供经验和基础,它可以说是制度化和全面治理的前置过程。比如廉洁自律方面的各种准则和规定,到了 1997 年,终于形成了一个制度化的成果,那就是《中国共产党党员领导干部廉洁从政若干准则(试行)》(中发〔1997〕9 号),主要包括"廉洁从政行为规范"和"实施与监督"两个章节的内容,在行为规范中包括六条 30 个"不准",基本囊括了之前所有廉洁自律的相关规定。这一准则的使用时间非常长,直到 2010 年才又重新修订,在修订版中"行为规范"由原来的六条扩展到了八条,具体行为也由 30 个增加到 52 个"不准"。

可以说,在党的十四大和十五大期间,以经济建设为中心是中国反腐败制度建设的重要经验。后来尉健行对这一时期的反腐败工作有一个全面总结,他认为我们党经过这些年的努力,初步摸索出了一条适合中国国情的并且有效开展反腐败的路子,这条路子包括六个方面的内容,其中第二条就是:"反腐败必须紧紧围绕经济建设这个中心,服从和服务于改革、发展、稳定的大局。"[25]

二、回归本位:以政治建设为中心

虽然 20 世纪 90 年代初所开启的反腐败斗争是以经济建设为中心,反腐败的政策、手段和重点领域也是围绕着为经济发展保驾护航的总目标而设定的。但是随着时间的推移,中国共产党逐渐意识到经济发展,尤其是伴随着市场化和改革开放而来的西方资本主义生产、生活方式和价值观念,逐渐对党的执政地位和政权稳定构成挑战。党和国家开始意识到反腐败斗争在政治建设中的重要作用,反腐败斗争的工作重心也逐渐由以经济建设为中心转向以政治建设为中心。

党的政治建设内容是多方面的,从政治学的基本原理来看,"政治建设,是中国的概念,但却是现代化发展的必然要求"[26]。因此,党的政治建设实际上是中国现代国家建设的一个方面,党的政治建设主要表现为党自身的建设与发展,但是也要与中国的现代国家建设相统一。体现在纪委和反腐败斗争中,这一转变首先发生在1998年和1999年,1998年在"中纪委二次全会公报"中,关于反腐败斗争的战略定位还是:"要把党风廉政建设和反腐败斗争置于建设有中国特色社会主义事业的大局之中,紧紧围绕经济建设这个中心来进行。"[27]但是尉健行在中纪委二次全会上的报告中,提出要从源头上治理腐败问题,手段之一是要建立健全权力的监督和制约机制:"要加强对各级领导干部行使权力的监督。监督重点是:贯彻执行党的路线、方针、政策的情况。"[28]而这一点实际上是对党的"政治纪律"的强调,此后对政治纪律的检查成为纪委工作的重点之一,1999年中纪委提出在加大办案力度的工作要求中更加明确地提出:"要把查办违反政治纪律的案件放在重要位置,重点查处领导机关、领导干部中发生的有令不行、有禁不止,阳奉阴违,拒不执行党中央、国务院的决策、部署等严重违反政治纪律的行为。"[29]对比1993年,当时重点查办的案件主要是围绕着经济领域而展开的,尤其是利用职权干预市场行为所产生的腐败犯罪。

随着反腐败斗争的深入和中国现代国家建设的进展,反腐败在政治建设上的地位越来越重要。党的十八大以来,反腐败斗争对纪委的要求更加集中于政治纪律的建设上,在2013年1月召开的第十八届中央纪律检查委员会第二次全体会议上,习近平总书记明确要求:"严明党的纪律,首要的就是严明政治纪律。党的纪律是多方面的,但政治纪律是最重要、最根本、最关键的纪律,遵守党的政治纪律是遵守党的全部纪律的重要基础。政治纪律是各级党组织和全体党员在政治方向、政治立场、政治言论、政治行为方面必须遵守的规矩,是维护党的团结统一的根本保证。"[30]

在党的十九大报告中,更是明确提出要把党的政治建设摆在首位:"旗帜鲜明讲政治是我们党作为马克思主义政党的根本要求。党的政治建设是党的根本性建设,决定党的建设方向和效果。保证全党服从中央,坚持党中央权威和集中统一领

政治逻辑

导,是党的政治建设的首要任务。全党要坚定执行党的政治路线,严格遵守政治纪律和政治规矩,在政治立场、政治方向、政治原则、政治道路上同党中央保持高度一致。"[31]

回归政治建设本位的另外一个重要体现就是对"政治纪律"的进一步制度化。在 2012 年的《中国共产党章程》中,"党的纪律"一章中没有"政治纪律"一词,而在 2017 年最新修订的《中国共产党章程》中,在第四十条明确规定"党的纪律主要包括政治纪律、组织纪律、廉洁纪律、群众纪律、工作纪律、生活纪律"[32]。将政治纪律写入章程,并且置于所有纪律之首,这实际上是对纪委工作重心回归政治建设最高标准的制度化方式了。

三、公权力全覆盖:新时期的新目标

党内监督是中国权力监督体系的核心,但是中国的权力监督不止于党内监督。党的十八大报告中提出:"要加强党内监督、民主监督、法律监督、舆论监督,让人民监督权力,让权力在阳光下运行。"这是我们党首次把"四种监督"作为一套完整的监督体系明确提了出来,表明我们党对权力监督工作的重视。但因为其他三种监督类型涉及本书其他章节的内容,这里不再详细分析,从政党的自我革命角度来看,最关键的仍然是纪检和监察体系下的权力监督。

纪检和监察机关合署办公的制度可以说一直持续到今天,20 多年的经验证明,这种党政合一的反腐败模式是成功的,因此近年来开始的国家监察体制改革实际上把这种模式更加强化了。2016 年 11 月,国家开始在北京市、山西省和浙江省开展国家监察体制改革的试点。党的十九大提出构建集中统一、权威高效的国家监察体系,把组建国家监察委员会列在《深化党和国家机构改革方案》的第一条。2017 年 11 月 4 日,第十二届全国人大常委会第三十次会议通过在全国各地推开国家监察体制改革试点工作的决定。随着 2018 年 2 月 11 日上午青海省监察委员会领导班子产生,全国 31 个省、自治区、直辖市和新疆生产建设兵团监察委员会领导班子已全部按照法定程序产生。国家监察委员会是中国特色的反腐败工作机构,把原来的行政监察部门、预防腐败机构和检察机关查处贪污贿赂、失职渎职以

及预防职务犯罪等部门的工作力量整合起来，切实解决过去反腐败力量分散、职能交叉重叠的问题。国家监察委员会将原来的行政监察升级为国家监察，实际上是进一步强化了监察权力和监察职能。

而之所以从行政监察升级为国家监察，从权力监督的角度来说，最直接的目标就是要将监督范围扩展至对公权力的全覆盖。2018年，第十三届全国人大一次会议表决通过了《中华人民共和国监察法》。《中华人民共和国监察法》修订之后，国家监察委员会的监察范围相比于监察部扩大了很多：

第十五条　监察机关对下列公职人员和有关人员进行监察：

（一）中国共产党机关、人民代表大会及其常务委员会机关、人民政府、监察委员会、人民法院、人民检察院、中国人民政治协商会议各级委员会机关、民主党派机关和工商业联合会机关的公务员，以及参照《中华人民共和国公务员法》管理的人员；

（二）法律、法规授权或者受国家机关依法委托管理公共事务的组织中从事公务的人员；

（三）国有企业管理人员；

（四）公办的教育、科研、文化、医疗卫生、体育等单位中从事管理的人员；

（五）基层群众性自治组织中从事管理的人员；

（六）其他依法履行公职的人员。

依据新的《中华人民共和国监察法》，监察对象的范围扩大到上述第十五条规定的六类人员，而在1997年的《中华人民共和国行政监察法》中，监察对象的范围仅仅是政府部门的工作人员：

第十五条　国务院监察机关对下列机关和人员实施监察：

（一）国务院各部门及其国家公务员；

（二）国务院及国务院各部门任命的其他人员；

（三）省、自治区、直辖市人民政府及其领导人员。

第十六条　县级以上地方各级人民政府监察机关对下列机关和人员实施监察：

政治逻辑

（一）本级人民政府各部门及其国家公务员；

（二）本级人民政府及本级人民政府各部门任命的其他人员；

（三）下一级人民政府及其领导人员。

县、自治县、不设区的市、市辖区人民政府监察机关还对本辖区所属的乡、民族乡、镇人民政府的国家公务员以及乡、民族乡、镇人民政府任命的其他人员实施监察。

两相比较可以发现，在"行政监察"的概念中，监察对象是"机关和人员"，而在"国家监察"的概念中，监察对象变成了"公职人员和有关人员"。这一改变看似不起眼，但是对于中国的权力监督来说却至关重要，因为公职人员实际上就是掌握公权力的人，但是掌握公权力的人员不仅是政府工作人员，还包括大量在政府部门之外的人员，如果要把这些公权力都"关进笼子"，那就要重新定义监察对象的范围。其中，"国有企业的管理人员""公办的教育、科研、文化、医疗卫生、体育等单位中从事管理的人员"和"基层群众性自治组织中从事管理的人员"都是排除在以往的行政监察范围之外的。但是《中华人民共和国监察法》中对于监察对象的有一个表述还是比较模糊，那就是"从事管理的人员"，也就是说，国有企业、公办的教育、科研、文化、医疗卫生、体育等单位和基层群众性自治组织中，不是所有人员都是监察对象，一定要满足"从事管理"四个字的要求。那么到底哪些人属于"从事管理的人员"呢？

为此，国家监察委员会专门对监察对象作了更为详细的解释和说明，篇幅有限，以国有企业为例，作为第三类监察对象，国有企业管理人员主要包括两大群体："一是国有独资企业、国有控股企业（含国有独资金融企业和国有控股金融企业）及其分支机构的领导班子成员。包括设董事会的企业中由国有股权代表出任的董事长、副董事长、董事，总经理、副总经理，党委书记、副书记、纪委书记，工会主席等；未设董事会的企业的总经理（总裁）、副总经理（副总裁），党委书记、副书记、纪委书记，工会主席等。二是对国有资产负有经营管理责任的国有企业中层和基层管理人员。包括部门经理、部门副经理、总监、副总监、车间负责人等；在管理、监督国有财产等重要岗位上工作的人员，包括会计、出纳人员等；国有企业所属事业单位领导人员，国有资本参股企业和金融机构中对国有资产负有经营管理责任的人员。

他们也应当理解为国有企业管理人员的范畴,涉嫌职务违法和职务犯罪的,监察机关可以依法调查。"[33]

第三节 政治规矩与自我监督:依规治党的政治逻辑

前面两节分别介绍了中国共产党自我革命是通过建立权力监督制度和体系,并且通过这个体系开展反腐败斗争来实现的。但是这个自我革命的系统,究其核心还是对政党的自我监督,那么这种自我监督到底是如何实现的? 这种自我监督的基础主要表现在三个方面:一是党的政治规矩,二是党的政治纪律,三是巡视和巡察制度。

一、政治规矩与政治纪律

图 13.1 中描述了 1992—2017 年党的纪检监察系统立案的数量和党纪处罚的人数。在党的十四大期间共立案 73.1 万件,党纪处罚了 66.9 万人,其中省部级干部 78 人。到党的十五大期间,这个数字分别上升到了 86.2 万件和 84.6 万人,省部级干部 98 人。党的十六大和十七大期间,这个数字有所下降,尤其是党的十七大,

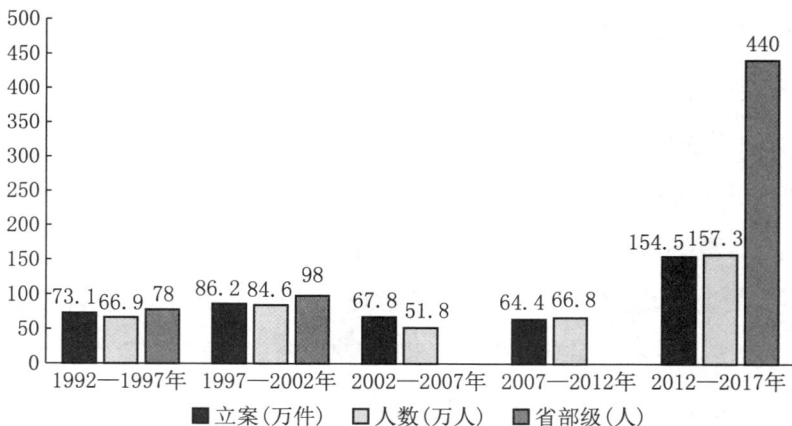

图 13.1 纪检监察系统立案和处罚人数(1992—2017 年)

资料来源:中纪委向党的十四大到十九大的工作报告。

立案数下降到了 64.4 万件,这两次工作报告没有统计省部级干部的处罚人数。但是到了党的十八大期间这个数字有了大规模上升,从 2012—2017 年,全国纪检监察系统共立案 154.5 万件,党纪处罚 157.3 万人,其中省部级干部 440 人。

中国共产党的自我革命是从为党立规矩开始的。习近平总书记在十八届中央纪委五次全会上的讲话中提出了"政治规矩"一词,他说:"没有规矩不成其为政党,更不成其为马克思主义政党。我认为,我们党的党内规矩是党的各级组织和全体党员必须遵守的行为规范和规则。党的规矩总的包括什么呢? 其一,章程是全党必须遵循的总章程,也是总规矩。其二,党的纪律是刚性约束,政治纪律更是全党在政治方向、政治立场、政治言论、政治行动方面必须遵守的刚性约束。其三,国家法律是党员、干部必须遵守的规矩,法律是党领导人民制定的,全党必须模范执行。其四,党在长期实践中形成的优良传统和工作惯例。"[34]因此,政治规矩实际上是中国共产党所形成的所有制度化规则的统称,包括正式的党内法规、国家法律等,也包括非正式的传统和惯例。

首先,从《中国共产党章程》来看,2012 年之前对党的纪律检查委员会的规定为:"第四十四条 党的各级纪律检查委员会的主要任务是:维护党的章程和其他党内法规,检查党的路线、方针、政策和决议的执行情况,协助党的委员会加强党风建设和组织协调反腐败工作。各级纪律检查委员会要经常对党员进行遵守纪律的教育,作出关于维护党纪的决定;对党员领导干部行使权力进行监督;检查和处理党的组织和党员违反党的章程和其他党内法规的比较重要或复杂的案件,决定或取消对这些案件中的党员的处分;受理党员的控告和申诉;保障党员的权利。"[35]可以看到,之前对纪律检查委员会的定位是教育、监督、检查和保障。

2017 年重新修订了这一部分,纪律检查委员会的规定变成了:"第四十六条 党的各级纪律检查委员会是党内监督专责机关,主要任务是:维护党的章程和其他党内法规,检查党的路线、方针、政策和决议的执行情况,协助党的委员会推进全面从严治党、加强党风建设和组织协调反腐败工作。党的各级纪律检查委员会的职责是监督、执纪、问责,要经常对党员进行遵守纪律的教育,作出关于维护党纪的决定;对党的组织和党员领导干部履行职责、行使权力进行监督,受理处置党员群众检举举报,开展谈话提醒、约谈函询;检查和处理党的组织和党员违反党的章程和其他党内法规的比较重要或复杂的案件,决定或取消对这些案件中的党员的处分;进行问责或提出责任追究的建议;受理党员的控告和申诉;保障党员的权利。"[36] 因此,监督职能现在是党的纪律检查委员会的首要职能,纪委要对反腐败斗争负起监督责任。

其次,从纪律和法律的角度来说,反腐败斗争中一直存在纪律和法律的关系如何处理的问题,党的十八届四中全会之后,这一问题也得到了破解。第一,要做到纪法分开,即纪律的规定和法律条文区分开来,因为党纪不能代替国法,也不能与国法混同。在2016年对《中国共产党纪律检查条例》进行修订时就明确提出,这次修订要去除其中与法律条文规定重合的地方,做到纪律的归纪律,法律的归法律。第二,要做到纪严于法,在对纪律检查条例进行修订的时候,增加了许多之前只是在《中国共产党党员领导干部廉洁从政若干准则》中规定的内容,原来只是适用于领导干部"廉洁自律"的内容,现在纳入党纪之后,适用于全体党员和领导干部,同时也从自律上升到他律。第三,纪法衔接和纪法融合,这主要体现在国家监察体制改革,在新的监察法规定下,监察委员会对违法案件的调查审查法治化程度在不断提高,取得的证据材料可以直接在刑事诉讼过程中使用,在很大程度上解决了纪委和司法部门在部门协调、程序衔接上的分割和矛盾。

最后,是实践中的传统和惯例。党内法规再细致,也不可能做到对官员的所有行为加以约束,而且也不应该对党的领导干部做如此细致严格的约束,因为虽然信任代替不了监督,但是监督的成本是无限大的,还是要给领导干部一定的信任,发挥他们的创造性。因此,在官场中就会出现一些不良生态,这就是利用非正式的惯例来对抗党纪国法。比如拉帮结派,虽然党的纪律明确反对在党内搞小团伙的行为,但是许多领导干部还是喜欢以各种形式搞小圈子,以同乡会、培训班、线下聚会等形式互通有无,为的是在将来相互帮助。还有的领导喜欢打探小道消息,热衷于做"知道分子",尤其是关于领导干部的提拔、任命、组织审查等关键信息,把打探到的这种信息作为自己的资本,甚至插手组织上对干部的提拔或者审查。这些行为由于非常隐蔽,很难以正式的党内法规来监督,但是也严重破坏了党内的政治规矩,甚至是政治纪律。

二、巡视巡察

党的十八大之后,巡视成为反腐败的一把利剑,但实际上中国共产党建立巡视制度至少可以追溯到 1990 年,在十三届六中全会通过的《中共中央关于加强党同人民群众联系的决定》中有这样一段话:"中央和各省、自治区、直辖市党委,可根据需要向各地、各部门派出巡视工作小组,授以必要的权力,对有关问题进行督促检查,直接向中央和省、区、市党委报告情况。这项工作,可吸收有经验、有威望的老同志参加。"³⁷ 从整个文件来看,巡视是加强党内监督的一种方法和手段,是用来完善自上而下的监督所设立的,因此巡视制度也是党内监督中纵向监督的基本方法。

到了 1996 年,中纪委决定在加强和完善党内监督机制的工作中,把建立巡视制度作为第一项重点工作。决定根据工作需要,选派部级干部到地方和部门巡视,为此专门制定了《中共中央纪委关于建立巡视制度的试行办法》,这是最早的关于巡视制度的专门规定。在这个《办法》中,决定选派已经离开领导岗位的正部级干部及个别副部级干部参加巡视工作,巡视有三项主要任务:"(一)了解省、自治区、直辖市和中央、国家机关部委领导班子及其成员执行政治纪律的情况。(二)了解省、自治区、直辖市和中央、国家机关部委领导班子及其成员的廉政情况。(三)将巡视情况直接报告中央纪委,重要情况由中央纪委报告党中央。"³⁸

虽然没有关于那个时期巡视工作更多的报道和资料,但是显然巡视办法在党内监督中取得了非常良好的效果,这一制度可以有效降低纵向层级之间的信息不对称,因此巡视逐渐被保留下来,而且每年都在持续强化。之后,中纪委每年都会向地方派出巡视组进行轮流巡视,还要求省、自治区和直辖市也要建立巡视组织机构,配备专职人员,逐渐实现巡视制度的制度化和规范化。这一制度化和规范化的重要成果就是 2003 年制定的《中国共产党党内监督条例(试行)》,这是中国共产党第一份对党内监督的法规性文件,在第三章"监督制度"中,巡视被作为第六种制度规定下来,巡视工作的主要任务是:"(一)了解贯彻落实'三个代表'重要思想和执行党的路线、方针、政策、决议、决定和工作部署的情况,执行民主集中制的情况,落实党风廉政建设责任制和廉政勤政的情况,领导干部选拔任用的情况,处理改革发展稳定的情况,中央要求巡视的其他事项;(二)向派出巡视组的党组织报告巡视工作中了解到的情况,提出意见和建议。"[39]

随着巡视工作越来越重要,2009 年中央出台了《中国共产党巡视工作条例(试行)》,对巡视工作的机构设置、工作程序、人员管理、纪律与责任作了更为详细的规定。党的十八大之后,巡视工作的力度更为加强,在反腐败中发挥了不可或缺的作用,因此 2015 年和 2017 年又对《巡视工作条例》作了两次修订。在 2015 年的修订版中,决定把中央巡视工作领导小组办公室设在中央纪律检查委员会,为了更有效地发挥巡视的作用,党的十八大之后的巡视较之前有了许多变化。

首先,巡视的内容更加广泛,主要是四个方面的内容:"(一)违反政治纪律和政治规矩,存在违背党的路线方针政策的言行,有令不行、有禁不止,阳奉阴违,拉帮结派等问题;(二)违反廉洁纪律,以权谋私、贪污贿赂、腐化堕落等问题;(三)违反组织纪律,违规用人、拉票贿选、买官卖官,以及独断专行、软弱涣散、严重不团结等问题;(四)违反群众纪律、工作纪律、生活纪律,搞形式主义、官僚主义、享乐主义和奢靡之风等问题。"[40]这四个方面的内容又被称为巡视工作的四个"着力",这在之前的巡视工作规定中是没有的。

其次,巡视工作变得更加透明化。巡视组长不是完全固定的,采取一次一授权的办法:"巡视组长根据每次巡视任务确定并授权。"[41]这在一定程度上可以克服巡视组长与被巡视对象经过长期博弈形成共谋的可能,增加了巡视组的独立性。同时在每次巡视组进驻之后,向社会公布巡视组的联系方式、巡视的时间期限等信息,巡视组进驻、反馈、整改等情况要向社会公开,巡视组要接受党员、干部和人民群众的监督。

最后,巡视的手段和方法更加多元化,除了常规巡视之外,还可以针对重点问题开展灵活机动的专项巡视。巡视工作的方法也由 2009 年的五种方法增加到十三种,增加的方法包括:"(四)抽查核实领导干部报告个人有关事项的情况;(五)向有关知情人询问情况;(八)列席被巡视地区(单位)的有关会议;(九)进行民主测评、问卷调查;(十一)开展专项检查;(十二)提请有关单位予以协助。"[42]

2017 年,中央决定进一步把巡视工作制度化和常规化,于是在最新修订的《巡视工作条例》中决定:"党的市(地、州、盟)和县(市、区、旗)委员会建立巡察制度,设

政
治
逻
辑

立巡察机构,对所管理的党组织进行巡察监督。"[43]因此,所谓巡察制度实际上就是把之前若干年在省级层面的巡视下沉到了市、县一级。

三、自我监督

中国共产党的自我革命主要依靠的是围绕着反腐败斗争而建立的各种组织、机构和制度,其中最核心的是我们前面所介绍的纪检和监察机构,但是依靠纪检监察进行组织的自我革命有一个前提,那就是这个机构自身要能保证是忠诚、干净和可信任的,用学术点的话来说就是如何监督监督者的问题,用俗话来说就是"打铁还需自身硬"。关于这个问题,中国所提供的解决方案现在越来越明确,那就是"自我监督"。

自我监督有广义和狭义之分,广义的自我监督主要指的是中国共产党的党内监督,包括前述的政治规矩、政治纪律、巡视巡察等,都属于广义自我监督的范畴。而狭义的自我监督,主要指的是党的纪律检查委员会所涉及的一整套限制和约束监督者权力的机制,这套机制的建立过程也经历了很长时间的探索,接下来我们主要讨论狭义的自我监督是如何建立的。实际上纪检监察机构在工作过程中很早就意识到了自身可能存在的各种问题,因此一直在进行各种改革,主要表现在两个方面。

第一个方面是对派驻机构的统一管理。纪委除了自身的组织机构外,还向其他国家机关和行政事业单位派驻纪检和监察机构,形成一个纪律监督的网络。但是在最早的制度设计中,派驻机构的待遇、福利、年终考核等都是由被派驻的单位所决定的,因此派驻机构没有任何独立性,起不到监督作用。因此,从 2002 年开始,中央决定尝试对派驻机构进行统一管理。2002 年中央纪委、监察部对驻卫生医药部门和国家工商管理总局纪检监察机构实行了统一管理试点,之后 2003 年又增加了 5 个部门,分别是:国家发展和改革委员会、劳动和社会保障部、国土资源部、商务部和新闻出版总署。2004 年正式出台了《关于对中央纪委监察部派驻机构实行统一管理的实施意见》,主要对派驻机构进行了以下几个方面的改革。

首先，在领导体制上。这一点应该是最为关键的改革，即通常说的"垂直化"管理，由以前的双重领导体制改为由中央纪委和监察部直接领导，派驻机构的工作直接对中央纪委和监察部负责，派驻干部也由中央纪委和监察部统一管理，同时派驻纪检组组长依然继续担任所派驻部门的党组成员。

其次是在工作职责上。统一管理后的派驻机构的职责主要包括六项内容："(一)监督检查驻在部门贯彻党的路线、方针、政策和决议，执行国家法律、法规和国务院命令的情况。(二)监督检查驻在部门领导班子及其成员维护党的政治纪律，贯彻执行民主集中制，选拔任用领导干部，贯彻落实党风廉政建设责任制和廉政勤政的情况。(三)经批准，初步核实驻在部门领导班子及其成员违犯党纪政纪的问题；参与调查驻在部门领导班子及其成员违反党纪政纪的案件；调查驻在部门的其他案件。(四)协助驻在部门党组和行政领导班子组织协调驻在部门及系统的党风廉政建设和反腐败工作。(五)受理涉及驻在部门党风党纪和政风政纪问题的检举、控告、申诉。(六)承办中央纪委和监察部交办的其他事项。"[44]在职责上可以说与以前相比并没有明显的变化，依然发挥同样的职能。

再次是在工作关系上。这一点也非常重要，前面提到的被驻在单位排挤和隔离的问题，主要都发生在工作关系上，统计管理以后的派驻机构"开展监督检查工作直接向中央纪委监察部请示、报告，履职情况也由中央纪委、监察部考核"[45]。这样一来，又降低了派驻机构对驻在部门的依赖性，原来由于工作绩效由驻在部门考核，因此无法开展监督的情况也消失了。同时规定："驻在部门党组和领导班子对本部门及其所属系统的党风廉政建设和反腐败工作负全面领导责任，派驻机构按照规定职责予以协助、配合，有关情况及时与驻在部门党组和行政领导班子沟通。"[46]另外，为了加强派驻机构的监督能力，还对派驻人员的地位作了更详细的规定："派驻纪检组组长继续担任驻在部门党组成员，并参加驻在部门有关行政领导会议，但不参与驻在部门的业务分工；派驻监察局局长列席驻在部门有关行政领导会议。"[47]

最后是在干部管理上。这可能是在实际中最为关键的一点，因此派驻干部的管理改革程度也很大，主要包括如下内容："派驻纪检组组长由中央纪委向中央组

政
治
逻
辑

织部提名并考察,由中央纪委呈报中央任免。派驻纪检组组长一般不从驻在部门产生。新提任的纪检组组长人选一般从有关单位的后备干部中提名,交流使用。派驻纪检组组长向中央纪委述职述廉,其履行职责和廉政勤政的情况由中央纪委向中央组织部考核或将考核情况向中央组织部备案。"[48]同时,派驻机构除纪检组组长之外的其他干部的招考录用、考察任免、年度考核以及教育培训等,由中央纪委和监察部负责。最后为了防止派驻人员与驻在机构二者之间形成固定的关系,还规定如果派驻人员在同一机构工作时间较长的,应该与中央纪委、监察部以及所属系统的其他部门之间进行干部交流。但是这些规定都不是硬性规定,标准也相对较模糊。

第二个方面是严格纪律检查机关执纪监督和执纪审查的工作程序。这项改革最重要的制度化成果就是在 2017 年形成了《中国共产党纪律检查机关监督执纪工作规则(试行)》,2019 年 1 月又对这个试行的规则进行了修订。监督执纪工作规则对纪律检查机关的整个监督执纪工作流程作了非常详细的规定,其中在第八章"监督管理"中要求:"纪检监察机关应当严格依照党内法规和国家法律,在行使权力上慎之又慎,在自我约束上严之又严,强化自我监督,健全内控机制,自觉接受党内监督、社会监督、群众监督,确保权力受到严格约束,坚决防止'灯下黑'。"[49]这个自我监督体现在非常多的方面,其中有一个代表性的制度创新,是"坚持审查调查与审理相分离的原则"[50],现在的纪律检查机关,违纪和违法案件的审查调查和审理是由不同部门和不同的人员分开进行的,案件调查是"审查调查室"的工作,而案件的审理是由"案件审理室"来完成的,调查人员不得参与审查工作。另外,在最新的监督执纪规则中,还建立了安全责任制和办案质量责任制,在被审查调查人员发生安全事故,以及由于滥用职权、失职渎职造成办案质量出现问题的,要终身问责。

注释

1.《党的自我革新》(解说词),求是网,http://www.qstheory.cn/zdwz/2017-07/26/c_1121380198.htm。

2.《牢记初心使命,推进自我革命》,习近平总书记 2019 年 6 月 24 日在十九届中央政治局第十五次集体学习时的讲话,http://www.xinhuanet.com/2019-07/31/c_1124820890.htm。

3. 王沪宁:《反腐败:中国的实验》,三环出版社 1990 年版,第 2 页。

4. 景跃进、陈明明、肖滨主编:《当代中国政府与政治》,中国人民大学出版社 2016 年版,第 5 页。

第十三章 自我革命的政治

5. 吴军:《中国共产党的第一个"反腐通告"》,《党史文汇》2003 年 12 月,第 45 页。

6. 戚义明编:《党的纪律建设简史》,中国方正出版社 2019 年版,第 23 页。

7.《中国共产党第三次修正章程决案(1927 年 6 月 1 日中央政治局会议决案)》,新华网(新华资料库),http://news.xinhuanet.com/ziliao/2002-03/04/content_696147.htm。

8. 同上。

9. 参见梁国庆主编:《中外反腐败实用全书》,新华出版社 1994 年版,第 305 页。

10. 同上书,第 4 页。

11.《毛泽东选集》第四卷,人民出版社 1991 年版,第 1438 页。

12. 中央档案馆影印资料,中国共产党新闻网,http://fanfu.people.com.cn/GB/145746/9888308.html。

13.《安徽纪检监察年鉴》(1993 年),第 2 页。

14.《安徽纪检监察年鉴》(1993 年),第 3 页。

15. 所谓"两案"指的是审理林彪、"四人帮"两个反革命集团及其关联案件。

16.《1979 年 1 月 4 日至 22 日中央纪委召开成立后的第一次全体会议》,中国共产党新闻网,http://fanfu.people.com.cn/GB/143349/165093/165095/9888671.html。

17. 刘丽英:《告别公安 离开沈阳》,人民网—读书频道,http://book.people.com.cn/GB/69399/107429/191000/11627163.html。

18.《历史丰碑——回忆陈云同志在中央纪委的日子》,《中国纪检监察报》2005 年 6 月 16 日。

19.《中共中央、国务院关于反腐败斗争近期抓好几项工作的决定》(中发[1993]9 号),北大法宝数据库,http://pkulaw.cn/fulltext_form.aspx?Db=chl&Gid=3314006d91946b22。

20. 同上。

21.《中纪委二次全会动员加强反腐败斗争,尉健行要求落实党中央关于近期内反腐败的工作部署,着重抓好三项工作》,《人民日报》第 1 版,1993 年 8 月 21 日。

22. 同上。

23.《中共中央纪律检查委员会关于国有企业领导干部廉洁自律"四条规定"的实施和处理意见》,北大法宝数据库。

24. 李辉:《当代中国腐败治理策略中的"清理"行动:以 H 市纪检监察机构为个案(1981—2004)》,《公共行政评论》2010 年第 2 期,第 45—70 页。

25.《正确认识形势,加大工作力度,把反腐败斗争不断引向深入——尉健行同志 2000 年 9 月 29 日在中央党校的报告》,《纪检监察工作文件选编》,2002 年,第 329 页。

26. 林尚立:《当代中国政治:基础与发展》,中国大百科全书出版社 2018 年版,第 296 页。

27.《中国共产党中央纪律检查委员会第二次全体会议公报》,载《纪检监察工作文件选编》(纪委系统内部文件),1998 年,第 274 页。

28.《以党的十五大精神为指导,加大工作力度,深入开展反腐败斗争——尉健行同志在中共中央纪律检查委员会第二次全体会议上的报告》,载《纪检监察工作文件选编》(纪委系统内部文件),1998 年,第 290 页。

29.《中国共产党中央纪律检查委员会第三次全体会议公报》,载《纪检监察工作文件选编》(纪委系统内部文件),1999 年,第 247 页。

30. 习近平:《在第十八届中央纪律检查委员会第二次全体会议上的讲话》(2013 年 1 月 22 日),中纪委官网,http://people.ccdi.gov.cn/subject/174/25?slug=learning-project&articleId=337。

31. 习近平:《在中国共产党第十九次全国代表大会上的报告》(2017 年 10 月 18 日),中纪委官网,http://people.ccdi.gov.cn/subject/174/25?slug=learning-project。

32.《中国共产党章程》(2017 年修订),中纪委官网,http://www.ccdi.gov.cn/fgk/law_display/6337。

33. 中纪委国家监察委官方网站:http://v.ccdi.gov.cn/2018/05/18/VIDEceeJYaqhHQ6SYnFu31Xg180518.shtml。

34.《习近平同志在十八届中央纪委五次全会上的讲话》,中纪委国家监委官方网站,http://people.ccdi.gov.cn/detail/456?route=searchResult。

35.《中国共产党章程》(2012 年修订),中纪委国家监委官方网站,http://www.ccdi.gov.cn/fgk/law_display/1。

36.《中国共产党章程》(2017年修订),中纪委国家监委官方网站,http://www.ccdi.gov.cn/fgk/law_display/6337。

37.《中共中央关于加强党同人民群众联系的决定》(1990年3月12日),北大法宝数据库,【法宝引证码】CLI.16.46138。

38. 山东省纪委监委官网:http://www.mirror.gov.cn/articles/ch00033/199603/DA1089FC8CCBF815E04010AC040216FA.html。

39.《中国共产党党内监督条例(试行)》(2003年12月31日),中纪委国家监委官网,http://www.ccdi.gov.cn/fgk/law_display/346。

40.《中国共产党巡视工作条例》(2015年8月),北大法宝数据库:【法宝引证码】CLI.16.253104。

41. 同上。

42. 同上。

43.《中国共产党巡视工作条例》(2017年7月),北大法宝数据库:【法宝引证码】CLI.16.298100。

44.《中央纪委、中央组织部、中央编办、监察部关于对中央纪委监察部派驻机构实行统一管理的实施意见》,载《纪检监察文件汇编》,2004年,第57—60页。

45. 同上。

46. 同上。

47. 同上。

48. 同上。

49.《中国共产党纪律检查机关监督执纪工作规则》(2019年1月),中纪委国家监委官方网站,http://www.ccdi.gov.cn/fgk/law_display/6393。

50. 同上。

第十四章　实现中华民族伟大复兴

在中国特色社会主义思想和习近平新时代中国特色社会主义思想的指引下，中国国家发展的主要目标，就是在国家团结、稳定、统一的前提下，通过决胜全面建成小康社会，开启全面建设社会主义现代化强国的新的伟大征程，实现中华民族伟大复兴的中国梦。中华人民共和国成立以来尤其是改革开放以来，在现代化过程中不断自我探索、自我发展，不仅实现了从站起来、富起来到强起来的历史性飞跃，也开辟了一条现代化的中国道路，为世界文明的发展提供了中国经验、中国方案，在国际社会现代化发展中具有重要意义。

第一节　民族团结

中国实现社会主义现代化和实现中华民族伟大复兴的前提和基础是一个强大的国家。中华文明之所以成为世界上唯一一个从古代延续至今的文明，根本原因是具有一个强大的、权力集中的国家。在数千年的文明史中，中国在大部分时间里维持了一个多民族的国家，正是在多民族团结平等的基础上实现了国家的完整、统一。

一、民族团结是处理民族问题的核心

近代建立民族国家以来，民族与国家之间的关系日益复杂。国家建设和民族建设错综交织在一起，前一个过程往往在时间上先于后一个过程。在后一个过程即"民族主义阶段"，通常认为民族的存在赋予了国家与民族相结合过程中沉重的、血腥的事业以合法性和必要性。但在大多数时候，这两个过程是重叠的。[1] 以民族

政
治
逻
辑

为基础建立的民族国家呈现多元化发展的格局,其中多民族国家成为民族国家的主流。

1648年欧洲各个政治体之间签订《威斯特伐利亚和约》后,现代民族国家开始建构,国家逐渐成为近现代政治发展的主角。国家是一个控制特定人口、占有一定领土的组织,因此,它与其他组织在同一领土上的活动存在差异;它具有自主性;它是集权的;它的各个构成部分之间存在着正式的协作关系。[2]

通常,一个国家的人民具有一些除了国家所施加的公共权力控制以外的重要共性,在政治的基础以外还构成了一个独特的集体——种族或民族,而不仅是一群人。在它的历史发展中,民族不再仅仅是它内部的人群之间的一种原始的结合,除了族群的结合外,它也开始包含一种宗教上的或者语言上的共性,或者建立在共同的制度基础上,或者一些模糊的特点如共同的历史经历或命运感。这样,民族被归属于更大领土上的更多人口所具有的特征。民族观念随之形成,民族被认为是具有共同的、由特定的统治权力的军事活动所确定的地域上的人口所构成。通常地,一个成功建构起来的民族认同推动了民族内部成员之间的交流,创造了一种有利于他们的交往以形成共同看法和理解的背景。[3]而当多民族发展与国家发展联结在一起后,如何对待不同的民族,如何构建一个多民族的政治共同体,就成为国家建设的一项重要任务。

马克思主义关于多民族国家中民族关系的思想,成为当代中国社会主义国家观的一个重要组成部分。马克思曾对古典自由主义的单一民族国家观进行的批评中就蕴含了多民族国家的思想。其后,恩格斯关于国族与民族的区分,则开启了现代民族政治的理论,他强调民族独立、自决,并提出多民族国家、民族多样性以及民族之间保持平等团结关系的思想。恩格斯指出:"每一个民族(nationality)都应当是自己命运的主宰;任何一个民族(nationality)的每一个单独部分都应当被允许与自己的伟大祖国合并,——还有什么能比这更自由主义呢? 不过,请注意,——现在说的已经不是Nations,而是Nationalities了。欧洲没有一个国家不是一个政府管辖好几个不同的民族(nationalities)。……没有一条国家分界线是与民族(nationalites)的自然分界线相吻合的,即语言的分界线相吻合的。……而这种情况最终会带来不小的好处:政治上形成的不同的民族往往包含有某些异族成分,这些异族成分同它们的邻人建立联系,使过于单一的民族性格具有多样性。"[4]

马克思、恩格斯关于民族独立、民族平等的思想在列宁、斯大林那里得到了进一步明确并付诸实践。世界上各个民族不分大小、无论贫弱,都是平等的,没有高低贵贱之分。对此,斯大林曾指出:"每一个民族,不论其大小,都有他自己的本质上的特点,都有只属于该民族而为其他民族所没有的特殊性。这些特点,便是每个民族对世界文化共同宝库的贡献,补充了它,丰富了它。在这个意义上,一切民族,不论大小,都处于同等的地位,每个民族都是和其他任何民族同样重要的。"[5]正因为各个民族都是独特的、自主的,这就意味着各个民族之间是完全平等的,任何民族均没有任何特权。列宁曾指出:"决不容许任何一个民族享有任何特权,""我们要求国内各民族绝对平等,并且要求无条件地保护一切少数民族的权利。"[6]在建立苏维埃政权后,社会主义制度赋予了各个民族平等的权利。斯大林指出:"一切民族和种族,不管它们过去和现在的状况如何,不管它们强或弱,都应当在社会一切经济生活、社会生活、国家生活和文化生活方面享受同等的权利。"[7]但是,"由于较发达的民族和文化不发达的民族之间,还存在着旧的资产阶级制度遗留下来的事实上的不平等(文化的、经济的、政治的),民族问题就具有一种形式,这种形式要求规定一些措施来帮助各落后民族和部族的劳动群众在经济、政治和文化上繁荣起来,使他们有可能赶上走在前面的无产阶级的俄国中部"[8]。

在中国社会主义革命和建设时期,马克思主义的民族思想也深刻影响了中国的革命家和政治家。毛泽东是中国处理民族关系、解决民族问题的探索者和先驱者。在革命根据地时期,毛泽东就已经认识到动员少数民族团结在苏维埃政权周围,实现民族解放的重要性。在1934年1月中华苏维埃共和国第二次全国代表大会上,毛泽东提出:"争取一切被压迫的少数民族环绕于苏维埃的周围,增加反帝国主义与国民党的革命力量,使一切被压迫少数民族得到自由与解放,是苏维埃民族政策的出发点。"[9]在抗日战争期间,毛泽东指出,中国共产党对国内民族问题的总方针是"团结各民族为一体,共同对付日寇"。他还指出:"一方面,各少数民族应自己团结起来争取实现;另一方面,应由政府自动实施,才能彻底改善国内各民族的互相关系,真正达到团结对外之目的。"[10]中华人民共和国成立后不久,毛泽东指出:"国家的统一,人民的团结,国内各民族的团结,这是我们的事业必定要胜利的基本保证。"[11]毛泽东认为,民族团结是使我们伟大祖国"走上独立、自由、和平、统一和强盛的道路"的前提条件和政治基础。他指出:"只有经过全阶级全民族的团结,才能战胜敌人,完成民族和民主革命的任务。"[12]毛泽东关于民族关系和民族问题的基本思想、观点和基本政策,丰富和发展了马克思列宁主义的民族理论,是马克思主义民族理论中国化实践所取得的实质性创新成果。

改革开放后,邓小平对民族问题的关注集中在如何实现民族的平等权利和民族发展方面。他指出,在社会主义国家中,每一个民族都享有全面平等的权利,要让各个民族的人民充分感受到"在政治上,中国境内各民族是真正平等的;在经济上,他们的生活会得到改善;在文化上,也会得到提高"[13]。维护民族平等和实现民族发展,更是关乎国家的统一,因为我国是一个多民族的国家,且大多数少数民族分布在边疆区域。因此,实行民族区域自治是解决中国民族问题和维护国家统一的必然选择。邓小平指出:"解决民族问题,中国采取的不是民族共和国联邦的制度,而是民族区域自治制度。我们认为这个制度比较好,适合中国的国情。"[14]

党的十八大以来,习近平站在中华民族伟大复兴的战略高度,围绕统一的多民族国家的民族问题,提出了新时代加强民族团结的新理念和新思路。2018 年 3 月,习近平在参加全国人民代表大会十三届一次会议内蒙古代表团审议时强调:"我国是统一的多民族国家,民族团结是各族人民的生命线。加强民族团结,根本在于坚持和完善民族区域自治制度。"民族区域自治制度是中国共产党长期探索而形成的解决民族问题、维护民族平等团结的基本政治制度,是国家政治制度体系和治理体系的重要组成部分。在维护国家统一和民族团结的基础上,依法保障民族自治地方行使自治权,支持自治地方解决好本地方的特殊问题。同时,习近平还强调:"加强民族团结,基础在于搞好民族团结进步教育,建设各民族共有精神家园。要深入践行守望相助理念,深化民族团结进步教育,筑牢中华民族共同体意识,促进各民族像石榴籽一样紧紧抱在一起,共同守卫祖国边疆、共同创造美好生活。"[15]

民族平等和民族团结是马克思主义处理民族问题的基本立场和根本原则,是中国共产党民族政策的指导原则,是实现多民族国家统一、团结,实现社会主义现代化,实现中华民族伟大复兴的基本前提。

二、民族团结的基本政治制度

民族区域自治制度是社会主义国家在建立多民族国家后维护国家统一、处理民族问题和实现民族平等团结的基本政治制度。

在第一个社会主义国家苏维埃俄国以及后来的苏联,曾经赋予各民族高度的民族自决权。列宁将民族自决权作为反对民族压迫、民族沙文主义的基本原则,认为民族自决权从政治意义上讲是一种独立权,被压迫民族在政治上针对压迫民族实现自由分立的权利,是为了维护民族独立、实现民族平等的重要前提。[16]在形式上,苏俄和苏联实行民族自治和联邦制,各民族实行区域自治,设立自治机关,行使自治权,但这一制度后来并没有得到有效实践。随着苏联的解体,联邦制被证明在社会主义多民族国家中并不成功。

中国共产党最初受到苏俄和苏联的影响,在理论上主张联邦制和民族自决,但是在革命实践中,党逐渐意识到各个民族在历史、文化上的多样性,转而将民族区域自治作为解决民族问题、实现国家统一的基本战略。在中华人民共和国成立后,中国共产党选择了单一制的国家结构形式,并在1954年中华人民共和国第一部《宪法》中,明确了中华人民共和国是统一的多民族的国家,各民族一律平等,各少数民族聚居的地方实行区域自治,各民族自治地方都是中华人民共和国不可分离的部分。1984年全国人大常委会制定和颁布了《民族区域自治法》,明确了中华人民共和国是全国各族人民共同缔造的统一的多民族国家。民族区域自治是中国共产党运用马克思主义解决中国民族问题的基本政策,是国家的一项基本政治制度。民族区域自治是在国家统一领导下,各少数民族聚居的地方实行区域自治,设立自治机关,行使自治权。实行民族区域自治,体现了国家充分尊重和保障少数民族管理本民族事务权利的精神,体现了国家坚持实行各民族平等、团结和共同繁荣的原则。

实行民族区域自治制度,有利于维护国家统一和领土完整,有利于保障少数民族人民当家作主、管理本民族事务的权利得以实现,有利于发展平等团结互助和谐的民族关系,有利于促进社会主义现代化事业和各民族的共同繁荣,有利于实现中华民族的伟大复兴梦。

在长期实践中,中国民族区域自治制度逐步形成了自己的特点:

首先,坚持中国共产党的领导是民族区域自治制度的根本保证。习近平总书记强调:"民族工作能不能做好,最根本的一条是党的领导是不是坚强有力。"[17]坚持中国共产党的领导,是中国特色社会主义的最本质特征和最大政治优势,是做好中国民族工作的根本保证。民族区域自治制度是中国共产党在革命和建设时期探索出来的解决民族问题、促进民族关系、发展民族平等团结的重要政治制度,经过长期的实践证明,是符合我国多民族国家的历史和现实发展的,对于维护国家统一、巩固民族关系、实现多民族共同繁荣发展具有重要意义。改革开放以来,中国共产党制定了尊重和保障少数民族合法权利和利益、推动少数民族地区发展、促进少数民族干部的培养选拔工作、保护和发展少数民族宗教语言文化等方面的各项政策,为切实实现民族区域自治制度提供了充分的条件。2014年9月中央召开民族工作会议,标志着以习近平同志为核心的党中央关于新时期党的民族理论和政策的全面发展创新。

其次,民族区域自治制度是我国单一制国家结构形式的重要组成部分。单一制国家结构形式是指国家整体与部分、中央与地方之间形成的一种领导与被领导的关系。中国的单一制结构决定了国家的各个组成部分是国家不可分割的一部分,地方政府包括民族自治地方政府都是接受中央政府领导的地方政府,全国各族人民均要维护中央的权威,维护国家政令的统一,保证中央的统一领导和国家政策在地方得到有效贯彻。民族区域自治地方享有自治权,但这种自治权只有在坚持国家的统一领导下才能得到实现,离开了中央的统一领导就不是自治,而是分离和分裂。

再次,民族区域自治制度是民族自治和区域自治的结合,是处理民族问题与国家结构问题的有效结合。我国的各个民族均具有自己独特的文化价值、宗教习俗、生活习惯,在地域上分布广泛,在历史上形成了大杂居、小聚居的特点。如何尊重各民族的独特性,使各民族享有独立发展的权利,同时又有利于实现单一制国家结构形式,是党和国家在建立中华人民共和国时面临的重要课题。民族区域自治制度既保证了少数民族享有自我管理的自治权,又保证了中央政府对民族自治地方的统一领导,从而有效地维护了民族平等团结和国家权威。

至 2017 年底,中国 5 个自治区、30 个民族自治州、120 个民族自治县(旗)总人口 18 943.33 万人,其中少数民族人口 9 804.55 万人,少数民族人口占自治地方总人口比重为 51.76%。[18]中国民族自治地区少数民族人口实现稳步增长。

三、各民族社会经济发展与民族团结

社会经济发展是解决民族问题的关键。自古以来,各民族在长期的历史发展中形成了自己的独特文化和习俗,不同民族之间在生产方式、经济生活、语言、文化、宗教、习惯等方面存在着较大的差异,这些差异在民族交往过程中往往会带来一些分歧、矛盾和冲突。当不同民族结合为一个政治共同体,各民族之间关系就变得微妙起来。不同民族之间的显著差异往往会影响民族关系,影响社会经济发展和国家的稳定统一,尤其是当不同民族之间的经济发展差距过大时,一些民族往往将经济发展落后的原因归咎于民族不平等,从而挑起民族主义情绪,对国家的统一和社会稳定带来负面影响。在一个多民族的政治共同体中,社会经济发展水平的差异是影响各民族之间关系平等的重要因素,也是影响民族团结的主要因素。推动民族自治地方的社会经济发展,着力改善民生,不断推进民族区域自治制度发展完善,使各民族共同实现社会主义现代化,是实现民族团结的重要保证。

在历史上,由于小农经济和自然经济的主导地位,中国许多民族的社会经济发展水平总体落后,不同民族之间存在明显的发展不平衡。中华人民共和国成立初期,仍有一些少数民族处于传统的农耕社会,生产方式落后,与其他民族之间存在较大的差距。许多少数民族长期生活在自然资源条件落后、交通闭塞的环境中,且往往聚居在一起。在日常生活中,不同民族之间的发展差异会给各民族之间的交往带来一些不便之处,误会和冲突时有发生。社会经济发展的落后更是造成一些少数民族的封闭、孤立,甚至民族关系的紧张,给国家统一稳定带来不利影响。

坚持各民族共同繁荣发展是我国民族政策的根本立场。宪法规定:国家尽一切努力,促进全国各民族的共同繁荣。国家在支持少数民族和民族地区加快经济社会发展方面采取了各种措施,尤其是改革开放以来,通过对少数民族地区制定的各项扶贫政策,推动了少数民族的整体现代化水平。多年来,国家通过设立扶贫资金,加快少数民族地区的基础建设、重点项目建设;设立各种专项资金,如 1980 年设立支援经济不发达地区发展资金、1992 年设立少数民族发展资金等;组织发达省市对民族地区开展对口支援和经济技术协作。1996 年,国务院确定 15 个东部发达省市对口帮扶西部 11 个省(自治区、市),同时动员中央各部门对口帮扶贫困地区,并多次召开新疆、西藏工作座谈会和对口支援工作会议;实行财政、金融等优惠政策,在西藏、新疆等实行"税制一致、适当变通"的国家税收政策,实行金融优惠政策如优惠贷款利用率、利差补贴等;对人口较少民族的经济发展重点扶持;制定并实施专项规划,如 2000 年党的十五届五中会议提出并实施"西部大开发战略",加快中西部地区发展等。

　　在国家的大力扶持下,民族自治地方的社会经济发展有了长足的进步。民族自治地方的地区生产总值占全国的比重从 1995 年的 8.52％上升到 2016 年的9.45％。[19]党的十八大以来,在党中央、国务院的领导下,大力推进精准扶贫战略,基本上解决了民族自治地方的温饱问题,但西部地区仍然有近 1 100 万少数民族群众处于国家贫困线以下,主要集中在新疆、云南、贵州等省区。按照国务院扶贫开发领导小组办公室 2016 年的统计数据,西部地区少数民族贫困人口的比例占到了全国贫困人口比例的 28.6％。[20]到 2021 年 2 月,中国现行标准下农村贫困人口实现全部脱贫,贫困县全部摘帽,区域性整体贫困得到解决,全面建成小康社会目标如期实现。

　　党的十九大报告指出:"中国特色社会主义进入新时代,我国社会主要矛盾已经转化为人民日益增长的美好生活和不平衡不充分的发展之间的矛盾。"[21]这里的"不平衡不充分的发展"与各民族、各民族地区之间不平衡不充分的发展有着密切的关系。随着我国少数民族逐渐摆脱贫困,社会经济得到全面发展,民族平等和民族团结将得到切实保证,多民族国家统一和稳定的局面也将得到有效维护。

第二节　国家统一

一、国家统一是有机统一政治的前提

近代以来,任何一个民族国家的发展都经历了一个政治一体化的过程。政治一体化是指政治体系内部的各个组成部分逐渐结合为有机一体的过程,这一过程包括:国家一体化,即将文化和社会分离的集团结合进一个单一的领土单位和建立民族特性的过程;领土一体化,即国家对附属的政治单位或地区确立中央权力;精英和群众一体化,即将政府与被统治者联系在一起;价值一体化,即维护社会秩序所必需的各阶层、各群体最低限度的价值一致;国家能力,即国家为了实现某个共同目的而组织起来的能力。[22]国家统一是国家一体化的重要构成部分,是中央政府在领土上实现对地方的领导权力的过程。国家统一意味着在国家边界内的人们,不管他们的民族、群体、阶层属性是什么,必须忠诚于一个更高的政治体,即国家。国家相对于社会、地方,必须具有一定的集权特性。国家必须是一个单一的组织,所有的政治活动必须源于国家或涉及国家。不管是个人还是集体,或者其他公共组织,如果要行使公共权力,只能从国家那里获得,也即意味着国家垄断了暴力的合法行使权力。反过来,社会成员和组织对国家垄断公共权力予以合法的认可和支持。

国家统一是民族国家建设的目标,是建立有机统一的政治的前提。毫无疑问,近代以来的政治发展均是建立在一个独立主权的民族国家基础上的。国家统一是国家全面发展的前提和基础。主权、领土、人口、政府等被看作国家的基本组成要素,缺乏其中任何一个因素,国家均不成其为国家,也就谈不上任何发展的可能。领土和人口是国家的物理形态要素,是国家统一的要件。领土不完整或陷入分裂、部分人口对国家缺乏认同,国家就无法实现完整、统一。国家统一问题源于人口中的部分群体对国家的领土范围、主权、政府体制、政治权利等方面的认同不足,由此导致分离主义倾向甚至国家分裂,严重阻碍国家的整体性发展。

历史上中国的国家内部分分合合,但国家统一一直是历代统治者和民众的共

同愿望。中华人民共和国成立后,中国仍然面临着国家统一问题。随着1951年西藏和平解放,除了台湾、香港、澳门,国家基本实现了领土完整、统一。1956年,中国全面进入社会主义建设时期。毛泽东在当年1月最高国务会议上讲话时指出:"只要现在爱国,国内国外一些可以团结的人都团结起来,不咎既往。"1957年4月16日,新华社电讯报道:毛主席说,我们还准备进行第三次国共合作。[23]此后党和国家领导人还在多次场合提到国共合作问题。然而,由于社会主义事业发展遇到曲折,国家统一的问题不得不先搁置了下来。

改革开放后,中国的现代化开始进入了迅速发展和全面发展时期,解决国家统一问题的时机已经到来。以邓小平为代表的革命家和领导人一直对国家统一抱有执着的追求。邓小平曾说过:"实现国家统一是民族的愿望,一百年不统一,一千年也要统一的。"[24]邓小平深刻洞悉国际国内发展局势,在继承第一代领导人关于国家统一思想的基础上提出了"和平统一、一国两制"的构想。1979年元旦,全国人大常委会发表《告台湾同胞书》,宣告国家统一道路正式启动。1981年全国人大常委会委员长叶剑英向新华社发表讲话,进一步阐明有关和平统一台湾的"九条方针",希望国民党政府以民族为重,与大陆共同携手实现祖国统一大业。"九条方针"提出:建议国共两党对等谈判,实行第三次合作,共同完成祖国统一大业;国家实现统一后,台湾可以作为特别行政区,享有高度的自治权,并可保留军队;中央政府不干涉台湾地区事务;明确台湾现行社会、经济制度不变,生活方式不变,同外国经济、文化关系不变;私人财产、房屋、土地、企业所有权、合法继承权和外国投资不受侵犯等。这一方针使得"一国两制"的构想得以基本形成。

随着1997年中国恢复对香港行使主权,以及1999年中国恢复对澳门行使主权,"一国两制"从构想变成了现实。回归20多年来,香港、澳门与内地之间的社会经济交往日益密切,社会经济发展保持着稳定、繁荣的局面。事实证明,"一国两制"的方针是完全正确的,具有强大的生命力。目前,台湾问题尚未解决,国家的统一大业仍需努力。党的十九大报告将坚持"一国两制"和推进祖国统一作为新时代坚持和发展中国特色社会主义的十四条基本方略之一;将国家统一放在"两个一百年"的奋斗目标中;将保持香港、澳门长期繁荣稳定,实现祖国完全统一,作为实现中华民族伟大复兴的必然要求;确保"一国两制"方针不会变、不动摇,确保"一国两制"实践不变形、不走样。[25]

对国家统一的执念,是每一个中国人的情结。一个完整、统一的国家是国家现代化发展的基础。实现国家统一,更是中华民族伟大复兴的基本前提。

二、复合单一制是中国国家统一的结构形式

实现和维护国家统一要求国家在国家结构形式上作出科学有效的安排。国家整体与组成部分之间,中央与地方、各个部分互相之间的关系呈现何种模式,在很大程度上决定了国家完整统一的结果。国家结构形式主要体现为国家在行政区域上的地理划分、中央政府与地方政府的权限划分以及由此形成的权责关系。通常,国家结构形式由历史、地理、政治、经济、民族、宗教、文化、社会心理等多种因素共同作用,并结合各种现实政治力量,经过漫长的政治博弈、妥协、协商以后,最终以宪法和法律的形式确立下来。这种以地域而不是以血缘关系来划分国民的组织形式,也是现代国家区别于传统国家的重要特征。

既有研究将国家结构形式分为两种:单一制和复合制。单一制是由若干行政区域组成的单一主权的国家结构形式。在这种形式下,国家实行统一的中央集权,具有统一的宪法和一个国籍,全国只有一个中央政府和立法机关,国家按照地域划分行政区域,设立地方政府行使地方国家权力,中央统一领导各级地方政府行使职权,地方政府必须服从中央。复合制是由各个成员如共和国、州、邦等组成联盟的国家结构形式。在复合制下,国家除了设立联盟的中央国家机关外,各个成员还有自己的中央国家机关,除了联盟按照联盟协议行使权力外,各个成员有自己的宪法和法律。凡是未授予联盟政府的或未禁止各个成员行使的权力均属于各个成员,各个成员设有自己的立法机关、行政机关和司法机关,在自己的管辖范围内行使立法权、行政权和司法权。按照联盟结合的程度不同,复合制又可以分为联邦制和邦联制。

由中央政府代表国家独占国家主权的行使,是单一制国家与复合制国家最根本的区别。在单一制国家中,全国性公共事务的最高和最终的决定权在中央政府

手中。但是，在实行单一制的国家中，存在着一定的差异。根据国家权力及其权力行使在全国性政府与区域性组成单位之间的配置和运用状况的不同特点，又可以将单一制分为中央集权型的单一制和地方自治型的单一制。

在中央集权型的单一制国家中，地方政府的自主权或自治权很小，或者说尽管宪法规定了地方享有广泛的自治权，但是如果没有中央国家机关的允许，地方根本无法行使相应的权力。实际上，中央行政机关往往直接控制地方行政机关和监督地方代议机关，委派官员或者由地方选举产生的官员代表中央管理地方的事务，地方行政长官只对中央行政机关负责，或者既接受地方代议机关的领导和监督，同时又接受中央行政机关的直接领导。

在地方自治型的单一制国家中，中央与地方实行一定程度上的分权，地方的行政机关虽然不具有主权，而且受到中央国家机关的监督，但在处理自身事务上不接受上级行政机关的直接指挥、命令，而是直接对法律负责，按照法律的规定在处理本地区的事务中享有自治权，且地方享有的自治权比较广泛。这种地方自治型单一制的典型是英国。

历史上，单一制往往被认为是国家发展的一种自然趋势。在民族国家建立以前，通常国家的地域范围较小，人口也不多，这时候的国家基本上以单一制为主，例如古希腊、古罗马共和国。古代帝国也实行单一制形式，这是一种以武力征服方式或武力威胁，或者以其他方式统一多个地区而形成的一种政治实体，通常采取中央集权形式。近代西欧出现的绝对君主制，是在一个相对统一的领土上建立的中央集权式的国家，就属于单一制的结构形式。

大多数历史时期，中国是中央集权型的单一制国家。中华人民共和国成立后，实行了民族区域自治制度，但这一制度没有改变单一制的特点。这是因为，自治地方及其政府是在国家成立后才建立的地方政府形式，是国家行政区划设置的结果。民族自治地方的自治权来自中央政府自上而下的授权，民族自治地方的权力源于中央。与联邦制不同，作为行政区的自治地方不是原初意义上的独立政治单位，不是作为一个政治实体加入国家的，而是作为国家整体的一部分。随着香港、澳门的回归，"一国两制"的实行从本质上没有改变中国单一制国家结构形式。香港、澳门原来就属于中国整体的一部分,回归以后作为中国的一个地方单位,香港、澳门的特别行政区政府作为地方政府的性质没有改变。作为香港、澳门特别行政区制定法律依据的《香港特别行政区基本法》《澳门特别行政区基本法》是由全国人大根据《中华人民共和国宪法》制定通过的,这两个《基本法》规定了香港、澳门实行的政治制度、经济制度和社会制度,确保国家对香港、澳门的基本方针政策得到实施。因此,中央与香港、澳门之间的关系是国家整体与部分的关系,中央政府与特别行政区政府之间是中央政府与地方政府的关系。然而,中央政府与特别行政区政府之间的关系不是简单的领导与被领导的关系,而是一种复杂的央地关系,这就决定了当前中国的国家结构形式也不是传统意义上的单一制。

中国一直是中央集权型的单一制国家,这种单一制具有丰富的内容,具有很大的灵活性和包容性。目前,中国的中央与地方的关系存在三种形态:一是中央与一般行政区地方的关系,即中央与省、直辖市之间的领导与被领导的关系;二是中央与民族自治地方的关系,即中央与自治区及其他自治地方的关系,同样属于领导与被领导关系,但自治地方在社会经济发展、国家政策、人事安排等方面享有一定的自治权;三是中央与特别行政区的关系,特别行政区政府直辖于中央人民政府,而不是作为一般的地方政府。特别行政区制度构造了中国国家结构形式的复杂性,特别行政区享有高度的自治权,这种自治权无论是从内容还是从范围均超越了一般国家内部地方自治权的内容,主要表现为特别行政区保持原有的制度和生活方式,国家的法律政策一般不在特别行政区实施,除外交和国防由中央政府统一管理外,中央不干预特别行政区的内部事务。这就是"一国两制"的体现。正是"一国两制"决定了中国的国家结构形式不再是简单的中央集权型的单一制模式,而是一种复合单一制模式。

三、"一国两制"是实现国家统一的有效形式

中国实行复合单一制的国家结构形式源于国家统一过程的特定制度安排,促使复合单一制结构形成的主要因素是"一国两制"。"一国两制"是中国共产党和国家为了实现国家领土完整和统一大业,根据本国现实情况和世界发展趋势而提出

的科学构想。"一国两制"即"一个国家,两种制度",是指在一个国家中,根据宪法和法律的规定,在国家内部的一部分地区实行不同于其他地区的政治制度、经济制度和社会制度,但这些地区仍然是一个国家的组成部分,这些地区的政府是国家的地方政府,不享有国家主权。

中国要解决历史长期遗留下来的统一问题,解决香港、澳门问题,不得不考虑这些地区长期以来实行的政治、经济、社会制度以及独特的生活方式,不可能按照传统的单一制国家形式或者采用联邦制形式简单地处理问题。因此,中国共产党创造性地提出了一种解决方式,即在国家统一后,在香港、澳门设立特别行政区,实行高度的自治,可以实行与大陆不同的制度。"一国两制"的设想坚持了单一制国家的实质和主导地位,同时又采用了灵活创新的方式解决了香港、澳门问题。香港、澳门回归后的实践也证明,"一国两制"的构想是科学、成功的。

"一国两制"的构想在《香港特别行政区基本法》和《澳门特别行政区基本法》中得到切实体现,并形成了一套特别行政区制度。特别行政区制度的基本内涵是:在统一的中华人民共和国内部,在大陆实行社会主义制度,在香港、澳门设立特别行政区,特别行政区享有高度的自治权,不实行社会主义制度和政策,保持原有的资本主义制度和生活方式。特别行政区制度的具体内容包括:

首先,坚持"一个中国"的原则,特别行政区是中国的地方行政区域。"一国两制"的前提是"一个中国",中华人民共和国中央人民政府是代表中国的唯一合法政府,中国只有一个最高国家权力机关,一个中央人民政府,这是国家主权独立、完整的前提,也是中华民族统一的前提。解决香港、澳门问题必须坚持这一前提。香港、澳门回归后,国家按照宪法的规定在这些地区设立特别行政区,特别行政区是中华人民共和国的地方行政区域,特别行政区政府是中央政府下属的地方政府。特别行政区可以有自己的基本法,作为特别行政区立法机关立法的依据,基本法由全国人民代表大会制定。特别行政区的行政长官在当地通过选举或协商产生,再由中央政府任命。特别行政区的国防和外交事务,由中央政府统一管理,中央在特别行政区的驻军不干涉特别行政区内部事务。在国际社会中,中华人民共和国中央人民政府代表国家行使主权,履行国际义务,享有国际权利,特别行政区不享有外交权。

其次,在"一个中国"原则下,实行两种制度。在大陆坚持社会主义制度的前提下,特别行政区实行资本主义制度,两种制度长期共存、共同发展。香港、澳门不管在面积还是人口方面,在中国范围内只占据很小一部分,那里实行资本主义制度,并不会改变中国的社会主义制度。这些地区实行资本主义制度,对这些地区的居民有利,符合当地居民的实际情况。实现国家统一后,香港、澳门现行的经济、社会制度不变,生活方式不变。特别行政区原有法律、法令和其他规范性文件,除同基本法相抵触或经特别行政区的立法机关作出修改外,予以保留。香港、澳门保持现行经济、社会制度,是一项长期的稳定的政策。这一特点在香港、澳门各自的基本法中得到了肯定,即特别行政区不实行社会主义的制度和政策,保持原有的资本主义制度和生活方式,五十年不变。

再次,特别行政区享有高度的自治权。香港特别行政区和澳门特别行政区除外交和国防事务属中央人民政府管理外,享有高度的自治权。香港特别行政区、澳门特别行政区享有行政管理权、立法权和独立的司法权和终审权:(1)按照《香港特别行政区基本法》和《澳门特别行政区基本法》的规定,香港和澳门特别行政区享有行政管理权,依照基本法的有关规定自行处理特别行政区的行政事务;香港和澳门特别行政区享有立法权以及独立的司法权。(2)享有独立的财政和税收权,实行独立的金融、货币、贸易等经济制度。香港、澳门继续实行自由港和单独的关税地区的地位,继续实行自由贸易政策,货币金融制度由自己的法律规定。(3)特别行政区可在经济、贸易、金融、航运、通信、旅游、文化、体育等领域以"中国香港""中国澳门"的名义,单独地同世界各国、各地区及有关国际组织保持和发展关系,签订和履行有关协议。(4)特别行政区实行独立的教育、医疗、科学、文化、体育、宗教、劳工和社会服务等政策。

二十多年来,香港、澳门保持了社会经济发展的繁荣、稳定。在1998年金融危机时香港得到了中央政府的大力支持和帮助,更是证明了国家统一、主权完整所带来的积极效应。香港、澳门特别行政区制度的实践表明,"一国两制"是当前解决中国国家领土完整和统一的最佳方式。目前,台湾问题尚未得到解决。中央人民政府坚持以"一国两制"作为和平统一台湾的基本政策,主张在"一个中国"的前提下,什么问题都可以商谈。同时,积极发展两岸的经济、贸易和民间的往来。当然,中央人民政府继续坚持"不放弃武力"作为解决台湾问题的最后手段,以此遏制"台独"势力。中国的统一是大势所趋。

第三节　小康社会

一、全面建设小康社会

小康社会是中国古代思想家的一种理想,也是当代中国社会主义现代化发展特定阶段的目标。在中国传统文化中,小康及小康社会一直是人们对安居乐业、生活保障稳定的向往。"小康"一词最早出自《诗经》中"民亦劳止,汔可小康"。在《礼记》中曾记载孔子的一段话:"大道之行也,天下为公。选贤与能,讲信修睦,故人不独亲其亲,不独子其子;使老有所终,壮有所用,幼有所长,矜寡、孤独、废疾者皆有所养;男有分,女有归。货恶其弃于地也,不必藏于己;力恶其不出于身也,不必为己。是故谋闭而不兴,盗窃乱贼而不作。故外户而不闭,是为大同。"这一理想的大同社会是古代中国人追求的最高目标,但在现实中很难实现,尤其是在小农经济社会。因此,小康社会才是人们根据现实条件作出的一种可行选择,是普通人"中国梦"的基本内容,反映了长期生活于贫困状态的民众对于衣食无忧、安定生活的现实追求。

小康社会是中国共产党作出的顺应民意的重大战略抉择。提高人民的物质文化水平,是中国共产党一切工作的出发点和归宿,也是社会主义现代化的重要目标。改革开放以后,中国开始了以经济建设为中心的现代化发展进程。随着经济增长和生活条件的改善,人民对未来生活的向往成为现代化发展的重要目标。如何将人民群众的期盼变成一种看得见、摸得着的目标,成为党和国家领导人的考虑。20 世纪 70 年代末,邓小平在设计中国现代化道路时,赋予了"小康"这一概念以时代的内涵,形成了较为系统的小康社会思想,成为指引当代中国现代化发展的重要指南。1979 年 12 月,邓小平在会见日本首相大平正芳时说:"我们要实现的四个现代化,是中国式的现代化。我们四个现代化的概念,不是像你们那样的现代化概念,而是'小康之家'。"[26]1987 年,邓小平在会见外宾时,提出了社会主义发展"三步走"的战略部署,即第一步从 1981 年到 1990 年,国民生产总值翻一番,解决人民的温饱问题;第二步到 20 世纪末,国民生产总值再翻一番,人民生活达到小康水平;第三步到 21 世纪中叶,人均国民生产总值达到中等发达国家水平,人民生活比较富裕,基本实现现代化。[27]

小康社会随后成为中国共产党推动社会主义现代化建设的重要目标,并逐渐被纳入中国社会主义现代化建设的整体规划中。在 2002 年党的十六大报告中,对小康社会有了较为全面的界定。首先,到 2000 年时,"我们胜利实现了现代化建设'三步走'战略的第一步、第二步目标,人民生活总体上达到小康水平",但"现在达到的小康还是低水平的、不全面的、发展很不平衡的小康"。根据党的十五大提出的发展目标,"我们要在本世纪头二十年,集中力量,全面建设惠及十几亿人口的更高水平的小康社会"[28]。其次,报告对全面建设小康社会提出了具体目标:在优化结构和提高效益的基础上,国内生产总值到 2020 年力争比 2000 年翻两番,综合国力和国际竞争力明显增强。基本实现工业化,建成完善的社会主义市场经济体制和更具活力、更加开放的经济体系。城镇人口的比重较大幅度提高,工农差别、城乡差别和地区差别扩大的趋势逐步扭转。社会保障体系比较健全,社会就业比较充分,家庭财产普遍增加,人民过上更加富足的生活;社会主义民主更加完善,社会主义法制更加完备,依法治国基本方略得到全面落实,人民的政治、经济和文化权益得到切实尊重和保障。基层民主更加健全,社会秩序良好,人民安居乐业;全民族的思想道德素质、科学文化素质和健康素质明显提高,形成比较完善的现代国民教育体系、科技和文化创新体系、全民健身和医疗卫生体系。人民享有接受良好教育的机会,基本普及高中阶段教育,消除文盲。形成全民学习、终身学习的学习型社会,促进人的全面发展;可持续发展能力不断增强,生态环境得到改善,资源利用效率显著提高,促进人与自然的和谐,推动整个社会走上生产发展、生活富裕、生态良好的文明发展道路。[29]报告确立的全面建设小康社会的目标,是中国特色社会主义经济、政治、文化全面发展的目标,是与加快推进现代化相统一的目标,符合中国国情和现代化建设的实际,符合人民的愿望,具有重大战略意义。

在党的十六大报告《全面建设小康社会 开创中国特色社会主义事业新局面》中,作出了将全面建设小康社会目标作为开创中国特色社会主义事业新局面的战略决策后,党的十七大报告《高举中国特色社会主义伟大旗帜 为夺取全面建设小康社会新胜利而奋斗》,对推进改革开放和社会主义现代化建设、实现全面建设小康社会的目标作出了全面部署。党的十八大报告《坚定不移沿着中国特色社会主义道路前景 为全面建成小康社会而奋斗》,对 2020 年如期全面建成小康社会的目标提出了新的要求。党的十九大报告《决胜全面建成小康社会 夺取新时代中国特色社会主义伟大胜利》,承前启后、继往开来,在新时代的历史条件下继续夺取中国特色社会主义伟大胜利的目标,这一新时代是决胜全面建成小康社会、进而全面建设社会主义现代化强国的时代。党的十九大报告明确提出了新时代中国特色社会主义思想,明确坚持和发展中国特色社会主义总任务是实现社会主义现代化和中华民族伟大复兴,在全面建成小康社会的基础上分两步走,在本世纪中叶建成富强民主文明和谐美丽的社会主义现代化强国。

改革开放 40 多年来,小康社会作为中国特色社会主义事业的战略目标,是中国社会主义初级阶段的特定历史发展过程,是中国在建设富强、民主、文明的社会主义现代化国家进程中的重要发展阶段。

二、小康社会与民族复兴之路

全面建设小康社会是加快推进我国社会主义现代化建设的行动纲领,是改革开放以来历届党和国家领导人一以贯之的战略抉择,是实现"三个代表"、科学发展观和中华民族伟大复兴的重大安排。通过全面建设小康社会,提高人民生活的质量,实现富强、民主、文明、和谐、美丽的现代化强国,推动社会主义从不发达、不完善的初级阶段过渡到比较发达的较高阶段,实现中国社会主义现代化发展的历史性跨越,为中华民族的伟大复兴奠定基础。

小康社会的理想不是一个一成不变的目标,而是随着社会经济发展水平的提高而不断变化的。改革开放初期,邓小平在描绘中国人生活发展的目标时,用较为切近人们生活的具体指标来界定，他指出："所谓小康，从国民生产总值来说，就是年人均达到 800 美元。"[30]此时的小康仅仅是解决中国人民的温饱问题。随着温饱问题的逐步解决，人民对小康社会的期盼不仅仅停留在经济指标方面。邓小平所说："我们提出四个现代化的最低目标，是到本世纪末达到小康水平。"[31]这一时候的提法，已经将小康社会涵盖了较为全面的发展目标，即四个现代化发展所达到的目标。邓小平说："翻两番，国家生产总值人均达到八百美元，就是到本世纪末在中国建立一个小康社会。这个小康社会，叫做中国式的现代化。翻两番、小康社会、中国式的现代化，这些都是我们的新概念。"[32]在一定程度上，邓小平将小康社会视为中国社会主义现代化发展的特定阶段，将达到小康社会的实现时间也规定为 20 世纪末。而到 20 世纪末，中国人民的生活水平已经达到了"总体小康"后，党的十六大又提出了"更高水平的小康社会"，即"全面建设小康社会"。从"解决温饱"到"小康水平"，从"总体小康"到"全面小康"，小康社会的内涵不断发生着变化，体现了中国现代化发展水平的不断提升。

　　小康社会是中国现代化道路的起点。建设小康社会是中国社会主义现代化发展战略初期的特征，而全面建设小康社会则是现代化发展进入新阶段的特征，社会主义现代化发展战略体系在不断调整中变化。作为中国社会主义现代化初级阶段的发展目标，小康社会是阶段性的战略安排，是实现中华民族伟大复兴的必经之路。党的十九大报告指出："到建党一百年时建成经济更加发展、民主更加健全、科教更加进步、文化更加繁荣、社会更加和谐、人民生活更加殷实的小康社会。"[33]小康社会的目标即将实现，社会主义现代化已经进入新时代，新时代要求有更高的发展目标。这是因为，小康社会主要是满足了人们对生活和经济发展的目标要求，更多地是从社会层面来实现现代化发展，且这一目标在今天已经基本实现。在小康社会的基础上，中国人民更为宏大的远期目标和梦想是中华民族的伟大复兴。党的十九大报告提出："再奋斗三十年，到中华人民共和国成立一百年时，基本实现现代化，把我国建成社会主义现代化国家。"[34]全面建成小康社会，是中国共产党确定的第一个百年的奋斗目标，是实现中华民族伟大复兴的关键一步。

　　全面建设小康社会是中国现代化发展进程中的一个重要的过渡阶段，也是实现现代化第三步战略目标的承上启下的阶段,是社会主义初级阶段的一个重要发展阶段。从全面建成小康社会到基本实现现代化,再到全面建成社会主义现代化强国,是新时代中国特色社会主义发展的战略安排,是实现中华民族伟大复兴的长远规划,这一长远规划正在逐步变为现实。

三、"五位一体""四个全面"与全面建成小康社会

全面建成小康社会是实现中华民族伟大复兴的必经之路,是全面建设社会主义现代化强国的前提和基础。在党的十六大报告中,关于如何全面建设小康社会提出了具体路径,包括经济建设和经济体制改革、政治建设和政治体制改革、文化建设和文化体制改革等方面,即"全面建设小康社会,开创中国特色社会主义事业新局面,就是要在中国共产党的坚强领导下,发展社会主义市场经济、社会主义民主政治和社会主义先进文化,不断促进社会主义物质文明、政治文明和精神文明的协调发展,推进中华民族的伟大复兴"[35]。

党的十七大在"三个建设"的基础上,进一步加强各个方面的协调发展,提出了"要按照中国特色社会主义事业总体布局,全面推进经济建设、政治建设、文化建设、社会建设,促进现代化建设各个环节、各个方面相协调,促进生产关系与生产力、上层建筑与经济基础相协调"[36],报告增加了社会建设的内容,使得全面建设小康社会的内容更为全面、深入。

随着全面小康社会目标的逐步接近,党的十八大再次将经济建设、政治建设、社会建设和文化建设发展为经济建设、政治建设、文化建设、社会建设、生态文明建设,更加全面地提出了全面建设小康社会、实现社会主义现代化和中华民族伟大复兴的"五位一体"总体布局,即"建设中国特色社会主义,总依据是社会主义初级阶段,总布局是五位一体,总任务是实现社会主义现代化和中华民族伟大复兴"。因此,要求"必须更加自觉地把全面协调可持续作为深入贯彻落实科学发展观的基本要求,全面落实经济建设、政治建设、文化建设、社会建设、生态文明建设五位一体总体布局,促进现代化建设各方面相协调,促进生产关系与生产力、上层建筑与经济基础相协调,不断开拓生产发展、生活富裕、生态良好的文明发展道路"[37]。

从"三个建设""四个建设"到"五位一体",全面建设小康社会的总体布局从重点到全面,逐渐展开、逐步深入。党的十六大以来四次党的全国代表大会均围绕"小康社会"作出了重大战略布局,体现了中国共产党对社会主义现代化建设的战略规划随着实践发展而逐步提升、完善的过程。

"三个建设""四个建设"和"五位一体"提出了全面建设小康社会的具体内容,而如何保障全面建设小康社会,是建设中国特色社会主义事业、夺取中国特色社会主义事业伟大胜利的关键。为了夺取中国特色社会主义事业伟大胜利,党的十八大以来,中国共产党逐步形成了"四个全面"的总方略,即"全面建成小康社会""全面深化改革""全面推进依法治国""全面推进从严治党"。

在"四个全面"中,全面建成小康社会是中国特色社会主义事业的阶段性战略目标,另外三个"全面"是全面建成小康社会的重大战略举措。全面深化改革是针对现代化发展中遇到的体制性障碍和矛盾困难,采取有效措施予以化解,为进一步推动中国特色社会主义现代化事业提供根本动力。全面依法治国是国家社会经济生活和政治生活的运行规范化、制度化、秩序化的前提条件,是全面建成小康社会和社会主义现代化强国的重要保障。全面从严治党针对党作为中国特色社会主义事业的领导核心,是执政党加强自身建设的必然要求。全面从严治党旨在确保党的先进性、纯洁性,维护党领导的正确性、有效性,从而为全面建成小康社会、全面深化改革、全面依法治国提供根本保证。"四个全面"具有内在的逻辑关系,相辅相成、互为促进、相得益彰、有机统一。

当前中国正处于全面决胜建成小康社会的关键阶段,正处于开启社会主义现代化强国的新征程。改革、发展、稳定是中国共产党治国理政的主要任务。"四个全面"战略布局是中国特色社会主义现代化道路的系统考虑,是对深化改革发展的全面部署和对社会有序稳定的长远谋略。

党的十八大以来,中国共产党领导、推进"五位一体"的总体布局、"四个全面"的战略布局,党和国家事业开创了新局面,社会主义现代化得到稳步发展。在全面建成小康社会、中国特色社会主义已进入新时代之际,中国共产党将继续领导中国人民坚持和发展中国特色社会主义,在实现中华民族伟大复兴的道路上砥砺前行。

第四节　中国道路

一、现代化发展道路的共性与多样性

中华人民共和国成立 70 多年和改革开放 40 多年来,中国的现代化取得了令世界瞩目的巨大成就,彻底改变了贫穷落后的不发达国家面貌。目前,中国已经上升为世界第二大经济体,中国经济总量已经超过美国的三分之二,是世界第一大货物贸易国、世界最大的外汇储备国,对世界经济增长的贡献率稳居第一位。

中国巨大社会经济发展成就的背后,是开辟了一条不同于世界现代化发展既有经验的新道路。现代化研究学者 C. E. 布莱克曾根据现代化领导者在获取权力以及在履行其纲领时所面对的政治问题的特征来比较各个社会的发展道路。这些特征因素主要包括:一是一个社会所出现的政治权力从传统领袖向现代化领袖的转变,相对于其他社会是早还是晚;二是一个社会中现代性对传统领袖的直接政治挑战是内部的还是外部的;三是一个社会在现时代是热心于疆界和人口的连续性还是经历着领土和人民的根本重组;四是一个社会在现时代是自治还是经受着拖延的殖民统治;五是一个社会进入现时代是带着成熟的体制还是带着实质上不成熟的体制。按照这些条件和标准,布莱克具体划分了现代化的若干种类型,包括英法模式、英法的派生模式、欧洲模式、欧洲的派生模式、相对自主模式、殖民地国家模式等。[38]艾森斯塔德则从发展时序上,划分出了现代化的第一阶段模式,包括西欧、美国及英国自治领、日本等国家的持续和多元化的现代化模式;现代化第二阶段的模式,包括拉丁美洲、革命民族主义和共产党政权以及殖民地社会的模式。[39]

根据现代化的历史起点、发展的动力、发展的时序、现代化的领导力量等方面的差异,大体上可以将各国的现代化道路划分为两种基本类型,即早发—内生型的现代化和后发—外生型的现代化。前者不仅在现代化的时间上较早,而且其变革主要是由内在因素所引致。后者在时间上相对较晚,而且其现代化主要由外在因素推动,受到早发现代化国家的影响,是一种传导性的变革。具体来讲,又可以区分出几种典型的发展模式,如英美模式、德日模式、拉美模式和东亚模式等。

从早期现代化国家的经验看,大多数西方国家的现代化发展经历了三个阶段:国家建设,即通过君主集权和绝对主义从封建主义、诸侯割据到建立现代民族国家的过程;民主化,即通过资产阶级革命和渐进式改革确立公民权利和政治权利,扩大政治参与,建立民主的政治体制,如代议制、普选制、政党制、现代官僚制和司法独立制度;福利化,即随着资本主义发展的深入,国家的职能和政府的干预扩大,国家承担了大量的社会职能,建立了现代意义上的福利国家。尽管具体情况有所不同,发展时间长短不一,但早期现代化国家一般都或多或少经历了这三个阶段的发展。

现代化发展具有一定的普遍性或共性,这种普遍性表现为在发展的阶段、步骤、方式、手段、路径等方面具有某种一致性和相似性,体现出发展规律的共性特征。S.N.艾森斯塔德总结了历史上所有国家的现代化过程在政治领域所表现出的几个共同特征:(1)政治生活领域的日益扩展,尤其是表现为社会中心、法律、行政和政治机构的权力之强化;(2)政治权力不断向更为广泛的社会群体扩展,一直扩散到所有的成年公民,从而使社会形成一个和谐的道德秩序;(3)就某种意义而言,现代社会是民主的社会,或至少是平民主义的社会。其特征是,以社会的外在力量(如神、理性)来使统治者合法化的传统在衰弱,而统治者对于那些被认为持有潜在政治权力的被统治者负有某种意识形态的,通常也是制度化的责任;(4)任何现代政体,不管其是专制独裁、极权主义还是民主制,都承认国民为受益的对象和使政策合法化的主体。[40] 近代以来各国在政治领域的现代化发展基本上符合了上述特征。

现代化发展的规律性还体现为发展趋向的统一性。社会历史发展的规律决定了社会历史发展的必然趋向和最终结果的统一。马克思和恩格斯在《共产党宣言》中,对近代历史上的现代化运动的描述就涉及政治发展趋向的统一性,指出由于资本主义的发展,使得"过去那种地方的和民族的自给自足和闭关自守状态,被各民族的各方面的互相往来和各方面的相互依赖所代替了……各民族的精神产品成了公共的财产。民族的片面性和局限性日益成为不可能",并断言这一发展"使未开化的和半开化的国家从属于文明的国家,使农民的民族从属于资产阶级的民族,使

政治逻辑

东方从属于西方"[41]。同样,马克思在对人类社会历史发展进程的研究中,认为更高一级的社会经济形态取代较低一级的经济形态是历史发展的必然。针对自己所处的时代,马克思指出,资本主义社会被更高形态的经济形态即共产主义社会所代替是历史的必然,共产主义社会将彻底结束社会生产过程中的对抗形式,即阶级对抗,并由社会占有全部生产资料,在消灭阶级的同时消灭国家,从而建立自由人的联合体。因此,马克思主义认为,实现共产主义,实现人类的彻底解放和自由,是现代化发展的最高理想,不同社会的发展最终将趋向于这一理想,这是人类社会现代化发展的共同规律所决定的。

但是,现代化发展的普遍性并不意味着不同民族、不同国家的发展模式、道路都是一样的,相反,不同民族、国家的现代化发展都是在一定的经济、社会、文化条件下展开的,不可能不带有自己的特点和个性。每一个民族、国家的发展只有在适应本国国情的条件下才能真正找到通往现代化的道路。列宁在谈到俄国革命时曾指出:"世界历史发展的一般规律,不仅丝毫不排斥个别发展阶段在发展的形式或顺序上表现出特殊性,反而是以此为前提的。"[42]在不同的历史时期,不同社会发展的模式是不同的。人类社会的发展体现了普遍性与特殊性的辩证统一,不同国家、不同社会均面临着发展的普遍任务,且在任何情况下,都是按历史发展的一般规律展开的,有着共同的发展趋向。但是,由于各个国家的社会、历史、文化以及现实条件等因素的差异,各国在现代化发展过程中又是以各自特殊的形式和经历进行的,充分显示出民族性和历史性。每一历史时期人类社会现代化发展的普遍性和共性,正是在各个民族、国家发展的差异性和多样性中体现出来的。

由于早期现代化国家的成功经验,在现代化道路的选择方面,西方国家逐渐形成了现代化发展的道路霸权。这一霸权观念要求后发展国家遵循西方早期现代化发展的道路,并接受西方国家的示范效应和指导。然而,中华人民共和国从成立开始,现代化发展道路就呈现出独立自主、自强不息的特点。即便是改革开放后,也没有按照西方国家所设想的那样,走一条依附性的发展道路,而是开启了现代化的中国道路。

从近代以来,中国的现代化发展经历了救亡、革命、民族解放、社会主义革命和建设等一系列重大变迁,于 20 世纪末才进入了快速发展的改革时代,在经历了无数次的艰难曲折后才取得令世界瞩目的成就。以毛泽东为代表的中国共产党人在马克思主义的指导下探索中国革命的道路,实现了民族独立和解放,建立了社会主义中国。邓小平以及后来党的领导人将马克思主义运用于改革开放时代,成功探索出一条中国特色的社会主义现代化道路。

二、中国道路的本质

中国道路不同于西方早期国家所走的资本主义现代化道路,也不同于其他后发展国家的现代化道路,而是在改革开放以来形成和发展起来的,将马克思主义与中国实际相结合的中国特色社会主义道路。中国道路坚持以人民利益为最高原则,制定正确的现代化发展目标,最大程度上调动了人民的积极性;坚持自主发展,在立足于本国国情基础上,将改革开放带来的机遇转化为发展动力;坚持从实际出发,有计划、渐进有序地推动社会主义现代化发展;坚持改革、发展、稳定的有机结合,科学处理好三者之间的关系,保障了现代化发展的持续性。

中国道路之所以独特,在于中国现代化发展道路所具有的特定内涵,在于中国道路的本质不同于其他现代化道路。中国道路的本质就是中国特色社会主义,主要包括中国特色社会主义理论体系和制度体系。

2011 年 7 月 1 日,胡锦涛在庆祝中国共产党成立 90 周年大会上指出,经过 90 年的奋斗、创造、积累,党和人民必须倍加珍惜、长期坚持、不断发展的成就是:开辟了中国特色社会主义道路,形成了中国特色社会主义理论体系,确立了中国特色社会主义制度。[43]

中国特色社会主义理论体系是包括了马克思列宁主义、毛泽东思想、邓小平理论,"三个代表"重要思想、科学发展观、习近平新时代中国特色社会主义思想等重大战略思想在内的科学理论体系。这一理论体系是坚持和发展马克思主义,将马克思主义同中国具体实践和时代特征相结合起来的产物,其精髓是解放思想、实事求是、与时俱进。这一理论体系的核心是以人民为根本,这是党的根本宗旨和执政原则。"人民拥护不拥护""人民赞成不赞成""人民高兴不高兴""人民答应不答应",是党的方针政策的出发点和归宿。为了人民、依靠人民、人民共享发展成果，把解决人民群众切身利益问题放在首位，使全体人民朝着共同富裕的方向稳步前进。将全体人民利益作为现代化发展的根本目标，与资本主义道路为了少数精英利益的发展目标截然不同，这是中国特色社会主义道路的最本质特征，也是不同于资本主义发展道路的根本所在。正是这一点，决定了中国现代化发展道路具有可持续性和强大的生命力。中国特色社会主义理论体系深入探索和把握社会主义发展规律，为社会主义现代化发展提供了根本指导方针、为全党全国各族人民团结奋斗提供了共同思想基础、为中国发展进步和实现中华民族的伟大复兴提供了强大思想武器、为世界社会主义运动的发展作出了重要贡献。

在中国特色社会主义理论体系指导下，中国实施了一套中国特色社会主义制度体系。这套制度体系包括了经济、政治、社会、文化等各个领域形成的互相联系、有机衔接的制度体系，具体包括中国特色社会主义经济制度、中国特色社会主义政治制度、中国特色社会主义法律制度、中国特色社会主义社会制度和中国特色社会主义文化制度等制度。其中，最能体现中国特色社会主义本质特征的是中国特色社会主义经济制度和政治制度。

与国际社会以私有制为主体的经济制度不同，改革开放至今中国始终坚持以公有制为主体、多种所有制经济共同发展的基本经济制度，"毫不动摇地巩固和发展公有制经济""毫不动摇地鼓励、支持和引导非公有制经济"。公有制为主体、多种所有制经济共同发展是中国特色社会主义经济制度的本质特征，这一特征与市场经济并不矛盾。中国特色社会主义经济制度坚持社会主义市场经济的发展方向，推动经济持续健康发展，从而实现解放和发展社会生产力的目的。坚持社会主义市场经济发展，就是要建设统一开放、竞争有序的市场体系，使市场在资源配置中起决定性作用，同时更好地发挥政府作用。

中国特色社会主义政治制度的核心是坚持党的领导、人民当家作主、依法治国有机统一。党的领导是人民当家作主和依法治国的根本保证。坚持党的领导是中国特色社会主义事业的根本保障。《中国共产党章程》规定："党政军民学，东西南北中，党是领导一切的。"中国特色社会主义最本质的特征就是中国共产党领导，中国特色社会主义制度的最大优势是中国共产党领导，党是最高政治领导力量。中国共产党具有把方向、谋大局、定政策、促改革的能力和定力，能够总揽全局、协调各方，有效推动现代化发展事业。这是其他国家现代化道路所无法比拟的优势。人民当家作主是社会主义民主政治的本质特征，包括间接民主形式即通过人民代表大会制度、中国共产党领导的多党合作和政治协商制度、民族区域自治制度，以及直接民主形式即通过基层群众自治制度、社会主义协商民主等形式，健全民主制度，丰富民主形式，拓宽民主渠道，保证人民当家作主落实到国家政治生活和社会生活之中。依法治国是党领导人民治理国家的基本方式。走中国特色社会主义法治道路，建设社会主义法治国家，坚持依法治国、依法执政、依法行政并进，建设法治国家、法治政府、法治社会，实现依法治国和以德治国、依法治国和依规治党的有机统一。中国特色社会主义经济制度、政治制度与其他制度一起构造了中国特色社会主义制度。中国特色社会主义制度是改革开放以来中国现代化发展取得巨大成就的根本制度保障，体现了中国特色社会主义的特点和优势。

中国共产党领导人民在现代化发展进程中成功实践了中国特色社会主义。改革开放以来，历届党的领导集体高度重视党的建设，党对中国现代化发展进行了科学决策和长远规划，尤其注重经济发展、政治发展与社会发展之间的协调、并进。通过使命型的领导党、中央自上而下的引导治理和地方灵活应变的因地制宜治理相结合的国家治理体系、具有高度回应性和责任性的政府，以及政府、市场、社会之间的有效互动，通过民主集中制、依法治国、协商民主、责任政府、服务政府、竞争政府、政策试验等系统化的制度和机制，改革开放四十多年来的现代化实践证明，中国道路是有效的、成功的。

三、中国道路与中国方案

改革开放至今，中国的现代化取得了巨大成功，占世界四分之一人口的中国摆脱了贫困，这本身就是对世界发展作出的巨大贡献。中国的改革开放使得中国融入了社会经济现代化的全球化进程，中国大规模进出口商品推进了全球贸易，刺激了全球经济增长。中国加入世界贸易组织后，形成了全方位的开放格局，在更大范

政治逻辑

围、更高层次上与世界经济合作。当全球经济增长遭遇衰退，中国发起了建设亚洲开发银行、提出"一带一路"倡议，带动世界150多个国家和国际组织共同参与，一起推动世界经济的发展。同时，中国是世界上最大的后发展国家，是联合国的创始国和安理会常任理事国之一，中国在国际社会具有重要的话语权，在维护世界和平和稳定中发挥了重要作用。

在中国现代化发展成就的背后，是日益成型的中国经验和中国道路。中国现代化发展道路的成功，显然给国际社会的现代化发展带来了积极启示。现代化的中国道路不仅是中国的，也是世界的；不仅是独特的，也是普遍的。

中国道路在一定程度上挽救了世界社会主义运动。中国道路的本质是中国特色社会主义，这一道路首先是社会主义的，其次才是中国特色的。在苏联、东欧剧变后，世界社会主义运动陷入了低潮。社会主义国家从15个减少为5个，许多国家的共产党被迫解散，党员人数急剧减少，社会主义事业遭遇严重挫折，社会主义信仰面临前所未有的挑战。改革开放以来中国特色社会主义不仅成功抵御了来自内外部的威胁和挑战，而且取得了社会经济发展的巨大成就，扭转了世界社会主义运动的不利局面，极大鼓舞了世界人民对社会主义的信心。中国道路坚持马克思、恩格斯等经典作家所倡导的社会主义的基本价值和理念，并使这种价值和理念得以充分发扬。在实践中，不同于苏联的社会主义模式和其他地方的社会主义，中国的社会主义结合了市场经济、传统文化和现实国情，走出了一条中国特色的社会主义道路。从中国的现代化成就中，其他社会主义国家及其人民看到了社会主义所具有的强大生命力和优越性。中国在世界社会主义运动陷入低谷时期不仅坚持了下来，还取得了巨大成功，在关键时刻鼓舞了世界社会主义运动的士气。随着21世纪初期全球资本主义遭遇危机之际，中国道路证明了社会主义仍然具有巨大的生命力，再次扩大了社会主义在世界上的影响，这必将深刻影响人类社会的现代化进程。

中国道路是后发展国家现代化道路的典范。作为世界第一人口大国，又是曾经的贫穷落后国家，中国在后发劣势的条件下经历了从站起来、富起来到强起来的过程，给后发展国家上了一堂生动的课。中国道路给那些同样希望摆脱贫困、走上现代化发展之路的国家和社会提供了一种值得学习的经验。中国的现代化本身就是世界现代化运动的组成部分,中国的现代化道路包含了国际社会现代化发展遇到的几乎所有难题和挑战。中国的现代化道路是人类社会现代化发展的一种实践,在自身发展过程中形成的许多经验,既具有自己的独特性,又具有对现代化发展回应的普遍性。中国的现代化经验包含了国际社会现代化发展的普遍性内容,例如从传统向现代、从封闭向开放、从孤立向全球化等发展进程的规律性因素。中国现代化发展的做法、机制、方式、具体进程包含了普遍性的经验,这些内容无疑值得后发展国家学习和借鉴。

中国道路也值得西方发达国家在现代化发展中学习和参考。21世纪后,西方国家不断经历各种各样的经济危机、金融危机、债务危机,陷入了一个经济发展缓慢、民众收入停滞的时期。由经济危机导致的财政危机在西方国家频频出现,政府的基础设施建设、公共服务、公共安全、社会保障等出现明显供给不足。比经济衰退更为严重的是,西方国家内部的不平等日益加剧,巨大的经济不平等和贫富分化,已经威胁到民主政治的运行。贫困使得低收入阶层在政治过程中日益被边缘化,他们的呼声难以得到倾听,利益难以得到保护,无力也无法影响公共政策,而这些因素进一步影响到政治制度的稳定,西方社会充斥着不满情绪。近年来,各种街头抗议、恐怖主义活动频繁,民粹主义运动席卷整个西方世界。人们对国家善治的要求与政府治理效能低下之间的矛盾日益突出,选民对政府的期望与政府实际能够满足的需求之间的差异越来越大。相比之下,中国在现代化进程中具备强大的国家治理能力,建立了完整的国家治理体系,在提供社会公共物品如社会基础设施、公共安全、社会保障等方面更是西方国家所无法比拟的。在国家治理现代化的丰富经验方面,中国道路值得西方国家借鉴。

从具体内容上,中国道路的独特性也是其他国家在现代化中值得参考的。中国实行的是社会主义市场经济,即社会主义经济制度与市场经济的结合,这一经济模式不同于西方自由竞争的市场经济,其主要内容是市场经济在资源配置中发挥决定性作用,政府发挥指导和调控作用。社会主义市场经济承认市场是社会化生产和现代化不可逾越的阶段,承认市场经济是经济分工与协作的产物,在确保市场经济通过供求、价格、竞争等机制在社会资源配置中起决定作用的同时，计划手段仍然是国家调控市场和经济的重要手段之一。这一模式与自由市场经济模式具有巨大差异，是以公有制为主体、计划为指导、共同富裕为目的的市场经济模式。改革开放以来，中国社会主义市场经济模式的成功实践证明，市场经济既可以在资本主义社会实行，又可以在社会主义社会实施，既可以有自由市场经济模式，又可以有社会主义市场经济模式。

中国道路的另一个核心特征是中国共产党领导的社会主义民主政治，这一模式破除了那种认为民主政治只能是多党竞争的自由民主模式的神话。近代以来，随着代议制民主政治的确立，民主逐渐形成了在全国层次上的一种政治方法或一套制度安排，这种方法中民主的核心就是领导者在定期的、自由的选举活动中通过竞争获得人民的选票。其中，选举是民主的关键要素，因为通过选举活动，人们就能够对他们的领导者施加控制。围绕选举建立的选举民主、多党竞争、分权与制约、法治主义就成为民主的标准模式，只要不满足其中任何一项就不被认可为民主。西方国家将这套民主标准与自由市场经济模式一起，作为世界现代化道路的标准模式甚至唯一模式。但是，现代化的中国道路打破了这一神话。中国道路不仅没有因中国共产党的领导而偏离方向，恰恰是在中国共产党的领导下将选举民主与协商民主有机结合起来，循序渐进地实践人民民主。正如习近平总书记指出的，"中国社会主义民主政治具有强大的生命力，中国特色社会主义政治发展道路是符合中国国情、保证人民当家作主的正确道路。"44

现代化的中国道路有着许多独特的方面，也具有许多国际社会现代化的普遍的因素。现代化的中国道路不仅是中华民族的，也是世界的。作为国际社会中重要的成员，作为有着最悠久人类文明史的国家，作为 20 世纪后期现代化最为成功的社会，中国必将对人类社会作出应有的贡献和担当。在现代化进程中既遵循了人类社会现代化发展的一般规律，又坚持走中国特色社会主义道路，中国以全新的发展理念和实践向全世界提供了中国经验、中国方案和中国智慧。不仅如此，现代化的中国道路不仅存在于中国，也在近年来积极影响国际社会。中国倡议筹建亚洲基础设施投资银行、倡导"一带一路"战略，推动建设国际经济新秩序，积极参与全球治理,倡导建立新的国际秩序和人类社会新愿景,倡议构建人类命运共同体,更是将现代化的中国发展与人类社会的整体发展联结在一起,中国与世界同呼吸、共命运。这就是人类社会发展的中国道路。

中国特色社会主义道路是人类社会现代化的中国道路,唯有这条道路才能使中国真正实现现代化,实现中华民族的伟大复兴。

注释

1. [美]贾恩弗朗哥·波齐:《国家:本质、发展与前景》,陈尧译,上海人民出版社 2019 年版,第 27—28 页。

2. C. Tilly, "Reflections on the History of European State-making," in C. Tilly, ed., *The Formation of National States in Western Europe*, NJ:Princeton University Press, 1975, p.70.

3. [美]贾恩弗朗哥·波齐:《国家:本质、发展与前景》,第 27 页。

4.《马克思恩格斯全集》第 16 卷,人民出版社 1964 年版,第 175—176 页。

5.《斯大林文选》下卷,人民出版社 1962 年版,第 507 页。

6.《列宁全集》第 23 卷,人民出版社 1990 年版,第 214 页。

7.《斯大林文集》,人民出版社 1985 年版,第 110 页。

8.《斯大林全集》第 5 卷,人民出版社 1957 年版,第 47 页。

9. 中共中央统战部:《民族问题文献汇编》,中共中央党校出版社 1991 年版,第 210 页。

10. 中央档案馆:《中共中央文件选集(1936—1938)》第 11 册,中共中央党校出版社 1991 年版,第 619—620 页。

11.《毛泽东著作选读》下册,人民出版社 1986 年版,第 757 页。

12.《毛泽东选集》第一卷,人民出版社 1968 年版,第 256 页。

13.《邓小平文选》第一卷,人民出版社 1994 年版,第 162 页。

14.《邓小平文选》第一卷,人民出版社 1994 年版,第 167 页。

15.《习近平在参加内蒙古代表团审议时强调扎实推动经济高质量发展,扎实推进脱贫攻坚》,《人民日报》2018 年 3 月 6 日,第 1 版。

16.《列宁选集》第 2 卷,人民出版社 1972 年版,第 716—729 页。

17. 中共中央文献研究室编:《习近平关于社会主义政治建设论述摘编》,中央文献出版社 2017 年版,第 159 页。

18.《中国统计年鉴 2018》,http://www.stats.gov.cn/tjsj/ndsj/2018/indexch.htm。

19. 国家民族事务委员会网站,http://www.seac.gov.cn/seac/xxgk/201901/1131291.shtml。

20. 张健翎:《西部少数民族地区的精准扶贫何以更给力》,《人民论坛》2018 年第 16 期。

21. 习近平:《决胜全面建成小康社会　夺取新时代中国特色社会主义伟大胜利——在中国共产党第十九次全国代表大会上的报告》,人民出版社 2017 年版,第 11 页。

22. Myron Weiner, "Political Integration and Political Development," in Jason L. Finkle and Richard W. Gable, eds., *Political Development and Social Change*, 2nd edition, New York:John Wiley and Sons, 1971.

23. 陈广湘:《国共第三次合作的最初尝试》,《党史纵横》1990 年第 4 期。

24.《邓小平文选》第三卷,人民出版社 1993 年版,第 59 页。

25. 习近平:《决胜全面建成小康社会　夺取新时代中国特色社会主义伟大胜利——在中国共产党第十九次全国代表大会上的报告》,第 25 页。

26.《邓小平文选》第二卷，人民出版社 1994 年版，第 237 页。

27.《邓小平文选》第三卷，人民出版社 1993 年版，第 226 页。

28. 江泽民：《全面建设小康社会　开创中国特色社会主义事业新局面——在中国共产党第十六次全国代表大会上的报告》，人民出版社 2002 年版，第 18—19 页。

29. 同上书，第 19—20 页。

30.《邓小平文选》第三卷，人民出版社 1993 年版，第 64 页。

31. 同上。

32. 同上书，第 54 页。

33. 习近平：《决胜全面建成小康社会　夺取新时代中国特色社会主义伟大胜利——在中国共产党第十九次全国代表大会上的报告》，人民出版社 2017 年版，第 27 页。

34. 同上。

35. 江泽民：《全面建设小康社会　开创中国特色社会主义事业新局面——在中国共产党第十六次全国代表大会上的报告》，人民出版社 2002 年版，第 56 页。

36. 胡锦涛：《高举中国特色社会主义伟大旗帜　为夺取全面建设小康社会新胜利而奋斗——在中国共产党第十七次全国代表大会上的报告》，人民出版社 2007 年版，第 55 页。

37. 胡锦涛：《坚定不移沿着中国特色社会主义道路前进　为全面建成小康社会而奋斗——在中国共产党第十八次全国代表大会上的报告》，人民出版社 2012 年版，第 9 页。

38. ［美］C.E.布莱克：《现代化的动力》，段小光译，四川人民出版社 1988 年版，第 133—175 页。

39. ［以］S.N.艾森斯塔德：《现代化：抗拒与变迁》，张旅平等译，中国人民大学出版社 1988 年版，第 4、5 章。

40. 同上书，第 4—5 页。

41.《马克思恩格斯选集》第 1 卷，人民出版社 1972 年版，第 255 页。

42.《列宁选集》第 4 卷，人民出版社 1972 年版，第 690 页。

43.《胡锦涛文选》第三卷，人民出版社 2016 年版，第 525—526 页。

44. 中共中央文献研究室编：《习近平关于社会主义政治建设论述摘编》，中央文献出版社 2017 年版，第 15 页。

第十五章　迈向人类命运共同体*

　　人类命运共同体是进入新时代的中国关于中国与世界关系、关于世界秩序的一个伟大构想。自党的十八大明确提出人类命运共同体这一概念，经过五年的发展与探索，在党的十九大上，推动构建人类命运共同体被提升到新时代坚持和发展中国特色社会主义的十四条基本方略的高度，成为习近平新时代中国特色社会主义思想的重要组成部分。换言之，构建人类命运共同体已经成为中国国家治理的一个重要范畴。

　　中国已经处于与世界关系新的历史方位上，作为新时代中国的国际秩序构想，人类命运共同体已经不仅是一个外交范畴，它的产生和发展已经表明中国与世界的政治、外交和文化关系正在发生根本性的变化，中国的国家治理与全球治理之间也正以一种新的逻辑展开互动。对于新时代的中国而言，国家治理与全球治理之间已经不再是简单的相互影响、相互依赖的关系。全球治理已经日益成为国家治理的一个重要范畴，国家治理将在人类社会更加普遍联系的条件和状态下进行，国家治理的主题将日益从内政主导型向内外统筹型转变，国家治理的范式将日益从国家治理为主向国家治理与全球治理有机统一转变。同时，全球治理也将更加依赖于国家的有效治理，国家的有效治理不仅为探索人类社会发展和治理的规律提供新的经验和路径，也是为全球治理提供公共产品（包括物质供给、制度供给和价值供给）的国家能力和软实力的根本来源。因此，对于中国而言，人类命运共同体代表的是一种治理范畴、治理理念、治理主题和治理范式的根本性转变。

　　对于世界而言，人类命运共同体代表的是一种新的世界秩序。它虽然依然建

政治逻辑

---

　　* 本章的部分内容以《人类命运共同体的政治外交逻辑》为题发表在《复旦国际关系评论》2019 年第 2 期，收入本书时进行了大幅增改。

立在主权国家的基础之上，并不是要建立一个超越主权的世界政府或者是消灭阶级和国家的"自由人的联合体"，但它却是否定和超越霸权秩序、冷战秩序和等级秩序的新秩序，并且将以一种增量改革而不是推倒重来的方式实现秩序的构建。这一秩序在实现方式上与以往国际关系的根本区别在于它是一种以合作共赢为核心的新型国际关系。这一新秩序构想不仅受到中国当代国家治理和对外关系实践的启示，而且是在中国文化自信恢复的基础上中国经验的升华和中国价值与人类共同价值的平等互构。因此，对于世界而言，人类命运共同体代表着中国对人类社会新的秩序贡献和价值贡献。它既是理想主义的，也是现实主义的，其现实基础就在于中国国家治理的进步与文化自信的恢复，从而在新的意义上界定作为共同体一员的中国与世界的关系。

第一节　人类命运共同体范畴的演进

人类命运共同体思想是在党的十八大以后，以习近平同志为核心的党中央在开创中国特色大国外交的实践中逐渐发展形成的。这一思想是在继承和发展新中国不同时期外交思想的基础上形成的[1]，汲取了新中国成立以来对外战略理念的养分[2]，比如和平共处五项基本原则、建立国际政治经济新秩序、不以意识形态划线、和平发展道路、和谐世界等；但这一思想的直接发端是"利益汇合点""利益共同体"理念的提出。

一、从"利益共同体"到"命运共同体"

进入 21 世纪第一个十年，中国面临自身开始逐渐强大起来后如何处理与国际社会，尤其是美欧等国际体系中原有大国关系的重大战略问题。在形成和平崛起战略思想的过程中，中国首先在与美、欧、日等大国战略界的对话中提出了"扩大利益汇合点""构建利益共同体"的构想[3]，进而发展为中国在处理对外关系时，要全方位地构建不同领域、不同层次的"利益汇合点"和"利益共同体"的建议。[4]从中国官员和学者关于和平发展道路的论述中可以看出，"利益汇合点""利益共同体"的理念成为中国和平发展道路战略思想的一个重要理论基础。[5] 2010年《中共中央关于制定国民经济和社会发展第十二个五年规划的建议》[6]以及2011年中国政府发布的《中国的和平发展》白皮书[7]明确载入这一理念,成为重要的对外政策。

"利益汇合点""利益共同体"理念的提出,实际上是中国尝试超越意识形态和社会制度差异,构建以共同利益为基础的大国关系的理论和实践探索。利益共同体理念是人类命运共同体思想的初步阶段。从一定意义上说,这一理念仍然建立在现实主义国际关系理论的基础上,着眼点也主要集中在双边关系和大国关系上。其贡献在于强调要超越意识形态和社会制度寻求共同利益,所以说,利益共同体的理念"既正视地缘政治又超越了地缘政治"[8]。

到2011年9月,《中国的和平发展》白皮书已经出现了"命运共同体"的概念。白皮书指出,国际社会要以命运共同体的新视角,以同舟共济、合作共赢的新理念,寻求多元文明交流互鉴的新局面,寻求人类共同利益和共同价值的新内涵,寻求各国合作应对多样化挑战和实现包容性发展的新道路。[9]这一概念在共同利益的基础上增加了共同价值的范畴。一年后的党的十八大报告明确提出了"人类命运共同体"的概念。党的十八大报告指出,合作共赢,就是要倡导人类命运共同体意识,在追求本国利益时兼顾他国合理关切,在谋求本国发展中促进各国共同发展,建立更加平等均衡的新型全球发展伙伴关系,同舟共济,权责共担,增进人类共同利益。[10]从白皮书到党的十八大报告,"人类命运共同体"的概念主要是中国对外政策的范畴,尚未形成对整个国际秩序的系统性构想。

二、作为国家治理重要范畴的人类命运共同体

党的十八大后,中国外交在实践和理论上都进入了一个新的时期。在开辟中国特色大国外交实践和形成习近平外交思想的新历史进程中,"人类命运共同体"从一个概念被不断深化、发展和系统化。2013年3月,习近平首次出访即在莫斯科国际关系学院的演讲中提出,世界各国相互依存程度空前加深,"越来越成为你中有我、我中有你的命运共同体"[11]。在中国对新世界秩序的描述中,将相互依存的命运共同体作为一个重要特征。在随后几年时间里,习近平先后在不同地区提

出了构筑区域命运共同体的主张，包括中国—东盟命运共同体、周边命运共同体、亚太命运共同体、中阿命运共同体、中拉命运共同体、亚洲命运共同体、中非命运共同体等。[12] 在这些区域命运共同体的主张中，已经开始提出一些具体的内涵和构建路径。

2015 年 9 月，在纪念联合国成立七十周年的重要时刻，习近平在第七十届联大一般性辩论中发表了题为《携手构建合作共赢新伙伴　同心打造人类命运共同体》的演讲，第一次系统阐述了人类命运共同体"五位一体"的内涵：平等相待、互商互谅的伙伴关系；公道正义、共建共享的安全格局；开放创新、包容互惠的发展前景；和而不同、兼收并蓄的文明交流；尊崇自然、绿色发展的生态体系。[13] 这实际上是比较成系统地提出了中国关于国际秩序的基本构想。之后，习近平在第二届世界互联网大会、华盛顿核安全峰会等国际会议上先后提出了构建"网络空间命运共同体""核安全命运共同体"等领域命运共同体的主张。2017 年 1 月，同样是在联合国，习近平在日内瓦总部的演讲中进一步深化了对人类命运共同体"五位一体"内涵的阐释，并提出了更加具体的实现路径。[14] 2017 年 2 月，"构建人类命运共同体"被写入联合国社会发展委员会的《非洲发展新伙伴关系的社会层面》决议，这是人类命运共同体理念首次被写入联合国决议。人类命运共同体从中国对外政策的范畴发展成为关于世界秩序和人类社会发展路径的范畴，并逐步在世界上引起越来越广泛的反响。

到党的十九大，在系统总结新时代中国特色社会主义理论和实践时，"坚持推动构建人类命运共同体"被列为坚持和发展中国特色社会主义的十四条基本方略之一，这使得构建人类命运共同体不仅与新时代中国特色社会主义的基本特征相联系，而且成为建设新时代中国特色社会主义所包含的目标和路径，人类命运共同体成为中国国家治理的重要范畴。

第二节　国家治理与全球治理的有机统一

人类命运共同体从最初发端的处理双边关系尤其是大国关系的理念，扩展为更加全面的对外政策概念,再到形成中国关于国际秩序的系统性构想和具体主张,再到成为新时代中国特色社会主义的基本方略,体现了在中国崛起背景下国家治理逻辑与全球治理逻辑的交互影响。在国家与国际体系关系调整的过程中,国家治理与全球治理的关系也在深刻调整。人类命运共同体的政治逻辑在于,在国家治理与全球治理的良性相互构建中形成了国家治理与全球治理的有机统一。中国的政治实践,打破了近代以来以西方国家为代表的大国国家治理与全球治理间的紧张关系,在国家与世界的关系上实现了政治的有机统一和和谐共生。

一、中国与世界关系的新方位

人类命运共同体得以提出的条件是中国与世界关系新的历史方位。党的十九大报告指出,经过长期努力,中国特色社会主义进入了新时代,这是我国发展新的历史方位。这一历史方位既有国内意蕴,又有世界意蕴。其世界意蕴就是中国与世界关系新的历史定位。党的十九大报告指出,中国始终做世界和平的建设者、全球发展的贡献者、国际秩序的维护者。从 1949 年新中国成立,到 1978 年改革开放,再到进入中国特色社会主义新时代,中国与世界的关系经历了巨大的变迁与调整。从国际体系的革命者和旧国际秩序的反对者,到国际体系和国际秩序的适应者、融入者,再到参与者、改革者[15],直到成为维护者、建设者、贡献者和引领者,中国与世界的关系发生了根本性的变化。

中国特色社会主义新时代,是承前启后、继往开来、在新的历史条件下继续夺取中国特色社会主义伟大胜利的时代,是决胜全面建成小康社会、进而全面建设社会主义现代化强国的时代,是全国各族人民团结奋斗、不断创造美好生活、逐步实现全体人民共同富裕的时代,是全体中华儿女勠力同心、奋力实现中华民族伟大复兴中国梦的时代,也是中国日益走近世界舞台中央、不断为人类作出更大贡献的时代。[16]

"日益走近世界舞台中央、不断为人类作出更大贡献"是新时代的中国与世界关系新的历史方位。"日益走近世界舞台中央"意味着中国的国家实力和国际地位有了空前的提升,近代以来久经磨难的中华民族迎来了从站起来、富起来到强起来的伟大飞跃。"不断为人类作出更大贡献"意味着中国的国际责任有了空前的提升,同时中国提供国际公共产品的意愿和能力也有了空前的提升。中国的利益、中国的主张、中国的方案和中国的行动越来越受到国际社会的重视,对国际事态的发展和走向产生越来越大的影响。[17] 只有在这样的新的历史条件下,中国在全球治理中才具有了真正的话语权和主体身份,中国所提出的关于全球秩序的构想和主张也才具有了现实意义。没有从站起来、富起来到强起来的伟大飞跃,没有中国特色社会主义所开辟的现代化路径和社会主义现代化强国的建设,就没有中国与世界关系的新的历史方位。从这个意义上讲,没有中国的强大,没有中国式现代化新道路的开辟和人类文明新形态的开辟,就没有人类命运共同体提出和实践的现实基础。

中国共产党的历史使命,从带领中国人民谋求民族独立、人民解放和国家富强、人民幸福,发展到创造中国式现代化新道路和人类文明新形态,探索人类社会的治理与幸福。这标志着中国共产党对国家治理和全球治理的探索发展到了新的阶段,对人类社会发展规律的认识和把握发展到了新的阶段。

二、中国国家治理经验的升华

人类命运共同体的构想受到中国国家治理实践和理论的启示,是中国国家治理经验的升华。从人类命运共同体思想发展、深化的过程可以看出,这一系统构想不仅是对新中国特别是改革开放以来中国关于国际秩序主张的继承和创造性发展,而且体现了中国在新的历史阶段在国家治理中对治理体系和治理理念的新认知和新经验。

构建人类命运共同体,就是要建设一个持久和平、普遍安全、共同繁荣、开放包容、清洁美丽的世界。人类命运共同体这一政治、安全、经济、文化、生态"五位一体"的体系构建受到中国在自身的国家治理探索中形成的经济建设、政治建设、文化建设、社会建设、生态文明建设"五位一体"总体布局的启示。国家治理体系基本框架的完善是中国在不断试错中调整发展模式和治理方式的结果。党的十八大后,中国经济增长方式的转变促成中国在全球经济治理中理念主张的转变,而国家治理中生态文明建设维度的提出和强调则更为直接地转化为中国关于全球生态体系构建的主张，并在全球生态治理中发挥越来越突出的作用。国家治理范畴的延展拓展了中国国际秩序构想的视野。中国对国家治理规律把握的深化对中国对人类社会发展规律的探索产生了重要的启示。

此外，中国国家治理所取得的进步和成功使得中国的全球治理主张更加具有说服力和吸引力。西方国家曾经在国家治理中取得的成功使其发展模式、政治制度和国际秩序主张长期被奉为圭臬，这也使得非西方国家的治理经验和国际秩序主张长期被漠视、低估，甚至被歪曲和贬损。自2008年全球金融危机以来，尤其是近几年，西方社会的治理赤字日趋显露，由此导致的国家治理、区域治理和全球治理的危机频现，而中国等新兴国家的发展与进步与之形成了鲜明的对比。陈志敏认为，尽管中国的国家治理模式有特殊性，较难成为其他国家整体效仿的对象，但其成功也带来了一定的普适性经验。他将这种治理模式概括为"负责任的国家治理"，其内涵一是把本国的事情做好，二是通过内部发展与世界发展的有机协调防止内外政策向外输出负外部性。[18]苏长和则指出，西方国家对抗式制度体系的不确定性严重影响遵约效果，大幅降低了国际合作效率，极大增加了全球治理成本。[19]在国家治理经验的中西对比中，中国国家治理的有效性越来越为国际社会所承认和重视。

中国国家治理的进步与成功经验，意味着中国特色社会主义道路、理论、制度、文化不断发展，拓展了发展中国家走向现代化的途径，给世界上那些既希望加快发展又希望保持自身独立性的国家和民族提供了全新选择，为解决人类发展问题贡献了中国智慧和中国方案。[20]

三、全球治理内嵌于国家治理

全球治理日益成为中国国家治理的一个重要范畴，中国国家治理的理念、主题和范式正在发生变革。从中国观之，四十多年改革开放的历程是中国不断扩大对外开放、中国与世界相互依赖不断加深的历程。随着全方位、多层次、宽领域的全面开放格局的形成，一方面，中国国家利益的时空范围空前拓展；另一方面，外部世界对中国经济社会的影响程度也空前加深。经济、社会、安全、文化、生态环境的内外联系与相互影响空前加深,内政与外交的联系与相互作用空前紧密,内部机遇与外部机遇并存,内部挑战与外部挑战相互交织。正是在这样的背景下,中国提出统筹国际国内两个大局,对其认识也从统筹和运用国内国际两个市场、两种资源发展到统筹和运用国内国际两类规则。[21]中国国家治理的体量与内涵已经发生了根本性的变化,全球治理已经成为中国国家治理中的一个重要范畴。

从世界观之,随着中国国力的不断提升和对世界影响的不断加深,中国参与国际事务和全球治理的广度和深度空前拓展,中国所承担的国际责任和义务也在空前增加。中国治理所面对的时空范围和领域议题已经远远超越一国的范畴。这一方面来自外部世界的期许,特别是随着美欧传统大国公共产品供给能力和意愿的相对下降,保护主义和民粹主义的抬头,全球治理出现了公共产品供给的赤字。当然,美欧国家并不情愿放弃在全球事务中曾经的主导地位,因此对中国作用的提升抱有十分矛盾的心态。另一方面,这也是中国勇于担当,主动承担国际责任,积极参与全球事务,推动全球治理体系变革的积极结果。作为全球治理中的后来者,中国是在痛苦的融入、学习和变革的过程中,逐渐成长为全球治理的主角。在这个过程中,参与全球事务、提升全球治理能力和推动全球治理体系变革成为中国国家治理的新任务。

中国国家治理的体量与内涵、使命与责任、挑战与机遇都发生了根本性的变化。[22]国家治理体系和治理能力现代化目标的提出,正是基于中国发展新的历史定位、新的目标使命和新的空间环境。从这个意义上说,全球治理能力是国家治理能力现代化所不可或缺的,而全球治理也理应在国家治理体系现代化中占有重要地位。以此为基础,一个实现国家治理体系和治理能力现代化的中国才有可能"不断为人类作出更大贡献"。

人类命运共同体思想的产生表明,中国国家治理的理念从封闭治理走向开放治理,国家治理的主题从内政主导型向内外统筹型转变,国家治理的范式从国家治理为主向国家治理与全球治理有机统一转变。

四、内外有机统一型治理

实现国家治理与全球治理的有机统一，离不开国内政治的基础。中国内外有机统一型的治理建立在"天下为公"的政治理念、多党合作和政治协商的政党制度、公道原则组织的政府、社会主义民主政治和合作协商的制度体系的基础之上。[23]中国的政治理念、政治制度和制度体系构成了国家治理与全球治理能够有机统一的政治基础。

中国大国外交理想与中国政治思想是内在一致的，其源头是从"为公"出发认识和改造世界，最终建立一个天下为公的秩序（包括国际秩序）。以天下为公还是以"天下为私"来认识和改造世界体现了两种不同的政治和外交哲学。构建人类命运共同体包含建立一个天下为公的国际秩序。如果有更多国家在处理与外部世界关系中遵循"公"道，它们之间形成的共同体秩序就会逐步扩大，直至形成命运共同体。中国共产党领导的多党合作和政治协商制度是一种新型政党制度，避免了西方党争政治对外交政策连贯性和一致性的干扰，为中国这样一个新型大国提供了更为连贯的外交政策基础和更为稳定的预期。中国的政府按照"公道"原则进行国家治理，在国际上会根据国家利益与国际社会共同利益相结合的原则判断国际事务中的是非曲直。中国政府内在的公道属性界定了中国大国外交的利益观、角色观和责任观，在外交上坚持公平正义，恪守公认准则，承担国际责任。中国的社会主义民主政治赋予了国际关系民主化新的内涵，强调世界上的事由各国共同商量着办，民主的国际关系建立在主权国家的责任基础之上，而非必须建立在某种特定政体的基础之上。与对抗式制度体系相比，中国合作协商的制度体系为国际合作的持续开展提供了更为可靠的国内制度支持。中国大国外交的发展道路与政治发展道路在逻辑上是一贯的、相互联系的。[24]所以只有以"天下为公"，才能真正实现国家利益与国际社会利益的协调与平衡，真正实现国家治理与全球治理的有机统一。

第三节　主权国家合作共赢的全球治理

人类命运共同体既是中国在新的历史方位上关于世界秩序的构想，也是中国

政治逻辑

参与和引领全球治理,推动全球治理体系变革的现实方案。把人类命运共同体这一秩序理想转化为全球治理的新方案,是中国特色政治体系的国际使命。在世界处于百年未有之大变局的当下,它为当前和今后相当长时期的国际秩序的构建提供了一套超越霸权逻辑的新的理念和路径。作为一个体系中正在崛起的国家行为体,中国所倡导的国际秩序及其实现方式既是超越现存秩序的,但又不是要完全推翻现有的国际体系和国际秩序。人类命运共同体的外交逻辑在于,在一个以主权国家为基础而又相互依赖的国际体系中,通过增量改革,以合作共赢的方式实现全球治理。人类命运共同体,开辟了全球治理中的有机政治。

一、人类命运共同体与全球化

人类命运共同体的前提和条件是全球化。全球化带来了人类社会之间、国家之间空前紧密的联系。没有全球化人类社会就不可能成为一个"你中有我、我中有你的命运共同体"。同样,人类命运共同体只有在一个人类社会密切联系、相互依赖的环境中才可能实现。人类命运共同体理念的提出,基于中国承认、接受全球化的现实,基于中国从全球化的反对者、旁观者、徘徊者成为全球化的接受者、参与者、引领者和驾驭者,基于中国开始主动推进和塑造全球化的进程。

人类命运共同体提出之时,正是全球化在经历高歌猛进之后各种全球问题日益突出,全球化在其策源地美欧资本主义发达国家开始受到质疑和反对,保护主义、民粹主义抬头之时。全球化正反两方面的作用,既为人类发展提供了机遇又使全球性问题愈发尖锐,从而导致了全球化与反全球化两种路径选择的对立。[25]在这样的争论中,中国顺应了全球化发展的历史潮流,认为"经济全球化是社会生产力发展的客观要求和科技进步的必然结果,不是哪些人、哪些国家人为造出来的。经济全球化为世界经济增长提供了强劲动力,促进了商品和资本流动、科技和文明进步、各国人民交往。……想人为切断各国经济的资金流、技术流、产品流、产业流、人员流,让世界经济的大海退回到一个一个孤立的小湖泊、小河流,是不可能的,也是不符合历史潮流的"[26]。不应把世界面临的乱象归咎于全球化。"困扰当前世界的很多问题并不是经济全球化造成的。比如,过去几年来,源自中东、北非的难民潮牵动全球,数以百万计的民众颠沛流离,甚至不少年幼的孩子在路途中葬身大海,让我们痛心疾首。导致这一问题的原因,是战乱、冲突、地区动荡。解决这一问题的出路,是谋求和平、推动和解、恢复稳定。再比如,国际金融危机也不是经济全球化发展的必然产物,而是金融资本过度逐利、金融监管严重缺失的结果。把困扰世界的问题简单归咎于经济全球化,既不符合事实,也无助于问题解决。"[27]

这种互联互通的状态也在重新界定国际关系中的权利、利益、责任等概念。在国家主权根本原则不变的条件下,权利、利益、责任等日益呈现关联性特征,国际关系领域出现越来越多的关联权利、关联利益、关联责任。以邻为壑、你输我赢、排他结盟、独占独享等陈旧观念和做法已不合时代潮流,已成为互联互通时代国际关系发展的阻碍因素。[28]

二、人类命运共同体与全球问题解决之道

人类命运共同体的提出即是试图为全球化带来的问题提出解决之道。全球化带来的普遍的相互依赖已经重新界定了国际关系中的权利、利益和责任,国家的权利、利益和责任等日益呈现关联性特征,正是这种高度关联性促进人类命运共同体意识的产生。[29]人为切断各国之间的资金、技术、产品、产业、人员流动,回到孤立、封闭的状态既不能解决全球化带来的问题,也是不可能做到和不符合历史潮流的。[30]人类命运共同体的理念,就是要顺应人类社会普遍关联的特征,在政治、经济、安全、文化、生态相互关联的体系中,适应和引导全球化,消解全球化的负面影响,使其惠及各个国家和人民。

中国认为,当前全球性问题的解决和全球治理主要面临四个方面的赤字:治理赤字、信任赤字、和平赤字、发展赤字,并提出了解决之道。[31]以共商共建共享的全球治理观破解治理赤字,坚持全球事务由各国人民商量着办,积极推进全球治理规则民主化。共商是决策民主,共建是责任民主,共享是分配民主,中国的全球治理观是在决策、责任、分配的整个过程中贯彻全过程民主。以平等相待、义利相兼、以义为先的新义利观和平等互鉴、对话包容的新文明观破解信任赤字,坚持相互尊重、对话协商,增进战略互信,减少相互猜疑,加强不同文明交流对话,使各国人民

相知相亲、互信互敬。通过协商对话的方式处理国家间关系、文明间关系和全球性问题是中国主张的基本行为方式。以共同、综合、合作、可持续的新安全观破解和平赤字，摒弃冷战思维、零和博弈和丛林法则，坚持以和平方式解决争端，反对动辄使用武力或以武力相威胁。中国不仅通过自身的发展和内外政策践行和平发展道路，还主张各国一起走和平发展道路，实现世界的长治久安。以开放、包容、普惠、平衡、共赢的全球发展观破解发展赤字，坚持开放型世界经济和多边贸易体制，强调创新驱动的发展模式和平衡普惠的分配模式，促进世界经济增长和实现共同发展。

三、人类命运共同体与主权国家治理

人类命运共同体是一个以主权国家有效治理为基础的体系。人类命运共同体与以往的全球治理理论在治理主体上存在根本区别。在以往的全球治理理论中，一度有这样倾向性的认识，认为各类全球性问题超出了主权国家的管辖范围和治理能力，需要依靠非政府组织和跨国网络来承担原本由主权国家承担的管理职能。更有甚者，将国家主权所固有的排他性作为问题的根源所在，认为只有创造取代主权的新制度，或者创造一个地区政府或者世界政府取代主权，才能解决当今世界面临的一系列全球性问题。[32]与之相反，人类命运共同体是一个以主权国家为核心治理主体的体系。人类命运共同体并不是要构架一个超越国家主权的世界政府，也不是要将个人人权利置于主权之上。人类命运共同体也区别于已经消灭了阶级、国家随之消亡的"自由人的联合体"[33]。

尽管人类命运共同体是一个以主权国家为核心治理主体的体系，但它将从两个方面超越以往的主权国家体系：一是强调主权的平等性，二是强调以主权国家的有效治理为基础。人类命运共同体主张的国际秩序是以主权平等为基本原则的，在根本上区别于霸权秩序、冷战秩序和等级秩序。人类命运共同体否定了通过构筑霸权体系或势力范围的方式实现国家利益。人类命运共同体否定强权政治和霸权主义，强调国家不分大小都是国际事务的平等主体，全球事务应由各国人民商量着办。人类命运共同体坚持各国人民享有自主选择社会制度和发展道路的权利，否定打着所谓"人权"的旗号通过干涉内政和政权更迭等方式实现所谓"治理"，坚

持将和平共处五项原则作为基本的国际关系准则。

同时,人类命运共同体强调主权国家的有效治理是实现全球治理的基础。国家治理的水平与程度是决定全球治理水平与程度的最重要因素。导致当前全球治理困境的原因虽然众多,但最关键的还是国家治理的状况与水平。[34]这里一方面是解决发展中国家和欠发达国家的发展和治理问题,另一方面是解决发达国家向外输出负外部性的问题。发展问题是老问题,而近年来发达国家治理有效性下降和向外输出矛盾则是新问题。

以主权国家为核心,并不是排斥国际合作。相反,人类命运共同体强调要通过国家间的合作来实现治理,坚持真正的多边主义,强调联合国在国际事务和全球治理中的权威地位,主张充分发挥世界贸易组织、国际货币基金组织、世界银行、二十国集团、欧盟等政府间多边机制在全球和区域治理中的作用。人类命运共同体承认并发挥国际制度对国家形成的一定限制性作用,并在不损害国家内外事务排他性管辖权的前提下在各国间积累合作。[35]

四、国际秩序的增量改革

人类命运共同体是对国际秩序和国际体系的增量改革。人类命运共同体提出了中国关于国际秩序的主张,它是在现存秩序基础上的改革,而不是要彻底推翻现行的国际秩序和国际体系。中国对自身在国际体系中的角色有明确的界定,即"世界和平的建设者、全球发展的贡献者、国际秩序的维护者"[36]。中国作为"维护者"的国际秩序是有明确指向的,其核心是"中国将坚定维护以联合国为核心的国际体系,坚定维护以联合国宪章宗旨和原则为基石的国际关系基本准则,坚定维护联合国权威和地位,坚定维护联合国在国际事务中的核心作用"[37],而不是维护所谓单极的国际体系和美国主导的国际秩序。

中国的发展和崛起得益于现存国际秩序,也是中国不断推动现存国际秩序改革的结果。改革开放四十多年,绝不仅是中国不断融入国际体系的过程,也是中国不断对国际体系作出贡献的过程。中国的崛起是在"体系内"实现的,中国的利益已经深度嵌入国际体系。作为世界第二大经济体和最大货物贸易国,中国是经济全球化的坚定维护者和自由贸易的坚定捍卫者。[38]同时,体系的运转和秩序的维持也越来越依赖于中国所发挥的作用。中国和国际体系、国际秩序间形成了一种相互依赖和良性互动的关系。

但不可否认,现行国际秩序脱胎于第二次世界大战后形成的国际秩序,经过冷战至今,仍然存在历史的惯性,存在诸多不合理的地方,尤其是国际权力结构和规则体系不能反映国际力量对比的变化。全球治理中存在着民主赤字、治理赤字、信任赤字、和平赤字和发展赤字。人类命运共同体理念的提出,表明中国寻求国际秩序和国际体系的增量改革而不是革命。

这种增量改革体现在四个方面:[39]

第一,着力于既有国际制度的内部改革,逐步实现治理决策的民主化,治理规则的公正化和治理能力的现代化。就治理决策的民主化而言,是要让新兴国家在治理决策中获得与其地位相对应的发言权,改变少数传统大国主导甚至支配现有国际体系的不合理格局。治理规则的公正化要求国际体系的核心规则要能够更全面和平衡地反映世界大多数国家的普遍意志和利益,而不仅是少数传统发达国家的利益和价值。治理能力的强化就是要通过增量治理资源的供应和各个利害关系方的合作来提升现有体制的治理能力,更好地应对各国所面临的共同挑战。

第二,在现有国际体制之外,在被现有体制忽略、现有体制不愿意或无力治理的领域,在地区和多边的框架下发展国家间的合作,建立新的国际机制。中国已经在中亚地区推动成立了上海合作组织,在新兴大国间发展了金砖国家合作,与东盟、海湾合作委员会、非洲和拉丁美洲国家之间的合作也在不断深化。在这些新生的国际制度中,其采用的共识决策展示了新制度的民主化,共赢发展的理念凸显了新规则的公正化,而发展中国家的互利合作推动了治理能力的强化。

第三,新建立的国际机制与现有机制形成互补关系。新建制度对现有制度的补充性有三种可能的方式。一是发展"平行补缺型制度",与现有制度平行发展,主要在现有制度的盲区建立,比如在地区制度不完善的地方、在发展中国家之间以及在新议题领域。这些新制度可以按照有关国家的需要更为自主地进行设计,以加强相互合作,提升治理能力。二是发展"嵌套补强型制度",与现有制度形成嫁接关系,以增强现有体制的治理能力,弥补其不足。三是创建"未来引领型制度",探索一种更为进步的国际关系模式,无论是在地区、多边还是全球的层次。例如,上海合作组织通过合作安全的"上海精神",为在不结盟和不针对第三者的基础上实现安全和合作的新型国际关系提供了典范。

第四,通过发挥新的增量制度效应,倒逼、引领既有国际制度的改革。要让现有制度的主导国家君子式地让渡其权力并不是一件容易的事情,需要在内部推动的同时形成外部的压力。在建设外部补充性制度的同时,需要赋予这些制度有竞争性和替代性的潜力。金砖国家开发银行和亚洲基础设施投资银行就具有这样的潜质。如果现有制度迟迟无法得到应有的改革,新的国际制度应该被赋予更多的替代潜力,以促使有关国家接受对现有制度进行必要和及时的改革。

五、人类命运共同体的实现方式

人类命运共同体的实现方式是合作共赢。人类命运共同体是在总结、反思旧的国际关系行为方式的基础上提出的,中国倡导的新型国际关系的核心行为方式是合作共赢。新型国际关系针对的旧式关系,包括霸权的方式、冷战的方式,其核心是零和博弈、赢者通吃。习近平在总结第二次世界大战的历史教训时就指出:"第二次世界大战的惨痛教训告诉人们,弱肉强食、丛林法则不是人类共存之道。穷兵黩武、强权独霸不是人类和平之策。赢者通吃、零和博弈不是人类发展之路。和平而不是战争,合作而不是对抗,共赢而不是零和,才是人类社会和平、进步、发展的永恒主题。"[40]人类命运共同体理念的提出,表明中国一贯反对以霸权或者结盟的方式来实现崛起,中国也反对在国际关系中采取这样的行为方式。

中国和平发展打破了"国强必霸",通过建立殖民体系、争夺势力范围、对外武力扩张的大国崛起传统模式。基于几千年的历史文化传统,基于对经济全球化和21世纪国际关系和国际安全格局变化的认知,基于对人类共同利益和共同价值的认知,中国选择以和平发展、合作共赢作为实现国家现代化、参与国际事务和处理国际关系的基本途径。在中国看来,经济全球化和科技革命为更多国家提供了通过经济发展和互利合作实现发展强大的历史条件。中国的和平发展顺应了这一世界发展大势，中国乐见并支持越来越多的发展中国家通过和平发展改变自身命运，也乐见和支持发达国家继续和平发展。[41]

合作共赢也是中国国内治理中协商民主方式在国际关系中的体现，它既包含了处理国与国关系的原则，也是全球治理多边关系中所应秉持的原则。中国提倡的"共商共建共享"是在决策、责任、分配各个环节都贯穿合作和共赢的原则，其实质是决策民主、责任民主、分配民主形成的全过程民主。强调合作共赢并不是说在人类命运共同体中否认竞争和矛盾的存在，而是要跳出传统大国恶性竞争，最终导致战争、对抗的结局，或是赢者通吃、以大欺小、倚强凌弱的局面。不仅把和平、合作作为目标，也将其作为实现国家利益、解决问题和矛盾的手段。[42]

合作共赢是中国倡导构建的新型国际关系的核心。新型国际关系既包括国家间关系的行为准则，又包括全球事务和全球治理的基本行为准则，还囊括了处理文明间关系的基本准则。一是在大国关系中倡导不冲突、不对抗、相互尊重、合作共赢的新型大国关系；二是在大国与小国的关系中倡导平等相待、义利相兼、以义为先的新义利观；三是在全球事务和全球治理中倡导共商共建共享的全球治理观；四是在文明和意识形态关系上倡导新文明观，尊重文明多样性，以文明交流超越文明隔阂、文明互鉴超越文明冲突、文明共存超越文明优越。它实际上提供了一套建立在主权国家平等基础上的，但又超越狭隘国家利益和意识形态纷争的国际关系行为准则。这是人类命运共同体与霸权秩序、冷战秩序、等级秩序，以及与结盟等国际关系行为方式的根本区别。

第四节　人类共同的价值追求

人类命运共同体的提出，不仅基于中国与世界关系新的定位，同时也基于中国文化自信的恢复。没有文化自信的恢复，中国从自身治理实践和对外关系实践中得到的经验和启示不可能上升到人类社会的高度，中国从当代实践、历史传统和意识形态中凝结出的价值取向也不可能与国际社会的既有价值体系良性互动，并为国际社会所接受，从而体现出中国价值的世界性，这是人类命运共同体的价值逻辑所在。人类命运共同体的价值关怀，实现了优秀中国传统文化、马克思主义理想、当代中国政治思想与人类共同价值的有机统一。

一、人类命运共同体与文化自信

国际政治中的观念结构往往是利益结构和权力结构的反映，而又相对滞后于权力结构的变化。近代以来西方国家在国际体系中的主导地位使得西方的知识体系、观念结构和价值导向也取得了压倒性的优势地位，甚至成为"历史的终结"。中国是作为弱者和边缘被卷入现代文化体系和价值体系的。近代以来，向西方学习总体上一直在中国的观念结构中占据主导地位，并成为价值导向。在文化上则体现为总体上对西方文化的崇敬和对传统文化的否定或者是贬低。中国在国际体系中的崛起使得这一状况开始发生变化，中国人开始重新审视自身的当代实践和文化传统，开启了文化自信恢复的进程。一方面，中国崛起带来的国力的强盛促使中国进一步认识到在对外交往中文化文明价值维度的短板；另一方面，中国崛起带来的文化自信的恢复得以使中国人重新反思自身文化文明的价值，并将对于"人"和"文"的强调注入中国对新型国际关系的理解和构建。[43]

古往今来，任何一个大国的发展进程，既是经济总量、军事力量等硬实力提高的进程，也是价值观念、思想文化等软实力提高的进程。[44]文化自信具有重大的国内政治意义，虽然它后于道路自信、理论自信、制度自信提出，但被定位为更为基本的自信，是更基本、更深沉、更持久的力量[45]；文化自信也具有重大的国际政治意义，使得中国能够以自身的实践经验和价值取向去观察、认知国际秩序和国际体系，敢于在否定主导性秩序缺陷和错误的基础上提出自己的国际秩序构想。

二、中国价值的世界性

更为关键的是，文化自信的恢复使得中国的价值取向能够平等地与人类共同价值进行良性的互构。这必须建立在打破西方对人类共同价值的垄断性实践和垄断性阐释的基础之上。没有这种打破和超越，中国的价值主张要么被否定，要么被内化为西方的价值主张而丧失主体性。因此，同样是对于"和平、发展、公平、正义、民主、自由"这些人类共同的价值追求,没有文化自信的恢复,中国的主张只能成为旧秩序的注脚,而不可能具有新秩序的内涵。只有建立在文化自信的基础上,才可能将自身实践经验对这些共同价值的检验和发展升华到人类社会的高度。正如肖河所概括的,与西方所提倡的相似理念不同,中国赋予和平与发展在实现一切价值追求中基础和首要的地位,并强调和平与发展之间的内在联系;中国不仅倡导国家间交往要坚持公平与正义原则,还强调道义为先、先义后利的道德原则;中国不仅支持维护各国及其公民在国内的民主和自由,还坚持推进国际政治的民主化,并强调民主和自由的物质和制度保障。[46] 随着世界的不断发展和进步、合作的不断扩大和深入,人类共同价值也必将被世界上越来越多的国家所理解和接受。

人类命运共同体的贡献不仅体现在对西方主导国际秩序中错误、过时观念的"破",比如对弱肉强食的丛林法则、非此即彼的二元对立观和殖民主义文化、强权政治文化的批判和否定;[47] 更体现在基于中国当代实践、优秀传统文化和马克思主义的"立"。在带领中国人民进行革命、建设、改革的长期历史实践中,中国共产党人始终是中国优秀传统文化的忠实继承者和弘扬者;中国人民的理想和奋斗,中国人民的价值观和精神世界,是始终深深植根于中国优秀传统文化沃土之中的,同时又是随着历史和时代前进而不断与日俱新、与时俱进的。[48]

人类命运共同体所蕴含的对人类命运的终极关怀和共同体的意识为国际秩序和国际关系注入了人文的内涵和民本的价值,这与中国传统文化的核心价值理念、与当代中国"以人民为中心"的发展思想、与马克思主义"实现全人类解放"的崇高理想相统一,并与人类共同的价值追求相契合,实现了四统相通。在这个意义上,我们可以说人类命运共同体是真正具有世界性的中国价值观,是中国对人类共同价值的贡献。

三、人类命运共同体与人类价值体系的变革 *

中华民族是有着强大的精神和文化创造力的民族。中华民族对人类文明的发

---

* 本部分的部分内容曾以《国际关系也要讲文明》为题发表在《文汇报》2019 年 5 月 16 日第 10 版,收入本章后进行了大幅增修。

展和进步作出了巨大的贡献。每到重大历史关头，文化都能感国运之变化、立时代之潮头、发时代之先声，为亿万人民、为伟大祖国鼓与呼，在持续不断的守正创新中使中华民族保持了坚定的民族自信和强大的修复能力，培育了共同的情感价值和理想精神。[49] 同时，中华民族的历史进程和文明实践也为人类社会的多元文化贡献了璀璨的辉煌，与其他文明一起共同构筑起了人类的价值体系。中华民族的文明实践和价值追求是人类文化和价值体系的重要组成部分，是人类文明的结晶。

近代以来，西方文明用"权力"和"利益"的概念，用强权的实践开启了现代国际关系的历史进程，中国是作为受害者被卷入现代国际关系体系和价值体系的。然而，当中国通过救亡图存、奋发图强在现代国际体系中崛起之时，中国并没有，也不愿通过重蹈强权、对外殖民的路径来实现自身的复兴。中国对现代国际关系的超越集中体现在"人类命运共同体"的理念，这种超越既是对权力政治的超越，也是对近代文明的超越：一是选择了和平崛起的道路，力图通过和平的方式实现自身的发展与国际秩序的良性变革；二是在国际关系中，在"权力"与"利益"之外突出"人文"的理念与维度。

深深植根于中华几千年的文化传统，一个"和"，一个"文"体现了中国人对国际关系的独特理解和价值导向。而只有当中国成长为一个世界性大国，才真正具备现实的基础将这种独特的理解和价值导向付诸国际关系的实践。讲"和"与"文"并不意味着中国不能"武"、不敢"武"，而是对"权力""利益""冲突"的超越。因为有着千年的文明积淀和文明教养，因为有着对强权的反抗和自强，中国人才敢于、也善于倡导国际关系的去野蛮化和文明化。

中华民族是一个善于学习的民族。中华文明是在同其他文明的不断交流互鉴中形成的开放体系。[50] 中华文明的发展史、当代中国的奋斗史，都是不断从各种文明中汲取养分，在交流互鉴中发展进步的历史。中国今天强调文明对话、文明交流，并不是以自傲的态度突出自身文明的优越，输出自身的模式，而是倡导进行双向的交流，在更加自信、更加平等的基础上扩大开放与交流，在交流中消除误解、增进理解，在互鉴中推陈出新、发展进步。

推动文明对话和交流，根本上要靠中华文明的发扬光大。没有文明的复兴，就没有真正意义上的中华民族的伟大复兴,也没有中华民族对人类的更大贡献。大国之大,不仅要靠国力之大,更要有民心之大、文明之大。国家间的竞争,不仅是经济实力、国防实力的竞争,也是文化软实力、文明吸引力、价值感召力的竞争。

当今世界正处于大发展、大变革、大调整的时期,面对人类社会面临的挑战,民粹主义思潮泛起,逆全球化思想滋生,退却、封闭之声不绝于耳,文明偏见、文明歧视、文明对抗、文明冲突的现象普遍存在,不同文明和谐共生的局面远未形成。中国对世界的贡献,除了更多的中国制造、中国主张、中国方案,还要能为世界各国面临的问题和挑战,为人类社会面临的困惑和迷茫贡献更多的中国思想、中国智慧和中国价值。这就不仅需要我们继承和发扬中国的传统文明,更要开创当代中国的面向世界的新文明。

在人类命运共同体的构建中,中国将更加积极有为地参与和引领人文领域的全球治理。要更加深度参与和有效引领多边人文合作,深化与人文领域国际组织的合作,在其中作出更大贡献,发挥更大作用。要向国际社会贡献更多更好的人文公共产品,分享中国在扶贫、教育、卫生等领域的成功经验,加大对周边国家、"一带一路"沿线国家和广大发展中国家教育、科技、卫生、文化和遗产保护、体育、人力资源开发、妇女和青年等领域的援助力度。要为不同国家、不同地区、不同文明之间的交流互鉴搭建平台,推动全球人文格局向积极方向转变。

党的十九大报告指出:"中国共产党始终把为人类作出新的更大的贡献作为自己的使命。"构建人类命运共同体,要为人类面临的共同问题提供新的思想和新的智慧,为打破人类的精神枷锁和根本困境提供新的价值导向,为人类走向未来的彼岸提供新的理想与追求。

注释

1. 杨洁篪:《推动构建人类命运共同体》,《人民日报》2017 年 11 月 19 日,第 6 版。

2. 吴志成、吴宇:《人类命运共同体思想论析》,《世界经济与政治》2018 年第 3 期,第 16—18 页。

3. 见诸 2003 年至 2012 年间郑必坚的有关文章,郑必坚:《中国新觉醒》,上海人民出版社 2015 年版,第 115—190 页。

4. 郑必坚:《全方位构建国际"利益汇合点"和"利益共同体"的几点思考》,《毛泽东邓小平理论研究》2011 年第 3 期,第 1—4 页。

5. 戴秉国：《坚持走和平发展道路》，《当代世界》2010年第12期，第4页；黄仁伟：《中国和平发展道路的历史超越》，《社会科学》2011年第8期，第12—13页。

6.《中共中央关于制定国民经济和社会发展第十二个五年规划的建议》，2010年10月18日，中国共产党新闻网，http://dangshi.people.com.cn/GB/13067740.html。

7. 国务院新闻办公室：《中国的和平发展》白皮书，2011年9月，中国外交部网站，http://www.fmprc.gov.cn/chn/gxh/tyb/zyxw/t855789.htm。

8. 郑必坚：《中流击水：经济全球化大潮与中国之命运》，外文出版社2018年版，第136页。

9. 国务院新闻办公室：《中国的和平发展》白皮书，2011年9月，中国国务院新闻办公室网站，http://www.scio.gov.cn/zfbps/ndhf/2011/Document/1000032/1000032.htm。

10.《坚定不移沿着中国特色社会主义道路前进　为全面建成小康社会而奋斗——在中国共产党第十八次全国代表大会上的报告》，2012年11月8日，新华网，http://news.xinhuanet.com/18cpcnc/2012-11/17/c_113711665_12.htm。

11. 习近平：《顺应时代前进潮流　促进世界和平发展——在莫斯科国际关系学院的演讲》，2013年3月23日，人民网，http://politics.people.com.cn/n/2013/0324/c1024-20892661.html。

12. 习近平：《论坚持推动构建人类命运共同体》，中央文献出版社2018年版。

13. 习近平：《携手构建合作共赢新伙伴　同心打造人类命运共同体——在第七十届联合国大会一般性辩论时的讲话》，2015年9月28日，中国外交部网站，http://www.mfa.gov.cn/web/ziliao_674904/zt_674979/ywzt_675099/2015nzt/xpjdmgjxgsfw_684149/zxxx_684151/t1301660.shtml。

14. 习近平：《共同构建人类命运共同体——在联合国日内瓦总部的演讲》，2017年1月18日，中国外交部网站，http://www.fmprc.gov.cn/web/zyxw/t1431760.shtml。

15. 张宇燕：《中国对外开放的理念、进程与逻辑》，《中国社会科学》2018年第11期，第40页。

16. 习近平：《决胜全面建成小康社会　夺取新时代中国特色社会主义伟大胜利——在中国共产党第十九次全国代表大会上的报告》，2017年10月18日，新华网，http://news.xinhuanet.com/politics/19cpcnc/2017-10/27/c_1121867529.htm。

17. 张蕴岭：《中国对外关系40年：回顾与展望》，《世界经济与政治》2018年第1期，第9页。

18. 陈志敏：《国家治理、全球治理与世界秩序建构》，《中国社会科学》2016年第6期，第19—20页。

19. 苏长和：《对抗式制度体系导致西方之乱》，《人民日报》2018年1月21日，第5版。

20. 习近平：《决胜全面建成小康社会　夺取新时代中国特色社会主义伟大胜利——在中国共产党第十九次全国代表大会上的报告》。

21.《习近平出席中央外事工作会议并发表重要讲话》，2014年11月29日，新华网，http://www.xinhuanet.com/politics/2014-11/29/c_1113457723.htm。

22. 林尚立：《借天下之势，做脚下之事》，上观新闻，2016年3月24日，https://www.shobserver.com/news/detail?id=11964。

23. 苏长和：《中国大国外交的政治学理论基础》，《世界经济与政治》2019年第8期，第4—19页。

24. 同上。

25. 黄仁伟：《习近平同志人类命运共同体思想学习辅导及国际形势分析报告》，上海社会科学院国际问题研究所网站，2018年11月11日，https://iir.sass.org.cn/2018/1111/c438a37690/page.htm。

26. 习近平：《共担时代责任　共促全球发展——在世界经济论坛2017年年会开幕式上的主旨演讲》，2017年1月17日，新华网，http://www.xinhuanet.com/politics/2017-01/18/c_1120331545.htm。

27. 同上。

28. 苏长和：《坚持共商共建共享的全球治理观》，《人民日报》2019年3月27日，第10版。

29. 苏长和：《互联互通世界的治理和秩序》，《世界经济与政治》2017年第2期，第26页。

30. 习近平：《共担时代责任　共促全球发展——在世界经济论坛2017年年会开幕式上的主旨演讲》。

31. 习近平：《为建设更加美好的地球家园贡献智慧和力量——在中法全球治理论坛闭幕式上的讲话》，中国外交部网站，2019年3月26日，https://www.mfa.gov.cn/web/zyxw/t1648532.shtml。

32. 蒋昌建、潘忠岐：《人类命运共同体理论对西方国际关系理论的扬弃》，《浙江学刊》2017年第7期，第

政
治
逻
辑

16—17页；苏长和：《互联互通世界的治理和秩序》，《世界经济与政治》2017年第2期，第29页。

33. 陈锡喜：《"人类命运共同体"视域下中国道路世界意义的再审视》，《毛泽东邓小平理论研究》2017年第2期，第88页。

34. 蔡拓：《全球治理与国家治理：当代中国两大战略考量》，《中国社会科学》2016年第6期，第12页。

35. 苏长和：《互联互通世界的治理和秩序》，《世界经济与政治》2017年第2期，第29页。

36. 习近平：《决胜全面建成小康社会　夺取新时代中国特色社会主义伟大胜利——在中国共产党第十九次全国代表大会上的报告》。

37. 习近平：《共同构建人类命运共同体——在联合国日内瓦总部的演讲》。

38. 阮宗泽：《构建人类命运共同体　助力中国战略机遇期》，《国际问题研究》2018年第1期，第18—20页。

39. 陈志敏、苏长和主编：《增量改进——全球治理体系的改进和升级》，复旦大学国际关系与公共事务学院，2015年4月。

40. 习近平：《铭记历史，开创未来——在俄罗斯媒体发表署名文章》，《人民日报》2015年5月8日，第1版。

41. 国务院新闻办公室：《中国的和平发展》白皮书，2011年9月，中国外交部网站，http://www.fmprc.gov.cn/chn/gxh/tyb/zyxw/t855789.htm。

42. 胡键：《新型国际关系对传统国际关系的历史性超越》，《欧洲研究》2018年第2期，第8页。

43. 张骥、邢丽菊：《深化中外人文交流基础研究》，载张骥、邢丽菊主编《人文化成：中国与周边国家人文交流》，世界知识出版社2018年版，第2页。

44. 习近平：《在十八届中央政治局第十二次集体学习时的讲话》（2013年12月30日），载中共中央文献研究室编：《习近平关于社会主义文化建设论述摘编》，中央文献出版社2017年版，第198页。

45. 习近平：《在哲学社会科学工作座谈会上的讲话》（2016年5月17日），人民出版社2016年版，第17页。

46. 肖河：《中国外交的价值追求——"人类共同价值"框架下的理念分析》，《世界经济与政治》2017年第1期，第4页。

47. 杨洁勉：《试论习近平外交哲学思想的建构和建树》，《国际观察》2018年第6期，第9—10页；苏长和：《互联互通世界的治理和秩序》，《世界经济与政治》2017年第2期，第33页。

48. 习近平：《在纪念孔子诞辰2565周年国际学术研讨会暨国际儒学联合会第五届会员大会开幕会上的讲话》，《人民日报》2014年9月25日。

49. 习近平：《在文艺工作座谈会上的讲话》（2014年10月15日），载《十八大以来重要文献选编》（中），中央文献出版社2016年版，第121页。

50. 习近平：《深化文明交流互鉴　共建亚洲命运共同体——在亚洲文明对话大会开幕式上的主旨演讲》，2019年5月15日，新华网，http://www.xinhuanet.com/politics/leaders/2019-05/15/c_1124497022.htm。

图书在版编目(CIP)数据

政治逻辑:当代中国社会主义政治学/刘建军,陈
周旺,汪仕凯主编.—上海:上海人民出版社,2022
(政治逻辑丛书)
ISBN 978-7-208-17709-3

Ⅰ.①政… Ⅱ.①刘… ②陈… ③汪… Ⅲ.①社会主
义政治学-研究-中国 Ⅳ.①D6

中国版本图书馆 CIP 数据核字(2022)第 098970 号

责任编辑 史美林　王　琪
封面设计 陈　酌

政治逻辑丛书
政治逻辑
——当代中国社会主义政治学
刘建军　陈周旺　汪仕凯　主编

出　　版　上海人民出版社
　　　　　(201101　上海市闵行区号景路 159 弄 C 座)
发　　行　上海人民出版社发行中心
印　　刷　上海商务联西印刷有限公司
开　　本　720×1000　1/16
印　　张　36
插　　页　2
字　　数　534,000
版　　次　2022 年 9 月第 1 版
印　　次　2024 年 11 月第 3 次印刷
ISBN 978-7-208-17709-3/D·3946
定　　价　138.00 元

政治逻辑丛书

制度的逻辑   曹沛霖　著

行政逻辑   李瑞昌　主编
——当代中国政府治理原理

政治逻辑   刘建军、陈周旺、汪仕凯　主编
——当代中国社会主义政治学